Das Recht
des
Bürgerlichen Gesetzbuches

vom 18. August 1896.

Ein dogmatisches Lehrbuch

von

Dr. Ernst Landsberg,
ordentl. Professor der Rechte zu Bonn.

Erste Hälfte.

Berlin 1904.
J. Guttentag, Verlagsbuchhandlung,
G. m. b. H.

Herrn Hermann Hüffer,

ord. Professor der Rechte an der Universität zu Bonn,
Königl. Preußischem Geheimen Justizrat,

zur Feier des Tages,

an welchem er

vor fünfzig Jahren

die Würde eines Doktors beider Rechte

erlangt hat, glückwünschend dargebracht von der

Juristischen Fakultät der
Rheinischen Friedrich Wilhelms-Universität
zu Bonn

am 17. August 1903.

Vorwort.

Das Werk bezweckt eine *möglichst* kurze und dogmatische Darstellung des Rechtsstoffes, welcher durch das Bürgerliche Gesetzbuch gegeben ist. Es soll möglichst kurz sein, deshalb umfaßt es nicht das ganze *sonstige* bürgerliche Recht, sondern berücksichtigt dasselbe nur durch gelegentliche Ausblicke und Verweisungen.

Aber es soll doch für den Anfänger faßlich und angenehm sein, deshalb ist die Erörterung, namentlich in den ersten Abteilungen der Hauptlehren, etwas eindringlicher angelegt, der starre Lehrbuchton dabei möglichst vermieden. Auch sonst habe ich mich, bei manchen feineren und anziehenderen Punkten, eingehenderer Darstellung befleißigt, während einfachere Dinge in knapper Zusammenstellung erledigt werden. Über allzu schwierige oder allzu weitführende Einzelheiten sind oft bloß Andeutungen eingestreut, hoffentlich aber doch so, daß, wer sucht, einen Anhalt finden wird. So bin ich bestrebt gewesen, zwischen einer bloßen Einführung und einem breiteren Lehrbuche oder gar System eine gewisse Mittlere zu halten.

Dementsprechend sind Literaturnachweise zwar reichlich, aber doch nicht ohne Auswahl beigegeben. Indem diese Nachweise regelmäßig die bedeutenderen Werke des älteren gemeinen und deutschen Rechts besonders anführen, wollte ich damit zugleich auf geschichtliche Anknüpfungen hinweisen, auf die ich mich anderweitig nicht eingelassen habe. Denn Ausführlicheres und Gründlicheres darüber zu geben, verbot das Gesetz der Kürze; hingeworfene Geschichtsbrocken aber verderben, nach meiner festen Überzeugung, nur den Sinn für geschichtlichen Zusammenhang, indem sie dessen wahrer Erfassung antiquarischen Notizenkram unterschieben.

Vielmehr sucht wissenschaftlich das Werk seine Legitimation gegenüber so vielen und so trefflichen ähnlichen in der Betonung des dogmatischen Aufbaues. Es möchte die Einzelheiten, die sich irgendwie dazu eignen, systematisch weiterführenden Rubriken und Zusammenhängen einordnen, die allgemeinen Lehren tunlichst auf die besonderen Rechtsverhältnisse anwenden, die gegenseitigen Beziehungen zwischen den verschiedenen Rechtsteilen veranschaulichen. Wahre Befriedigung würde ich empfinden, wenn es mir auf diesem Wege gelingen sollte, namentlich Lernende vor Zersplitterung zu wahren, ihr Verständnis für unser Recht als für ein Ganzes zu fördern.

Bonn, Ende Januar 1904.

Ernst Landsberg.

Inhaltsverzeichnis.

Erstes Buch.

Allgemeiner Teil.

Erster Abschnitt. Das Recht im objektiven Sinne.

Zweiter Abschnitt. Das Recht im subjektiven Sinne.

Erstes Kapitel. Grundlegung.

Zweites Kapitel. Die Rechtssubjekte.

Zweites Buch.

Recht der Schuldverhältnisse.

Erster Abschnitt. Allgemeines Recht der Schuldverhältnisse.

Erstes Kapitel. Inhalt der Schuldverhältnisse.

Zweites Kapitel. Erlöschen der Schuldverhältnisse.

Drittes Kapitel. Die Subjekte der Schuldverhältnisse.

Seite der zweiten Hälfte

Zweiter Abschnitt. Unbeschränkte dingliche Rechte.

Erstes Kapitel. Das Recht des Besitzes.

Dritter Abschnitt. Beschränkte dingliche Rechte.

Erstes Kapitel. Nutzungsrechte.

Seite der zweiten Hälfte

Zweites Kapitel. Pflichtteilsrecht.

Vorbemerkung.

Ein für alle Male seien hier angeführt folgende **Werke** über das ganze Bürgerliche Gesetzbuch oder über benachbarte Rechtsgebiete:

1. Kommentare. — Von Planck, in Verbindung mit Achilles, André, Greiff, Ritgen, Unzner, Strecker, Strohal, fertig in 2. Auflage, neu erscheinend in 3. Auflage (ersch. Bd. 1 und 3, 1), angef. als „Planck". — Von Staudinger, in Verbindung mit Löwenfeld, Riezler, Mayring, Kober, Engelmann, Herzfelder, Wagner, vollständig in 1. Auflage, neu erscheinend in 2. Auflage. — Von Biermann, Frommhold, Gareis, Hubrich, Niedner, Örtmann, Opet (Einzelwerke). — Von Hölder, Schollmeyer, Fischer, Heymann, A. Schmidt, Habicht, Schultze (ebenso). — Aus dem Anwaltsstande stammend: von Wilke, Reatz, Koffka, Neumann. — Ebenso von Skolny und Caro. — Ferner von: Meisner. — Scherer (6 Bde.). — Rehbein (nur Bd. 1 u. 2, 1). F. A. Kaufmann, Kommentar und Institutionen des BGB. für Studium und Praxis; bisher erschienen Band 1 u. 2. — — Kürzere Arbeiten dieser Art: von Kuhlenbeck (2 Bde.). — Von Neumann, sog. Handausgabe, bes. praktisch brauchbar (3 Bde.). — Von Cretschmar, Bd. 1 des Gesamtwerkes: Das bürgerliche Recht unter besonderer Berücksichtigung der Preußischen Landesgesetzgebung (diese und das Reichsrecht außerhalb des BGB. in Bd. 2, bes. übersichtliche, vollständige und klar erläuternde Zusammenstellung).

2. Lehrbücher, Systeme, Institutionen, Vorträge u. dgl. — Bunsen, Einführung, 3 Bde. — Cosack, Lehrbuch d. D. bürg. Rechts, zwei Bände, Bd. 1 in 4., Bd. 2 in 3 Aufl. — Crome, System d. D. bürg. Rechts, bisher erschienen Bd. 1 und 2. — Dernburg, Das bürg. R. d. D. Reichs und Preußens, bisher erschienen Bd. 1—4, Aufl. 1—3; Bd. 4 konnte hier nicht mehr benutzt werden. — Endemann, Einführung in das Studium des bürg. Gesetzbuches, 3 Bde., in zahlreichen Auflagen, neuestens vollständig Bd. 1 in 8. Aufl. — Engelmann, Das bürgerl. Recht Deutschlands, 3. Aufl. (in einem Bande). — L. Enneccerus und G. O. Lehmann, Das bürg. Recht, 2. Aufl. (in 2 Bänden). — Krükmann, Institutionen des BGB., 3. Aufl., 1 Bd. — Kuhlenbeck, Von den Pandekten bis zum BGB., 3 Bde. — Matthiaß, Lehrbuch des bürg. Rechts, 2 Bde., 3. und 4. Aufl. — Scheiff, Praktisches Handbuch des bürg. Rechts, 1 Bd. — Siméon, Recht und Rechtsgang, 1 Bd., 3. Aufl. — Weyl, Verträge über das BGB., 2 Bde. — Ferner: Buchka, BGB. und gemeines Recht 1 Bd., 3. Aufl.

— Förtsch, Der code civil und das BGB., 1 Bd., 2. Aufl. — Goldmann und Lilienthal, Das Bürg. Gesetzbuch. Systematisch dargestellt nach der Legalordnung des Allgemeinen Landrechts (nur erschienen Bd. 1, Heft 1—6; neu erscheinend nach der Ordnung des BGB.). — Leske, Vergleichende Darstellung des bürg. Gesetzbuchs und des Preuß. Allg. Landrechts, 2 Bde., 2. Aufl. — Stobbe-Lehmann, Deutsches Privatrecht, 3. Aufl., Bd. 1—4. — Windscheid-Kipp, Pandekten, 8. Aufl., 3 Bde. — — Außerdem etwa noch: Dernburg, Pandekten, 7. Aufl. — Dernburg, Lehrbuch des Preuß. Privatrechts, 5. Aufl. — Cosack, Lehrbuch des Handelsrechts, 6. Aufl. — Roth-Becher, Bayrisches Zivilrecht. — Unger, System des österr. allg. Privatrechts, 6 Bde.

3. Lexikalische Hilfsmittel: Bernhardi, Handwörterbuch, 2. Aufl. — Christiani, Bürgerliches Rechts-Lexikon, das HGB. mit einschließend, 2. Aufl. — Dispecker, Alphabetisch geordneter Führer durch das BGB. — Gradenwitz, Wortverzeichnis zum BGB.

4. In Spruchform: G. Cohn, Das neue deutsche bürgerliche Recht in Sprüchen, 4 Teile, Teil 1 in 2. Aufl.

5. Sammlungen von Entscheidungen: Entscheidungen des Reichsgerichts in Zivilsachen. — Die Rechtsprechung der Oberlandesgerichte auf dem Gebiete des Zivilrechts, hrsg. v. Mugdan und Falkmann. — Hs. Th. Soergel, Rechtsprechung, alljährlich seit 1900. — Warneyer, Jahrbuch der Entscheidungen zum BGB. und den Nebengesetzen, ebenso. — Spruchsammlung der Deutschen Juristen-Zeitung f. d. Jahre 1900—1902, Sonderbeilage z. Jahrgang 1903.

6. Textausgaben mit kurzen Anmerkungen: Früher von Achilles, nach dessen Tode von M. Greiff hrsg. in Verbindung mit André, Ritgen, Strecker, Unzner, 4. Aufl. 1903. — Herausgegeben von Otto Fischer und Wilhelm Henle in Verbindung mit Eugen Ebert und Heinrich Schneider, 6. Aufl. 1904. — (Beide mit Recht allgemein beliebt als bequem brauchbar, gediegen und bei aller Kürze inhaltsreich).

Die gebrauchten **Abkürzungen** sind die allgemein üblichen. Doch ist hervorzuheben, daß

„Art." ohne Zusatz bedeutet: Artikel des Einführungsgesetzes zum Bürgerlichen Gesetzbuch;

„§" ohne Zusatz: Paragraph des Bürgerlichen Gesetzbuches; dagegen „oben §" oder „unten §": einen Paragraphen dieses Lehrbuches.

Verzeichnis der Druckfehler und Verbesserungen.

S. 8 Z. 12 v. o. statt: Zwangsvollstreckung — lies: Zwangsdurchführung.

S. 15 Z. 11 v. o. statt: Rechtsbruch — lies: Usurpation.

S. 17 letzte Z. im Text statt: 8 — lies: 6.

S. 38 Note 1 Z. 4 statt: Stoerk — lies: Heck.

S. 44 Note 1 Z. 1 statt: Pätter — lies: Pütter.

S. 143 Z. 14 v. o. — beseitige das vorgesetzte b).

S. 244 Note 1 letzte Z. statt: § 332 — lies: § 333; u. statt: § 335 — lies: § 336.

S. 343 hinter Z. 1 — schalte ein: ohne einredebehaftet noch aufrechenbar zu sein.

S. 354 Note 1 z. E. statt: § 148, 3 d — lies: § 148, II, 1 d, aa.

S. 356 Z. 1 hinter „Einrede" — schalte ein: (es handle sich denn um die Einrede der Zurückhaltbarkeit wegen des Zusammenhanges gerade zwischen den aufzurechnenden Ansprüchen).

S. 378 Z. 6 v. o. statt: § 304, III, 1 — lies: § 305, III, 1.

S. 410 Z. 7 v. o. — füge ein: Doch bedenke man, daß er meist auch in Verzug sein wird; s. deshalb unten § 124.

S. 411 Z. 7 v. o. hinter „Leistungsangebot" — schalte ein: oder wenigstens unter Abzug des Wertes der ihm obliegenden Gegenleistung.

S. 414 Z. 6 v. o. statt: auch der Gegenleistungsverpflichtung — lies: unter Abzug des Gegenleistungswertes.

S. 1008 Z. 13 v. o. statt: Preuß. Einf.-Gesetzes — lies: Preuß. Ausf.-Gesetzes.

Erstes und zweites Buch.

Erstes Buch.

Allgemeiner Teil.*)

Erster Abschnitt.

Das Recht im objektiven Sinne.**)

I. Das Recht.

§ 1.

I. Das Recht (im objektiven Sinne) bemüht sich um die Ordnung der äußeren Angelegenheiten der Menschen untereinander.

1. Es will die äußeren Angelegenheiten ordnen, Ordnung schaffen in diesem äußerlichen Sinne; den Gegensatz bilden religiöse und ethische Ordnungen.

2. Es will die äußeren Angelegenheiten der Menschen ordnen, d. h. die Angelegenheiten der einzelnen Menschen und der Menschen-Verbände, kleiner und großer, von der Familie bis zu Kirche und Staat. Denn auch bei diesen größten Verbänden ist Gegenstand der äußeren Ordnung menschliches Verhalten. Soweit Staat und Kirche

*) Ernst Immanuel Bekker, System des heutigen Pandektenrechts, 2 Bde. — Hellmann, Vorträge. — Eck, Vorträge, fortges. v. R. Leonhard. — Gareis, Der allg. T. des BGB. — Leonhard, R., Der allg. T. des BGB. in seinem Einfluß auf die Fortentwicklung der Rechtswissenschaft. — Zitelmann, Das Recht des BGB., System zum Selbststudium und zum Gebrauche bei Vorträgen, bisher erst erschienen der allg. T.

**) Gewaltige, philosophische und juristische Literatur. S. etwa besonders: Bierling, Zur Kritik der juristischen Grundbegriffe. — Thon, Rechtsnorm und subjektives Recht. — Bierling, Juristische Prinzipienlehre. — Windscheid-Kipp, Pandekten, 1, 59 fg. und 130 fg. — Jhering, Geist des Römischen Rechts, 3, 160 fg.; Zweck im Recht, 1, 443 fg. 2, 188 fg.; i. den dogm. Jahrbüchern 32, 65 fg.

über den Menschen hinaus reichen, entziehen sie sich der rechtlichen Regelung.

3. Das Recht will aber nur ordnen diese äußeren Angelegenheiten der Menschen untereinander — nicht im Verhältnisse der Menschen zu anderen Lebewesen, erst recht nicht im Verhältnisse der Menschen zu der Natur. Es gibt kein Recht der Tiere, weder aktiv (Tierschutz), noch passiv (Strafprozesse gegen Tiere in alten Zeiten!). Es gibt aber auch kein Recht des Menschen gegen die Natur[1]), keine Rechtsregel, die den Eigentümer eines Grundstückes vor Überschwemmung schützt oder bei der Bebauung unterstützt. Wohl mag es Rechtsregeln geben, welche den Staat oder einen Einzelnen verpflichten, dem Eigentümer zu derartigen Zwecken beizustehen (Staatshilfe bei Notstand — Arbeit auf fremdem Grund und Boden im Tagelohn); immer aber beziehen sich dann diese Rechtsregeln nur auf das Verhältnis zwischen Unterstützer und Unterstütztem, nie auf das Verhältnis zwischen Mensch und Sache.

4. Endlich ein Wort der Bescheidenheit. Das Recht ordnet nicht jene Verhältnisse, sondern es möchte sie bloß ordnen. Ganz gelingt dies nie. Schön schon, wenn es heute besser gelingt, als es gestern gelungen ist. Das Streben jedes wahrhaft „Rechtsbeflissenen" geht dahin, daß es morgen etwas besser gelingen möge, als es heute gelang.

II. Die Unmöglichkeit vollständiger Rechtsverwirklichung beruht auf der Unzulänglichkeit unserer Mittel. Da das Recht von Menschen ausgehend an Menschen sich wendet, so stehen ihm nur diejenigen Mittel zu Gebote, durch die überhaupt Menschen aufeinander einwirken können: psychische und physische.

1. Freiwilliger Gehorsam, beruhend seinerseits wieder auf freiwilliger Unterwürfigkeit und auf Gewohnheit, ist die wirksamste Triebfeder der Rechtsverwirklichung. Deshalb redet das Recht zu den Menschen in Form von Befehlen, nicht von Ratschlägen. Deshalb muß das Ansehen dieser Rechtsbefehle möglichst gewahrt und gesteigert werden. — Hinzu kommen andere Antriebe: Furcht vor üblen Folgen des Ungehorsams; blinder Autoritätsglaube; klare Einsicht in den Nutzen des Gehorsams, zu egoistischen oder zu höheren

---

[1]) Daran ist festzuhalten trotz der geistreichen Ausführungen bei Löffler, Unrecht und Notwehr, i. d. Zeitschr. für gesamte Strafrechtswissenschaft 21, 1 fg., namentlich S. 21 Note 44 oder S. 28.

Zwecken. In der unendlich überwiegenden Zahl von Fällen, bei jeder Lebensbetätigung anständiger Menschen sowie redlich verwalteter Gemeinschaften, sind es solche Einflüsse, infolge derer die rechtliche Ordnung sich erhält. Nähmen in einem Gemeinwesen die Anzahl der Fälle überhand, wo diese Mittel nicht mehr genügen, so wäre es um die Rechtsordnung innerhalb dieses Gemeinwesens getan. Die Erfahrung beweist aber, daß es so weit nie, oder doch nur ganz vorübergehend in schlimmsten Zeitläuften, kommt. Deshalb kann zur Not ein Recht bestehen, gestützt lediglich auf diese inneren Triebfedern des Gehorsams (das Völkerrecht; gewisse Teile des Staatsrechts); ohne solche Triebfedern, etwa bloß gestützt auf rohe Gewalt, dagegen nicht.

2. Äußerer Zwang ist dasjenige Mittel der Rechtsverwirklichung, das bei oberflächlicher Betrachtung oft einzig ins Auge gefaßt wird. Dieser Zwang aber muß selbst wieder ein rechtlicher sein. Als solcher erscheint er uns auf unserer Stufe der Gesittung nur, wenn geübt durch den Staat in festen (rechtlichen) Formen, als sogenannte Zwangsvollstreckung. — Zu diesem Mittel greift das Recht nur ungern vorbeugend; sondern meist erst, wenn die Hoffnung auf freiwilligen Gehorsam sich als trügerisch erwiesen hat, nach eingetretener Rechtsverletzung zu deren Wiederausgleichung. Feststellung der eingetretenen Rechtsverletzung mag allenfalls durch andere als staatliche Organe (Schiedsgerichte) erfolgen; dem Staate allein gebührt die Anwendung des Zwanges.

3. Wo die Beteiligten erwarten, daß bei Rechtsverletzung äußerer Zwang entgegentreten würde, da wirkt offenbar diese Erwartung wieder als geistige Triebfeder zum Gehorsam, ehe es noch zum Zwang kommt; und erst recht wirken so andere Fälle tatsächlicher Zwangsvollstreckung als abschreckende Beispiele. Gewiß trägt dies wesentlich zum Ansehen des Rechts bei. Jedoch wäre es ein schwerer Irrtum, dieses Ansehen bloß auf die zum Zwange erforderlichen Machtverhältnisse stützen zu wollen. Das Machtgebot des Führers einer verheerend eingebrochenen Barbarenhorde genießt nicht Rechtsansehen, ist nicht Recht, obschon es äußere Verhältnisse der Menschen untereinander betrifft und beherrscht. Es ordnet an, aber es ordnet nicht; es besteht, aber es gilt nicht als Rechtssatz.

II. Das deutsche Recht der Gegenwart.

§ 2.

Ein Recht gilt, das heißt es macht das Ansehen seiner Befehle gewissen Menschen gegenüber geltend. „Geltendes Recht" ist dasjenige, das an einem bestimmten Orte zu einer bestimmten Zeit gilt; für uns dasjenige, das jetzt und hier gilt.

1. Der Raum, innerhalb dessen ein gewisses Recht gilt, ist bei unseren Verhältnissen stets ein staatlich abgegrenztes Gebiet, entweder der ganze Staat oder ein Teil desselben. „Deutsches Recht" ist alles Recht, das innerhalb Deutschlands[1]) gilt, wenn auch bloß innerhalb einzelner Staaten oder Staatenteile des Deutschen Reichs. „Gemeinsames Deutsches Recht" ist dasjenige, das in ganz Deutschland gleichmäßig gilt[2]); „gemeines deutsches Recht" dasjenige, welches in ganz Deutschland gleichmäßig auf Grund einheitlichen Befehles gilt.[3])

2. Der Rechtszustand Deutschlands hat mannigfach gewechselt. Diese Wechselgänge zu verfolgen ist Aufgabe der Rechtsgeschichte, welche das Recht der Gegenwart erst voll verständlich macht.

3. Aufgabe dieses Buches ist, vorzutragen

a) nur Deutsches Recht;
b) nur gemeines Deutsches Recht;
c) nur heutiges gemeines Deutsches Recht[4]) ohne historische Erklärung, in sog. dogmatischer Darstellung.

4. Das deutsche Recht schneidet gegen das fremde, das Recht der Gegenwart gegen das der Vergangenheit keineswegs in voller Schärfe ab. Da wir die ausländischen Staaten anerkennen, so räumen wir fremdem Recht auf fremde Rechtsverhältnisse nicht selten Rechtswirkung auch bei uns ein. Da erst recht wir unsere eigene Vergangenheit nicht verleugnen, so räumen wir erst recht häufig

---

[1]) Auf Kolonien, Schutzgebiete und Konsular-Jurisdiktionsgebiete soll hier keine Rücksicht genommen werden.

[2]) Hier kann die Übereinstimmung eine zufällige sein; sämtliche deutsche Staaten mögen jeder für sich dasselbe angeordnet haben.

[3]) Hier ist die Übereinstimmung eine wesentliche; über sämtliche deutsche Staaten hin trifft das Reich eine und dieselbe Anordnung.

[4]) Häufig versteht man, wenn für Deutschland von „gemeinem Recht" kurzerhand die Rede ist, darunter noch aus alter Gewohnheit das bis zum 1. Januar 1900 gültig gewesene gemeine deutsche Recht hauptsächlich romanistisch-kanonistischen Ursprunges, das sog. Pandektenrecht.

älteren deutschen Rechtsregeln auf ältere Rechtsverhältnisse auch heute noch Wirkung ein. Insoferne ist denn auch solches Recht, das man meist und mit Fug nach dem Regelfalle Recht der Fremde oder der Vergangenheit nennt, deutsches Recht der Gegenwart. Für die Darstellung aber ist schon der Übersichtlichkeit halber zu scheiden:

a) Gewisse Regeln bestimmen, unter welchen Umständen sogenanntes fremdes oder vergangenes Recht bei uns heute noch gilt. Diese Regeln gehören mit zum System des deutschen Rechts der Gegenwart.

b) Dagegen die gemäß jenen Regeln bei uns gelegentlich geltenden Rechtssysteme oder vereinzelten Rechtssätze der Vergangenheit oder des Auslandes sind aus unserem Systeme auszuschließen.

III. Das bürgerliche materielle Recht.

§ 3. Die wissenschaftliche Gruppenbildung.

I. Das geltende Recht besteht aus zahlreichen allgemeinhin ausgesprochenen Rechtsbefehlen, deren Wirkungen sich so kreuzen, daß stets schließlich für jeden Einzelfall ein bestimmter Befehl aufgefunden werden muß. Unmöglich ist es dabei von vornherein zu bestimmen, welche unter den allgemeinhin ausgesprochenen Rechtsbefehlen bei der Gewinnung des Rechtsbefehls für den Einzelfall zu berücksichtigen sein werden. Noch so Fernliegendes mag heranzuziehen sein.[1]) Bildlich ausgedrückt, das geltende Recht ist stets ein organisches Ganzes.

Dennoch sind wir genötigt, uns dies zusammenhängende Rechtsganze in Gruppen zu zerlegen, des Überblickes halber. Bei der Bildung solcher Gruppen zu Zwecken des Studiums, der Lehre oder der Wissenschaft wird jeder Lernende, Lehrer oder Gelehrte frei vorgehen dürfen nach seinen persönlichen Bedürfnissen. Er wird mit seiner Gruppenbildung um so mehr Anklang finden, je praktischer sie ist; es mag sich deshalb für ihn empfehlen, an herkömmliche Einteilungen sich anzuschließen; gebunden aber ist er an keine derartige Rücksicht.

Dabei wird sich ein Weiteres herausstellen. Nicht nur die Einteilungsmethode wird etwas Willkürliches sein; sondern auch bei ihrer

---

[1]) So mögen Sätze des Völkerrechts bei der Entscheidung eines Civilprozesses eingreifen, so wenig man im allgemeinen erwartet, sie bei der Ordnung privatrechtlicher Verhältnisse mitwirksam zu finden.

Durchführung wird man ohne Willkürlichkeiten nicht auskommen. Weil es sich eben um ein organisches Ganzes handelt, bei dem alles zusammengehört, alles ähnlich, d. h. weder ganz gleich noch ganz verschieden ist. So werden sich, selbst wenn man sich im allgemeinen über gewisse Gruppen einigt, stets streitige Grenzgebiete ergeben, welche von beiden Seiten in Anspruch genommen oder zurückgewiesen werden, ohne daß eine einheitlich feste Entscheidung unentbehrlich wäre; auch hier wieder mag ein jeder für sich das für seine Zwecke und Bedürfnisse Brauchbare suchen.

II. Solche Gruppen nun, über deren Bildung man sich im allgemeinen geeinigt hat, sind bürgerliches Recht einerseits, öffentliches Recht andererseits, und materielles Recht einerseits, Prozeßrecht andererseits.

1. Bürgerliches Recht, auch Civil- oder Privatrecht genannt[1]). Man ist durchweg einverstanden darüber, welche Regeln in dieser Gruppe zusammengestellt, welche in das öffentliche Recht verwiesen zu finden man erwartet. Hierher werden gerechnet die Regeln über das Vermögen, über die Familien und über die Persönlichkeitsrechte, unter letzteren z. B. die an Ehre, Freiheit, Namen, Erfindungen, Schriftwerken u. dergl. m. Jedoch alle diese Gebiete nur unter sehr weit greifenden Ausnahmen: nämlich nicht soweit sie betroffen werden durch oberhoheitsrechtliche Beschränkungen oder Eingriffe des Staates (z. B. durch polizeiliche Eigentumsbeschränkungen); ferner nicht, soweit es sich handelt um Strafbarkeit der Rechtsverletzung; endlich nicht, soweit Schutz durch Staatsbehörden, namentlich auch gerichtlicher Schutz, in Betracht kommt. Denn umgekehrt zum öffentlichen Rechte rechnet man unbedingt die Regeln über Einrichtung und Tätigkeit aller Organe des Staates, der Staatenteile und der Kirche; ferner die Regeln über öffentliche Strafe; endlich die Regeln über die Beziehungen souveräner Staaten zueinander.

Die Übereinstimmung versagt bereits, wo man den Grund dieser Einteilung zu bestimmen sucht, um darnach Grenzstreitigkeiten zu regeln. Angenommen wird da, die Scheidung beruhe auf der Verschiedenheit

---

[1]) Guter Überblick über die Literatur etwa bei Stier-Somlo, Die Einwirkung des bürgerlichen Rechts auf das preußisch-deutsche Verwaltungs-Recht, Lieferung 1, S. 12 fg. § 3: „Die Grenzziehung zwischen bürgerlichem und öffentlichem Recht".

a) des Zweckes.[1])

Das bürgerliche Recht verfolge das Wohl des Einzelnen, das öffentliche Recht das Wohl des Ganzen. Als ob nicht die Wohlfahrt des Staates zum Wohl der Einzelnen, dieses wieder zum Gedeihen des Staates unerläßlich wäre!

b) der Stoffe.[2])

Hier rechtliche Stellung und Verhältnisse der Einzelnen als solcher, dort des Staates und der Staatsbürger als solcher. Sehr richtig, aber wenig fördernd; denn die Frage, was den Einzelnen als solchen, was ihn als Staatsbürger angeht, fällt mit unserer Hauptfrage zusammen.

c) der Rechtsform.

Das bürgerliche Recht, soweit es Rechte gibt, verpflichtet nicht zu deren Ausübung; wer sein Recht nicht ausübt, mag den Schaden tragen, der ihm daraus entsteht; zum Gebrauche zwingt ihn das bürgerliche Recht nicht; es ist nicht „zwingendes Recht" in diesem Sinne[3]). Dagegen trifft im öffentlichen Recht regelmäßig den Berechtigten die Pflicht zur Rechtsausübung, es ist so zwingendes, d. h. in diesem Falle zur Ausübung nötigendes Recht. — Die Stärke dieser Anschauungsweise liegt darin, daß sie für das bürgerliche Recht ganz zutrifft; ihre Schwäche darin, daß sie für das öffentliche Recht eben nur in der Regel zutrifft, während es zahlreiche und wichtige öffentliche Rechte ohne Rechtspflicht der Ausübung gibt, z. B. das Recht der Stimmabgabe bei öffentlichen Wahlen oder das Recht des Beleidigten, Bestrafung des Beleidigers im Wege der Privatklage herbeizuführen.[4])

Es ergibt sich, daß mit keinem solchen Einteilungsprinzip auszukommen ist. Vielmehr ist zu allen hinzuzunehmen, daß im Zweifel die Anziehungskraft des öffentlichen Rechts überwiegt.[5]) Bürgerliches Recht, im Sinne einer wissenschaftlichen Einteilung, sind also

---

[1]) So die bekannte Römische Erklärung, l. 1 § 2 D. de justitia et jure 1, 1.

[2]) So etwa Motive zum ersten Entwurf des BGB. 1, 1.

[3]) Darauf verweist Hölder, Kommentar, S. 34, Zusatz.

[4]) Vgl. Jellinek, System der subjektiven öffentlichen Rechte, Freiburg 1892.

[5]) In unserer Zeit, im Gegensatze gegen die umgekehrt überwiegend privatrechtliche Anschauungsweise des Mittelalters.

diejenigen Rechtsregeln über Persönlichkeit, Familie und Vermögen, welche nicht zum öffentlichen Recht hinübergezogen werden. Dazu hinübergezogen werden sie, wenn sie zugleich staatliche (oder kirchliche) Dinge berühren, oder auch wenn sie unter unbedingt zwingendes Recht gestellt sind.

2. Materielles Recht. — Unter materiellem Recht verstehen wir diejenigen Rechtsregeln, deren Aufstellung zur Herbeiführung der Rechtsordnung auch bei ausnahmslos allgemeinem Verständnis und Gehorsam notwendig wäre („Normen erster Ordnung"); unter prozessualem Recht diejenigen Rechtsregeln, welche notwendig werden, um dem materiell-rechtlich geforderten Rechtszustande Klarstellung und Zwangsvollstreckung zu sichern („Normen zweiter Ordnung").[1])

Ist dieser Grundsatz klarer als derjenige der vorher erörterten Einteilung, so bleiben doch auch hier Schwierigkeiten und damit Grenzzweifel genug übrig. Denn im Grunde ist der Nachdruck, mit dem ein Befehl erster Ordnung auftritt, d. h. also sein befehlender Inhalt nur zu ermessen aus der begleitenden Norm zweiter Ordnung, dem Rechtsschutzversprechen.

Selbst was in erster Linie befohlen ist, erweist sich als verschieden, je nachdem z. B. die Zwangsvollstreckung sich richtet auf direkte Erzwingung des befohlenen Verhaltens selbst oder bloß auf Zahlung einer Geldentschädigung wegen Andersverhaltens. Außerdem wirken die Bedingungen des Rechtsschutzes (z. B. rechtzeitige Klageerhebung, Beweisbarkeit oder dgl.) fast geradezu als Bedingungen des materiellen Rechts. Und endlich wirken manche Ereignisse des Prozesses (Beginn, Urteil) materiellrechtlich zurück. Daher praktisch wie wissenschaftlich das Bedürfnis, solche Dinge zweimal, von zwei verschiedenen Seiten, zu betrachten, bei Darstellung sowohl des Prozesses wie des materiellen Rechtes. Auch ein besonderer wissenschaftlicher Abschnitt läßt sich aus diesem Grenzgebiete bilden, das sog. Aktionenrecht.

Das gesamte Prozeßrecht wird zum öffentlichen Rechte gerechnet. Selbstverständlich, soweit dabei Einrichtung und Tätigkeit staatlicher Rechtsschutzorgane geregelt ist. Aber auch soweit es sich auf das Verhalten und auf die Rechtsverhältnisse derjenigen bezieht, welche Rechtsschutz für bürgerliche Normen erster Ordnung suchen. Höchstens zweifelt man, ob einzelne Normen prozeß- oder materiellrechtlicher

---

[1]) Vgl. Leonhard a. a. O. S. 13, unter IV.; aber Feststellungsklage hinzuzunehmen.

Natur sind; sind sie ersteres, so sind sie unbezweifelt öffentlich-rechtlich. Die oben dargelegte überlegene Anziehungskraft des öffentlichen Rechts macht sich geltend.

Innerhalb des Prozeßrechtes bildet eine besondere Gruppe das Civilprozeßrecht. Das ist die Summe derjenigen Normen zweiter Ordnung, welche der Regel nach berufen sind, bürgerlichen Normen erster Ordnung zu dienen. Der Civilprozeß hat deshalb mit dem bürgerlichen Recht die Maxime gemeinsam, absolut zwingendes Recht zu meiden.

Jedoch besteht das Dienstverhältnis zwischen bürgerlichem Recht und Civilprozeß weder stets, noch ausschließlich. Tatsächlich verweist „das positive Recht“ [1]) oft für bürgerliche Normen auf den Schutz durch anderes als civilprozessuales Verfahren; und auch umgekehrt wird wohl die Durchführung im civilprozessualen Verfahren solchen Normen erster Ordnung zu teil, welche zweifellos nicht zum bürgerlichen, sondern zum öffentlichen Rechte gehören. [2]) Darum auch verfehlt die Scheidung zwischen bürgerlichem und öffentlichem Recht nach dem Merkmale dieses Dienstverhältnisses, welches bald zu weit, bald nicht weit genug führt.

§ 4. Die gesetzliche Gruppenbildung.

I. Es ist naheliegend und unbedenklich, wenn der Gesetzgeber in Praxis und Wissenschaft hergebrachte Gruppenbildungen, wie die im § 3 besprochenen, auch seinerseits benutzt, um sich den Arbeitsstoff zu zerlegen. Früher nicht eben üblich [3]), ist dies Verfahren in neuerer Zeit fast selbstverständlich geworden — Strafgesetzbuch, Strafprozeßordnung, Civilprozeßordnung, Bürgerliches Gesetzbuch u. s. f.: schon diese Namen sind bezeichnend.

Dabei hindert den Gesetzgeber nichts, gelegentlich, bei der Regelung der einen Materie in eine wissenschaftlich zu einer anderen Gruppe gehörige Materie hinüberzugreifen, oder eine

---

1) „Positives Recht“ ist an sich nur eine andere Bezeichnung für „geltendes Recht“; wir gebrauchen jene aber mit Vorliebe dann, wenn dieses nicht ganz unseren a priori, nach der Regel gebildeten Erwartungen entspricht.

2) Wach, Handbuch des Deutschen Civilprozeßrechts, Band 1, S. 111, Note 84, S. 112 Note 85.

3) Corpus juris civilis und Corpus juris canonici, die Gesetzgebungswerke Justinians und der Päpste, bringen bürgerliches und öffentliches, materielles und Prozeßrecht in bunter Mischung.

Materie nur teilweise zu behandeln, wie es ihm eben praktisch erscheint, im Gegensatz zu einem Doktrinarismus, der hier durchaus verfehlt wäre. Die Schwierigkeiten der Grenzregulierung entscheidet der Gesetzgeber nach Belieben durch die Tat, indem er nämlich dies behandelt, jenes unberührt läßt, um anderswo darauf zurückzukommen. Und andererseits bleibt der dogmatischen Rechtsbehandlung volle Freiheit, die aus verschiedenen derartigen Gesetzen hervorgehenden Rechtssätze nach ihrem Bedürfnisse zu sondern oder zusammenzufügen, dieser oder jener Gruppe einzuordnen. Nicht weil ein Rechtssatz dem BGB. entstammt, ist er notwendigerweise bürgerliches Recht im wissenschaftlichen Sinne des Wortes; nicht weil eine Regel in die CPO. verwiesen ist, sind wir wissenschaftlich genötigt, ihren materiell-rechtlichen Charakter zu verkennen.

II. Um ganz Anderes handelt es sich, wenn der Gesetzgeber die hergebrachte Gruppenbildung im Gesetze selbst dazu benutzt, um an die Voraussetzung, daß ein gewisses Rechtsverhältnis zu dieser oder jener Gruppe gehöre, eine gewisse Rechtsfolge zu knüpfen. So aber hat der deutsche Gesetzgeber der Gegenwart benutzt die Schlagworte „privatrechtliche Vorschriften" (Art. 55) und „prozeßrechtliche Vorschriften" (§§ 13, 14 EG. z. CPO.) sowie „bürgerliche Rechtsstreitigkeiten" (§ 3 EG. z. CPO.). Folge hiervon ist:

1. Die Fragen, was privatrechtlich, bürgerlichen Rechts, prozeßrechtlich ist, müssen nun einheitlich und scharf entschieden werden. Verschiedene Bücher, vielleicht sogar desselben Verfassers, mögen aus Rücksichten des Systems oder der Didaktik dieselbe Materie bald hierher, bald dorthin stellen; aber die vom Gesetze an den Umstand, daß eine Materie hierher oder dorthin gehört, geknüpften Folgen können für dieselbe Materie nur eintreten oder nicht eintreten. Insoweit ist es auch nicht mehr möglich, beiden Gebieten gemeinsame Grenzstreifen anzunehmen.

2. Bei der Entscheidung dieser Fragen ist nur noch maßgebend der Wille des Gesetzes. Allein diesem ist zu entnehmen, was unter „bürgerlichem Recht" und unter „Prozeß-Recht" zu verstehen ist. Dabei ist, mangels näherer ausdrücklicher Bestimmungen, nach gewöhnlichen Auslegungs-Regeln zu verfahren.

a) Es ist irrig, anzunehmen, alles, was in der Prozeßordnung steht, sei dadurch vom Gesetz selbst für Prozeßrecht, alles, was im BGB. steht, dadurch vom Gesetz selbst für bürgerliches materielles Recht erklärt. Vielmehr ist keineswegs ausgeschlossen, daß der

Gesetzgeber gelegentlich irgend eines Zusammenhanges auch solche Vorschriften erlassen hat, die er selbst als zu andern Rechtsgruppen gehörig ansah.[1]) — Dennoch gibt im großen und ganzen die Summe der in einem Gesetzbuche bestimmten Namens behandelten Rechtssätze deutlichen Hinweis auf die gesetzliche Auffassung.

b) Ein anderer Hinweis ist dem Umstande zu entnehmen, daß plangemäß das BGB. sich eher gegen als für die Zugehörigkeit zum bürgerlichen materiellen Recht entscheidet.[2]) Was irgend an öffentlich-rechtliche oder prozessuale Beziehungen streift, wird gerne ganz dem öffentlichen, namentlich dem Prozeßrecht zugewiesen. Die hierfür maßgebend gewesenen politischen und gesetzgeberischen Rücksichten[3]) führen zu demselben Ergebnisse, wie in der Wissenschaft die überwiegende Anziehungskraft des öffentlichen Rechts.

c) Beide Hinweise genügen nicht zur bestimmten Beantwortung der zu lösenden Fragen. Es bleibt nichts anderes übrig, als die Bedeutung der vom Gesetze gebrauchten Worte nach dem zur Zeit der Gesetzesredaktion herrschenden Sprachgebrauche festzustellen. Dieser Sprachgebrauch ist, da es sich um technische Kunstwörter handelt, nicht dem täglichen Leben, sondern der Übung der Juristen zu entnehmen. Auch ist nicht meritorisch zu prüfen, welcher Gebrauch jener Kunstwörter der vernünftigste, systematisch brauchbarste, innerlich folgerichtigste gewesen wäre; sondern nur, welcher er tatsächlich gewesen ist; in Zweifelsfällen also, welche Übung die herrschende gewesen ist. Dabei dürfte man im wesentlichen zu den im vorgehenden Paragraphen versuchten Bestimmungen gelangen.

3. Der Sinn der Wörter „bürgerliches Recht" und „materielles Recht" ist damit ein für alle male gesetzlich auf den zur Zeit der Redaktion des BGB. in Praxis und Theorie eben herrschend ge-

---

[1]) Das schlagendste Beispiel hierfür aus dem BGB., § 62, entnehme ich Zitelmann, Das Recht des bürg. Gesetzbuchs, Allg. Teil, S. 3. Man könnte von „leges fugitivae" des modernen Rechts reden.

[2]) Aber Vorsicht; die Nichtaufnahme braucht dies nicht zu bedeuten; so richtig Leonhard, a. a. O. S. 12: sie kann auch bloße Neutralitäts-Erklärung sein. Dennoch wird sie vielfach, ohne gesetzlichen Zwang, stärker wirken.

[3]) Politische Rücksichten: es sollte vermieden werden, in die Kompetenz der deutschen Territorial-Staaten durch Berührung öffentlich-rechtlicher Gebiete kränkend einzugreifen; gesetzgeberische Rücksichten: bei der ohnehin gewaltigen Aufgabe, ein neues bürgerliches Recht zu schaffen und einzuführen, war Entlastung von allenfalls anderswo einstellbaren Materien angezeigt.

wesenen Sinn dieser Wörter festgelegt. Aber wohl gemerkt nur, so oft die Anwendbarkeit einzelner Rechtssätze in Frage steht, welche ihre Anwendbarkeit von der Zugehörigkeit einer Rechtsregel zu diesem oder jenem Gebiet abhängig machen. Soweit dagegen in Betracht kommen Fragen der Systematik oder der Didaktik; soweit die Rechtswissenschaft oder der Rechtsunterricht in mehrere Zweige eingeteilt werden sollen; so findet für die Bildung dieser Gruppen wissenschaftliche und pädagogische Einsicht nach wie vor freie Statt. Um so besser, wenn diese frei gebildeten Begriffe mit den gesetzlich festgestellten zusammenfallen.

Dieses Vorteils genießen wir heute noch regelmäßig, da Anschauung und Wortgebrauch in juristischen Kreisen für jene obersten Einteilungen in der kurzen, seit Fertigstellung des BGB. verflossenen Zeit sich noch kaum verändert haben dürften. In diesem Sinne soll hier dogmatisch und elementar von dem gemeinen deutschen materiellen bürgerlichen Rechte der Gegenwart gehandelt werden.

Indessen ist dem noch eine Beschränkung beizufügen. Unser bürgerliches Recht ist — wie alsbald genauer anzugeben — keineswegs ganz in unserem neuen Bürgerlichen Gesetzbuch enthalten; selbst nicht, soweit es reichsrechtlich als solches bürgerliches Recht anerkannt[1]) und geordnet ist, des in Geltung verbliebenen territorialen bürgerlichen Rechts zu geschweigen. Große Partieen sind aus dem Bürgerlichen Gesetzbuche ausgeschieden. Dieselben Partien sollen auch hier, namentlich soweit sie systematisch in sich zusammenhängen, ausgeschieden bleiben. Unsere Darstellung bezieht sich vorzüglich auf das Recht des Bürgerlichen Gesetzbuches vom 18. August 1896.

IV. Das Bürgerliche Gesetzbuch.

§ 5. Entstehung.

I. Vorzustand.[2]) Der Zustand des bürgerlichen Rechts, wie er bis zum 31. Dezember 1899 in Deutschland[3]) bestanden hat, war bekanntlich der denkbar mannigfaltigste. Genauer kennen lernen kann man denselben nur durch eingehende geschichtliche Darstellung (deutsche Rechtsgeschichte). Hier bloß ein Überblick.

Es waren hauptsächlich zu unterscheiden Länder mit und ohne

---

[1]) Vgl. außerdem oben S. 11. Text zu Note 3.

[2]) Vgl. Rechtskarten, z. B. von Schröder, in deutscher Rechtsgeschichte.

[3]) S. oben S. 4 Note 1.

Kodifikation. Unter „Kodifikation" versteht man diejenige Art gesetzgeberischer Tätigkeit, welche das gesamte Recht eines Bezirkes oder doch einen größeren zusammenhängenden Ausschnitt daraus in einem einheitlichen Gesetzgebungswerke, unter ausdrücklicher Aufhebung allen älteren einschlägigen Rechtes[1]), möglichst erschöpfend regelt.

1. Gebiete mit solchen Kodifikationen des bürgerlichen Rechts waren:

a) das Gebiet des Allgemeinen Landrechts für die preußischen Staaten, von 1794. Hauptsächlich die östlichen Provinzen Preußens und Westfalen, ferner Teile von Hannover und der Rheinprovinz und einige Sprengstücke.

b) die Länder des französischen Rechts, das sind diejenigen Länder, in welchen der französische code civil von 1804 sich aus den Zeiten der französischen Herrschaft her in Geltung erhalten hatte, also namentlich der linksrheinische Teil der preußischen Rheinprovinz[2]), Rheinhessen, Rheinbayern und Elsaß-Lothringen; und außerdem das Großherzogtum Baden, dessen Landrecht von 1809 nur eine Bearbeitung des französischen code civil ist.

c) die Reste der Herrschaft des Allgemeinen Bürgerlichen Gesetzbuches für die österreichischen Staaten von 1811 innerhalb des heutigen Deutschland: nur noch einige bayrische Bezirke.

d) das Königreich Sachsen mit dem sächsischen Bürgerlichen Gesetzbuche von 1863.

2. Außerhalb der aufgezählten Gebiete galt das frühere „gemeine Recht".[3]) Es beruht bekanntlich auf dem römischen Recht, besonders auf der Justinianischen Kodifikation desselben, wie sie in Deutschland rezipiert wurde. Hinzugetreten sind

a) für das gesamte Gebiet dieses gemeinen Rechts zahlreiche Einflüsse des kanonischen Rechts, des älteren deutschen Rechts und der alle diese Elemente eben zu der Einheit des gemeinen Rechts verschmelzenden Praxis.

b) Außerdem aber kommt in Betracht, daß dieses gemeine Recht nur subsidiär galt, d. h. so, daß seine Herrschaft hinter allen lokalen Rechten zurücktrat und der Betätigung territorialer, auch

---

[1]) Wennschon mit örtlichen Ausnahmen, wie das Preußische Allgemeine Landrecht für die Provinzialrechte.

[2]) Rechtsrheinisch nur in denjenigen Teilen, welche zum ehemaligen Großherzogtum Berg gehörten.

[3]) Vgl. oben S. 4 Note 4.

bloß statutarischer Gesetzgebung freisten Raum ließ, immer nur bereit, in die danach noch bleibenden Lücken einzutreten. Infolge der hiermit eröffneten Möglichkeit hatten sich die verschiedensten partikularistischen Rechtsgebilde auf den meisten Gebieten des bürgerlichen Rechts, namentlich im Familienrecht, aber auch sonst vielfach teils über die Rezeption des fremden Rechts hinaus erhalten, teils durch unablässige Bildung neuen Gesetzes- oder Gewohnheitsrechts für die verschiedenen Territorien, Provinzen, Städte, Landgemeinden neu entwickelt. An jedem Orte galt so das gemeine Recht nur mit unzähligen, aus der ältesten Vergangenheit oder aus der jüngsten Gegenwart herrührenden, ganz lokalen oder territorial umfassenden, ganz vereinzelte Punkte oder größere Materien betreffenden, einander wieder gegenseitig vielfach beschränkenden oder beeinflussenden Abänderungen. An keinem Orte wohl galt es so, wie es unter dem Namen „Pandekten" in Lehrbüchern und Lehrvorträgen dargestellt wurde, nämlich bloß soweit es gemeines Recht war. War dieser Rechtszustand gewiß höchst unbefriedigend, so hat er doch die Bedeutung, daß sich in der Form jener mannigfachen Abweichungen vom gemeinen Recht oft altes einheimische Recht erhalten, vielfach auch neues Recht wurzelecht gebildet hat.

3. Zwischen den beiden genannten Gruppen nahmen eine besondere Stellung ein die altbayrischen Länder des Codex Maximilianeus bavaricus civilis von 1756. Denn dieses Gesetz beließ es zwar einerseits bei der subsidiären Gültigkeit des gemeinen Rechts; war aber andererseits so vollständig, daß damit das gemeine Recht ganz in den Hintergrund gedrängt war. Wennschon streng genommen ohne Kodifikation, hatten also tatsächlich jene bayerischen Länder ein bürgerliches Recht für sich; sie bildeten ein eigenes geschlossenes Rechtsgebiet.

Zusammenfassend: solcher Rechtsgebiete gab es im wesentlichen vier, die des Preußischen, Französischen, Sächsischen und Bayrischen Rechts; außerdem das vielfach zerrissene und zersetzte Gebiet des alten gemeinen Rechts.

II. Anbahnung.[1]) — Wahrlich kein Wunder unter solchen Zuständen, daß zu den verschiedensten Zeiten und von den verschiedensten Seiten her Bestrebungen zu Vereinheitlichung des deutschen

[1]) Schwartz, Die Geschichte der privatrechtlichen Kodifikationsbestrebungen in Deutschland, im Archiv für bürgerliches Recht 1, 1 fg.

bürgerlichen Rechts sich geltend gemacht haben. Diese Bestrebungen bilden geradezu eine Äußerung deutschen Nationalempfindens, ihre Geschichte gehört noch mehr fast zur Geschichte deutscher Kultur- und Volksentwicklung, als zur Rechtsgeschichte. Besonders lebhaft wurden daher diese Stimmen während der großen nationalen Erhebung der Befreiungskriege; aber einen politisch tragfähigen Boden für ein einheitliches deutsches Rechtsgebäude bot erst die Errungenschaft der siebenziger Jahre, das neue Deutsche Reich.

1. Ohne die reale politische Macht ist Gesetzgebung Torheit; eine solche Macht bestand seit 1871. — Ohne grundverfassungsmäßige Berechtigung zu ihr wäre Gesetzgebung Rechtsbruch; diese Berechtigung, für das ganze Gebiet des bürgerlichen Rechts wenigstens[1]), besaß jene Macht zunächst noch nicht. Sie erhielt sie erst durch das Reichsgesetz vom 20. Dezember 1873.

2. Sobald aber einmal durch dieses Gesetz das Deutsche Reich die Gesetzgebungszuständigkeit für das gesamte bürgerliche Recht besaß, verstand es sich von selbst, gemäß Art. 2 der ursprünglichen Reichsverfassung, daß, hier wie sonst, sobald es zum Erlasse von Reichsgesetzen kommt, diese den Landesgesetzen vorgehen. Damit war die Möglichkeit einer eigentlichen Kodifikation, im strengen Sinne des Wortes, eröffnet.

3. Selbstverständlich war das Gesetz vom 20. Dezember 1873 nicht zu stande gekommen, ohne daß die gesetzgebenden Faktoren von der ihnen darin gegebenen Befugnis sofort Gebrauch zu machen entschlossen gewesen wären. Auch schritt man alsbald zur Tat. Wenn nichtsdestoweniger es bis zum Erlasse des Bürgerlichen Gesetzbuches noch über 22½ Jahre gewährt hat, so ist dieser Zeitaufwand durch Umfang und Schwierigkeit der zu lösenden Aufgabe durchaus erklärt und gerechtfertigt. Für dringende Einzelheiten mochten inzwischen zahlreich erlassene Einzelgesetze sorgen; für das große Werk war Vollendung wenigstens anzustreben; nichts Vollendetes aber ohne Mühe und Muße.

III. Ausführung.[2]) — Die Ausführung ist in folgenden Abschnitten durch folgende Organe vor sich gegangen.

---

[1]) Wohl für einzelne Gebiete, namentlich Obligationen- und Handelsrecht, wie darüber auch schon der Norddeutsche Bund zuständig war; Art. 3 u. 4 der Nordd. Verf.-Urkunde, Art. 4 Ziffer 13 der Reichsverfassung v. 16. April 1871.

[2]) Vierhaus, Die Entstehungsgeschichte des Entwurfs eines Bürgerlichen

1. Die Vorkommission, berufen vom Bundesrate, um Aufgabe, Plan und Methode des Vorgehens zu begutachten; ihre Vorschläge vom Bundesrate gebilligt 22. Juni 1874.

2. Die Kommission von 11 Mitgliedern, berufen zur Abfassung des Gesetzes selbst, in unausgesetzter angestrengter Tätigkeit, aber in der Stille schaffend vom Herbst 1874 bis Ende 1887.[1]) Ihr Produkt, der sog. Erste Entwurf, wurde vom Bundesrat veröffentlicht 1888.

3. Nun eine Pause in der offiziellen Tätigkeit, um die öffentliche Kritik zu Worte kommen zu lassen. Diese Kritik strömte um so reichlicher, fiel um so schärfer aus, je mehr die Vorzüge des ersten Entwurfes streng technische waren, gediegen romanistischer Aufbau und klare Folgerichtigkeit, während die Mängel, als Doktrinarismus des Inhaltes wie des Ausdruckes, auf der Hand lagen. Namentlich machten manche, auch juristischerseits erschallende Stimmen gegen den Entwurf von Schlagwörtern des Augenblicks[2]) einen wenig erfreulichen Gebrauch. Aber auch ernsthaft brauchbare Verbesserungsvorschläge wurden zahlreich vorgebracht. Und besonders vorteilhaft war es, daß nun manche Rücksichten auf Schonung des territorialen Rechts, welche die erste Kommission noch hatte nehmen müssen, durch den Nachdruck der öffentlichen Meinung (z. B. betreffend die Vereine mit juristischer Persönlichkeit) verdrängt wurden. — Ergebnis: Der Bundesrat beschloß Umarbeitung auf Grund des ersten Entwurfes.

4. Die zweite oder große Kommission von 22 Mitgliedern, darunter auch Laien, berufen im Dezember 1890. Ergebnis ihrer stets schon nach Fertigstellung der Teilabschnitte veröffentlichten Arbeiten ist der Entwurf zweiter Lesung, sog. Zweiter Entwurf; dessen von derselben Kommission nochmals revidierte Fassung vom Oktober 1895 trägt den Namen „Bundesratsvorlage".[3]) Er schneidet oft tief und weit ein in den Entwurf erster Lesung, während er

---

Gesetzbuches. In Bekker und Fischer, Beiträge zur Erläuterung und Beurteilung des Entwurfs, Heft 1, 1888. — Außerdem natürlich in allen Lehrbüchern, vor allen Ausgaben mit oder ohne Kommentar, zum Überdruß.

[1]) Am bürg. GB. selbst; dann noch an den Nebengesetzen bis Juni 1888.

[2]) Volkstümliches, urdeutsches, soziales Recht verlangte man und hat damit, bei der bedauerlichen Nachgiebigkeit der Gesetzgebung gegen solche Stimmungsmacherei, viel Unheil angerichtet.

[3]) Sprachlich wohl nicht ganz korrekt; denn dieser Name soll nicht etwa, wie man sprachlich leicht zu der Annahme kommen könnte, bedeuten: Vorlage des Bundesrats; sondern: Vorlage an den Bundesrat.

seinerseits später fast nur noch in Einzelheiten,[1]) wennschon viele und darunter manche wichtige Abänderungen erfahren hat.

5. Es folgen nun: Durchberatung durch den Bundesrat; Vorlage an den Reichstag, sog. Reichstagsvorlage[2]) vom Januar 1896; Reichstagsberatungen im Plenum, in einer Kommission, in zweiter und in dritter Lesung; dabei manche namentlich politisch bedingte Änderungen und Schwankungen; schließlich Ausgleich. Diesem gemäß erhielt das Gesetz in der Gestalt, in welcher es der Reichstag durch seine letzte Abstimmung vom 1. Juli 1896 angenommen hatte, unverändert die Zustimmung des Bundesrates am 14. Juli desselben Jahres.

6. Die Verkündigung durch den Kaiser ist erfolgt am 18. August 1896; daher dieses das Datum des Gesetzbuches.

§ 6. Die Nebengesetze.

I. Das Einführungsgesetz. Das BGB. ist begleitet von einem Einführungsgesetz, welches genau denselben Werdegang wie jenes zurückgelegt, gleichzeitig mit ihm Gestalt und sodann Billigung seitens der Gesetzgebung (sog. „Sanktion") gewonnen hat. Es ist von ihm getrennt lediglich aus Gründen der gesetzgeberischen Technik und Eleganz, während es sachlich zu ihm unentbehrlich gehört. Das Einführungsgesetz enthält nämlich die Regeln über Maß und Art der Rechtswirksamkeit des BGB., Regeln, welche man nicht diesem gewissermaßen über sich selbst in den Mund legen mochte.[3])

Daher ergeben sich für das EinfGes. z. BGB. folgende Materien:

1. Vorschriften über Beginn der Gesetzeskraft des BGB.; bekanntlich der 1. Januar 1900 unter einer, seither erledigten Klausel (s. unten II), Art. 1.

2. Einige terminologische Bestimmungen und eine prozessuale Regel, Art. 2—8.

---

[1]) Ausnahme besonders Buch VI der zweiten Lesung betr. internationales Privatrecht, das vom Bundesrate wieder entfernt wurde, während sein wesentlich geschmälerter Inhalt in das Einführungsgesetz (s. unten § 6) wanderte.

[2]) Vgl. oben Note 2.

[3]) Da sich dieses Bedürfnis und diese Empfindung bei jeder Kodifikation wiederholen, so pflegt sich dort auch dies Verhältnis zwischen Haupt- und Einführungsgesetz zu wiederholen. So namentlich bei den anderen reichsrechtlichen Kodifikationen; vgl. aber auch Justinians Konstitutionen vor seinen Rechtsbüchern.

3. Vorschriften darüber, auf welche örtlich verzweigten Rechtsverhältnisse das deutsche, auf welche das ausländische bürgerliche Privatrecht anzuwenden ist, sog. internationales Privatrecht, Art. 7 bis 31. Bis dahin reicht der erste Abschnitt des Gesetzes.

4. Vorschriften über das Verhältnis des BGB. zu den älteren Reichsgesetzen, Abschnitt II des Gesetzes.

5. Vorschriften über das Verhältnis des Bürgerlichen Gesetzbuches zu den Landesgesetzen, beruhend auf Reichsverfassung Art. 2, s. oben S. 15; Abschnitt III des Gesetzes.

6. Vorschriften darüber, auf welche der Zeit nach älteren Rechtsverhältnisse das neue, auf welche das vergangene Recht anzuwenden ist, sog. Übergangsvorschriften, vierter und letzter Abschnitt des Gesetzes. — An die unter 1, 4, 5 und 6 aufgezählten Materien schließen sich, wie unten weiter auszuführen, weitere gesetzgeberische Eingriffe, sei es des Reichs, sei es der einzelnen deutschen Territorien.

II. Die anderen neuen Nebengesetze. — Art. 1 des EinfGes. bestimmt u. a., daß gleichzeitig mit dem BGB. in Kraft treten sollen ein Reichsgesetz über die Zwangsversteigerung und die Zwangsverwaltung, eine Reichsgrundbuchordnung und ein Reichsgesetz über die Angelegenheiten der freiwilligen Gerichtsbarkeit, Materien, die bis dahin reichsrechtlich noch nicht geordnet waren, ohne deren reichsrechtliche Regulierung aber einheitliche Handhabung des BGB. undenkbar war. Die so geforderten Gesetze sind ergangen, die beiden oben zuerst aufgezählten am 24. März 1897, das dritte am 17. Mai 1898.[1])

III. Die älteren Kodifikationen. — Ältere reichsrechtliche Kodifikationen, die inhaltlich dem BGB. nahe standen, waren das Handelsgesetzbuch, das Gerichtsverfassungsgesetz, die Civilprozeßordnung und die Konkursordnung. Diese konnten nicht mit dem BGB. innerhalb des engen Rahmens des Einführungsgesetzes in Einklang gebracht werden[2]); man mußte sie vielmehr selbständig neu ordnen. Auch dies ist geschehen, wie es verlangt wird in Art. 1 des Einführungsgesetzes.

1. Ein neues Handelsgesetzbuch ist ergangen unterm 10. Mai 1897, wesentlich umgearbeitet, teils mit Rücksicht auf das BGB., teils unabhängig davon.[3])

---

[1]) S. auch sogleich unter III, 5.

[2]) Wie sonst für ältere Reichsgesetze geschehen, vgl. oben I, 4.

[3]) Mehr etwa bei Cosack, Lehrbuch des Handelsrechts, 5. Aufl., S. 16 fg.

2. Ebenso sind die drei anderen der genannten älteren Kodifikationen umgearbeitet, teils um sie mit dem BGB. in Einklang zu setzen, teils um das BGB. prozessual und aktionenrechtlich zu ergänzen, teils um unabhängig davon Einzelheiten zu ändern. Hier ist dies alles aber nicht geschehen in der Form, daß die alten Gesetze aufgehoben und neue Kodifikationen an ihre Stelle gesetzt worden wären, sondern durch drei Abänderungsgesetze bezüglich auf jedes der drei Gesetze[1]) und auf ihre Einführungsgesetze, wozu noch Einführungsgesetze zu zweien jener Abänderungsgesetze (betr. CPO. und KO.) kamen, alle fünf vom 17. Mai 1898.

3. Gleichzeitig erhielt jedoch, durch besonderes Gesetz, der Reichskanzler die Ermächtigung, diese Neuerungen mit dem Text der alten Gesetze zu verschmelzen und so einen neuen Text herzustellen. Die Neuveröffentlichung dieser Texte durch den Reichskanzler ist erfolgt am 20. Mai 1898.

4. Ähnlicher Umschmelzung wurden unterzogen das Gesetz betr. die Anfechtung von Rechtshandlungen eines Schuldners außerhalb des Konkursverfahrens vom 21. Juli 1879; sowie das Gerichtskostengesetz und die Gebührenordnung für Gerichtsvollzieher, für Zeugen und Sachverständige und für Rechtsanwälte.

5. Infolge aller dieser Umformungen älterer Gesetze wurde es endlich nötig, in die gerade erst fertiggestellten Nebengesetze (oben unter II), wo sie auf jene älteren Gesetze verweisen, entsprechend neue Paragraphenzahlen u. dgl. einzusetzen. Auch hierzu erhielt der Reichskanzler gleichzeitig Ermächtigung und auch diese Neuveröffentlichung in dieser Gestalt erfolgte am 20. Mai 1898. In Rechtskraft getreten sind alle hier aufgezählten Gesetze gleichzeitig mit dem Bürgerlichen Gesetzbuche.

IV. Ausführungsgesetze. Durch die bisher in diesem Paragraphen zusammengestellten Maßregeln hat die Reichsgesetzgebung für die Materien, die sie überhaupt ergriffen hatte, eine auch äußerlich und zeitlich glattgestellte gemeinrechtliche Regelung gegeben. Es erübrigte den Territorien, sich auf dem ihnen verbliebenen Gebiete dieser Neugestaltung anzupassen.

1. Dieses Gebiet war im allgemeinen ein doppeltes, s. oben unter I N. 5 u. 6; es gehören nämlich dahin

---

[1]) Das auf das Gerichtsverfassungsgesetz bezügliche enthält zugleich einige nicht hierher gehörige Abänderungen der StPO., was auch in seinem Namen zum Ausdruck kommt.

a) die der Territorialgesetzgebung dauernd überlassenen Dinge; und

b) die ihr überlassenen Übergangsvorschriften, s. namentlich Art. 218 des EinfGes. zum BGB.

2. Die deutschen Einzelstaaten sind durchweg dieser Aufgabe durch besondere Territorialgesetze gerecht geworden. Diese Gesetze heißen übereinstimmend technisch „Ausführungsgesetze", z. B. das Preußische zum BGB. vom 20. September 1899, das Bayrische dazu vom 9. Juni 1899 u. s. f. Diese Gesetze[1]) sind freilich nicht gemeinrechtlich, ein jedes aber für sein Gebiet von größter Wichtigkeit.

§ 7. Charakter.

I. Inhalt. — Inhalt des BGB. ist plangemäß keineswegs das gesamte materielle bürgerliche Recht, sondern es sind (s. oben § 4 z. E.) große Stücke ausgeschieden. Dieselben sind entweder der Reichs- oder der Territorialgesetzgebung vorbehalten.

1. Bereits bestehender, wennschon aus Anlaß des BGB. umgeformter Reichsgesetzgebung sind vorbehalten wesentlich folgende Gruppen:[2])

a) das Handelsrecht und zugehörige Materien, als Wechselrecht, Recht der Erwerbs- und Wirtschaftsgenossenschaften, auch etwa Haftpflicht beim Betriebe von Eisenbahnen, Bergwerken u. s. f., RG. v. 7. Juni 1871;

b) die Urheberrechte: als namentlich Patent-, Marken- und Musterschutz; Schutz des sog. geistigen Eigentums an Schriftwerken, musikalischen Kompositionen u. s. f.; überhaupt das sog. Immaterialgüterrecht mit seinen zahlreich neu ausgestalteten Persönlichkeitsrechten;

c) aktionen- und konkursrechtliche Dinge, die in das materielle bürgerliche Recht teilweise recht tief eingreifen und zu seinem Verständnisse alsdann unentbehrlich sind, s. oben § 6, III, 2—5, und S. 11 Text zu N. 3.

---

[1]) Zusammengestellt von H. Becher, Die Ausführungsgesetze zum BGB. (auch zu seinen Nebengesetzen und zugehörige Verordnungen mit Gesetzeskraft), München 1900.

[2]) Nur die für den Inhalt des BGB. durch ihre Ausscheidung wesentlichen Gruppen sollen hier und in den folgenden Nummern angegeben werden; für Einzelheiten s. die ausführlichen Lehrbücher und Kommentare.

2. Neuer selbständiger reichsrechtlicher Regelung blieben vorbehalten:[1])

a) das Recht der Binnenschiffahrt, inzwischen erledigt durch Reichsgesetz vom 20. Mai 1898; das Recht der Hypothekenbanken, inzwischen erledigt durch Reichsgesetz vom 13. Juli 1899; das Verlagsrecht, inzwischen erledigt durch Reichsgesetz vom 19. Juni 1901; und

b) das Versicherungsrecht, inzwischen nur sehr teilweise erledigt durch das Reichsgesetz über die privaten Versicherungsunternehmungen vom 12. Mai 1901.

3. Der Landesgesetzgebung dagegen, bereits bestehender oder zukünftiger, oder auch durch sie wiederum zugelassener örtlicher Regelung blieben vorbehalten wesentlich folgende Gruppen:[2])

a) alle Materien, die auch zum öffentlichen Recht gerechnet werden können, in recht weitgehendem Maße (s. oben S. 11 Text zu Note 3); so z. B. Privatfürstenrecht,[3]) Recht der Regalien, Haftung der öffentlichen Gewalten für ihrerseits zugefügte oder nicht verhinderte Schäden (Art. 77 u. 108), Aufrechterhaltung von Verkehrsunternehmungen im öffentlichen Interesse (Art. 125), Kirchen- und Schulbaulast u. s. f.;

b) Stoffe, bei deren Regelung örtlichen Verschiedenheiten Rechnung zu tragen ist, als Wasserrecht, Fischereirecht, auch zum Teile nachbarrechtliche Beziehungen;

c) besondere Rechtsverhältnisse an Grundstücken, sei es ganz alter, sei es jüngster Prägung als Lehnrecht, Recht der Rentengüter, Anerbenrecht;

d) verschiedene Sondergebiete als: Recht der Familienfideikommisse, Jagdrecht, Bergrecht, Gesinderecht, Recht der Zwangsenteignung und mancherlei dergleichen mehr;

e) die Regelung der religiösen Erziehung der Kinder, Art. 134.

Ergebnis: Als Inhalt für das BGB. bleiben übrig hauptsächlich und fast ausschließlich diejenigen Teile des materiellen bürgerlichen Rechts, welche die gemeinrechtliche Wissenschaft der Vergangenheit in den sog. Pandekten (Lehrbüchern und Vorträgen) zu behandeln pflegte. Das prägt sich deutlich aus in der Annahme des sog.

---

[1]) Außer den Materien der oben § 6 II aufgezählten Nebengesetze, die nicht bürgerlichrechtlicher Natur sind.

[2]) S. oben S. 20 Note 2.

[3]) S. unten § 10, III, bes. unter 4.

Pandektensystems für das BGB., sowohl als Prinzip der Arbeitsteilung während seiner Anfertigung, wie als Prinzip der Einteilung für das fertige Gesetz. — Das umfassendste und wichtigste Reichsgesetz auf materiellrechtlichem bürgerlichem Gebiet neben dem BGB. ist das Handelsgesetzbuch mit der Wechselordnung, die unverändert geblieben ist.

II. Stoff. — Unter Stoff eines Gesetzes verstehen wir die darein verarbeiteten Rechtsgedanken. Diesbezüglich bemerke man etwa folgendes:

1. Es ist denkbar, daß eine Kodifikation unternommen wird, um nach vollständigem Umschlag bisher maßgebender Anschauungen in breitestem Umfange stofflich neues Recht zu schaffen; z. B. die Strafgesetzbücher des Zeitalters der Aufklärung. Solche Fälle aber sind anomal. Meist wird es sich bei einer Kodifikation nur handeln um Neuprägung bereits bestehenden Rechts, was freilich den Wunsch keineswegs ausschließt, damit stoffliche Einzelfortschritte zu verbinden. Es lassen sich da etwa folgende Staffeln unterscheiden:

a) Übernahme des bisher geltenden Rechts schlechtweg, unter gelegentlicher Einfügung technischer Verbesserungen.

b) Falls mehrere geltende Rechte zur Verfügung stehen, wie bisher in Deutschland, Auswahl einzelner Teile daraus und Verbindung derselben zu einem neuen Ganzen.

c) Die bisher geltenden Rechte können Rechtsgedanken unentwickelt in sich tragen, deren Fortentwicklung durch Praxis und Wissenschaft vorbereitet ist.[1]) Hier findet die Gesetzgebung die Möglichkeit eines Fortschrittes ohne Bruch mit der Rechtskontinuität und ohne das Wagnis unvorbereiteter Experimente.

d) Ein solches Wagnis liegt schon vor bei Rückgriffen auf nationales Recht entfernter Vergangenheit, die leicht Rückschritte sein mögen. Oder bei Anlehen aus dem Rechte anderer Völker; was sich dort bewährt hat, mag für uns nicht passen. Trotzdem lassen sich beide Stoffkreise nicht wohl ganz ausschließen.

e) In breiten Volkskreisen oder auch in engeren Kreisen von Fachleuten mögen sich Rechtsgedanken regen; neue Erscheinungen des Lebens mögen darin das Recht fordern, das „mit ihnen geboren ist". Nimmt der Gesetzgeber solcherlei neuen Rechtsstoff gern oder

---

[1]) Iherings bekanntes Schlagwort: „Durch das Römische Recht über das Römische Recht hinaus."

ungern, bewußt oder unbewußt, in sein Werk auf, so wird er meist die technisch-juristischen Gedanken dazu selbst schaffen müssen.

f) Endlich mag es sich, auch abgesehen von dem soeben zuletzt erwähnten Notfall, handeln um individuell-originelle, dem Rechtsleben bisher fremde Gedanken, sei es des Gesetzgebers selbst, sei es irgend eines lebenden oder toten Rechtsdenkers, die der Gesetzgeber aufgreift. Diese Gedanken mögen geniale Geistesblitze oder Irrlichter sein, sich auf technische Fragen oder selbst auf leitende Gesichtspunkte beziehen. Höchste Vorsicht ist da offenbar geboten; auch wird es ohnehin, wo viele Menschen zur Gesetzgebung zusammenwirken, offenbar nicht leicht einem derselben gelingen, mit solchen Vorschlägen durchzudringen; die Möglichkeit aber bleibt bestehen.

2. Ergibt sich nun aus diesen Betrachtungen, daß unter allen Umständen bei besonnener Tätigkeit der gesetzgebenden Faktoren unser Bürgerliches Gesetzbuch stofflich neues Recht wesentlich gar nicht bringen konnte, so entspricht dem, daß auf Schaffung solchen Rechtes von vornherein der Plan nicht gerichtet war, selbst nicht in dem immerhin noch denkbaren Umfange. Vielmehr hatten sich die Verfasser an den Umkreis der in den verschiedenen Teilen Deutschlands damals gültigen Rechte zu halten, aus ihnen die besseren, im Zweifel die in weiteren Gebieten gültigen Sätze auszulesen und diese zu einem Ganzen zu verarbeiten. So hatte man bestimmt, aus dem Bedürfnisse der Rechtskontinuität hervor, wie auch um das große Werk nicht im uferlosen Ozean entfernterer Möglichkeiten stranden zu sehen.

a) Infolgedessen war als Stoff für unser BGB. gegeben die Summe der Rechtsgedanken in den Rechten, welche den damaligen Rechtszustand Deutschlands regelten, s. oben § 5, I; selbstverständlich stets mit der Möglichkeit einzelner Abweichungen und Ausnahmen.

b) An dies Programm haben sich die Verfasser des ersten Entwurfes streng gehalten; selbst der soeben unter 1 c erwähnten Möglichkeit, im Anschluß an ein geltendes Recht über dasselbe hinaus zu kommen, haben sie sich nur mit ängstlicher Vorsicht bedient. Sie haben dabei besonders (vgl. auch oben unter I das Ergebnis) den Stoff des früheren gemeinen, in seiner Wurzel allerdings Römischen Rechts bevorzugt; und dabei wieder besonders diejenige Ausbildung dieses Stoffes, welche sie in der Pandektenwissenschaft der sechziger bis siebenziger Jahre des neunzehnten Jahrhunderts gegeben fanden.

c) Dagegen besteht die seither dem ersten Entwurfe widerfahrene Umarbeitung, soweit sie eine sachliche ist, außer in einer stärkeren

Benutzung anderer damals gültiger Rechte, namentlich des Preußischen Landrechts, meist gerade in Abweichungen von jenem Programm. Teils hat man der Fortbildung des geltenden, namentlich auch des einheimisch deutschen Rechts über sich hinaus, im Einklange mit den dahinzielenden Fortschritten der Wissenschaft, freieren Spielraum gegeben; teils zu älteren deutschen Rechtsgedanken zurückgegriffen; teils auch neuen Lebensbedürfnissen oder Geistesströmungen durch neue Rechtsgedanken Rechnung tragen wollen. Auch wohl ganz frei ist man vorgegangen, z. B. mit neuen technischen Gedanken beim Rechte der Erbenhaftung. Indessen überwiegt nach wie vor die Stoffmasse des ersten Entwurfes.

III. Form. — Zur Charakteristik des BGB. erübrigt ein Wort über seine äußere Gestaltung.

1. Es zerfällt in die fünf Bücher des üblichen Pandektensystems (s. oben S. 22). Allgemeiner Teil — Recht der Schuldverhältnisse — Sachenrecht — Familienrecht — Erbrecht. Davon beziehen sich Buch II und III auf das Vermögensrecht unter Lebendigen, Buch V auf das Vermögensrecht von Todeswegen. Die Persönlichkeitsrechte haben kein Buch für sich erhalten; sie erscheinen[1]) teils im ersten Buche unter den allgemeinen Lehren, teils im zweiten Buche gelegentlich des Umstandes, daß aus ihrer Verletzung Schuldverhältnisse entstehen.

Die einzelnen Bücher zerfallen wieder in „Abschnitte", diese in „Titel" und auch diese wieder gelegentlich in (namenlose) Unterabteilungen. Darin eingeordnet sind die einzelnen Paragraphen, welche das Gesetzbuch durchlaufend zählt; es hat ihrer 2385.

Innerhalb der Paragraphen sind bisweilen Nummern im Gesetzestext zur Sonderung kleinerer Einheiten beigefügt, sonst zitiert sich das Gesetzbuch selbst nach Absätzen und nach Sätzen, vgl. z. B. § 997 Abs. 2.

2. Der Stil des Bürgerlichen Gesetzbuches ist keineswegs ein volkstümlicher oder auch nur ein im gewöhnlichen, schriftstellerischen Sinne leichter, angenehmer. Dergleichen hier zu erwarten wäre einfach Torheit. Vielmehr war vor allem zu erstreben Genauigkeit, d. h. möglichste Übereinstimmung des Gewollten mit dem Ausdruck unter möglichstem Ausschlusse von Mißverständlichkeit; erst in zweiter

---

[1]) Soweit sie nicht ganz außerhalb des BGB. stehen, vgl. bes. oben § 7, I, 1, b u. unten § 15. I, 3.

Linie Kürze; und erst in letzter Linie Klarheit, d. h. möglichst leichte Verständlichkeit.

a) Der Genauigkeit dient zumeist gleichmäßige Verwendung derselben Wörter in demselben Sinne; unter Umständen die Legaldefinition dieses Sinnes; sodann scharfer, technischer Ausdruck in den einzelnen Sätzen, strenge Bezugnahme dieser Sätze aufeinander. Im ersten Entwurfe war diesen Anforderungen mit Bewußtsein, in schroffer Einseitigkeit alles sonst geopfert, jede Rücksicht auf das bei der täglichen Benutzung unentbehrliche Maß der Bequemlichkeit (vgl. namentlich die berüchtigten Verweisungen, mehrfach vom zweiten Orte wieder zu einem dritten oder gar noch weiter), bisweilen selbst die Rücksicht auf den Geist der Sprache, geschweige denn auf gefälligen Ausdruck. Im zweiten Entwurfe hat man sich zu Abschwächungen dieses Prinzips verstehen müssen; viele Verweisungen sind verschwunden, wennschon ihrer noch genug übrig geblieben sind; vielfach sind natürlichere, glattere Redewendungen eingesetzt; es ist dies jedoch mit so schonender Hand geschehen, daß die Genauigkeit des ersten Entwurfes dadurch wenig gelitten haben dürfte. Eher dürfte dieselbe hin und wieder dadurch etwas gelitten haben, daß dem ersten Entwurfe so viele sachliche Änderungen zu teil wurden, die seinen einheitlichen Guß sprengen mußten: kleine Unebenheiten sind da wohl zurückgeblieben.

b) Kurz ist das Gesetz, soweit ohne Beeinträchtigung der Genauigkeit und erstrecht der Vollständigkeit möglich. Zu diesem Ergebnisse wirken zusammen: Vermeidung der sog. Kasuistik, d. h. einer bis zu den individuellen Einzelfällen herabsteigenden Regelung; das oben schon erwähnte System von Verweisungen; und namentlich peinliche Ausnutzung aller durch die Regeln der Sprache und des Satzbaues gegebenen Möglichkeiten, in wenigen Worten viel zu sagen. Dahin gehört besonders das zudem noch aus Rücksichten einer gewissen gesetzgeberischen Eleganz beliebte Verfahren, Beweisregeln nur in seltensten Fällen ausdrücklich zu geben, dieselben vielmehr meist nur durch die Stellung der Wörter, Satzglieder oder Sätze, durch Wahl der positiven oder negativen Form oder durch ähnliche Mittel anzudeuten.[1])

---

[1]) Hierüber s. Planck, Kommentar zum BGB., Vorbemerkungen zum allgemeinen Teil, unter V, S. 44 fg. Die dort über diesen Punkt gegebenen authentischen Mitteilungen betr. das von den Verfassern des Gesetzes plangemäß und folgerichtig in Bezug auf diesen Punkt durchgeführte Verfahren

c) Das Maß der Klarheit dagegen ist kein allzu hohes. Schon die Schwierigkeit und Vielgestaltigkeit moderner Lebens- und Rechtsverhältnisse steht dem im Wege. Einfache Normen aufzustellen, d. h. solche, welche für zahlreiche Unterarten von Fällen bloß eine unterschiedslos anzuwendende allgemeine Regel aufstellen, kann unser BGB. sich nur äußerst selten entschließen. Dazu kommt, daß die eben vorgetragenen, den Ansprüchen auf Kürze des Gesetzes förderlichen Maßregeln entgegengesetzt wirken in Bezug auf Klarheit. Der Stil des Gesetzes ist infolge derselben bisweilen ein schwerfälliger, künstlicher, dunkler. Wo sich aber solcher Druck nicht geltend macht, da ist er oft ein musterhafter; und durchweg wird man ihn schließlich als einwandsfreien bezeichnen müssen.

3. Die Redeform unserer Gesetze ist nicht etwa mehr, wie z. B. in der älteren Römischen Gesetzgebung, die imperativische. Vielmehr bedient sich unser Gesetz des einfachen Indikativ, um zu verkünden, welche Rechtsverhältnisse unter gewissen Bedingungen eintreten. Der große allgemeine Gesetzesimperativ steht stillschweigend überall dahinter — oder auch, wenn man will, ausdrücklich davor in der das Gesetz einführenden Formel („Wir . . (u. s. f.) . . verordnen . . . was folgt").

Darum freilich ist nicht etwa jedes Wort des Gesetzes der Gesetzeskraft teilhaftig. Gesetzesinhalt ohne Gesetzeskraft, sog. unverbindlichen Gesetzesinhalt[1]), haben wir vielmehr

---

führen zu Auslegungsregeln, welche sonst überaus leicht übersehen werden können. *Es sollte kein Jurist an die Deutung und praktische Benutzung des BGB. herantreten, ohne sich hiermit vertraut gemacht zu haben.* Man wird dies als geradezu unerläßlich bezeichnen dürfen und deshalb diese Seiten des Planckschen Kommentars als das weitaus Wichtigste, vielleicht das einzige wirklich Unentbehrliche, was außerhalb des BGB. zu seinem Verständnisse überhaupt zu holen ist. Daran ändert es nichts, daß wir selbstverständlich nicht etwa an den Plan der Redaktions-Kommission über diesen oder einen anderen Punkt, erst recht nicht an Plancks Mitteilungen darüber, mögen sie noch so zuverlässige sein, von Gesetzeswegen gebunden sind. Vielmehr sind wir ausschließlich gebunden nur an das, was tatsächlich im Gesetze zum Ausdruck gelangt ist. Man würde diesen Ausdruck nun aber für diese Beweisregelung im Gesetze wohl eben so wenig von selbst — wenigstens in den subtileren Fällen — finden, wie man, nachdem man durch die angeführten Planckschen Bemerkungen darauf aufmerksam gemacht worden ist, wird leugnen können, daß er regelmäßig, wenn schon nicht gerade immer tatsächlich da ist. Vgl. unten § 87, I, 3.

[1]) *Eisele*, i. d. Archiv f. civilistische Praxis, 69, 275 fg.

a) in den Titelüberschriften und dgl. Zusätzen des Gesetzes; und

b) in lediglich[1]) begriffsentwickelnden, erklärenden, programmatischen, doktrinären Äußerungen des Gesetzes, wie solche früher vielfach beliebt waren. Ein letzter Rest hiervon war es, wenn der erste Entwurf oft noch Anweisungen gab, wie einzelne Regeln systematisch einzuordnen und zu erklären seien, sich also auf die sogenannte „Konstruktion" seiner eigenen Vorschriften einließ. Daß hiervon die späteren Fassungen durchweg glücklich befreit sind, bezeichnet einen wesentlichen Gewinn. Indessen ist Einiges der Art unvermeidlich übrig geblieben.

4. Endlich bedarf es wohl kaum der Erwähnung, daß die Sprache des Deutschen Bürgerlichen Gesetzbuches möglichst deutsch ist. Fremdwörter sind durchweg vermieden, lieber werden neue Kunstausdrücke geprägt. Die Wörter fremder Wurzel, die noch vorkommen, z. B. juristische Person, Hypothek, dürfen als endgültig mit dem deutschen Bürgerrechte ausgestattet angesehen werden.

§ 8. Auslegung[2]).

1. Bei der Auslegung des BGB. ist vor allem, wie bei der Auslegung eines jeden Gesetzes, von dem Wortlaute auszugehen. Aber es ist dies keineswegs eine selbständige Operation, zu der etwa nur im Falle dabei auftauchender Schwierigkeiten weitere Operationen hinzuzutreten brauchten;[3]) sondern stets nur ein erster Schritt auf einer längeren Bahn. Denn wennschon man natürlich an das

---

[1]) Anders, wo die betr. Bestimmung Teil einer Rechtsvorschrift ist, deren Inhalt sich aus ihr mitergibt; hier nimmt sie, wie die gesetzlichen Begriffsbestimmungen, an der Rechtskraft jener Vorschrift mit teil.

[2]) Die Literatur darüber findet sich meist in den großen Hand- und Lesebüchern, namentlich auch des Pandektenrechts, s. etwa Windscheid-Kipp 1, §§ 20—24; vgl. aber namentlich auch Wach, Handbuch des Civilprozesses 1, §§ 20 fg., und Binding, Handbuch d. Strafrechts 1, §§ 95 fg., sowie Kohler, in Gruchots Zeitschrift 13, 1 fg. — Sonst etwa noch: Danz, ebenda, 24, 611 fg.; (vgl. auch: Danz, Auslegung der Rechtsgeschäfte); und G. Rümelin, Werturteile und Willensentscheidungen. — Anders: O. Bülow, Gesetz und Richteramt. — Und neuestens: Schloßmann, Der Irrtum, S. 34 fg. — Über Verbotsgesetze besonders: Endemann, Wirkung der Verbotsgesetze; Ivo Pfaff, Zur Lehre vom sog. in fraudem legis agere.

[3]) In den üblichen Wendungen ausgedrückt: Die bloße sog. „grammatikalische" Interpretation genügt nie, es muß stets die sog. „logische" hinzutreten, ja, beide sind gar nicht voneinander zu trennen.

Studium des Rechts und seiner Quellen nicht herantreten kann, ohne bei irgend einem einzelnen Gesetze zu beginnen; und an das Studium des einzelnen Gesetzes nicht, ohne bei irgend einem seiner Paragraphen zu beginnen: so wird das Ergebnis dieses Studiums doch so lange nur als ein vorläufiges gelten dürfen, bis man das Ganze übersieht; und es wird dann abermals, aus der gewonnenen Kenntnis des Ganzen hervor, jede Einzelheit einer gründlicheren Auslegung unterzogen werden müssen, ehe man zu zuverlässigen brauchbaren Ergebnissen gelangt, betreffend auch nur noch so untergeordnete Punkte, die zunächst einer selbständigen Behandlung fähig erschienen.

a) Es gilt das schon in Bezug auf die Bedeutung der einzelnen Wörter und Satzglieder, wo zum Verständnisse Kenntnis des Sprachgebrauchs des Gesetzes unerläßlich ist. Selbst solche Wendungen, die zunächst ganz eindeutig erscheinen, hinter welchen man weiter nichts Besonderes zu suchen sich veranlaßt findet, so lange man sie allein vor sich hat, können dann besondere Beleuchtung in überraschender Weise gewinnen.

b) Es gilt erst recht bei der Feststellung des Sinnes der einzelnen Bestimmung. Manche Deutung wird uns erst in ihrer Möglichkeit, manche erst in ihrer Richtigkeit klar aus dem weiteren Zusammenhange, auf die wir vorher gar nicht verfielen oder die wir, dem bloßen Wortlaute der einzelnen Stelle nach, als die unrichtige ansehen mußten. Denn natürlich ist stets diese Deutung aus dem Wortlaut der gesamten Gesetzgebung der Deutung aus dem Einzelwortlaute vorzuziehen; das ist es, was man meist ungenau dahin ausdrückt, daß der Sinn des Gesetzes seinem Wortlaut vorgehe.

c) Endlich aber ist der, selbst vollkommenen erschöpfenden und richtigen, Deutung der einzelnen Stelle überhaupt weiter nichts zu entnehmen, als daß das Gesetz an dieser Stelle dies oder jenes sagt; ob nicht dasselbe Gesetz an anderer Stelle, ob nicht ferner noch manches andere gültige Gesetz über dieselbe Materie, über dieselbe Frage, über denselben praktischen Fall Einschlägiges enthält, kann man erst wissen, wenn man das Ganze übersieht. Meist wird man dann finden, daß zahlreiche Bestimmungen von den verschiedensten Seiten herangeholt werden müssen, daß diese sich gegenseitig beleuchten oder durchkreuzen, ausdehnen oder einschränken. Dann sind eben die einzelnen Bestimmungen „extensiv" oder „restriktiv" auszulegen, wie man zu sagen pflegt; genauer gesagt, es ergibt sich ihr Sinn als ein weiterer oder engerer aus dem Zusammenhang des Ganzen.

d) Entscheidend bei alledem ist der organische Zusammenhang zwischen jedem Satzteile eines Paragraphen und dem ganzen geltenden Recht in seinem Gesamtumfange. Höchstes Prinzip und höchster Gewinn der Auslegung ist deshalb Einordnung der einzelnen Regel in das Ganze und Aufbau eines Ganzen aus den einzelnen Regeln. Erst so erschließen sich die einzelnen Gesetzesstellen in ihrem wahren und vollen Sinne.[1])

e) Entsteht so aus der Auslegung ein Rechtsganzes, ein Rechtssystem, so sind schließlich aus dem Geiste dieses Systems, durch wahrhaft schöpferische, ausdehnende, analoge Auslegung herzuleiten die im Gesetze mangelnden Bestimmungen, deren das Rechtsleben nicht entraten kann. Dabei handelt es sich wieder um ein Doppeltes:

aa) Gewisse oberste, leitende Prinzipien pflegen vom Gesetzgeber nicht aufgestellt, sondern der wissenschaftlichen Induktion überlassen zu werden. Diesen legt dann die analoge Auslegung Geltung bei, auch über das Gebiet des Induktionsmaterials hinaus. Die Zahl und die Bedeutung solcher Rechtssätze, die nirgendwo ausdrücklich stehen (noch auch gewohnheitsrechtlich sind), und doch gelten, ist nicht zu unterschätzen.[2])

bb) Es mag sich aber auch um Einzelheiten handeln, für die das Gesetz eine sog. Lücke läßt.[3]) Zwar sind solche Fälle nicht eben häufig, indem man vielfach irrig, wo das Gesetz die Entscheidung in sich trägt, wo man diese aber nicht billigt, eine Lücke annimmt, um sich über jene Entscheidung hinwegzusetzen. Es gibt aber auch allerdings echte Lücken, wo das Recht selbst eine Entscheidung verlangt, ohne sie zu liefern. Da bleibt eben nur analoge Auslegung aus dem Geiste des Ganzen übrig.

2. Außer diesen, bei der Auslegung eines jeden Gesetzes gültigen Anschauungen pflegen sich für die Deutung jedes besonderen, namentlich längeren oder bedeutsameren Gesetzes besondere Regeln oder

---

[1]) Oder wieder in der überlieferten Wendung, vgl. soeben oben S. 27 Note 3: grammatikalische und logische Interpretation genügen nie, es muß stets die sog. „wissenschaftliche" hinzutreten, ja diese drei sind gar nicht voneinander zu trennen.

[2]) Vgl. z. B. unten § 9, V, 3 u. 4, Note; oder unten § 10, II, 2 z. A.

[3]) Zitelmann, Lücken im Recht, Bonner Rektoratsrede 1902.

Rücksichten aus seiner Sondernatur zu ergeben. Für das BGB.[1]) mag man in dieser Beziehung hervorheben:

a) Seine engen Beziehungen zum älteren, vorher in Deutschland gültig gewesenen Recht, sowie auch zu dessen Praxis und Wissenschaft. Solche Beziehungen, selbstverständlich zwischen jedem Recht vorhanden, in dem der Gesetzgeber aufgewachsen ist und dem, das er neu setzt, sind ja wie oben S. 23 ausgeführt, hier besonders stark. Sie beherrschen stillschweigend mancherlei im Sprachgebrauch (vgl. z. B. für „bürgerliches Recht" oben S. 11), wie in der sachlichen Regelung. Kenntnis dieser älteren Rechte, ihrer Kontroversen und ihres ganzen Entwicklungsganges ist also zu wahrhaft wissenschaftlicher wie zu wahrhaft praktischer Interpretation des neuen Rechts unerläßlich. In diesem Sinne ist dann aber auch die Literatur jener älteren Rechte bedeutsam; namentlich die jüngsten großen Lehrbücher der Pandekten, allen voran das Windscheidsche, kommen da in Betracht; denn sie sind für die Verfasser, besonders des ersten Entwurfes, vielfach direkt maßgebend gewesen. Dieselbe Rolle spielen bei einzelnen Materien einzelne hervorragende Monographien der älteren Rechte.

b) Seine allmähliche Entstehung, namentlich die leitenden Gegensätze zwischen den verschiedenen Entwürfen. Die aus dem ersten Entwurfe, selbst unverändert, in das Gesetz übernommenen Worte werden sich oft einer „duplex interpretatio" zu fügen haben.

c) Seine Neigung zu Genauigkeit und Kürze auf Kosten der Klarheit. Man wird so leicht keine Deutung verwerfen dürfen deshalb, weil sie überscharf wäre, die Worte des Gesetzes als auf Schrauben gestellt auffaßte. Man wird vielmehr umgekehrt das Gesetz möglichst scharf auszulegen haben, auch in solchen einzelnen Fällen, wo dies seitens der Gesetzgeber nicht so sehr wie sonst gewünscht, vielleicht gar ihnen unerwünscht sein sollte. Denn nicht die Absicht des Verfassers, hier oder dort etwas in das Gesetz hineinzugeheimnissen, ist bindend; sondern die infolge dieser Absicht ausgebildete und durchgehende Ausdrucksweise des Gesetzes selbst.

3. Überhaupt: nicht den Willen des Gesetzgebers hat die Auslegung zu finden und entwickeln, sondern lediglich den im Gesetze selbst verkörperten Willen des Gesetzes. Zwischen dem Gesetze eines unbeschränkten Monarchen und einem bürgerlichen Testamente mag die

---

[1]) Hölder, Die Auslegung des deutschen BGB., Programm 1898.

Ähnlichkeit bestehen, daß in beiden Fällen der innerliche Wille des Erklärenden der äußerlichen Erklärung vorgeht; bei uns ist Gesetz nur, was die verfassungsmäßigen Instanzen in verfassungsmäßiger Form zum Gesetze gemacht haben; also nicht einmal der in dieser Form nicht zum Ausdruck gelangte Wille aller einzelnen mitwirkenden Personen, einschließlich sämtlicher Mitglieder des Bundesrats und des Reichstages — selbst wenn ein solcher Wille als bei ihnen ausnahmslos, tatsächlich vorhanden sich jemals nachweisen ließe. Erstrecht nicht wird man den Willen des Gesetzes verwechseln dürfen mit dem Willen seiner Verfasser, welche ja von dem Gesetzgeber regelmäßig verschieden sind. Letzterer mag bei der Sanktionierung des Gesetzes etwas ganz anderes gedacht, ganz anderes gewollt haben, als jene. Das hindert denn aber doch wieder nicht, daß, wenn es den Verfassern tatsächlich gelungen ist, ihrem Willensinhalt in dem Wortlaute des Gesetzes festen Ausdruck zu verleihen, dieser Willensinhalt durch die Sanktionierung dieses Wortlautes Gesetz geworden ist.

Unter diesen Umständen kommt den Zeugnissen über den Willen aller bei der Gesetzes-Abfassung und -Sanktionierung beteiligten Menschen nur die Bedeutung zu, uns aufmerksam zu machen und hinzulenken darauf, ob es ihnen gelungen ist, diesen ihren Willensinhalt im Gesetze zum Ausdruck zu bringen. Das wird ja zweifellos sehr oft der Fall sein, namentlich hier, wo die Bemühung so vieler hervorragender, Sache und Sprache beherrschender Juristen darauf gerichtet war. Es wäre daher frevelhafter Übermut, wollte man sich unbekümmert über Winke zur Gesetzesauslegung hinwegsetzen, die in solchen Zeugnissen liegen; aber es ist umgekehrt leichtgläubige Unklarheit, wenn man diese Winke ungeprüft hinnimmt oder wenn man gar sie den Befehlen des Gesetzes gleich- oder überordnet.

Mit Recht pflegt man daher solche Zeugnisse als „Hilfsmittel der Gesetzesauslegung" zu bezeichnen. Wir besitzen ihrer für das BGB. eine nicht unbeträchtliche Masse, und zwar:

a) Motive zu dem ersten Entwurf, ausgearbeitet nicht von der ersten Kommission selbst oder von deren Mitgliedern, sondern von Hilfskräften, aber auf Grund der Kommissionsarbeiten; amtliche Ausgabe in 5 Bänden und Register, 1888.

b) Auszüge aus den Protokollen der Kommission für die zweite Lesung, im amtlichen Auftrage angefertigt von Achilles, Gebhard und Spahn, mit Register 7 Bände, 1897—1899.

c) Denkschrift zum Reichstagsentwurf nebst drei Anlagen, 1896.

d) Die Beratungen des Reichstages über das BGB. in dessen fortlaufenden stenographischen Berichten; dazugehörig die ebenso amtlich gedruckten Berichte der Reichstagskommission. All dies auch in besonderen Buchausgaben, 1896.

e) Die bisher aufgeführten Werke tragen (mehr oder weniger) amtlichen Charakter; man pflegt sie als die „Materialien zum BGB." zu bezeichnen.[1]) An Bedeutung ihnen gleichwertig sind aber auch private Zeugnisse über das, was man in den einzelnen Stadien der Gesetzes-Abfassung gewollt hat, und über die Mittel, welche man zum Ausdruck dieses Willens verwendet hat. Die Bedeutung solcher Äußerungen wächst, wenn sie von solcher Seite herrühren, die bei der Gesetzes-Abfassung persönlich maßgebenden Einfluß dauernd geübt hat; hier zu nennen vor allem diejenigen Abschnitte des Kommentars von G. Planck, welche dieser hochverdiente Generalreferent der zweiten Kommission selbst bearbeitet hat.[2])

4. Hilfsmittel zur Auslegung des Bürgerlichen Gesetzbuches und damit zum Verständnisse des jetzt gültigen bürgerlichen Rechts überhaupt ist dann aber selbstverständlich ferner die gesamte Literatur über dasselbe. Eine vollständige Zusammenstellung derselben gibt Georg Maas, Bibliographie des Bürgerlichen Rechts, Berlin 1899, mit jährlichen Nachtragsbänden.

5. Endlich kommen hinzu seit dem 1. Januar 1900 ergangene Entscheidungen höherer und höchster Gerichte aus dem Gebiete des bürgerlichen Rechts. Diejenigen des Reichsgerichts sind natürlich besonders maßgebend;[3]) man findet sie in den „Entscheidungen des Reichsgerichts", die bei diesem selbst herausgegeben werden. Andere

---

[1]) Alle erschienen zu Berlin, bei J. Guttentag. Zusammenstellung des Wichtigsten daraus zu den einzelnen Paragraphen des BGB. in zwei Werken: Haidlen, BGB. nebst EG. mit den Motiven und sonstigen gesetzgeberischen Vorarbeiten, 5 Bde., 1897; und Mugdan, Die gesamten Materialien zum BGB., 5 Bde. u. Register 1899, EG. 1900.

[2]) Bereits angeführt wurde oben S. 25, Note 1 die wichtigste Stelle dieses Kommentars, 1, 43 fg.; s. außerdem die nächstwichtige 1, 20—27 über die technische Behandlung des Stoffes.

[3]) Die Lage ist ähnlich wie bei den Motiven: frevelhafter Übermut, sich über solche sog. „Präjudizien" und über die darin zum Ausdruck gelangenden Rechtsmeinungen des höchsten, zur Wahrung der Rechtseinheit berufenen Gerichtshofes unbekümmert hinwegzusetzen; leichtgläubige Unklarheit, sie deshalb ungeprüft als richtig hinzunehmen.

Sammlungen in der Literatur und namentlich in den juristischen Zeitschriften.

§ 9. Verhältnis zum älteren und zum fremden Recht.

I. Gegen älteres, nicht übergeordnetes Recht gilt selbstverständlich der Satz: Lex posterior derogat priori. Neues Recht hebt älteres auf, soweit beide nicht nebeneinander bestehen können, soweit sie sich absolut gegenseitig ausschließen, soweit man dem Befehle des älteren nicht gehorchen kann, ohne gegen den Befehl des jüngeren zu verstoßen. Soweit dagegen die Gebote beider Gesetze sich miteinander vereinigen lassen, soweit bleibt neueren Rechtsbildungen gegenüber das ältere Recht bestehen, wenn es nicht besonders aufgehoben wird. Namentlich bleiben ältere Regeln ganz besonderer oder ganz allgemeiner Natur bestehen neben widersprechenden, andersartigen, neuen Regeln, da man annehmen muß,[1]) daß das neue allgemeine Recht nicht die besonderen Eigentümlichkeiten umfassen, und ebensowenig das neue besondere Recht etwas anderes als eine Ausnahme zu der alten allgemeinen Regel hinzufügen will. Der Umfang, in dem altes durch neues Recht stillschweigend aufgehoben wird, ist demnach durchaus nicht immer leicht festzustellen; um so schwerer, je unübersichtlicher schon der bisherige Rechtszustand war und je größere Massen neuen Rechts hinzutreten. Schon daß in solcher Lage die Beantwortung der Frage, wie weit das alte Recht noch gilt, für jeden Einzelfall der Prüfung jedes Einzelnen überlassen bleibt, kann bedenklich werden. Daher im modernen Rechtsleben die starke Neigung zu voller Kodifikation im strengsten Sinne des Wortes, da ja dabei mit der Einführung des neuen Rechts die ausdrückliche, vollständige Beseitigung alles älteren Rechts für das ganze betreffende Rechtsgebiet verbunden ist, vgl. oben S. 13.

II. Kodifikation in diesem strengsten Sinne ist das BGB. nicht im Verhältnisse zum Reichsrecht. Vielmehr bestimmt Art. 32 des EinfGes. nur, daß die Vorschriften der Reichsgesetze in Kraft bleiben, insoweit sich nicht „aus dem BGB. oder aus diesem Gesetze die Aufhebung ergibt." — Dennoch aber ist hier die Gefahr der Verwirrung beseitigt durch folgende Maßregeln:

1. Durch Umarbeitung mehrerer mit dem Stoffe des BGB. sich

---

[1]) Man pflegt zu sagen: Lex generalis non derogat speciali; aber auch das Umgekehrte ist zutreffend.

nahe berührender Reichsgesetze unter Anpassung an das Recht des BGB., vgl. oben § 6, III.

2. Durch entsprechende Anordnungen des Einführungsgesetzes über die Wirkung des BGB. auf die einzelnen übrigen älteren Reichsgesetze, in Bezug auf welche man die Möglichkeit einer solchen Wirkung vorhergesehen hat, vgl. oben § 6, I, 4.

Das schließt freilich nicht aus, daß hier und da unerledigte Schwierigkeiten auftauchen mögen, aber doch wohl stets nur recht vereinzelt.

III. Dagegen Kodifikation im angegebenen strengsten Sinne ist das BGB. im Verhältnis zu den Landesrechten. Anlangend diese bestimmt Art. 55, daß ihre „privatrechtlichen Vorschriften" außer Kraft treten, „soweit nicht in dem Bürgerlichen Gesetzbuch oder in diesem Gesetz ein anderes bestimmt ist."[1])

1. Diese landesrechtlichen Vorschriften sind also aufgehoben, einerlei, ob sie in Widerspruch stehen mit denjenigen des BGB. oder nicht, ob sie besonderes oder allgemeines Recht enthalten, ob reichsrechtliche Normen zur Regelung ihres Gegenstandes bereitgestellt sind oder etwa mangeln sollten. Zum Landesrecht in diesem Sinne gehört alles Recht, das nicht Recht des neuen Deutschen Reiches ist, also selbstverständlich auch das alte gemeine Recht.

2. Diese ausdrückliche und vollständige Aufhebung des Landesrechts bezieht sich aber nur auf dessen privatrechtliche Vorschriften, vgl. oben S. 10 fg. Soweit also Landesgesetze, wennschon vorwiegend privatrechtlichen Inhaltes, die vielleicht sogar deshalb sich als Privatrechts-Kodifikationen selbst bezeichnen, mit jenem Inhalt vermischt, vielleicht sogar durch eine und dieselbe Wendung, die auch privatrechtliche Bedeutung hat, öffentlich-rechtliche Angelegenheiten regeln — soweit fallen sie nicht unter Art. 55. Soweit sind sie also nur dann aufgehoben, wenn sie inhaltlich neben dem neuen Reichsrecht unmöglich bestehen können, was regelmäßig nicht der Fall sein wird, indem ja das neue Reichsrecht plangemäß es vermeidet, öffentliches Recht zu berühren.

3. Die Aufhebung der privatrechtlichen Vorschriften der Landes-

---

[1]) Hier ergeben sich nun wieder mannigfache Schwierigkeiten aus dieser Ausnahme-Bestimmung. S., außer der sofort unten zu IV. anzuführenden Literatur, Zitelmann, „Zum Grenzstreit zwischen Reichs- und Landesrecht", Bonner Programm 1902, und ferner etwa noch Fuld, in Gruchots Beiträgen, 33, 628 fg. —

rechte wird durchbrochen durch eine Reihe von Ausnahmen. Die meisten derselben zählt das EinfGes. auf in Art. 56—152[1]), einzelne kommen auch im BGB. selbst vor. Es handelt sich

a) entweder darum, daß die Reichsgesetzgebung die Behandlung ganzer Materien ablehnt, vgl. oben § 7 unter I 3; oder

b) darum, daß auch innerhalb solcher Materien, die reichsrechtlich geregelt sind, es dem Landesrecht anheimgegeben wird, von der reichsrechtlichen Regelung nach dieser oder jener Seite, mehr oder weniger, in dieser oder jener Einzelheit abzuweichen; so daß hier also ganz ausnahmsweise das Landesrecht dem Reichsrechte vorgeht, aber freilich immer nur zufolge Einräumung eines solchen Vorzuges von seiten des letzteren; vgl. z. B. Art. 141 oder § 907 Abs. 1 Satz 2.

4. Soweit darnach landesrechtliche Vorschriften in Kraft bleiben, welche sich auf andere, außer Kraft getretene landesrechtliche Vorschriften beziehen, soweit treten an Stelle letzterer die entsprechenden Vorschriften des Reichsrechts, Art. 4. Stillschweigende selbstverständliche Bezugnahme einzelner in Kraft bleibender Fragmente des alten Landesrechts auf das Ganze, dem sie angehörten, wird jedoch nur mit allerpeinlichster Vorsicht durch Bezugnahme auf das Ganze des neuen bürgerlichen Rechts ersetzt werden dürfen; vielfach wird man nur dann zu sinngemäß vernünftigen Ergebnissen kommen, wenn man, soweit zum Verständnisse jener Stücke nötig, einen gewissen Fortbestand ihres ursprünglichen Rechtshintergrundes durch sie annimmt.

5. Angeregt durch das Vorgehen der Reichsgesetzgebung, haben wohl die Territorien ihrerseits gesetzlich festzulegen unternommen, welche Normen ihrer alten Civilgesetze noch in Kraft sind, welche außer Kraft treten; so das preußische AusfGes. zum BGB. in Art. 89 unter 31 Nummern, betreffend namentlich das Allg. Landrecht und den code civil. Die bestimmt genannten Abschnitte und Paragraphen des Gesetzes werden da aufgehoben oder von der Aufhebung ausgenommen. Die Bedeutung einer solchen Territorial-Norm ist verschieden.

a) Soweit das dort Bestimmte sachlich mit den Folgen der Bestimmungen des Reichsrecht (soeben Nr. 1—4) übereinstimmt, ist es nicht wirksam — denn was der Mächtigere schon beseitigt hat, kann

---

1) Vgl. oben § 6 unter I 5; man hat wohl diese Artikel als die „Verlustliste der bürgerlichen Rechtseinheit" bezeichnet.

nicht noch einmal von dem Geringeren beseitigt werden —, aber soweit ist es auch harmlos; es dient unter Umständen soweit der Bequemlichkeit und Klarheit.

b) Soweit das dort Bestimmte von den reichsrechtlichen Bestimmungen abweicht, ist wieder zu unterscheiden nach welcher Seite. Sind Rechtssätze, die das Reichsrecht aufhebt, als fortbestehend erklärt, so ist dies bedeutungslos: sie sind und bleiben beseitigt. Sind aber umgekehrt Rechtssätze, die neben dem Reichsrechte zweifellos oder vielleicht noch bestehen könnten, aufgehoben, so sind diese Rechtssätze nunmehr zweifellos aufgehoben. Hierin liegt die besondere praktische Bedeutung solcher landesrechtlicher Bestimmungen: soweit sie altes Landesrecht aufrecht erhalten, entheben sie uns nicht der Nachprüfung, ob es noch gilt; soweit sie es aber aufheben, entheben sie uns der Nachprüfung, ob es schon durch Reichsrecht aufgehoben war; und erledigen Zweifel, die hierbei übrig bleiben könnten.

IV. Übergangsbestimmungen.[1]) — Älteres Recht, das sonst beseitigt ist, gilt vielfach weiter für Rechtsverhältnisse, die aus dem älteren Rechtsleben herrühren. Vergl. oben § 2 Nr. 4. Man pflegt zu sagen, Gesetze haben keine rückwirkende Kraft; d. h. sie wollen es vermeiden, sich solche beizulegen, um nicht Recht zu Unrecht zu machen und Verwirrung statt Ordnung zu schaffen. Wie weit aber deshalb das alte Recht gültig bleiben soll, das muß das neue Recht im einzelnen bestimmen, da jener allgemeine Satz von der Nicht-Rückwirkung unklar und nach allen Seiten dehnbar ist. Er ist Leitmotiv für den Gesetzgeber, kennzeichnend für den Gesetzesinhalt, nicht aber selbst Rechtens.

Eine Anzahl von Rechtssätzen über diese Frage, soweit sie durch die Einführung des BGB. brennend wurde, sog. Übergangsbestimmungen, gibt das Einführungsgesetz im IV. Abschn., vergl. oben § 6, I 6. Das Verständnis der einzelnen dort gegebenen Vorschriften setzt Kenntnis des neuen Rechts selbst voraus. Wir müssen uns

[1]) Habicht, Die Einwirkung des BGB. auf zuvor entstandene Rechtsverhältnisse. 3. Aufl. — Niedner, Kommentar des Einführungsgesetzes, IV. Abschnitt. — Lehmann i. d. Zeitschr. f. Handelsrecht 48, 1 fg. — Fuchs, in Gruchots Beiträgen 44, 1 fg. — Affolter, System des deutschen bürgerlichen Übergangsrechts, 1903. Über das Verhältnis der örtlichen und zeitlichen Anwendungsnormen zueinander besonders Zitelmann, i. d. dogmatischen Jahrbüchern, 42, 189 fg.; u. Kahn, ebenda, 43, 299 fg.

deshalb hier begnügen mit dem Versuche, daraus folgende Haupt-Maximen zu entnehmen und vorzuführen:

1. Für die Frage, ob unter der Herrschaft des alten Rechts ein Rechtsverhältnis bereits vollständig begründet oder bereits vollständig untergegangen war, kommen nur die alten Rechtssätze; für die Frage, ob es seither sich verändert hat oder untergegangen ist, regelmäßig nur die neuen Rechtssätze in Betracht. Für Zwischenfälle, die am 1. Januar 1900 unabgeschlossen in der Entstehung oder im Untergange begriffen waren, läßt sich keine allgemeine Regel angeben.[1])

2. Besteht darnach ein früher entstandenes Recht weiter, so fragt es sich, mit welchem Inhalt. Handelt es sich um ein auf kürzere Dauer berechnetes Rechtsverhältnis, dessen Inhalt, wenn es nach neuem Recht entstanden wäre, freier Verfügung der Beteiligten unterläge (z. B. um ein Forderungsrecht), so pflegt sich der Inhalt weiter nach dem alten Recht zu richten. Handelt es sich dagegen um ein zu unbegrenzter Dauer berufenes Rechtsverhältnis (z. B. um Eigentum), so pflegt an Stelle des alten Rechtsinhalts neuer Rechtsinhalt zu treten, entnommen einem möglichst wesensähnlichen Rechtsverhältnisse des neuen Rechts: denn sonst würde hier ja das neue Recht tatsächlich kaum je zur Herrschaft gelangen. Ebenso tritt neuer Rechtsinhalt ein, wenn es sich um ein Rechtsverhältnis handelt, dessen Inhalt nach neuem Recht der Verfügung der Beteiligten entrückt ist (z. B. persönliche Beziehungen zwischen Ehegatten). Denn hier soll eine andere als die neurechtliche Inhaltsbestimmung nicht mehr geduldet werden.

3. Unbedingt greifen aus dem neuen Recht durch solche Regeln, durch die es beansprucht, unerträglich gewordenen Verhältnissen abzuhelfen, in diesem Sinne[2]) einen wesentlichen Fortschritt über das alte Recht hinaus nach der Seite der Sittlichkeit oder des öffentlichen Wohles zu verwirklichen. Dieser Gesichtspunkt wird in seinen Ergebnissen oft mit den Ergebnissen des soeben unter 2 z. E. vorgetragenen Gesichtspunktes zusammenfallen.

4. Endlich beherrscht das neue Recht ausschließlich und in jeder Beziehung Rechtsverhältnisse, deren rechtliche Entstehung erst unter ihm beginnt, mögen auch Aussichten, Hoffnungen, rechtliche Möglichkeiten dieser Entstehung schon früher vorhanden gewesen sein.

---

[1]) Vielleicht kann man mit Cosack, Lehrbuch 1, 46 Nr. 4 sagen, daß jede Tatsache nach dem zu ihrer Zeit geltenden Recht zu beurteilen ist.

[2]) Vgl. sofort unten V, Note 2.

V. Internationales Privatrecht.[1]) — Ähnlich wie vergangenes gilt bisweilen bei uns fremdes Recht auf Befehl unseres Rechts, vergl. oben § 2, Nr. 4. Wieder läßt sich dies durch einen Leitsatz ausdrücken, durch den Satz nämlich, daß für jedes Rechtsverhältnis das Recht des Ortes gilt, wo dieses Rechtsverhältnis seinen Sitz hat. Wieder aber ist auch dieser Leitsatz recht unbestimmt und dehnbar, während andererseits Genaueres erst nach Darstellung der einzelnen Rechtsverhältnisse verständlich wird. Als allgemeine Maximen unseres Rechts, wie es für diese Materie wesentlich, wennschon recht unvollständig durch Art. 7—31 festgelegt ist,[2]) mögen deshalb hier wieder nur folgende mitgeteilt werden.

1. Die Geschäftsfähigkeit einer Person und ähnliche persönliche Verhältnisse werden beurteilt nach dem Gesetze des Staates, dem die Person angehört, Art. 7; also z. B. derartige Verhältnisse eines Engländers auch in Deutschland nach englischem Recht.

2. „Die Form eines Rechtsgeschäfts bestimmt sich nach den Gesetzen, welche für das den Gegenstand des Rechtsgeschäfts bildende Rechtsverhältnis maßgebend sind. Es genügt jedoch die Beobachtung des Gesetzes des Ortes, an dem das Rechtsgeschäft vorgenommen wird." (Art. 11 Abs. 1 EinfGes. z. BGB.)

3. Der Inhalt von Schuldverhältnissen richtet sich vielfach nach dem ausländischen Ort der Erfüllung, bisweilen auch der Entstehung.

4. Rechtliche Vorgänge an Grundstücken unterliegen regelmäßig dem Rechte des Landes, in dem diese liegen.[3])

---

[1]) Zitelmann, Internationales Privatrecht, 2 Bde., mit Epoche machender begrifflicher Grundlegung. — Positiv-rechtlicher: Niemeyer, Das in Deutschland geltende internationale Privatrecht. — Barazetti, Internationales Privatrecht. — Stoerk, Leitfaden des int. Privatrechts. — v. Bar, Theorie und Praxis des int. Privatrechts. — Außerdem wichtig: Kahn, Abhandlungen aus dem int. Privatrecht in d. dogm. Jahrbüchern 39, 1 ff.; 40, 1 ff.; 42, 309 ff. u. 43, 209 ff. — Neumann, Prinzipielle Gesichtspunkte, in Gruchots Beiträgen 46, 67 ff. — Ältere Literatur: s. namentlich v. Savigny, System des heutigen Römischen Rechts, 8, Kap. 1 (S. 1—367).

[2]) Vergl. oben § 6 I 3 und § 5 III 4 Note 1. — Soweit diese Bestimmungen Lücken lassen, ist die Entscheidung womöglich anders woher, im Notfalle nach den Regeln der analogen Auslegung (s. oben § 8, 1 e bb), zu entnehmen.

[3]) Diese beiden Sätze ergeben sich mangels ausdrücklicher Gesetzesbestimmung auf dem in vorstehender Note hervorgehobenen Wege; sie sind allgemein als gültig angenommen.

5. Ehen zwischen einem Deutschen und einer Ausländerin, desgleichen Ehen Deutscher im Auslande beurteilen wir in sehr weitgehendem Maße nach deutschem Recht. Für die Verhältnisse ehelicher Kinder ist meist die Nationalität des Vaters, für diejenigen unehelicher Kinder die der Mutter entscheidend, Art. 13 fg.

6. Für rechtliche Behandlung der Erbschaft ist nicht der Ort des Todes, sondern die Nationalität des Verstorbenen maßgebend. Art. 24 fg.

7. „Die Anwendung eines ausländischen Gesetzes ist ausgeschlossen, wenn die Anwendung gegen die guten Sitten oder gegen den Zweck eines deutschen Gesetzes verstoßen würde.“ Art. 30.[1])

§ 10. Verhältnis zu anderen Rechtsquellen.

Unter „Rechtsquelle“ verstehen wir diejenigen Vorräte menschlicher Energie, welche einem beliebigen Rechtsstoffe (vergl. oben S. 22) Ansehen und Macht eines Rechtssatzes zu verleihen (ihn zu „sanktionieren“) vermögen.

I. Gesetzesrecht. — In unseren Verhältnissen ist hauptsächliche Rechtsquelle dieser Art[2]) der Staat durch seine Gesetzgebung. Ihr entspringt unter anderm das BGB. selbst. Über dessen Verhältnis zu älteren Gesetzen ist im vorigen Paragraphen genügend gehandelt. Hier erübrigt die Frage, wie weit die Gesetzgebung neues Recht auf dem durch das BGB. eingenommenen Gebiete nach dem 1. Januar 1900 noch zu schaffen vermag.

1. Der Reichsgesetzgebung steht dies in jeder Beziehung und jederzeit frei; sie kann sich nicht selbst binden.

2. Der Landesgesetzgebung bleibt Betätigungsraum in demselben Umfange, in welchem ihre älteren Erzeugnisse in Geltung bleiben; nur soweit, aber soweit durchweg; Art. 3 u. 218, vergl. oben § 9

---

[1]) Hier ist diese Regel vom Gesetz ausdrücklich aufgestellt und schon deshalb zweifelloser und rücksichtsloser durchzuführen als eigenem alten Recht gegenüber; den Bedenken in letzterer Beziehung, welche Cosack, Lehrbuch Bd. 1, § 13, IV, 2, äußert, sucht die Fassung oben IV, 3 Rechnung zu tragen.

[2]) Im übertragenen Sinne versteht man nämlich oft wieder unter „Rechtsquelle“ jede sinnlich wahrnehmbare Rechtserkenntnisquelle; namentlich das Schrift- oder Druckstück, das den Text des Gesetzes veröffentlicht, sodaß wir uns daraus „quellenmäßige“ Rechtskenntnis zu verschaffen vermögen, im Gegensatze zu kürzenden oder umschreitenden Berichten über das Gesetz in literarischen Werken.

III u. IV. Außerhalb dieses Raumes kann nicht einmal an einer Betätigung neben dem Reichsrecht zu dessen Ergänzung, wo es stillschweigt, die Rede sein. Wo es stillschweigt, kann es vielmehr nur aus sich selbst hervor (durch Auslegung) oder durch späteres Reichsrecht ergänzt werden.[1])

3. Neuere ausländische Gesetze werden wir, nachdem sie im Auslande in Kraft getreten sind, anwenden, wo unser internationales Privatrecht Anwendung dieses ausländischen Rechtes vorschreibt, s. oben § 9, V.

II. Gewohnheitsrecht.[2]) — Der Staat, von dessen Gesetzgebung wir bisher überwiegend gesprochen haben, ist nun aber bekanntlich keineswegs einzige Rechtsquelle. Daneben wirkt in älteren Perioden mindestens gleich ergiebig, heute weniger reich sprudelnd, aber immer noch beachtenswert, eine zweite Quelle: die Gewohnheit des Volkes oder doch wenigstens weiterer Volkskreise, soweit sie auf Rechtsüberzeugung beruht. Recht, das aus dieser Quelle fließt, nennen wir Gewohnheitsrecht.

1. Wenn in einem weiteren Kreise von Menschen eine gewisse Rechtsüberzeugung vorhanden ist, d. h. die Überzeugung, daß ein gewisses äußeres Verhalten behufs vernünftiger und anständiger Ordnung ihrer äußeren Verhältnisse geboten sei, und wenn dann diese Überzeugung sich durch längere gleichförmige Übung geltend macht, d. h. also dadurch, daß jenes Verhalten wirklich von allen Seiten vorgenommen wird, so erhält die in dieser Überzeugung und Übung ausgedrückte Regel einen solchen Nachdruck und ein solches Ansehen, daß sie zur Regel des geltenden Rechts wird, zur Rechts-

---

[1]) Die alte Dreiteilung secundum jus — praeter jus — contra jus wird aufzugeben sein. Was nicht secundum, das ist contra jus; der unklare Begriff des praeter hat stets nur der Verschleierung konträrer Rechtsbildung gedient. Ebenso Hölder, a. a. O., S. 52 Abs. 2.

[2]) Puchta, Das Gewohnheitsrecht, 2 Bde., 1828, 1837. — v. Savigny, System, 1 §§ 8 fg. — Beseler, Volksrecht und Juristenrecht, 1843. — Neuere Literatur: Zitelmann, im Archiv f. civil. Praxis, 66, 323 fg. — G. Rümelin, Dogm. Jahrbücher, 27, 153 fg. — Schuppe, Gewohnheitsrecht. — B. Schmidt, Gewohnheitsrecht als Form des Gemeinwillens. — Neukamp, in Kohlers Archiv, 12, 89 fg. — Crome, Dogm. Jahrbücher, 39, 323 fg. — Sturm, Revision der gemeinrechtlichen Lehre vom Gewohnheitsrecht. — Geschichtlich: S. Brie, Lehre vom Gewohnheitsrecht, Teil 1. — A. Pernice, Parerga, X und Nachtrag. — Rechtsphilosophisch: Bergbohm, Jurisprudenz und Rechtsphilosophie 1, 502 fg.

regel. Wollte der Staat eine solche gewohnheitsrechtliche Regel unterdrücken oder auch nur leugnen, so träte Ansehen gegen Ansehen Ordnung gegen Ordnung; und wenn dann selbst in diesem Ringen Ansehen und Ordnung des Staates Sieger blieben, was keineswegs, unbedingt sicher ist, so gingen sie doch jedenfalls geschwächt und zerrüttet daraus hervor. Umgekehrt stützen beide Mächte einander durch gegenseitige Förderung. Deshalb erkennt der Staat die Gewohnheit neben der Gesetzgebung als Rechtsquelle an, soweit sie die nötige selbständige Macht, sich in ständiger Übung durchzusetzen, sattsam geäußert hat. In solchem Falle stellt dann sogar der Staat seinen Vollzugszwang, wenn es nun zum Gewohnheitsrechtsbruche kommt, ebensosehr dem Gewohnheitsrechte, wie sonst dem gebrochenen Gesetzesrechte zur Verfügung, schon um diesen Zwang ganz in der Hand zu behalten, da andernfalls das empörte Rechtsbewußtsein der Menge sich selbst Befriedigung verschaffen könnte (Volks- oder Lynchjustiz!). Auf diese Weise tritt das Gewohnheitsrecht vollkommen gleichberechtigt ein in des Kreis des geltenden Rechtes.

2. So auch in den Kreis des geltenden gemeinen bürgerlichen Reichsrechts, das sich mit Fug hierüber garnicht äußert und eben damit die selbständige, ebenbürtige Macht des Gewohnheitsrechts auf das beredteste anerkennt.[1]) Folge davon ist:

a) Bestehendes Gewohnheitsrecht ist vom 1. Januar 1900 ab ebensoweit beseitigt, wie damals bestehendes Gesetzesrecht, vergl. Art. 2, d. h. das ganze Reich umfassende Gewohnheiten (Reichsgewohnheitsrecht) nur soweit, wie ihnen jüngeres Reichsrecht widerspricht; Gewohnheiten kleinerer Kreise (partikuläres Gewohnheitsrecht) schlechthin soweit, wie sie bürgerliches Recht betreffen, es käme ihnen denn (vgl. oben S. 35) die Ausnahmebestimmung Art. 55 fg. zu gute. Unter diese Ausnahmen fallen sowohl die dem Landesrechte vorbehaltenen Gebiete, wie ferner auch solche Fälle, wo das neue Gesetzesrecht auf Gewohnheitsrecht sich beruft, ausdrücklich oder stillschweigend.[2]) Über diesen

---

[1]) Anders war man in Entwurf I verfahren, wo man, im Anschluß an ähnliche ältere Versuche gesetzgeberischer Eifersucht, gewähnt hatte, das Gewohnheitsrecht einfach verbieten oder eindämmen zu können. Das geltende Recht spricht nur aus, Art. 2, daß „Gesetz" in seinem Sinne ist jede Rechtsnorm, d. h. also auch eine jede gewohnheitsrechtlich gesetzte, vergl. z. B. sofort im Text einen Anwendungsfall hiervon.

[2]) Dafür bisher nur zwei Fälle angegeben, beide überdies zweifelhafter Art: § 919 Abs. 2, vgl. Endemann, Lehrbuch, § 9 Note 21; u. § 97 Abs. 1,

Punkt herrscht allgemeine Übereinstimmung. In solchen Fällen gesetzlicher Bezugnahme ist übrigens nicht einmal immer eigentliches Gewohnheitsrecht notwendig, sondern es genügt da auch bloße Übung, ohne die dahinterstehende Macht einer selbständigen Rechtsüberzeugung; indem dann statt derselben die Macht des Gesetzes infolge jener Bezugnahme sanktionierend eintritt.[1])

b) Soweit nach den bisherigen Ausführungen bestehende Gewohnheitsrechte erhalten bleiben, soweit können sich zweifellos auch neue bilden, reichsrechtlich wie partikulärrechtlich. Auch für diese Gleichstellung ist Art. 2 maßgebend.

c) Wie aber steht es um neues Gewohnheitsrecht, das dem neuen Reichsrecht widerspricht?[2]) Bricht solches Gewohnheitsrecht Reichsrecht oder wird es durch dieses erstickt? Die Frage ist überaus bestritten, aber nur einer Antwort fähig: Tatsachen entscheiden. Setzt solches Gewohnheitsrecht sich durch, so ist die Rechtsänderung vollzogen. Fraglich kann nur sein, ob die hierzu nötige Kraft bei einer Gewohnheit unserer Tage sich tatsächlich einstellen wird; stellt sie sich ein, so ist damit auch die Rechtsfrage entschieden. Und zwar gilt dies nicht nur für Reichsgewohnheitsrecht, das älterem gesetzlichen Reichsrecht widerspricht, ihm aber als jüngeres Recht gleichen Ranges vorgeht; sondern auch trotz allen Widerspruchs für partikuläres Gewohnheitsrecht, das sich auf das der partikulären Rechtsbildung durch Reichsrecht verschlossene Gebiet vorwagt. Gewohnheitsrecht letzterer Art müßte freilich, um sich durchzusetzen, nicht nur den einen oder andern Satz des geltenden bürgerlichen Rechts, sondern auch den Grundsatz des öffentlichen Reichsrechts sprengen, wonach Reichsrecht allem partikulären Recht vorangeht. Man kann bezweifeln, ob es dazu

---

vgl. Schloßmann in d. dogm. Jahrbüchern 41, 289 fg. In beiden Fällen mag es sich auch um bloße Übung handeln, vergl. den übernächsten Satz des Textes. Allgemein anerkannt ist, daß es sich bloß um Übung ohne gewohnheitsrechtliche Kraft handelt, für die „Verkehrssitte" des § 157.

[1]) Damit ist zugleich der Unterschied gekennzeichnet zwischen eigentlichen Gewohnheitsrechten einerseits, bloßen Ortsgebräuchen, Verkehrsgewohnheiten oder dergl. andererseits. Auch bloßer Gerichtsgebrauch schafft noch kein Gewohnheitsrecht und ebensowenig bedarf es seiner, damit ein solches Recht durchdringe; anders Hölder a. a. O. S. 52 bezügl. letzteren Punktes; Bülow, Gesetz und Richteramt bezüglich ersteren Punktes.

[2]) Als widersprechendes Gewohnheitsrecht erscheint auch solches, das ihm nicht überlassene Lücken selbständig zu füllen unternimmt, s. oben S. 40 Note 1 und Text dazu.

kommen wird; man kann hoffen, daß die Empfindung für Rechts- und Reichseinheit im Volke stark genug sein wird, um gar keine solche Strömung aufkommen zu lassen;[1]) aber die absolute Möglichkeit wird sich kaum verkennen lassen.

III. Autonomie.[2]) — Neben den beiden Rechtsquellen, welche aus eigener Kraft Recht zeugen, besitzen wir in Deutschland eine Rechtsquelle, welche, ehemals gleichfalls selbständig, heute nur noch zufolge gesetzlicher Zulassung[3]) Sätze von allgemein rechtlich verbindlicher Kraft hervorzubringen vermag; ebenso bestehen die früher aus dieser Quelle hervorgegangenen Rechtssätze nur noch fort, soweit sie durch landes- oder reichsgesetzliche Autorität getragen werden. Es handelt sich um die Befugnisse der landesherrlichen Familien oder auch einzelner privilegierter Privater, sich selbst Recht (im alten Sinne des Wortes) zu setzen, die sog. Autonomie derselben.

1. In Ansehung der Landesherren und der Mitglieder ihrer Familien gehen hier nicht nur die Landesgesetze, sondern auch Hausverfassungen (bereits bestehende oder neu zu erlassende) dem Reichsrecht vor, Art. 57. Diesen tatsächlich regierenden Familien sind ebenda einige wenige nicht mehr regierende gleichgesetzt.

2. Ehemals reichsständische oder reichtsritterschaftliche und ihnen gleichgestellte Familien behalten ihr Privileg der Autonomie, soweit die Landesrechte ihnen ein solches einräumen und fernerhin belassen, jedoch nur in Ansehung ihrer Familienverhältnisse und ihrer Güter, Art. 58. Damit hat man die ehemals in der deutschen Bundesakte (Art. 14 derselben) den sog. Mediatisirten gemachte Zusage aufrecht erhalten auch für das Recht des neuen Deutschen Reichs, ohne dazu irgendwie verpflichtet zu sein; denn dieses ist Rechtsnachfolger weder

---

[1]) Nicht mehr als ein solcher Wunsch ist sachlich, was der lebhafteste Kritiker der entgegengesetzten Ansicht, Crome, vorbringt zu Ende der Note 6 in seinem Lehrbuch 1, 85 fg. Diesem Wunsche als solchem schließe ich mich gerne an; aber ich verschließe mich deshalb nicht der Möglichkeit unerwünschter Vorkommnisse.

[2]) Nur ältere Literatur: Vgl. etwa Stobbe, Lehrbuch des deutschen Privatrechts, 1, § 19 fg.; Gierke, ebenso, 1, § 19; Brunner, in Holtzendorffs Rechtslexikon s. h. v. — Außerdem: Heffter, Die Sonderrechte der souveränen und reichsständischen Häuser Deutschlands, 1871.

[3]) Von der nötigen Befehlsgewalt, der rechtsetzenden Kraft besitzen heute nicht mehr, wie ehemals, die autonomieberechtigte Familien den genügenden Energievorrat; sie sind dafür auf das angewiesen, was ihnen der Staat aus seinem Vorrate zur Verfügung stellt.

des alten Römischen Reiches deutscher Nation, noch des Deutschen Bundes. Eben deshalb ist denn aber auch jene Zusage nur gegeben, soweit ihr die Landesgesetzgebung Geltung beilegt und fürderhin belassen will.

3. In beiden Fällen können die autonomen Rechtssätze sich nicht nur durch ausdrückliche, gesetzesartige Erklärung seitens der dazu befugten Organe der betreffenden Familien gebildet haben oder weiter bilden, sondern auch durch Übung mit Rechtsüberzeugung innerhalb dieser Familien, sog. Observanz.

4. Sätze, welche solchen besonderen Rechtsordnungen des sog. „hohen Adels" durchweg gemeinsam sind, pflegte man zu einem besonderen System des „Deutschen Privatfürstenrechts" im alten Reichsrecht zusammenzufassen;[1]) und dann hat wohl wieder dieses zunächst nur abstrakt-wissenschaftliche System für manche autonome Familien, ausdrücklich oder auf dem Wege der Observanz, subsidiäre Gültigkeit hinter den besonderen Hausgesetzen oder Observanzen der Familie gewonnen. Insoweit ist mit dem überhaupt etwas obsoleten Institut der Autonomie und innerhalb der dadurch gezogenen Grenzen auch jenes gemeine Privatfürstenrecht des alten Deutschen Reiches in das bürgerliche Recht des neuen Deutschen Reiches hinüber erhalten geblieben.

IV. Eine weitere Rechtsquelle ist nicht anzuerkennen. Namentlich Gerichtsgebrauch, übereinstimmende Urteile höchster Gerichte, die vom Gesetzesinhalt abweichen, schaffen nicht Recht, sondern höchstens die Elemente zur Bildung von Gewohnheitsrecht. Der Richter steht nicht über, sondern unter dem Recht. Er unterliegt Irrtümern; diese Irrtümer mögen Gewohnheitsrecht werden; aber bewußt soll er sich nicht über das Recht hinwegsetzen.

---

[1]) Pätter, Primae lineae juris privati principum speciatim Germaniae, zuerst 1768. — J. C. Kohler, Deutsches Privatfürstenrecht, 1832.

Zweiter Abschnitt.

Das Recht im subjektiven Sinne.*)

Erstes Kapitel.

Grundlegung.

I. Berechtigung und Rechtsverhältnis.

§ 11. Der Grundbegriff.

Wenn wir uns die Wirkungen des bürgerlichen Rechts auf einzelne Rechtsuntertanen vorstellen, so bedienen wir uns meist der Denkform, daß wir uns ihre Berechtigungen und Verpflichtungen vorführen. Wir denken dabei in erster Linie wieder an die Berechtigungen, da sich daraus erst und erst um ihretwillen im bürgerlichen Recht die entsprechenden Verpflichtungen Anderer zu ergeben pflegen, nicht umgekehrt. Solche Berechtigungen nun nennen wir „Rechte im subjektiven Sinne"; wohl auch ungenau, aber kürzer: „subjektive Rechte"; im Gegensatz zu dem sie einräumenden, befehlenden Rechte im objektiven Sinne.

1. Um den Begriff des Rechts im subjektiven Sinne zu bestimmen, gehen wir aus von dem Begriffe des Gutes.

„Gut" im engeren, materiellen Sinne nennen wir alle körperlichen Sachen und alle körperlichen menschlichen Zustände, insofern sie menschlichen Bedürfnissen Befriedigung zu verschaffen dienen. Hierher gehören also alle Genußmittel; hierher Arbeitskraft und Geschicklichkeit anderer Menschen; hierher aber auch unsere eigene Gesundheit, Freiheit, Arbeitskraft und Geschicklichkeit.

Dagegen im weiteren ideellen Sinne verwenden wir das Wort, wenn wir unter die Güter ferner rechnen: Zustände des menschlichen Geistes oder Gemütes, die sich körperlich nicht ausprägen: öffentliches Ansehen, Liebe unserer Familie, eigene Zufriedenheit oder dergl.

Güter im ersteren Sinne vermag das Recht wohl zu verteilen, nie aber zu schaffen; dagegen schafft das Recht allerdings ein Gut im ideellen Sinne und zwar stets nur dasselbe: Sicherung.[1]) Es bringt

*) S. d. Literatur oben S. 1, Note **. — Außerdem etwa Zitelmann, Internationales Privatrecht 1, 37 ff.; u. Leonhard a. a. O. 146 ff.

[1]) So wohl besser als „Macht", da der Ausdruck Sicherung klar stellt, daß es sich um ein bloß immaterielles Gut handelt, während man bei Macht

uns das Gefühl der Sicherheit und Ruhe, ohne welches kein Dasein befriedet und befriedigend sein kann. Es bringt uns aber dieses Gefühl in doppelter Weise:

a) Indem es uns, während wir uns im Genusse befinden, die Dauer dieses Genusses, sofern es ihn billigt, gewährleistet, wenigstens gegen solche Störungen, die von anderen Menschen oder auch vom Staate selbst (wenn wir nämlich im Unrecht wären) ausgehen könnten.

b) Indem es uns in gewissen Fällen sein Ansehen und seine Macht zu Verfügung stellt, um uns zukünftigen Erwerb eines Gutes, zukünftigen Genuß zu gewährleisten, wenigstens soweit andere Menschen einen solchen zukünftigen Zustand herbeiführen oder ausschließen können. Die Erwartung, daß andere Menschen sich so verhalten werden, wie zum Eintritte des zukünftigen Genußzustandes für uns wünschenswert, mögen wir auch ohne rechtliche Sicherung hegen, wir mögen auf die Güte, auf die Wort- und Pflichttreue eines anderen uns verlassen; Sicherheit werden wir regelmäßig erst dann empfinden, wenn wir nicht bloß auf den guten Willen jenes anderen angewiesen sind, sondern unser gutes Recht für uns haben. Ist dies aber der Fall, so wird das Gefühl der Sicherheit dadurch in uns so stark, daß wir häufig das uns für die Zukunft in Aussicht gestellte Gut als einen gegenwärtigen Besitz bereits empfinden. Wir stellen diese Aussicht als Aktivposten in unser jetziges Haben ein, zum vollen oder doch nur wenig verringerten Werte desjenigen, was wir bekommen sollen. Hier kann am leichtesten die Illusion auftauchen, als schüfe das Recht ein materielles Gut, jenen Aktivposten. Tatsächlich aber ist an diesem Gute materiell nur die Sache oder Leistung, die wir später erhalten sollen; das Recht schafft nur das gegenwärtige Gefühl der Sicherheit.

2. „Rechtsgut“ nun nennen wir ein Gut (im ideellen Sinne),[1]) sofern das Recht (im objektiven Sinne) ihm Sicherheit verheißt. Und zwar diesem Gute unmittelbar, nicht bloß durch Vermittlung eines anderen[2]).

---

mehr an physische Macht, reellen Energievorrat zu denken pflegt. Die Macht ist beim Staat, beim Volk; dadurch gewinnt der Berechtigte Sicherung. Außerdem aber ist die Macht des Staates oder des einzelnen Berechtigten doch nicht Selbstzweck, sondern nur Mittel zum Zweck der Sicherung.

[1]) Wenigstens mangelt es nicht ganz an ideellen Rechtsgütern, mögen auch die materiellen noch so sehr überwiegen.

[2]) Z. B. wenn das Recht unser Leben und dadurch mittelbar alle unsere

In diesem Sinne mag man auch die Rechtssicherung selbst als ein Rechtsgut betrachten; doch trägt sie ihren Wert nicht in sich selbst, sondern nimmt nur teil an dem Werte des durch sie gesicherten Rechtsgutes. Man wird also besser von einer solchen Häufung der Rechtsgüter absehen, wo sie nicht zu besonderen Zwecken geboten ist, s. unten § 12, N. 1.

3. Die Rechtssicherheit, welche das Gut zum Rechtsgute macht, kann eine gar verschiedene sein, zunächst nach der Stärke der Sicherungsmittel[1] (Strafzwang — bürgerliche Zwangsvollstreckung — bloß psychische Wirkung des Rechtsansehens). Sodann aber auch nach den Bedingungen, unter welchen die Sicherung gewährt oder durchgeführt wird. In den Vordergrund tritt dabei folgende Unterscheidung.

a) Es gibt Fälle, in welchen die Sicherung eintritt und durchgeführt wird ohne Zutun des Gesicherten, durch unmittelbare Fürsorge des Staates oder sonst fremder Dritter. So immer, wo die öffentliche Rechtsordnung selbst private Rechtsgüter schützt, z. B. im Strafrecht, im polizeilichen Verwaltungsrecht.[2]

b) Es gibt andere Fälle, wo die Sicherung selbst, ihr Eintritt und ihre Durchführung in die Hand des zu Sichernden gelegt ist. Mag sein, daß er seinerseits wieder dem Staate oder einem Dritten gegenüber verpflichtet ist, von jener in seine Hand gelegten Möglichkeit Gebrauch zu machen;[3] mag auch sein, daß jene Möglichkeit zu seiner freiesten Willkür führt;[4] entscheidend ist, daß das Recht in beiden Fällen zwischen Zusage und Ausführung des Rechtszwanges die Inanspruchnahme des letzteren durch den zu Sichernden einschiebt.

4. Ein Recht im subjektiven Sinne liegt nun aber vor, wenn und soweit der Rechtsschutz, der das Gut zum Rechtsgute macht, dem Gesicherten nicht ohne sein Zutun aufgenötigt wird — mag auch daneben eine andere Art des Rechtsschutzes (z. B. strafrechtlich) demselben Rechtsgute zu teil werden. Denn die Eigentümlichkeit des

---

Lebensgüter schützt, so werden letztere dadurch nicht zu Rechtsgütern; es handelt sich für sie lediglich um eine sog. Reflexwirkung (Jhering).

[1]) D. i. der hier eingreifenden Normen zweiter Ordnung, s. oben S. 8.

[2]) Man könnte reden von „absolut zwingendem", d. i. aufnötigendem Recht.

[3]) Zur Ausübung nötigendes Recht, so meist das öffentliche Recht, vergl. oben S. 7.

[4]) So durchweg im bürgerlichen Recht, s. oben ebenda.

Rechts im subjektiven Sinne besteht eben darin, daß es vom Rechte (im objektiven Sinne) dem zu Sichernden übergebene Sicherungsmöglichkeit ist. Das Recht im subjektiven Sinne ist die Form, deren sich das Recht (im objektiven Sinne) bedient, wo es Rechtsgüter nicht absolut aufnötigen mag. In schulmäßig definierender Form ausgedrückt:

Recht im subjektiven Sinne ist die vom Rechte (im objektiven Sinne) einem Rechtsgute geschaffene Sicherung, sofern Entstehung oder doch nur Bestand oder doch mindestens Durchführung dieser Sicherung eine darauf gerichtete Tätigkeit des zu Sichernden voraussetzt.

5. Daraus ergeben sich weiter folgende Bestimmungen:

a) Gegenstand des Rechts ist das Rechtsgut, auf dessen Sicherung das Recht sich unmittelbar bezieht. Solche Güter gibt es in unendlicher Mannigfaltigkeit; ihrer konkreten Individualität entnehmen wir die Individualisierung der einzelnen Rechte; als z. B. persönliche Rechte aus dieser Ehe; Eigentum an diesem Grundstück; Forderungsrecht auf so und soviel Reichsmark gegen diesen Schuldner.

b) Ausübung eines Rechtes ist die Verwirklichung der Sicherungszusage, von der bloßen Inanspruchnahme des Rechtsansehens ab bis zur Durchführung des Rechtszwanges. Inanspruchnahme des Rechtsansehens liegt schon in der Vornahme einer Handlung, die unrecht wäre, wenn sie ohne rechtliche Billigung geschähe; so liegt z. B. schon im Gebrauche, in der Veräußerung meiner Sache Ausübung meines Eigentumsrechtes an ihr; ebenso in der Aufforderung an meinen Schuldner, mich zu bezahlen, Ausübung meines Forderungsrechtes.

c) Inhalt des Rechtes ist die Möglichkeit seiner Ausübung. Also, insofern Möglichkeit der Verwendung gegebener Mittel (auch bloß geistig wirksamer Mittel) Macht heißt, ist Inhalt des Rechts diese in ihm liegende Rechtsmacht. Der Grad wirklicher Macht, der darin liegt, kann äußerst verschieden sein je nachdem die Rechtsordnung selbst mehr oder minder mächtig ist und je nachdem sie von dieser ihrer Macht dem Gesicherten mehr oder weniger zur Verfügung stellt.

d) Inhaber des Rechts, Berechtigter, Rechtssubjekt[1]) endlich

[1]) Doch ist dieser letzte Ausdruck mehrdeutig; er bezeichnet sowohl den Berechtigten wie den Verpflichteten, nämlich jeden, der als Träger von Rechten oder von Pflichten für das Recht überhaupt in Betracht kommt. In diesem Sinne Rechtssubjekt = Person; vgl. unten § 21.

ist derjenige, welchem das Recht selbständig, im eigenen Namen[1]) Sicherungsmittel zusagt, einerlei ob er es auch ist, der wirklichen unmittelbaren Genuß am Rechtsgute findet; wenn er es nur ist, dem der Genuß der Rechtssicherheit zu teil wird. Er übt das Recht aus, mag dies auch Anderen, neben ihm[2]) oder ausschließlich[3]), zustatten kommen.

§ 12. Begriffsschwankungen.

Der so gebildete Begriff des Rechts im subjektiven Sinne ist ein für das bürgerliche Recht so durchgreifender, die Denkform durch ihn eine dem Civilisten so unentbehrliche, daß man an ihm regelmäßig festhält, auch wo Sach- oder Rechtslage etwas abweicht.

1. Das BGB. spricht (wie die Literatur bis dahin vielfach, stets aber nur unter schweren Bedenken getan hat) ganz entschieden von Rechten an Rechten.[4]) Diese Denkform ist möglich, da man ja (vgl. oben § 11 N. 2) in jedem Rechte abermals ein Rechtsgut finden, dieses also auch wieder zum Gegenstande eines neuen Rechts machen, Sicherung des einen aus der Sicherung des anderen herleiten mag. Da dieses Verfahren technische Bequemlichkeiten bietet, so mag es dabei bleiben. Einfacher wäre immerhin die Vorstellung, wonach ein Teil der ersten Rechtsmacht selbst auf den Zweitberechtigten überginge.

2. Bedenklicher, wenn für ein Recht Rechtsinhaber und Verfügungsberechtigter verschiedene Personen sind. Das tritt namentlich dann ein, wenn dem Rechtsinhaber (wegen jugendlichen Alters oder dgl.) die Verfügungsgewalt nicht anvertraut, er nicht als der berufene Vertreter seines eigenen Interesses anerkannt werden kann, sondern der Staat durch Einsetzung eines gesetzlichen Vertreters (z. B. Vormundes) die Sorge dafür wahrnimmt. Man stellt sich hier die Sachlage so vor, als ständen gewöhnliche, subjektive Rechte des Mündels nur unter besonderer Verwaltung. Tatsächlich liegt vor ein, wennschon unentbehrlicher, staatlicher Eingriff in die Rechtsausübung, der mit

---

[1]) Nähere Bestimmung dieser Wendung unten, § 62, I, 2.

[2]) Auch hier wieder Reflex-Wirkung. Vgl. oben S. 46 fg. Note 2.

[3]) Sog. Rechtsdestinatäre. Vgl. E. J. Bekker, in d. dogm. Jahrbüchern, 12, 1 fg.; und System des heutigen Pandektenrechts, 1, § 19.

[4]) Z. B. beim Pfandrecht an Rechten. Übrigens deshalb, weil bloß Denkform, bloß Konstruktion, bloß doktrinär: „unverbindlicher Gesetzesinhalt", s. oben § 7, III, 3, b.

dem reinen Begriffe des subjektiven Rechts nicht wohl vereinbar ist: so verwaltete Rechte wechseln dadurch in etwa Charakter.

3. Besonders schwierig wird es, an jener Denkform festzuhalten, wenn gar kein Rechtsinhaber vorhanden ist, sondern das Recht, (im objektiven Sinne) für einen zukünftigen (z. B. noch nicht geborenen) Berechtigten sorgt, diesem jetzt schon Rechtsgüter sichert und verwaltet.

Man pflegt dies so einzukleiden, daß man von einem subjektlosen Rechte im subjektiven Sinne redet.[1]) Tatsächlich liegt vor eine Art von objektiver Rechtsbindung[2]) in dem Umfange des subjektiven Rechts. Übrigens sind auch wirtschaftlich solche Bindungszustände höchst bedenklich, indem sie die betroffenen Rechtsgüter dem freien Verkehr entziehen; sie werden deshalb im BGB. nur für einzelne Fälle zugelassen und selbst da nur unter Beschränkung der Dauer, regelmäßig auf den Lauf der nächsten Generation.

4. Ob man die Rechte einer juristischen Person als solche unter den Schwierigkeiten der vorigen oder der vorletzten Nummer ansieht, hängt davon ab, ob man sich der reinen Fiktionstheorie anschließt oder irgend welche tatsächlich vorhandene lebendige Kraft als Grundlage der juristischen Person annimmt. S. darüber weiteres unten § 28, I.

5. Dagegen können wir endlich ganz unbedenklich mit unserem bürgerlichen Recht befristete und bedingte Rechtsverhältnisse und Rechte als bereits bestehende (z. B. als vererbbare) ansehen, sofern sie eben nur schon jetzt einen Rechtsinhaber haben. Denn wenn überhaupt das Rechtsgut der Sicherung stets auf einer gedankenmäßigen Vorwegnahme der Zukunft und ihrer Möglichkeiten beruht, so ist diese Sicherung doch auch dann noch in dazu genügendem Maße schon heute vorhanden, wenn der Rechtsinhaber schon heute sicher ist, die Sicherungsmittel binnen einer bestimmten Frist anwenden zu können; oder wenn er wenigstens hierfür heute schon eine gewisse bedingte Sicherheit besitzt. Ist doch unbedingte Sicherheit für die Zukunft überhaupt in menschlichen Dingen undenkbar.

---

[1]) Anders, wenn es einen Rechtsinhaber gibt, der nur noch nicht als solcher feststeht oder bekannt ist, z. B. der bereits geborene, unbekannte Erbe. Hier liegt keine Begriffsschwierigkeit vor, obschon wirtschaftlich ähnliche Rechtshilfsmittel geboten sind.

[2]) Jhering, Passive Wirkung der Rechte, i. d. dogm. Jahrbüch. 10, 387 fg.

§ 13. Rechtsverhältnis.[1])

Der Begriff des Rechtsverhältnisses steht in nahem Zusammenhange mit dem Begriffe des Rechts im subjektiven Sinne, ohne jedoch eine reine Anwendung dieses letzteren Begriffs zu bieten.

1. Jedes Verhältnis ist eine Beziehung zwischen zwei oder mehr Gegenständen. Rechtsverhältnis ist ein Verhältnis dann, wenn oder soweit diese Beziehung durch das Recht geregelt ist.

2. Betrachten wir dabei zunächst die rechtlich geregelte Beziehung, ohne noch einzugehen auf die Gegenstände, zwischen welchen sie besteht, so ist leicht ersichtlich, daß diese Beziehung sowohl hergestellt sein kann durch ein Recht im subjektiven Sinn, welches das Recht im objektiven Sinn irgend einem Rechtsinhaber verliehen hat; wie durch irgend eine andere Rechtsform. So besteht zweifellos ein Rechtsverhältnis zwischen Verbrecher und Verletztem, auch soweit dabei keinerlei subjektives Recht mitspricht. Im Privatrecht wird man jedoch meist erwarten dürfen, das Rechtsverhältnis durch subjektive Rechte hergestellt zu sehen. — Ferner kann dieses Verhältnis ein ganz einfaches sein, z. B. auf einem subjektiven Recht eines Beteiligten beruhen, oder sich aus mehreren, einander kreuzenden oder bestärkenden einzelnen Rechtsverhältnissen zusammensetzen. Letzteren Falles spricht man auch wohl statt von mehreren Rechtsverhältnissen von einem (zusammengesetzten) Rechtsverhältnisse. Wenn das zusammengesetzte Rechtsverhältnis sich auf ein einheitliches Lebens- oder Wirtschaftsverhältnis bezieht, so findet es eben hierin seine Einheit. Das rechtlich geregelte Lebens- oder Wirtschaftsverhältnis selbst aber wieder nennen wir Rechtseinrichtung (Rechtsinstitut), z. B. das Rechtsinstitut der Ehe, des Eigentums. Darin liegt weder die Behauptung, daß das Recht dieses Verhältnis geschaffen habe, noch die Behauptung, daß das Recht dieses Verhältnis ausschließlich beherrsche; sondern nur die Feststellung, daß für dieses Verhältnis Rechtsregeln gelten, unbeschadet der Regeln anderer Ordnung, die eingreifen mögen, vgl. § 1588, weil etwa das Verhältnis zugleich ein religiöses oder ethisches ist.

3. In Bezug auf die Gegenstände, zwischen welchen das Rechtsverhältnis besteht, ist nun aber weiter zu gehen. Zwar kann das Recht nur Menschen etwas befehlen; dieser Befehl wird ihnen aber oft vorschreiben ein Verhalten in Bezug auf eine Sache. Und zwar

---

[1]) Zu nennen noch etwa: Neuner, Privatrechtsverhältnisse.

wird im bürgerlichen Rechte dieser Befehl meist wieder in der Form ergehen, daß er einem anderen Menschen Sicherheit verschafft in Bezug auf das Verhalten jener Menschen gegenüber jener Sache, d. h. dem Anderen das subjektive Recht gibt, von jenen Menschen jenes Verhalten in Bezug auf jene Sache zu verlangen. Dann entsteht ein Rechtsverhältnis

a) zwischen jenen Menschen und jener Sache, wobei die rechtliche Beziehung darin liegt, daß jene Menschen jenes Rechtsgebot, soweit der Rechtsinhaber darauf besteht, beachten müssen; aber auch

b) zwischen dem Rechtsinhaber und jener Sache, wobei die rechtliche Beziehung durch die rechtliche Möglichkeit, auf das Verhalten jener Menschen gegenüber jener Sache einzuwirken, vermittelt wird. Es gibt also auch Rechtsverhältnisse zwischen Menschen einerseits und Sachen andererseits. Doch wird man immer daran festhalten müssen, daß dieselben stets vermittelt werden durch Rechtsverhältnisse zwischen Menschen. Denn direkt kann und will das Recht nicht auf eine Sache wirken, sie etwa der Herrschaft eines Menschen physisch unterwerfen oder dergleichen (vgl. oben § 1 N. 3).

4. Hält man sich dies nur innerlich klar vor Augen, so mag man schließlich reden von einem Rechtsverhältnisse selbst zwischen Sachen, z. B. zwischen Nachbargrundstücken, wenn nämlich das Recht durch Rechte im subjektiven Sinn oder auch durch andere Formen von Rechtsgeboten dahin wirkt, daß Menschen veranlaßt werden, zwischen diesen Sachen ein gewisses körperliches Verhältnis herzustellen oder aufrechtzuerhalten. Man sieht, wie weit der Begriff des Rechtsverhältnisses sich erstreckt gegenüber dem Begriffe des Rechtes im subjektiven Sinn und wie wenig sie miteinander vertauscht werden dürfen.

II. Arten der Rechte.

§ 14. Unterscheidungen nach dem Inhalt.

I. Nach der Form des Inhalts unterscheiden wir Rechte des rechtlichen Sollens, des rechtlichen Dürfens und des rechtlichen Könnens.

1. Von einem rechtlichen Sollen reden wir dann, wenn das Recht dem einen Rechtssubjekt zu Gunsten des andern den Befehl erteilt, ein gewisses Verhalten zu beobachten, etwas zu tun oder zu unterlassen. Von dem Rechtsinhaber sagen wir alsdann, er dürfe

dieses Verhalten des anderen Beteiligten fordern, wir legen ihm bei ein Recht des rechtlichen Dürfens. So sind rechtliches Sollen und rechtliches Dürfen zunächst nur zwei Seiten desselben Rechtsverhältnisses, nicht Kennzeichen verschiedener Rechte und Rechtsverhältnisse.

2. Indessen tritt bald das eine bald das andere mehr in den Vordergrund; und je nach dem wählen wir mit Vorliebe die eine oder die andere Bezeichnung. Liegt der Nachdruck auf dem Verhalten des Rechtsinhabers, der von anderer Seite nur ungestört bleiben soll, so heißt das Recht ein solches des rechtlichen Dürfens. Liegt umgekehrt der Nachdruck auf dem Verhalten, durch das der Verpflichtete dem Rechtsinhaber ein Rechtsgut verschaffen soll, so heißt das Recht ein solches des rechtlichen Sollens.[1]) Zu den Soll-Rechten gehören also alle Rechte auf das Tun oder Unterlassen eines Anderen, beziehen sich dieselben nun auf Familie oder Vermögen, falls nur nicht die bloße Unterlassung einer Störung oder einer Behinderung des Rechts-Inhabers ihren Gegenstand bildet. Rechte bloß dieses letzteren Gegenstandes sind Dürf-Rechte.

Namentlich pflegt man als Dürf-Rechte anzusehen Eigentum und ähnliche, sog. dingliche Rechte; als Soll-Rechte dagegen die sog. Forderungsrechte, wie sie aus Schuldverhältnissen entspringen, auch wenn sie bloß auf ein Unterlassen gehen. Zu den Dürf-Rechten gehören aber z. B. auch die Rechte auf ausschließliche Aneignung (Jagdrechte u. dgl. m.) und die im BGB. nicht behandelten ausschließlichen Rechte des Verfassers, des Erfinders u. s. f. Dabei kann noch stärker in den Vordergrund treten, was andere nicht dürfen, als was der Rechtsinhaber darf. Stets aber handelt es sich darum, daß andere ausgeschlossen werden und daß sich darin das Recht des Rechts-Inhabers ausdrückt.

3. Von einem Sollen und Dürfen, nicht von einem Müssen und Können reden wir bei dem Rechtsinhalte regelmäßig deshalb, weil das Recht regelmäßig auf gewisse Erfolge nur durch Triebfedern und nur durch Vermittlung menschlicher Tätigkeit hinzuwirken, nicht diese Erfolge mit der Notwendigkeit des Naturgesetzes selbst zu setzen ver-

[1]) Grenze ist etwa, wo, damit der eine Teil erhalte, was ihm zukommt, der andere Teil mehr tun muß als ein beliebiger, nicht bösgläubiger Besitzer vor Prozeßbeginn dem Eigentümer gegenüber, namentlich also mehr als ein bloßes Herausgeben, Zugänglichmachen, Loslösen, Vorzeigen od. dgl. Solange diese Grenze nicht überschritten ist, wird man von Dürf-Rechten reden, von da ab von Soll-Rechten.

mag; analog wie das Sittengesetz, das sich derselben Ausdrücke aus demselben Grunde bedient. — Das gestaltet sich nur dann anders, wenn wir das Gebiet betreten, auf dem das Recht sich schöpferisch zu erweisen vermag, nämlich (vgl. oben S. 45 fg.) dasjenige der Rechtsbildung selbst. Besteht das Sollen darin, daß zu Jemandes Besten ein neues Recht entstehen oder ein bestehendes sich verändern oder untergehen soll; und besteht das Dürfen darin, daß der Rechtsinhaber sich selbst dieses Rechtsgut schaffen oder ändern oder entziehen mag; so kann das Recht diese Vorgänge, auch abgesehen von dem Gehorsam der Beteiligten und von der Wirksamkeit staatlicher, nachträglich den Ungehorsam überwindender Rechtsschutzmittel unmittelbar selbst setzen. Es bedarf dazu nur der Vorschrift, daß sich in gewissen Lagen, namentlich also auf den Wunsch des Rechtsinhabers, diese Rechtsänderung vollzieht. Dann wird das Recht dieses Inhabers aus einem bloßen Dürfen zu einem Können; die Schöpferkraft des Rechtes ist in seine Hand gelegt; und die andere Seite soll nicht nur, sie muß dieses Ergebnis hinnehmen. In solchem Falle redet man von Rechten des rechtlichen Könnens. — Rechte, die bloß oder überwiegend Könn-Rechte sind, sind im BGB. älteren Privatrechten gegenüber besonders zahlreich und entschieden ausgebildet; namentlich durch zahlreiche Fälle, in welchen das Recht eines Rechtsinhabers darin besteht, durch seine einseitige Erklärung eine Rechtswirkung für sich oder gegen andere (z. B. Anfechtung, Aufrechnung, Kündigung, Hemmung oder Aufhebung eines fremden Rechts) herbeizuführen. Außerdem aber liegen ohnehin in den meisten anderen Rechten, mindestens nebensächlich, mindestens z. B. soweit ein Recht übertragbar ist, Könn-Rechte, obschon man dies seltner zu betonen pflegt.

Eigentlich ist jedes Recht des rechtlichen Könnens ein Recht an einem Rechte, nämlich an dem hervorzurufenden oder abzuändernden (z. B. zu übertragenden) oder aufzuhebenden Rechte. So ist z. B. die Verfügungsgewalt über ein Recht ein Recht an diesem Rechte, das allerdings vielfach mit diesem Rechte zusammenfällt, als Teil des Rechtsinhalts erscheint.

II. Nach dem Umfange des Inhalts unterscheiden wir absolute und relative Rechte.

1. Absolute Rechte sind diejenigen, welche dem Rechtsinhaber gegen alle anderen Rechtssubjekte zustehen, oder doch wenigstens gegen einen weiteren Kreis dieser Rechtssubjekte in unbestimmter Anzahl,

einen Kreis, der soweit reicht, wie das Recht (im objektiven Sinne) nicht besondere Ausnahmen davon bezeichnet. — Dagegen relative Rechte sind diejenigen, welche dem Rechtsinhaber nur gegen einzelne, vom Rechte (im objektiven Sinne) bestimmt bezeichnete Rechtssubjekte zustehen. — Oder anders ausgedrückt: Absolute Rechte sind individualisiert (vgl. oben S. 48) lediglich durch ihren Gegenstand; bei den relativen Rechten tritt individualisierend hinzu die Persönlichkeit des oder der Verpflichteten.

2. Man stellt vielfach zusammen absolute und Dürf-Rechte einerseits, relative und Soll-Rechte andererseits. Das ist naheliegend und meist zutreffend. — Indessen eine vollkommene Gleichstellung kann nicht aufrechterhalten werden.

a) Schon aus den Begriffsbestimmungen folgt, daß relativen Dürf-Rechten nichts im Wege steht. Als solche erscheinen z. B. das Recht des Eigentümers, übergefallene Frucht von dem Nachbar-Grundstücke abzuholen; oder das Recht des früheren Besitzers gegen den späteren bösgläubigen Besitzer, s. unten § 186; oder das Recht des Vermieters, dem Mieter gegenüber die Entfernung der dem Pfandrechte unterliegenden Sachen zu verhindern und diese Sachen in seinen Besitz zu nehmen.

b) Undenkbar sind aber auch nicht absolute Soll-Rechte, wennschon sie leicht, sofern sie bestehen, öffentlich-rechtliche Färbung annehmen. So die alten landesrechtlichen Zwangs- und Bannrechte, erhalten durch Art. 74; oder etwa auch die privatrechtliche Ausübung nutzbarer Regalien; vgl. ferner unter § 162, 3 c u. §§ 197 fg. Indessen sind diese Fälle seltener und von geringerer Bedeutung.

3. Die absoluten sowie die relativen Dürf-Rechte gehen überwiegend[1]) dahin, daß die anderen Beteiligten etwas unterlassen oder dulden, da sie ja den Rechtsinhaber in der Ausübung seines Rechts nicht stören sollen; man wird eben eine solche bloße Negation jedermann von Rechtswegen unschwer auferlegen können, während es äußerst bedenklich wäre, jedermann von Rechtswegen zur tätigen Unterstützung und Förderung aller seiner Nebenmenschen anzuhalten. — Indessen versagt die gegensätzliche Wendung, als gingen die re-

---

[1]) Daß die Verpflichteten nebensächlich zu geringen, namentlich ökonomisch ganz minderwertigen Beihilfeleistungen verpflichtet seien, ist nämlich durchaus nicht ausgeschlossen, s. z. B. BGB. §§ 1021, 1022; auch dies warnt gegen Überschätzung des äußerlichen Gegensatzes zwischen Tun und Unterlassen; vgl. auch oben S. 53, Note 1.

lativen Soll-Rechte nur auf eine Tätigkeit des anderen Rechtssubjekts: denn Schuldverhältnisse auf ein Unterlassen kommen alltäglich vor. Man wird deshalb den bequem sinnenfälligen Gegensatz zwischen Handeln und Unterlassen nicht an Stelle der sonst hier besprochenen Unterschiede setzen dürfen.

4. Jedes absolute Recht muß in einem gewissen Augenblick seiner Ausübung ein relatives aus sich selbst zu Tage fördern. So lange es sich nämlich bei der Rechtsausübung bloß handelt um Inanspruchnahme des Rechtsansehens, so lange kann offenbar dieses, das ja ohne weiteres überallhin wirkt, den Umkreis des absoluten Rechtes vollständig decken. Sobald dagegen die Staatsgewalt zu tätiger Hilfe angerufen werden muß, so kann dieselbe sich ebenso offensichtlich nicht richten gegen alle Welt in unbestimmter Weise, sondern nur gegen einzelne konkrete Rechtssubjekte, welche als Objekt dieser staatlichen Abwehr irgendwie besonders bezeichnet sein müssen. Dabei wird das absolute Dürf-Recht umschlagen in ein relatives Dürf-Recht, wenn nämlich der früher allgemeinhin aller Welt gegenüber zugesagte Schutz nur nachgesucht wird ausschließlich zur Verhütung einer von bestimmter Seite erst drohenden Störung;[1]) regelmäßig aber vollzieht sich der Umschlag in ein relatives Soll-Recht, wenn nämlich die Störung bereits eingetreten ist und nunmehr von dem dafür Verantwortlichen wieder beseitigt und rückwärts ausgeglichen werden soll. Neben und hinter diesen aus ihm hervorgegangenen relativen Rechten besteht übrigens nach wie vor das absolute Recht unverändert fort.

5. Zu den absoluten Rechten in unserem BGB. zählen namentlich die meisten dinglichen und die Persönlichkeitsrechte desselben; ferner die reinpersönlichen Familienrechte, soweit sie Schutz nach außen, gegen Störungen von seiten Dritter finden. Relative Rechte sind namentlich diejenigen aus Schuldverhältnissen und die der Familienmitglieder untereinander. — Eine besonders wichtige Klasse von absoluten Rechten außerhalb des BGB. sind diejenigen, welche Schriftstellern, Komponisten, Erfindern zur Sicherung gegen unerlaubte Ausnutzung ihrer Geistesprodukte seitens Dritter verliehen sind, und ähnliche Rechtsbildungen.

III. Nach der Wirkung ihres Inhaltes endlich unterscheiden wir Rechte, die zu Anspruchsrechten führen, und Rechte, die ohne An-

---

[1]) Klage auf Unterlassung, s. z. B. § 1004 Abs. 1 Satz 2.

spruchsrechte bestehen;[1]) bei den Rechten mit Anspruchsrechten ferner wieder klagbare und klaglose. — Bei dieser Unterscheidung spielen die beiden bisher schon gewonnenen Unterscheidungen nach dem Inhalte eine wesentliche Rolle.

1. „Anspruch ist das Recht,[2]) von einem anderen ein Tun oder ein Unterlassen zu verlangen" —, so definiert BGB. § 194. Darin liegen zwei Gegensätze:

a) Es ist das Recht, von einem anderen etwas zu verlangen, diesen anderen daraufhin gerichtlich oder außergerichtlich anzusprechen, daß er etwas tue oder unterlasse — nicht das Recht, irgend etwas anderes (als dies Ansprechen) selbst zu tun. Soweit also das Recht dem Rechtsinhaber eine rechtliche Befugnis gibt, mit Rechtswirksamkeit etwas vorzunehmen, das über das bloße Erheben oder Durchführen dieses Anspruches hinausgeht, soweit liegt ein Recht vor, das ohne Anspruchsrecht besteht oder über das Anspruchsrecht hinausgeht.

b) Es ist aber ferner das Recht, von einem anderen etwas zu verlangen. Dieser andere kann deshalb nicht ganz unbestimmt, allgemeinhin jedermann sein. Denn ich kann wohl schlechthin etwas verlangen; sobald ich mich aber an jemand mit diesem meinem Verlangen richten soll, muß ich eben diesen ins Auge fassen, ihn aus einem weiteren Kreise herauszugreifen irgendwelche Anhaltspunkte haben.

2. Daraus ergibt sich folgendes für das vielbestrittene Verhältnis des Anspruches zu den verschiedenen bisher unterschiedenen Rechtsarten.

a) Rechte, die zu Anspruchsrechten führen, sind vor allem die relativen Sollrechte, z. B. die Forderungsrechte. Denn sie geben ja

---

[1]) S. namentlich für das neue Recht die grundlegende und vielfach anregende Monographie von Hellwig: Anspruch und Klagerecht, Jena 1900. — Aus der älteren Literatur maßgebend: Windscheid, Die actio des Römischen Civilrechts, 1856; und Pandekten, 1, § 43. — Außerdem: Kohler, in Grünhuts Zeitschrift 14, 1 fg. — Fischer, Recht und Rechtschutz, in Bekker und Fischers Beiträgen, Heft 6. — Leonhard, Zeitsch. f. Civilproz. 15, 327 fg. — Hölder, ebenda, 22, 1 fg.; u. 29, 50 fg. — Neuestens wieder derselbe, „Ansprüche und Einreden", im Archiv f. d. civilist. Praxis, 93, 1 fg. — Nicht mehr konnte benutzt werden: Langheineken, Anspruch und Einrede, 1903.

[2]) Mehr schulmäßig ausgedrückt: diejenige Wirkung des Rechtsinhalts, zufolge deren der Rechtsinhaber in der Lage ist, unter Rechtssicherung von einem anderen u. s. f., wie im Text folgt. Dieser Rechtsinhalt wird wieder zum selbständigen Rechte und zwar zu einer Art Forderungsrecht. — Ein anderer Begriff ist der des Anspruches im prozessualen Sinne; hier handelt es sich um den materiellrechtlichen Begriff.

dem Rechtsinhaber die Befugnis, von einem bestimmten Verpflichteten ein bestimmtes Verhalten (das ist Tun oder Unterlassen) zu verlangen. Darum brauchen aber solche Rechte mit dem Anspruchsrechte aus ihnen keineswegs zusammenzufallen. Zunächst schon deshalb nicht, weil man häufig ein Recht der Art annimmt, wo man vielerlei Ansprüche aus ihm folgert, — das ist aber freilich wohl nur eine Differenz in der Ausdrucks- oder allenfalls in der Anschauungsweise.[1]) Namentlich aber deshalb nicht, weil ein Forderungsrecht regelmäßig noch mehr Rechtsinhalt in sich birgt, als die Möglichkeit der Anspruchs-Ausübung, nämlich noch alle untergeordnet darin liegenden Könn-Rechte, als die Möglichkeit, rechtsgültig darüber sonstwie zu verfügen, darauf zu verzichten, es zu übertragen, zu verpfänden u. s. f. Das Anspruchsrecht ist also nur eine Seite, ein Stück, allerdings regelmäßig das weitaus wichtigste Stück des relativen Soll-Rechts; nur ausnahmsweise mag es sachlich damit zusammenfallen, wenn jeder andere Inhalt nämlich mangelt. Es ist auch schon, in derselben Weise wie das Recht selbst, vorhanden bei betagten und bedingten Rechten. Eine Verletzung oder dergl. seitens des Verpflichteten ist nicht nötig: verlangen darf ich auch von dem, der erfüllungsbereit ist, obschon er mir durch seinen Erfüllungseifer gar keine Zeit dazu lassen, ja meinem Wunsch selbst zuvorkommen mag.

b) Ganz ähnlich steht es um die relativen Dürf-Rechte. Denn wenn ich bestimmten Personen gegenüber verlangen darf, daß sie mich handeln lassen und mich dabei nicht stören, so ist der rechtliche Inhalt dieses meines Rechtes nicht das mir dadurch gewährleistete Handeln, sondern die Nichtstörung seitens jener bestimmten Anderen. Es sind also in diesem Rechte alle Elemente des Anspruchs gegeben, obschon es ein Dürf-Recht ist, wenn es eben nur ein relatives Dürf-Recht ist.

c) Aber auch die absoluten Dürf-Rechte (und ganz so die absoluten Soll-Rechte, soweit sie vorkommen mögen) sind Rechte, die zu Anspruchsrechten führen, wennschon in diesen absoluten Rechten nicht stets von vornherein Ansprüche enthalten sind, mangels jeder Bestimmtheit des Anzusprechenden nämlich. Sobald diese absoluten Rechte aber in relative umschlagen, relative Rechte aus sich erzeugen (s. oben II, 4), so haben wir den Anspruch. Das geschieht keines-

---

[1]) Man könnte nämlich auch das eine Recht in mehrere Rechte auflösen, oder die mehreren Ansprüche zu einem zusammenfassen; vgl. etwa oben S. 51.

wegs etwa nur in dem Augenblicke, wo jene absoluten Rechte verletzt werden, z. B. mein Eigentum durch den, der mir meine Sache wegnimmt. Sondern auch durch jeden anderen Umstand, der aus dem großen unbestimmten Kreise der zur Nichtstörung Verpflichteten irgend einen Verpflichteten individuell hervortreten läßt, also z. B. dadurch, daß er sich desselben Rechts oder eines das meinige einschränkenden Rechts rühmt, oder dadurch, daß er mich in meinem Rechte tätlich bedroht, oder bei einer Grunddienstbarkeit dadurch, daß sie vorzüglich den Eigentümer des belasteten Grundstücks berührt, oder wie sonst auch immer (mit oder ohne des Anderen Zutun) mein Recht eine persönliche Spitze annimmt. Ich gewinne damit mindestens gegen jenen Anderen den Anspruch, daß er mein Recht anerkenne. So mögen hier aus einem meiner absoluten Rechte verschiedene einzelne Rechtsansprüche hervorgehen; neben ihnen besteht mein absolutes Recht jedermann gegenüber unverändert fort, ja, es bleibt rechtlich wohl die Hauptsache, während bei den relativen Sollrechten die Anspruchszubilligung als die rechtliche Hauptsache erscheint.

d) Ganz anders bei den Könn-Rechten. Wo das Recht es in meine Hand gibt, auf dem Rechtsgebiet selbst zu schaffen oder auch zu zerstören, da kann davon nicht die Rede sein, daß ich erst von einem Anderen verlange, er möge sich fügen. Die betreffende Rechtswirkung tritt vielmehr, wenn ich nur mein Recht ausübe, von selbst ein. Diese Rechtswirkung mag dann die sein, daß ich mir ein relatives Soll-Recht verschaffe, z. B. mein Recht als Käufer dem gegenüber, gegen den ich das mir durch Vorkaufsrecht in die Hand gegebene Schöpferrecht (BGB. § 505) ausgeübt habe; aus diesem meinem neuen Rechte erhalte ich dann selbstverständlich den Leistungsanspruch; aber jenes mein erstes Schöpferrecht enthielt einen Anspruch nicht. Es ist desselben nicht etwa beraubt und deshalb schwach und hilflos; sondern es bedarf desselben garnicht zufolge seiner Machtvollkommenheit. — Ganz anders selbstverständlich, wo das Recht nicht darauf geht, daß ich allein rechtlich wirksam werden kann; sondern darauf, daß ein Anderer mit mir auf meinen Wunsch mitwirksam werden soll zu einer durch unsere vereinte Wirksamkeit zu erzeugenden Rechtswirkung. In diesem Falle habe ich kein Recht rechtlichen Könnens, sondern zunächst nur gegen jenen Anderen ein Soll-Recht, den Anspruch auf dessen Mitwirkung. — Ob das Recht ein Recht ersterer Art (ein Könn-Recht ohne Anspruch) oder ein Recht letzter Art (Soll-Recht mit Anspruchsrecht) ist, wird natürlich im einzelnen Falle zu untersuchen sein; für letztere Möglichkeit siehe einstweilen z. B. BGB. § 465.

3. Klagerecht ist das Recht, einen Anspruch vor Gericht zu verfolgen. — Daraus ergibt sich ohne weiteres, daß Rechte ohne Anspruch auch klaglose Rechte sind; abermals nicht, weil sie der Klage darben, sondern weil sie ihrer gar nicht bedürfen. Sie setzen sich, wie man sagt, von selbst durch, sind ipso jure wirksam. Höchstens bedarf es noch für sie der Feststellungsklage, CPO. § 256.

Dagegen die Ansprüche bedürfen, sollen sie voll wirksam sein, der richterlichen Hilfe, sie wirken erst auxilio praetoris; d. h. es muß wenigstens, mag es auch im Einzelfalle nicht soweit kommen, Anrufung der richterlichen Hilfe möglich und dies dem Verpflichteten bekannt sein.

Das alte gemeine Recht kannte Ansprüche ohne Klagerecht, besonders aus Schuldverhältnissen, sog. Naturalobligationen.[1]) Also Rechte, denen ihre Hauptwirksamkeit entzogen war, eine eigentümlich anomale Erscheinung. In unserem bürgerlichen Recht begegnen wir derselben nicht mehr. Wo Verbindlichkeit, da auch Klagerecht. Dadurch hat für uns die Unterscheidung zwischen klagbaren und klaglosen Rechten ihre wesentliche Bedeutung verloren.

Da indessen die entgegengesetzte Meinung, als enthielte nämlich unser Recht noch Naturalobligationen, die entschieden herrschende ist,[2]) so sei diesbezüglich noch folgendes hervorgehoben:

a) Anstandspflichten begründen, mag ihnen das BGB. sonst auch einige rechtliche Bedeutung beilegen, doch keine Verbindlichkeit, vgl. unten § 72 II 2a Note, auch wegen § 1624.

b) Ebensowenig genügen zur Annahme einer natürlichen Verbindlichkeit Rechtsregeln, welche die Rückforderungsklage ausschließen (sog. soluti retentio), wie schon aus § 814, letztes Satzglied, in Zusammenhang mit dem eben sub a Bemerkten hervorgeht. Eben

[1]) Ältere Literatur: A. D. Weber, Systematische Entwicklung der Lehre von den natürlichen Verbindlichkeiten, 1784. — Savigny, Obligationenrecht, 1, §§ 5—14. — Schwanert, Die Naturalobligation. — Neueres Recht: Ubbelohde, Klaglose Schuldverhältnisse im BGB., Dogm. Jahrbücher 38, 216 fg. — Stammler, Recht der Schuldverhältnisse, 26 fg. — Oertmann, Natürliche Verbindlichkeiten im deutschen BGB., Allg. Oester. Gerichts-Zeitung 53, 199 fg.

[2]) Abschwächungen mehrfach dahin, es handle sich nicht um natürliche, klaglose, sondern um „unvollkommene Verbindlichkeiten" (Dernburg, Kipp). Dagegen ist, in solcher Unbestimmtheit, nichts einzuwenden.

dafür spricht aber auch der Wortlaut vom § 762, der jede Verbindlichkeit, also auch eine natürliche, ausschließt.

c) Verjährte Ansprüche sind nicht klaglos, sondern nach wie vor voll klagbar, nur mit dauernder Einrede behaftet, s. unten § 78 II.

d) Bei dem konkursrechtlichen Zwangsvergleich handelt es sich um einen Schulderlaß mit beschränkter Wirkung. Die Forderungen der Konkursgläubiger, soweit sie gegen Mitschuldner und Bürgen gehen, bleiben als voll klagbare bestehen, indem der Bürge Hauptschuldner wird. Die dinglichen Sicherungen wirken weiter wie gegen einen Pfand- oder Hypothekenschuldner, der nicht zugleich persönlicher Schuldner ist. Vgl. KO. § 193.[1])

e) Am nächsten käme der Naturalobligation vielleicht noch die Rechtslage, in welcher Berechtigte zwar nicht der Klage, wohl aber der direkten Zwangsvollstreckung darben, CPO. § 888 Abs. 2.[2]) Indessen geht der Unterschied zwischen diesen Fällen unseres Rechts und bloßer Naturalobligation doch wohl schon genügend aus obiger Gegenüberstellung von Klage und Zwangsvollstreckung hervor.

§ 15. Unterscheidung nach dem Gegenstande.

Da die Rechte ihren Sinn und Wert durch die von ihnen gesicherten Rechtsgüter haben, so ist die wichtigste Einteilung der Rechte die nach diesem ihrem Gegenstande.

I. Die oberste Einteilung der Rechte nach ihrem Gegenstande ist die in Vermögens-, Familien- und Persönlichkeitsrechte.

1. Vermögensrechte sind alle diejenigen, welche sich auf Güter der Außenwelt von wirtschaftlicher Art beziehen. Wirtschaftliche Güter sind Güter, die einen Geldwert haben. Güter wirtschaftlicher Art sind solche, die, wennschon ihnen ausnahmsweise dieser Geldwert abgehen sollte, doch ihrer Art nach eines solchen fähig wären, weil es sich nämlich um Zustände und Vorgänge handelt, die sich

---

1) So wie in den beiden letzten Sätzen auch, wenn der Hauptanspruch verjährt ist, nicht aber der gegen Bürgen oder wegen Verpfändung, s. unten § 78, II, 3.

2) Es handelt sich um Fälle, wo die Verurteilung lautet auf Eingehung einer Ehe; oder (zwischen Ehegatten) auf Herstellung des ehelichen Lebens; oder auf Leistung von Diensten, die durch einen Dritten nicht vorgenommen werden können, aus einem Dienstvertrage.

nicht ausschließlich auf idealen, der pekuniären Schätzung entrückten Gebieten abspielen. Mag denn auch der Geldwert hier etwa gleich Null sein (z. B. das Gemälde eines Stümpers) oder nicht klar ausdrückbar, weil es sich um ganz vereinzelte, individuelle Vorkommnisse handelt (z. B. Ruhe in der Umgebung eines Kranken),[1]) das Recht darauf bleibt doch ein Vermögensrecht, das Rechtsgut ein solches wirtschaftlicher Art. Hieran wird man doch wohl ausnahmslos festhalten können; Vorhandensein von Geldwert aber wird getrost als Regelfall angesehen werden dürfen.

Übrigens nennt das Recht „Vermögen"[2]) bald

a) die Summe aller materiellen Güter einer Person, bald auch

b) die Summe aller Vermögensrechte einer Person; und zwar beides

c) bald wieder mit, bald ohne Abzug der Passiva von jenen Aktiven, Gütern oder Rechten.

Solche Vermögensrechte bilden den eigentlichen Grundstamm der Rechte im bürgerlichen Recht. Auf ihre Untereinteilung kommen wir unten sofort im Abschnitt II.

2. Familienrechte sind alle diejenigen, welche sich auf das Rechtsgut der Familienverbindung beziehen. Reine Familienrechte oder rein persönliche Familienrechte heißt man sie, sofern sie lediglich Verhältnisse von Person zu Person der Beteiligten betreffen; angewandte oder gemischte, sofern sie die Wirkung des Familienverhältnisses auf das Vermögen der beteiligten Personen regeln. Es gehören hierher:

a) Recht des Verlöbnisses und der Ehe;

b) Rechtsverhältnis zwischen Eltern und Kindern;

c) das dem letzteren Verhältnisse nachgebildete Vormundschaftsrecht;

d) außerdem entferntere Verwandtschaftsverhältnisse, sofern sie

---

[1]) Zum Beweise, daß es sich dabei denn doch um ein Gut geldwerter Art handelt — d. h. um ein Gut, das unter Umständen sich klar in Geld ausdrücken läßt — bedenke man nur, daß ruhige oder unruhige Lage einer städtischen Wohnung oder eines Hotelzimmers entschieden Preisunterschiede bedingen. Deshalb zu weit gehend Leonhard, S. 153 fg., der wegen § 241 BGB. jede positive Begriffsbegrenzung der Vermögensrechte aufgeben will; es ist aber doch alles cum grano salis zu verstehen, auch die Grenzenlosigkeit des § 241! Schrullen einerseits, höchst ideale Affekte andererseits werden wohl ernsthaft als Gegenstände von Schuldverhältnissen kaum je in Betracht kommen.

[2]) Birkmeyer, Das Vermögen im juristischen Sinne, 1897.

vom Rechte zu Rechtsverhältnissen geprägt sind, z. B. durch Gewährung eines gegenseitigen Anspruchs auf Unterhalt.

Auch die rein persönlichen Familienrechte gehören zum bürgerlichen Rechte, obschon man oft versucht hat, sie dem öffentlichen Recht zu überweisen. Denn überwiegend handelt es sich doch um Rechte, die immerhin noch ihrer Ausübung (wennschon nicht ihrem Bestande) nach dem Ermessen der Beteiligten unterliegen.

3. Persönlichkeitsrechte[1]) sind solche, bei welchen Eigenschaften oder Zustände der Person des Rechtsinhabers selbst den Gegenstand bilden, während es sich bei Vermögens- und Familienrechten um Rechtsgüter der Außenwelt handelt. — Diese Persönlichkeitsrechte sind zugleich stets absolute Dürfrechte.

Wenn man sich vielfach weigert, sie als besondere Rechte anzuerkennen, so hängt das nicht etwa so zusammen, als ob irgendwer verkennen könnte, wie Leben, Freiheit, Ehre u. s. f. eines jeden Menschen Rechtsgüter sind. Aber diese Rechtsgüter finden ihren wenn nicht ausschließlichen, so doch vorwiegenden Schutz nicht durch das Privatrecht, sondern durch das Strafrecht; also namentlich auch nicht in der Form subjektiver Berechtigungen. Und auch sofern sie privatrechtlichen Schutz genießen in der Form des aus ihrer Verletzung entspringenden subjektiven Rechts auf Schadensersatz, pflegt doch bei ihnen das bürgerliche Recht nicht wie sonst, wo es Rechtsgütern in derselben Art Schutz verleiht, nähere Regeln aufzustellen darüber, wann und wie das betreffende Gut privatrechtliches Rechtsgut zu sein anfangen oder aufhören soll. Sondern die Existenz dieser Rechtsgüter wird einfach vom Rechte als gegeben hingenommen.[2])

Das kann aber nichts daran ändern, daß, wenn das Recht jemandem eine Schadensersatzberechtigung wegen Verletzung eines Rechtsgutes gibt, es demselben eben damit ein subjektives Recht an

---

[1]) Vgl. Gierke, Deutsches Privatrecht, § 83 fg. — Ich nenne Persönlichkeitsrechte nur die, welche nicht Vermögensrechte sind, so nahe sie daran rühren mögen; die nächststehenden Vermögensrechte nenne ich Immaterialgüterrechte, s. unten hierselbst II, 1, e. Z. B. Persönlichkeitsrecht das Recht des Verfassers, daß sein Werk nicht ohne seinen Willen, mit oder ohne Entgelt, veröffentlicht werde; Immaterialgüterrecht die Sicherung des Rechtes auf Entgelt. Freilich sind die Grenzen fließend.

[2]) Anders im Immaterialgüterrecht, das sich sehr oft nahe mit den Persönlichkeitsrechten an dem eigenen Geisteserzeugnisse, an dem eigenen Bilde oder dgl. berührt. S. darüber zusammenfassend Gierke, a. a. O.

jenem Rechtsgute einräumt, auch für die Zeit vor der Verletzung; denn ein subjektives Recht an einem gewissen Gegenstande ist ja weiter nichts als die einem Rechtsinhaber gewährte rechtliche Sicherung vor Verletzung dieses Gegenstandes. — Auch versagt sich demgemäß das BGB. durchaus nicht immer, Regeln über die Entstehung eines solchen subjektiven Rechtes aufzustellen, welche (vgl. z. B. BGB. §§ 824, 825) dem Strafrecht ganz selbständig gegenübertreten.

Übrig bleibt, daß die meisten Persönlichkeitsrechte als solche [1]) nur wenig ausgebildet, im BGB. nur wegen einer untergeordneten Folge und deshalb auch nur gelegentlich dieser Folge behandelt sind. Jedoch erleidet selbst dies mindestens eine wichtige Ausnahme; wenn nicht ihrer mehrere: [2])

a) Jedenfalls ist das strafrechtlich nur wenig geregelte und geschützte Rechtsgut des Namens durch das BGB. zum ausgebildeten subjektiven Recht auf den Namen gestaltet worden. Weniger als je wird seitdem die Kategorie der Persönlichkeitsrechte verkannt werden können.

b) Sollte es sich um ein Persönlichkeitsrecht nicht auch handeln bei der durch das BGB. geregelten Lehre vom Wohnsitz? Man könnte etwa sprechen von dem Rechte auf Berücksichtigung der mit einem bestimmten Wohnsitze für den Rechtsinhaber verbundenen Folgen seitens aller anderen Rechtssubjekte.

c) Ansätze zu besonderer Regelung der Rechte auf Ehre in besonderer (wirtschaftlicher oder geschlechtlicher) Gestaltung siehe in den soeben schon deshalb angeführten Paragraphen 824, 825 BGB.; wegen des Rechts auf Freiheit vgl. unten § 27.

II. Die Vermögensrechte zerfallen weiter in persönliche oder unpersönliche. [3]) Die persönlichen Vermögensrechte heißen auch Forderungsrechte oder Rechte aus Schuldverhältnissen.

1. Persönliche Vermögensrechte sind solche, deren unmittelbarer Gegenstand ein Verhalten ist, das Verhalten nämlich der durch diese

---

[1]) Nämlich als Rechte im subjektiven Sinne, als Rechte des bürgerlichen Rechtes; sedes materiae ist vielmehr durchweg das Strafrecht.

[2]) Vgl. unter §§ 25—27. Neu in der gewohnheitsrechtlichen Entwickelung begriffen ein Recht am eigenen Bilde; vgl. etwa G. Cohn, Neue Rechtsgüter, Zürcher Rektoratsrede 1902.

[3]) Man bemerke wohl, daß diese Unterscheidung bloß eine solche der Vermögensrechte ist; Familien- und Persönlichkeitsrechte lassen sich nicht nach demselben Merkmal scheiden, so oft das auch versucht wird.

Rechte verpflichteten Personen; unpersönliche Vermögensrechte sind solche, deren unmittelbarer Gegenstand ein anderes Rechtsgut ist. — Diese Begriffsbestimmung setzt einiges aus und bedarf einiger weiteren Entwickelungen.

a) Vorausgesetzt ist vor allen Dingen, daß das Verhalten einer Person für eine andere Person (den Rechtsinhaber) ein Rechtsgut sein kann.

Nur zu zeiten der Sklaverei freilich vermöchte man sich vorzustellen, daß die Person selbst Gegenstand eines Vermögensrechts wäre; wohl aber kann uns als solcher Gegenstand ein Verhalten der Person gelten. Denn dieses vermag den Bedürfnissen anderer Menschen zu dienen; und das Recht (im objektektiven Sinne) vermag anderen Menschen dafür, daß es dazu kommen wird, Sicherheit zu verschaffen.

b) Sodann bedenke man wohl den scharfen Unterschied zwischen Gegenstand eines Rechts und Rechtssubjekt. Rechtssubjekte können stets nur Menschen sein oder Menschenverbände, nur an diese kann sich der Rechtsbefehl richten, nur menschliches Verhalten zum Inhalt haben, nur vermittelt hierdurch ein Rechtsverhältnis zu Sachen schaffen. Ist nun dasjenige menschliche Verhalten, das der Rechtsbefehl vorschreibt, zugleich auch das durch den Rechtsbefehl unmittelbar zu sichernde Rechtsgut, so liegt ein persönliches Recht vor. Ist dagegen das Verhalten, welches der Rechtsbefehl vorschreibt, nur vorgeschrieben zur Sicherung irgend eines anderen Rechtsgutes, so liegt ein unpersönliches Recht vor.

c) Entfernterer Gegenstand eines persönlichen Rechts kann also z. B. auch eine Sache sein oder irgend ein anderes Rechtsgut als das Verhalten des Verpflichteten: wenn nämlich das Verhalten des Verpflichteten diese Sache oder irgend ein anderes Rechtsgut dem Berechtigten verschaffen soll. So mag man selbst, wenn man will, reden von einem mittelbaren Rechtsverhältnisse zwischen z. B. dem Käufer und der ihm vom Verkäufer zu liefernden Sache; aber dieses Verhältnis ist hier nicht nur vermittelt, wie stets ein Rechtsverhältnis zwischen Menschen und Sachen, durch einen Rechtsbefehl an Menschen, sondern *außerdem* auch noch dadurch, daß dieser Rechtsbefehl nicht unmittelbar diese Sache, sondern zunächst nur das Verhalten dieses Menschen zum Gegenstand hat. — Wo dagegen der (wie stets) unmittelbar an Menschen gerichtete Rechtsbefehl unmittelbar zum Gegenstande hat die Sicherung irgend eines anderen Rechtsgutes, da ist das durch diesen Befehl dem Rechtsinhaber gewährte Recht ein solches unpersönlicher Natur. Sei also z. B. dies unmittelbar zu schützende Rechtsgut eine Sache, so ist hier das Rechtsverhältnis zwischen dem Rechtsinhaber und der Sache allerdings nach wie vor ein mittelbares, insofern es nur zustande kommt durch Rechtsbefehle an Menschen; es ist aber dann doch ein unmittelbares, insofern diese Rechtsbefehle hier unmittelbar dahin gehen, dem Rechtsinhaber diese Sache zu sichern. Die hiermit als wesentlich verwertete Unterscheidung zwischen dem unmittelbaren und dem mittelbaren Gegenstande eines Rechts ist übrigens umsomehr gerechtfertigt, da Gegenstand eines Rechtes streng genommen nur das Rechtsgut ist, auf dessen Sicherung das Recht sich unmittelbar bezieht, vergl. oben § 11, 5a; mittelbar entferntere Gegenstände lassen sich dann beliebig anreihen, nicht aber zur Wesensbestimmung des Rechts verwenden.

d) Aus dem Bisherigen folgt, daß unpersönliche Rechte überwiegend[1]) (absolute oder relative) Dürfrechte oder allenfalls auch Könnrechte,[2]) dagegen die Forderungsrechte stets (relative) Sollrechte sind. Denn bei letzteren fällt der Nachdruck auf ihren Gegenstand, d. i. das Verhalten, das der Verpflichtete einnehmen soll. Dagegen bei den unpersönlichen Rechten fällt der Nachdruck überwiegend darauf, daß der Berechtigte gegen Störungen von seiten Dritter gesichert ist.

e) Die unmittelbaren Gegenstände unpersönlicher Rechte sind bisher erst negativ umschrieben worden. Positiv kommen als solche Rechtsgüter in Betracht: Sachen, geistige Werte (Erzeugnisse geistigen Schaffens, Immaterialgüter), und wieder Rechte. In diesem letzten Falle liegen Rechte an Rechten vor[3]) (vergl. oben § 12 Nr. 1); der Rechtsinhalt ist demgemäß von dem bloßen rechtlichen Dürfen gesteigert auf rechtliches Können.

2. Diejenigen unpersönlichen Vermögensrechte, deren unmittel-

---

[1]) Die Ausnahmslosigkeit scheitert an den dinglichen Wertforderungsrechten, Reallast und Vorkaufsrecht, s. unten § 162, 7c u. §§ 197—199.

[2]) z. B. das Könnrecht, von dem (dinglichen) Vorkaufsrecht Gebrauch zu machen und dadurch weitere (dingliche) Wirkungen auszulösen, oder das Könnrecht des Pfandgläubigers, Eigentum an der verpfändeten Sache durch Pfandverkauf zu übertragen.

[3]) Mögen die Rechte, welche hier Gegenstand anderer Rechte werden, ihrerseits wieder unpersönliche oder persönliche sein, z. B. mag ein Pfand- oder ein Forderungsrecht abermals verpfändet sein: das Recht am Rechte ist stets ein unpersönliches Recht.

barer Gegenstand eine Sache ist, heißen dingliche oder Sachenrechte,[1]) die dadurch geschaffenen Rechtsverhältnisse zwischen dem Rechtsinhaber und der Sache heißen dingliche Rechtsverhältnisse. Sache ist jeder körperliche Gegenstand (BGB. § 90), mit Ausnahme des Menschen.

Dinglichkeit ist also weder Absolutheit noch Aufbau lediglich aus Dürfrechten, obschon dies meist zusammenfällt;[2]) sondern unmittelbare Beziehung des Rechts auf die Sache als auf seinen Gegenstand, d. h. unmittelbare Sachsicherung, also insoweit (nämlich soweit, wie rechtliche Sicherung Herrschaft gibt)[3]) unmittelbare Sachbeherrschung.

Dingliche Rechte des BGB. sind Besitz, Eigentum, Erbbaurecht, Dienstbarkeiten, Vorkaufsrecht, Reallasten und Pfandrechte verschiedener Art.

3. Unpersönliche und dingliche Rechte fallen also nicht zusammen; es gibt unpersönliche Rechte an Immaterialgütern und an anderen Rechten, doch treten diese für uns stark in den Hintergrund.

a) Die unpersönlichen Vermögensrechte an geistigen Werten liegen, wie schon mehrfach bemerkt, außerhalb unseres BGB.

b) Die Rechte an Rechten werden regelmäßig, sofern sie überhaupt besondere Behandlung finden, den Sachenrechten beigeordnet. Das Gemeinsame[4]) ist wohl darin zu finden, daß das Rechtsgut dem Rechtsinhaber nicht durch Verhalten eines anderen Menschen erst

---

[1]) Außer der allgem. Literatur über Recht im subjektiven und im objektiven Sinne besonders: Fuchs, Wesen der Dinglichkeit. — Oertmann, Der Dinglichkeitsbegriff, i. d. dogm. Jahrbüchern 31, 415 fg. — Namentlich aber tiefgreifend und fördernd: H. Pflüger, Über das Wesen der Dinglichkeit, im Arch. f. d. civilist. Praxis 79, 406 fg., vgl. denselben ebenda 81, 292 fg. über Reallasten. — Fuchs, Probleme des Sachenrechts, mit einem Nachwort von Eccius, in Gruchots Beiträgen, 46, 549 fg. — Schloßmann, in d. dogm. Jahrbüchern, 45, 289 fg. — Ältere Literatur bei Oertmann a. a. O.

[2]) Wegen des Auseinandergehens vgl. was oben § 14, II, 2, a u. b über relative Dürfrechte und über absolute Sollrechte vorgetragen ist, die beiderseits dinglicher Art sein mögen.

[3]) Also nicht physische, körperliche Herrschaft über die Sache (vgl. oben § 1, N. 3), sondern Sicherung in Bezug auf die Sache gegen Dritte. Das verwechseln die Meisten, welche unsere Begriffsbestimmung der Dinglichkeit bekämpfen. Eben deshalb aber auch, weil es sich um nur rechtliche Macht handelt, ist sie möglich sowohl am Körper der Sache (Genußrechte), wie am Wert der Sache (Wertrechte), vgl. unten § 162, N. 7.

[4]) Vgl. die Wendung „dominium usufructus" bei Julianus, l. 3 D. Si usus fructus petatur vel ad alium pertinere negetur 7,6 und ebenso im Preußischen Allg. LR. I 8 § 1; und dazu Schloßmann a. a. O. 295 fg.

vermittelt werden soll, sondern ihm durch das Recht unmittelbar gesichert wird.

c) Das Ergebnis für das Recht des Deutschen Bürgerlichen Gesetzbuches ist also allerdings, daß als der einzige scharf ausgebildete Gegensatz gegen das persönliche Vermögensrecht das dingliche Recht übrig bleibt.[1])

4. Dieser Gegensatz ist tiefgreifend und folgenschwer. Es bedarf deshalb über ihn einer weiteren Ausführung.

a) Die Sachenrechte geben (rechtliche) Herrschaft über Sachen, die Forderungsrechte über Personen. Damit hat nichts zu tun, daß mittels der Herrschaft über Personen schließlich auch Sachen dem Rechtsinhaber zugehen mögen. Übrigens ist dies durchaus nicht stets der Fall, es mag sich ebensowohl um Arbeitsleistung handeln. Wie es aber auch hiermit stehen mag, höchstens kann der entferntere Gegenstand des Forderungsrechtes eine Sache sein; das Sachenrecht geht unmittelbar auf die Sache.

b) Die Sachenrechte haben die Neigung auf längere Dauer und auf gleichmäßige Erhaltung eines die Sachbeherrschung verwirklichenden tatsächlichen Zustandes während dieser Dauer. Ihre Ausübung besteht überwiegend in stillschweigender fortwährender Inanspruchnahme des Rechtsansehens. Aber auch wenn der Berechtigte gestört wird und dadurch gegen den Störer einen Anspruch auf Wiederherstellung unter Zwangsvollstreckung erhält, so besteht das dingliche Recht neben und nach Anspruchsausübung ungemindert fort. — Dagegen die Forderungsrechte, einschließlich der Anspruchsrechte aus dinglichen Rechten, tragen ein Spannungsverhältnis in sich, das einer gewissen regelmäßig nicht allzuweit entfernten Zukunftsgestaltung zudrängt; mit Eintritt dieser Gestaltung ist jene Spannung beseitigt, damit aber auch das Forderungsrecht selbst untergegangen. Der Verpflichtete soll sich in gewisser Weise verhalten; mit dem Augenblicke, in dem er sich wirklich so verhält, wird er seiner Verpflichtung, der Rechtsinhaber seiner Berechtigung ledig; der Zweck des Forderungsrechtes ist erreicht, dieses selbst erloschen. Seine Aus-

---

[1]) Daher erklärt es sich auch, daß wir für die unpersönlichen Rechte keine umfassende positive Bezeichnung haben. Man könnte etwa reden von „Recht über Objekte oder Gegenstände" (Gegenstand = Objekt = Sachen + unkörperliche Objekte, mit Ausschluß menschlicher Leistung); dagegen würden dann heißen die persönlichen Rechte „Rechte über Subjekte", d. h. eben auf menschliche Leistung.

übung fällt wesentlich zusammen mit der Ausübung des in ihm liegenden Anspruchsrechts; vollständige Durchführung der Ausübung vernichtet beide, Anspruch und Forderung.

c) Weil für die Dauer bestimmt, sind die Sachenrechte viel fester geprägt als die rasch wechselnden Forderungsrechte. Das zeigt sich schon darin, daß das Recht Sachenrechte nur in bestimmter Form und in beschränkter Anzahl kennt, wie sie oben aufgezählt wurden, sodaß andere Sachenrechte unmöglich sind.[1]) Dagegen persönliche Verpflichtungen aller Art mögen die beteiligten Rechtssubjekte immer neu ersinnen und rechtsgültig übernehmen, so lange sie nur dabei gewisse, namentlich aus sittlichen oder sozialen Rücksichten gesetzlich gebotene Schranken inne halten. Anders ausgedrückt: die vom Recht geprägten Typen von Schuldverhältnissen sind exemplifizierend, dagegen die vom Recht geprägten Typen von Sachenrechten ausschließlich. — Aus demselben Grunde ferner entstehen und vergehen durchweg Forderungsrechte nach weit bequemeren Regeln als dingliche Rechte, namentlich an Grundstücken. — Nicht unpassend bezeichnet man demgemäß, wenn man das Rechtsleben als lebendigen Körper ansieht, die Sachenrechte als dessen festes Skelett, die Forderungsrechte als die bewegenden Sehnen, Bänder und Muskeln. Die Schuldverhältnisse bilden hauptsächlich das Recht des Verkehrs, die dinglichen Rechtsverhältnisse das Recht der Ruhe.

d) Der Rechtsinhaber ist für die Erfüllung seiner Forderungsrechte auf die Leistungsfähigkeit seines Schuldners angewiesen, für den Genuß seiner dinglichen Rechte dagegen nur auf seine eigene Kraft, auf die natürliche Beschaffenheit der zu beherrschenden Sache und auf das Ausbleiben widerrechtlicher Störungen. Da diese Faktoren weit zuverlässiger sind, so ergibt sich daraus die überwiegende wirtschaftliche Sicherheit der Sachenrechte. Diese liefern mir die Sache in die Hand, während die mir obligatorisch zugesagten Tauben auf dem Dache davon fliegen mögen.

e) Letzterwähnte Eigentümlichkeit wird noch gesteigert dadurch, daß die Sachenrechte durchweg absolut sind und ferner überwiegend dem Satze unterliegen: Potior tempore, potior jure — wovon bei den Forderungsrechten nicht die Rede ist. Wenn z. B. A zuerst dem O, dann dem P durch Eintragungen ins Grundbuch je eine Hypothek an

---

[1]) Ähnlich bei den reinpersönlichen Rechtsverhältnissen des Familienrechts, aus naheliegenden Gründen.

demselben Grundstücke einräumt, so geht die Hypothek beider allen Dritten, die des O aber wieder der des P unbedingt vor; und zwar das selbst dann, wenn A die Hypothekeinräumung dem P obligatorisch-verbindlich vor dem O versprochen haben sollte. Denn entscheidend ist der Augenblick, in dem das dingliche Recht der Hypothek entsteht, mit der Bucheintragung; das Versprechen schafft bloß ein persönliches Schuldverhältnis gegen den Versprechenden auf Verschaffung des dinglichen Rechts; das Lebensalter der Schuldverhältnisse bestimmt aber nicht deren Rang. Deshalb ist es, falls ein Schuldner zahlungsunfähig ist, regelmäßig für die Gläubiger gleichgültig, aus welcher Zeit ihre Forderungen stammen; wer heute einem noch Kreditwürdigen ohne dingliche Sicherstellung borgt, muß gewärtigen, morgen mit späteren Gläubigern des inzwischen in Konkurs geratenen Schuldners gleichmäßig den Ausfall zu tragen.

f) Deshalb ist es besonders wichtig, genau zu wissen, ob und in welchem Augenblicke ein dingliches Recht entstanden ist, oder ob bloß eine persönliche Leistungsverpflichtung vorliegt. Oder auch, wenn das dingliche Recht bereits besteht, aber auf einen andern Rechtsinhaber übertragen werden soll: ob es bereits übergegangen oder nur eine Übertragungsverpflichtung begründet ist. Man wird deshalb Tatsachen, die bloß Forderungsrechte begründen, scharf zu scheiden haben von Tatsachen mit dinglicher Wirkung. Von dinglicher Wirkung redet man zutreffender Weise, wo dingliche Rechte entstehen, umgeformt (z. B. übertragen) werden oder untergehen. — Ähnlich wichtig kann aber auch werden die Unterscheidung, ob ein Recht bereits übertragen oder nur erst eine persönliche Übertragungsverpflichtung des Rechtsinhabers begründet ist, für jedes andere Recht;[1]) nicht bloß für dingliche Rechte, sondern für jedes unpersönliche Recht; nicht bloß für unpersönliche Rechte, sondern selbst für jedes Forderungsrecht. Daher erklärt es sich, wenn selbst bei Forderungsrechten z. B. die Motive zum ersten Entwurf des BGB. gelegentlich reden von „dinglichen" Vorgängen, um den Fall vollzogener von dem bloß versprochener Übertragung zu trennen.

Eine solche Redewendung ist offenbar ungenau. Tatsächlich handelt es sich um den Erwerb eines unpersönlichen, objektiven, gegenständlichen[2]) Herrschaftsrechts über das persönliche Recht, das wir nur

[1]) Ebenso selbst außerhalb des Vermögensrechts, für Persönlichkeits- oder Familienrechte; vgl. z. B. das Verhältnis von Verlöbnis und Ehe.

[2]) Vgl. oben S. 68 Note 1 und S. 66 Note 3. — Die Bezeichnung

nicht gewohnt sind, von diesem gesondert zu denken, sondern mit ihm zusammenziehen.[1]) Analog der dinglichen Wirkung möchte man die Bezeichnung bilden: objektive, gegenständliche Wirkung.

III. Erst an dieser Stelle kann die Bedeutung des Pandektensystems klar werden, das, wie schon mehrfach berichtet, von unserm BGB. befolgt wird. Seine Einteilung ist eine solche nach dem Gegenstande der Rechte, indem nach dem allgemeinen Teile (1. Buch) Buch 2 und 3 die Vermögensrechte, geschieden in das Recht der Schuldverhältnisse und das Sachenrecht, sodann Buch 4 das Familienrecht, sowohl reines wie angewandtes, behandeln. Nur Buch 5 bricht mit diesem Einteilungsprinzip, indem es aus dem Vermögensrechte die durch den Todesfall des Rechtsinhabers sich ergebenden vermögensrechtlichen Verhältnisse absondert. Für Persönlichkeitsrechte und für unpersönliche, nicht dingliche Vermögensrechte ist kein besonderer Abschnitt gebildet.

III. Weitere Grundbegriffe.

§ 16. Juristische Tatsachen.[2]) Zwingendes Recht.

Unter juristischen Tatsachen verstehen wir solche Tatsachen, welchen das Recht für die Gestaltung des Rechtslebens irgend welche Bedeutung beilegt. Namentlich aber solche Tatsachen, an deren Eintritt das Recht die Entstehung, die Änderung oder den Untergang subjektiver Rechtsbefugnisse knüpft.

I. Es ist ein überaus seltener Fall, daß ein Gesetzessatz[3]) unmittelbar einem individuell durch diesen Satz bezeichneten Rechtssubjekte ein privates Recht verleiht oder nimmt. Kommt es vor, so nennen wir ein solches Gesetz und diesen seinen Inhalt ein Privilegium, sei es nun odiosum oder favorabile. In diesem Falle

---

der Wirkung als einer „absoluten" wäre ebensowenig genau, wie die Bezeichnung als dinglich; denn nicht die Wirkung gegen Dritte ist das Entscheidende, sondern die Wirkung in Bezug auf den Rechtsinhaber.

[1]) Dominium obligationis? Vgl. oben S. 67 Note 4, namentlich aber oben über Könn-Rechte als Recht an Rechten, die in jedem übertragbaren Recht mitenthalten sind, S. 54. S. aber namentlich auch die Ideen bei E. J. Bekker, Über die Objekte und die Kraft der Schuldverhältnisse, S. 10.

[2]) S. die Literatur-Note zu Kapitel 4.

[3]) An einen Satz des Gewohnheitsrechts ist für diesen Fall erst recht nicht zu denken.

entsteht die Rechtsbefugnis des Privilegierten oder geht sie unter, ohne daß es irgend einer weiteren juristischen Tatsache bedarf als des Erlasses jenes Gesetzes; hier wäre eigentlich angezeigt, von Entstehung oder Untergang ipso jure zu reden. Beispiel: einem nicht wirtschaftlichen Verein oder einer Religionsgesellschaft wird von einem deutschen Territorium die Rechtsfähigkeit durch Landesgesetz verliehen.

II. Dagegen regelmäßig verfährt das bürgerliche Recht ganz anders. Es bestimmt, daß gewisse Rechtsfolgen, namentlich auf dem Gebiete der subjektiven Befugnisse, eintreten sollen, so oft gewisse einzelne Tatsachen oder Gruppen von Tatsachen eingetreten sind, zu Gunsten der durch diese Tatsachen jedesmal erst näher zu bestimmenden Rechtssubjekte. Dann sind eben diese Tatsachen „juristische Tatsachen" im Sinne des bürgerlichen Rechts.

Diese Tatsachen können höchst verschieden sein. Bald knüpft das Recht eine Wirkung an das Vorliegen eines einfachsten Geschehnisses, bald erst an die Verbindung zahlreicher Einzelheiten. Letzterenfalles fassen wir alle juristischen Tatsachen zusammen, soweit sie zum Eintritt der Rechtswirkung notwendig sind, als juristischen Tatbestand. Unter den Elementen, welche so vereinzelt oder verbunden rechtswirksam werden, mag man etwa unterscheiden:

1. Rein äußere Tatsachen, Naturereignisse aller Art, von den selbstverständlich fortwährend eintretenden, z. B. dem Zeitablauf, bis zu den Ausnahmefällen, man denke z. B. an Zerstörung einer Sache oder sonst an einen Unglücksfall, der rein durch das Spiel der Naturkräfte herbeigeführt wird. Da das Recht nicht weltfremde Ideale verfolgt, sondern Wirklichkeitsordnung ist, so muß es solchen, wennschon noch so brutal eingreifenden tatsächlichen Ereignissen auch juristische Bedeutung beilegen, und zwar vorwiegend in derselben Richtung, in der sie sich natürlich bewegen,[1]) obschon das vielfach nicht gerne zugegeben wird.

2. Nur innere Tatsachen, als das Fühlen, Wissen, Wollen eines Menschen ohne jede Äußerung. Es leuchtet ein, daß hier eher moralische, als juristische Tatsachen vorliegen, deren Ungreifbarkeit sie juristischer Anwendung gewiß nicht empfiehlt. Das muß namentlich gelten von Tatsachen des Gefühlslebens; dagegen Rücksicht auf das, wennschon bloß innerliche Wissen eines Menschen um irgend

---

[1]) Casum sentit dominus.

einen anderen Umstand kann auch das Recht häufig nicht umhin zu nehmen, und so treten dann auch derartige Tatsachen als juristische auf.

3. Gemischt der Innen- und der Außenwelt gehört an eine Tatsache menschlichen Innenlebens, sofern sie nach außen hervortritt, „geäußert" wird, durch Rede oder durch sonstige menschliche Handlung. Eine jede solche Handlung von rechtlicher Bedeutung (als juristische Tatsache) heißt Rechtshandlung. Der Hauptunterschied der Rechtshandlungen ist folgender:

a) Sie mögen ihre Rechtsbedeutung haben gerade deshalb, weil sie widerrechtliche, meist bewußt rechtswidrige (sog. „unerlaubte") Handlungen sind. Denn dann pflegt ihnen ein Anspruch des Verletzten gegen den unerlaubt Handelnden auf Schadensersatz zu entspringen.

b) Sie mögen sein bloße Meinungsäußerungen, Mitteilungen, oder auch bloßer Eingriff in tatsächliche Verhältnisse, welchen das Recht Rechtswirkung beilegt.

c) Namentlich aber mögen sie ihre Rechtsbedeutung gewinnen eben deshalb, weil der Wille des Handelnden auf Rechtswirkung gerichtet ist. Diesem Willen dann, soweit ohne Unbilligkeit möglich, rechtliche Billigung und Verwirklichung zuteil werden zu lassen — d. h. seine Äußerung zur juristischen Tatsache zu machen — entspricht nämlich offenbar dem Wesen des bürgerlichen Rechts durchaus. Willensäußerungen sind also die Hauptrolle im bürgerlichen Rechte als juristische Tatsachen zu spielen berufen, so daß ihnen eine einzig hervorragende Bedeutung zukommt.

Es sei deshalb schon hier auf folgende Punkte hingewiesen:

aa) Willensäußerung ist jedes, bewußter- oder unbewußtermaßen eingenommene menschliche Verhalten, welches Dritten den Rückschluß gestattet, daß der so sich Verhaltende etwas will. Solche **bloße** Willensäußerung pflegt rechtlich bedeutungslos zu sein. Regelmäßig rechtsbedeutsame Willenserklärung ist ein solches Verhalten erst dann, wenn es **bewußtermaßen** diesen Willen als einen irgendwie und irgendwem erkennbaren bekundet.[1][2] Doch bedarf der Begriff noch

[1] Z. B. also Willensäußerung das Selbstgespräch dessen, der sich für unbelauscht hält, oder die im Fieber getane, unwillkürliche Äußerung über einen selbst ernsthaft vorhandenen Willen; Willenserklärung ist dies nicht. Dagegen Willenserklärung auch die stillschweigende, von der der Erklärende sich bewußt ist, daß sie irgendwie zu jemandes Kenntnis kommen und daß man dann sie verstehen wird.

[2] Enger faßt den Begriff **Hellmann**, i. d. dogmat. Jahrbüch. 42, 413 fg.;

weit sorgfältigerer Festlegung; vgl. über ihn unten § 47. Ein ihm sehr nahestehender, dort erst genauer von ihm zu sondernder ist der Begriff des Rechtsgeschäfts.

bb) Die Willensäußerung oder -Erklärung mag ausgehen von seiten jemandes, der Rechte erwerben oder von seiten jemandes, der solche gegen sich begründen oder aufgeben will. Liegen übereinstimmende Erklärungen von beiden Seiten vor, so redet man von einem Vertrage. Dabei mag wieder die Belastung ausschließlich auf der einen, der Vorteil ausschließlich auf der anderen Seite liegen (z. B. Schenkungs-Vertrag), sog. einseitiger Vertrag; oder es mögen Vor- und Nachteile beiden Seiten in wechseitigem Austausche zugewandt und auferlegt werden, so daß ein zusammengesetztes Rechtsverhältnis entsteht, sog. gegenseitiger Vertrag, s. weiteres unten § 61.

cc) Die Willensäußerung mag aber endlich auch ausgehen von seiten eines bei ihrem Erfolge unbeteiligten Dritten, der irgendwie in die Angelegenheit rechtlich hineingezogen ist. Auch diese Äußerung ist alsdann juristische Tatsache.

4. Von allen bisher hervorgehobenen juristischen Tatsachen ist endlich noch zu sondern der Fall, in welchem eine öffentliche Behörde in ihrem öffentlich-rechtlichen Geschäftskreise auf Privatrechtsverhältnisse durch Beschlüsse, Verfügungen, Entscheidungen, Urteile oder sonstwie einzuwirken berufen ist, mag es sich nun um freiwillige oder streitige Gerichtsbarkeit, um gerichtliche oder um andere (z. B. Verwaltungs-, Polizei-) Behörden handeln. Zwar ist das, was hier wirksam ist, ja auch menschliche Willensäußerung, aber so wesentlich anders geartet, daß diese Rubrik mit der vorhergehenden zusammenzuziehen nur irreführend wirken könnte. Man bemerke also nachträglich, daß zu den unter der vorigen Nummer (unter 3) besprochenen menschlichen Handlungen nur solche von Privatpersonen[1]) gehören; und man bemerke ebenso vorweg, daß im folgenden selbstverständlich

---

dagegen mit Recht Isay, ebenda. 44, 43 fg. S. auch Binder, Rechtsstellung des Erben, S. 86 fg.

[1]) D. h. selbstverständlich auch von Beamten, welche außerhalb ihrer Beamteneigenschaft tätig werden. Der Tätigkeit von Privatpersonen steht aber ferner auch gleich die von Beamten und Behörden als solchen, soweit sie erfolgt in Ausübung einer amtlich ihnen obliegenden privatrechtlichen Verwaltung, z. B. des Staatsvermögens, im Namen des sog. „Fiskus", der gleich einer Privatperson im Vermögensverkehre steht; vgl. unter § 28 II 1.

stets von Handlungen, Willensäußerungen, Rechtsgeschäften nur in diesem Sinne die Rede sein soll, wo nicht ausdrücklich das Gegenteil hervorgehoben ist.

5. Rechtshandlungen Privater und Rechtshandlungen öffentlicher Behörden treten einander nahe, wenn man sie in Gegensatz stellt gegen solche Fälle, in welchen eine Rechtswirkung eintritt, ohne daß es irgend welchen Willens im juristischen Tatbestande bedürfte. Da übersieht man leicht die sonstigen Bestandteile des juristischen Tatbestandes und sagt, die Rechtswirkung trete unmittelbar von Rechtswegen [1]) ein. Das rührt daher, daß man sich so sehr gewöhnt hat, auf den Willen als Hauptbestandteil des juristischen Tatbestandes zu sehen,[2]) daß dann mangels eines solchen Willens alles zu mangeln scheint. Dabei denkt man wohl meist zunächst an den Partei-Willen; doch tritt daneben behördliche Willenstätigkeit; und so entsteht die Dreiteilung: Rechtswirkung durch Rechtsgeschäft — durch Richterspruch — durch Gesetz. Richtiger wäre zu unterscheiden Rechtswirkung durch Tatbestände, welche einen Parteiwillen[3]) enthalten; — durch Tatbestände, welche an Willenselementen bloß einen behördlichen Willen[4]) enthalten — und durch andere Tatbestände.

III. Erst nunmehr kann klargelegt werden, was unter „zwingendem Recht" oder Normativ-Vorschriften einerseits, dispositivem Recht und Auslegungs-Regeln andererseits verstanden wird;[5]) obschon dieser Gegensatz selbst kein solcher des Rechts im subjektiven Sinne, sondern des Rechts im objektiven Sinne ist. Doch setzt er Kenntnis des Begriffs vom juristischen Tatbestand und von der Bedeutung der Partei-Willenserklärung voraus.

1. Zwingendes Recht bedeutet hier weder zur Ausübung nötigendes Recht, noch absolut zwingendes, aufnötigendes Recht (oben S. 47 Anm. 2 u. 3); diese beiden Begriffe sind dem bürgerlichen Rechte gerade fremd, Verwechslungsgefahr daher ausgeschlossen.

---

[1]) E lege, wohl auch ipso jure; vgl. jedoch oben S. 72 u. S. 60.

[2]) Diese Überschätzung des Willens rührt her aus einer Zeit, wo man den Privatwillen als geradezu rechtsschöpferisch ansah. Damit haben wir heute gründlich aufgeräumt; niemand verkennt mehr, daß der Privatwille alle rechtliche Bedeutung und Macht nur dem hinter ihm stehenden Rechtswillen entnimmt, genau so wie jede andere juristische Tatsache.

[3]) Mit oder ohne Hinzutritt behördlichen Willens, z. B. letzteres im Vormundschaftsrechte od. dgl. Fällen.

[4]) Oder auch bloß den Willen unbeteiligter Dritter.

[5]) Ehrlich, Das zwingende und nichtzwingende Recht im BGB.

2. Zwingendes Recht bedeutet vielmehr solches, welchem der Privatwille sich fügen muß, wenn er sich überhaupt auf dem Gebiete des Rechtslebens betätigen will. Zu solcher Betätigung ist er nicht gezwungen; er mag sich ihrer enthalten; soweit er sich aber betätigt, muß er den Sätzen des zwingenden Rechts, den Normativ-Vorschriften sich fügen. — Die Normativ-Vorschriften sind wieder doppelter Art:

a) Sie regeln den juristischen Tatbestand, wie er, namentlich noch neben der Willenserklärung, vorliegen muß, damit eine Rechtswirkung eintrete. Z. B. sie verlangen noch eine Formalität; oder daß der übrigens beliebig frei gebildete Inhalt der Willenserklärung (bei Schuldverhältnissen) nicht rechts- noch sittenwidrig sei; oder daß der Inhalt der Willenserklärung sich auf bestimmte, ein für alle Male geprägte Rechtstypen beziehe (Eigentum, Ehe od. dgl., bei Verhältnissen des Sachen- und Familienrechtes); oder daß zwei Willenserklärungen zusammen kommen (Vertrag); oder daß sonst noch Tatsachen (Zeitablauf, Zustimmung der Behörden, Eintragung ins Grundbuch) hinzukommen. Alle diese Vorschriften sind, soll es zu einer Rechtswirkung kommen, zwingend. Man empfindet sie meist als Schranken der Willkür, tatsächlich aber sind es dieselben Regeln, welche innerhalb dieser Schranken dem Privatwillen Wirksamkeit erst beilegen.

b) Sodann aber auch gibt es Regeln des zwingenden Rechts, welche die infolge des juristischen Tatbestandes eintretende Rechtswirkung regeln. Zwar richtet sich diese Wirkung durchgängig nach dem rechtsgeschäftlich erklärten Willen, wenigstens soweit dieser klar erkennbar vorliegt. Aber bisweilen greift doch auch hier zwingendes Recht ein, das, falls überhaupt Rechtswirkung eintritt, die von ihm befohlene Art der Rechtswirkung selbst gegen den Parteiwillen durchsetzt. Wer diese zwingenden oder normativen Folgen eines juristischen Tatbestandes nicht will, mag sich hüten, den Tatbestand zu setzen; vermeiden kann er es nicht, daß, wenn er überhaupt ein Rechtsgeschäft abschließt, dasselbe nach Treu und Glauben beurteilt, für Arglist aber gehaftet wird; oder daß, wenn er eine Willenserklärung abgibt, ohne erkennbar zu machen, daß er sie in fremdem Namen abgeben will, er so behandelt wird, als hätte er sie in eigenem Namen abgegeben, § 164 Abs. 2; oder daß, wenn er eine Ehe schließt, dieselbe ihn auf Lebenszeit zu ehelicher Lebensgemeinschaft verpflichtet, selbst wenn sich beide Ehegatten bei Eheabschluß auf Einschränkung dieser Wirkung geeinigt haben sollten.

3. Dagegen die Dispositivnormen sind solche, welche es zur Bedingung ihrer Wirksamkeit machen, daß kein entgegenstehender Parteiwille (unter Beobachtung der zutreffenden Normativvoraussetzungen) erklärt sei. Auch sie gelten nicht etwa, weil Parteien es gewollt („stillschweigend“ gewollt) hätten,[1]) sondern sie gelten ohne gewollt zu sein, wenn sie nur nicht nichtgewollt sind. Auch für sie kann man weiter unterscheiden:

a) Dispositivvoraussetzungen, welche für die Wirksamkeit des Parteiwillens gelten, falls dieser sich nicht selbst andere Normen gibt, z. B. die im allgemeinen bestehende Vorschrift formloser Begründbarkeit der Forderungsrechte, während Parteiverabredung Formalität einführen kann; und

b) Dispositivfolgen in unendlich reicherer Anzahl, besonders bestimmt, solche Fälle zu regeln, welche in der Parteiwillenserklärung übersehen oder sonst offen gelassen sind. Bei den unendlich zahlreichen Möglichkeiten von Verwicklungen in unserem Rechtsleben vermag kaum je ein seinen Willen Erklärender alles vorhersehend zu ordnen, was sich daraus unter Umständen ergeben könnte; deshalb wird eine freie und reiche rechtsgeschäftliche Tätigkeit eigentlich erst möglich durch diese Dispositivnormen, welche für alle möglichen Fälle und Arten von Rechtsgeschäften ergänzend durch das Recht bereitgestellt sind, um die Folgen unvorhergesehener Wendungen so zu regeln, wie, nach dem Ermessen des Gesetzgebers, ein rechtlicher, besonnener, seinen Vorteil in den erlaubten Grenzen wohl wahrender Mensch sie in derartiger Lebenslage selbst geregelt zu haben wünschen müßte.

4. Begrifflich muß man von den Dispositivnormen wiederum scheiden Auslegungsnormen; erstere als eingreifend, wo die Parteien nichts gewollt haben; letztere als eingreifend, wo die Parteien etwas gewollt haben, wo es aber trotz aller Auslegungskünste zweifelhaft bleibt, was oder welche von mehreren Möglichkeiten sie gewollt haben. — Mangels Parteiverfügung gilt die Dispositivnorm; „im Zweifel“ über die Parteiverfügung gilt die Auslegungsnorm. Praktisch macht dies aber kaum[2]) einen Unterschied aus, wie denn auch beide Arten von

---

[1]) Obschon dies natürlich sehr häufig zutreffen wird, namentlich bei Willenserklärungen, die von Rechtskundigen im Hinblick auf die Dispositivnormen der Gesetze und unter absichtlicher Ausnutzung derselben abgegeben werden.

[2]) S. etwa wegen der Verschiedenheit für die Beweisfrage Planck, Kommentar, 1, 23; aber selbst dies von problematischer Wirksamkeit.

Regeln schwer voneinander zu sondern sind. Man beobachte dies etwa an dem Beispiele des berühmten § 157: „Verträge sind so auszulegen, wie Treu und Glauben mit Rücksicht auf die Verkehrssitte es erfordern". Dieser Paragraph enthält zwingendes, dispositives und auslegendes Recht:

a) Er ist zwingenden Rechtes, soweit er sich auf Treue und Glauben beruft, vgl. oben S. 76.

b) Er ist auslegenden Rechtes, seinem nächsten Wortlaute nach, soweit er sich auf die Verkehrssitte beruft. Wo der Vertrag mehrere Auslegungen des Gewollten zuläßt, ist die der Verkehrssitte entsprechende als gewollt anzunehmen.

c) Er muß aber auch so ausgelegt werden, daß er dispositiven Rechtes ist, so weit nämlich er sich auf die Verkehrssitte beruft und soweit im Vertrage eine Lücke ist, soweit die Parteien an gewisse Möglichkeiten gar nicht gedacht haben. Die Verkehrssitte ist nicht bloß Mittel zur Beseitigung von Zweifeln über den Vertragsinhalt, sondern auch Mittel zur Ausfüllung von Vertragslücken. Beides läßt sich eben praktisch garnicht voneinander sondern.

§ 17. Entstehung oder Änderung von Rechten.

1. Behandelt wurde die Frage, wie Rechte durch juristische Tatsachen hervorgebracht, geändert und wieder beseitigt werden. Daran knüpft sich die weitere Frage, wann denn ein wirklich neues Recht hervorgebracht wird, wann bloß eine Änderung. Wo es sich nicht um zweifellos ganz neue Rechtsbildungen handelt, für die gar kein bestehendes Recht als Anknüpfungspunkt gegeben ist,[1]) da stehen beide Arten der Behandlung dem Rechte zur Verfügung: Es mag bestimmen, daß alle Rechtsbeziehungen, soweit sie noch gelten sollen, neu entstehen müssen, dann nennen wir das Recht selbst ein neues. Oder das Recht (im objektiven Sinne) mag bestimmen, daß alle Rechtsbeziehungen, soweit sie nicht eben geändert worden sind, fortbestehen, dann reden wir von bloßer Rechtsänderung. Allgemeine Regeln darüber, wenn das eine oder das andere eintritt, sind nicht aufzustellen.

---

[1]) Z. B. A findet am Strande eine bisher herrenlose Muschel und erwirbt Eigentum an ihr. — A, der bisher niemandem Arbeitsleistungen schuldete, verdingt sich zu solchen dem B, der bisher solche von keiner Seite zu fordern hatte. — A und B ehelichen einander.

2. Für diese Frage, ob neues Recht, ob bloße Rechtsänderung, pflegt man sich einer anderen Ausdrucksweise zu bedienen, wenn die Neuerung besteht in einem Wechsel der beteiligten Rechtssubjekte. Man redet dann nämlich von Rechtsnachfolge, die man in dem einem Falle leugnet und in dem anderen bejaht.

Rechtsnachfolge ist derjenige Eintritt eines neuen Subjektes in ein bestehendes Rechtsverhältnis, bei welchem im übrigen dieses Rechtsverhältnis als das alte fortdauert; das heißt, bei welchem es in allen Punkten, für welche nicht nach besonderer Rechtsvorschrift dieser Subjektwechsel von Bedeutung ist, den bisher bestehenden Rechtsbeziehungen weiter unterliegt, so daß also das neue Rechtssubjekt in diese älteren Rechtsbeziehungen eintritt.

Wo dagegen bei Wechsel des Subjekts keine Rechtsnachfolge zustande kommt, da ist das alte Recht zu Grunde gegangen und ein neues entstanden.[1])

Keine Rechtsnachfolge ist denkbar bei Familienrechten; ebensowenig bei anderen Rechten aller Art, die mit jenen die Eigenschaft teilen, höchst persönliche Rechte zu sein.[2])

3. Bei der Rechtsnachfolge ist zu scheiden aktive und passive, je nachdem es sich handelt um Eintritt in Rechte oder in Pflichten des Vorgängers. Das Recht kann übrigens das alte bleiben, obschon es aktiv und passiv Subjekt wechselt.

Die aktive Rechtsnachfolge, bei welcher der Rechtsnachfolger in das Recht seines Vormannes eintritt, nennt man wohl auch derivativen Rechtserwerb, indem der Nachfolger hier in die Lage seines Vormannes deshalb einzutreten pflegt, weil er von diesem, mittels Rechtsgeschäft, sein Recht ableitet. Notwendig ist dies jedoch nicht, der Eintritt eines neuen Rechtsinhabers in das alte Recht kann sich auch ohne Vermittlung des bisherigen Rechtsinhabers (durch den Willen Dritter oder e lege), vollziehen.[3]) Derivativer Rechtserwerb ist also, gegen den ursprünglichen Wortsinn, ein jeder Rechtserwerb, bei dem ein bisher schon bestehendes Recht unverändert, außer soweit das Recht für besondere Einzelheiten Veränderungen

---

[1]) So ist z. B. neu das Eigentum des Ersitzers gegenüber dem des früheren Eigentümers; neu das Recht des Nacherben gegenüber dem des Vorerben, wenn auch nicht gegenüber dem Erblasser.

[2]) S. darüber im einzelnen unten § 46.

[3]) Z. B. bei Erwerb eines Rechtes durch Überweisung im Wege der Zwangsvollstreckung.

besonders vorschreibt, auf einen neuen Rechtsinhaber übergeht, komme es dazu wie auch immer.

Ist der Rechtserwerb kein derivativer, so nennen wir ihn einen originären. Erwirbt ein Rechtssubjekt ein Recht, das ihm bisher nicht zustand, so ist also dieser sein Erwerb ein originärer, wenn das Recht bei ihm neu entsteht,[1]) ein derivativer, wenn ein schon bestehendes Recht auf ihn übergeht.

4. Bei dem derivativen Rechtserwerb scheiden wir wieder translativen oder konstitutiven. Translation, eigentlich Rechtsnachfolge im engeren Sinne, ist es, wenn das Recht in derselben rechtlichen Prägung, welche es beim Rechtsvorgänger schon hatte, auf den Nachfolger übergeht (z. B. das Eigentum des A auf den B). Konstitutiv ist dagegen die Rechtsnachfolge dann, wenn das Recht als solches, individuell, bei dem Rechtsvorgänger noch nicht bestand, sondern in einem umfassenderen Rechte des Vorgängers enthalten war, aus dem es jetzt erst als Sonderrecht, behufs Übertragung auf den neuen Rechtsinhaber, ausgeschieden wird (z. B. der Eigentümer A gewährt dem B eine bisher nicht bestehende Grunddienstbarkeit an seinem Grundstück, der Gläubiger A dem B ein bisher nicht bestehendes Pfandrecht an seiner Forderung). — Das Recht ist hier formell ein neu entstehendes, materiell aber ein von dem bisherigen Berechtigten auf einen neuen Berechtigten übergehendes.

5. Bei der Rechtsnachfolge (aktiver wie passiver) unterscheidet man ferner Einzel- und Gesamtrechtsnachfolge, Singular- und Universalsukzession. Von letzterer redet man dann, wenn mehrere Rechte zusammen nach anderen Regeln (in Bezug auf Form der Übertragung und in Bezug auf Wirkung) übergehen, als jedes von ihnen einzeln übergehen würde.[2]) Wenn dagegen mehrere Rechte, obschon gleichzeitig und vielleicht äußerlich durch einen und denselben Geschäftsabschluß, aber ein jedes nach den für es besonders bestehenden Rechtsregeln, Hand wechseln, so liegt bloß Einzelnachfolge vor.

---

[1]) Mag auch ein Recht gleicher Art an demselben Gegenstande vorher schon bestanden haben und jetzt, bei seinem bisherigen Inhaber, untergehen; so z. B. bei der Eigentumsersitzung.

[2]) Überhaupt spricht man von *Rechtsgesamtheiten* dann, wenn für mehrere Gegenstände zusammen das Recht andere Regeln schafft, als für jeden einzelnen darunter; mögen diese Gegenstände nun Sachen sein oder Rechte oder beides. Sind solche Rechtsgesamtheiten als Vermögensteile zu betrachten, so heißen sie *Sondervermögen*, wohl auch *Sondergut*.

Hauptfall der Universalsukzession in ein Gesamtvermögen ist der Erbfall. Dabei entsteht neu das Erbrecht des Erben; aber er erwirbt alle Rechte und Pflichten des Verstorbenen als Gesamtheit im Wege der Gesamtnachfolge;[1]) vgl. unten § 266.

Das Bisherige ermöglicht uns einen weiteren Schritt zur Individualisierung der Rechte, über das Individualisierungsmoment ihres Gegenstandes (vgl. oben § 11, 5a) hinaus. Dazu erweist sich nämlich nunmehr als dienlich:

a) Bei den der Rechtsnachfolge nicht fähigen, höchst persönlichen Rechten die Persönlichkeit der beteiligten Rechtssubjekte; zusammen mit dem Rechtsgegenstande ist dadurch das Recht selbst genau festgelegt: z. B. das eheliche Rechtsverhältnis zwischen dem A und der B;

b) dagegen bei den der Rechtsnachfolge fähigen Rechten kann offenbar die Person des jeweiligen Rechtssubjektes gerade solchen Zwecken nicht dienen. Ist doch eben das Eigentum des B individuell dasselbe Recht wie das seines Rechtsvorgängers A an derselben Sache. Anders, wenn B nicht der Rechtsnachfolger des A ist. Hier wird also das Recht individualisiert außer durch seinen Gegenstand durch seine Entstehung, d. h. durch die einzelnen, geschichtlich gegebenen juristischen Tatsachen, welchen es seine ursprüngliche Entstehung verdankt.

§ 18. Untergang oder Hemmung von Rechten. — Einrede.[2])

1. Ein Recht geht unter, wenn die in ihm liegenden Rechtsbefugnisse infolge des Eintritts irgend welcher juristischer Tatsachen dem bisherigen Rechtsinhaber entzogen werden, ohne dabei auf einen neuen Rechtsinhaber überzugehen. — Von diesem Falle muß geschieden werden derjenige, daß die Rechtsbefugnisse, bei dem bisherigen Rechtsinhaber oder bei seinem Rechtsnachfolger, bestehen bleiben, aber von

---

[1]) Daher sehr fein der römische Ausdruck nicht successio in universitatem, sondern per universitatem (in singula jura defuncti nämlich).

[2]) Bekker, Pandekten 1, § 28, 2, § 108. — Thon, Rechtsverfolgende Einrede, in Festgaben für Schmidt. — Heymann, Vorschützen der Verjährung, zugleich ein Beitrag z. L. v. d. exceptio und Einrede. — Friedenthal, Einwendung und Einrede, in Fischers Abhandlungen, 1, 5. — Hölder, Über Ansprüche und Einreden, im Archiv f. d. civilist. Praxis 93, 1 fg. — Älteres Recht: Eisele, Materielle Grundlage der exceptio. — Lenel, Ursprung und Wirkung der Exzeptionen. — Keller-Wach, Röm. Civilprozeß, § 34.

diesem Rechtsinhaber nicht ausgeübt werden können. Wir sagen dann, das Recht sei gehemmt.

a) Daß dieser Unterschied ein praktischer ist, liegt nahe, falls die Hemmung bloß eine zeitweilige[1]) ist. Das untergegangene Recht ist ein für alle Male wirkungslos und wertlos; das bloß zeitweilig gehemmte wird nach Wegfall der Hemmung wieder wirksam werden und bewahrt deshalb auch zwischenzeitig seinen wirtschaftlichen und Rechtswert.

b) Ebenso, wennschon in schwächerem Grade, falls die Hemmung eine dauernde ist, d. h. eine der Dauer des gehemmten Rechts gleichwährende, dies aber doch nur in dem Sinne, daß diese Hemmungsdauer sich nicht mit absoluter Bestimmtheit, sondern nur als die normale vorhersehen läßt. Anomale Verhältnisse, z. B. Nachlässigkeit oder Verzicht von seiten desjenigen, dem die Hemmung zu gute kommt, mögen die Hemmung ihrerseits wieder beseitigen; und darum kann doch diese Hemmung eine „dauernde" heißen, im Gegensatze zu solchen Hemmungsvorrichtungen, welche das Recht von vornherein nur für kürzere Zeit bestimmt hat. Solange aber irgendwie die Möglichkeit besteht, daß die Hemmungsvorrichtung irgend einmal versage, während das zu hemmende Recht noch wirkungsfähig ist, so lange bleibt es wichtig, an dem Unterschiede zwischen Rechtsvernichtung und Rechtshemmung festzuhalten.

c) Wenn freilich jede derartige Aussicht ausgeschlossen ist, so entspricht jenem Unterschiede, wollte man ihn selbst in der Sprache und in der Vorstellung festhalten, keinerlei sachlicher Inhalt mehr. Tatsächlich ist keine Rechtssicherung mehr vorhanden.

2. Besondere Bedeutung gewinnen diese Verhältnisse, wenn zum juristischen Tatbestande der Rechtsvernichtung oder Hemmung eine Willenserklärung gehört.

a) Diese Willenserklärung mag auszugehen haben von einer Behörde, z. B. der Richter ermäßigt auf Anrufen des Verpflichteten eine Vertragsstrafe § 343: teilweise Rechtsvernichtung. Oder man nehme an, ein Reichsgesetz lege in Zeiten schwerer Not einer Behörde die Befugnis bei, einzelnen Schuldnern nach Prüfung der Sachlage Zahlungsausstand (sog. Moratorium) zu gewähren; zeitweilige Rechtshemmung.

---

[1]) Vollständig oder teilweise. Bei teilweiser Hemmung gilt für den Teil, was bei vollständiger für das Ganze.

b) Oder es mag der Berechtigte selbst sein, der die Schuld erläßt, d. h. sein Forderungsrecht vernichtet, oder der die Schuld stundet, d. h. sein Forderungsrecht hemmt.

c) Oder endlich aber die Rechtsmacht, ein Recht zu hemmen oder zu vernichten, mag durch die Rechtsordnung gelegt sein in den Willen des durch dieses Recht Verpflichteten selbst. Dann hat er gegen ersteres Recht ein Gegenrecht und zwar ein Könnrecht, da ja die Rechtsausübung lediglich Gültigkeit oder Wirksamkeit anderer Rechte betrifft.[1]) Es wird dann also Sache des Gegenberechtigten sein, ob er das vernichtbare oder hemmbare Recht wirklich vernichten oder hemmen will, oder nicht. Er mag darauf ausdrücklich oder stillschweigend, rechtsverbindlich oder tatsächlich (durch Nichtausübung) verzichten; er mag es vernachlässigen; so lange er sein Gegenrecht nicht ausgeübt hat,[2]) besteht das andere Recht unvernichtet und ungehemmt fort, so daß es z. B. auf Grund desselben zu einer Verurteilung des Gegenberechtigten kommen kann. So mag ihm schließlich, selbst wenn er nicht darauf verzichten wollte, die Rechtskraft des Urteils jede Benutzbarkeit seines Gegenrechtes rauben.

3. Gegenrechte auf Vernichtung eines Rechts sind vielfach in unserem bürgerlichen Rechte gegeben. Man unterscheidet sie wieder, je nachdem sie dies Recht so vernichten, als hätte es nie bestanden, mit sog. rückwirkender Kraft, oder erst mit Wirksamkeit von dem Augenblick ab, in dem es zu ihrer Ausübung gekommen ist, e tunc oder e nunc, wie man auch wohl zu sagen pflegt. Klassisches Beispiel eines Gegenrechts auf Vernichtung ex tunc ist die Anfechtung, eines solchen ex nunc der Rücktritt. — Außerdem ist zu scheiden:

a) die Wirkung, welche eintritt bei Ausübung des Gegenrechts, d. i. die Vernichtung des Rechts, z. B. durch Ausübung eines Aufrechnungsrechtes; und

b) die Wirkung, welche die Rechtsordnung schon, um dieser zukünftigen Möglichkeit willen, knüpft an das bloße Vorhandensein eines derartigen Gegenrechtes, z. B. an die Aufrechenbarkeit. Es pflegt sich dabei um nebensächliche, e lege eintretende Abschwächungen des aufhebbaren Rechts zu handeln.

---

[1]) Anders, wenn der Gegenberechtigte nur einen Anspruch darauf hat, daß der aus dem zu beseitigenden Rechte Berechtigte selbst zur Beseitigung dieses Rechts mit ihm zusammenwirkte, z. B. § 1169, § 1254, vgl. oben S. 59.

[2]) In der rechtlich dafür vorgeschriebenen Weise, vgl. sofort unten N. 7.

4. Gegenrechte auf Hemmung eines Rechtes sind abermals zu sondern.

a) Mag sein, daß sie das zu hemmende Recht in seiner Vollständigkeit hemmen, ohne Rücksicht darauf, ob und wieweit es sich in Anspruchsrechten oder anderswie äußert. So mögen gehemmt sein eigentliche Könnrechte oder absolute Rechte; auch über den Umfang der durch sie gewährten Anspruchsrechte hinaus. Solche Fälle kommen vor,[1]) bieten aber keinen Anlaß zu weiterer Besprechung, führen auch keinen gemeinsamen Namen.

b) Die andere Möglichkeit ist, daß das Gegenrecht auf Hemmung nur gewährt ist, soweit die Wirkung des zu hemmenden Rechts sich in Form von Anspruchsrechten äußert. Anders ausgedrückt: Das Gegenrecht richtet sich nicht so wohl gegen das zu hemmende Recht selbst, als vielmehr gegen die daraus sich ergebenden Ansprüche, oder auch nur gegen einzelne derselben.

Dann nennt man das Hemmungsrecht Einrede oder Einrederecht.[2])

5. E i n r e d e r e c h t e sind also solche Gegenrechte auf Hemmung eines Rechts, welche diese Hemmung bewirken mittels Hemmung eines aus dem Recht sich ergebenden Anspruchs; oder kürzer: Gegenrechte auf Hemmung von Ansprüchen. Besteht der Anspruch darin, daß der Berechtigte eine Leistung von der andern Seite fordern darf, so besteht also die Einrede darin, daß der Gegenberechtigte „zur Ver-

---

[1]) z. B.: Mein Vermieter hat mir ein (ihm nicht ohnehin zustehendes) Kündigungsrecht (d. i. ein Könnrecht) abgekauft, die Kaufsumme aber noch nicht bezahlt; macht er nun Gebrauch davon, so kann ich die Kündigung einfach ablehnen, zurückweisen, wennschon nicht aus § 320, so doch wohl nach den Regeln allgemeiner Billigkeit. Von Anspruch ist hier ebensowenig die Rede bei Ausübung des Kündigungsrechtes von seiten des Vermieters, wie von eigentlicher Weigerung der Erfüllung von seiten des Mieters; sondern nur davon, ob mit Recht gekündigt oder mit Recht die Kündigung zurückgewiesen ist. — Anderes, klareres, noch gar viel weiter reichendes Beispiel: Notwehr und Notstand. Denn diese sind weiter nichts als dem in der Notlage Befindlichen (oder seinem Helfer) gewährte Hemmungsrechte, durch welche alle, auch absolute und Persönlichkeitsrechte Anderer, so weit nötig, gehemmt werden können (s. unten §§ 81 ff.).

[2]) Einrede heißt das Recht, oder seine Ausübung, oder sein Rechtsgrund; im Zweifel hier Einrede = Einrederecht. Wieder etwas anderes ist die Einrede im prozessualen Sinne, W a c h, Handbuch d. Civilprozesses 1, 124; P l a n c k, Lehrbuch des Civilprozesses 2, § 88 fg.

weigerung der Leistung berechtigt ist" — BGB. § 202 und sonst vielfach.

Welches ist nun aber der Unterschied zwischen einem solchen Einrederechte und einem Gegenrechte auf Vernichtung?

a) Der Unterschied liegt auf der Hand, falls die Wirkung des Einrederechts bloß die ist, daß das Gegenrecht, in der oben sub 1a bezeichneten Weise, eine Zeitlang gehemmt wird, dann aber wieder wirksam wird. Man nennt eine solche Einrede, deren Wirkung von kürzerer Dauer ist als der von ihr betroffene Anspruch, eine aufschiebende, dilatorische.[1]) Dagegen eine solche, deren Wirkungsdauer derjenigen des betroffenen Rechts normalerweise gleichkommt, eine dauernde, peremptorische.

b) Der Unterschied zwischen peremptorischer Einrede und Gegenrecht auf Vernichtung kann nicht darin liegen, daß auf erstere verzichtet werden kann, daß sie ausgeübt werden muß, um zu wirken. Das hat sie gerade mit dem Gegenrecht auf Vernichtung gemeinsam, vgl. soeben 2c. Es bleiben folgende Unterschiede:

a) Das Gegenrecht auf Vernichtung betrifft das ganze Recht, die Einrede bloß einen Anspruch. Dieser Unterschied ist praktisch, wo das Recht (also z. B. ein dingliches Recht) wesentlich mehr enthält als den einzelnen Anspruch, unpraktisch im anderen Fall (also z. B. häufig bei Forderungsrechten).

b) Die dauernde, peremptorische Einrede ist eine solche stets nur in dem oben sub 1b, nie in dem oben sub 1c entwickelten Sinne. Auch wenn einmal von ihr Gebrauch gemacht worden ist, so muß, sofern nicht dieser ihr Gebrauch durch besondere prozessuale Regeln zu dauernder Wirkung gelangt, jedesmal aufs neue, immer wieder von ihr Gebrauch gemacht werden, so oft der andere Teil von seinem Rechte Gebrauch macht, um dem entgegenzutreten.[2]) Dagegen

---

[1]) Gesetzliche Bezeichnung als Grund, „aus dem der Verpflichtete vorübergehend zur Verweigerung der Leistung berechtigt ist", § 202; ebenda Aufzählung solcher Einreden, z. B. der Stundung, s. unten § 71, 3, a, Note.

[2]) z. B.: A, der von B 100 zu fordern hat, verlangt diese von B außergerichtlich; B beruft sich ebenso auf die Einrede der Verjährung; A tritt zurück. Einige Zeit darauf versucht A es abermals, gerichtlich oder außergerichtlich; hat B nun zwischenzeitig die Einrede der Verjährung etwa durch vertragsmäßiges Anerkenntnis verloren, oder versäumt er jetzt auch bloß, sie wieder anzuwenden, so ist er zahlungspflichtig. Ob das anders ist, sobald einmal auf die Verjährungs-Einrede des B hin abweisendes rechtskräftiges Urteil gegen

ein einmal rechtswirksam ausgeübtes Vernichtungsrecht wirkt absolut dauernd, es läßt kein Recht des andern Teils, das noch wirken könnte, übrig. Es hätte also auch keinen Sinn, auf das einmal ausgeübte Gegenrecht der Vernichtbarkeit zu verzichten. Dagegen mag ein Verzicht auf abermalige und jemalige Wiederausübung einer einmal schon angewandten Einrede, selbst wenn diese eine sogenannte dauernde ist, seinen guten Sinn haben.

6. Trotzdem tritt offenbar, da diese zuletzt genannten Unterschiede geringwertig sind, die dauernde Einrede dem vernichtenden Gegenrechte gegen einen Anspruch sehr nahe. Dem entspricht es, daß das Recht, wie Folgen der bloßen Vernichtbarkeit, vgl. soeben oben 3, b, so auch solche der bloßen „Einredbarkeit" kennt — wenn man ein solches, der Rechtssprache bisher ungeläufiges Wort verwenden darf. D. h. schon der Umstand, daß einem Rechte eine, namentlich dauernde, Einrede entgegensteht, übt eine Rechtswirkung aus.[1]) Wenn diese Rechtswirkung vereinzelt bis zu der Begründung eines Anspruchs auf Vernichtung des einredebehafteten Rechts reicht,[2]) so wird damit freilich insoweit die Einrede zum Vernichtungsrecht.

7. Für das Wesen aller hier besprochenen Gegenrechte einschließlich der Einrederechte ist es gleichgültig, ob sie ausgeübt werden durch rechtsgeschäftliche Erklärungen außerhalb oder gelegentlich eines Prozesses, obschon sie im Prozesse sich zuletzt bewähren müssen und geschichtlich die Bezeichnungen Anspruch und Einrede sowie die Gegenüberstellung derselben aus dem Prozesse, der römischen actio und exceptio, herrühren. Hier ist einzig berücksichtigt materielles bürgerliches Recht. Ein wesentlicher Fortschritt dieses unseres Rechts ist es aber gerade, daß es Gebrauch seiner Gegenrechte, sowohl der rechtsvernichtenden wie der rechtshemmenden, auch außerhalb des Prozesses regelmäßig, durch formlose Inanspruchnahme des Rechtsansehens, zuläßt. —

8. Eine letzte Unterscheidung bezieht sich darauf, woher das

A ergangen ist, hängt davon ab, ob man den Einwand der Rechtskraft als verzichtbar ansieht oder nicht. Jedenfalls ist aber dann doch die Dauerwirkung Folge der Rechtskraft, nicht des Einrederechts. Man denke z. B. nur noch an den Fall, daß nach dessen gerichtlicher Ausübung der Prozeß liegen geblieben wäre.

[1]) Vgl. besonders § 813 Abs. 1; Aufzählung bei Zitelmann a. a. O. S. 31.

[2]) Vgl. § 1169, § 1254 und dazu oben S. 83 Note 1.

Gegenrecht — rechtsvernichtendes oder Einrede — erwächst. Es kann nämlich sein ein selbständig, allein für sich gegebenes, das nur als solches zu dieser Verwendung besteht, z. B. das Anfechtungsrecht wegen Irrtums (rechtsvernichtend) oder die dem Bürgen zustehende Einrede der Vorausklage (rechtshemmend). — Oder aber das Gegenrecht kann sich ergeben aus einem auch in anderer Weise, z. B. auch anspruchsweise verwendbaren Recht, in näherem oder engerem Zusammenhange mit demselben, z. B. das Recht auf Aufrechnung aus der Verbindung des aufzurechnenden mit dem aufrechenbaren Anspruche (rechtsvernichtend, engere Verbindung) oder das Recht des Verkäufers, Lieferung der Ware zu verweigern, so lange er nicht bezahlt ist mit dem Anspruche auf Bezahlung (rechtshemmend, engste Verbindung) oder das Anfechtungsrecht des Betrogenen (§ 123) und die Einrede aus dem Betruge (§ 853) mit dem Schadensersatzanspruche des Betrogenen (rechtsvernichtend und rechtshemmend, lose Verbindung). — In beiden Fällen ist das Gegenrecht ein, sei es allein für sich, sei es mit anderen Rechten zusammen, durch die Rechtsordnung ausdrücklich gegebenes; nicht etwa läßt sich jedes andere Anspruchsrecht beliebig auch in dieser Form benutzen. — Hinzutritt aber ein dritter Fall, der als stillschweigend durch die ganze Richtung und durch zahlreiche Einzelbefehle unserer Rechtsordnung mitgesetzt angesehen werden muß: daß nämlich jedesmal, so oft in der Ausübung eines Anspruchsrechtes seitens des Berechtigten eine durchaus unsittliche Handlungsweise liegt; wenn sich keine besondere Rechtsbestimmung zum Schutze dagegen finden sollte; so dann doch aus dieser Unsittlichkeit selbst dem in Anspruch genommenen ein hemmendes Gegenrecht, eine Einrede auf Weigerung der Leistung erwächst, im Sinne der alten Römischen exceptio doli generalis.[1]) Daß unsere besonderen Rechtsbestimmungen zum Schutze gegen derartigen Mißbrauch eines Anspruchsrechtes[2]) so vollständig wären, um eine solche allgemeine Schutzmaßregel überflüssig erscheinen zu lassen, wird wohl vielfach behauptet, dürfte sich aber schwerlich der Vielgestaltigkeit des Lebens gegenüber als in absoluter Lückenlosigkeit zutreffend bewähren, vgl. unten § 55, II, 3, b, cc Note 2, § 149, I, 4, c Note und § 155, II, z. E., aber auch schon oben S. 84 Note 1.

---

[1]) Vgl. besonders Crome System 1, 186 ff. — Älteres Recht: Pernice, Labeo 2, 134 ff. — H. Krüger, Zur Lehre v. d. exceptio doli. — S. auch Windscheid-Kipp 1 § 47 Note 7.

[2]) Vgl. besonders wegen § 226 unten § 85.

§ 19. Kollision und Konkurrenz der Rechte.[1])

1. Von Kollision der Rechte redet man[2]), wenn die gemäß dem einen Rechte herbeizuführende Ordnung der äußeren Verhältnisse mit der gemäß einem andern Rechte herbeizuführenden tatsächlich nicht vereinbar ist.

a) Deshalb ist es nur scheinbar eine Kollision, wenn ein Recht selbst das andere einschränkt oder aufhält, z. B. das Pfandrecht das Eigentum oder die Einrede den Anspruch.

b) Dagegen wirkliche Kollision liegt vor, wenn das Recht unbeschränkte Durchführung mehrerer Rechte wünscht, diese Durchführung sich aber tatsächlich als unmöglich erweist, z. B. wegen Überschuldung eines Schuldners oder weil jemand dieselbe Sache zweimal verkauft hat oder weil eine Sache mit Hypotheken überlastet ist. Hier muß das Recht bestimmen, wer den notgedrungen unvermeidlichen Ausfall tragen soll: der, dessen Recht jünger ist, oder der, der später zugreift, nachdem Andere nicht Minderberechtigte befriedigt sind; oder alle Gleichberechtigten in gleichem Maße (Konkurs).

2. Umgekehrt von Konkurrenz der Rechte sprechen wir, wenn mehrere Rechte oder Ansprüche desselben Rechtssubjektes auf denselben Gegenstand und gegen dasselbe Rechtssubjekt gehen, wobei dann also diese verschiedenen Rechte als verschieden nur durch verschiedenen Tatbestand der Entstehung individualisiert sein können, vgl. oben S. 81fg. — In diesem Falle bestehen die mehreren Rechte und Ansprüche unbeschränkt und ungehemmt nebeneinander; zur gerichtlichen Durchführung wird man sich des bequemeren bedienen, ohne sich damit der Möglichkeit zu berauben, auch einen der anderen gelegentlich hinzuzunehmen. Nur falls einer dieser Ansprüche Befriedigung gefunden hat, so sind offenbar damit auch die übrigen konkurrierenden Ansprüche befriedigt, soweit sie einander vollständig decken. Was nach der einen oder andern Seite überschießt, kann selbstverständlich nachträglich noch mittels des weiter reichenden Anspruches geltend gemacht werden.

---

[1]) Hellwig, Anspruch und Klagerecht §§ 10—15.

[2]) Innerhalb desselben Rechtsgebietes. Außerdem gebraucht man denselben Ausdruck, falls man ein und dasselbe Rechtsverhältnis nach den Normen verschiedener Rechtsgebiete zu behandeln Veranlassung finden könnte und dabei zu verschiedenen Ergebnissen käme; die Normen des internationalen oder interterritorialen (interprovinzialen u. s. f.) Privatrechts, welche diese Kollision lösen, heißen deshalb wohl auch Kollisions-Normen.

IV. Überblick über die folgenden Kapitel.

§ 20.

Die folgenden Kapitel dieses Abschnittes werden nun vorzutragen haben, was sich genauer und doch allgemein gültig über die Rechte im subjektiven Sinne zusammenstellen läßt: während die Entwicklung der Lehren von den besonderen Eigentümlichkeiten eines jeden besonderen Rechts in die folgenden Bücher (2—5) gehört.

Darnach soll hier gehandelt werden:

1. Kapitel 2 von den Rechtssubjekten, als den Trägern der Rechte und der Verbindlichkeiten; dabei zugleich von einigen Persönlichkeitsrechten, welche das BGB. damit zusammenstellt. Vgl. oben § 7, III 1.

2. Kapitel 3 von den Rechtsgegenständen, nämlich von den Sachen einerseits und von den Rechten, als Gegenständen anderer Rechte, andererseits, unter Ausschluß der vom BGB. ausgeschlossenen geistigen Güter.

3. Von den juristischen Tatsachen, durch welche Rechte entstehen, geändert, aufgehoben oder gehemmt werden; soweit diese Tatbestände für alle Rechte oder wenigstens für eine größere Anzahl verschiedener Rechte gleichmäßig wiederkehren oder doch wenigstens gleichmäßig Bedeutung haben. Nämlich:

a) Kapitel 4 von den Rechtsgeschäften, als welche hauptsächlich hierher gehören.

b) Kapitel 5 von dem Gegensatze zwischen Schuld und Zufall, dabei auch von den Fällen, wo Schadensersatzpflicht ohne Schuld eintritt, allgemein gesagt von Verschulden und Vertreten.

c) Kapitel 6 von dem Zeitablauf.

4. Endlich Kapitel 7 von der Ausübung und Sicherung der Rechte, besonders im Prozesse, sog. Aktionenrecht, soweit ins materielle Recht gehörig.

Zweites Kapitel.

Die Rechtssubjekte.

§ 21. Rechtsfähigkeit.

I. Rechtsfähigkeit ist die Eigenschaft, Rechtssubjekt sein zu können.

Ausführlicher gesagt: Rechtsfähig ist, wem das Recht die Eigenschaft beilegt, Inhaber eines Rechts oder Verpflichteter im eigenen Namen sein zu können.

Ein Rechtssubjekt als solches heißt auch wohl: Person; Rechtsfähigkeit: Persönlichkeit.

1. Das Recht oder die Verpflichtung vermehren oder belasten das Vermögen bezw. den gesamten Rechtskreis dieses Rechtssubjektes.

2. Wer dagegen in letzter Linie den Genuß oder den Nachteil empfindet, ist belanglos.

3. Wohl aber ist hervorzuheben, daß bei weitem nicht jeder Rechtsfähige auch fähig ist, seine Rechte rechtsgültig auszuüben, weil ihm nämlich die Fähigkeit fehlen mag, mit Rechtswirkung zu handeln. Er bleibt rechtsfähig, obschon er der Handlungsfähigkeit darben mag.

a) Der Begriff der Handlungsfähigkeit in dieser Allgemeinheit ist unserem bürgerlichen Rechte fremd; es kennt nur Unterarten davon, die Fähigkeit zu Rechtsgeschäften („Geschäftsfähigkeit")[1]) und die Fähigkeit zu unerlaubten Handlungen („Zurechnungsfähigkeit"). Natürlich aber sind häufig dieselben Personen, z. B. Kinder, Geisteskranke, sowohl geschäfts- wie zurechnungsunfähig; Personen sind sie darum doch.

b) Es muß ihnen dann die Ausübung ihrer Rechte durch Zuordnung von Stellvertretern ermöglicht werden; über die dadurch entstehende Rechtslage vgl. oben § 12 unter 2.

II. Rechtsfähigkeit hat niemand „von Natur", sondern nur, wem das Recht sie beilegt. Wohl aber sind dem Rechte dazu bestimmte Subjekte fast unvermeidlich nahegelegt, während es sich in anderen Fällen um künstliche Gestaltungen handelt.

1. Natürliche Personen sind die Menschen, um derentwillen das Recht und die Rechte da sind; und zwar die lebenden Menschen;

---

[1]) Diese wieder mit einigen Abweichungen für Sonderfälle, wie Fähigkeit zur Verehelichung oder zur Testamentserrichtung.

sie aber auch alle. Das Grundwesen der antiken Sklaverei bestand dagegen darin, daß dem Sklaven die Persönlichkeit abgesprochen war.

2. Künstliche oder juristische Personen treten daneben, sofern das Recht seine Rechte und Pflichten anderen Rechtssubjekten (als Menschen) verleiht oder auferlegt, um in dieser Form eigentümlichen menschlichen Bedürfnissen entgegenzukommen. Persönlichkeits- und Familienrechte können solchen künstlichen Personen selbstverständlich nicht zukommen; sie bestehen einzig auf dem Boden des Vermögensrechts.

Im folgenden wird zuerst von den natürlichen, sodann von den juristischen Personen zu handeln sein.

I. Die natürlichen Personen.

1. Vorhandensein und Arten.

§ 22. Beginn und Ende.[1])

I. Die Rechtsfähigkeit des Menschen beginnt mit der Vollendung der Geburt, § 1; sie erlischt mit dem Tode.

1. Beginn. Dazu gehört:

a) Geburt eines Menschen;

b) Vollendung derselben, d. h. vollständiger Austritt des Neugeborenen aus dem Mutterleibe, nicht vollständige Trennung davon.

c) Leben in diesem Augenblicke, nicht über denselben hinaus, geschweige denn Lebensfähigkeit, Vollentwicklung oder dergl. Dagegen genügt nicht Leben, das vor vollem Austritt aus dem Mutterleibe schon wieder erloschen war.

d) Diese Erfordernisse bestimmen zugleich den mindest-nötigen Reifegrad; eine ohne menschliche Form geborene Frucht (Mole) ist kein Mensch, also auch keine Person. Weiteres ist nicht zu fordern.

2. Ende. Dasselbe tritt ein mit dem Tode, im Sinne des täglichen Lebens, nicht im Sinne strenger medizinischer Definition. In Zweifelsfällen ist der Augenblick des Todes jedoch mit Hülfe ärztlicher Sachverständiger zu bestimmen, ebenso wie der des Lebensbeginnes.

II. Kann ausnahmsweise diese Grenzziehung überschritten werden?

1. Die Rechtsfähigkeit noch nach dem Tode fortdauern zu lassen,

---

[1]) Hachenburg, Vorträge, 331 fg. — Gierke i. d. dogm. Jahrbüchern 35, 137 fg.

ist keinerlei Anlaß gegeben; davon ist nicht die Rede. Die Wirksamkeit letztwilliger Verfügungen beruht nicht auf der Kraft eines fortwirkenden Willens eines Gestorbenen, sondern auf dem Willen des Rechts.

2. Die Rechtsfähigkeit vor vollendeter Geburt eintreten zu lassen, kann den Sinn haben, einem zukünftigen Rechtssubjekte seine zukünftigen Rechte zu sichern, vgl. oben § 12 unter 3. Man kann dabei

a) doch mindestens schon gegenwärtige Existenz des zukünftigen Menschen im Mutterleibe verlangen. Aber der Satz „nasciturus pro jam nato habetur“ gilt allgemeinhin bei uns nicht mehr; er findet nur noch in den einzelnen besonderen Fällen Anwendung, wo etwas derartiges gesetzlich angeordnet ist; s. unten besonders im Erbrecht.

b) Man könnte noch weiter gehen und auf unbegrenzte Zeit im voraus Rechte noch nicht geborener und noch nicht konzipierter Menschen schützen. Eine solche Bindung auf lange Zeit hinaus wirkt aber stets wirtschaftlich lähmend. Das Recht läßt sich daher dazu nur in den seltensten Fällen bestimmen, hauptsächlich wieder im Erbrecht, und auch da nur für beschränkte Zeiträume. Ausnahme: ältere Rechtseinrichtungen wie diejenigen der Familienfideikommisse oder dergl., in Kraft geblieben nach Art. 59.

§ 23. Vermutungen.

Ob ein Rechtssubjekt ins Leben getreten ist, noch lebt, nicht mehr lebt, sind Fragen von äußerster Wichtigkeit für seine Rechte, für alle, die mit ihm in rechtlicher Berührung stehen, namentlich schließlich für seine Erben. So oft jemand Rechte beansprucht, zu deren juristischem Tatbestande Leben oder Tod gewisser Personen gehören, muß er den Eintritt dieser Tatsachen, oft selbst den Augenblick ihres Eintritts beweisen. Da ist es wesentlich, daß ihm das Recht die Führung dieses Beweises mehrfach erleichtert.

I. In den normalen Fällen, wo Geburt oder Tod, nicht unbeobachtet von Überlebenden, in den rechtlich dabei interessierten Lebens- und Familienkreisen des Geborenen oder Gestorbenen sich zugetragen haben, handelt es sich nicht eben um außergewöhnliche Beweisschwierigkeiten; sondern nur darum, daß es zu lästig wäre, für diese immer wiederkehrenden Fragen immer wieder vollen Zeugenbeweis zu erbringen. Hier hilft die standesamtliche Registerführung aus, und die besondere Bestimmung,[1]) daß Eintragungen in diese Register über Geburts- oder Sterbefälle als richtig gelten, wennschon unter Zulassung des Gegenbeweises. Daher das überall übliche Verfahren, standesamtliche Geburts- oder Todesbescheinigungen beizubringen, womit dieser Punkt zunächst als erledigt gilt.

II. Den Beweis der Geburt darüber hinaus zu erleichtern, besonders für anomale Fälle, besteht kein Bedürfnis. Wohl aber besteht ein solches Bedürfnis, wenn es fraglich wird, ob jemand noch lebt oder ob er tot ist; und weiter, bis zu welchem Augenblick er gelebt hat, mag er auch jetzt zweifellos tot sein.

1. Verschollenheit. Verschollen ist, wer aus den Lebenskreisen, in welchen er sich bisher bewegt hat, seit längerer Zeit verschwunden ist, ohne daß Nachrichten von ihm oder über ihn eingetroffen sind. Ein solcher Verschollener kann, da der Beweis seines Todes geschweige denn des Augenblickes seines Todes sonst nicht zu führen ist, er aber doch auch unmöglich endlos als fortlebend angenommen werden kann, „für tot erklärt werden".

2. Todeserklärung,[2]) §§ 13—18.

a) Voraussetzungen sind: Verschollenheit von einer gewissen Dauer und Beantragung eines darauf gerichteten sogen. Aufgebotsverfahrens seitens eines dazu Berechtigten. Berechtigt dazu ist ein jeder Beteiligter. Das Nähere über dieses Verfahren, bei dem öffentliche Aufforderungen sich zu melden die Hauptrolle spielen, aber auch sonstige Nachforschungen angestellt werden können, gehört in den Civilprozeß, s. CPO. §§ 960—976. — Dauer der Verschollenheit, deren es dazu bedarf:

aa) In gewöhnlichen Fällen 10 Jahre, seit Schluß des Jahres des letzten bezeugten Lebensaugenblickes; aber nicht vor Ende des Jahres, in dem der Abwesende das 31. Lebensjahr vollendet haben

---

[1]) Reichsgesetz über die Beurkundung des Personenstandes und die Eheschließung vom 6. Februar 1875, § 15. Namentlich wichtig, daß die Vermutung gilt nicht bloß für das, was der beurkundende Beamte selbst wahrgenommen hat; sondern auch für die Richtigkeit der Eintragung in den Angaben, die dem Beamten von meldenden Privatpersonen gemacht worden sind.

[2]) Bodo Lehmann, Die Todeserklärung Verschollener, in Hirts Annalen 34, 18 fg. — Kohler, in Zeitschrift f. freiw. Gerichtsbarkeit 40, 258 fg. — Für das ältere Recht maßgebend: Bruns, i. d. Jahrbüchern des gemeinen Rechts 1 (v. 1857), 90 fg.

würde; statt der 10 Jahre treten bloß 5 ein, wenn seit der Geburt des Verschollenen bis zu Ende dieser Frist schon 70 Jahre verflossen sind.

bb) In Fällen besonderer Gefahr: Kriegsverschollenheit, Verschollenheit oder Untergang des Schiffes, auf dem der für tot zu Erklärende sich nachweisbar befand, Lebensgefahr schlechthin: wesentlich kürzere Fristen, als: drei Jahre nach Friedensschluß oder Eintritt der Gefahr, ein Jahr nach Untergang des Schiffes, welcher, wenn nicht nachweisbar, wieder binnen besonderer Fristen (höchstens drei Jahre) vermutet wird.

b) Ergibt das Aufgebotsverfahren nicht, daß der Verschollene noch lebt, so ergeht Todeserklärungsurteil. Dasselbe enthält auch die Angabe des Tages, von dem ab der Verschollene als tot gelten soll. Als solcher Tag gilt nicht etwa derjenige des Urteilserlasses; das Urteil stellt bloß fest, was zu vermuten ist, es schafft die Vermutung, aber nicht deren Voraussetzungen noch Inhalt (sog. deklarative, nicht konstitutive Wirkung). Einzusetzen ist vielmehr, falls das Verfahren etwas Bestimmtes über den Augenblick des Todes ergeben hat, dieses Ergebnis; sonst entweder, in den gewöhnlichen Fällen (oben a, aa) der Tag des Ablaufes der Frist; oder in den Gefahrfällen (oben a, bb) der letzte Tag der Gefahr.

c) Wirkungen. Infolge der Todeserklärung wird angenommen, daß der für tot Erklärte bis zu dem bezeichneten Tage gelebt; und daß er nach demselben nicht mehr gelebt habe. Diese Wirkung ist durch Gegenbeweis widerlegbar. Sie ist im übrigen verschieden:

aa) Auf dem Gebiete der Vermögens-[1]) und Persönlichkeitsrechte zeigt sie sich eben nur darin, daß alle Beteiligte, besonders Erben, sich auf jene Vermutung berufen können.

bb) Stärkere Wirkungen treten ein im Familienrecht, wo elterliche Gewalt und Vormundschaft ohne weiteres, das Eheverhältnis durch Eingehung einer neuen Ehe seitens des zurückgebliebenen Ehegatten erlöschen; darüber weiteres unten an seinem Ort.

d) Beseitigung der eingetretenen Wirkungen.

aa) Durch Aufhebung des Todeserklärungsurteils, also ohne weiteres und vollständig[2]): im Wege der Anfechtung dieses Urteils,

---

[1]) Wegen der Veranstaltungen zur Aufbewahrung und Verwaltung des Vermögens eines Verschollenen bis zur Todeserklärung s. das Recht der Pflegschaft, § 1911, und unten § 265 II 1.

[2]) Ausnahme: § 1348 Abs. 2.

falls diese siegreich durchgeführt wird. Sie ist allen Beteiligten möglich außer aus formalen Gründen (CPO. § 957 Abs. 2) auch dann, „wenn die Todeserklärung mit Unrecht erfolgt oder der Zeitpunkt des Todes des Verschollenen unrichtig festgesetzt ist" (CPO. § 973); aus letzteren Gründen aber nur binnen Monatsfrist.

bb) Durch Widerlegung der urteilsmäßigen Vermutung, also namentlich durch Eintreffen von sicheren Nachrichten über das Leben des für tot Erklärten oder gar durch sein persönliches Wiedererscheinen: dann zieht er seine sämtlichen Vermögensrechte, die ihm ja keineswegs abgesprochen waren, einfach wieder an sich, wozu ihm, unter besonderen Verjährungsregeln, ein bequemer Anspruch (§ 2031) gegeben ist[1]); in seine Familienrechte läßt er sich restituieren. Nur soweit der zurückgebliebene Ehegatte sich inzwischen anderweitig verheiratet hatte, ist nicht des Heimkehrenden, sondern der beiden neuen Ehegatten Wille überwiegend: jeder von ihnen kann die neue Ehe, die er gutgläubig eingegangen war, anfechten; nur falls sich einer von ihnen dazu entschließt, geht die neue Ehe auseinander; nachdem dies aber durchgeführt, lebt die alte Ehe zwischen Heimgekehrten und Zurückgebliebenen von selbst wieder auf, als wäre sie nie gelöst gewesen, ohne daß es eines neuen förmlichen Eheabschlusses zwischen ihnen bedürfte. Vgl. weiteres unten im Eherecht, in § 223, I, 3b; ebenda II, 3 a; und § 226, I, 1 b.

3. Auch ohne Todeserklärung besteht eine Lebensvermutung für den Verschollenen bis zu dem Augenblicke, der in einem zu erlassenden Todeserklärungsurteile als derjenige seines Todes anzunehmen wäre, § 19. — Nicht auch umgekehrt eine Todesvermutung von da ab.

4. Alles Bisherige gilt ausschließlich für Verschollene. Außerdem haben wir noch eine Regel für den Fall, daß mehrere Personen nachweisbar in einer gemeinsamen Gefahr umgekommen sind. Ihr Tod steht also fest, aber nicht dessen Moment, namentlich also auch nicht die Reihenfolge des Eintritts dieser Todesfälle untereinander, eine Reihenfolge welche äußerst wichtig werden kann, z. B. wegen des Erbganges, wenn mehrere nahe Verwandte so zusammen umgekommen sind. Sie gelten dann als gleichzeitig gestorben, § 20.

---

[1]) Vgl. unten § 295, I, 5, a.

§ 24. Arten.[1])

Man unterschied früher verschiedene Arten von Rechtssubjekten, mit Wirkung für den Umfang der Rechtsfähigkeit. Aber ebensowenig wie Menschen ohne Rechtsfähigkeit den deutschen Boden betreten können, ebensowenig kennen wir noch solche Gradunterschiede der Rechtsfähigkeit, so daß z. B. von einer geminderten Rechtsfähigkeit einzelner Menschenarten geredet werden dürfte. Jeder Mensch als solcher ist heute bei uns gleichmäßig rechtsfähig auf dem Gebiete des bürgerlichen Rechts. Es fragt sich nur noch, wegen welcher Eigenschaften geringere Abweichungen der Rechtsgestaltung im einzelnen noch vorkommen können, wegen welcher anderer Eigenschaften selbst dies ausgeschlossen ist.

1. Letzteres trifft zu betreffend konfessionelle Unterschiede; Bundesgesetz v. 3. Juli 1869.[2]) — Ferner für die Unterschiede der geistigen oder gar der leiblichen Gesundheit; hier können Schmälerungen der Handlungsfähigkeit eintreten, nicht aber der Rechtsfähigkeit. — Endlich für die Unterschiede der Geburtsstände, soweit nicht in Kraft gebliebene Autonomierechte zu berücksichtigen sind, vgl. oben § 10, III.

2. Dagegen werden allerdings noch gewisse, wennschon immer nur geringe Rechtsunterschiede bedingt durch den Unterschied

a) der Berufsstände, z. B. beschränkte Pfändbarkeit des Beamtengehaltes, Soldatentestament u. dgl. Einzelheiten;

b) der Geschlechter. Die Frau ist nach unserem Recht aller Rechte, z. B. auch des Vormundschaftsrechts und der elterlichen Gewalt, fähig;[3]) aber allerdings geht ihr in Erwerb oder Ausübung derselben familienrechtlich vielfach noch der Mann vor, wie hergebracht. Auch weisen die meisten Systeme des ehelichen Güterrechts, darunter selbst das gesetzliche, dem Manne eine leitende Stellung an. — Zwitter, welche weder Mann noch Weib wären, kennen wir nicht; das Überwiegende entscheidet —;

c) der Ehre. Einen Rechtsstand der Ehrlosigkeit oder der

---

[1]) Hachenburg, Vorträge, 358—440.

[2]) Ebenso sind nach unserem Recht absolut vermögensfähig alle Klosterpersonen des Inlandes; vgl. jedoch wegen der Einschränkungen der sog. „toten Hand" Art. 87, und wegen der Ausländer die Analogie von Art. 7 trotz Art. 30.

[3]) Demgemäß sind namentlich auch weggefallen alle sog. „weiblichen Rechtswohltaten" — Schutz der Frauen gegen sich selbst, die tatsächlich als Einschränkung und vielfach als besondere Zurücksetzung empfunden wurden, z. B. das Verbot der Übernahme von Bürgschaften.

Bescholtenheit gibt es nicht mehr. Wohl aber kann das bürgerliche Recht nicht ganz selten nicht umhin, ehrloses Leben oder Verhalten eines Menschen als juristische Tatsache zu verwerten; und auch die Wirkungen des strafrechtlich ausgesprochenen Verlustes der bürgerlichen Ehrenrechte reichen vereinzelt bis ins bürgerliche Recht hinein, z. B. als Unfähigkeit zum Amte eines Vormundes, StGB. § 34 Nr. 6;

d) der Staatsangehörigkeit. — Jeder Deutsche gilt, betreffend Genuß aller bürgerlichen Rechte, in ganz Deutschland als Inländer, Art. 3 der Reichsverfassung. — Reichsausländer aber unterliegen doch immer noch gewissen Rechtsbeschränkungen: teils ständig, z. B. betreffend Erwerb einer Schiffspart;[1]) teils infolge der Möglichkeit von Retorsionsmaßregeln, sog. Vergeltungsrecht, Art. 31.

2. Persönlichkeitsrechte.

§ 25. Namen.[2]) — § 12.

„Namen" ist ein Wortgebilde, das einen Gegenstand in gemeinverständlich feststehender Weise bezeichnet. Namen eines Menschen ist also seine gemeinverständliche, feststehende Bezeichnung durch ein Wortgebilde. Namenrecht ist sein Recht, sich dieser Bezeichnung für sich selbst zu bedienen und andere Unberechtigte davon auszuschließen; die Feststellung der Bezeichnung wird damit zugleich zu einer rechtlichen.

I. Von einem Namenrecht ist nur die Rede:

1. für Menschen; darüber hinaus erstreckt es unser Recht nicht, obschon z. B. auch Vereine ihren Namen haben;

2. soweit der Name lediglich der Bezeichnung dient. Schon deshalb scheiden alle Titulaturen u. dgl. aus. Adelsprädikate gehören nicht zum Namen, sie seien denn mit dem Namen zu einem Wort verwachsen; doch wird man für das Wörtchen „von" zugeben müssen, daß letzteres zutrifft.

3. soweit der Name als Bezeichnung des Menschen gemeinverständlich und rechtlich feststeht. Schriftstellerpseudonyme bezeichnen weder die Persönlichkeit des betreffenden Menschen; noch sind sie gemeinverständlich; noch endlich rechtlich festgestellt. Sie können also

---

[1]) HGB. § 503 Abs. 2, vgl. Cosack, Lehrbuch des Handelsrechts, 5. Aufl., S. 598.

[2]) Kohler, in seinem Archiv 5, 77 fg. — Opet, Namenrecht, im Arch. f. d. civil. Pr. 87, 313 fg. — Mantey, im Arch. f. öffentl. Recht, 13, 20 fg. — Ramdohr, in Gruchots Beiträgen 43, 1 fg. — Sohm, i. d. Deutschen Juristen-Zeitung 4, 8 fg. — v. Bülow, ebenda, 5, 373 fg.

überhaupt nicht mit dem Namen, sondern höchstens mit Firma, Schutzzeichen einer Ware oder dgl. verglichen werden.

4. Dagegen der Vorname gehört zum Namen, da er in Verbindung mit dem Familiennamen zur Bezeichnung des einzelnen Namensträgers unerläßlich ist.

II. Den Erwerb des Namensrechts regelt das BGB. nicht erschöpfend; namentlich bleiben unberührt die öffentlich-rechtlichen Befugnisse der Einzelstaaten, Änderungen des Familiennamens zu gestatten und festzustellen; und ganz unberührt, also der Übung überlassen wie bisher, die Erwerbsgründe für Vornamen. — Folgende Erwerbsarten kennt das bürgerliche Recht:

1. durch Geburt;[1]) und zwar

a) durch eheliche Geburt: Vatersnamen;

b) durch uneheliche Geburt: Muttersnamen;

2. durch Legitimation: Vatersnamen; für den Legitimierten und für dessen Abkömmlinge;

3. durch Adoption: Name des Annehmenden, falls dieser ein Mann ist, dagegen ursprünglicher Familienname der annehmenden Frau, § 1758; für den Angenommenen und dessen zur Zeit der Annahme noch nicht vorhandene Abkömmlinge;

4. durch Ehe: die Frau erhält den Familiennamen des Mannes;

5. durch Ehescheidung. Die geschiedene Ehefrau erhält ihren frühern Namen[2]) zurück nicht von selbst durch die Scheidung, sondern nur: entweder durch eigene Wiederannahmeerklärung, stets möglich; oder durch eine Erklärung des geschiedenen Ehemannes, der ihr seinen Namen entzieht: nur möglich, falls sie allein für schuldig erklärt ist.

III. Verloren geht das Recht auf einen bestimmten Namen privatrechtlich

1. durch Legitimation, Verlust des Mutternamens, vgl. oben II, 2;

2. durch Ehe, Verlust des bisherigen Namens, vgl. oben II, 4;

3. durch Ehescheidung, vgl. oben II, 5;

4. durch Aufhebung der Annahme an Kindes Statt, mit einer Ausnahme, § 1772 Satz 2. Dagegen regelmäßig nicht durch Annahme an Kindes Statt betreffend den früheren Namen; diesen darf

---

[1]) Für Findelkinder s. Ges. v. 6. Febr. 1875, § 24.

[2]) Welchen, wenn sie schon mehrfach verheiratet war, den Mädchen- oder den ersten Ehenamen? § 1577 Abs. 1, nicht Abs. 2. Näheres vgl. unten § 228, I, 3.

vielmehr das Kind dem neuen Namen hinzufügen, „sofern nicht im Annahmevertrag ein Anderes bestimmt ist“.[1])

IV. Seinen Inhalt erhält das Recht auf den Namen durch § 12 BGB. — Er besteht darin:

1. Positiv: den Namen führen zu dürfen, jedermann gegenüber. Daher Anspruch gegen den, der dem Berechtigten dies Recht bestreitet.

2. Negativ: anderen der Gebrauch desselben Namens zu untersagen, falls

a) der Andere nicht gleichfalls zu diesem Gebrauche berechtigt ist; und

b) des Verbietenden Interessen (irgendwie) durch den Gebrauch seitens des Anderen verletzt werden. — Daher Unterlassungsanspruch.

Die Ansprüche beider Art sind bald bloß gerichtet auf Beseitigung der bisher dem Berechtigten widerfahrenen Beeinträchtigung, bald auch auf zukünftige Vermeidung einer solchen.

§ 26. Wohnsitz; §§ 7—11.[2])

Wohnsitz ist derjenige Ort, an welchem im Zweifel rechtlich aufgesucht zu werden ein Mensch das Recht, und sich rechtlich[3]) finden zu lassen die Pflicht hat.

Wohnsitzrecht ist dann sein Recht auf Beachtung dieses seines lokalen Verhältnisses seitens eines jeden, der mit ihm in Rechtsverkehr steht oder treten will.

Indessen ist ausdrücklich in unserem Rechte von einem solchen Persönlichkeitsrechte nicht die Rede; es ergibt sich nur aus den in den einzelnen Abschnitten des (materiellen und prozessualen) Rechts gelegentlich an den Wohnsitz geknüpften Rechtsfolgen, z. B. BGB. §§ 269, 270 und CPO. § 13. Umgekehrt wie beim Namensrecht, wo an entscheidender Stelle im Gesetzbuch bloß der Rechtsinhalt geregelt ist, während Regeln über Rechtserwerb und -verlust nur unvollständig und durch das ganze Gesetzbuch hin zerstreut auftreten,

---

1) Darum ist auch regelmäßig mit der Aufhebung der Adoption kein Namensrückerwerb verbunden, da ja der alte geblieben war, nur der neue fällt weg.

2) Bähr, Gesammelte Aufsätze 1. 190 fg. —

3) D. i. nicht eben gerade persönlich, sondern nur in der Form, wie im einzelnen Falle zur Erledigung der laufenden rechtlichen Angelegenheiten nötig, also z. B. durch eine Übermittlungsvorrichtung od. dgl. m.; wo nötig, aber auch persönlich.

sind hier bloß die Bestimmungen über Erwerb und Verlust an entscheidender Stelle zusammengestellt, in §§ 7—11 des Gesetzbuches.

Der Wohnsitz wird erworben und geht verloren entweder durch Willenshandlung oder von Rechtswegen, letzterenfalles bald mit, bald ohne Rechtszwang. Ist er von Rechtswegen begründet und aufgenötigt, so heißt er gesetzlicher Wohnsitz; andernfalls freier Wohnsitz.

I. Gesetzlichen Wohnsitz haben:

1. Militärpersonen,[1]) soweit sie großjährig sind und nicht bloß zur Erfüllung ihrer Wehrpflicht dienen, am Garnisonsorte;

2. Ehefrauen, am Wohnsitze des Mannes, sofern dieser einen solchen im Inlande hat. Hat er einen solchen im Auslande, so teilt ihn die Ehefrau nur, sofern sie ihm dorthin folgt oder folgen soll. Hat er gar keinen, so hat die Frau keinen gesetzlichen Wohnsitz;

3. Kinder, und zwar eheliche am Wohnsitze des Vaters, uneheliche (und doch wohl auch nach dem Tode des Vaters geborene eheliche) an dem der Mutter.[2]) Der Rechtszwang des gesetzlichen Wohnsitzes fällt weg, wenn sein Grund wegfällt.

II. Freier Wohnsitz steht allen Menschen zu, für die kein Zwangswohnsitz besteht; doch ist keine rechtliche Nötigung für solche vorhanden, überhaupt einen Wohnsitz zu haben; für solche Wohnsitzlose (sog. Vagabunden, im Rechtssinne[3]) tritt dann meist der Wohn- oder Aufenthaltsort da, wo nötig, an Stelle des Wohnsitzes ein. Andererseits wieder kann ein und dieselbe Person mehrere freie gewählte Wohnsitze haben.

1. Selbstgewählter freier Wohnsitz. Seinen selbstgewählten Wohnsitz hat an einem Orte, wer sich dort zufolge eigenen Willensentschlusses ständig niedergelassen hat, so lange nicht beides, ständige Niederlassung und Wille dazu, aufgehoben ist.

a) Objektiv ist nötig ständige Niederlassung, d. h. es muß tatsächlich auf Dauer veranlagte Ansiedlung vorliegen, Verlegung mindestens eines wesentlichen Teiles aller örtlichen Lebensverhältnisse an einen Punkt. Die planmäßige Dauer muß nicht eben lebenslang-

---

[1]) Wer dazu gehört? S. z. B. Planck, Kommentar zu § 9 Nr. 2.

[2]) Ausnahme für den Fall der Begründung des Kindesverhältnisses durch Legitimation oder Adoption Volljähriger § 11 Abs. 2.

[3]) Dahin gehört sowohl der Landstreicher, wie der reiche Amerikaner, der mit Familie und Dienerschaft von Hotel zu Hotel reist, ohne irgendwo in der Welt eine feste Niederlassung zu haben.

lich, darf aber auch nicht auf eine bestimmte vorberechnete Frist beschränkt sein, mag diese Frist selbst mehrere Jahre umfassen.

b) Subjektiv ist notwendig auf den Erwerb dieses Wohnsitzes gerichteter Wille, der sich aber nicht anders als in der Niederlassung zu äußern braucht, also nicht Willenserklärung, also auch nicht Rechtsgeschäft. — Doch verlangt das Gesetz für den beschränkt Geschäftsfähigen[1]) übereinstimmenden Willen seines gesetzlichen Vertreters[1]) außer seinem eigenen; analoge Übertragung sonstiger rechtsgeschäftlicher Regeln ist wohl zu vermeiden.

c) Wenn beide vorgenannte Punkte für denselben Menschen an mehreren Orten gleichzeitig zutreffen, so hat derselbe an jedem von ihnen seinen Wohnsitz.

d) Der einmal erworbene Wohnsitz geht verloren nur durch Umkehr der beiden ihn begründenden Momente, einschließlich Zustimmung des gesetzlichen Vertreters für den beschränkt Geschäftsfähigen; und zwar muß wieder objektiv und subjektiv Dauerndes vorliegen, nicht bloß Aufenthaltsunterbrechung. — Außerdem selbstverständlich, wenn ein gesetzlicher Wohnsitzzwang eintritt.

2. Vom gesetzlichen Vertreter gewählter freier Wohnsitz. — Wer geschäftsunfähig ist, kann nicht selbst seinen Wohnsitz wählen noch aufheben. Für ihn wählt oder hebt auf der gesetzliche Vertreter.[2]) Doch muß das objektive Moment für den Vertretenen persönlich zutreffen; d. h. der gesetzliche Vertreter muß außerdem veranlassen, daß der Geschäftsunfähige tatsächlich dort sich niederlasse oder von dort wegziehe; wegen seiner Zwangsbefugnis dazu siehe sofort unten § 27.

3. Vom Gesetze bestimmter freier Wohnsitz. — Einen solchen bestimmt das Gesetz dem Kinde in dem diesem Kinde ursprünglich auferlegten gesetzlichen Wohnsitz, nach dessen Wegfall, bis das Kind (minder- oder großjährig, je nachdem allein oder durch den alleinigen Willen des gesetzlichen Vertreters oder mit dessen Zustimmung) diesen Wohnsitz rechtsgültig aufgehoben hat, mag es nun gleichzeitig einen neuen begründen oder nicht.

Nichts Ähnliches gilt für die anderen Fälle des gesetzlichen Wohnsitzes; nach deren Erlöschen tritt nur selbstgewählter, freier Wohnsitz ein.

---

[1]) Wegen dieser beiden Begriffe siehe den folgenden Paragraphen.

[2]) So muß doch wohl § 8 für den Geschäftsunfähigen verstanden werden.

§ 27. Persönliche Freiheit.

Das persönliche Recht der allgemeinen persönlichen Freiheit besteht darin, soweit nicht besondere Rechtsregeln hemmend eingreifen, selbst zu bestimmen, was man tun und lassen will, namentlich auch in Bezug auf körperliches Verhalten und ganz besonders in Bezug auf den Ort des jeweiligen Aufenthaltes.[1]) Dieses Recht ist in unserm BGB. geschützt nur in der Form des Schadensersatzes wegen erlittener Verletzung, ohne Inhaltsbestimmung, § 823. Wohl aber finden wir genauer geregelt die Fälle, in welchen dieses Recht beschränkt ist; namentlich sofern Beschränkungen Platz greifen im Interesse des zu Beschränkenden selbst oder seiner Familie, nicht bloß im Interesse des Gemeinwohls. Berechtigungen öffentlicher Behörden zur Wahrung des Gemeinwohls in das Freiheitsrecht einzugreifen, z. B. einen Tobsüchtigen in eine Irrenanstalt zu verbringen, gehören dagegen nicht hierher; sie können eintreten, ohne daß das bürgerliche Freiheitsrecht eingeschränkt würde, oder umgekehrt.[2])

Um privatrechtliche Einschränkungen des Rechts auf persönliche Freiheit und um entsprechende Unterwerfung unter die Gewalt gesetzlicher Vertreter handelt es sich nämlich bei den Rechtseinrichtungen der Unmündigkeit und der Entmündigung. Das unterscheidet so wesentlich diese Fälle von den nahe verwandten, vielfach damit sich kreuzenden Fällen, wo es sich bloß um die Geschäftsfähigkeit handelt. Darum auch werden letztere Fälle erst später[3]) behandelt, während

---

[1]) Nicht auch in Bezug auf die Wahl des Wohnsitzes, sonst wären nicht bloß Kinder, sondern auch Militärpersonen und Ehefrauen dieses Freiheitsrechts teilweise beraubt.

[2]) Ein gemeingefährlich Tobsüchtiger vermag seine Angelegenheiten zu besorgen (seltener, aber möglicher Fall): polizeiliche Einsperrung ohne Entmündigung. — Ein Idiot, der seine Angelegenheiten nicht zu besorgen vermag, ist absolut friedlich und ungefährlich (häufiger Fall): Entmündigung ohne Einsperrung. — Leider ist diese klare und wesentliche Trennung zwischen Freiheitseinschränkungen des öffentlichen und des bürgerlichen Rechts nicht durchgeführt in § 6 Nr. 3 betreffend die Entmündigung wegen Trunksucht. Tatsächlich ist da, in den letzten fünf Wörtern, ein Satz des öffentlichen Rechts in das bürgerliche Recht hineingezogen, um durch Mittel des bürgerlichen Rechts durchgeführt zu werden. Deshalb auch mußte oben im Texte bei der näheren Bestimmung der bürgerlichen Freiheitsbeschränkung ein „namentlich" eingeschoben werden.

[3]) § 104 des Gesetzes, unten § 51, hier wie dort erst bei der Lehre vom Rechtsgeschäfte.

Unmündigkeit und Entmündigung zu den Grundlagen des Personenrechts gehören.

I. Unmündigkeit,[1]) d. i. „Minderjährigkeit“ in der Sprache unseres Gesetzes; Gegensatz: „Volljährigkeit“; §§ 2—5.

1. Eintritt von selbst mit der Geburt.

2. Wirkung ist die, daß der Minderjährige der Bestimmung eines Anderen unterliegt, jedoch so, daß dieser Andere diese Herrschaft ausschließlich im Interesse des Minderjährigen auszuüben verpflichtet ist. Dies Herrschaftsrecht, das zugleich dem Berechtigten obliegende Pflicht ist, heißt „Sorge für die Person“, § 1631 Abs. 1; es umfaßt Erziehung, Aufsicht und Aufenthaltsbestimmung. Zur Durchführung dieses Rechtes dient Dritten gegenüber, die störend, namentlich durch Entführung des Kindes, eingreifen sollten: der Anspruch auf Herausgabe (§ 1632); dem Kinde selbst gegenüber das Recht auf Anwendung angemessener[2]) Zuchtmittel (§ 1631 Abs. 2). Soweit hiernach die Machtbefugnisse des Herrschaftsberechtigten reichen, sind die Freiheitsrechte des Kindes eingeschränkt; aber eben auch nur soweit. Daraus ergibt sich von selbst mit zunehmendem Alter, je weniger mehr das Kind der Erziehung und Beaufsichtigung bedarf, eine stete Verschiebung des Verhältnisses zu Gunsten der eigenen und zu Lasten der fremden Herrschaft. Das herrschaftliche Aufenthaltsbestimmungsrecht aber bleibt ungeschmälert bis zum Eintritt der Mündigkeit.

Herrschaftsberechtigte können sein der Vater oder die Mutter; oder der Annehmende an Kindesstatt; oder ein Vormund oder Pfleger; wohl auch mehrere solcher Personen nebeneinander.

3. Ende der Minderjährigkeit, Eintritt der Volljährigkeit.

a) Vollständig; möglich auf doppelte Weise:

aa) durch bloßen Zeitablauf: mit der Vollendung des 21. Lebensjahres;

bb) durch Zeitablauf, verbunden mit Volljährigkeitserklärung; von Vollendung des 18. Lebensjahres ab, durch Beschluß des Vormundschaftsgerichtes möglich, zulässig aber lediglich im Interesse des bis dahin Minderjährigen, der einwilligen muß. Auch Vater oder

---

[1]) Hachenburg, Vorträge, 441 fg.

[2]) Wohlbemerkt: auch dem Alter des Kindes angemessener! Anderes ist angemessen gegen einen Drei-, anders gegen einen Zwanzigjährigen. Hinzu tritt Unterstützung durch das Vormundschaftsgericht. Weitere Einzelheiten unten, § 243 III.

Mutter müssen regelmäßig einwilligen. Der für volljährig Erklärte heißt volljährig.

b) Unvollständig, aber in Bezug auf den wesentlichen Punkt, das freie Selbstbestimmungsrecht, doch wohl vollständig: durch Verehelichung der Tochter,[1]) § 1633. Der Gewalthaber behält hier bloß ein Vertretungsrecht für die Tochter, freilich auch in ihren persönlichen Angelegenheiten. Nichtsdestoweniger heißt die Tochter weiter minderjährig, mit Wirkungen für Geschäftsfähigkeit und für sonstige vermögensrechtliche Verhältnisse, vgl. jedoch auch § 1661. Soweit die Gewalt des bisherigen Gewalthabers wegfällt, wird die Tochter gewaltfrei, nicht etwa tritt an Stelle jenes der Ehemann. Ein gut Teil des alten deutschen Satzes: „Ehe macht mündig", ist denn also doch in unserem Recht erhalten, so oft auch (dem Wortklange nach mit Recht) das Gegenteil gesagt wird. Anders wäre dann ja aber auch die Sache für uns ganz undenkbar.

II. Entmündigung;[2]) § 6.

1. Eintritt

a) des dauernden Entmündigungszustandes, eigentliche Entmündigung. Diese tritt ein, wenn in einem prozessual durchgeführten Entmündigungsverfahren[3]) ein Entmündigungsbeschluß ergangen und vorschriftsmäßig (CPO. § 661) zugestellt ist; dazu bedarf es namentlich auch eines Antrages, der nur von gewissen, prozessual berechtigten Personen gestellt werden kann. Der Entmündigungsbeschluß soll erfolgen in drei Fällen:

aa) wenn der zu Entmündigende so krank oder schwach am Geiste ist, daß er selbst seine Angelegenheiten in wesentlichen Punkten jetzt nicht zu besorgen vermag, auch nicht etwa mit gelegentlicher Unterstützung seitens seiner Familie oder auf Grund sonstiger, milder Abhilfsmittel. Die Krankheit oder Schwäche muß dauernd sein.[4])

---

[1]) Männer können erst als Volljährige heiraten, daher davon nur bei der Tochter die Rede, § 1303.

[2]) Auch zulässig gegen Unmündige, wegen der stärkeren geschäftlichen Wirkung bei solchen über 7 Jahre (vorher wird sie wohl kaum je vorkommen) und ferner damit mit dem 21. Jahre kein Zwischenzustand eintrete; für entmündigte Unmündige bestehen die stärkeren Wirkungen beider Formen der Freiheitseinschränkung.

[3]) Levis, Die Entmündigung Geisteskranker, Leipzig 1901, mit materiellrechtlicher Grundlegung.

[4]) Hachenburg, Vorträge, 461 fg. — Krafft-Ebing, Zweifelhafte Geisteszustände.

bb) wenn jemand durch Verschwendung sich und seine Familie der Gefahr des Notstandes aussetzt — ist letzteres nicht der Fall, so ist noch so tolle Verschwendung nicht genügend. Verschwendungssucht, nicht ausdrücklich vorgeschrieben, ist doch wohl nötig, da sonst der Zustand als dauernder kaum erscheinen dürfte.

cc) Wenn jemand „infolge von Trunksucht („krankhafter, dauernder Zustand") seine Angelegenheiten nicht zu besorgen vermag oder sich oder seine Familie der Gefahr des Notstandes aussetzt oder die Sicherheit Anderer gefährdet".

b) Ein bloß vorübergehender, der Entmündigung analoger Zustand tritt ein, wenn das Vormundschaftsgericht denjenigen unter vorläufige Vormundschaft stellt, dessen Entmündigung beantragt ist, weil es eine solche Maßregel zur Abwendung erheblicher Gefährdung für erforderlich erachtet, § 1906.

2. Wirkung. — Die personenrechtliche Wirkung ist hier nicht ein- für allemale gesetzlich festgestellt; sondern nur durch die Bestimmung, daß sie soweit reicht, „als der Zweck der Vormundschaft es erfordert". Das mag unter Umständen tatsächlich weiter reichen, als erwachsenen Minderjährigen gegenüber, prinzipiell ist es stets, tatsächlich meist enger. Von Züchtigungsrecht ist hier selbstverständlich nie die Rede. Zweck der Vormundschaft ist, für den Bevormundeten möglichst gut zu sorgen; gewiß also auch ihn womöglich zu heilen und die dazu nötigen Maßregeln zu ergreifen.

3. Ende

a) der eigentlichen Entmündigung

aa) durch rechtskräftiges, den Entmündigungsbeschluß aufhebendes Urteil: wenn sich dieser Beschluß bei der Anfechtung im Wege der Klage als grundlos gefaßt herausgestellt hat.

b) durch rechtskräftigen Wiederaufhebungsbeschluß oder durch rechtskräftiges Wiederaufhebungsurteil: wenn sich der ursprünglich vorhandene Entmündigungsgrund als nicht mehr vorhanden herausgestellt hat; vgl. CPO. §§ 675, 679.

b) der vorläufigen Entmündigung: wenn das Verfahren wegen endgültiger Entmündigung noch schwebt, der zu Entmündigende aber nicht mehr so schwer gefährdet erscheint; oder wenn jenes Verfahren erfolglos geblieben ist; oder endlich, wenn es zu einer eigentlichen Entmündigung geführt hat, dann aber erst von dem Augenblicke ab,[1])

---

[1]) Aus naheliegenden praktischen Rücksichten, zur Vermeidung eines Interregnums.

in welchem der nunmehr zu dauernder Wirksamkeit berufene Vormund bestellt ist.

II. Die juristischen Personen.

§ 28. Begriff und Arten.[1])

I. Juristische Personen sind rechtlich zur Beherrschung von Gütern zugelassene Veranstaltungen künstlicher Art.

1. Menschlicher Zwecke und Bedürfnisse halber ist das Recht da. Aber über die Zwecke und Bedürfnisse einzelner Menschen hinaus gibt es alle möglichen Zwecke und Bedürfnisse für weiteste und engste, geschlossene und unbestimmte, gegenwärtige oder die Zukunft mit umfassende Verbände oder Kreise von Menschen. Für diese Zwecke ist es stets bezeichnend, daß alle beteiligten Menschen gleichzeitig an ihrer Durchführung interessiert und gegen ihre Durchführung interessiert sind: das eine, soweit sie Vorteil daraus ziehen; das andere, soweit sie durch stärkere oder gar ausschließliche Verwendung zu eigenen Zwecken noch weit stärkeren Vorteil daraus ziehen würden. Es wäre also für diese Zwecke schlecht gesorgt, wenn das Recht die zum Dienste dieser Zwecke bestimmten Güter so in die Hand einzelner Menschen gäbe, wie es bei den zum Dienste der Einzelmenschen bestimmten Gütern im Privatrecht verfährt,[2]) durch willkürlich zu handhabende subjektive Rechte. Vielmehr wird es nur

---

[1]) Aus der umfassenden Literatur dem hier vertretenen Standpunkte am nächsten stehend: Leonhard, Allg. Th. des BGB., §§ 34 fg. — Leitend auf der anderen Seite: Gierke, Deutsches Genossenschaftsrecht, 3 Bde., 1868—1881, und: Genossenschaftstheorie und Deutsche Rechtsprechung, 1887. — Gierke und Kipp in d. dogm. Jahrbüchern 35, 169 fg. — Gierke, Das Wesen der menschlichen Verbände, Rektoratsrede, 1902. — Ältere Literatur sonst: Brinz, Pandekten, 1. Aufl., 979 fg. — Zitelmann, Begriff und Wesen der sog. jur. Personen. — Bernatzik im Archiv f. öff. Recht, 5, 169 fg. — G. Rümelin, Methodisches über jur. Pers. — Derselbe, Zweckvermögen und Genossenschaft.

[2]) Auch dies kommt freilich im Rechtsleben vielfach vor. Die Kneipgesellschaft X, welche in keiner Weise vereinsmäßig organisiert ist, nicht einmal feste Mitglieder hat, hat eine Kasse, Humpen u. dgl. m.; als Eigentümer gilt nach außen, d. h. rechtlich ist Alleineigentümer der regelmäßig anwesende A; er übt aber dies sein Eigentum nur aus als Treuhänder (fiduziarisch) im Dienste des Vereins. Bricht er die Treue, so kann er rechtlich nicht zur Rechenschaft gezogen werden. Man sieht: derartige Fälle sind möglich, wenigstens in kleinen und glatten Verhältnissen, sie verzichten aber gerade auf das, wozu das Recht da ist: auf rechtliche Sicherheit.

so für diese Zwecke sorgen können, daß es den beteiligten Menschen höchstens eine beschränkte Rechtsherrschaft über die betreffenden Gütermassen einräumt, eine Herrschaft, bei welcher diese Menschen einander gegenseitig überwachen oder in letzter Linie vom Staate selbst wieder überwacht werden, um Übergriffe der einzelnen zu hindern; in andern Fällen wird man gar so weit gehen müssen, ganz unbeteiligten Menschen diese Herrschaft beizulegen, aber wieder unter staatlicher Oberaufsicht, damit nun nicht diese Menschen jene Güter ihren Interessen dienstbar machen.

2. Das Recht löst diese Aufgabe, indem es außer den Einzelmenschen andere Subjekte der Rechtsherrschaft anerkennt, mag es Veranstaltungen, sog. Substrate, dazu nun schon vorfinden oder seinerseits erst schaffen; indem es sodann für eine Ausübung dieser Herrschaftsrechte im Sinne des zu fördernden Zweckes zunächst sorgt durch Vorschriften über eine geordnete Zweckverwaltung; und indem es endlich dem Staate in allen dergleichen Fällen ein gewisses Oberaufsichtsrecht vorbehält.

3. So entstehen rechtlich neben dem Menschen eine Anzahl künstlicher Rechtssubjekte. Sie sind nicht, sondern beherrschen ein Zweckvermögen. Sie sind nicht, sondern üben eine Zweckverwaltung. Sie sind auch nicht mystische Willenskonglomerate aus Willenspartikeln der beteiligten Menschen oder die mystische Summe aller beteiligten Menschen, die etwas anderes wäre, als diese: sondern sie stehen den an ihrer Verwaltung und den am Genusse ihrer Güter beteiligten Menschen (mögen diese beiden Kategorien nun zusammenfallen oder nicht) rechtlich fremd gegenüber. Sie sind eben nur Rechtsbegriffe, Rechtsveranstaltungen, im Rechtsleben berufen, eine gewisse, menschenähnliche Wirksamkeit zu entfalten.

4. Sind sie deshalb, wie früher durchweg angenommen, heute meist eifrig geleugnet wird, Fiktionen? Dieser Streit ist in dem Sinne, wie er meist geführt wird, bloß ein Wortstreit; wenn er nämlich in dem Sinne geführt wird, daß man darunter die Frage nach ihrer sog. „Existenz" versteht. Offenbar existieren sie nicht körperlich, fühlbar und sichtbar, wie die Menschen; wohl aber existieren sie in unserer Vorstellung, als Gedankendinge, wie zahllose Rechtsgüter und Gedankendinge sonst, mit deren Existenz wir fortwährend arbeiten und rechnen. So existieren sie vielleicht außerhalb des Rechts, soweit wir z. B. im täglichen Leben darauf geführt werden, uns Gesellschaften, Anstalten oder dergl. mehr als etwas Besonderes,

losgelöst von den beteiligten Menschen und Gütern, zu denken; so existieren sie jedenfalls auf dem Gebiete des Rechts, indem das Recht uns dazu nötigt, sie uns als Inhaber einer Rechtsherrschaft zu denken.

5. Ganz anders, wenn wir die Fiktion in einem festeren, mehr juristischen Sinne nehmen, als „Gleichstellung eines nicht wirklichen Sachverhalts mit einem wirklichen."[1]) Anders ausgedrückt: Schreibt uns das Recht hier vor, uns einer Gestaltung rechtlich zu bedienen, die mit unseren sonstigen, Rechts- oder anderen Gedanken sich in Einklang setzen läßt? Oder ist die Form der Rechtsvorschrift nur eine annähernd richtige, welche um der Bequemlichkeit willen zwar rechtlich einander ähnliche Dinge einander gleichsetzt, während dann doch alsbald wieder rechtliche Verschiedenheiten hervortreten? In diesem Sinne wäre es z. B. eine Fiktion, wenn das Recht uns vorschriebe, die juristische Person als einen Menschen anzusehen, der zu den körperlich existierenden neu hinzukäme. Dies zu fingieren wird uns aber rechtlich doch nicht entfernt zugemutet, im Gegenteil, unser Recht setzt ausdrücklich natürliche und juristische Personen einander gegenüber, nur eine gewisse allgemeine menschliche Neigung zur Personifikation von Gedankendingen, die überdies in dem Fremdworte „Person" mit seiner Doppelbedeutung (= Rechtssubjekt und = Mensch) eine gewisse Nahrung findet, will uns immer wieder dazu verleiten.

6. Und doch handelt es sich um eine Fiktion in diesem Sinne, wennschon um eine keineswegs so weit gehende.

Wir sollen nämlich die Herrschaftsrechte der juristischen Person als subjektive Rechte auffassen, genau wie solche den Menschen zustehen, und die juristische Person als Rechtssubjekt, genau wie den Menschen. Nun hat aber die juristische Person begriffsmäßig ihre Rechte nicht zu freier, sondern ausschließlich zu zweckgemäßer Verfügung. Über diesen Unterschied — vgl. oben § 12 unter 2 und 3 — müssen wir wegsehen, um die Rechtsherrschaft der juristischen und der physischen Personen als gleichartig gelten zu lassen. Und zwar tritt dieser Unterschied wieder in verschiedener Schärfe hervor, jenachdem welcher der beiden folgenden Fälle vorliegt:

a) Es gibt juristische Personen mit fest bestimmtem Kreise von Beteiligten, in deren Händen die Güterverwaltung liegt, während denselben Menschen gleichzeitig zweckgemäß der Nutzen dieser Güter ausschließlich zu statten kommt. Dann haben diese Beteiligten immer-

---

[1]) Leonhard a. a. O., S. 104.

hin eine gewisse freie Verfügungsgewalt über diese Güter, sie können, falls sie alle unter sich einig sind, sogar den Zweck der juristischen Person ändern (§ 33), nach Auflösung der juristischen Person teilen sie untereinander das Vermögen derselben (§ 45 Abs. 3). In solchen Einzelheiten tritt hier denn doch hervor, daß das Vermögen dieser juristischen Personen in letzter Linie den Beteiligten unterstellt ist, ohne allzu starke Verschiedenheit von der Unterstellung des Vermögens einzelner Menschen unter diese, als ein Rechtsverhältnis zwischen Rechtssubjekt und Rechtsgut, wie es vermittelt wird durch die subjektiven Rechte; vgl. etwa oben § 12 unter 2.

b) Es gibt aber auch juristische Personen, bei welchen weite, unbestimmte Kreise den Nutzen aus dem Vermögen ziehen sollen, während die Verwaltung in ganz andern Händen liegt; der Zweck kann hier höchstens durch den Staat verändert werden (§ 87) und an diesen fällt das Vermögen im Zweifel bei der Auflösung dieser juristischen Personen. Die Analogie zwischen diesen und einem menschlichen Rechtssubjekt tritt infolgedessen stark zurück, wird aber trotzdem im Interesse einheitlicher Gestaltung des ganzen bürgerlichen Rechts aufrechterhalten; vgl. etwa oben § 12 unter 3.

7. Aus der Darstellung unter der letzten Nummer (6) ergibt sich: Als lebendige, stützende und treibende Kraft steht hinter der juristischen Person entweder der Wille sämtlicher Beteiligter, oder der Wille des Staates.[1]) Alle anderen sog. „Organe" der juristischen Person sind nur Vertreter für diese ihre Grundkräfte, die freilich auch für eine und dieselbe juristische Person (vgl. § 45 Abs. 3 Schluß, „anderenfalls") zusammen in Betracht kommen können.

II. Die Arten der juristischen Person ergeben sich teils aus den unmittelbar vorangehenden Betrachtungen, teils aus den Rechtsgebieten, aus welchen die mit Rechtsfähigkeit auszustattenden Veranstaltungen herrühren.

1. Nach ihrem Ursprung unterscheiden wir juristische Personen des öffentlichen und des bürgerlichen Rechts. Erstere sind Veranstaltungen des öffentlichen Rechts, welche, um ihre öffentlich-rechtlichen Zwecke zu erfüllen, selbständigen Vermögens und selbständiger Ver-

---

[1]) Hiermit wesentlich übereinstimmend die Unterscheidung von Bernatzik (a. a. O. 5, 225 fg.) zwischen „Majoritätsverbänden (d. i. Vereinen) und Autoritätsvereinen (d. i. Stiftungen); vgl. auch Emil Steinbach, Genossenschaftliche und herrschaftliche Verbände in der Organisation der Volkswirtschaft, Wien 1901, S. 9 fg.

fügungsgewalt darüber bedürfen. So der Staat selbst als Fiskus[1]) und zahlreiche seiner Teile oder Einrichtungen;[2]) und ebenso die Kirchen. Hier findet das bürgerliche Recht Organisation und Zweckverwaltung fertig vor; es überläßt sie dem öffentlichen Rechte auch weiterhin, soweit nämlich es sich um Regelung privatrechtlicher Vertretungsbefugnisse oder dgl. handeln mag; es begnügt sich damit, diesen Anstalten den Eintritt in den Güterverkehr zu ermöglichen, indem es sie als juristische Personen, fast selbstverständlich, anerkennt. Unser BGB. berührt ihr Recht nur für zwei ganz vereinzelte Punkte in dem einzigen § 89.[3]) — Dagegen die juristischen Personen des bürgerlichen Rechts verdanken ihren Ursprung den Veranstaltungen privater Menschen oder Kreise; sie bilden den eigentlichen Gegenstand der Regelung durch das bürgerliche Recht, besonders durch unser BGB.

2. Die juristischen Personen des bürgerlichen Rechts zerfallen wieder in Vereine und Stiftungen, je nachdem es sich handelt um mehrere Menschen, die zusammen einen Zweck verfolgen, um dessentwillen sie eine Rechtsherrschaft ausüben; oder um ein Vermögen, das einem Zwecke dient, um dessentwillen eine Rechtsherrschaft über jenes Vermögen ausgeübt wird. Der Verein ist da um seiner Mitglieder willen, wenn auch nicht stets ausschließlich,[4]) so doch überwiegend; er beherrscht selbst sein Vermögen. Die Stiftung ist da um der durch sie zu Begünstigenden willen, welche aber regelmäßig auf Zuwendung dieser stiftungsmäßigen Wohltaten ebensowenig Rechte haben, wie sie an der Verwaltung der Stiftung beteiligt sind; der Verwalter der Stiftung andererseits hat keinen Genuß von ihr, er dient bloß der zweckgemäßen Verwendung des Stiftungsvermögens, ohne es weiter, als hierzu nötig, zu beherrschen.[5]) Er steht in manchen Beziehungen gleich dem Pfleger eines Nachlasses oder eines sogenannten Sammelvermögens[6]) oder des Vermögens eines Verschollenen — sie alle sind schließlich Staatsangestellte zur Sicherung gewisser Vermögensmassen für gewisse Zwecke.

---

[1]) Darüber besonders Hatschek, im Verwaltungsarchiv 7, 424 fg.

[2]) Gute Aufzählung z. B. bei Crome, System, § 49 Nr. 1, S. 232 fg.

[3]) Vgl. deshalb unter § 161 II, 1 b und § 31 II, 5 Note.

[4]) Z. B. der Verein „Lesehalle", zugänglich außer den zahlenden Mitgliedern auch Dritten, welchen der Eintritt umsonst, unter gewissen Bedingungen, gestattet wird, aber ohne Rechtsanspruch darauf.

[5]) Vgl. Cosack, Lehrbuch, 1, § 28, III, 2.

[6]) D. i. das Ergebnis einer für einen vorübergehenden Zweck veranstalteten öffentlichen Sammlung, § 1914; vgl. unten § 264, II, 3.

1. Rechtsfähige Vereine.[1])

a) Vereine im allgemeinen.

§ 29.

1. Grundlage (sog. „Substrat") eines jedes rechtsfähigen Vereines ist ein Verein schlechtweg. Nicht jeder Verein braucht oder erstrebt Rechtsfähigkeit; ja, es gibt Vereine, die überhaupt keinerlei vermögensrechtliche Beziehungen haben. Stets aber, wenn mehrere Menschen zu einem Vereine zusammentreten, ist dies, wegen der stets möglichen politischen Bedeutung, eine Angelegenheit des öffentlichen Rechts. Dieses öffentliche Vereinsrecht,[2]) welches Vereine als solche zuläßt, beaufsichtigt, aufhebt, steht also unabhängig und unberührt neben dem bürgerlichen Recht, welches mit den Vereinen nur wegen ihrer vermögensrechtlichen Beziehungen zu tun hat. Dagegen das bürgerliche Recht kann dem Einflusse dieses öffentlichen Vereinsrechtes sich nicht entziehen, insofern z. B. die juristische Vereinspersönlichkeit ihr Substrat verliert, wenn der Verein aus öffentlich-rechtlichen Gründen aufgelöst wird.

2. Treten Vereine in den Vermögensverkehr ein, ohne rechtsfähig zu sein,[3]) so kann es sich stets nur darum handeln, daß ihre Mitglieder, als einzelne Rechtssubjekte, gleichzeitig miteinander in dieser Form Rechte erhalten und Pflichten auf sich nehmen. Denn es fehlt ja für diese Pflichten und Rechte jedes andere Subjekt. — Trotzdem kommt es gar häufig vor, daß namens solcher rechtsunfähigen Vereine Vermögensgeschäfte abgeschlossen, dingliche Rechte erworben werden. Es entstehen dann unklare Mittelverhältnisse zwischen den Fällen, in welchen ein Mensch einfach für sich handelt (und sei es auch fiduziarisch, vgl. oben S. 106, Note 2) und den Fällen, in welchen namens eines rechtsfähigen Vereins gehandelt

---

[1]) Staudinger, Vereinsrecht. — Hachenburg, Vorträge, 475 fg. — Krückmann, in Gruchots Beitr., 37, 217 fg. — Meurer, Die juristische Person nach Deutschem Reichsrecht.

[2]) Delius, Das Preußische Vereins- und Versammlungsrecht, bes. n. d. Gesetze vom 11. März 1850. — Kulemann in Brauns Archiv, 10, 815 fg.

[3]) Über die dadurch entstehende Rechtslage einerseits Gierke, in der „Festgabe für Dernburg", Berlin 1900, 2. Aufl. 1902; andererseits v. Staudinger, in der Deutschen Juristen-Zeitung, 5, 375 fg. — Übrigens mag der Grund dafür, daß der betr. Verein nicht rechtsfähig ist, daher rühren, daß er die Rechtsfähigkeit nicht zu erwerben vermochte; oder darin, daß er sie zu erwerben (bisher) unterlassen hat.

wird. Unter der Unklarheit leidet nicht bloß der rechtsunfähige Verein selbst und seine Mitglieder, sondern wer auch immer sich in dergleichen Beziehungen zu ihm einläßt. Teilweise Abhilfe schaffen folgende Vorschriften:

a) Infolgedessen, daß der Verein sich in den Vermögensverkehr hinaus begibt, wird es so angesehen, als hätten seine Mitglieder einen Gesellschaftsvertrag untereinander abgeschlossen, § 54. Über die dadurch zwischen ihnen entstehenden Rechtsverhältnisse s. unten § 138 fg.

b) Wer namens des Vereins handelt, haftet für die namens des Vereins übernommenen Verpflichtungen persönlich: von mehreren, die so haften, jeder fürs ganze; § 54. Wer nicht selbst gehandelt hat, haftet nur, soweit die Handelnden nach allgemeinen Regeln oder nach den besonderen Regeln der Gesellschaft ihn zu vertreten Vollmacht hatten.

c) Dazu kommen eigentümliche prozessuale Vorschriften, CPO. § 50 Abs. 2 und § 735, KO. § 213. Namentlich können solche Vereine als solche beklagt und (in „ihr Vermögen"?) der Zwangsvollstreckung unterworfen werden, während sie selbst als Kläger nicht aufzutreten vermögen — sie haben passive, keine aktive Prozeßfähigkeit: eine ganz besondere Rechtslage, die hier nicht weiter verfolgt werden kann.

3. Um so klarer und entschiedener ist die Rechtslage des rechtsfähigen Vereins. Er ist unbedingt rechts- und prozeßfähig; seine dinglichen und Forderungsrechte stehen bloß ihm zu, nicht seinen Mitgliedern; bloß sein Vermögen haftet für seine Schulden, die nicht solche seiner Mitglieder sind. Seine Verfassung bestimmt, wer für ihn handelt. Wechsel seiner Mitglieder läßt ihn als Person unberührt. Rechte und Pflichten zwischen ihm und einzelnen seiner Mitglieder sind genau so möglich und genau so zu beurteilen, wie solche Rechtsverhältnisse zwischen verschiedenen Menschen.

4. Die Rechtsfähigkeit kann dem Vereine durch verschiedene Quellen zugehen:

a) Durch Reichsrecht außerhalb des Bürgerlichen Gesetzbuches. — Für zahlreiche Vereine gibt es im Handelsgesetzbuch,[1] sowie in mannigfachen besondern Reichsgesetzen[2] besondere Bestimmungen,

---

[1] Aktiengesellschaften und Kommanditgesellschaften auf Aktien.

[2] Hauptsächlich: Gesetz betr. die Erwerbs- und Wirtschaftsgenossenschaften, vom 1. Mai 1889; Gesetz betr. die Gesellschaften mit beschränkter

welche u. a. deren Rechtsfähigkeit regeln, namentlich allen Vereinen ohne weiteres die Rechtsfähigkeit beilegen, welche sich dazu bestimmter Formen (z. B. der Form der Aktiengesellschaft) bedienen. Behufs Verwendbarkeit dieser, z. B. der im HGB. gebotenen Formen, ist keineswegs Bedingung, daß der Verein Handelszwecke, wirtschaftliche Erfolge beabsichtige. Sobald nur der Verein den dort vorgeschriebenen Formen sich fügt, ist er Aktiengesellschaft[1]) oder Kommanditgesellschaft oder Gesellschaft mit beschränkter Haftpflicht u. s. f. und als solche rechtsfähig. Daran ist auch durch das BGB. nichts geändert, gemäß Art. 32.

b) durch Landesrecht. — Die Fähigkeit, juristische Personen zu schaffen, ist den Landesrechten frei geblieben für zwei Gruppen von Fällen:

aa) falls das Gebiet, auf dem der Verein sich betätigen will, ein der Landesgesetzgebung überhaupt vorbehaltenes ist; z. B. Genossenschaften des Jagd-, Wasser- oder Forstrechts und namentlich des Bergrechts (die sog. Gewerkschaften);

bb) falls der Zweck des Vereines auf einen wirtschaftlichen Geschäftsbetrieb gerichtet ist. — Hier kann staatliche Verleihung der Rechtsfähigkeit frei ergänzend eingreifen, soweit nicht schon Rechtsfähigkeit reichsrechtlich, gemäß den Möglichkeiten unter a, erworben ist, § 22.

c) durch das Recht des BGB. — Dieses greift ein, § 21, falls es sich um einen Verein handelt, dessen Zweck auf wirtschaftlichen Geschäftsbetrieb nicht gerichtet ist. Einem solchen Vereine kann, wenn er nicht unter a oder unter b, aa fällt, Rechtsfähigkeit ausschließlich zu teil werden nach den Vorschriften des BGB. Da diese Vorschriften stets den Eintrag eines solchen Vereins in ein sog. Vereinsregister fordern, so heißen diese Vereine, die ihre Rechtsfähigkeit dem BGB. verdanken, „eingetragene Vereine".[2])

Haftung, vom 20. April 1892; und Gesetz betr. die Kolonialverhältnisse vom 15. März 1888, §§ 8 fg.

[1]) Z. B. die von den alten Herren des Korps „Palatia" zu Bonn gebildete Aktiengesellschaft behufs Erwerbs eines Hauses, das diesem Korps als ständiger Sitz dienen soll, unter dem Namen: „Aktiengesellschaft Pfälzer-Haus"; vom Handels- und Gewinnzweck ist nicht die Rede.

[2]) Dieser Name bleibt vorbehalten den Vereinen des BGB., mögen auch andere Reichs- oder Landesgesetze das Erfordernis der Eintragung in ein (anderes) Register aufstellen, ja selbst für ihre rechtsfähigen Vereine den be-

5. Auf wirtschaftlichen Geschäftsbetrieb gerichtet oder nicht, §§ 22 oder 21: — diese beiden Möglichkeiten schließen einander unbedingt aus und eine von beiden muß für jeden Verein zutreffen. Kennzeichen[1]) ist nicht, ob der Verein, sondern ob sein Zweck diese oder jene Richtung hat; die Vereine idealen Zweckes sind es, welche das BGB. sich vorbehalten hat.

a) Zweck eines Vereins ist diejenige (egoistische oder altruistische) Befriedigung, welche er seinen Mitgliedern verschaffen will. Dieser Zweck ist also ein nicht wirtschaftlicher dann, wenn es sich um Vorteile nicht wirtschaftlicher Art für die Mitglieder handelt, mag auch Dritten wirtschaftliche Vorteile zuzuführen Zweck des Vereins sein; denn Liberalität ist nicht wirtschaftlicher Zweck. Wo es sich dagegen für die Mitglieder um einen wirtschaftlichen Gewinn (dem auch Vermeidung wirtschaftlichen Nachteils gleichsteht) handelt, da verfolgt der Verein einen wirtschaftlichen Zweck.

b) Zweck ist der Endzweck. Wenn also auch die Mittel, deren ein Verein sich satzungsgemäß zur Erreichung des Endzwecks bedient, von diesem Vereine in einem weiteren Sinn bezweckt (= beabsichtigt, vorsätzlich verfolgt) sind, so sind sie doch nicht Zweck des Vereins im Sinne von §§ 21, 22.

c) Daraus folgt: Eintragungsfähig ist jeder Verein, der lediglich nicht-wirtschaftlichen Vorteil für seine Mitglieder bezweckt, mag er selbst auf umfassenden Geschäftsbetrieb zu diesem Behufe angelegt sein; also z. B. jeder Verein, der sich auf wirtschaftliche, industrielle, kaufmännische Unternehmungen bezieht, sobald nur den Reingewinn daraus zu wohltätigen oder sonstigen idealen Zwecken zu verwenden seine letzte Aufgabe ist. — Umgekehrt nicht eintragungsfähig ein Verein, der bloß den wirtschaftlichen Zwecken seiner Mitglieder dient, mag er diese seine Aufgabe auch mittels denkbarst unbedeutenden wirtschaftlichen Geschäftsbetriebes zu erfüllen in der Lage sein (z. B. als Zentralstelle für wirtschaftliche Auskünfte.[2])

d) Hat ein und derselbe Verein mehrere Endzwecke gleicher Be-

---

zeichnenden Namenszusatz „eingetragene Genossenschaft" oder dergl. vorschreiben. Die eingetragene Genossenschaft mag ein Verein sein und ist eingetragen; sie ist aber nicht „eingetragener Verein".

[1]) Hölder, in der Deutschen Juristen-Zeitung, 5, 412 fg. — Levis, ebenda, 6, 479 fg. — Samter, ebenda, 7, 311 fg.

[2]) So entscheidet, m. A. nach unentrinnbar, der Wortlaut des Gesetzes, mag auch der Wille der Gesetzgeber ganz ein anderer gewesen sein.

deutung, so ist er nicht mehr eintragungsfähig, sobald einer dieser Endzwecke wirtschaftlich ist. Nur für den Fall, daß es sich um einen ganz nebensächlich hinzutretenden wirtschaftlichen Endzweck handeln sollte,[1]) dürfte dieser die Eintragungsfähigkeit unberührt lassen.

6. Wir handeln im folgenden hauptsächlich von dem durch das BGB. geregelten eintragungsfähigen bezw. eingetragenen Vereine. Erst zum Schlusse soll dann ein Ausblick auf andere rechtsfähige Vereine angereiht werden.

b) Eingetragene Vereine. §§ 21—79.

§ 30. Entstehung.

Voraussetzung ist selbstverständlich: Vorhandensein eines eintragungsfähigen Vereins. Dann wird ihm Rechtsfähigkeit zuteil nicht ohne weiteres (Prinzip der aufgedrängten Rechtsfähigkeit); aber auch andererseits ohne daß es eines besonderen Privilegiums für diesen Verein bedürfte[2]) (Konzessions-System); er erhält sie vielmehr durch Eintrag in das Vereinsregister, worauf er regelmäßig einen Rechtsanspruch hat, falls er nur den ein- für allemale zu diesem Behufe vorgeschriebenen Regeln genügt (sog. Normativ-System); und dieser Eintrag erfolgt nur auf seinen Antrag (Prinzip der freien Erlangung der Rechtsfähigkeit).

1. Die Normativ-Regeln, nach deren Erfüllung durch seine Satzungen und Organe der Verein im Regelfalle ein Recht auf Eintragung, d. h. auf Rechtsfähigkeit, besitzt, sind teils rein äußerliche, teils sachliche.

a) Die rein äußerlichen bestehen darin, daß die nötigen Mitteilungen in richtiger Form mit dem Eintragungs-Antrag dem das Vereinsregister führenden Amtsgerichte vorgelegt werden. Zuständig ist dasjenige Amtsgericht, in dessen Bezirk der Verein seinen Sitz hat. Als Sitz eines Vereins gilt, mangels anderer Bestimmung,

---

1) Z. B. ein Verein für Verbreitung guter Volkslektüre bezweckt zugleich, die Arbeiter der Fabrikherren, welche Mitglieder des Vereins sind, von frivolen Streiken abzuhalten, indem gelegentlich gerade davor warnende Flugschriften und dergl. gerade in diesen Kreisen zur Verteilung kommen sollen.

2) Anders nur, gemäß Art. 84, soweit landesgesetzliche Vorschriften (wie z. B. in Preußen) bestehen, nach welchen eine Religions- oder geistliche Gesellschaft Rechtsfähigkeit nur im Wege der Gesetzgebung erlangen kann.

der Ort, an welchem die Verwaltung geführt wird.[1]) — Diese Mitteilungen betreffen Namen, Sitz, Zweck, Satzungen, Namen der Vorstandsmitglieder u. dgl. m.

b) Die sachlichen Erfordernisse sind solche, welche dem Verein ein Mindestmaß von Lebensfähigkeit sichern sollen; die Veranstaltung muß derart sein, daß sie wirklich Rechte auszuüben vermag. Deshalb wird vor allem gefordert ein mit der Geschäftsführung beauftragter Vorstand, dessen Befugnisse im Zweifel volle Vertretungsmacht umfassen. Ferner wird verlangt eine Vereins-Satzung, die mindestens Vorschriften enthalten muß über den Eintritt und Austritt der Mitglieder, über die zu leistenden Beiträge, über die den Mitgliedern ihrerseits vereinszweckgemäß zustehenden Rechte gegen den Verein, über Bildung des Vorstandes und über Berufung der Mitgliederversammlung. Endlich soll die Zahl der Mitglieder mindestens sieben betragen.

2. Die Prüfung der Fragen, ob der Verein eintragungsfähig und ob den vorstehenden Normen genügt ist, ist Sache des Richters. Im Regelfalle wird weiter nichts zu prüfen sein. Da es aber einen Ausnahmefall gibt, der öffentlich-rechtlich bedingt und für den deshalb selbst die Prüfung, ob er vorliegt, der Verwaltungsbehörde vorbehalten ist, so hat der Richter von jeder an ihn gelangenden Eintragungsanmeldung, die er seinerseits zuzulassen bereit ist, der Verwaltungsbehörde Mitteilung zu machen. Erst wenn von dieser Seite nach sechs Wochen kein Einspruch erfolgt oder der erhobene Einspruch endgültig wieder aufgehoben ist, kommt es zur Eintragung.

3. Der Ausnahmefall liegt vor, wenn der Verein nach dem öffentlichen Vereinsrecht unerlaubt ist; oder darnach auch bloß verboten werden kann; oder wenn er einen politischen, sozialpolitischen oder religiösen Zweck verfolgt. Auch in jedem der letzteren Fälle, mag selbst nach dem öffentlichen Vereinsrecht des Staates, in dem der Verein seinen Sitz hat, dieser Verein weder unerlaubt sein noch auch nur verboten werden können, hat die Verwaltungsbehörde das Recht, dem Vereine die Erlangung der Rechtsfähigkeit unmöglich zu machen, indem sie nach ihrem freien Ermessen Einspruch gegen seine Eintragung (binnen sechs Wochen) erhebt. Der Nachprüfung unterliegt dann nur die Frage, ob ein Fall des Einspruchsrechts vorlag, nicht,

[1]) Wenn danach kein Sitz im Inlande, also auch kein Eintragungs-Gericht vorhanden ist, Zuständigkeit des Bundesrats nach Konzessions-System, § 23.

ob die Behörde davon angemessenen Gebrauch gemacht hat; und selbst diese Nachprüfung kann nur vor Verwaltungsgerichten stattfinden.

4. Kommt es zur Eintragung, so erhält damit der Verein die Rechtsfähigkeit und zu seinem Namen den dies andeutenden Zusatz: „eingetragener Verein". Das Gericht veranlaßt gleichzeitig die Bekanntmachung.

§ 31. Rechtsverhältnisse.

I. Vorbemerkung. — Bei der Entwicklung der Regeln über die Rechtsverhältnisse des einmal entstandenen eingetragenen Vereins, wie sie für die Zeit seines Bestehens gelten, sind folgende Unterscheidungen zu Grunde gelegt:

1. Regeln für die Rechtsverhältnisse nach innen — nach außen: je nachdem es sich handelt um das Recht der Mitgliedschaft und um die Rechte der Vereinsmitglieder über Gestaltung und Geschäftsführung des Vereins und seiner Organe, sogenannte Rechtsverhältnisse der Mitglieder als solcher; oder um alle anderen Rechtsbeziehungen des Vereins zu Dritten oder auch zu Mitgliedern, sofern nur dabei letztere nicht „als solche" erscheinen.

2. Zwingende und dispositive Regeln. Dieser schon oben, § 16 III, erklärte Gegensatz ist hier dahin zu verschieben, daß während es sich dort um das Verhältnis zur Willenserklärung handelte, hier an deren Stelle das Verhältnis zu den Vereinssatzungen tritt. Zwingende Regeln gelten unbedingt, mögen die Vereinssatzungen selbst davon abweichen, so daß also ein Verein nur die Wahl hat, diesen Regeln zu unterstehen oder auf Rechtsfähigkeit zu verzichten; dagegen die dispositiven Regeln wollen nur gelten, soweit nicht davon Abweichendes in den Vereinssatzungen bestimmt ist.

II. Gestaltung nach innen. — Wichtigste Regeln, soweit sie sich nicht schon aus den Entstehungserfordernissen (soeben oben § 30, 1 b) ergeben:

1. Die Mitgliedschaft ist nicht übertragbar noch vererblich; also wegfallend mit dem Tode. Außerdem kann jedes Mitglied auf sie beliebig durch Austritt verzichten.

2. Soweit nicht die Vertretungsmacht des Vorstandes[1]) reicht,[2])

---

[1]) Schloßmann, Organe und Stellvertreter, i. d. Dogm. Jahrbüchern, 44, 289 fg. — Hugo Preuß, Replik darauf, ebenda, 44, 429 fg.

[2]) Darüber oben § 30, 1, b.

handelt die Mitgliederversammlung für den Verein. Auch können, für besondere Geschäfte besondere Vertretungsorgane bestellt werden. Die jedesmal für den Verein mit Vertretungsmacht Handelnden sind als Beauftragte des Vereins anzusehen.

3. Die Mitgliederversammlung entscheidet durch Beschluß ihrer Mehrheit über die bei ihrer Berufung bezeichneten Gegenstände; für Gültigkeit von Satzungsänderungen wird Dreiviertel=Mehrheit und Eintragung ins Vereinsregister verlangt.

4. Sobald Einstimmigkeit aller Mitglieder, nicht bloß der zu einer Versammlung erschienenen, wenn auch nur schriftlich[1]) erzielt ist, ist der so gefaßte Beschluß jedenfalls gültig, auch wenn er auf Änderung der Zwecke des Vereins geht. Diese kann nur so beschlossen werden.

5. Alle vorangehenden Regeln sind[2]) bloß dispositiv. Dagegen zwingend, weil zum Schutze der Einzelmitglieder gegen die Majorität oder gegen andere Vereinsorgane bestimmt, sind folgende Regeln:

a) Sonderrechte eines Mitgliedes können nicht ohne dessen Zustimmung beeinträchtigt werden.

b) Ein Mitglied ist nicht stimmberechtigt, wo der Beschluß ein ihn persönlich, aber nicht als Mitglied betreffendes Rechtsverhältnis zum Verein berührt.

c) Die Mitgliederversammlung ist zu berufen, wenn das Interesse des Vereins es erfordert und außerdem wenn der durch die Satzung bestimmte Teil der Mitglieder (dispositiv: der zehnte Teil) die Berufung formgerecht verlangt.

III. Gestaltung nach außen:

1. Der Vorstand vertritt den Verein gerichtlich und außergerichtlich (in der Art, wie ein gesetzlicher Vertreter sein Mündel), soweit diese Vertretungsmacht nicht satzungsgemäß beschränkt ist. Hieraus ergibt sich die Haftung des Vereinsvermögens für alle Handlungen des Vorstandes, die dieser namens des Vereins innerhalb seiner Vertretungsmacht vornimmt. Ebenso für sonstige Vertretungsberechtigte, auch wenn sie nicht eben Vorstand sind.

2. Diese Haftung des Vereins wird aber auch ausgedehnt, § 31,

---

[1]) Mündliche Zustimmung außerhalb einer ordentlich einberufenen Mitgliederversammlung genügt nicht.

[2]) Mit Ausnahme der Möglichkeit freien Austritts aus dem Vereine, § 39, und der Notwendigkeit, Änderungen der Satzungen zu ihrer Gültigkeit ins Vereinsregister einzutragen, § 71.

auf solche Handlungen des Vorstandes oder eines einzelnen Vorstandsmitgliedes oder selbst eines anderen satzungsmäßig berufenen Vertreters[1]) der juristischen Person, durch welche dieser Dritten sich selbst zum Schadensersatze verpflichtet, wenn er diese Handlung in Ausübung der ihm zustehenden Verrichtungen begangen hat. In solchen Fällen also muß die juristische Person für den Schaden einstehen, mag es sich um kontraktliches oder außerkontraktliches, um schuldhaftes oder schuldloses Unrecht handeln, vgl. auch wegen dieser sog. Deliktsfähigkeit der juristischen Person unten § 161. In Ausübung der ihm zustehenden Verrichtung befindet sich der Handelnde, wenn dies äußerlich, nach der Art der im obliegenden Geschäfte, zutrifft, ohne Rücksicht darauf, daß, streng genommen, niemand rechtsgültige Vollmacht zu unerlaubten Handlungen haben kann.[2])

3. Die Bestellung des Vorstandes ist jederzeit widerruflich.

4. Jedermann kann dem Vereine Mitteilungen rechtsgültig machen durch Mitteilung an ein Vorstandsmitglied.

5. Der Vorstand hat, unter seiner persönlichen Haftung für Versäumnis, im Falle der Überschuldung des Vereins dessen Konkurs zu beantragen.[3])

6. Alle diese Vorschriften sind, als unerläßlich zum Schutze Dritter, zwingender Natur.[4]) Nur nicht die Bestimmung betreffend den Umfang der Vollmacht des Vorstandes, welche, wie schon mehrfach hervorgehoben, dispositiver Natur ist. Deshalb greift hier ergänzend ein die Öffentlichkeit des Vereinsregisters (§ 79) zusammen mit der Vorschrift, daß Einschränkungen der Vollmacht des Vorstandes, mögen sie selbst rechtsgültig in der Satzung oder sonstwie getroffen sein, ein Dritter nur dann gegen sich gelten zu lassen braucht, wenn er

a) entweder sie kennt, oder

b) sie im Vereinsregister eingetragen und dem Dritten aus Fahrlässigkeit unbekannt sind — nicht auch wenn er sie ohne Fahr-

---

[1]) Über diesen Begriff im Gegensatz zum bloßen Angestellten Lenel i. d. Deutsch. Juristen-Zeitung, 7, 9 fg.

[2]) Denn eine solche Vollmacht, selbst wenn sie erteilt wäre, wäre nichtig, als verstoßend gegen Rechtsgebot und gegen gute Sitte. Vgl. unten § 53, II 3 a und b.

[3]) Ebenso bei juristischen Personen des öffentlichen Rechts, sofern bei ihnen der Konkurs zulässig ist, § 89 Abs. 2.

[4]) Vgl. jedoch betreffend Nr. 3: § 27 Abs. 2 Satz 2.

lässigkeit, trotz ihrer Eintragung in das öffentliche Vereinsregister, nicht kennt. (§§ 70, 68.)

7. Dasselbe gilt bezüglich der Zusammensetzung und der Beschlußfassung des Vorstandes. — Dagegen gilt nichts Entsprechendes für andere in das Vereinsregister aufzunehmende Angaben, z. B. betr. sonstigen Inhalt und Änderungen der Satzungen.[1]

IV. Die staatliche Oberaufsicht ist auf ein Minimum beschränkt. Unmittelbar greift sie nur ein in seltenen Notfällen, § 29 und § 37 Abs. 2 — es sei denn, es handle sich um Vorgänge, welche die Entziehung der Rechtsfähigkeit zur Folge haben können, vgl. unten im folgenden Paragraphen. Außerdem gehört hierher nur noch die Befugnis des Amtsgerichts, jederzeit ein Verzeichnis der Mitglieder von dem Vorstande einzuziehen; und den Vorstand durch Ordnungsstrafen zur Erfüllung dieser seiner Verpflichtung wie seiner verschiedenen Anmeldungsverpflichtungen anzuhalten.

§ 32. Beendigung.[2]

I. Beendigungsgründe. — Der rechtsfähige Verein kann entweder untergehen durch Verlust seines Substrates, indem der Verein untergeht; oder unabhängig von der Frage, ob der Verein als solcher fortbesteht, durch Verlust seiner Rechtsfähigkeit.

1. Untergang des Vereins selbst. Kann eintreten:

a) durch Zeitablauf, falls satzungsgemäß eine bestimmte Zeit seiner Dauer vorgeschrieben war; ebenso durch volle Erreichung eines zu erreichenden Zieles;

b) durch eigenen Auflösungsbeschluß,[3] zu dem (dispositiv) Dreiviertel-Majorität der Mitgliederversammlung erforderlich ist;

c) durch Auflösung seitens der öffentlich-rechtlich dazu berufenen Behörde auf Grund des öffentlichen Vereinsrechtes: mag nun der Verein von jeher verbietbar gewesen sein, aber von der Behörde zunächst geduldet und sogar ohne Einspruch zur Rechtsfähigkeit zugelassen worden sein; oder mag er erst neuerdings durch eine Änderung in der Gesetzgebung oder in seinem Verhalten verbietbar geworden sein. Wenn dagegen der Verein nicht nach dem öffentlichen Rechte seines

---

[1] Vgl. jedoch hier abermals, als selbstverständlich auch nach außen wirksam, § 71 Abs. 1 Satz 1.

[2] Hatschek, i. d. Deutschen Juristen-Zeitung 5, 492 fg.

[3] Dem doch wohl gleichzustellen ist der Beschluß, auf die Rechtsfähigkeit zu verzichten, als Verein übrigens fortzubestehen.

Sitzes verbietbar ist, so kann die politische Behörde, die einen politischen oder religiösen Verein einmal zur Eintragung hat gelangen lassen, ihn nicht deshalb nachträglich verbieten und auflösen.

Diese Fälle der Auflösung sowie ihre Gründe sind in das Vereinsregister einzutragen.

2. Verlust der Rechtsfähigkeit.

a) Der richterlichen Kognition unterliegend:

aa) durch Eröffnung des Konkurses über den Verein, mit amtlicher Eintragungspflicht;

bb) durch Herabsinken der Mitgliederanzahl unter drei, von Amtswegen, mit der Rechtskraft des dies feststellenden richterlichen Beschlusses.[1])

b) Der Kognition der Behörden des öffentlichen Rechts (und deshalb ev. auch betr. Nachprüfung der Frage, ob diese berechtigtermaßen vorgegangen sind, der Verwaltungsgerichtsbarkeit) unterliegend:[2])

aa) falls der Verein durch einen gesetzwidrigen Beschluß der Mitgliederversammlung oder durch gesetzwidriges Verhalten des Vorstandes das Gemeinwohl gefährdet;

bb) behufs Vermeidung von Umgehung der Entstehungs-Vorschriften: falls der Verein zur Verfolgung eines wirtschaftlichen Zweckes übergeht; oder zur Verfolgung eines politischen, sozialpolitischen oder religiösen Zweckes, während er satzungsgemäß einen solchen Zweck nicht hat. — Dagegen sonst bleibt der Verein derselbe und rechtsfähig, sollte er seinen Zweck auch vollständig mit einem anderen, dem ursprünglichen Zweck vielleicht ganz fremden vertauschen. — Eintragung ins Vereinsregister findet auch in diesen Fällen statt.

II. Verbleib des Vereinsvermögens.[3])

---

1) Der Verein als solcher mag mit zwei Mitgliedern fortbestehen; ob auch mit einem? —

2) Natürlich liegt hierin wie in den oben sub 1, c besprochenen Gründen zugleich eine staatliche Oberaufsicht, und zwar eine recht energische; vgl. oben § 31 IV. — Diese Befugnisse stehen übrigens der Behörde zu, unabhängig von der Frage, ob sie wegen derselben Vorgänge die weitergehende Befugnis der Vereinsauflösung (oben 1, c) besitzt; trifft dies zu, so kann sie nach ihrer Wahl von den stärkeren oder von den schwächeren Maßregeln Gebrauch machen.

3) Man hüte sich davor, gemäß dem Schicksal des Vermögens eines

1. An wen fällt das Vermögen mit dem Augenblicke des Endes des Rechtsfähigkeit?

a) Falls eine Vorschrift darüber in den Satzungen (direkt oder indirekt durch Vorbehalt eines späteren Beschlusses darüber) enthalten ist: so entscheidet diese.

b) Falls keine derartige Bestimmung in der Satzung enthalten ist, so kann die Mitgliederversammlung doch rechtsgültig den Beschluß fassen, das Vermögen einer öffentlichen Stiftung zuzuweisen — andere Beschlüsse wären rechtsungültig.

c) Mangels einer Bestimmung sub a oder b fällt das Vermögen entweder zu gleichen Teilen an die jetzt vorhandenen Mitglieder, oder an den Fiskus des Bundesstaates des Vereinssitzes.[1] Ersteres falls der Verein nach seinen Satzungen ausschließlich egoistische Interessen seiner Mitglieder verfolgt; letzteres, falls altruistische hinzutreten.

2. Würde nun aber das Vermögen diesen Anfallsberechtigten so ohne weiteres tatsächlich verabfolgt, so hätten die Gläubiger des Vereins das Nachsehen. Für diese muß deshalb gesorgt werden. Nur falls das Vermögen des Vereins an den Fiskus fällt, bedarf es dazu nicht besonderer Veranstaltungen. Denn dort finden die Gläubiger des Vereins ja sicher, an wen sie sich bis zur Höhe der Vereins-Aktiva[2]) halten können. In allen anderen Fällen müssen sie gegen Zersplitterung und Verbringung des Vereinsvermögens sichergestellt werden. Dazu dient das aus dem Handelsrecht herübergenommene, dort wohlerprobte Institut der Liquidation.

Unter Liquidation versteht man die Abwicklung der vermögensrechtlichen Verhältnisse einer beendigten juristischen Person:[3]) Umsetzung der Aktiva in Geld, Auszahlung der Passiva, sonstige Beendigung anderer laufender Geschäfte, Fürsorge für etwa noch schwebende oder erst in Zukunft fällige Passiva. Hatte die juristische Person einiges

---

Menschen bei dessen Ende, an Erbfall und Erbrecht zu denken! Dagegen passiv erbberechtigt sind die juristischen Personen durchaus.

[1]) Vgl. jedoch Art. 85.

[2]) Darüber hinaus haftet ihnen natürlich nichts und niemand, weder zur Zeit des Bestehens noch nach Untergang des Vereins. Wer einem eingetragenen Verein Kredit gibt, richte sich nach dessen Kreditwürdigkeit, auf die Mitglieder hat er keinerlei Rückgriff.

[3]) Oder auch einer Vereinigung ohne juristische Persönlichkeit, z. B. der „Gesellschaft" des BGB., vgl. unten über diese.

Vermögen oder gar umfassenden Geschäftsbetrieb, so kann solche Liquidation längere Zeit, Sorgfalt und Tätigkeit beanspruchen. Deshalb gelten hier folgende Sätze:

a) Der Verein besorgt seine Liquidation selbst. Dazu gilt er zunächst noch bis zu deren Ende, soweit es ihr Zweck erfordert, als fortbestehend; bleibt also auch soweit rechts- und geschäftsfähig.

b) Der Verein besorgt seine Liquidation durch seine eigenen Organe, zunächst also durch den Vorstand, nach Bedürfnis auch durch andere Personen. Die Personen, die das besorgen, heißen Liquidatoren. Sie haben die rechtliche Stellung des Vorstandes unter Einengung auf den Zweck der Liquidation. Deshalb besteht auch für sie eine entsprechende Eintragungspflicht ins Vereinsregister. Für Vernachlässigung ihrer Pflichten haften sie den Gläubigern, und zwar einer für alle, alle für einen.

c) So haben sie namentlich auch, falls sich Überschuldung des Vereins während der Liquidation herausstellen sollte, Konkurs anzumelden. In diesem Falle wie in dem des Verlustes der Rechtsfähigkeit durch Konkurs treten zu den allgemeinen Regeln über Liquidation bezw. statt derselben die Regeln der Konkursordnung ein.

d) Ergibt sich dagegen ein Überschuß der Aktiva über die Passiva, so haben die Liquidatoren diesen schließlich an die Berechtigten abzuführen. Indessen ist behufs größerer Sicherung der Gläubiger bestimmt, daß dies erst ein Jahr (sog. Sperr-Jahr) nach der Bekanntmachung des Endes der juristischen Person geschehen darf.

c) Andere rechtsfähige Vereine. §§ 21—54.

§ 33.

Auch Vereine, welche auf andere Weise als durch Eintragung in das Vereinsregister rechtsfähig werden, unterliegen zum Teile den Bestimmungen des BGB. Jedoch mit starken Abweichungen, die hier zusammengestellt werden sollen.

1. Für solche Vereine ist das Recht des BGB., soweit es sie überhaupt regeln will, jedenfalls nur subsidiär gültig hinter dem Rechte der Gesetzgebung, aus der sie ihre Rechtsfähigkeit schöpfen. Dies gilt selbst für die meisten zwingenden Vorschriften des BGB., s. Art. 82; die nötigen Schutzvorkehrungen für die Rechte der einzelnen Vereinsmitglieder und für die Interessen des mit den Vereinen

verkehrenden Publikums mag in solchen Fällen die betreffende Sonder- oder Landesgesetzgebung anordnen.

2. Ferner kann selbstverständlich nur in Betracht kommen, was das BGB. über Bestand und Ende (s. oben §§ 31 und 32), nicht was es über Begründung rechtsfähiger Vereine (s. oben § 30) anordnet.

3. Im übrigen fallen hier teils eine Reihe von Regeln weg, die das BGB. nur für eingetragene Vereine aufstellt[1]); teils treten auch einige, besonders für nicht eingetragene rechtsfähige Vereine aufgestellte Regeln hinzu.

a) Wegfallen selbstverständlich vor allem alle mit dem Vereinsregister, Eintragung in dasselbe und Öffentlichkeit desselben zusammenhängenden Vorschriften. Ferner die Vorschriften über die Mindestzahl der Vereinsmitglieder (für Beginn und Ende). Endlich die Befugnisse des Amtsgerichts betr. Auferlegung von Ordnungsstrafen. — Von Einzelheiten bemerke man etwa noch, daß die sub II 1b oben in § 32 erwähnte Möglichkeit der Vermögensübertragung an eine öffentliche Stiftung hier ausgeschlossen ist.

b) Hinzu treten folgende beide Regeln: Zur Änderung der Vereinssatzungen bedarf es hier, außer der darauf gerichteten Tätigkeit des Vereins selbst, staatlicher Genehmigung, § 33 Abs. 2; und dem Vereine kann die Rechtsfähigkeit entzogen werden, wenn er einen anderen als den in den Satzungen bestimmten Zweck verfolgt, § 43 Abs. 4.

4. Diese Regeln, namentlich die letzterwähnten, erklären sich daher, weil das BGB. bei den nicht eingetragenen rechtsfähigen Vereinen meist nur an solche denkt, die ihre Rechtsfähigkeit besonderer staatlicher Verleihung, nach dem Konzessionssystem (s. oben S. 115) verdanken; nur für solche, wo dies zutrifft, wollen wohl gelten namentlich die soeben unter b vorgetragenen Zusätze. Sonst aber kommen doch daneben die Vereine des Reichs- wie des Landessonderrechts (s. oben § 29, 4 a u. b, aa) in Betracht, die durchweg ebenso wie die eingetragenen Vereine des BGB. nach dem Normativsystem entstehen. Und nichts hindert doch auch die Landesgesetzgebung, wirtschaftlichen Vereinen die Rechtsfähigkeit nach Normativsystem zu verleihen.

---

[1]) Das sind die in den §§ 55—79 BGB. enthaltenen Sondervorschriften.

2. Stiftungen.[1])

§ 34.

Stiftung ist die juristische Person, welche in privatrechtlicher Form[2]) eine bestimmte Vermögensmasse einem bestimmten Zwecke, der über den Vorteil einer Einzelpersönlichkeit hinausgeht, dauernd und selbständig[3]) dienstbar macht. — Die Vermögensmasse bildet das Substrat dieser juristischen Person.

I. Entstehung. — Zur Entstehung bedarf es hier der Widmung eines Vermögens für den Zweck, um das Substrat zu bilden, entsprechend der Vereinsbildung bei dem einzutragenden Vereine; und sodann der rechtlichen Verleihung der Rechtsfähigkeit. Erstere erfolgt durch das sogenannte Stiftungsgeschäft, letztere hier nach dem Konzessionssystem.

1. Das Stiftungsgeschäft hat Statt unter Lebenden oder (besonders häufig) von Todeswegen.

a) Das Stiftungsgeschäft unter Lebenden bedarf der schriftlichen Form. Der Stifter verpflichtet sich durch dieses Geschäft, der Stiftung, falls sie zustande kommen sollte (s. sofort unter 2), bestimmte Vermögensgegenstände alsdann zu übertragen.[4])

b) Das Stiftungsgeschäft von Todeswegen ist Erbeinsetzung oder Vermächtniserrichtung. Es bedarf der dafür vorgeschriebenen Form, s. unten im Erbrecht.

2. Die Rechtsfähigkeit erteilt oder versagt der Staat des Stiftungssitzes[5]) von Fall zu Fall nach freiem Ermessen, je nachdem er etwa den Zweck billigt und die Stiftung genügend gesichert findet

---

[1]) Schloßmann in d. dogm. Jahrbüchern, 27, 1 f. — Kohler, in seinem Archiv, 3, 228 f. — v. Scheurl, im Archiv f. d. civilist. Praxis 77, 243 f. — W. Stintzing, ebenda, 88, 392 f. — v. Seydel, Begriff der öffentlichen Stiftungen, in seinen Abhandlungen N. F. Nr. 25.

[2]) Andere Möglichkeit: öffentlich-rechtliche Widmung.

[3]) Andere Möglichkeit: Zuwendung von Vermögen an eine schon bestehende, juristische oder natürliche Person unter der Auflage der Verwendung zu besonderen Zwecken; vgl. unten § 73. Übrigens ist jede derartige Zuwendung an eine juristische Person, an die sogenannte „tote Hand", landesrechtlich beschränkbar, soweit sie 5000 Mk. übersteigt, Art. 86, vgl. auch Art. 87.

[4]) Zunächst lediglich objektive Bindung; das Recht der Stiftung auf Erfüllung entsteht mit ihr, vgl. oben § 12 Nr. 3.

[5]) D. h. des Ortes, wo die Verwaltung geführt werden soll, event. der Bundesrat, § 80 Satz 3 und 2.

oder nicht. Er kann dabei wegen der Organisation oder wegen anderer Punkte, so lange er damit nicht voll einverstanden ist, mit dem Stifter verhandeln. Namentlich auch wird er auf Ausarbeitung genauer und zweckdienlicher Satzungen seitens des Stifters bestehen und erst, wenn all dies bestens geordnet ist, die Rechtsfähigkeit verleihen.

3. Deshalb ist aber andererseits auch, wenigstens bei Stiftung unter Lebenden, dem Stifter und, wenn dieser darüber sterben sollte, dessen Erben[1]) ein Rücktrittsrecht von der Stiftung bis zur staatlichen Konzessionserteilung eingeräumt. Wird zu dieser sich der Staat nur unter seinen Bedingungen verstehen, so mag der Stifter, wenn ihm diese Bedingungen nicht passen, die Stiftung scheitern lassen. Nur wenn sich beide Seiten einigen, gelingt sie. —

Anders freilich bei Stiftungsgeschäften von Todeswegen, bei welchen die in der Verfügung von Todeswegen getroffenen Bestimmungen ein für allemal bindend sind; hier kann die Stiftung nur so, wie sie dort angeordnet ist, zu stande kommen oder mangels staatlicher Genehmigung scheitern.[2])

4. „Wird die Stiftung erst nach dem Tode des Stifters genehmigt, so gilt sie für die Zuwendungen des Stifters als schon vor dessen Tode entstanden", d. h. unmittelbar vor dessen Tode, um den Durchgang des Stiftungsvermögens durch die Person eines Erben zu vermeiden und die Stiftung unmittelbar an die Person ihres Stifters anzuknüpfen. Namentlich kann so auch die Stiftung Erbin des Stifters werden und gerade hierdurch das ihr zugedachte Vermögen erhalten.[3])

II. Über die Rechtsverhältnisse während des Stiftungsbestandes bringt das BGB. nicht entfernt so ausführliche Bestimmungen, wie bei den Vereinen. Ist doch hier die Landesgesetzgebung und die direkte Einwirkung der konzessionierenden Territorialbehörden maß-

---

[1]) Diesem indessen nur, solange sein Erblasser nicht schon eines Genehmigungsgesuches sich entäußert hatte, § 81 Abs. 2.

[2]) Indessen hindert natürlich den Testator nichts, vor Errichtung jener Verfügung mit dem Staate wegen der später zu erteilenden Genehmigung zu verhandeln und sich, gegen die Zusicherung, er werde gewisse staatlich gewünschte Satzungsbestandteile in seine letztwillige Verfügung aufnehmen, die Zusicherung nach seinem Tode erfolgender staatlicher Genehmigung zu verschaffen. Rechtsverbindlich wären freilich diese Zusicherungen nicht.

[3]) Vgl. unten § 268, I, 2 b.

gebend. Diese auch mag auf Schutzvorrichtungen sehen für Dritte, die sich mit der Stiftung in Rechtsgeschäfte einlassen. Reichsrechtlich gelten hier folgende Bestimmungen:

1. Die Stiftung muß Satzungen haben, aus denen sich ihr Zweck und ihre Organisation ergibt; und einen Vorstand, der für sie handelt. Dagegen von einer Mitgliederversammlung oder einem Analogon dazu ist hier nicht die Rede. Namentlich sind nicht etwa die „Destinatäre" der Stiftung (die Waisen des Waisenhauses, aufzunehmende oder aufgenommene; die Mitglieder der Familie bei einer Familienstiftung, bezugsberechtigte oder bloß auf Bezüge hoffende) darum irgendwie an ihrer Verwaltung beteiligungsberechtigt.

2. Den Vorstand kann bilden eine öffentliche Behörde, von der alsdann die Verwaltung geführt wird nach den für ihre Organisation gültigen Regeln; oder eine oder mehrere Privatpersonen. Im letzteren Falle durchgreifender, aber auch im ersteren Falle großenteils sind auf ihn übertragen die bei den rechtsfähigen Vereinen für den Vorstand und namentlich für seine Vertretungsmacht gültigen Regeln. Ferner die Regel über Haftung der Stiftung für Schaden, den ihr Vorstand oder sonstiger Vertreter im Umkreise seiner satzungsgemäßen Verrichtungen anstiftet. Und die Regel über dessen Verpflichtung zur Konkursanmeldung bei Überschuldung, § 86. Beide letztgenannten Regeln sind zwingenden Rechtes, gegenüber Satzung wie gegenüber bundesstaatlicher Bestimmung.

3. Erste Aufgabe des Vorstandes wird es sein, das von dem Stifter in dem Stiftungsgeschäfte zugesicherte Vermögen nun tatsächlich von dem Stifter oder von dessen Erben einzuziehen, so weit nicht ganz ausnahmsweise der Übergang an das neue Rechtssubjekt bereits rechtlich und tatsächlich durchgeführt ist.

4. Staatsaufsicht ist hier weit stärker als bei den Vereinen ausgebildet — zum deutlichen Beweise für die staatliche Aufrechterhaltung der Stiftung, vgl. oben § 28 I 7. Namentlich tritt hier der Staat an Stelle der Mitgliederversammlung, um im Notfalle Satzungsänderungen vorzunehmen oder gar dem Stiftungsvermögen eine andere Zweckbestimmung zu geben. Es ist hier eben kein Organ der juristischen Person denkbar, das zugleich ihr Diener und ihr Herr wäre, wie die einstimmige Versammlung aller Mitglieder es dem eingetragenen Vereine gegenüber ist. Über die Stiftung ist Herr allein der Staat. Diesem sind daher weitgehende Befugnisse beigelegt, um veraltete, versagende, zweckwidrige, oder gar das Gemeinwohl ge=

fährdende Einrichtungen zu reformieren, und um so das Stiftungsvermögen dem freier aufgefaßten Stiftungszweck womöglich zu sichern, wo sonst nichts übrig bliebe als Aufhebung der Stiftung, s. sofort unten III. 3.

III. Das Ende der Stiftung tritt ein

1. durch Eintritt der satzungsgemäß als Voraussetzung hierfür vorgesehenen Ereignisse;

2. durch Eröffnung des Konkurses;

3. durch Aufhebung seitens der zuständigen Behörde, wenn die Erfüllung des Stiftungszweckes unmöglich geworden ist oder das Gemeinwohl gefährdet, es seien denn mildere Maßregeln zur Abhülfe möglich; vgl. soeben oben II, 4 z. E.

Über das Schicksal des Vermögens der beendeten Stiftung entscheiden zunächst deren Satzungen, dann Landes-, dann Reichsrecht. Nach letzterem und meist auch nach ersterem[1]) Rechte fällt dies Vermögen in letzter Linie an den Fiskus. Wo dies nicht zutrifft, da bedarf es noch einer Liquidation, für welche dieselben Vorschriften gelten wie für diejenige des Vermögens rechtsfähiger Vereine.

Drittes Kapitel.

Die Rechtsgegenstände.

I. Die Sachen.

1. Begriff.[2])

§ 35.

I. Sachen sind Körper außer den Körpern lebender Personen.

1. Nur Körperliches, Materielles rechnet unser BGB. zu den Sachen; bloße Gedankendinge, Vorstellungen, namentlich aber auch Eigenschaften und Kräfte der Körper, ferner besonders Rechte sind nicht Sachen.

---

[1]) So z. B. Art. 5 § 2 d. Preuß. Ausführungsgesetzes zum BGB.

[2]) Anregend E. J. Bekker: Über die natürliche Beschaffenheit der Objekte unserer dinglichen Rechte (Sitzungsberichte der Preußischen Akademie der Wissenschaften, 1898, XLIII).

2. Ausgeschlossen sind die Körper lebender Menschen und deren Bestandteile (z. B. Zahnplombe);[1]) die Leiche ist eine Sache.

II. Weit schwieriger als die Entscheidung, was Sache, wird die Entscheidung, was rechtlich Eine Sache ist, im Gegensatze zu Bestandteilen und zu Sachgesamtheiten.[2]) Hier gelten folgende Regeln, §§ 93 bis 95:

1. Der Grund und Boden wird, trotz unaufhebbaren Zusammenhanges, in einzelne selbständige Sachen zerlegt durch Grenzziehung. Neue Grenzziehung schafft neue Sachen. Diese Grenzziehung ist aber möglich nur so, daß Abschnitte der Erdoberfläche entstehen, nicht mehr so, daß verschiedene Abschnitte oberhalb desselben Stückes der Erdoberfläche entstehen, durch parallel dieser letzteren gelegte Grenzflächen.[3]) — Ebenso werden mehrere bisher getrennte Stücke des Grund und Bodens zu Einer Sache vereinigt durch Wegfall der zwischen ihnen gezogenen Grenzen. Doch kann hier an Stelle der Grenzbeseitigung Vereinheitlichung dadurch treten, daß sie als Ein Grundstück in das Grundbuch eingetragen werden, § 890.[4])

2. Für andere Körper als Grund und Boden ist an ihnen vorgenommene Grenzziehung gleichgültig.

3. Für diese anderen Körper besteht keine so durchgreifende positive Regel. Vorbehaltlich der sofort zu erwähnenden Ausnahmen ist für sie entscheidend der Zusammenhang. Einen solchen nehmen wir an, wo einander berührende Körper in dieser Lage durch andere Kräfte als durch die bloße Schwerkraft und als durch die bloße Kraft der Trägheit festgehalten werden, mag auch dieser Zusammenhang nur ein loser sein; andernfalls leugnen wir ihn.[5])

---

[1]) Gareis, Das Recht am menschlichen Körper.

[2]) Göppert, Über einheitl., zusammengesetzte und Gesamtsachen, 1871. — Eisele, im Archiv f. d. civilist. Praxis, 84, 305 fg.

[3]) Sog. Stockwerkeigentum. Dasselbe bleibt indessen erhalten, soweit es vor dem neuen Rechte bestand, Art. 182.

[4]) Mit dieser allgemein sachenrechtlichen Folge doch wohl nur, falls die betreffenden Grundstücke aneinander grenzen; mag auch § 890 selbst ohne diese Voraussetzung anwendbar sein.

[5]) Also kein Zusammenhang, wo mehrere Sachen bloß nebeneinander stehen, aufeinander liegen (z. B. ein Sandkorn neben dem anderen, die Marmorplatte auf dem Tischfuße); dagegen Zusammenhang, wo die Teile kohärieren (die Partikeln eines Stückes Eisen, eines Stückes Tuch, einer Erdscholle), zusammengeklebt oder -gewebt oder -genietet sind; also nicht bei dem sog. „Ineinanderstecken" mehrerer Sachen, falls es ein loses ist, denn dann beruht es bloß

Wo ein solcher Zusammenhang besteht, da besteht er wieder entweder:

a) mit dem Grund und Boden, sei es unmittelbar, sei es durch Vermittlung anderer Bestandteile. Dann ist stets der Grund und Boden die Hauptsache; zu ihm treten[1]) die so verbundenen Körperteile als Nebensachen hinzu; oder

b) bloß mit anderen Sachen als dem Grund und Boden. Dann ist die Anschauung des Lebens (sie richtet sich nach Umfang, Wert, Zweckbestimmung) entscheidend dafür, ob einer und welcher mehrerer Bestandteile Hauptsache ist, oder ob sie einander gleichwertig gesellt sind.

Übrigens ist es gleichgültig, ob der Zusammenhang ein natürlich von jeher gegebener oder ein zufällig oder zweckgemäß von Menschenhand (sog. zusammengesetzte Sachen) hervorgebrachter ist. Ebenso ob er besteht zwischen wesensähnlichen oder wesensgleichen, geformten oder ungeformten Bestandteilen.[2]) Auf den rechtlich maßgebenden Unterschied, ob der Zusammenhang ein mehr oder weniger tiefgreifender und fester ist, wird der folgende Paragraph zurückkommen.

4. Zwei Ausnahmen von den unter 3 entwickelten Regeln schreibt das Gesetz vor, und zwar so, daß es für zwei Sachlagen bestehenden Zusammenhanges trotzdem mehrere Einzelsachen anzunehmen gebietet.

a) Sachen, die nur zu einem vorübergehenden Zwecke mit dem Grund und Boden verbunden oder (noch so fest) in ein Gebäude[3]) eingefügt sind, bleiben selbständige Sachen, werden nicht Bestandteile des Bodens oder Gebäudes.

b) Gebäude oder andere Werke, die in Ausübung eines eben dazu befugenden Herrschaftsrechts über ein fremdes Grundstück von

---

auf Schwerkraft oder auf dem Gesetze der Trägheit, z. B. der Schlüssel im Schloß; ist es dagegen ein sicher gefestigtes, z. B. durch die Art der Einfügung, die man technisch als „Schwalbenschwanz" bezeichnet: so haben wir nur noch Eine Sache vor uns. — Fraglich könnte etwa noch sein, ob nicht auch die Verbindung durch bloße magnetische Anziehung auszuscheiden wäre; die durch einen Magneten angezogene und festgehaltene Stahlfeder wird doch dadurch kaum zu einem Bestandteile desselben werden.

[1]) Immer wieder vorbehaltlich der sofort anzuführenden Ausnahmen.

[2]) Beispiel ist ein Klumpen Ton; ein Konglomerat von Steinen und Ton; mehrere irgendwie zusammengehaltene Stücke Eisen oder Holz; eine Uhr.

[3]) Mag dieses selbst wieder Bestandteil von Grund und Boden sein, oder gemäß einer dieser beiden Ausnahmen selbständige Sache.

dem Berechtigten mit dem Grundstücke verbunden worden sind, werden nicht dessen Bestandteile. Zu den so Berechtigten gehören z. B. Erbbauberechtigte, Nießbraucher; nicht Pächter oder Mieter, da sie kein dingliches Herrschaftsrecht am fremden Grundstücke haben; für diese wird indessen durchweg die erstere Ausnahme („vorübergehender Zweck") zutreffen.

Beide Ausnahmen sind um so schärfer zu betonen, je weniger sie sinnenfällig auftreten,[1]) je mehr sie bisher herrschenden festeingewurzelten Anschauungen widersprechen und je schwieriger ihre Abgrenzung ist, während die Folgen überaus tief greifen.

5. Dagegen trägt es zur Klarheit wesentlich bei, daß unser Gesetzbuch keine Gesamtsachen (sog. universitates facti) kennt, in dem Sinne, daß diese als besondere selbständige Sachen neben die einzelnen Sachen träten, aus denen sie bestehen, z. B. die Heerde Vieh als sechste Sache neben die fünf Kühe, aus denen sie besteht. Wo dergleichen vorzukommen scheint, da handelt es sich durchweg nur um abkürzende Ausdrücke zur sprachlichen Zusammenfassung mehrerer Einzelsachen.[2])

Es mag sich aber auch darum handeln, daß mehrere Sachen und Rechte als wirthschaftlich zusammengehörig auch rechtlich zu besonderen Vermögensmassen, Rechtsgesamtheiten, sog. universitates juris,[3]) zusammengeschlossen und als solche besonderen Regeln unterstellt werden.

Dabei kommt besonders in Betracht das sog. Surrogationsprinzip, d. h. die Vorschrift, daß für ausscheidende Stücke neue in die Rechtsgemeinschaft eintreten. Dazu bemerke man vorläufig folgende weitere Unterschiede[4]):

a) Es gibt eine Surrogation auch bei einzelnen Gegenständen, wenn z. B. an Stelle des ursprünglich geschuldeten oder belasteten Gegenstandes (z. B. § 966) der Anspruch aus dem beschädigten Delikte oder aus dem Versicherungsvertrag (z. B. § 281, § 818) tritt.

---

[1]) Daher nicht übel die Sachen, welche darnach Sondersachen bleiben, bezeichnet als „nur scheinbare Bestandteile" bei Zitelmann a. a. O. S. 79.

[2]) So z. B. bei einem Spiel Karten, einer Schachtel Zündhölzchen, einem Sacke Mehl; so auch offenbar bei dem Bienenschwarm § 961.

[3]) S. oben S. 80 Note 2. Um Sacheinheiten handelt es sich dabei so wenig, daß neben die Sachen alle andern Rechtsgegenstände, namentlich Rechte treten mögen.

[4]) Das Folgende im Anschlusse an Wieruszowski, Handbuch des Eherechts, 2, 315 fg.

b) Weiteres Gebiet findet die Surrogation, falls es sich um eine Menge zusammengehöriger Sachen handelt, aus der einzelne auszuscheiden wirtschaftlich bestimmt sind, dann aber durch andere ersetzt werden sollen: z. B. eine Herde Vieh, ein Warenlager, die einem Pacht- oder sonstigen Nutzungsverhältnis (des Nichteigentümers) unterstehen, s. unten § 82, vgl. §§ 588, 589, 1035, 1048, auch § 1382.

c) Am weitesten reicht das Surrogationsprinzip, wenn es sich handelt um ganze Vermögensmassen, die der Verwaltung eines Nichteigentümers unterstehen, und durch jenes Prinzip dem Eigentümer ungeschmälert erhalten werden sollen. Hier gilt ganz allgemein der alte Satz, daß pretium succedit in locum rei und res in locum pretii; namentlich aller rechtsgeschäftliche Erwerb mit Mitteln des betreffenden Vermögens wird an Stelle dieser Mittel dem Vermögen einverleibt. Dieser Fall des Surrogationsprinzips mag sich

aa) bloß auf den Stammwert des Vermögens beschränken, wenn nämlich der Verwalter zugleich Nutznießer im eigenen Interesse ist, wie z. B. der Ehemann oder der Inhaber der elterlichen Gewalt[1]); es mag aber auch

bb) die Vermögensnutzungen ergreifen, wo nämlich der Verwalter lediglich in fremdem Interesse verwaltet, z. B. der Vormund.

d) Dagegen reichen über das Surrogationsprinzip hinaus die Fälle, wo der Vermögenseigentümer selbst einen gewissen Sonderbestand seines Vermögens von dem Rest desselben getrennt verwaltet oder durch Dritte verwalten läßt (z. B. in eine Gesellschaft eingebrachtes Vermögen, oder Sondergut der Ehefrau, freies Gut des Kindes). Hier ist das Sondervermögen nicht sowohl ungeschmälert zu erhalten, als vielmehr am Erwerbsleben mit seinen Möglichkeiten von Zu- und Abnahme teilzunehmen berufen. Daher die Erweiterung über den Erwerb mit den Mitteln des Sondervermögens hinaus, z. B. in § 718 Abs. 1 und in § 1370.

e) Mit den bisher verfolgten Unterscheidungen kreuzt sich eine andere, nämlich die, ob die Surrogation dinglich (genauer gesagt: gegenständlich) oder bloß persönlich wirkt. D. h. ob die Surrogate von selbst Rechte des Surrogationsberechtigten werden; oder ob dieser bloß das Recht hat, von einem ihm Verpflichteten Herstellung dieses Rechtszustandes zu fordern. Letztere schwächere Wirkung pflegt ein-

---

[1]) Ähnlich gestellt, obschon Eigentümer, auch der Vorerbe zu Gunsten des Nacherben, s. unten § 183, IV.

zutreten, wo es sich um Surrogate lediglich für Gegenstände eines Forderungsrechts handelt; zu der stärkeren Wirkung pflegt unser Recht zu greifen bei sachen-, familien- und erbrechtlichen Vorgängen.

2. Unterscheidungen.

§ 36. Wesentliche und unwesentliche Bestandteile. §§ 93, 94.

I. Unterschied. — Wenn eine Sache bloß ein Bestandteil einer anderen ist,[1]) so kann sie dies wieder sein mit wesentlicher oder nur unwesentlicher Bedeutung für das Recht. Dieses unterscheidet danach wesentliche und unwesentliche Bestandteile.

Unwesentliche Bestandteile sind alle, die nicht durch einen der drei folgenden Umstände zu wesentlichen gestempelt werden:

1. Wenn die Trennung eines oder das andere der Trennstücke zerstören oder in seinem Wesen verändern würde.

2. Bestandteile des Grund und Bodens anlangend, wenn sie mit ihm fest verbunden sind; besonders seine Erzeugnisse anlangend, wenn und solange sie nur irgendwie mit ihm zusammenhängen, Samen durch Aussäen, Pflanzen durch Einpflanzen, auch ohne Wurzelschlagen; und ebenso Gebäude.

3. Bestandteile eines Gebäudes anlangend, wenn sie zur Herstellung desselben eingefügt sind.

II. Bedeutung des Unterschiedes. Nur für die wesentlichen Bestandteile einer Sache gilt die tief einschneidende Regel: sie können nicht Gegenstand besonderer Rechte sein.

1. Unter Rechten sind hier zu verstehen bloß dingliche; Forderungsrechte sind, wie auf zukünftige Sachen, so auch auf abzutrennende wesentliche Bestandteile durchaus zulässig.

2. Die Rechte, die nach dieser Regel unseres Rechts nicht mehr bestehen können,[2]) erlöschen endgültig, kommen nicht etwa, wenn die Sachstücke wieder selbständig werden, von selbst wieder zur Geltung. Wer so Verlust erleidet, muß sich mit einem Anspruch auf Schadens-

---

[1]) Darüber, wann dies der Fall, s. oben § 35, II. Selbstverständlich, daß, wenn dies nicht der Fall ist, also namentlich in den Ausnahmefällen oben § 35, II, 4, die betr. Sache erst recht nicht wesentlicher Bestandteil derjenigen, mit der sie verbunden ist, sein kann.

[2]) Weil eine bisher selbständige Sache wesentlicher Bestandteil; oder weil ein bisher unwesentlicher Bestandteil wesentlicher Bestandteil geworden ist.

ersatz oder auch bloß auf Bereicherung, je nach den Umständen, gegen den Schädiger oder gegen den auf seine Kosten Bereicherten begnügen.

3. Ausnahmen:

a) Besitz an Teilstücken ist zugelassen, § 865 BGB.

b) Vollstreckungspfändung von Früchten auf dem Halm ist zugelassen (als wirtschaftlich unbedenklich) § 810 CPO., nicht dagegen Verpfändung derselben durch Vertrag (als wirtschaftlich bedenklich).

Keine ähnliche Vorschrift gilt für unwesentliche Bestandteile; von ihnen kann man nur sagen, daß sie regelmäßig und im Zweifel den Schicksalen der Hauptsache oder der aus ihnen zusammengesetzten Sache folgen; vgl. unten § 41.

§ 37. Bewegliche und unbewegliche Sachen.

I. Unterschied. — Unbewegliche Sachen sind die abgegrenzten Stücke des Grund und Bodens und alle wesentlichen Bestandteile desselben; alle übrigen Sachen sind bewegliche.[1]) — Andere Ausdrücke: Grundstücke, Immobilien — Mobilien; für letztere noch: Fahrnis. — Beweglich sind selbstverständlich auch losgelöste Teile des Grund und Bodens, z. B. ausgegrabene Stücke Erde, gelöste Früchte u. dergl. m.

II. Bedeutung des Unterschiedes: Durchzieht fast das ganze Sachenrecht und macht sich auch sonst so vielfach geltend, daß diese Andeutung hier genügen muß; wir werden ihm fortlaufend wieder begegnen.

§ 38. Vertretbare Sachen,[2]) § 91.

I. Unterschied. „Vertretbare („fungible") Sachen im Sinne des Gesetzes sind bewegliche Sachen, die im Verkehr nach Zahl, Maß oder Gewicht bestimmt zu werden pflegen." — Andere unvertretbar. — Es entscheidet also nicht

eine objektiv gegebene, unveränderliche Eigenschaft der Sache; noch der individualisierende oder generalisierende Einzelwille; sondern

---

[1]) Dieser Unterschied nicht zu verwechseln mit dem zwischen beweglichem und unbeweglichem Vermögen; da kommen die Rechte hinzu und ferner besondere Rücksichten auf den Einzelfall, in dem das Gesetz diese Vermögensunterscheidung braucht, nämlich bei der sog. Fahrnisgemeinschaft unter Ehegatten, s. unten § 240.

[2]) Ihering i. d. dogm. Jahrb. 4, 400 fg.

lediglich die Regel des Verkehrs. — Vertretbare Sache ist darnach vor allem das Geld, sodann namentlich jeder Massenartikel.

II. Bedeutung des Unterschieds.

1. Der Sinn des Unterschiedes, wie er hier aufgestellt ist, entscheidet:

a) durchgreifend, so oft das Recht selbst bestimmte Rechtsverhältnisse nur für vertretbare Sachen zuläßt, z. B. Gegenstand eines Darlehens oder einer Anweisung, Kapital zu einer Zinsforderung zu sein, §§ 607, 783, 608; vgl. etwa ferner auch §§ 651, 700 u. s. f.

b) Im Zweifelsfalle, falls den Parteien freie Verabredung über den Sinn der von ihnen angewandten Unterscheidung rechtlich möglich war, sie aber keine solche besonders getroffen haben.

2. Dagegen tritt auf dem der Bewegungsfreiheit der Beteiligten überhaupt zugänglichen Gebiete — Gegensatz oben 1, a — die Möglichkeit ein

a) sowohl, daß besondere Willenserklärung eine im Sinne des Gesetzes vertretbare Sache (z. B. ein einzelnes Geldstück) individualisiert; wie

b) daß es den Beteiligten nur auf Zahl, Maß oder Gewicht ankommt, wo man im Verkehr zu individualisieren pflegt (z. B. selbst bei Grundstücken).

§ 39. Verbrauchbare Sachen, § 92.

I. Unterschied. — Eine Sache kann eine verbrauchbare sein aus zwei Gründen:

1. weil ihr bestimmungsgemäßer Gebrauch im Verbrauche besteht. — Verbrauch ist Gebrauch, bei dem die Substanz der Sache abnimmt, sei es durch vollständigen Verzehr, sei es durch allmählichen Verschleiß. Ganz geringer Verschleiß, dessen Wirkung in irgendwie erheblichem Maße erst nach sehr langer Zeit hervortreten würde, pflegt man indessen nicht mit hierher zu ziehen.

2. weil ihr bestimmungsgemäßer Gebrauch in der Veräußerung besteht; und zwar

a) entweder bei jedermann; namentlich: Geld; oder

b) solange die einzelne Sache zu einem Warenlager oder zu einem sonstigen Sachbegriffe gehört, „dessen bestimmungsmäßiger Gebrauch in der Veräußerung der einzelnen Sachen besteht". Es wird dadurch die einzelne Sache zu einer verbrauchbaren, mag sie es auch an sich keineswegs sein, weil alles bloß auf die verkehrsmäßige Zweckbestimmung ankommt, die sich hier in der Zugehörigkeit zu dem Sachinbegriffe deutlich genug ausprägt.

II. Bedeutung des Unterschiedes. — Eine solche findet sich bei manchen Einzellehren, namentlich z. B. bei dem Nießbrauche und bei sonstigen Nutzungsrechten an fremder Sache, aber wohl auch gelegentlich der Vorschriften über Verwaltung fremden Vermögens u. dgl. m.

§ 40. Teilbare, unteilbare Sachen.

I. Unterschied. — Eine Sache ist nicht etwa dann schon „in Natur teilbar" [1]) im Rechtssinn, wenn sie sich lediglich mechanisch in Stücke zerreißen läßt; sondern es muß hinzukommen, daß die entstandenen Stücke unter sich wesensgleich und zusammen dem früheren Ganzen mindestens gleichwertig sind. Wo Teilung nur möglich unter Werteinbuße der Teilstücke (z. B. durch Zerschneiden eines Ölbildes in vier Stücke) oder in voneinander verschiedene Sachen (z. B. Zerlegung eines Siegelringes in den Goldreif und den geschnittenen Stein), da ist sie juristisch nicht möglich, § 752. — So ist also regelmäßig teilbar Grund und Boden sowie jede rudis indigestaque moles; kaum je ein menschliches Kunstprodukt; nie ein (höher organisiertes) lebendes Wesen.

II. Bedeutung gewinnt der Unterschied, wenn an einer und derselben Sache mehrere rechtlich, sei es dinglich oder als Rechtssubjekte eines Forderungsrechtes auf der einen oder anderen Seite desselben, beteiligt sind; und namentlich bei der Auseinandersetzung solcher Rechtsgemeinschaften.

§ 41. Nebensache, Zubehör.[2])

I. Unterschied. — Inwiefern man bei den Bestandteilen einer und derselben Sache Haupt- und Nebensache unterscheidet, s. oben S. 130. Man macht aber denselben Unterschied auch bei Vergleich mehrerer Sachen untereinander; hier heißt Nebensache der wirtschaftlich irgendwie untergeordnete, z. B. § 470. — Eine fester ausgeprägte Art von solchen Nebensachen, die nicht Bestandteile anderer Sachen sind, ist das sogenannte Zubehör.

---

[1]) Nur davon kann hier die Rede sein; wegen der Teilbarkeit in Quoten, d. i. Teilbarkeit dem Rechte nach, s. sofort unten § 45, III, 2.

[2]) Göppert, Über die organischen Erzeugnisse, S. 58 fg. — Bechmann, Kauf 2, 369 fg. — Kohler i. d. dogm. Jahrb. 26, 1 fg.

Zubehör (oder Pertinenz) sind bewegliche Sachen, welche dem wirtschaftlichen Zwecke einer anderen Sache, der Hauptsache, dienen und zu dienen bestimmt sind, ohne deren Teile zu werden. Sie sollen der Hauptsache angepaßt sein zu dauerndem Verhältnis, so daß der Herr der Hauptsache von ihnen Nutzen hat deshalb, weil er der Herr der Hauptsache ist, nicht infolge persönlicher Bedürfnisse. Näher bestimmt unser BGB. die Zubehöreigenschaft einer Sache nach zwei Gesichtspunkten, nach allgemeinen oder nach besonderen, für besondere Fälle aufgestellten.

1. Allgemeinhin gehört dazu, daß eine Sache Zubehör einer anderen sei, ein Dreifaches; und zwar das Zutreffen zweier positiver Punkte und einer negativen Bedingung.

a) Die eine Sache muß dauernd dem wirtschaftlichen Zwecke der anderen zu dienen bestimmt, nicht bloß vorübergehend dazu benutzt sein.

b) Es muß zwischen ihnen regelmäßig ein entsprechendes räumliches Verhältnis bestehen, sollte es auch vorübergehend noch nicht hergestellt oder wieder aufgehoben sein.

c) Selbst wenn diese beiden Anforderungen zutreffen, kann doch die Zubehöreigenschaft einer Sache durch die Anschauung des Verkehrs ausgeschlossen sein, wenn sie nämlich einmal in diesem als Zubehör nicht gilt.[1])

2. Die Voraussetzung sub 1a, aber auch bloß diese, gilt stets als erfüllt für die gewerbliche Betriebseinrichtung eines Gebäudes, das damit dauernd versehen ist, und für das Inventar eines Landgutes, sowie für die laufend erforderlichen[2]) Vorräte an dessen eigenen landwirtschaftlichen Erzeugnissen.

II. Bedeutung des Unterschiedes ist nur die, daß häufig das Gesetz vorschreibt, es sollen sich dingliche Rechtsschicksale der Hauptsache auf das Zubehör erstrecken; und ebenso, es solle bei Geschäften über die Hauptsache das Zubehör als inbegriffen, wenigstens im Zweifel, angesehen werden.[3]) Insoweit diese Voraussetzungen zutreffen, teilt dann namentlich das (bewegliche) Zubehör zu unbeweglichen Sachen deren besonderes Sachenrecht. — Mit Notwendigkeit,

---

1) Anwendungsfall bei Schloßmann i. d. dogm. Jahrb. 41, 289 fg.; vgl. oben S. 41 Note 2.

2) Als solche gelten stets der Düngervorrat, soweit er aus dem Gute gewonnen ist; nicht künstlicher Dünger, kraft besonderer Gesetzesvorschrift!

3) Vgl. unten § 101, IV.

wie bei den wesentlichen Bestandteilen, ist dies aber keineswegs der Fall, nicht einmal mit Regelmäßigkeit wie bei unwesentlichen Bestandteilen; sondern nur auf Grund besonderer gesetzlicher Erwähnung.

§ 42. Früchte, Nutzungen,[1]) §§ 99—103.

I. Unterschied. Wir unterscheiden Stamm- oder Muttersache und Frucht derselben; unter den Früchten einer Sache wieder natürliche und juristische; von den Früchten einer Sache ihre Nutzung.

1. Natürliche Früchte einer Sache sind

a) ihre organischen Erzeugnisse; aber auch

b) diejenigen Bestandteile ihrer Substanz, zu deren regelmäßig wiederkehrender Gewinnung die Sache bestimmt ist; also z. B. die Ausbeute eines Marmorbruches, dagegen weder der Schatz noch das Fleisch des geschlachteten Mastochsen.

Eine Grenze nach dem Maße wirtschaftlich nicht übermäßiger Be- oder Ausnutzung ist nicht gezogen. Früchte sind also z. B. alle Ergebnisse auch eines Raubbausystems in Acker, Wald und Marmorbruch; ja selbst die unreif eingeernteten Früchte oder die vom Sturm umgestürzten Baumstämme eines ganzen Waldes als organische Erzeugnisse des Bodens.

2. Juristische oder mittelbare Früchte einer Sache sind die Erträge, welche die Sache vermöge eines an ihr bestehenden Rechtsverhältnisses demjenigen abwirft, der durch dieses Rechtsverhältnis im eigenen, unmittelbaren Sachgebrauche behindert ist, z. B. Zinsen, Pacht- oder Mietsgelder.

3. Nutzungen einer Sache sind außer ihren Früchten ferner noch alle Vorteile, welche ihr Gebrauch gewährt, z. B. zu unmittelbarem Genusse; oder als Instrumente (Kapitalwert); oder als Grundlage des Realkredites; nicht was erst durch Arbeit, Geschicklichkeit, Industrie, wenn schon unter Verwendung dieser Sache hinzutritt (Arbeitsgewinn).

II. Bedeutung der Unterschiede ist nicht bloß die, daß damit der Sinn der Ausdrücke bei späterer gesetzlicher Verwendung festgelegt ist (z. B. beim Nießbrauche und bei der Nutznießung); sondern sie reicht darüber hinaus, da einige ganz allgemeine Regeln bestehen

---

[1]) Petrazycki, Fruchtverteilung. — Derselbe, Die Lehre vom Einkommen. — Reichel i. d. dogm. Jahrb. 42, 205 fg. — Ältere Literatur Heimbach, Lehre von der Frucht. — Göppert, Über die organischen Erzeugnisse.

für alle möglichen Fälle, wo jemand die Früchte einer Sache zu beziehen berechtigt oder solche herauszugeben verpflichtet ist.

1. Ist jemand zum Fruchtbezuge berechtigt, so erhält er

a) natürliche Früchte: soweit sie während der Dauer seiner Berechtigung von der Muttersache getrennt werden, ob reif oder unreif;

b) mittelbare Früchte, die regelmäßig wiederkehren (wie fast durchweg der Fall): proportionell zur Dauer der Berechtigung;

c) andernfalls mittelbare Früchte der Sache[1]) insoweit, wie sie während der Dauer der Berechtigung fällig werden.

2. Ist jemand verpflichtet, Früchte herauszugeben, so kann er dagegen stets Ersatz verlangen, namentlich auch durch Abzug vom Fruchtwerte, für die Fruchtziehungskosten, soweit

a) er sie wirklich aufgewendet hat; und

b) bei ordnungsmäßiger Wirtschaft sie aufgewendet werden mußten; und

c) sie den Wert der Früchte nicht übersteigen.

III. Ein dem Begriffe der juristischen Früchte gegensätzlich entsprechender Begriff ist der der Lasten. Für deren Tragung gelten entsprechend die Regeln des Fruchtbezuges.

§ 43. Dem Verkehr entzogene Sachen.[2])

Unser BGB. kennt keine besonderen Klassen von Sachen, die dem Verkehr entzogen wären. Privatrechtlich sind also alle Sachen des Eigentums und des freien Verkehrs fähig; res extra commercium im gemeinrechtlichen Sinn gibt es nach Reichsrecht nicht mehr.

Besonderheiten gelten hier nur noch in folgenden Punkten:

1. Soweit öffentlich-rechtliche Bestimmungen des Territorialrechts bindend eingreifen, z. B. betreffend die dem öffentlichen Gebrauche bestimmten Sachen oder betreffend dem freien Verkehr entzogene Sachen (Sprengstoff, Gifte, Lose verbotener Lotterien), soweit weicht vor ihnen das Privatrecht zurück, ohne deshalb wegzufallen; z. B. an allen diesen Sachen bleibt Eigentum, auch bei verbotenem Erwerb

---

[1]) Praktische Beispiele dafür dürften selten sein; man denke etwa an gelegentliche Vorteile, die sich jemand bei Verpachtung seiner Sache neben dem Pachtzins ausbedungen hat.

[2]) Kollath, Geltung der röm.-rechtl. Grundsätze über die res extra commercium im heutigen Recht, Bresl. Inaug.-Diss., 1894.

möglich, der Eigentümer aber muß die entsprechenden Einschränkungen, Wegnahme, Unveräußerlichkeit u. s. f. dulden, vgl. auch Art. 111 und unten § 46, II, 1.

2. Soweit das Landesrecht privatrechtlich noch wirksam ist, z. B. nach Art. 65, 66, 133, bleibt es beim alten, somit wohl auch beim alten gemeinen Recht, z. B. für Begräbnisstätten.

3. Außerdem sei etwa noch bemerkt, daß Geschäfte, die früher kurzerhand, weil über eine res extra commercium geschlossen, ungültig waren, es heute noch häufig von Fall zu Fall als unsittliche oder verbotene sein werden; das berührt aber schon entferntere Punkte.

4. Darüber hinaus ist nicht zu gelangen. Die alten res communes omnium (Luft, Wasser) sind heute nur herrenlos, bis sie jemand gefaßt und sich ihrer bemächtigt hat. Eine sonderbare Vorstellung ist es freilich, daß die menschliche Leiche eigentumsfähige Sache sein soll;[1]) jedoch ist darüber, daß dem so ist, nicht hinwegzukommen; nur ist dieses Eigentum privat- und öffentlich-rechtlich so vollständig und allseitig, durch privatrechtliche Sondervorschriften und durch polizeiliche Bestimmungen namentlich, zurückgedrängt, daß es infolge dessen allen (ökonomischen und Herrschafts-) Inhalts entleert ist.

II. Die Rechte.

§ 44. Begriff.

1. Um Rechte handelt es sich hier, soweit sich ganz Allgemeines über ihre Arten und Eigenschaften sagen läßt, wie bei den Sachen; die einzelnen Rechte kommen selbstverständlich erst später, im Laufe des ganzen Werkes zur Besprechung. — Der gewöhnliche Sprachgebrauch, in den wohl auch das BGB. verfällt,[2]) rechnet freilich hierher nicht das Eigentumsrecht, indem er dasselbe vielfach mit seinem Gegenstande, der von ihm beherrschten und umfaßten Sache, verwechselt; trotzdem wird auch dieses Recht hierher zu ziehen sein.

2. Sachen und Rechte sind keineswegs die einzigen Rechts-

---

[1]) Abgetrennte Teile des lebenden Menschen fallen jedenfalls in dessen Eigentum.

[2]) BGB. § 96 (vgl. Leonhard, Allg. Teil S. 157 Abs. 5 sehr richtig); §§ 1095, 1106, 1114. Anders § 1017, wo das Erbbaurecht den Grundstücken, nicht dem Eigentum daran, absichtlich gleichgestellt ist, schon um ihm ein Grundbuchblatt zu sichern, s. auch sofort unten § 45, II, 1 b.

gegenstände, wohl aber sind sie die einzigen, über welche das BGB. allgemeine Regeln enthält; vgl. oben § 15.

3. Dabei stehen die Regeln über die Rechte wieder stark unter dem Einflusse der älteren und fester ausgebildeten Lehre von den Sachen. Vielfach handelt es sich um analoge Übertragung der dort üblichen Unterscheidungen hierher. Nachdem wir diese durchgegangen haben werden, kommen wir schließlich zu der Betrachtung einer die Rechte als Rechtsobjekte besonders betreffenden Unterscheidung.

4. Das Wort „Gegenstand" dient dem BGB. zur Zusammenfassung von körperlichen Sachen und allen möglichen Rechtsobjekten; z. B. § 90 und § 581.

§ 45. Unterscheidungen nach Art des Sachenrechts.

I. Bestandteile. — Die Begriffsübertragung von Sachen auf unkörperliche Gegenstände ist so verlockend, daß das BGB. nicht einmal zurückschreckt vor dem kühnen Bilde, ein Recht als Bestandteil eines anderen anzusehen — § 91: „Rechte, die mit dem Eigentum an einem Grundstücke („aktiv") verbunden sind, gelten als Bestandteile des („herrschenden") Grundstücks"; z. B. Grunddienstbarkeiten.[1]) Praktische Bedeutung: sie werden als solche bei dinglichen wie bei obligatorischen Rechtsgeschäften über das Grundstück behandelt. Sind sie aber einmal Bestandteile, so sind sie weiter auch zu unterscheiden in

1. wesentliche Bestandteile, wenn sie vom Hauptrechte nicht ohne Wesensveränderung gelöst werden können, § 93, wie das bei ihnen durchaus die Regel bilden wird;[2]) und in

2. unwesentliche Bestandteile, soweit dies nicht zutrifft.

II. Bewegliche und unbewegliche Rechte.

1. Bei der Betrachtung einzelner Rechte. — Im Zweifel sieht man alle Rechte als beweglich an. Doch sind nach Vorschrift des geltenden Rechts[3]) unbeweglich:

a) das Eigentum an Immobilien;

b) das Erbbaurecht, § 1017;

---

[1]) Vgl. außerdem § 1094 Abs. 2 und § 1105 Abs. 2.

[2]) Vgl. auch § 1103 Abs. 1 und § 1110.

[3]) Viel weitergehend ist das ältere Deutsche Recht, welches dazu neigte, alle Rechte an Immobilien (z. B. Hypotheken, Kuxe) als unbeweglich anzusehen.

c) einzelne andere Rechte an Immobilien, soweit die Territorialrechte solche enthalten und dies für sie vorschreiben, gemäß Zulassung durch Art. 67, 68 u. a.;

d) das Erbpachtrecht, soweit es in Territorien besteht, gemäß Vorschrift durch Art. 63;

e) endlich Rechte, welche wesentliche Bestandteile eines Grundstücks sind, nach dem soeben I, 1 Bemerkten.

2. Bei der Betrachtung eines Gesamtvermögens. Wird ein solches vom Recht in unbewegliches und bewegliches zerlegt, so kommt es vor, daß noch andere Rechte zum unbeweglichen Vermögen gezogen werden; vgl. namentlich die Aufzählung in § 1551 Abs. 2 für den wichtigsten Fall, das eheliche Güterrecht der sog. Fahrnisgemeinschaft.

III. Teilbare Rechte.

1 Ein Recht ist „in Natur teilbar", wenn es sich in mehrere untereinander und mit dem teilbaren Rechte gleichartige Rechte zerlegen läßt, so daß die Summe der einzelnen Rechte dem früheren Ganzen mindestens gleichwertig ist.

a) Das ist vor allem zutreffend für das Eigentumsrecht an einer in Natur teilbaren Sache.

b) Ferner bei Forderungsrechten auf Übertragung des Eigentums an einer in Natur teilbaren Sache;[1]) oder auf Leistung einer in Natur teilbaren Arbeit;[2]) bei Grunddienstbarkeiten, falls zugleich das herrschende oder dienende Grundstück geteilt wird; und so wohl auch noch in ähnlichen Fällen. Nur muß hier hinzukommen, daß ebensowenig wie die Summe der Werte für die Berechtigten kleiner, die Summe der Lasten für die Verpflichteten größer werden darf.

c) Rechte an Rechten sind stets in Natur teilbar, sofern die Rechte, die Gegenstand dieser Rechte sind, mindestens ideal teilbar sind, s. sofort unten 2.

d) Dagegen unteilbar sind z. B. Forderungsrechte auf einheitliche, z. B. künstlerische Leistungen. Außerdem selbstverständlich Familien- und Persönlichkeitsrechte.

2. Um eine ganz andere, den Rechten eigentümliche Art von Teilbarkeit, von der bei körperlichen Sachen nicht die Rede sein kann, handelt es sich bei der Zerlegung in Wertquoten, der sog.

---

[1]) z. B. auf Geldzahlung.

[2]) z. B. Ausschachten von so und soviel Kubikmeter Erde.

idealen[1]) Teilung. Denn diese besteht in Spaltung der Rechtsmacht, wodurch zugleich Ertrag und Wert des Rechts in aliquote Teile auseinanderfallen.

Jeder der Teilberechtigten ist zu einem aliquoten Teile zu tun und zu beanspruchen berechtigt, was der alleinige Inhaber des ganzen Rechts ganz zu tun und zu beanspruchen berechtigt wäre.

Möglich ist solche ideale Teilung vor allem beim Eigentum, in sog. Miteigentum oder Gesamteigentum; ebenso steht neben dem Besitze der Mitbesitz. Unser BGB. legt aber eine derartige ideale Teilbarkeit allen Vermögensrechten schlechtweg[2]) bei, §§ 741 fg., ohne daß deshalb für sie im Zustande dieser Teilung stets auch ein besonderer Name gegeben wäre, etwa „Mitpfandrecht" oder dergl.; vgl. unten § 163, 3.

b) Die Durchführung dieser idealen Teilung, die übrigens ihre Auflösung womöglich durch Teilung in Natur, sonst durch Verkauf (§ 753) findet, richtet sich für die verschiedenen Rechte nach verschiedenen Regeln. Auf diese Einzelheiten wird bei den einzelnen Rechten zurückzukommen sein; hier aber schon zu betonen ist Ein durchgehender Unterschied.

a) Ideale Teilung bei einfacher Rechtsgemeinschaft, sog. Gemeinschaft nach Bruchteilen, § 741. — Die mehreren Rechtsteilnehmer stehen einander ganz getrennt und unabhängig gegenüber. Sollte sich ihre Rechtsgemeinschaft auf mehrere Rechte erstrecken, so kommt sie rechtlich doch nur für jedes dieser Rechte allein und für sich in Betracht. Diese Rechte bilden kein „Sondervermögen". Diese Lage tritt ein, wo ideale Rechtsteilung eintritt, ohne daß das Gesetz eine Vorschrift über die Art dieser Teilung gäbe. Ist Eigentum so ideal geteilt, so redet man ausschließlich von Miteigentum, nicht von Gesamteigentum.

b) Ideale Teilung bei Rechtsgemeinschaft zur gesamten Hand.[3])

---

[1]) Ideal, weil eben auf die Vorstellung der Macht, des Rechts od. dgl. bezogen; diese werden geteilt, nicht der Körper der Sache.

[2]) Einzel- und Gesamtrechten, in Natur teilbaren und unteilbaren Rechten.

[3]) Außer Gierkes oben, zu § 28 angeführten Schriften s. etwa noch: Denselben, Deutsches Privatrecht 1, 660 fg. — Heusler, Institutionen d. deutschen Rechts 1, 223 fg. — Brunner, Deutsche Rechtsgeschichte 1, 78 fg. — Jörges, Zur Lehre vom Miteigentum u. der gesamten Hand nach deutschem Reichsrecht, i. d. Ger.-Z. 49, 140 fg. — Und die Literatur zu den einzelnen Anwendungsfällen.

— Es handelt sich hier stets um eine Gemeinschaft mehrerer Rechte, wenigstens der Möglichkeit nach. Kraft besonderer Rechtsvorschrift, die aber in den bei weitem wichtigsten und häufigsten Fällen (nämlich im Gesellschafts-, Ehe- und Erbrecht) vorliegt, tritt dann eine besondere Behandlung ein. Diese Behandlung ist für die einzelnen Fälle keineswegs genau dieselbe, sondern nur wesensähnlich. Sie beruht darauf, daß die mehreren gemeinsamen Rechte als Sondervermögen der Teilhaber zu gesamter Hand zusammengeschlossen gelten. Die Wertquotenteile beziehen sich dann auf dieses Sondervermögen, nicht auf seine einzelnen Bestandteile. Über diese steht keinem der Beteiligten für sich die unmittelbare Verfügungsgewalt zu. Innerhalb des Sondervermögens gilt Surrogation; nach außen scheidet es sich von dem Vermögen der Beteiligten rechnungsmäßig, sowie als Gegenstand besonderer Zwangsvollstreckung. Auflösung durch Teilung in Natur oder durch Verkauf kann nur für das Ganze zusammen, nicht für die einzelnen Rechte verlangt werden, so daß es stets zu einer Art von Liquidation kommt. Soweit hier Eigentum in Betracht kommt, redet man nicht von Miteigentum, sondern ausschließlich von Gesamteigentum.

3. Alles bisher bezüglich der Teilbarkeit der Rechte Bemerkte bestimmt sowohl zunächst das Verhältnis der mehreren Rechtsinhaber zu einander, wie sodann auch die Ausübbarkeit der Teilrechte gegen Dritte, d. h. Rechts-Gegenstand und -Inhalt. Wegen des Falles, wo es sich dabei um Forderungsrechte handelt, vgl. unten § 113, namentlich für die Abgrenzung leicht damit verwechselbarer Fälle ungeteilten Rechtes; wegen des Miteigentums s. unten § 185.

IV. Nebenrecht, Zubehör. — Obschon der Ausdruck „Zubehör" hier nicht eben üblich, so gibt es doch auch Rechte, die mit ähnlicher Rechts-Bedeutung als Nebenrechte zu Hauptrechten aufgefaßt werden; man pflegt hier von der „akzessorischen Natur" gewisser Rechte zu sprechen, z. B. der Bürgschaft, des Pfandrechts. Das akzessorische Recht pflegt dann nach Entstehung, Schicksalen und Dauer von dem Hauptrechte abhängig zu sein, § 224. Namentlich auch pflegen sich, wie beim Zubehör, Rechtsgeschäfte über das Hauptrecht im Zweifel auf das akzessorische Recht zu erstrecken.

V. Früchte, Nutzungen. Die Begriffsbildung ist hier wieder möglichst analog der Lehre von den Sach-Früchten und -Nutzungen, einschließlich der Rechtsregeln über Fruchtverteilung und dessen, was weiter damit zusammenhängt; §§ 99—103.

1. Unmittelbare Früchte eines Rechts sind die Erträge, welche es seiner Bestimmung gemäß gewährt;[1]) also z. B. bei einem Rechte auf Renten oder auf Zinsen die Renten- oder Zinsgelder, beim Rechte des Aktionärs die Dividenden; beim Rechte auf Gewinnung von Bodenbestandteilen die gewonnenen Bodenbestandteile; beim Eigentum das Recht auf Bezug der Früchte, falls die Sache eine fruchttragende ist. Nicht hierher gehören:

a) Vorteile, die nicht Erträge, d. h. erst mittelbar Ergebnisse des Rechts sind, sondern unmittelbar in dem Rechte selbst liegen, also z. B. der Gebrauch der Sache durch den Eigentümer, die Kapitalforderung aus dem Darlehen.

b) Solche Erträge, auf die das Recht nicht abzielt, sondern die ihm gelegentlich, zufällig sich gesellen, z. B. die Hälfte des in seiner Sache gefundenen Schatzes, die dem Eigentümer zufällt.

2. Mittelbare Früchte eines Rechts sind die Erträge, welche das Recht vermöge eines daran bestehenden Rechtsverhältnisses zum Entgelte dafür dem Rechtsinhaber einbringt, z. B. die Zahlungen, welche ein Nießbraucher dafür empfängt, daß er einem anderen die Ausübung seines Nießbrauches überläßt.

3. Dagegen Nutzungen eines Rechts sind alle Vorteile, namentlich auch die oben 1 a bezeichneten, die ein Recht gewährt, einschließlich der Früchte.

4. Die Fruchtverteilung (vgl. oben § 42 II 1) geschieht bei periodisch-regelmäßig wiederkehrenden Früchten eines Rechts proportionell; bei bloß gelegentlich verfallenden Früchten so, daß sie erwirbt, wer im Augenblicke ihrer Fälligkeit Rechtsinhaber ist. Hier haben wir ein bezeichnendes Beispiel für letzteren Fall in dem Vorteil, der dem Aktionär durch ein Bezugsrecht auf neu ausgegebene (sog. „junge") Aktien entsteht, — im Gegensatze zu den soeben erwähnten periodischen Dividenden.

5. Die oben § 42 II 2 u. III vorgetragenen Regeln über Früchte und Lasten einer Sache gelten auch für Früchte und für Lasten eines Rechts.

VI. Endlich sei noch bemerkt, daß, so oft einem Recht ein Anspruch entspricht oder entspringt, dieser Anspruch durchweg derselben Eigen-

---

[1]) Von „natürlichen" Früchten und „organischen Erzeugnissen" kann hier natürlich nicht die Rede sein.

schaften teilhaftig ist, wie das Recht. Aber auch die diesem Anspruche entsprechende Verpflichtung eines Andern, etwas zu tun oder zu unterlassen, läßt sich einzelnen der hier aufgestellten Unterscheidungen unterwerfen. Namentlich ist sie[1]) ideell und unter Umständen auch in Natur teilbar; letzteres falls die Bruchteile ihr und sich untereinander wesensgleich sind und ihre Summe keine stärkere Belastung ergibt, als die sich aus der ungeteilten Verpflichtung ergab.

§ 46. Übertragbarkeit.

I. Übertragbar ist ein Recht, wenn es Gegenstand derivativen Rechtserwerbes (oben § 17, 3) zu werden fähig ist; dessen unfähig sind die unübertragbaren, d. s. die höchst persönlichen Rechte.

Es ist hier also nur die Rede von der Eigenschaft der Unübertragbarkeit als einer zwingenden; „im Zweifel unübertragbare" Rechte sind in diesem Sinne übertragbar.

Ferner kommen nicht in Betracht Formen oder sonstige Schwierigkeiten der Übertragbarkeit; so ist übertragbar die Grunddienstbarkeit in diesem Sinne, obschon sie es nur ist zusammen mit dem Eigentum am herschenden Grundstück.

Dagegen ist noch zu scheiden zwischen Übertragbarkeit durch Einzelnachfolge und Übertragbarkeit durch Erbgang,[2]) (oben § 17, 5).

1. Sowohl durch Einzelnachfolge, wie durch Erbgang übertragbar sind die meisten Vermögensrechte; so daß man dies überall, wo ihnen diese Eigenschaft nicht aus besonderen Gründen mangelt, als selbstverständlich (z. B. für das Eigentum) hinzunehmen pflegt. Es wird sich also empfehlen, nur die Ausnahmen aufzuzählen.

2. Weder durch Einzelnachfolge noch durch Erbgang übertragbar sind folgende Rechte:

a) Von dinglichen Rechten der Nießbrauch und die beschränkten persönlichen Dienstbarkeiten, §§ 1061 u. 1059, §§ 1090 Abs. 2 u. 1092.

b) Forderungsrechte auf Ersatz für anderen als Vermögens-

---

[1]) Sei sie nun obligatorisch oder dinglich, Geldzahlungsschuld oder Grunddienstbarkeit.

[2]) Nur von diesem sicheren Falle der Gesamtnachfolge soll die Rede sein; andre problematische bleiben dahingestellt. Nicht zu verwechseln mit Rechtsnachfolge von Todeswegen; denn dazu gehört auch z. B. das Vermächtnis, d. i. eine Einzelnachfolge.

schaden, entstanden aus Körperverletzung, Freiheitsberaubung oder geschlechtlichen Verletzungen, §§ 847 u. 1300.[1])

c) Forderungsrechte, die der Person des Berechtigten so angepaßt sind, daß Leistung an einem Anderen etwas ganz Anderes wäre, § 399 Satz 1. Also namentlich solche auf Lieferung anzufertigender, dem persönlichen Bedürfnisse des Bestellers dabei anzupassender Sachen; oder Rechte auf Dienste, die von der Persönlichkeit des Dienstempfängers wesentlich beeinflußt werden, z. B. Krankenwartung, häusliche Dienste überhaupt, Unterrichtserteilung; oder Recht auf Bestellung eines Nießbrauches oder eines persönlichen Gebrauchsrechtes.

d) Forderungsrechte und Ansprüche, die einerseits, aus sozialen Motiven, das Gesetz der Zwangsvollstreckung entzogen hat, sog. unpfändbare Rechte und Ansprüche, wenn diese andererseits auch mit dem Tode des Berechtigten erlöschen. Hierher gehören u. a.[2]) gesetzliche Unterhaltsansprüche;[3]) ferner Ansprüche auf Vergütung für Arbeiten oder Dienste[4]) sowie Schadensersatzansprüche, § 843, wegen einer Körper- oder Gesundheitsverletzung, in Form einer lebenslänglich zu entrichtenden Rente,[5]) soweit diese Rente nicht den Jahresbetrag von Mk. 1500 übersteigt; ebenso, aber ohne die Höchstbetragsbeschränkung, Rentenansprüche aus § 844 Abs. 2; und der Schenkungs-Herausgabe-Anspruch aus § 528 Abs. 1 Satz 1;[6]) s. §§ 400, 412, 1613—1615, 1360 u. CPO. §§ 850—852.

e) Die rein familienrechtlichen Ansprüche selbstverständlich. Ebenso durchweg die rein familienrechtlichen Anfechtungsrechte. Aber auch durchweg die vermögensrechtlichen Ansprüche aus Familienrechten, soweit sie auf zukünftige Leistung (nicht bloß auf Ein-

---

[1]) Ausnahme, falls der Anspruch daraus durch Vertrag anerkannt oder rechtshängig geworden ist.

[2]) Außer den im Text aufgezählten Fällen s. die der CPO. § 850 Abs. 1 Nr. 4—8 und Abs. 2.

[3]) Sowohl für die Vergangenheit, bereits verfallene Raten, es sei denn der Verpflichtete in Verzug gekommen, oder der Unterhaltsanspruch rechtshängig geworden, § 1613, wie in der Zukunft hinein, §§ 1614, 1615. — Hierher gehörig auch § 528 Abs. 1 Satz 2 u. 3.

[4]) § 2 des Gesetzes betr. die Beschlagnahme des Arbeits- oder Dienstlohnes v. 21. Juni 1869, hier aber und ebenso im Falle des § 843 nur bezüglich auf die zukünftig verfallenden Raten.

[5]) Ausnahme CPO. § 50 Abs. 4.

[6]) Ausnahme wie oben Note 1.

treibung verfallener Leistungen) gehen, §§ 1408, 1427, 1585, 1623, 1658. Wegen der familienrechtlichen, d. i. gesetzlichen, Unterhaltsansprüche s. schon in den vorigen Nummern.

f) Wegen der Möglichkeit, Erbrechte und damit zusammenhängende Befugnisse (Ansprüche auf Vermächtnisse, Rechte auf Ausdehnung oder Einschränkung der Erbenhaftung u. s. f.) durch Einzelnachfolge oder durch Erbgang weiter zu übertragen, muß auf die Darstellung dieser einzelnen Rechte in Buch 5 verwiesen werden. Wegen des Rechts auf Annahme oder Ausschlagung der Erbschaft oder des Vermächtnisses s. jedoch sofort unter 3, c; und wegen des Pflichtteilsrechts ebenda unter a.

g) Von der Übertragbarkeit oder Unübertragbarkeit der Immaterialgüterrechte soll hier nicht gehandelt werden.

h) Am wenigsten eignen sich zur Übertragung offenbar endlich die Persönlichkeitsrechte. Doch ist selbst hier die Übertragbarkeit nicht ganz ausgeschlossen, wenigstens z. B. nicht, wenn man hierher auch die Mitgliedschaftsrechte zu einer Vereinspersönlichkeit rechnen will; vgl. § 40 gegenüber § 38.

3. Unübertragbar durch Einzelnachfolge, dagegen übertragbar durch Erbgang sind folgende Rechte:

a) Die wegen Unpfändbarkeit unübertragbaren Rechte, § 400, soweit sie das Leben des Berechtigten überdauern, möglich z. B. im Falle der CPO. § 850 Abs. 1, Nr. 3. — Doch ist selbst der Einzelübertragung fähig, obschon unpfändbar, das Pflichtteilsrecht, § 2317 Abs. 2, CPO. § 852 Abs. 1.

b) Die persönlichen Ansprüche der Gesellschafter untereinander aus dem Gesellschaftsvertrage, § 717.

c) Außerdem sei etwa noch genannt das Recht auf Annahme oder Ausschlagung aus der Berufung zu einer Erbschaft, oder aus dem Anfalle eines Vermächtnisses, § 1952 Abs. 1, § 2180 Abs. 3.

4. Unübertragbar durch Erbgang, dagegen übertragbar durch Einzelnachfolge sind folgende Rechte:

a) Selbstverständlich alle pfändbaren Forderungen, welche das Gesetz dem Berechtigten nur auf Lebzeiten gibt, z. B. der Rentenanspruch aus § 843, soweit er Mk. 1500 übersteigt, vgl. soeben oben 2d.

b) Ob wohl Widerrufsrechte gegen Schenkungen, § 530 Abs. 2 und § 1564 Abs. 2? Oder sollten diese nicht, obschon das Gesetz schweigt, auch der Einzelnachfolge entzogen sein, als höchst persönlich.

c) Endlich noch das besondere Recht des überlebenden Ehegatten aus § 1502 Abs. 1.

5. Bezüglich des konstitutiv-derivativen Rechtserwerbes (oben § 17, 4) ist noch zu bemerken:

a) Unübertragbarkeit in den soeben, 2—4, entwickelten Fällen schließt ihn ebensowohl wie translativ-derivativen aus, § 1069 Abs. 2, § 1274 Abs. 2.

b) Dagegen Übertragbarkeit in den soeben, 1—4, entwickelten Fällen schließt die Möglichkeit konstitutiv-derivativer Rechtsentwicklung in sich nur insoweit, wie das fragliche Recht selbständigen Rechtsdaseins fähige Bestandteile in sich trägt, wie z. B. das Eigentum Nutzungs- und Wertrechte.

6. Wo das Recht unübertragbar ist, mag doch die Überlassung seiner bloß tatsächlichen Ausübung an Andere gestattet sein, wie das z. B. beim Nießbrauch der Fall ist, § 1059 Satz 2. Doch ist dies offenbar nur möglich bei Nutzungsrechten, bei welchen die Persönlichkeit des Nutzenden das Wesen der Nutzungsart unberührt läßt.

II. Die Übertragbarkeit, von der bisher gehandelt wurde, ist eine solche, welche den Rechten gewisser Art, je nach ihrer Art, zukommt oder nicht. Ist ein Recht seiner Art nach übertragbar, so kann doch diesem einzelnen Rechte durch besonders es berührende Verbote die Übertragbarkeit entzogen sein; wir nennen solche Verbote Veräußerungsverbote; §§ 134—137.

1. Vollwirksam ist ein gesetzliches Veräußerungsverbot, das im öffentlichen Interesse erlassen ist, z. B. durch Landesrecht auf Grund von Art. 119, oder betreffend Sprengstoffe durch § 1 Abs. 1 des Reichsgesetzes vom 9. Juni 1884. Es bewirkt Nichtigkeit der dagegen verstoßenden Veräußerung, macht also insoweit das Recht zu einem unveräußerlichen.

2. Beschränkt wirksam sind gesetzliche Veräußerungsverbote, die nur den Schutz bestimmter Personen bezwecken; und, diesen gleichgestellt, Veräußerungsverbote, die von einem Gericht oder von einer anderen Behörde innerhalb ihrer Zuständigkeit erlassen werden; s. z. B. § 51, ferner CPO. §§ 829, 938 Abs. 1, KO. § 106, § 110 f. — Solche Verbote wirken nur zu Gunsten der durch sie zu schützenden Person; d. h. das Recht bleibt übertragbar, aber soweit es sich um

die Schutzansprüche der zu schützenden Person handelt, kann niemand sich auf die Rechtswirkung der geschehenen Übertragungen berufen. Diese beschränkte Wirksamkeit des Veräußerungsverbotes fällt weg in zwei Ausnahmefällen:

a) Soweit eingreifen Vorschriften über Rechtserwerb vom Nichtberechtigten zum Schutze des Verkehrs und des guten Glaubens, s. darüber etwa vorläufig unten § 53 zu Ende.

b) Im Konkurse, gegenüber den Konkursgläubigern, KO. § 13.

3. Unwirksam dagegen sind in der Regel Rechtsgeschäfte, die die Befugnis zur Verfügung über ein veräußerliches Recht dem Berechtigten nehmen oder beschränken wollen. Daraus mag zwischen den Beteiligten eine Verpflichtung entstehen, der Veräußerung sich zu enthalten; vorgenommen ist diese Veräußerung darum nicht minder rechtswirksam. — Jedoch ist in diese Bestimmung des § 137 eine breite Bresche gelegt durch § 399: Forderungsrechte werden durch Vereinbarung ihrer Unveräußerlichkeit zwischen Gläubiger und Schuldner für Einzelnachfolge rechtsgeschäftlich unübertragbar; pfändbar bleiben sie trotzdem, CPO. § 851 Abs. 2.

III. Endlich sei der Vollständigkeit halber gleichzeitig darauf hingewiesen, daß, wie Rechte so auch Pflichten bald übertragbar sind, bald nicht. Diese passive Übertragbarkeit fehlt vermögensrechtlichen Verpflichtungen durchweg nur da, wo es sich um eine Leistung handelt, die von einem Anderen erfüllt tatsächlich eine ganz andere Leistung würde, z. B. Herstellung eines Kunstwerkes. Sonst ist sie unter Lebenden wie von Todeswegen unbeschränkt; namentlich auch treten die Erben des zu persönlicher Genugtuung Verpflichteten, s. oben I 2 b, voll in dessen Verpflichtung ein. Dahin gehört auch die Unterhaltspflicht des geschiedenen Ehegatten und des unehelichen Vaters, § 1582 Abs. 1 u. § 1712 Abs. 1. Dagegen erlöschen allerdings mit dem Tode des Verpflichteten sonstige gesetzliche Unterhaltsansprüche § 1615, § 1360 Abs. 3; sowie ferner die Schenkungswiderrufsrechte, § 532 Satz 2 u. § 1584 Abs. 2.

Viertes Kapitel.

Die Rechtsgeschäfte.*)

I. Grundbegriffe.

§ 47. Willenserklärung und Rechtsgeschäft.[1])

I. Willenserklärung ist das gewollte körperliche Verhalten eines geschäftsfähigen Menschen, durch welches dieser bewußtermaßen andern die Mitteilung macht, daß bei ihm der Wille zur Herbeiführung eines gewissen weiteren Erfolges, und zwar eines solchen auf (mindestens unter anderem auch) privatrechtlichem Gebiete vorhanden ist.

Oder kürzer, aber weniger genau: Die Erklärung eines auf Herbeiführung eines privatrechtlichen Erfolges mitgerichteten Willensinhaltes als eines bei dem Erklärenden vorhandenen.

1. Auszugehen ist von dem Willen im engeren Sinne, Körperverhaltungswillen, als welcher ausschließlich das gleichzeitige körperliche Verhalten des Wollenden betrifft. Ein solches gewolltes körperliches Verhalten ist für jede Willenserklärung unerläßlich, bestehe es nun in einem Sprechen, Schreiben oder in sonstigem Handeln, event. auch in einem Stillschweigen oder sonstigem Unterlassen.

2. Derjenige, der so handelt, muß ein geschäftsfähiger Mensch sein; d. h. zu den Menschen gehören, welchen vom Recht die Fähigkeit, irgendwie rechtsbedeutsam ihren Willen zu erklären, beigelegt ist.

3. Das gewollte körperliche Verhalten dieses Menschen muß bewußtermaßen andern eine Mitteilung machen.[2])

---

*) Karlowa, Das Rechtsgeschäft und seine Wirkungen. — Zitelmann, Irrtum und Rechtsgeschäft. — Derselbe, Die Rechtsgeschäfte im Entwurf, Beiträge von Fischer u. Bekker, Heft 7—10. — Kohler, i. d. Dogm. Jahrbüchern, 16, 91 fg. u. 28, 166 fg. — Lenel, ebenda, 19, 154 fg. — Bechmann, Kauf, 2, 1 fg. — Enneccerus, Rechtsgeschäft, Bedingung, Anfangstermin. — Manigk, Alfred, Das Anwendungsgebiet der Vorschriften f. d. Rechtsgeschäft. — Hellmann i. d. dogm. Jahrbüchern 42, 413 fg. — Isay, Die Willenserklärung im Tatbestand des Rechtsgeschäfts. — Neumann, Über Rechtshandlung u. Rechtsgeschäft, i. d. Festgabe für Wilke, 207 fg. — Eltzbacher, Die Handlungsfähigkeit, Bd. 1, Das rechtswirksame Verhalten. — S. außerdem oben S. 73 Note 2.

[1]) Es soll hier jedes Rechtsgeschäft im Sinne des BGB., nicht bloß dessen normale Erscheinung besprochen werden. Vgl. oben § 16.

[2]) S. oben S. 73.

a) Bewußter — nicht gerade bezwecktermaßen. Ob der Zweck eben darauf gerichtet ist, ist bedeutungslos, wenn der Handelnde sich dessen nur bewußt ist, daß als einer der näheren Erfolge seiner Handlung früher oder später einmal (z. B. Testament) Mitteilung an irgendwelche andere eintreten wird. — Nehmen wir den psychologischen Hülfssatz hinzu, daß, wer ein bestimmtes Körperverhalten will, während er einen bestimmten Erfolg desselben vorhersieht, diesen Erfolg mit will, so erhalten wir das Ergebnis: die Mitteilung an andere muß gewollt sein. Nennen wir endlich eine so gewollte Mitteilung im Gegensatze zu der Willensäußerung, die eine bloß unwillkürliche sein mag, Willenserklärung, so können wir so formulieren: es muß bei dem Handelnden ein Erklärungswille vorhanden gewesen sein.

b) An wen diese Erklärung sich richtet, ist indifferent für den Begriff; es mag ein einzelner, es mögen mehrere, bestimmte oder unbestimmte Adressaten sein. Dem werden erst später Einteilungen der Rechtsgeschäfte zu entnehmen sein.

c) Eine Mitteilung: d. i. ein Versuch, auf die Sinne eines andern so einzuwirken, daß in diesem Andern dadurch bestimmte Vorstellungen erweckt werden. Daß der Versuch gelinge, ja daß er auch nur mit geeigneten Mitteln angestellt sei, ist nicht notwendig. Wohl aber ist notwendig der Glaube des Mitteilenden an die Möglichkeit dieser Wirksamkeit seiner Mitteilung, da man dieselbe sonst nicht ernst nehmen könnte.

4. Diese Mitteilung nun muß dahin gehen, es sei bei dem Mitteilenden der Wille zur Herbeiführung eines gewissen weiteren Erfolges vorhanden.

a) Die Vorstellung, die in dem andern erweckt werden soll, darf also nicht bloß die sein von irgend einer Tatsache oder einem Ereignisse der Außenwelt, sondern sie muß sich beziehen auf das psychische Verhalten des Mitteilenden. Und zwar wieder nicht auf dessen Vorrat an eigenen Vorstellungen (Wissen, Wissensmitteilung, Vorstellungserklärung), sondern auf den Zustand von dessen Willensvermögen (Willenserklärung). Vermittelt werden soll einem andern die Vorstellung, daß ein gewisser Willensinhalt von dem Mitteilenden gewollt werde.

b) Richtet sich der Wille des Wollenden nicht ausschließlich auf sein Körperverhalten, so kann als weiterhin Gewolltes nur Herbeiführung irgend eines weiteren Erfolges in Betracht kommen. Von solchen weiterhin gewollten Erfolgen scheidet hier aber selbstverständlich noch der des Machens der Mitteilung aus. Will ein Mitteilender bloß das einem andern mitteilen, daß er eben den Willen hat, ihm etwas mitzuteilen, so ist er ein Geschichtenerzähler, aber er gibt keine Willenserklärung ab. Die in dem andern zu erweckende Vorstellung muß also dahin gehen, daß der seinen Willen Erklärende einen Erfolg wolle, der über den bloßen Erfolg des Eintritts dieser Mitteilung hinausgeht; es soll der andere nicht nur die Vorstellung erhalten, daß der Erklärende den entsprechenden Körperverhaltungswillen hat; auch nicht bloß die Vorstellung, daß dieser den Erklärungswillen hat; sondern die Vorstellung von einem noch darüber hinausreichenden Willensstreben des Erklärenden; nennen wir diesen Willen den Erfolgswillen.

c) Dann können wir so fortfahren: Es ist nicht notwendig, daß der Erklärende diesen Erfolgswillen wirklich habe, noch daß die feste Überzeugung von dessen Vorhandensein in dem andern geweckt werde. Sondern wirklich zu haben braucht der Erklärende nur den Körperverhaltungs- und den Erklärungswillen; und der Erfolgswille darf nur dem andern nicht als ein ganz unglaubhafter entgegentreten. Der mich Anborgende, der mir heilig Rückerstattung verspricht, mag innerlich nicht daran denken, Wort zu halten; ich mag auch meinerseits meine berechtigten Zweifel an seiner Aufrichtigkeit hegen; nichtsdestoweniger ist die Abgabe dieses Rückerstattungsversprechens, die in an sich ernsthafter Weise erfolgt, Willenserklärung.

5. Der Erfolg, welcher als Gegenstand des Erfolgswillens mitgeteilt wird, muß bewußtermaßen mitgeteilt werden als ein solcher, der, wenigstens unter anderm, auf privatrechtlichem Gebiete liegt.

a) Der Erfolgswille muß sich auf eine rechtliche, näher gesagt, da wir hier nur von privatrechtlichen Willenserklärungen handeln, auf eine privatrechtliche Wirkung beziehen. Sollte es sich um einen rechtlich indifferenten Willensinhalt handeln, der als bei dem Mitteilenden vorhanden dem andern mitgeteilt wurde,[1]) so haben wir keine Willenserklärung im Rechtssinne vor uns. Übrigens mag es sich um die allerverschiedensten Rechtswirkungen handeln. Hauptunterschied wäre hier, ob

aa) diese Rechtswirkung im Gebiete der eigenen Rechte des Er-

---

[1]) z. B. heute Nachmittag spazieren gehen zu wollen; oder heute Abend bei ihm zu Gaste sein zu wollen (rein sozial, ohne Rechtscharakter).

klärenden eintreten soll, als Sicherung, Ausdehnung oder Beschränkung derselben, woran man meist denkt, da eine solche Wirkung durch Willenserklärung meist erreichbar zu sein pflegt; oder ob

bb) diese Rechtswirkung für ein fremdes Vermögen eintreten soll, sofern durch seine Willenserklärung darauf einzuwirken ein Dritter[1]) sich in der Rechtslage befindet; z. B. falls Parteien ihm ein Entscheidungsrecht in einer zwischen ihnen schwebenden Frage eingeräumt haben.

b) Die Verbindung zwischen dem Willenszustande des Erklärenden und dieser Rechtswirkung muß sein, daß der Erklärungswille des Erklärenden bewußtermaßen auf Erklärung eines Willens von solcher Rechtswirksamkeit gerichtet ist. Zu dem Kreis von Vorstellungen, die in einem andern über den Willensinhalt des Erklärenden erweckt werden sollen, muß auch u. a. die Vorstellung gehören, daß der Erklärende durch seine Erklärung rechtswirksam werden wolle.

c) Diese Rechtswirkung braucht keineswegs der Zweck des Erklärungs- und Erfolgswillens zu sein. Zweck mag vielmehr sein ein sog. empirischer, wirtschaftlicher oder dergl.; aber es darf nicht als außerhalb des Bewußtseins des Erklärenden liegend erscheinen, daß seine Erklärung rechtswirksam sei. Wer nicht Rechtswirkungswillen wenigstens nebenher äußern, sondern lediglich wirtschaftlich oder gesellschaftlich wirken will, der gibt keine Willenserklärung (im Rechtssinne) ab; doch mag seine Handlung eine Rechtshandlung sein, nämlich wenn zum juristischen Tatbestande Willenserklärung nicht, sondern bloß eine solche Handlung gefordert wird. So genügt z. B. die dauernd gewollte Niederlassung an einem Orte oder deren willentliches Aufgeben zur Begründung oder Aufhebung des Wohnsitzes, s. oben § 26, II, 1; oder die gewollte Bearbeitung eines Rohstoffes, das willentliche Nehmen in Eigenbesitz einer herrenlosen beweglichen Sache zum Eigentumserwerbe; mag diese Rechtswirkung dem Handelnden (der etwa Jurist ist) bewußt und deshalb von ihm mit erklärt sein, oder mag sie ihm ganz fernliegen. So mag dabei Willenserklärung oder bloß Rechtshandlung ohne Willenserklärung vorliegen; zum juristischen Tatbestande genügt letzteres. Wohl wäre dagegen notwendig Willenserklärung für die Eigentumspreisgabe des

---

[1]) d. h. ein Privatmann, nicht eine Behörde als solche in ihrem öffentlich-rechtlichen Geschäftskreise; s. oben S. 74 Nr. 4.

§ 959, welcher die Absicht, auf das Eigentum zu verzichten, unmittelbar[1]) fordert.

d) Dieses Bewußtsein braucht kein ausschließliches zu sein, es braucht sich nicht einmal besonders auszuprägen, im Gesamtbewußtsein des Erklärenden von anderen Momenten seiner Erklärung nicht deutlich getrennt zu sein. Erst recht braucht es nicht juristische Einzelheiten der Rechtswirkung zu umfassen. Sondern der Erklärende braucht sich nur dessen bewußt zu zeigen, daß diese seine geschäftliche oder persönliche Verfügung zugleich ihn oder andere rechtlich bindet. Daher Willenserklärung der Verbrauch zur Ansicht zugesandter Waren, es sei denn, daß der Verbrauchende eine unerlaubte Handlung begehen will;[2]) denn es ist ganz unmöglich, daß jemand so handelt, ohne sich der Wirkung bewußt zu sein, daß dadurch eine Kaufwillenserklärung gegenüber allen denen, die die Tatsache bemerken werden, deutlich genug abgegeben ist — es sei denn wieder, daß er selbst meint, man werde ihn für einen Spitzbuben halten oder die Tatsachen würden unbemerkt bleiben, was auf die unerlaubte Handlung wieder hinauskäme.

e) Endlich ist keineswegs notwendig, daß die Willenserklärung wirklich irgendwelche oder etwa gar genau die Rechtswirkung habe, welche in ihr als gewollt hervortritt. Ebensowenig braucht auch nur der Erklärende wenigstens selbst an eine derartige Rechtswirksamkeit seiner Erklärung zu glauben. Mag sein, daß er aufrichtig darauf hofft, das Recht aber trotzdem die Wirkung weigert. Umgekehrt mag es vorkommen, daß der Erfolgswille unaufrichtig geäußert ist und das Recht ihm dann doch, gegen Wunsch und Erwartung des Äußernden, Wirkung beilegt. Wenn nur Körperverhaltungswille und Erklärungswille da sind und letzterer bewußtermaßen auf Erklärung eines (mindestens unter anderem auch) rechtsbedeutsamen Erfolgswillens gerichtet ist, so liegt eine Willenserklärung vor.

II. Rechtsgeschäft ist ein juristischer Tatbestand, zu dem mindestens Eine Willenserklärung notwendig gehört.

1. Rechtsgeschäft und Willenserklärung sind nicht synonym, wie vielfach angenommen wird, sondern sie stehen nur in engem Zu-

---

[1]) Und damit doch auch wohl, daß sich diese Absicht in der Preisgabe erkläre.

[2]) Diese Einschränkung scheidet aber praktisch wieder aus, da, wer sich für seine eigene Handlungsweise darauf berufen wollte, damit zu rechtlichem Gehör nicht zugelassen werden würde.

sammenhang miteinander. Das Rechtsgeschäft mag vieles umfassen, außer der Willenserklärung; namentlich auch mögen zu ihm mehrere Willenserklärungen gehören, z. B. beim Vertrage; aber allerdings erheblich für das Rechtsgeschäft ist, daß wenigstens Eine Willenserklärung dabei vorkomme.

2. Deshalb sind nicht Rechtsgeschäfte solche juristische Tatbestände, welche Willenserklärungen enthalten können, aber behufs Rechtswirksamkeit nicht zu enthalten brauchen; namentlich also solche, für die es juristisch bedeutungslos ist, ob einzelne in ihnen eine Rolle spielende menschliche Handlungen zugleich juristische Willenserklärungen sind oder nicht, z. B. Begründung oder Aufgabe eines Domizils oder Verarbeitung oder Aneignung, vgl. oben I, 5, c.

3. Dies einmal festgestellt, mag man übrigens Willenserklärung und Rechtsgeschäft vielfach gleichbedeutend gebrauchen. Kommt es uns doch bei den Willenserklärungen nur an auf die rechtsgeschäftlichen und können wir doch allgemeinhin bei den Rechtsgeschäften nur die Bestandteile untersuchen, welche Willenserklärungen sind.

§ 48. Arten.

I. Arten der Willenserklärung.

1. Nach der Richtung: empfangsbedürftige, bei welchen die Mitteilung an eine bestimmte Person, Privaten oder Behörde,[1]) gerichtet sein muß — und nicht empfangsbedürftige, bei welchen es genügt, die Mitteilung an unbestimmte Personenkreise zu richten.

Die Fälle ersterer Art sind naturgemäß die weitaus zahlreicheren. Denn das Recht schreibt Empfangsbedürftigkeit vor überall, wo bestimmte Personen ein berechtigtes Interesse daran haben, daß eine Wirksamkeit der Willenserklärung nicht ohne ihre Kenntnis derselben eintrete. So selbstverständlich bei allen Verträgen, aber auch bei den meisten einseitigen Willenserklärungen, als Kündigungen, Anfechtungen, Aufrechnungen u. s. f. Hauptgebiet der nicht empfangsbedürftigen Willenserklärungen ist dagegen dasjenige der letztwilligen Verfügungen; sonst nur in später zu behandelnden Einzelfällen, unter welchen juristisch bedeutsam besonders der des § 151.

---

[1]) Wenn einer Behörde gegenüber empfangsbedürftig („amtsempfangsbedürftig", Zitelmann), so treten in Einzelheiten manche Verschiedenheiten ein gegenüber dem Empfang seitens Privater, im wesentlichen aber sind beide Fälle gleichartig.

2. Nach dem Inhalte. — Hier lassen sich mehrere Unterscheidungen aufstellen.

a) Wir unterscheiden Haupterklärung und ergänzende Willenserklärung. Hauptwillenserklärung diejenige, durch welche ein in sich selbständiger Erfolgswille, aus dieser Erklärung hervor verständlich, erklärt wird. Ergänzende Willenserklärung diejenige, bei welcher eine (bereits vorliegende oder erst erwartete) Hauptwillenserklärung nur irgendwie, aber in Form einer besonders dazutretenden Willenserklärung,[1]) vervollständigt wird. — Das Bedürfnis nach einer ergänzenden Willenserklärung kann wieder entstehen:

aa) durch Gesetz, wenn eine Willenserklärung gesetzlich ungenügend ist zur Verwirklichung ihres Erfolgswillens, und zwar dazu der Ergänzung durch eine andere,[2]) aber untergeordnete[3]) Willenserklärung bedarf. Die Hauptwillenserklärung heiße alsdann „ergänzungsbedürftig". Die ergänzende Willenserklärung heißt „Zustimmung", einerlei, wann sie erfolgt; sie heißt „Einwilligung", wenn sie vorher, und „Genehmigung", wenn sie nachher erfolgt, §§ 182 fg. — Die in diesem Sinne nicht ergänzungsbedürftige Willenserklärung heiße eine selbständige.

bb) Durch Parteiwillkür, wenn eine Willenserklärung selbst auf ihre Vervollständigung durch ergänzende Willenserklärungen verweist. Wir vermeiden dann den an sich auch hier möglichen Ausdruck „ergänzungsbedürftig", betrachten vielmehr solche Hauptwillenserklärungen als selbständige, wennschon unvollkommene. Die ergänzende Willenserklärung mag wieder Zustimmung (Einwilligung oder Genehmigung) sein, wie oben; sie mag aber auch sein Ausübung eines Wahl- oder Bestimmungsrechts oder was sonst immer gewillkürt ist.

b) Wir unterscheiden ferner Erklärung in eigenen Angelegenheiten des Erklärenden oder in fremden Angelegenheiten. — Erklärungen letzterer Art pflegen ergänzungsbedürftig zu sein, wenn ihnen nicht ein Herrschaftsrecht über fremde Angelegenheiten zugrunde liegt. — Bei den Erklärungen in eigenen Angelegenheiten ist weiter zu scheiden:

---

[1]) Im Gegensatze zu dem nebensächlichen Inhalt einer und derselben Willenserklärung.

[2]) Nicht hierher gehörig, wenn noch sonst etwas, z. B. Formalien, Übergabe u. dergl. hinzukommen muß.

[3]) Nicht hierher gehörig der Fall, wo es zweier gleichgeordneten Willenserklärungen bedarf, Vertrag.

aa) Erklärungen ausschließlich zu Gunsten des Erklärenden, wenn derselbe dadurch ausschließlich neue Rechte erhält oder seine bestehenden sichert oder sich von Verpflichtungen ohne Aufwendung befreit.

bb) Erklärungen ausschließlich zu Lasten des Erklärenden, bei welchen der Erklärende nur Verpflichtungen übernimmt oder bestätigt oder Rechte aufgibt.

cc) Gemischte Erklärungen, bei welchen beide Elemente verbunden miteinander auftreten; z. B. Empfangnahme einer Zahlung unter Preisgabe des Forderungsrechts darauf.

3. Nach der Form der Erklärung: Formale Willenserklärung, — bei welcher eine gewisse Form der Erklärung behufs Wirksamkeit derselben rechtlich erforderlich ist, und formlose, — bei welcher das nicht der Fall ist. Formal ist die Erklärung, die unter Form-Vorschrift steht, mag diese Form auch nur eine ganz bequeme, unceremoniöse sein, und mag sie übrigens bei der Abgabe der einzelnen Willenserklärung richtig beobachtet sein (dann heißt diese Willenserklärung eine *formgerechte*) oder nicht. — Dagegen formlos ist die Willenserklärung, mag sich auch bei Abgabe derselben der Erklärende der umständlichsten Förmlichkeiten beflissen haben, sofern es keiner solchen bedarf.

a) Formlos in diesem Sinne sind nach unserem Recht alle Willenserklärungen, die nicht unter besonderer Formvorschrift stehen, d. h. im Zweifel alle und tatsächlich weitaus die meisten. Formlos ist namentlich auch die ergänzende Willenserklärung zu formalen Hauptwillenserklärungen, § 182 Abs. 2. — Ist eine Willenserklärung in diesem Sinne formlos, so kann sie durch alle überhaupt menschenmöglichen Erklärungsmittel erfolgen, durch gesprochene oder geschriebene Worte oder durch sonstige feststehende oder verabredete Zeichen (Zeichensprache, Taubstummensprache) oder auch durch Handlungen, welche nur im Wege weiterer Schlußfolgerung die Erklärung dem Beobachter dieser Handlungen, wie der Erklärenden wenigstens annimmt,[1]) übermitteln werden. Man spricht letzterenfalles von

[1]) Vgl. oben § 47, 3, c u. 5, d, woselbst auch ein Beispiel: Verbrauch zur Ansicht zugesandter Waren. Auf dieses Bewußtsein des Erklärenden kann nicht verzichtet werden, sonst ginge jeder Unterschied zwischen rechtsgeschäftlichem und unerlaubtem Handeln verloren, zwischen dem Willen dessen, der den angebotenen Kauf zugesandter Waren stillschweigend annimmt, und dem Willen dessen, der sie unterschlägt.

stillschweigender im Gegensatz zur ausdrücklichen Willenserklärung;[1]) doch kommt diesem Gegensatze weder begrifflich noch gesetzlich irgend welche Bedeutung zu.

b) Die Formvorschrift,[2]) durch welche eine Willenserklärung zur formalen wird, kann wieder beruhen auf Gesetz[3]) oder auf Parteiwillkür. Die Wirksamkeit ist im Zweifel dieselbe. Namentlich ist, § 125 Satz 1, ein Rechtsgeschäft, welches der durch Gesetz vorgeschriebenen Form ermangelt, nichtig, aber auch, § 125 Satz 2, der Mangel der durch Rechtsgeschäft bestimmten Form hat im Zweifel[4]) Nichtigkeit zur Folge. — Hauptformen sind:

aa) Schriftlichkeit,[5]) §§ 126 u. 127, d. i. Beifügung der Namensunterschrift oder eines beglaubigten Handzeichens seitens des Erklärenden unter ein beliebig hergestelltes, den Inhalt der Erklärung enthaltendes Schriftstück, Urkunde. Bei einem Vertrage muß die Unterzeichnung der Parteien auf derselben Urkunde erfolgen; oder, wenn mehrere gleichlautende[6]) Urkunden aufgenommen werden, die Unterzeichnung je einer Partei auf der für die andere Partei bestimmten Urkunde. — Ist die Formalität nur eine gewillkürte, so genügt im Zweifel telegraphische Übermittlung und bei einem Vertrage Briefwechsel zur Gültigkeit der Erklärungen; formalere Beurkundung kann dann noch nachträglich verlangt werden, § 127.

bb) Gerichtliche oder notarielle Beurkundung, § 128, beim Vertrage auch durch getrennte Beurkundung, für jede Partei besonders, zulässig, übrigens in den Einzelheiten landes- und amtsrechtlich ver-

---

[1]) Hartmann, Werk und Wille, im Archiv f. d. civilist. Praxis 72, 161 fg. — Ehrlich, Die stillschweigende Willenserklärung. — Fritze, in Kohlers Archiv 14, 181 fg.

[2]) Jastrow, Über die Form der Rechtsgeschäfte, Vortrag in der jur. Ges. Berlin, 1900/01, S. 13 fg.

[3]) Gesetzlich, kraft zwingenden Rechtes formal sind hauptsächlich die Geschäfte des Immobilien-, des Familien- und des Erbrechts; dagegen nur vereinzelt solche des Obligationenrechts.

[4]) Schwächere Wirksamkeit beliebig einführbar; s. auch die Abschwächung der bloß gewillkürten Formalität sofort unter aa z. E.

[5]) Staub, i. d. Deutsch. Juristen-Zeitung 5, 338 fg.

[6]) Gleichlautend sind aber Briefe über den Abschluß eines Geschäfts im üblichen Geschäftsverkehr nicht, indem da jeder Brief aus der Person des jedesmaligen Schreibers redet; daher also genügen solche Briefe der gesetzlichen Form nicht, der gewillkürten genügen sie zufolge besonderer gesetzlicher Bestimmung, s. sofort im Text.

schieden gestaltet, Art. 141. Sie ist die stärkere Form, welche deshalb auch die schwächere der Schriftlichkeit stets gültig ersetzt.

cc) Weitestgehende Formalität endlich liegt vor, wenn beide Parteien ihre Erklärung gleichzeitig (so z. B. bei der Auflassung) und vielleicht selbst noch persönlich (so z. B. bei dem Eheabschluß) vor der Behörde abgeben müssen. So streng ist das Gesetz nur in seltenen Fällen.

II. Arten der Rechtsgeschäfte.

1. Nach der Zusammensetzung: ein- und zweiseitige Rechtsgeschäfte. Einseitig sind diejenigen Rechtsgeschäfte, zu denen es bloß Einer Hauptwillenserklärung bedarf; die zweiseitigen, d. h. zweier Hauptwillenserklärungen bedürftigen Rechtsgeschäfte heißen „Vertrag". Ein Vertrag ist wiederum ein einseitiger, wenn von seinen zwei Hauptwillenserklärungen die eine ausschließlich zu Gunsten, die andere ausschließlich zu Lasten des Erklärenden ist; ein gegenseitiger, wenn beide Erklärungen gemischter Art (vgl. soeben I. 2. b, cc) sind, und zwar so, daß die wechselseitigen Leistungen sich auf verschiedene Gegenstände beziehen.[1])

2. Nach dem Zeitpunkte, in dem für diese Geschäftsart[2]) die Wirkung eintreten soll: Geschäfte unter Lebenden oder von Todes wegen.

3. Nach dem Rechtsgegenstande, in Bezug auf den die Wirkung eintreten soll: familienrechtliche oder vermögensrechtliche Rechtsgeschäfte u. s. f. Namentlich aber innerhalb des Vermögensrechts ist zu unterscheiden, ob es sich handelt bloß um Übernahme einer Verpflichtung oder um Vornahme einer Verfügung. Verfügung ist jedes unmittelbar, teilweise oder vollständig, auf derivative oder konstitutive Übertragung oder auf Preisgabe eines Vermögensrechts oder auf Begründung eines Rechts am Rechte gerichtete Rechtsgeschäft. Kürzer gesagt: jede Entäußerung einer dem Entäußernden zustehenden Rechtsgewalt mit oder ohne Übergang auf andere, auf Grund vorangehender Verpflichtung dazu oder ohne solche. So ist z. B.

a) bloße Verpflichtung die Übernahme der Lieferung von Eigentum, auch von Grundeigentum, etwa durch Verkauf;

b) bloße Verfügung die darauf erfolgende Übereignung des Grundeigentums, sog. Auflassung; aber

---

[1]) Vgl. weiter unten § 61, 1.

[2]) Nicht für dieses einzelne Geschäft; Verkauf meines Hauses, auszuführen einen Monat nach meinem Tode, ist Rechtsgeschäft unter Lebenden.

c) Verpflichtung und Verfügung zusammen, wenigstens in der Regel, die Abtretung einer Forderung, indem regelmäßig der Gläubiger, der seine Forderung abzutreten, etwa durch Verkauf derselben, sich verpflichtet, sie eben damit auch schon abtritt, § 398 Satz 2.

4. Weitere, besonders wichtige Unterscheidungen der Rechtsgeschäfte in Bezug auf den Zweck und in Bezug auf das Wesen ihrer Wirksamkeit in den beiden folgenden Paragraphen.

§ 49. Zweck. Grund. Voraussetzung.[1]

I. Zweck der Willenserklärung. — Jede menschliche Handlung kann gar nicht umhin, veranlaßt zu sein durch die Vorstellung eines durch sie herbeizuführenden Erfolges; sonst unterbliebe sie einfach. Diese Vorstellung und die objektiven Verhältnisse, durch die sie erweckt worden ist, nennen wir deshalb den Grund der Handlung; und das, was als herbeizuführender Erfolg vorgestellt wird, den Zweck der Handlung. So muß auch jede Willenserklärung ihren Grund und Zweck haben, obschon die objektiven Momente der Begründung irrig vorgestellt sein mögen und obschon der bezweckte Erfolg ausbleiben mag.

Letzter Endzweck der Willenserklärung, wie jeder menschlichen Handlung, ist die eigene Befriedigung des Handelnden. Dieser lediglich innerliche Endzweck kommt juristisch kaum je in Betracht;[2] wohl aber können davor liegende Zwecke rechtlich bedeutsam werden. Und ebenso unter den Gründen nicht sowohl die innerlichen Motive, als vielmehr die Lage der äußeren Verhältnisse, welche auf den Handelnden eingewirkt hat.

1. Sind diese Gründe selbst wieder rechtliche, so sprechen wir von einem Rechtsgrund; so ist Rechtsgrund für den Zahlenden die Rechtslage als Schuldner, in der er sich bisher befand. Sind die Zwecke rechtliche, so sprechen wir von einem Rechtszweck; so ist Rechtszweck für denjenigen, der die Verpflichtungen eines Verkäufers übernimmt, dagegen die Forderung auf den Kaufpreis zu erwerben. Die gegebenen Beispiele bezeichnen zugleich den nächsten Rechtsgrund oder

[1] Ältere Literatur: Lotmar, Über causa im Röm. Recht. — Schloßmann, Zur Lehre v. d. causa obligatorischer Verträge. — Kindel, Rechtsgeschäfte und Rechtsgrund, 1892. — Neuere: Klingmüller, Begriff des Rechtsgrundes. — Jung, Bereicherungsansprüche, S. 56f., bes. S. 68f.

[2] Etwa beim Kauf auf Probe, § 495?

Rechtszweck; entferntere mögen sich anreihen, sind aber stets von geringerer Bedeutung. — Soweit die Gründe oder Zwecke dagegen nicht rechtlicher Natur sind, nennen wir sie empirische; falls es sich um Vorgänge des Vermögensrechts handelt, werden die empirischen Zwecke meist wirtschaftliche sein.

2. Soweit die Gründe oder Zwecke nur erklärlich sind aus ganz persönlichen Verhältnissen oder Auffassungen desjenigen, der seinen Willen erklärt, so heißen sie rein subjektive; soweit man sie dagegen dieser persönlichen Beziehungen zu entkleiden und unter gewisse, regelmäßig gleichartig auftauchende, allgemein menschliche Bedürfnisse und Zwecke zu subsumieren vermag, so schreibt man ihnen eine gewisse Objektivität zu. — Einen solchen objektiven Zweck, und zwar einen empirischen, tragen stets ohne weiteres wahrnehmbar an der Stirn die Geschäfte des Familienrechts (z. B. Ehe-Abschluß; Zweck: Begründung eines ehelichen Zusammenlebens) und im Vermögensrecht die lediglich den Vorteil des Erklärenden bezweckenden Willenserklärungen. Dagegen solche Willenserklärungen, durch welche der Erklärende einen vermögensrechtlichen Nachteil auf sich nimmt, bedürfe weiterer kausaler Erklärung. Als solche Erklärung erscheinen hier folgende Möglichkeiten, die übrigens bald rechtlicher, bald mehr empirischer Art sind:

a) die Absicht, unentgeltlich wohltun zu wollen, causa donandi, Liberalitätsabsicht; oder

b) die Absicht, einer bestehenden oder erwarteten Rechtspflicht nachkommen zu wollen[1]); oder

c) die Absicht, dagegen irgend einen Vorteil erlangen zu wollen, eine Rück- oder Gegenleistung, unmittelbar[2]) bei gemischten Willenserklärungen (s. oben § 48 I 2 c, cc) oder auch mittelbar[3]).

3. Bei Willenserklärungen, die ihren Zweck nicht ohne weiteres durch sich selbst klarstellen, kann dieser Zweck auf verschiedene Weise erkennbar hervortreten:

a) die Erklärung des Zwecks kann bewußtermaßen durch die

---

[1]) Sei es einer direkten Leistungsverpflichtung, causa solvendi; sei es auch einer mittelbaren Belastung, z. B. einer Auflage.

[2]) Causa credendi.

[3]) Z. B. um durch Erfüllung einer Bedingung den davon abhängigen Gewinn zu machen, conditionis implendae causa; oder „Schenkungen" im Hinblicke auf die zukünftige Ehe unter Verlobten.

Willenserklärung mitgeschehen oder in Form einer besonderen Nebenerklärung sich ihr gesellen; oder

b) der nicht bewußtermaßen erklärte Zweck kann aus den Umständen erkennbar hervorgehen.

c) Ist gar kein anderer Zweck erkennbar, so wird man Liberalität anzunehmen genötigt sein.

II. Zweck des Rechtsgeschäfts nennen wir nur den objektiven Zweck der Hauptwillenserklärung beim einseitigen Rechtsgeschäft; den objektiven Zweck der Hauptwillenserklärung des Teils, der eine Last auf sich nimmt, beim einseitigen Vertrage; und den objektiven Zweck eines jeden Teils, die Gegenleistung sich zu sichern, beim gegenseitigen Vertrage. — Daran schließt sich die wesentliche Unterscheidung, um derentwillen diese ganze Betrachtung hauptsächlich Bedeutung hat:

1. Es gibt Rechtsgeschäfte, welche dem Grund und Zweck überhaupt keinerlei unmittelbaren Einfluß auf ihre Wirkung gestatten, weder dem objektiven noch dem subjektiven, weder dem erklärten noch dem sonstwie erkennbaren. Weil hier das Recht den Erklärungswillen von seiner natürlichen Wurzel sondert, von diesem Zusammenhang abstrahiert, nennen wir diese Rechtsgeschäfte abstrakte[1]). Sie sind aber unter sich wieder wesentlich verschieden.

a) Zwingend abstrakt sind die Rechtsgeschäfte, bei welchen die Sonderung von der Wurzel, die sog. abstrakte Natur, zwingenden Rechtes ist. Dann ist die Berücksichtigung von Grund und Zweck absolut ausgeschlossen; das Rechtsgeschäft steht nackt für sich allein da. Namentlich Fehler der Ursache wirken nicht auf das verursachte, ausführende, zwingend abstrakte Rechtsgeschäft zurück; dasselbe kann nur leiden an seinen eigenen Fehlern[2]). Und zwar gilt dies nicht nur für solche Fehler des Grundes, deren Bedeutung für das verursachte Geschäft durch Partei-Abrede ausschließbar wäre; sondern auch für

---

[1]) Oertmann, in d. allg. Oesterr. Gerichtszeitung, 48, 249f. — Derselbe, i. d. Deutsch. Juristenzeitung, 7, 104f. — Eccius, ebd. 8, 42f. — Strohal, Rechtsübertragung und Kausalgeschäft, i. d. Dogm. Jahrbüchern 27, 335f. — Ältere Literatur, maßgebend: Bähr, Der Anerkennungsvertrag als Verpflichtungsgrund, 3. Aufl. 1894. — Nicht mehr konnte leider benutzt werden: v. Tuhr, Zur Lehre von den abstrakten Schuldverträgen, in Festgabe für A. S. Schultze, 1903.

[2]) Wenn es z. B. selbst, nicht bloß mit Rücksicht auf ein vorangehendes, es veranlassendes Rechtsgeschäft, wucherischer Natur ist; oder wenn bei diesem abstrakten Geschäft, z. B. der Übereignung, ein Irrtum unterläuft, nicht wenn derselbe bei dem vorhergehenden Kaufgeschäfte untergelaufen ist.

solche Fehler, über welche Partei-Abrede nicht hinaushelfen könnte, da sie zwingenden Rechts sind, wie etwa Verstoß gegen Rechtsverbot oder gegen gute Sitten. Denn hier hebt ein zwingender Rechtssatz den andern auf. — Dazu kommt ein weiterer Unterschied:

aa) Einzelne solcher zwingend abstrakter Rechtsgeschäfte lassen es nicht einmal zu, daß ihr Zweck oder Grund ausdrücklich in sie hinübergenommen und dadurch ihm ein Einfluß auf sie gesichert wird, etwa in der Form der Bedingung oder eines Rücktrittsrechtes oder auch nur einer Befristung; man mag sie absolut abstrakte Rechtsgeschäfte heißen. Solche Geschäfte sind z. B. im BGB. die Auflassung und die Bestellung des Erbbaurechts, §§ 925 u. 1017; die Erklärung der Aufrechnung § 388; die Annahme und Ausschlagung der Stellung als Erbe oder als Vermächtnisnehmer oder als Testamentsvollstrecker, §§ 1947, 2180, 2202; und von familienrechtlichen Geschäften z. B. der Ehe-Abschluß, § 1317.

bb) Andere zwingend abstrakte Rechtsgeschäfte unterliegen dieser schärferen Beschränkung nicht, sie sind bloß zwingend, nicht absolut abstrakt. Derartige Natur haben in unserem Gesetzbuche die meisten dinglichen Verträge: von eigentlichen Schuldverhältnissen aber bloß die Anweisungsannahme[1]) und die Ausstellung von Schuldverschreibungen auf den Inhaber; und auch diese beiden nur, soweit sie die Grundlage für Schuldverhältnisse zu Dritten abgeben, nicht zwischen den unmittelbar beteiligten Parteien,[2]) vgl. unten §§ 148 u. 149. — So ist also z. B. die Übereignung einer beweglichen Sache zwar an eine Bedingung knüpfbar; aber gültig, auch wenn sie auf Grund einer Verpflichtung erfolgt, die gegen die guten Sitten eingegangen war, wenn sie nur nicht selbst dagegen verstößt.

b) Dagegen bloß dispositiv abstrakt sind solche Rechtsgeschäfte, deren abstrakte Natur bloß auf Parteiwillkür oder bloß auf dispositiver Gesetzesvorschrift beruht. Dispositive Abstraktheit löst das Geschäft von seiner kausalen Wurzel nur soweit, wie überhaupt Parteiverfügung wirken kann. Wohl das Gesetz, wo es zwingen will; nicht Parteiverfügung noch ihr sich fügendes Recht vermögen die Tat-

---

[1]) Ebenso außerhalb des BGB. das Wechselakzept und die wechselmäßigen Verpflichtungen überhaupt, in demselben Maße (WO. § 82). Zwar lassen diese keine Bedingung, aber doch Befristung zu, deshalb hierher zu stellen.

[2]) Natürlich steht solcher bloß partiellen Abstraktheit weder hier, wo das Gesetz die Teilung vorschreibt, noch bei gewillkürter Abstraktheit, wenn die Parteien sie einschränken, etwas im Wege.

sache rechtlich aus der Welt zu schaffen, daß dem abstrakten Rechtsgeschäfte doch eine Ursache zu Grunde liegt; wenn also das Gesetz Fehler dieses Grundes an dem so begründeten Rechtsgeschäfte zwingend rächt, so muß es dabei auch für das dispositiv abstrakte Rechtsgeschäft bewenden. — Zu abstrakten Rechtsgeschäften dieser Art können durch Parteiwillkür alle möglichen Schuldverhältnisse, die nicht ihre Ursache in sich selbst tragen, gestempelt werden; kraft dispositiver Rechtsnorm gehören hierher Schuldversprechen und Schuldanerkenntnis, §§ 780, 781, gemäß § 762 Abs. 2 und § 518; ferner die meisten Rechtsverhältnisse aus der Anweisung und aus Schuldverschreibungen auf den Inhaber, soweit sie nicht die stärker abstrakte Natur haben. Solche Versprechen bleiben also trotz ihrer abstrakten Natur ungültig, wenn sie der wegen ihres Zwecks vorgeschriebenen Form ermangeln oder wenn sie eingegangen sind zur Bestärkung oder in Ausführung verbotener oder unsittlicher Zwecke. Unbedingtes Zutrauen in ihre Gültigkeit, wie bei den zwingend abstrakten Rechtsgeschäften, wird man also bei ihnen nicht haben dürfen; sie sind vom Grunde eben nur so weit unabhängig, wie dies auch durch Parteiverzicht (z. B. auf Anfechtbarkeit) hätte bewirkt werden können.

2. Die übrigen, nicht abstrakten Rechtsgeschäfte nennt man kausale, weil sie eine Berücksichtigung der irgendwie für die Beteiligten erkennbar hervorgetretenen causa, d. i. des objektiven Grundes und Zwecks des Rechtsgeschäfts, gestatten. Namentlich gehören hierher die meisten Geschäfte des Obligationenrechts, unvermeidlich alle gegenseitigen Schuldverhältnisse. Diese kausale Behandlung ist die weit natürlichere, bequemere, sie fördert die Beachtung dessen, was im einzelnen Falle der Billigkeit entspricht; dagegen größere Sicherheit und Klarheit, namentlich für Dritte, herrscht bei den abstrakten Geschäften.

3. Indessen läßt sich weder für die kausalen, noch für die abstrakten Geschäfte die Bedeutung des Zwecks mit diesen Betrachtungen und Begrenzungen erschöpfen. Der Zweck ist ein allzu mächtiger Faktor der Willensbildung und damit auch des Privatrechts. Er durchbricht vielfach wieder die bisher erwähnten, im Interesse der Rechtssicherheit gezogenen Grenzen und zwar nach zwei Richtungen:

a) Auch die Berücksichtigung des subjektiven Zwecks läßt sich keineswegs stets ausschließen. Nämlich

aa) soweit derselbe zu besonderen Rechtsgebilden, Bedingungen,

Rücktrittsrechten od. dgl. m. geführt hat, indem er (s. oben I 3a) bewußtermaßen miterklärt ist; aber sogar auch

bb) soweit er nur irgendwie erkennbar ist, legt das Recht ihm doch bisweilen unmittelbare Bedeutung bei: besonders bei den Rechtsgeschäften von Todes wegen, jedoch auch sonst hin und wieder in Einzelfällen.[1])

b) Soweit die Berücksichtigung des objektiven Zwecks des Rechtsgeschäfts, namentlich also durch dessen abstrakte Natur, unmittelbar ausgeschlossen ist, bricht er sich doch wohl mittelbar Bahn. In solchen Fällen entsteht nämlich aus der Zweck- oder Grundlosigkeit des betreffenden abstrakten Rechtsgeschäfts für den daraus Bereicherten die Verpflichtung, diese Bereicherung dem dadurch Geschädigten wieder herauszugeben, gemäß dem sog. Bereicherungs- oder Konditionenprinzip, §§ 817f. Eben weil unser Recht so vielfach mit zwingend abstrakten Rechtsgeschäften arbeitet, nimmt auch in ihm das Konditionenprinzip solch wichtige Stellung ein. Das abstrakte Rechtsgeschäft bleibt vollgültig, aber Abhülfe erfolgt auf diesem Wege, s. unten § 155.

4. Soweit die entfernteren oder bloß subjektiven Zwecke der Willenserklärung vom Recht ohne besondere Parteiverabredung berücksichtigt werden, spricht man wohl von der Wirkung der „Voraussetzung".[2]) Eine solche Wirksamkeit, die äußerst gefährlich für die Rechtssicherheit wäre, ist der Voraussetzung in unserem Rechte prinzipiell versagt.[3])

§ 50. Wirksamkeit, §§ 116—144.

Willenserklärungen oder Rechtsgeschäfte haben rechtliche Folgen, wenn sie zu irgend welchem juristischen Tatbestande, z. B. auch zu dem einer unerlaubten Handlung oder zu dem einer ungerechtfertigten

---

[1]) Diese Einzelfälle lassen sich nur gelegentlich der einzelnen Rechtseinrichtungen, bei denen sie vorkommen, darstellen, da ihnen kein gemeinsames Prinzip zu Grunde liegt; s. etwa eine Zusammenstellung bei J. Ebbeke, Grundsätze des bürgerlichen Rechts, 37 fg.

[2]) So, grundlegend, Windscheid, die Lehre des Röm. Rechts v. d. Voraussetzung, 1850; dagegen entscheidend: Lenel, Die Lehre von d. Voraussetzung, im Archiv f. d. civilist. Praxis 74, 213 fg. u. 79, 49 fg.

[3]) Anders im ersten Entwurf, § 742; der Umschlag erfolgte in der zweiten Kommission. Wegen vereinzelter übrig gebliebener Wirksamkeitsfälle s. soeben oben 3, a, bb u. zugehörige Note.

Bereicherung gehören. Man wird aber doch nicht in allen solchen Fällen, z. B. gewiß nicht in den beiden eben genannten, schon deshalb von Wirksamkeit des Rechtsgeschäfts, von rechtsgeschäftlichen Folgen reden mögen.

Andrerseits wäre es zu enge, wollte man als rechtsgeschäftliche Folgen eines Rechtsgeschäfts bloß die bezeichnen, die eintreten, weil der Erklärende sie gewollt hat. Wir werden vielmehr hinzunehmen müssen alle, welche eintreten, ohne daß der Erklärende sie gewollt hat, kraft dispositiven Rechts; und selbst eine Anzahl solcher, die eintreten, obschon der Erklärende sie nicht gewollt hat, aber doch zufolge seiner Erklärung, kraft zwingenden Rechts.

Nur sind diese letzteren so zu beschränken, daß nicht ganz fernliegende Gebiete, wie die beiden genannten der unerlaubten Handlung und der ungerechtfertigten Bereicherung, hineingezogen werden. Dies erreichen wir durch Aufstellung der beiden folgenden Bestimmungen:

> Rechtsgeschäftliche Folgen sind solche, welche ihrer Art nach den Rechtsgeschäften (als Folgen solcher Rechtsgeschäfte) rechtlich beigelegt sind, einerlei übrigens, ob sie im Einzelfalle dem Erklärungs- oder gar dem Erfolgswillen entsprechen oder nicht.
>
> Wirksam ist ein Rechtsgeschäft, welches derartige rechtsgeschäftliche Folgen im Einzelfalle hat.[1])

Es fragt sich also, welche die ihrer Art nach rechtsgeschäftlichen Folgen sind; und sodann, in welchen Fällen diese ganz oder teilweise ausbleiben können; schließlich, wie sich die wirklich eintretenden rechtsgeschäftlichen Folgen zu den von dem Erklärenden gewollten Folgen verhalten.

I. Ihrer Art nach rechtsgeschäftliche Folgen sind folgende, wobei die Reihenfolge der Aufzählung zugleich angibt, welche dieser Folgen, falls ihr Inhalt im Einzelfalle einander widerspricht, den andern vorgehen, d. h. eintreten.

---

[1]) Bisweilen auch heißt man ein Rechtsgeschäft unwirksam, obschon es juristisch durchaus wirksam ist, wenn es nur praktisch ohne Folgen bleibt. Z. B. ein gegenseitiger, etwa ein Kaufvertrag wird, kaum gültig geschlossen, dadurch für beide Seiten hinfällig, daß die zu liefernde Sache ohne Vertretungspflicht für irgend welchen Beteiligten untergeht; oder gar dadurch, daß sie ihn unausgeführt wieder aufheben, ohne irgend etwas voneinander zu beanspruchen; oder sie lassen ihn bestehen, aber unausgeführt, ohne daß sie weiter an ihn denken. Die rechtlichen Möglichkeiten sind da, aber von keiner Seite werden sie verwirklicht. Diese Art der Unwirksamkeit kann offenbar juristisch nicht berücksichtigt werden.

1. Die durch zwingendes Recht zu Folgen aller Rechtsgeschäfte oder einzelner Rechtsgeschäftsarten erklärten Folgen, rechtsgeschäftliche Normativfolgen. Z. B. daß als Folge einer Willenserklärung, bei welcher der Erklärende sich innerlich vorbehielt, das Erklärte nicht zu wollen, doch das eintritt, was eintreten würde, wenn das Erklärte gewollt wäre, § 116. Oder z. B. daß als Folge einer Willenserklärung, welche der Erklärende gegen Treu und Glauben ausgelegt wissen wollte, doch die Auslegung nach Treu und Glauben eintritt, s. oben S. 78 unter a. Oder z. B. daß als Folge der Willenserklärung auf Eheabschluß lebenslängliche Ehedauer eintritt.

2. Die durch den Erklärungswillen als gewollt bezeichneten, den Inhalt des Erfolgswillens bildenden Folgen, einschließlich derjenigen, welche sich zufolge gesetzlicher Auslegungsregeln als darin enthalten ergeben.

3. Rechtsgeschäftliche Dispositivfolgen, durch welche die Lücken des erklärten Willens ergänzt werden, z. B. wenn, was niemand von den Parteien beim Kaufabschlusse besonders ins Auge gefaßt hatte, die Kaufsache Mängel an sich tragen sollte, §§ 459 fg.

II. Das Ausbleiben solcher Folgen, obschon ein Rechtsgeschäft vorliegt, nennen wir Unwirksamkeit des Rechtsgeschäfts.[1]) Doch gibt es sehr verschiedene Arten dieser Unwirksamkeit und dem entsprechend verschiedene Arten der Wirksamkeit.

1. Vollständige Unwirksamkeit tritt ein, wenn die Normativvorschriften nicht gewahrt sind, welche das Recht zwingend aufstellt für die Wirksamkeit von Rechtsgeschäften überhaupt oder von Rechtsgeschäften dieser Art besonders. Dabei ist weiter zu unterscheiden:

a) Diese Vorschriften mögen sich beziehen auf die Hauptwillenserklärung, als auf den Hauptbestandteil des Rechtsgeschäfts, für sich genommen. So auf den Urheber der Hauptwillenserklärung (Mangel der Geschäftsfähigkeit) oder auf deren Form (z. B. Beurkundung) oder auf den Inhalt (d. i. den Erfolgswillen, Möglichkeit, Erlaubtheit desselben). Fügt sie sich diesen Vorschriften nicht, so ist sie und mit ihr das Rechtsgeschäft nichtig; näheres über diese „Nichtigkeit" unten § 56 I.

---

[1]) Gradenwitz, Die Ungültigkeit obligatorischer Rechtsgeschäfte. — Mitteis, i. d. dogm. Jahrbüchern 28, 84 fg. — Jacobi, im Arch. f. d. civilist. Praxis 86, 51 fg. — Aus dem älteren Recht etwa noch: Leonhard, Irrtum bei nichtigen Verträgen, bes. S. 294 fg. — Endemann, Über die civilrechtliche Wirkung der Verbotsgesetze.

b) Oder diese Vorschriften mögen sich beziehen auf Dinge, die zu der Hauptwillenserklärung hinzutreten müssen, die außer dieser zum juristischen Tatbestand des Rechtsgeschäfts behufs Wirksamkeit gehören, z. B. Eingang der Willenserklärung bei einem bestimmten Empfänger oder Hinzutritt eines äußeren Geschehnisses (z. B. Sachübergabe) oder einer ergänzenden Willenserklärung. Fehlt solcherlei, so liegt nicht Nichtigkeit vor, sondern bloß Unwirksamkeit (im engeren Sinne). Möglich selbst, daß dann noch der Fehler nachträglich beseitigt wird; so lange dies noch möglich ist, redet man von „Schweben" der Wirksamkeit.

2. Geringeres Maß der Unwirksamkeit, ein entsprechendes Maß von Wirksamkeit liegt vor in den Fällen der sog. Anfechtbarkeit. — Anfechtbarkeit heißt die Rechtslage, daß zwar ein zunächst wirksames Rechtsgeschäft besteht, außerdem aber ein Gegenrecht, durch dessen Ausübung die Rechtsfolgen jenes Rechtsgeschäfts so vernichtet werden, als wären sie nie eingetreten. Auch die Anfechtbarkeit, über die näheres unten § 56, II, schafft eine Art von Schwebezustand, nur umgekehrt wie im vorigen Absatze:

a) Während sie besteht, ist das Rechtsgeschäft wirksam, nicht ungültig, wennschon jeden Augenblick mit Vernichtung bedroht und mit den Folgen solcher Vernichtbarkeit behaftet, s. oben § 18, 3b.

b) Das in richtiger Weise angefochtene Rechtsgeschäft wird voll unwirksam.

c) Fällt die Anfechtbarkeit weg, ohne daß von ihr Gebrauch gemacht worden wäre, so ist das Rechtsgeschäft gültig, vollwirksam geworden.

3. „Ungültig" nennt man zusammenfassend die nichtigen und die anfechtbaren Rechtsgeschäfte, unter Ausschluß der bloß im engeren Sinne unwirksamen, s. soeben oben 1, b.

4. Rechtsgeschäfte, welche mit keinem der bisher aufgezählten Makel behaftet sind, mögen der Wirksamkeit doch insofern ermangeln, als sie gewissen Personen gegenüber versagt, wennschon sie allen andern Personen gegenüber ihnen beiwohnt; solche nur relativ unwirksamen Rechtsgeschäfte sind z. B. die, welche eine Veräußerung bewirken wollen gegen ein zum Schutz bestimmter Personen ergangenes Veräußerungsverbot, s. oben § 46, II, 2; vgl. auch KO. § 7.[1])

---

[1]) Zusammenstellung aller einzelnen Fälle in unserm BGB. bei Crome, System, 1, 350.

5. Vollwirksam ist ein Rechtsgeschäft, das keinem der bisher aufgezählten Mängel (von Anfang an oder, wenn diese Mängel heilbar sind, jetzt mehr) unterliegt. Daß unter Umständen mangels genügender Rechtsursache die aus dem Rechtsgeschäfte hervorgegangene Wirkung, sofern sie besteht in der Bereicherung des einen Teils auf Kosten des anderen, eine Verpflichtung auf Wiedererstattung der Bereicherung erzeugt, mindert die Vollwirksamkeit des Rechtsgeschäfts nicht, sondern beweist eben dessen Vollwirksamkeit, da es sonst eines derartigen Ausgleichmittels nicht bedürfte. — Wohl aber ist von der Vollwirksamkeit noch zu unterscheiden normale Wirksamkeit.

III. Normale Wirksamkeit eines Rechtsgeschäfts liegt dann vor, wenn gerade diejenigen Wirkungen eintreten, deren Eintritt der seinen Willen Erklärende durch die Willenserklärung herbeizuführen tatsächlich wünschte. — Ein vollgültiges Rechtsgeschäft kann von normaler Wirksamkeit aus verschiedenen Gründen abweichen.

a) Der Erklärungswille kann auf andere Wirkungen — ganz oder teilweise — gerichtet sein, als zwingenden Rechtsvorschriften entspricht. Dann treten statt der gewollten die Normativfolgen ein.

b) Der Erklärungswille kann auf etwas anderes gerichtet sein, als das, was tatsächlich erklärt ist. Dann gilt keinenfalls, was erklärt werden sollte, wohl aber kann (z. B. bei Irrtum nach Wegfall der Anfechtbarkeit) vollwirksam werden, was erklärt ist. — Ein Unterfall hiervon ist es, wenn der Erklärungswille undeutlich erklärt ist und kraft Auslegungsregel anders verstanden wird, als er tatsächlich gemeint gewesen sein mag.

c) Der Erfolgswille kann tatsächlich innerlich mangeln, während er richtig erklärt ist. Dann tritt die als gewünscht erklärte Wirkung — falls nicht sonst ein Hindernis dazwischen kommt — ein, ohne erwünscht zu sein.

d) Wo dagegen der Erklärungswille unter Einhaltung der Normativvoraussetzungen deutlich[1]) so erklärt ist, wie er erklärt werden sollte; wo er ferner einen Erfolgswillen erklärt, der den Wünschen des Erklärenden tatsächlich entspricht; und wo endlich dieser Erfolgswille nur solche Erfolge umfaßt, welche nicht in Widerspruch zu Normativ-

[1]) Oder undeutlich, es sich aber gerade günstig so trifft, daß die Anwendung der gesetzlich vorgeschriebenen Auslegungsregel zu einer dem tatsächlich vorhandenen Erklärungswillen genau entsprechenden Auslegung führt. Dies wird natürlich oft zutreffen, da die gesetzlichen Auslegungsregeln meist zu Gunsten des wahrscheinlich Erklärten zu wirken bestrebt sind.

wirkungen treten: da finden die Willenserklärung und das Rechtsgeschäft ihre normale Wirksamkeit.

e) Dagegen verstößt es keineswegs gegen die normale Wirksamkeit des Rechtsgeschäfts, daß dasselbe über die als erwünscht vorhergesehenen Folgen hinaus noch weitere unvorhergesehene gewinnt infolge des Hinzukommens von Dispositivwirkungen. Ist dies doch vielmehr die Regel. Daran kann es auch nichts ändern, sollte sich selbst nachweisen lassen, daß der seinen Willen Erklärende, wenn er bei der Erklärung diese Fälle vorhergesehen hätte, die durch die Dispositivnormen herbeigeführten Wirkungen als unerwünschte empfunden haben würde. Es genügt, daß er so sie nicht vorhergesehen und empfunden hat, widrigenfalls er ja hätte vorbeugen können. — Zur normalen Wirksamkeit gehört also nur, daß alle vorhergesehenen Wirkungen erwünscht sind und eintreten; nicht auch, daß diese Wirkungen die einzigen sind. Vielmehr können außer diesen weitere Wirkungen kraft ergänzender Gesetzesbestimmung hinzutreten.

IV. Rechtsgeschäfte, welche es zu eigentlicher rechtsgeschäftlicher Wirksamkeit nicht bringen, haben bisweilen dennoch eine Art von Wirksamkeit, welche ihnen gerade als mißglückten, ungültigen Rechtsgeschäften eigen ist und die nicht etwa außerdem noch das Vorliegen eines sonstigen außerrechtsgeschäftlichen juristischen Tatbestandes (z. B. einer unerlaubten Handlung oder einer ungerechtfertigten Bereicherung) voraussetzt. Es handelt sich also um die spezifische Wirkung eines verunglückten Ansatzes zu einem gültigen Rechtsgeschäft; einerseits nicht um rechtsgeschäftliche, andererseits nicht um außerrechtsgeschäftliche Wirkungen; sondern um Wirkungen aus Anlaß des Nichtzustandekommens eines Rechtsgeschäftes.[1])

1. Die Fälle sind verschiedener Art; ihre Einzelheiten später. Stets aber muß vorliegen:

a) ein ungültiges Rechtsgeschäft, genauer gesagt ein nichtiges oder ein anfechtbares, das mit Erfolg angefochten worden ist;

b) und ferner der allen diesen Fällen gemeinsame Zug, daß ein an dem Zustandekommen dieses Rechtsgeschäfts Beteiligter[2]) den Grund,

---

[1]) Wilutzki, im Recht, 5, 189 fg. — Brock, Das negative Vertragsinteresse. — Ältere Literatur s. die Note auf S. 172. Außerdem: Savigny, System, 3, § 138. — Mommsen, Unmöglichkeit der Leistung 107. — Derselbe, Erörterungen, 2, 1 fg.

[2]) Darunter zu verstehen: bei einer empfangsbedürftigen Willenserklärung, der Adressat; sonst jeder beteiligte Dritte.

warum es nicht zu Stande gekommen ist, ohne jede Schuld seinerseits (s. § 122 Abs. 2 u. § 307 Abs. 1 Satz 2) nicht gekannt hat, so daß er auf die Gültigkeit der Erklärung vertraute und vertrauen durfte.

2. Die Wirkung ist dann die, daß derjenige, der seinen Willen erklärt oder auch nur den Eindruck hervorgerufen hat, als ob er seinen Willen erkläre, verpflichtet ist, dem anderen Beteiligten den Schaden zu ersetzen, den letzterer dadurch erleidet, daß er auf die Gültigkeit der Erklärung vertraut hat — jedoch nicht über den Betrag des Interesses hinaus, welches dieser andere an der Gültigkeit der Erklärung gehabt haben würde. Ist das Rechtsgeschäft, um das es sich handelt, ein Vertrag, so bezeichnet man wohl letzteres Interesse als das positive, dagegen das hier zu ersetzende als „negatives Vertragsinteresse".[1]) Ersteres entspricht dem Vorteil, den der Dritte von dem gültigen Vertrag gehabt haben würde; letzteres dem Nachteil, den er eben deshalb hat, weil der Vertrag ungültig ist, auf dessen Gültigkeit bauend er disponiert, diese oder jene Maßregel getroffen oder unterlassen hat. Diese nicht rechtsgeschäftliche, aber aus Anlaß der Ungültigkeit eines Rechtsgeschäftes eintretende Wirkung ist also, kurz gesagt, die Haftung für negatives Geschäftsinteresse, jedoch nicht über die Höhe des positiven Geschäftsinteresses hinaus. Die Einführung dieser Haftung sowohl wie diese ihrer Beschränkung ist erfolgt aus Gründen der ausgleichenden Billigkeit.

V. Wir werden nun im folgenden die einzelnen Erfordernisse des normal vollwirksamen Rechtsgeschäfts und die einzelnen Abweichungen davon mit ihren Folgen näher zu betrachten haben. Wir gehen dabei aus von demjenigen Rechtsgeschäft, zu dem nur selbständige Hauptwillenserklärungen gehören. Wir betrachten sodann die Veränderungen, welche entstehen, wenn bei einem Rechtsgeschäfte ergänzungsbedürftige Willenserklärungen vorkommen. Und werfen endlich, s. oben S. 157, einen Blick auf Rechtsgeschäfte mit sonstigen (nicht gesetzlich notwendigen, sondern bloß gewillkürten) ergänzenden Willenserklärungen. Eine Betrachtung solcher rechtsgeschäftlichen

---

[1]) Dieser Ausdruck geprägt von Ihering in einem Aufsatze in seinen Jahrbüchern für Dogmatik, 4, 16 fg. Die Sache ist im BGB. durchgeführt, die von der gemeinrechtlichen Wissenschaft versuchte Herleitung aus einer sog. culpa in contrahendo fallen gelassen. Statt „Vertragsinteresse" wird es sich jetzt empfehlen, allgemein von „Geschäftsinteresse" zu reden.

Willensinhalte, die von allgemeiner Bedeutung sind, bildet den letzten Unterabschnitt dieses Kapitels.

II. Selbständige Hauptwillenserklärung.

1. Die einzelne Willenserklärung.

§ 51. Geschäftsfähigkeit,[1]) §§ 104—115.

Erste Voraussetzung, an welche das Recht die Wirksamkeit einer Willenserklärung knüpft, ist, daß sie von einem Geschäftsfähigen abgegeben sei.

Geschäftsfähigkeit ist Fähigkeit zur rechtswirksamen Abgabe und Entgegennahme von Willenserklärungen.

Dieselbe kann vollständig oder teilweise mangeln.

I. Vollständiger Mangel: Geschäftsunfähigkeit. — Folge: der erklärte Wille nichtig; die entgegengenommene empfangsbedürftige Willenserklärung unwirksam, bis sie dem gesetzlichen Vertreter zugeht, § 131 Abs. 1. — Fälle:

1. Kindesalter: wer nicht das siebente Lebensjahr vollendet hat, § 104 Nr 1.

2. Geisteskrankheit § 104 Nr. 2; dieselbe muß sein:

a) ihrer Natur nach dauernd und

b) so tiefgreifend, daß die freie Willensbestimmung aufgehoben ist. „Frei" nennen wir die Willensbestimmung dann, wenn auf sie nur solche und alle solche Motive in solcher Stärke einwirken, wie wir diesen Motiven eine ähnliche Wirksamkeit auf den normal gesunden Menschen zutrauen. Unfrei ist also die Willensbildung dann, wenn sie unter dem überwiegenden Druck von anomalen Zwangsvorstellungen[2]) oder mangels der normalen Vorstellungen[3]) erfolgt. Diese Zwangsvorstellungen oder dieser Mangel müssen so stark sein, daß der Mensch sich ihnen nicht zu entziehen vermag; solange er,

---

[1]) Strohal, i. d. dogm. Jahrbüchern 28, 344 fg. — Schäfer, i. d. Vierteljahrsschrift f. gerichtl. Medizin 20, 72 fg. — Brunswig, Handlungsfähigkeit der Geisteskranken.

[2]) Anomale „Vorstellungen": anomal in Bezug auf die Annahme des Vorhandenseins von Tatsachen (Halluzinationen oder dgl.) oder in Bezug auf das Maß der ihnen zukommenden Bedeutung; anomale Zwangsvorstellungen, denn es gibt auch normale, welchen jeder Gesunde unterliegt; z. B. die wohl kontrollierten Eindrücke seiner Sinne, das Kausalitätsprinzip, kurz alle Kategorien unseres Denkens.

[3]) Normal ebenfalls in Bezug auf Vorhandensein oder auf Bedeutung.

wennschon nur mühsam, mit Erfolg gegen sie anzukämpfen vermag, ist seine freie Willensbestimmung nicht aufgehoben.

3. Entmündigung wegen Geisteskrankheit, § 104 Nr. 3.

a) Entmündigung, s. oben § 27, II. Dieser Grund der Geschäftsunfähigkeit fällt rückwärts fort mit Wiederaufhebung des Entmündigungsbeschlusses als eines irrig erlassenen, § 115.

b) Ob übrigens die Entmündigung voll und jetzt noch begündet, solange sie nicht aufgehoben ist, bleibt außer Frage; damit glatte Sicherstellung gegen die zweifelhaften Fälle unter 2, welche meist auch hierher gehören werden![1] Aber andererseits auch ohne jede Entmündigung Geschäftsunfähigkeit, wo eben die Lage unter 2 nachweisbar ist.

c) Bloß bei Entmündigung wegen Geistes**krankheit**, nicht schon wegen Geistes**schwäche**. Beide Fälle unterscheiden sich:

aa) nicht eben, wie man es dem Wortlaute entnehmen müßte, dadurch, daß Geistesschwäche eine angeborene, Gesundheit nicht ausschließende Mindestbegabung, Geisteskrankheit eine krankhafte Störung bisherigen geistigen Wohlbefindens sein müßte: vielmehr ist der geborene Idiot geisteskrank im Sinne des Gesetzes, der nicht allzuschwer Nervenleidende bloß geistesschwach und nicht geisteskrank; es kann sich also

bb) nur handeln um das Maß der dauernden geistigen Störung. Mangels genauerer gesetzlicher Angaben wird man anzunehmen haben, daß die Grenze da zu ziehen ist, wo, wenn Entmündigung nicht ausgesprochen würde, Geschäftsunfähigkeit auch schon auf Grund von § 104 Nr. 2 vorläge. Wenn also der Entmündigte deshalb nicht seine Angelegenheiten zu besorgen vermag, weil für ihn unter dem Druck anomaler Zwangsvorstellungen oder mangels der normalen Vorstellungen die freie Willensbestimmung dauernd aufgehoben ist, so ist er wegen Geisteskrankheit zu entmündigen; ist das Maß der geistigen Störung oder Schwäche ein geringeres, so handelt es sich um Geistesschwäche im Sinne des Gesetzes.

II. Teilweiser Mangel der Geschäftsfähigkeit: „**Beschränkte Geschäftsfähigkeit**". Bezeichnend ist diese überwiegend positive

---

[1]) Hauptunterschied: Während der sog. lucida intervalla trifft, falls diese sich nicht so ausdehnen, daß Aufhebung der Entmündigung eintritt, § 104 Nr. 3 noch zu, während nach § 104 Nr. 2 Geschäftsfähigkeit eintreten würde. Dies Ergebnis ist deshalb erwünscht, weil man der vollen Luzidität während dieser so geheißenen intervalla kaum je ganz sicher ist.

Wendung; nicht etwa heißt es: „beschränkte Geschäftsunfähigkeit", obschon natürlich, soweit die Geschäftsfähigkeit beschränkt ist, Unfähigkeit eintritt.

1. Fälle:

a) Minderjährige,[1]) die das siebente Lebensjahr vollendet haben;

b) Volljährige, die wegen Geistesschwäche oder wegen Verschwendung oder wegen Trunksucht entmündigt sind;[2]) oder welche

c) aus irgend welcher Entmündigungsursache (einschl. Geisteskrankheit) unter vorläufige Vormundschaft gestellt sind, s. oben S. 105.

2. Regelmäßige Wirkung.

a) Vollkommene Gleichstellung mit den unbeschränkt Geschäftsfähigen zur Abgabe und zur Entgegennahme solcher Willenserklärungen, die dem beschränkt Geschäftsfähigen ausschließlich Vorteil bringen.

b) Für andere Willenserklärungen:

aa) Fähig sie abzugeben, aber nur als ergänzungsbedürftige Willenserklärungen. Die Ergänzung kann erfolgen durch Willenserklärung des gesetzlichen Vertreters oder durch eigene Willenserklärung nach erlangter voller Geschäftsfähigkeit. Über die Einzelheiten s. später § 62, bei der Lehre von den ergänzungsbedürftigen Willenserklärungen überhaupt.

bb) Fähigkeit sie entgegenzunehmen, nur in derselben Art wie ein ganz Geschäftsunfähiger, es habe denn der gesetzliche Vertreter vorher eingewilligt, § 131 Abs. 2.

3. Abgeschwächte Wirkung. — Die ohnehin schon schwache Wirkung der Beschränkung der Geschäftsfähigkeit kann auf verschiedene Weise in verschiedenem Maße aus verschiedenen Anlässen noch weiter abgeschwächt werden, so daß der Zustand des beschränkt Geschäftsfähigen sich immer mehr dem des unbeschränkt Geschäftsfähigen nähert.

a) Geringster Grad ist der, daß die Ergänzung, deren die Willenserklärung des beschränkt Geschäftsfähigen bedarf, als erteilt gilt, wenn er nämlich einen Vertrag geschlossen und die ihm daraus obliegende Leistung bereits bewirkt hat mit Mitteln, „die ihm zu diesem Zweck oder zu freier Verfügung von dem Vertreter oder mit dessen Zustimmung von einem Dritten überlassen waren." Vgl. jedoch einschränkend § 1824, und darüber unten § 258, IV, 3.

---

[1]) Dazu gehören für volljährig Erklärte nicht mehr. S. oben § 27 I 3 a, bb.

[2]) Wegen Aufhebung als ungerechtfertigt gilt hier dasselbe wie oben I 3 a, § 115.

b) Weiter reicht es, wenn ein für allemale erklärte Zustimmung des Vertreters den beschränkt Geschäftsfähigen in gewissem Umkreise dem voll Geschäftsfähigen gleichstellt.

aa) Hierher gehört zunächst die Ermächtigung, in Dienst oder Arbeit zu treten, für die damit verbundenen Rechtsgeschäfte derselben Art, und

bb) die noch weiter führende Ermächtigung zum selbständigen Betriebe eines Erwerbsgeschäftes, für alle Rechtsgeschäfte, welche der Betrieb dieses Geschäfts mit sich bringt; es handele sich denn um solche Rechtsgeschäfte,[1]) zu denen auch der Vertreter wieder der Genehmigung des Vormundschaftsrichters bedarf. — Die Maßregel dieser Ermächtigung selbst bedarf zu ihrer Wirksamkeit wie zur Wirksamkeit ihrer Rücknahme solcher obervormundschaftlicher Genehmigung.

c) Endlich gibt es zahlreiche Fälle im Familien- und Erbrechte, in welchen das Gesetz (nicht erst Ermächtigung des Vertreters) den beschränkt Geschäftsfähigen voll Geschäftsfähigen gleichstellt. Offenbar weil hier, wegen der höchstpersönlichen Natur dieser Verhältnisse, auch nur ergänzende Mitwirkung des Vertreters nicht tunlich erscheint, darum denn aber doch den beschränkt Geschäftsfähigen nicht jede Möglichkeit zu solchen Verfügungen genommen werden soll.[2]) Da muß man sie denn eben selbständig handeln lassen. So bei der Anfechtung[3]) einer anfechtbar abgeschlossenen Ehe, § 1336 BGB.; bei der Erhebung der Klage auf Herstellung des ehelichen Lebens oder auf Ehescheidung, § 612 CPO.; der Anfechtung oder Anerkennung der ehelichen Geburt, § 1595 BGB.;[4]) der Anfechtung oder Aufhebung eines Erbvertrages, § 2282 Abs. 1 Satz 2, § 2290 Abs. 2 Satz 2, § 2296 Abs. 1 Satz 2. Ganz eigentümlich endlich ist diese Sachlage geordnet bei der Testamentserrichtung und dem Widerruf, §§ 2229, 2253, nämlich folgendermaßen:

---

[1]) Dieser sind weniger, falls der Vertreter Vater oder Mutter ist, § 1643, als wenn er Vormund oder Pfleger ist, §§ 1821, 1822.

[2]) Diese Folge, — daß das Institut beschränkt Geschäftsfähigen ganz unzugänglich — z. B. gezogen beim Erbvertrage, für den Erblasser, soweit er ihn nicht mit seinem Ehegatten oder Verlobten schließt, § 2275.

[3]) Anders beim Eheabschlusse, § 1331; wennschon nicht Nichtigkeit, so doch Anfechtbarkeit.

[4]) S. außerdem betr. Legitimation und Adoption § 1729 Abs. 3 u. § 1748 Abs. 2 Satz 2; betr. Erbverzicht § 2347.

aa) Beider Rechtsgeschäfte ist der nicht entmündigte Minderjährige unbeschränkt fähig, wenn er das 16. Lebensjahr erreicht hat. Bis dahin ist er testamentsunfähig, während auch sein gesetzlicher Vertreter hier nicht für ihn handeln kann. Testamentserrichtung also bis dahin ganz ausgeschlossen, von da ab ganz frei.

bb) Endgültige Entmündigung, die bloß beschränkte Geschäftsfähigkeit zur Folge hat,[1]) wirkt auf diesem Gebiete so, daß der Entmündigte ein Testament nicht errichten kann, und ebensowenig sein Vertreter für ihn; wohl aber kann der Entmündigte früher errichtete Testamente nun noch rechtsgültig widerrufen, ohne Mitwirkung seines Vertreters.

cc) Selbstverständlich können außerdem vollkommen Geschäftsunfähige (§ 104 Nr. 2 u. 3) ein Testament weder errichten, noch widerrufen.

dd) Einige weitere Einzelheiten s. unten § 276.

§ 52. Abgabe und Vollendung der Erklärung.

I. Abgabe. — Willenserklärungen, die von einem vollkommen Geschäftsunfähigen oder ohne die nötige Form (oben § 48, I, 3) abgegeben sind, sind nichtig. Ist eine Willenserklärung diesen Bedenken gegenüber gültig, so fragt sich weiter, ob und wann sie abgegeben ist. Erst in der Abgabe liegt die Erklärung: bis dahin mag eine Willenserklärung geplant sein, erfolgt ist sie noch nicht.

1. Abgegeben ist die Erklärung in dem Augenblicke, in dem der Erklärende sich ihrer willentlich entäußert hat in solcher Weise, daß er ohne besondere Veranstaltungen nicht mehr hindern kann, daß sie in die Sinne oder, falls sie irgendwie greifbar verkörpert ist, in den Besitz eines Fremden gelange. Als Fremder sei hier der Kürze halber bezeichnet, wer die tatsächliche Gewalt über die Erklärung nicht bloß deshalb[2]) erhalten hat, weil er (§ 855) in dem Haushalte oder Erwerbsgeschäft des Erklärenden oder in einem ähnlichen Verhältnis zu diesem so tätig ist, daß er vermöge dessen den sich auf die Willens-

---

[1]) D. h. also Entmündigung wegen Geistesschwäche, Trunksucht oder Verschwendung; bloße vorläufige Anordnung einer Vormundschaft aus § 1906 steht dem hier nicht gleich, sondern ist für die Testierfähigkeit bedeutungslos. Für die Rückwirkung der Wiederaufhebung eines Entmündigungsbeschlusses, als eines ungerechtfertigten, gilt die allgemeine Regel des § 115.

[2]) Anders, wenn sie z. B. an den betr. Diener selbst gerichtet war.

erklärung beziehenden Weisungen des Anderen Folge zu leisten hat. Man beachte:

a) Das, dessen der Erklärende sich entäußert hat, muß eine wahre Willens-, nicht eine bloße Meinungserklärung sein. So würde z. B. nicht genügen die Äußerung an einen Fremden: „ich denke jenen Vorschlag des X (oder auch: „Ihren Vorschlag") anzunehmen".

b) Es genügt, daß in diesem Sinne die Erklärung dem nächsten Wirkungskreise des Erklärenden mit dessen Willen entrückt ist, mag der Fremde, dem sie zugeführt wird, sein, wer er will. So z. B. bei dem Briefe, wenn er in den Briefsammelkasten der Post geworfen ist,[1]) sei es selbst unter irriger Adresse.[2]) Oder bei der Abgabe einer stillschweigenden Willenserklärung, sobald Tatsachen verwirklicht sind, von welchen der seinen Willen Erklärende vorhersehen muß, daß sie oder ihre Spuren[3]) irgend einem Fremden bekannt werden und diesem die Willenserklärung übermitteln werden.

2. Welches ist die Bedeutung des hiermit festgelegten Zeitpunktes? Diese Frage ist verschieden zu beantworten, je nachdem die abgegebene Willenserklärung empfangsbedürftig ist oder nicht.

a) Ist die Erklärung nicht empfangsbedürftig, so ist sie mit ihrer Abgabe vollendet, weil es eines mehreren nicht mehr bedarf. Sie ist jetzt also juristisch abgeschlossen, übt von nun ab ihre volle Wirksamkeit, soweit das Recht ihr solche beilegt, ohne daß noch etwas hinzuzukommen brauchte, unabhängig davon, ob sich auf seiten des Erklärenden irgend etwas ändert. Namentlich auch zurücknehmen kann der Erklärende diese seine Willenserklärung nunmehr nicht mehr, soweit sie allein als solche schon wirkungsfähig ist; soweit sie wirkungsfähig erst werden sollte als Stück eines größeren Tatbestandes, z. B. als Angebot zu einem Vertrage, liegen die Dinge natürlich anders; davon später bei der Vertragslehre.

bb) Ist dagegen die Erklärung empfangsbedürftig, so muß, wie das ja schon im Worte liegt, noch etwas zu ihrer Vollendung hinzukommen, nämlich der Empfang. Aber, wennschon unvollendet, so hat die einmal abgegebene empfangsbedürftige Willenserklärung doch auch schon eine gewisse Stufe der Selbständigkeit erreicht, § 130 Abs. 2,

---

[1]) Er läßt sich noch zurückholen, aber nur durch besondere Bemühungen.

[2]) Und mag es sich selbst um eine empfangsbedürftige Willenserklärung handeln, s. sofort unten II, 1.

[3]) Z. B. das Verschwundensein der verbrauchten Ware in dem Beispiele oben S. 155.

sie ist von jetzt ab unabhängig von dem Fortbestande ihres Urquells, der Willens- und Geschäftsfähigkeit ihres Erklärers. Zurücknehmen kann dieser sie vielleicht noch, denn sie ist noch nicht vollendet, s. sogleich unter II; aber sie erhält sich, wenn auch nach ihrer Abgabe, vor der Vollendung der Erklärende stirbt oder geschäftsunfähig wird. Er kann sie noch zerstören, braucht sie aber nicht mehr zu stützen; sie hat noch nicht Stärke genug, ihm zu widerstehen, wohl aber schon Stärke genug, ohne seine weitere Hilfe zur Vollendung zu gelangen.

II. Vollendung der Erklärung. Ihre Vollendung erreicht die einzelne Willenserklärung, falls sie nicht empfangsbedürftig ist, mit der Abgabe, s. soeben; sonst erst in dem Augenblicke, in welchem sie der Person zugeht, der gegenüber sie abzugeben ist (dem Erklärungsempfänger, Adressaten, Destinatär).

1. Es bedarf nicht der Richtung an diesen,[1]) noch des Wissens bei dem Erklärenden, daß sie dem Adressaten zugegangen ist, arg. § 131 Abs. 1.

2. Wohl aber muß sie dem richtigen Adressaten „zugehen"; sei es auf gesetzlich dafür hergestelltem, sei es auf gewöhnlichem Wege.

a) Gewöhnlich denkt man bei „zugehen" daran, daß der Adressat die Wörter der Erklärung hört,[2]) den Brief oder das Telegramm mit dem willenserklärenden Inhalte empfängt. Nicht notwendig, daß er jene Wörter verstehe, jenen Brief lese. Für die Erklärung „unter Abwesenden" ist damit, gegenüber der sog. Vernehmungstheorie, die sog. Empfangstheorie durch § 130 Abs. 1 BGB. ausdrücklich sanktioniert. Trotzdem bleiben viele Zweifel: Ist der Brief mir zugegangen, der, während ich auf längere Zeit verreist bin und mein Haus leer steht, in den Briefkasten an diesem Hause geworfen ist? Soll man zur Beantwortung derartiger Fragen ein, vom Gesetze in keiner Weise angezogenes, Schuldmoment auf seiten des Erklärers oder des Empfängers[3]) heranziehen? Wie ist der „Zugang" zu beweisen?

---

[1]) Objektiv; daß der Erklärende glauben muß, die seiner Annahme nach notwendige und richtige Adresse gewählt zu haben, darüber s. oben § 47, 3 c z. E.

[2]) Unmittelbar von Mund zu Ohr oder z. B. durch das Telephon.

[3]) Konnte dieser um die Reise wissen — hat jener die Veranstaltungen für Nachsendungen vernachlässigt? Wie, wenn nun beides zutrifft? Die Kasuistik geht hier ins Grenzenlose.

b) Teils um ihn gegen solche Zweifel und Schwierigkeiten zu decken, teils aus noch weitergehenden Gründen bietet das Gesetz dem Erklärenden eine andere Weise der Übermittlung: durch Zustellung seitens eines Gerichtsvollziehers § 132. Die so zugestellte Willenserklärung ist nach gesetzlicher Vermutung dem Adressaten zugegangen.

aa) Davon mag der Erklärende in allen möglichen Fällen, um sicher zu gehen, Gebrauch machen unter Wahrung der gewöhnlichen civilprozessualen Formen persönlicher Zustellung.

bb) Dasselbe Institut dient aber auch in den Fällen, wo jemand, der eine empfangsbedürftige Willenserklärung abzugeben hat, ohne seine Fahrlässigkeit entweder die Persönlichkeit des Adressaten oder dessen Adresse nicht kennt. Hier kann er sich, unter gerichtlicher Vermittlung, der civilprozessualen Form der „öffentlichen Zustellung" bedienen.

3. Daß die empfangsbedürftige Willenserklärung, solange sie dem Adressaten noch nicht zugegangen ist, noch nicht vollendet ist, zeigt sich darin, daß sie nicht wirksam wird, falls dem Adressaten spätestens gleichzeitig mit ihr ein Widerruf zugeht, § 130 Abs. 1 Satz 2. Ferner darin, daß der Adressat in dem Augenblicke, in dem sie ihm zugeht, zur Entgegennahme einer Willenserklärung fähig, d. h. am Leben und voll geschäftsfähig[1]) sein muß, es sei denn, daß sein Erbe oder gesetzlicher Vertreter auch als Adressat gewissermaßen in zweiter Linie in Betracht kommen kann, was nur für den Einzelfall sich beurteilen läßt.

4. Von dem Augenblick der Abgabe bis zu dem des Zugangs der empfangsbedürftigen Willenserklärung liegt also ein Schwebezustand vor, der durch ihren Zugang, ohne spätestens gleichzeitigen Widerruf, bei einem geschäftsfähigen Adressaten, zu Gunsten der Wirksamkeit dieses Geschäfts erledigt wird. Wie weit diese Wirksamkeit, namentlich einer Erklärung allein für sich, ohne Vertrag, reicht, ist eine andere Frage, die später zur Erledigung gelangen wird.

§ 53. Der Erklärungs-Inhalt.

Es fragt sich hier: Welches ist der Inhalt der Erklärung? Welche Erfordernisse stellt das Recht an ihn, um ihm Wirksamkeit beizulegen? In welchem Maße wird er wirksam?

---

[1]) Vgl. oben § 51 II 2 b, bb.

I. Welches ist der Inhalt der Erklärung? Das, was aus der Erklärung als Erfolgswille des Erklärenden hervorgeht, wenn man diese Erklärung so, wie sie vollendet vorliegt, unter Heranziehung aller rechtlich verwertbaren Erklärungsmomente, sinngemäß, nötigen- und möglichenfalles unter Benutzung gesetzlicher Auslegungsregeln, auslegt.

1. Inhalt der Erklärung ist, was als Erfolgswille erklärt ist, einerlei ob es gewünscht ist (normaler Fall) oder nicht.

2. Inhalt der Erklärung ist, was erklärt, nie etwa das, was gemeint ist, was erklärt werden sollte, aber in keiner Weise tatsächlich erklärt ist. Dies gilt namentlich auch für den Fall, daß jemand sich zur Erklärung seines Willens der Ver- oder Übermittlung einer dritten Person oder einer Anstalt bedient hat. Inhalt der Erklärung ist denn lediglich das Ergebnis dieser Vermittlung, § 120

3. Inhalt der Erklärung ist nicht das, was die Erklärung bei engster, wörtlicher Auffassung des einzelnen gesprochenen oder geschriebenen Satzes besagt, sondern das wirklich Erklärte, § 133. Zur Ergänzung ist aber auch nicht alles heranzuziehen, was den wirklichen Sinn, den wirklichen Willen zu erkennen, später, nach Aufhellung der Verhältnisse vom Standpunkte des Erklärenden aus irgendwie gestatten würde; sondern es ist nur verwertbar folgendes Material:

a) Dabei ist zu unterscheiden zwischen empfangsbedürftigen und anderen Willenserklärungen. Bei ersteren bestimmt sich das so zur Auslegung heranziehbare Material aus der Kenntnis des Adressaten bei Empfang der Willenserklärung; bei anderen Willenserklärungen aus der Kenntnis des jedesmal Beteiligten. So mag dieselbe Willenserklärung verschiedenen Adressaten gegenüber, erstrecht verschiedenen Beteiligten gegenüber verschiedenen Inhalt haben; jenachdem der eine oder andere vorausgegangene Erklärungen des Erklärenden, dessen Lebens- oder Geschäftsverhältnisse, besonderen Sprachgebrauch oder sonstige Eigentümlichkeiten kennt oder nicht kennt.

b) Ferner ist zu unterscheiden zwischen abstrakten und kausalen Willenserklärungen. Bei letzteren ist zu der soeben geschilderten Auslegung wesentlich zurückzugehen auf den Zweck des Erklärenden, auf die Rechts- oder tatsächliche Lage, welche ihn zu der Erklärung erkennbarer Massen bestimmt haben; bei abstrakten Erklärungen scheidet dieses Auslegungsmaterial aus, wennschon deshalb keineswegs buchstabenmäßige Auslegung eintritt; da § 133 auch hier gilt, negotia stricti juris in diesem Sinne unserem Rechte unbekannt sind.

c) Sodann ist hierher zu ziehen die Vorschrift (§ 140 BGB.) über die sog. Conversion: Wenn nämlich der Ausdruck für Erklärung eines gewissen Willens so gewählt ist, daß die Erklärung in dieser Form mangels Zutreffen der eben hier einschlägigen Normativ-Voraussetzungen unwirksam wäre, so ist als wahrhaft erklärter Willensinhalt ein solcher anzusehen, der denselben Erfolg auf anderem, rechtlich möglichem Wege (sofern es einen solchen gibt und sofern anzunehmen ist, daß Erklärender sich seiner bei besserer Kenntnis der Sachlage bedient haben würde) herbeiführt. Der empirische Sinn, nicht die juristische, vielleicht ungeschickt gewählte Form der Willenserklärung ist entscheidend; unter Abweichung von letzterer wird ersterer aufrechterhalten.

d) Keinesfalls aber ist hinauszugehen über die Grenze der objektiv gegebenen Verhältnisse und über die sich daraus ergebenden Inhaltsmomente. Was gesagt ist, ist gesagt; was nicht gesagt ist, nicht gesagt — sonst hätte schließlich der Irrende gesagt, was er sagen wollte und für die Anwendbarkeit von § 119 bliebe keinerlei Raum mehr. Die allgemeine Wendung des § 133 muß darnach restriktiv ausgelegt werden.

4. Bleibt endlich trotz aller Bemühungen eine Mehrdeutigkeit der Erklärung übrig und ist für den vorliegenden Fall eine gesetzliche Auslegungsregel gegeben, so tritt die Vermutung in Kraft und ergibt den Erklärungs-Inhalt.

5. Übrigens unterscheidet man nun im Inhalte:

a) Essentialia negotii, wesentliche Bestandteile des Geschäftsinhaltes. Diese Bezeichnung ist nicht ganz feststehend in ihrem Sinne; denn bald braucht man sie

aa) um die Normativwirkung zu kennzeichnen, ohne welche eine gewisse Art von Geschäften vom Rechte gar nicht zugelassen wird; so im Sachen-, Familien- und Erbrecht, wo eben nur gewisse, durch diese sog. essentialia festgelegte Typen zulässig sind; bald auch

bb) um diejenigen Züge zu bezeichnen, die vorliegen müssen, damit ein gewisser im Gesetze benannter und durch weiter angeknüpfte Dispositiv- oder auch Normativ-Wirkungen geregelter Typus vorliege — nicht als ob Parteien nicht auch von diesem Typus abweichen, ganz neue Typen für sich schaffen könnten, sondern nur wegen der Frage, ob die gesetzliche Voraussetzung für den Eintritt jener Wirkungen gegeben sei.[1]) So im Obligationenrecht, wo diese Bewegungsfreiheit über die gesetzlich aufgestellten und ausgebildeten Typen hinaus gegeben ist.

b) Naturalia negotii, regelmäßiger Geschäftsinhalt: solche zu den essentialia hinzukommenden Inhaltsbestandteile, welche durch die Dispositivnormen für dieses Geschäft gegeben sind oder gewillkürtermaßen den Inhalt dieser Dispositivnormen zur Geltung bringen.

c) Accidentalia negotii, zufällig hinzutretende Inhaltsbestandteile, beruhend auf willkürlicher Satzung; mögen sie nun über die Dispositivnormen hinaus weiteres oder an Stelle der Dispositivnormen anderes einführen.

II. Welche Erfordernisse stellt das Recht an den so festgestellten Erklärungsinhalt, um ihm Wirksamkeit beizulegen? — Derselben sind mehrere, teils positive, teils negative.

1. Hauptsächliches positives Erfordernis: Der Erfolg, auf dessen Herbeiführung der Erfolgswillen gemäß dem Inhalte der Willenserklärung gerichtet ist, muß ein nach den rechtlichen Normativ-Vorschriften rechtsgeschäftlich herbeiführbarer sein. Also z. B. wirkungslos eine rechtsgeschäftliche Verfügung auf Begründung eines vom Rechte nicht anerkannten dinglichen oder Familienrechts, oder auf Übertragung eines unübertragbaren Rechtes. Zu den Normativvorschriften in diesem Sinne gehören nicht die sog. Sollbestimmungen, d. h. diejenigen, deren Beobachtung zwar das Gesetz vorschreibt, ohne aber diese Beobachtung zur Bedingung rechtsgeschäftlicher Wirksamkeit zu machen; besonders indem es sich der Wendung bedient, es solle etwas geschehen, statt kategorisch zu reden, vgl. z. B. §§ 1316 u. 1318 mit § 1317.

2. Sodann positives Erfordernis: Genügende Bestimmtheit und Vollständigkeit des Inhaltes, da sonst eben nichts rechtlich Durchführbares, mangels der nötigen Greifbarkeit, vorliegt. Genügend be-

---

[1]) z. B. bei der Lehre vom Kaufe sind eine ganze Reihe von Dispositiv-Vorschriften gegeben. Um zu wissen, ob diese von Gesetzeswegen auf einen konkret vorliegenden Vertrag anwendbar seien, muß man wissen, ob dieser Vertrag seinem Inhalte nach den gesetzlichen Typus „Kauf" darstellt, oder irgend einen anderen gesetzlichen Typus oder eine (gleichfalls zulässige) neue freie Parteibildung. Die Züge nun, die der Vertrag an sich tragen muß, um unter den Typus „Kauf" zu fallen, sind die essentialia negotii, speziell die Essentialien des Kaufes: Austausch von Ware gegen Geld. Dagegen trüge ein Geschäft, das auf Austausch von Diensten gegen Geld ginge, die wesentlichen Züge der Dienstmiete; u. s. f.

stimmt ist deshalb auch ein unbestimmter, aber irgendwie bestimmbarer Willensinhalt, falls die Bestimmungsmittel[1]) nicht versagen. Unser Recht hat in dieser Beziehung die Parteien wesentlich unterstützt durch Dispositivvorschriften, welche Mängel der Bestimmbarkeit ergänzen, vgl. namentlich §§ 315 fg.; s. später darüber Näheres unten im zweiten Buche.

3. Negatives Erfordernis: Der Inhalt darf nicht gegen ein gesetzliches Verbot verstoßen; er darf nicht gegen die guten Sitten verstoßen; und er darf nicht auf Herbeiführung einer Verpflichtung zur Leistung von etwas unmöglich zu Leistendem gerichtet sein.[2]). — Sonst Folge stets: Nichtigkeit.

a) „Ein Rechtsgeschäft, das gegen ein gesetzliches Verbot[3]) verstößt, ist nichtig, wenn sich nicht aus dem Gesetz ein Anderes ergibt" § 134.[4]) Ebenso nichtig wie das Rechtsgeschäft, das unmittelbar gegen ein Rechtsverbot verstößt, ist aber auch jedes Rechtsgeschäft, durch welches eine Verpflichtung zu einem verbotenen Rechtsgeschäft begründet werden soll. Und ferner jedes Rechtsgeschäft, durch welches dieses Verbot umgangen werden soll (sog. agere in fraudem legis); soferne nämlich das zu diesem Berufe vorgenommene Rechtsgeschäft als das, was es sich gibt, nicht wirken, sondern bloß das Verbotene bewirken soll (sog. Simulation eines anderen rechtsgeschäftlichen Inhaltes, unter sog. Dissimulation des verbotenen rechtsgeschäftlichen Inhaltes). Anders, falls die Folgen des nichtverbotenen (noch auch gegen die guten Sitten verstoßenden) vorgenommenen Rechtsgeschäfts nach Absicht der Parteien wirklich, namentlich Dritten gegenüber ein-

---

[1]) Als solche erscheinen vielfach gewillkürt ergänzende Erklärungen, sei es eines der Erklärenden selbst, sei es eines Dritten; s. oben § 48, I, 2 a, bb und später § 67 sowie im Recht der Schuldverhältnisse.

[2]) Dies sagt zwar ausdrücklich § 306 nur für den Vertrag; es muß aber offenbar für jede Willenserklärung gelten.

[3]) z. B. ein Veräußerungsverbot, dann aber die Ausnahme oben § 46, II, 2. Kein Verbot in diesem Sinne ist die negative Sollvorschrift, z. B. § 1315; vgl. soeben unter 1. Unbedingt Verbote sind echte Strafgesetze; kein Verbot dagegen liegt in bloß polizeilichen Ordnungsvorschriften, vgl. unten § 116, II.

[4]) Endemann, Civilr. Wirkung der Verbotsgesetze. — Josef, in Kohlers Archiv 20, 44 fg. — Ivo Pfaff, Zur Lehre vom sog. in fraudem legis agere. — Neff, Fraus legi facta, Berl. Dissertation. — Wilutzki gegen Schröder, i. d. Deutsch. Juristen-Zeitung 6, 20 fg., 330, u. in d. Jur. Wochenschrift 30, 710 fg. — Schloßmann, i. d. Dogm. Jahrbüchern 44, 377 fg.

treten sollen, mögen sich auch Parteien darauf verlassen, daß Abweichungen zwischen diesen Folgen und den Folgen des gewünschten, verbotenen Rechtsgeschäfts unter ihnen selbst nicht tatsächlich verwirklicht oder wieder ausgeglichen werden, wie sie sich dies zugesichert [1]) haben mögen (Gültigkeit des sog. fiduziarischen [2]) [3]) Rechtsgeschäfts. [4])

b) Gegen die guten Sitten [5]) verstößt ein Rechtsgeschäft, wenn es im Volke allgemein herrschende Anschauungen über das, was die Sittlichkeit äußerlich zu tun ge- oder verbietet, verletzt; Rücksichten des sog. Anstandes dürfen dem nicht gleichgestellt werden. Dagegen verstößt es gegen die guten Sitten allerdings schon, wenn eine Handlung zum Gegenstande einer rechtlichen Verpflichtung oder eines Rechtsgeschäfts oder auch nur einer Bedingung gemacht wird, die dazu zu machen unsittlich ist, sei selbst die Handlung an sich als freiwillig vorgenommen (z. B. Ehe mit einer bestimmten Person, Religionswechsel) keineswegs unmoralisch.

Besonders aber erklärt das Gesetz in § 138 Abs. 2 [6]) für gegen die guten Sitten verstoßend das sog. „wucherische" Rechtsgeschäft: dasjenige nämlich, „durch das jemand unter Ausbeutung der Notlage, des Leichtsinns oder der Unerfahrenheit eines Anderen sich oder einem Dritten für eine Leistung Vermögensvorteile versprechen oder

---

[1]) Ob diese Zusicherung unter Parteien selbst rechtsverbindlich ist oder nicht, ist abermals selbständig auf die Frage hin, ob sie eine verbotene oder unsittliche Wirkung enthält oder nicht, zu prüfen; sie gilt aber jedenfalls nur als besondere Verpflichtung unter Parteien.

[2]) Fiducia, d. h. das Zutrauen in die gewissenhafte Erfüllung jener Zusicherung, namentlich auch für den Fall, daß sie unverbindlich ist.

[3]) Außer der allgemeinen Literatur s. auch Wienstein in Gruchots Beitr. 46, 241 fg.

[4]) Beispiel dafür: statt eine bewegliche Sache zu verpfänden, was ohne Besitzübertragung verboten ist, wird sie unter leichteren Formen, aber wirklich übereignet; Parteien verabreden untereinander, der neue Eigentümer solle sie bloß als Pfand behandeln; beides gültigerweise.

[5]) Grundlegend: Lotmar, Der unmoralische Vertrag. — Ferner: Steinbach, Moral als Schranke des Rechtserwerbs und der Rechtsausübung. Derselbe, i. d. Deutsch. Jur.-Ztg. 4, 47 fg. — Hachenburg, im Jahresber. der jur. Ges. Berlin, 41, 25 fg. — Jacobi, i. d. dogm. Jahrb. 41, 68 fg.

[6]) Hervorgegangen aus dem sog. Sachwucher, nach § 302e StGB. in der Fassung des Wuchergesetzes vom 19. Juni 1893; darnach ist eine solche Handlungsweise strafbar nur dann, wenn sie gewerbs- oder gewohnheitsmäßig betrieben wird. — Vgl. W. Lexis, Artikel „Wucher" im Handwörterbuch der Staatswissenschaften, 2. Aufl., Bd. 7, S. 904 fg.

gewähren läßt, welche den Wert der Leistung dergestalt übersteigen, daß den Umständen nach die Vermögensvorteile in auffälligem Mißverhältnis zu den Leistungen stehen". Die einzelnen, durch den Wortlaut dieser Bestimmung gegebenen Erfordernisse sind scharf zu nehmen, wo man eben sie anwenden will; leicht möglich aber, daß auch da, wo sie nicht mehr genau zutreffen, noch Verstoß gegen die guten Sitten übrig und damit die allgemeine Regel anwendbar bleibt.

c) Unmöglich zu leisten ist, was naturgesetzlich unmöglich in dem Augenblick geleistet werden kann, in welchem (daher § 308 Abs. 2) es geleistet werden soll. Also wenn es sich um eine durch Dritte vollziehbare Leistung handelt, was naturgesetzlich dem Menschen überhaupt zu leisten unmöglich ist; wenn es sich um eine nur persönlich vollziehbare Leistung handelt, was naturgesetzlich eben diese Person zu leisten nicht vermag. — Dem tritt die sog. gesetzliche Unmöglichkeit zur Seite, obschon diese innerlich weiter nichts ist, als die Wirkung eines Rechtsverbots; s. oben unter a zu Anfang. — Die objektive Grundlage zu der Unmöglichkeit muß spätestens im Augenblicke der Willenserklärung vorliegen, sog. ursprüngliche Unmöglichkeit. Tritt diese Grundlage erst später ein, sog. nachfolgende Unmöglichkeit, so ist die Willenserklärung jedenfalls zunächst wirksam. Handelt es sich überhaupt nicht um Unmöglichkeit, sondern bloß um Schwierigkeiten, z. B. bei einer durch Dritte vollziehbaren Leistung um bloß persönliches Unvermögen; oder um gesetzliche Hindernisse, die wegfallen können: so steht dies der Wirksamkeit der Willenserklärung nicht im Wege. Weiteres über solche Fälle unten § 92.

III. In welchem Maße wird dieser Erklärungsinhalt, soweit er demnach wirksam zu werden geeignet ist, tatsächlich wirksam? Die Antwort ergibt sich zunächst aus früheren Ausführungen: soweit ihm nicht ausnahmsweise (im Recht der Schuldverhältnisse) oder durchgreifenderweise (im Sachen- und Familienrecht, meist auch im Erbrecht) Normativwirkungen vorgehen. — Weiter ist folgender Unterschied zu machen:

1. Verpflichtungen, auf welche sich der Erklärungsinhalt bezieht, werden, wenn nur die Normativvoraussetzungen des Einzelfalles erfüllt sind, regelmäßig eintreten — natürlich, sofern nicht andere der hier aufgezählten oder noch aufzuzählenden Unwirksamkeitsgründe dazwischen treten.

2. Dagegen Verfügungen, auf welche der Erklärungsinhalt abzielt, mögen ausbleiben, trotzdem die Willenserklärungen und das

Rechtsgeschäft an sich vollgültig sind: wenn nämlich denjenigen, die ihren Willen erklärt haben, die nötige Verfügungsgewalt rechtlich abgeht, wenn sie nicht Herren der Rechte sind, über die verfügt werden soll, wenn ihnen das nötige Könnrecht mangelt. Dann liegt schwebende Unwirksamkeit vor, bis sich entscheidet, ob der Verfügungsberechtigte zustimmt, oder ob der Verfügende etwa selbst verfügungsberechtigt wird (z. B. durch Erbgang). In beiden letzten Fällen tritt Vollwirksamkeit ein, vgl. § 185. — Daneben stehen freilich wieder andere verfügende Rechtsgeschäfte, in welchen die volle Wirksamkeit zu Gunsten der Erwerbenden selbst ohne Verfügungsgewalt der Verfügenden eintritt, mit Rücksicht auf den guten Glauben der Erwerbenden oder auf den öffentlichen Glauben der Grundbücher oder aus ähnlichen Umständen. Von derartigen „Vorschriften zu Gunsten derjenigen, welche Rechte von einem Nichtberechtigten herleiten", wird später noch vielfach zu handeln sein.

§ 54. Der Verhaltens- und der Erklärungswille.[1]

Was der äußerlich vorliegenden Erklärung eines gewissen Inhaltes, d. h. eines gewissen Erfolgswillens, innerlich zu Grunde liegen muß, das ist der Körperverhaltungs- und der Erklärungswille.

I. Der Körperverhaltungswille. Schon dieser fehlt offenbar, wenn das, was äußerlich als Willenserklärung erscheint, abgegeben ist unter absolutem Zwang auf den Körper des Erklärenden (z. B. das Zustimmung erklärende Kopfnicken durch einen Stoß) oder in einem, wennschon nur vorübergehenden,[2] Zustande der Bewußtlosigkeit oder vorübergehender Störung der Geistestätigkeit (Trunkenheit, Fieberdelirium u. dgl. m.). Offenbare Folge: Nichtigkeit. — Liegt dagegen kein derartiger Umstand vor, so ist der Schluß darauf, daß die Körperhaltung eines Zurechnungsfähigen eine frei gewollte war, nicht zurückzuweisen.

II. Der Erklärungswille, §§ 116—118. Gefordert wird, wie schon mehrfach ausgeführt, von unserem Rechte der Wille, eine privatrechtlich bedeutsame Erklärung abzugeben; nicht mehr und nicht weniger. Damit decken sich, positiv und negativ, folgende Gesetzesvorschriften:

1. Keine Willenserklärung liegt vor — die sog. Willenserklä-

---

[1] v. Liszt, Grenzgebiet zwischen Privatrecht und Strafrecht, bes. S. 19 fg.

[2] So daß deshalb, vgl. § 104 N. 2, keine Geschäftsunfähigkeit des Erklärenden vorliegt; aber s. § 105 Abs. 2.

rung ist nichtig —, wenn der scheinbaren Erklärung gar nicht der Wille zu Grunde liegt, in dem Empfänger die Vorstellung von dem Vorhandensein eines Erfolgswillens bei dem Erklärenden zu bewirken. Das kann vorkommen in folgenden Lagen:

a) Es steht von vornherein fest, daß der Empfänger der Erklärung diese als ohne wirkliches Vorhandensein des Erfolgswillens abgegeben erkennen und betrachten wird. Zwei Unterfälle:

aa) Der Empfänger weiß, daß der Erklärende sich gleichzeitig vorbehalten hat, das Erklärte nicht zu wollen, § 116 Satz 2.

bb) Die Erklärung ist mit Einverständnis des Empfängers nur zum Schein abgegeben, § 117 Abs. 1, sog. Simulation.[1])

b) Der seinen Willen scheinbar Erklärende meint diese Erklärung (ohne bösen Willen) nicht ernstlich, z. B. im Falle des Scherzes, der Reklame, des Lehrbeispiels; und nimmt außerdem an, der Empfänger oder (bei unadressiertem Rechtsgeschäft) jeder Beteiligte werde diesen Mangel der Ernstlichkeit nicht verkennen, § 118.

c) Der seinen Willen scheinbar Erklärende glaubt gar nicht eine Willenserklärung von privatrechtlicher Bedeutung abzugeben; er kennt die Sprache oder den Ausdruck nicht, deren er sich bedient, oder er verspricht oder verschreibt sich, oder die von ihm zur Willensübermittlung benutzte Person oder Anstalt übermittelt ein unzutreffendes Ergebnis. Es liegt also ein Irrtum vor. Dieser Irrtum geht aber so weit, daß der Handelnde gar keine Willenserklärung irgend welchen Inhalts abgeben, sondern nur eine rechtlich bedeutungslose Äußerung tun oder übermitteln lassen wollte, während tatsächlich eine Erklärung rechtsbedeutsamen Inhalts abgegeben erscheint.[2]) Auch dann ist diese Erklärung nichtig, da gar keine wahrhafte Willenserklärung vorliegt.[3])

---

[1]) Daß übrigens, wenn mit der Simulation einer (nichtigen) zugleich die Dissimulation einer anderen Willenserklärung verbunden werden sollte, letztere gültig sein kann, soferne nur Gültigkeit nach den für sie herrschenden Normativerfordernissen vorliegt (§ 117 Abs. 2), ist fast selbstverständlich. Daher der alte Satz: Dissimulata valent, simulata non valent. Anders, wenn das Dissimulierte verboten ist, s. oben § 53, II, 3 a.

[2]) z. B. meine telegraphische Einladung zum Abendessen an meinen Freund, den Bankier X., wird so verstümmelt, daß X. eine Börsenordre von mir empfängt.

[3]) Beweis: Das Stillschweigen von § 119 u. § 2078 über diesen Fall, verbunden mit der ausdrücklichen Ausnahmebestimmung in § 1332 (vgl. unten § 222, II, 5 a); danach muß hier die Regel Platz greifen.

2. Willenserklärung liegt dagegen vor, sobald der Erklärende einen Erklärungswillen hatte, mag er auch etwas anderes haben erklären oder bewirken wollen.

a) Der geheime Vorbehalt des Erklärenden, das Erklärte nicht zu wollen, sog. Mentalreservation, wovon der Empfänger nichts weiß, ist bedeutungslos, § 116 Satz 1.[1])

b) Der Mangel der Ernsthaftigkeit der Erklärung, verbunden mit der Annahme, der Empfänger werde ihn verkennen, ist bedeutungslos, § 118.

c) Ein Irrtum des seinen Willen Erklärenden oder der Übermittlungsanstalt, der nicht soweit reicht, daß ohne ihn gar keine Willenserklärung vorläge, sondern bloß soweit, daß ohne ihn eine Willenserklärung mit anderem Inhalte erfolgt wäre,[2]) ist zwar nicht eben stets ganz bedeutungslos, da er häufig zur Anfechtbarkeit führt, s. darüber den folgenden Paragraphen; aber er läßt doch die Möglichkeit einer Wirksamkeit der Willenserklärung, so wie sie nun einmal vorliegt, bestehen. Diese Willenserklärung ist nicht nur nicht nichtig, sondern zunächst jedenfalls gültig; ihre Wirksamkeit ist äußerstenfalles zunächst nur in der Schwebe, §§ 119, 120.

§ 55. Der Erfolgswille und der gewünschte Erfolg.[3]) (Irrtum, Betrug und Drohung.) §§ 119—124.

Die bisherige Darstellung ergibt, wie weit der rechtsgeschäftliche Erfolg einer Willenserklärung von dem normalen abgehen kann.

Indessen steht das Recht solchen Abweichungen keineswegs stets gleichgültig gegenüber. Nur falls es selbst es ist, das durch seine Normativ-Vorschriften diese Abweichung herbeiführt (Fall a der oben

---

[1]) So auch, aber darüber hinausreichend, § 164 Abs. 2; vgl. unten § 62, II, 1 d.

[2]) z. B. ich telegraphiere meinem Bankier: Kaufen Sie ..., bei ihm geht das Telegramm ein in der Fassung: Verkaufen Sie ... u. s. f.: Gültigkeit, wennschon Anfechtbarkeit.

[3]) Zitelmann, Irrtum und Rechtsgeschäft, 1879. — Leonhard, Irrtum bei nichtigen Verträgen, 1882. — Unger, in Grünhuts Ztschft. 15, 673 ff. — Bähr, Ges. Aufsätze 1, 1 fg. — Gradenwitz, Anfechtung u. Reurecht beim Irrtum. — Lenel, i. d. dogm. Jahrbüchern, 44, 1 fg. — Oertmann, i. d. Blättern f. Rechtsanw. 67, 1 fg. — Schloßmann, Der Irrtum über wesentliche Eigenschaften der Person u. der Sache, in Fischers Heften, 9, 3. — Außerdem die Literatur zu Kap. 4, S. 151 oben.

§ 50, III schematisch aufgeführten drei Möglichkeiten solcher Abweichungen), so hält es selbstverständlich hieran unverrückbar fest. Anders (Fälle b u. c a. a. O.), sobald die Abweichung sich daher erklärt, daß ein anderer Erfolgswille erklärt ist, als den der Erklärende erklären wollte; oder daher, daß der richtig erklärte Erfolgswille dennoch einen Erfolg als gewollt erklärt, dessen Eintritt tatsächlich den inneren Wünschen des Erklärenden keineswegs entspricht. Bleibt auch in solchen Lagen die wahre Normalwirksamkeit des Rechtsgeschäfts, soweit überhaupt eine solche gewünscht war, immer aus, so braucht es doch keineswegs stets zu Vollwirksamkeit nach der unerwünschten Seite zu kommen, sondern es kann Unwirksamkeit eintreten. Das Mittel, dessen das Recht sich hierzu bedient, ist die Anfechtbarkeit. Es macht davon Gebrauch, wo ihm die Lage des Erklärenden eine solche Rücksicht zu verdienen scheint, jedoch mit großer Vorsicht, da die Sicherheit des Rechtslebens mit der Verläßlichkeit der Willenserklärung sonst allzu stark bedroht wäre.

I. Abweichung des erklärten Erfolgswillens von dem, der erklärt werden sollte.

1. Eine solche ist nur denkbar infolge Irrtums des Erklärenden oder der von ihm bei der Erklärung benutzten Personen oder Anstalten, sei dieser Irrtum nun wieder Folge falschen oder mangelnden Wissens; und zwar eines Irrtums, der nicht soweit geht (s. den vorigen Paragraphen), um Nichtigkeit der Willenserklärung zu bedingen. Zwei Unterfälle:

a) Der Erklärende wollte eine Erklärung dieses Inhalts gar nicht abgeben. Andere Worte, als die er gesprochen, andere Zeichen, als die er geschrieben oder sonst gemacht wissen wollte, sind von ihm[1]) oder (besonders leicht vorkommend) von einer Zwischenperson oder -Anstalt gesprochen, geschrieben, gemacht worden. Der Erklärende wollte gewisse Mittel zum Zweck eines gewissen Erklärungswillens verwenden, andere Mittel ergaben eine andere Erklärung.

b) Der Erklärende wollte durch die von ihm gewollten und tatsächlich auch verwandten Mittel eine andere Erklärung abgeben, als sie sich durch Verwendung dieser Mittel ergeben hat. Er hat die gewollten Zeichen gemacht, diese haben einen anderen sachlichen Vorstellungsinhalt, als der Erklärer ihn ihnen irrtümlich beilegte. Wieder Doppelfall:

---

[1]) Versprechen, Verschreiben.

aa) Weil der Erklärende eine falsche Bezeichnung für die von ihm gemeinten Rechtsverhältnisse, Personen oder Sachen gewählt hat.

bb) Weil die von dem Erklärenden richtig bezeichneten Rechtsverhältnisse, Personen oder Sachen andere wesentliche Eigenschaften haben, als der Erklärer annahm, also tatsächlich etwas anderes sind, als der Erklärende meinte. Denn jedes Recht, jede Person, jede Sache sind nur Konglomerate gewisser Eigenschaften, sie bestehen nicht unabhängig von ihren Eigenschaften, so daß man den Irrtum über sie von dem über ihre (wesentlichen) Eigenschaften trennen könnte. Wer, auf einen Glasfluß hindeutend, den er für einen Diamanten hält, den Willen erklärt, „dies Ding" zu kaufen, der gibt eine Erklärung sachlich nicht gewollten Inhalts, wennschon er das Objekt bezeichnet, das er bezeichnen wollte; denn dies Objekt ist sachlich doch ein anderes. Ausdrücklich wird dies bestätigt durch § 119 Abs. 2 für den Irrtum über Eigenschaften von Sachen und Personen; für den Irrtum über Eigenschaften von Rechtsverhältnissen ist es selbstverständlich.

Ein solcher Irrtum hat die Folge der Anfechtbarkeit aber nur dann, wenn zwei Momente hinzutreten, ein positives und ein negatives.

a) Der Irrtum muß ein wesentlicher[1]) sein und zwar sowohl in subjektiver wie in objektiver Beziehung. Das ist er

aa) subjektiv, falls der Erklärende, nach seiner Individualität beurteilt, bei richtiger Kenntnis der Sachlage diese Erklärung nicht abgegeben haben würde;

bb) objektiv, falls der Erklärende bei richtiger Kenntnis der Sachlage und bei verständiger Würdigung des Falles diese Erklärung nicht abgegeben haben würde. Dazu gehört überdies, nach besonderer Gesetzesvorschrift, bei dem Irrtum über Eigenschaften der richtig bezeichneten Person oder Sache, daß die Eigenschaften, über welche geirrt ist, besonders auch wesentlich seien nach den Regeln des Verkehrs, § 179 Abs. 2. Wesentlich nach diesen Regeln sind solche Eigenschaften (nicht z. B. Rechtslagen), nach welchen im Verkehrsleben Benennung, technische Behandlung oder Preisstufe des Gegenstandes, oder die gesamte Bewertung der Persönlichkeit sich maßgebend[2]) richtet.

---

[1]) Nicht auch ein entschuldbarer; Entschuldbarkeit ist bedeutungslos.

[2]) Das soll heißen so, daß die darauf beruhenden Unterschiede nicht als geringwertig empfunden werden.

b) Es darf kein Verzicht des Erklärenden auf Geltendmachung des Irrtums ausdrücklich oder stillschweigend, in dem Wortlaute oder in den Umständen der Willenserklärung enthalten sein;[1]) noch auch die Anwendbarkeit der allgemeinen Irrtumsregeln durch besondere Gesetzesvorschriften über besondere Irrtumslagen ausgeschlossen sein, z. B. beim Kaufe durch die Regeln über Gewährleistung wegen Mängel der Sachen.[2])

3. Ohne Wirkung bleibt der, sei es subjektiv, sei es objektiv unwesentliche Irrtum; es tritt Vollwirksamkeit der irrigen Erklärung ein, ohne normale Wirksamkeit.

II. Abweichung des richtig erklärten Erfolgswillens von dem gewünschten Erfolg. — Diese Lage kann in nur weit geringerem Maße rechtliche Berücksichtigung finden, als die unter I besprochene.

1. Ist diese Abweichung eine überlegtermaßen von dem Erklärenden herbeigeführte, wie z. B. im Falle der Mental-Reservation und ähnlichen, so muß ihr selbstverständlich jede rechtliche Beachtsamkeit abgesprochen worden; der Erklärende ist an seine Erklärung gebunden.

2. Aber wenn sie auch auf Irrtum beruht, so ist dieser Irrtum als solcher hier unbeachtlich. Es handelt sich hier um Irrtum nicht über das, was erklärt werden sollte und erklärt worden ist, sondern um Irrtum über die mittels der Erklärung und ihres nächsten Erfolges herbeigeführten weiteren Erfolge. Diese entsprechen nicht denjenigen tatsächlichen oder rechtlichen Voraussetzungen über die durch die Erklärung zu erzielenden Erfolge, unter denen der Erklärungswille sich gebildet hat, d. h. welche Motive für diese Willensbildung gewesen sind.[3]) Man redet daher vom „Irrtum im Motiv" im

---

[1]) Dies besonders zur Entscheidung einzelner bei Lenel a. a. O. besprochener Fälle zu bemerken.

[2]) Schloßmann a. a. O. §§ 13fg.

[3]) z. B. ich kaufe eine Ware, unter richtiger Bezeichnung derselben und in richtiger Kenntnis ihrer wesentlichen Eigenschaften, weil ich dieselbe für besonders geeignet erachte, einen weiteren Zweck zu erfüllen, bei einer bestimmten Gelegenheit zu dienen; es stellt sich heraus, daß ich sie gerade dazu nicht verwenden kann; Irrtum im Motiv; derselbe ist hier ganz bedeutungslos für das Recht und zweifellos liegt Vollgültigkeit des Kaufes vor. — Oder ich leiste jemand etwas, weil ich (irrig) voraussetze, ich sei unter dieser Bedingung von einem reichen Verwandten zum Erben eingesetzt; diese falsche Voraussetzung — conditionis implendae causa, s. oben S. 162 Note 3 — hat hier allerdings eine rechtliche Bedeutung, ich erhalte gegen den Versprechensempfänger einen

Gegensatze zu dem bisher behandelten „Irrtum in der Erklärung“; man könnte auch reden vom „Irrtum in der Voraussetzung“, doch ist dieser Ausdruck nicht üblich. Ein Verfehlen der Voraussetzung soll nun aber — s. oben S. 166 — das Rechtsgeschäft nicht erschüttern, da sonst, bei der Mannigfaltigkeit und Unsicherheit der Motive und Voraussetzungen, jede Rechtssicherheit verschwände. Wer einen gewissen Erfolgswillen erklären will, der prüfe und überlege, ob der Erfolg seinen Zwecken und Wünschen entsprechen wird; hat er ihn so, wie er ihn wollte, hervorgerufen, so muß er ihn hinnehmen auch bei sich herausstellender Zweck- und Wunschwidrigkeit.

3. Anders stellt sich die Rechtslage nur dann, wenn die Abweichung des Erfolgswillens vom gewünschten Erfolge sich ergibt durch rechtswidrige Eingriffe Dritter, die den Erklärenden zu einer solchen Erklärung veranlassen, so daß deren gewollter Erfolg in Widerspruch steht zu seinen eigentlichen Wünschen. Es ist dies auf zwei Wegen möglich: durch Betrug oder durch Drohung. Das ergibt[1]) die beiden Fälle der Anfechtbarkeit, welche hierher gehören.

a) Betrug. Wer zur Abgabe einer Willenserklärung durch arglistige Täuschung bestimmt worden ist, kann die Erklärung anfechten.

aa) Zwischen dieser Täuschung (die übrigens eine besonders heimtückische keineswegs zu sein braucht) und der Abgabe der Willenserklärung ist als Zusammenhang erforderlich, daß erstere zu letzterer bestimmt hat. Mehr nicht. Durch Betrug erweckter Irrtum mag sich übrigens auf nähere oder entfernte Verhältnisse, auf Inhalt oder Motiv der Erklärung beziehen, er mag selbst objektiv unwesentlich sein.

bb) Dagegen ist, wenigstens bei empfangsbedürftigen Rechtsgeschäften, noch ein Zusammenhang erforderlich zwischen der Person des Betrügenden und der Person, die Rechte aus der Erklärung unmittelbar herleitet.[2]) Ist diese Person nicht der Betrüger selbst,

---

Bereicherungsanspruch nach dem Kondiktionenprinzip; aber dies zeigt nur wieder, daß mein Versprechen vollgültig ist — denn wozu bedürfte es sonst dieses Anspruches? Vgl. oben S. 170 unter 5.

[1]) Außer anderen Rechtsansprüchen und Einreden aus dem unerlaubten Verhalten des Betrügers u. s. f.; darüber später bei der Lehre von den unerlaubten Handlungen.

[2]) Das ist meist der Erklärungsempfänger, es kann aber auch eine dritte Person sein, § 123 Abs. 2 Satz 2. Es mögen aber auch mehrere Personen aus der Erklärung ein Recht unmittelbar herleiten; dann ist die Erklärung nur soweit anfechtbar, wie für jede dieser Personen dieser Zusammenhang vorliegt.

so muß diese Person wenigstens um die Täuschung wissen oder die Täuschung „kennen müssen" (d. h. nur infolge von Fahrlässigkeit nicht kennen). Soweit im einzelnen dieser Zusammenhang mangelt, ist die empfangsbedürftige Willenserklärung des Getäuschten gültig.

cc) Daß endlich die Täuschung an und für sich ohne Rücksicht auf diesen Zusammenhang bereits rechtswidrig sei, ist, wenn sie nur wirkliche, positive Täuschung (nicht bloß Irrtumsbenutzung) ist, nicht erforderlich.

b) Drohung.[1]) Wer zur Abgabe einer Willenserklärung widerrechtlich durch Drohung bestimmt worden ist, kann die Erklärung anfechten.

aa) Auch hier handelt es sich um Veranlassung zu einer Willenserklärung durch ein motivierendes Mittel, die Drohung; nicht etwa um direkten, absoluten Zwang, bei dem gar keine Willenserklärung vorläge, s. oben § 54, I. Unter dem Einflusse der Bedrohung durch einen Anderen hat jemand den Willen gefaßt, eine gewisse Erklärung abzugeben, um sich der Ausführung der Drohung zu entziehen. Diese Drohung (nicht bloß innere Furcht des Erklärenden) ist es, die plangemäß gewirkt haben muß; sie muß stark genug zu solcher Wirkung gewesen sein; sonstige objektive Ansprüche an ihre Stärke stellt das Gesetz nicht.

bb) Persönliche Beziehung zwischen der Person des Drohenden und der Person desjenigen, dem gegenüber Wirkungen der Erklärung zu beseitigen sind, verlangt das Recht hier, im Gegensatze zum Betruge, nicht. Die Anfechtung ist möglich gegenüber jedem, der Rechtsvorteile aus der durch Bedrohung erzwungenen Erklärung ableitet, mag er der Drohung auch ganz fern stehen. Sog. „dingliche",[2]) d. h. genauer gesagt absolute Wirkung der Drohung gegenüber der bloß relativen Betrugswirkung.

cc) Dagegen muß dann hier der Gebrauch der Drohung ein widerrechtlicher gewesen sein. Dies ist er aber selbst dann schon, wenn auch nur mit der Anwendung eines rechtlichen, durch das Recht dem Bedrohenden tatsächlich im vorliegenden Einzelfalle einge-

---

Vgl. gegen Hellwig, Verträge zu Gunsten Dritter S. 285ff., Hölder a. a. O. zu § 119.

[1]) Blume, i. d. dogm. Jahrbüchern 38, 224 fg. — Planck, Der Begriff der Widerrechtlichkeit im § 123 des BGB., in Göttinger Festgabe für Regelsberger.

[2]) Altes gemeines Recht: actio quod metus causa, in rem scripta.

räumten Mittels gedroht worden ist, aber zu Zwecken, welche demjenigen jener rechtlichen Einräumung so fremd sind, daß es als unsittlich erscheint, diese Mittel zu diesen Zwecken zu gebrauchen, mögen auch diese Zwecke an sich wieder keineswegs rechtswidrig sein;[1]) erst recht in allen Fällen, wo Mittel[2]) oder Zweck der Drohung an sich rechtswidrig sind.

III. Die hier, wie in den vorhergehenden und in dem folgenden Paragraphen dargestellten allgemeinen Regeln erleiden übrigens bei einzelnen besonderen Rechtsverhältnissen weitgehende Ausnahmen. So namentlich bei den Lehren von der Ehe und von dem Testamente. Es wird dort darauf zurückzukommen sein.

§ 56. Nichtigkeit und Anfechtbarkeit im einzelnen. §§ 121, 124, 139—144.

Zu den bisher mehr im allgemeinen geschilderten und gehandhabten Begriffen der Nichtigkeit und der Anfechtbarkeit bleiben noch folgende nähere Angaben zu machen.

I. Nichtigkeit ist die Rechtslage, bei welcher nur der Schein eines rechtlich gar nicht vorhandenen Rechtsgeschäfts vorliegt, weil vollständig mangelt, was im Sinne des Rechts als Willenserklärung wirken könnte.

1. Grund der Nichtigkeit ist daher stets, daß die scheinbar vor-

---

[1]) z. B. ein Gesellschafter, der aus ganz anderen Verhältnissen Gläubiger der anderen Gesellschafter ist, droht diesen, ihnen gegenüber seine Forderungen rücksichtslos eintreiben zu wollen, falls sie nicht seinem rechtlich durchaus unbedenklichen Antrage über einen zu fassenden Gesellschaftsbeschluß zustimmen sollten. Von Erpressung im strafrechtlichen Sinne keine Rede; wohl aber § 123 BGB. anwendbar: Die Gesellschafter sind „widerrechtlich durch Drohung" bestimmt worden. Dies würde dagegen wegfallen, wenn irgend ein sachlicher Zusammenhang zwischen den Angelegenheiten der Gesellschaft und jener Forderung des einen Gesellschafters an die übrigen bestände.

[2]) Drohung oder Betrug und Anfechtbarkeit deswegen liegen also stets vor bei unerlaubten Mitteln, auch zu erlaubten, ja selbst gebotenen Zwecken, z. B. wenn der Schuldner damit genötigt wird, eine fällige Schuld zu zahlen. Eine ganz andere Frage ist es nur, ob der Schuldner dann nachträglich unter Berufung darauf und damit zugleich auf seine eigene Schande (nur durch Betrug oder Drohung überwundene Abneigung, seine Pflicht zu tun) das Gezahlte zurückfordern kann, oder ob da nicht vielmehr ihm eine exceptio doli generalis entgegensteht.

liegende Willenserklärung begriffsmäßig keine solche ist, wie aus den bisherigen Ausführungen ausnahmslos sich ergibt.

2. Wirkung der Nichtigkeit ist, daß nichts vorliegt, also auch ein jeder[1]) auf diese Nichtigkeit sich berufen, rechtgemäß so handeln kann, wie es, falls diese Willenserklärung gültig vorläge, für ihn rechtswidrig wäre, sich zu verhalten, während umgekehrt niemand Rechte aus ihr ableiten, sein Verhalten durch Berufung auf sie rechtfertigen kann. Einer besonderen, richterlichen oder privaten, Nichtigkeitserklärung bedarf es dazu nicht erst. Ausnahme im Falle nichtiger Ehe bleibt späterer Besprechung vorbehalten.

3. Ist ein Teil eines Rechtsgeschäfts nichtig, so ist das ganze Rechtsgeschäft nichtig, es sei denn besonders nachweisbar, daß es auch ohne den nichtigen Teil vorgenommen sein würde, § 139.

4. Sogenannte „Bestätigung" eines nichtigen Rechtsgeschäfts kann nur erneute, dieses Mal ja vielleicht, wenn jetzt alle Bedingungen dazu zutreffen, gültige Vornahme desselben seitens des oder der Bestätigenden bedeuten, § 141.

Indessen gibt es für das, was die Parteien durch dies jetzt abgeschlossene Rechtsgeschäft zu bewirken wünschen, einen deutlichen Wink, wenn sie von Bestätigung reden; sie wollen dann nämlich möglichst die Wirkungen herbeiführen, als hätten sie das Rechtsgeschäft schon früher, zur Zeit des bestätigten nichtigen Geschäfts geschlossen. Wie weit die Wirkung diesem ihrem Wunsche entspricht, ist nach den allgemeinen Regeln über Eintritt der normalen Wirksamkeit zu beurteilen.

II. Anfechtbarkeit[2]) ist die Rechtslage, bei welcher gegen die Fortdauer der Wirksamkeit eines zunächst gültigen Rechtsgeschäfts ein Gegenrecht besteht, durch dessen Ausübung diese Wirksamkeit so beseitigt wird, als wäre dieses Rechtsgeschäft von Anfang an nichtig gewesen (Gegenrecht auf Vernichtung ex tunc, s. oben S. 83).

1. Während der bloßen Anfechtbarkeit ist also das Rechtsgeschäft wirksam, nur nicht vollgültig.[3]) Es liegt ein Schwebezustand vor. Derselbe wird beendigt, entweder

a) dadurch, daß die Anfechtbarkeit mit Erfolg ausgeübt, also

---

[1]) Auch der Erklärende selbst, sofern er nicht dadurch unsittlich handelt.

[2]) Bruck, Die Bedeutung der Anfechtbarkeit für Dritte. — Meyer, Karl, i. d. Bl. f. Rechtsanw. 65, 257 fg.

[3]) Wirkung des Mangels der Vollgültigkeit während der Schwebezeit, z. B. § 170 Abs. 2; hierher gehörig auch schon § 142 Abs. 2, s. folgende Note.

dadurch, daß mit Erfolg angefochten wird; alsdann Eintritt absoluter Nichtigkeit ex tunc;[1]) oder

b) dadurch, daß das Gegenrecht der Anfechtbarkeit wegfällt; alsdann Vollgültigkeit des bisher anfechtbaren Rechtsgeschäfts.

3. Ausübung. Sie erfolgt durch empfangsbedürftige einseitige Willenserklärung des Anfechtungsberechtigten, des Inhalts, er fechte an. Derjenige, dem gegenüber diese Erklärung, um wirksam zu sein, erfolgen muß, heißt Anfechtungsgegner. Anfechtungsgegner ist:

aa) Bei Anfechtung einseitiger Rechtsgeschäfte, falls sie einem Anderen gegenüber vorzunehmen waren, dieser Andere, sonst jeder, der auf Grund des anzufechtenden Rechtsgeschäfts einen unmittelbaren Vorteil erlangt hat.

bb) Bei Verträgen der andere Teil, mit Einer Ausnahme.[2])

3. Wegfall. Er erfolgt entweder auf Grund des Willens des Anfechtungsberechtigten oder durch Zeitablauf.

a) Wille: Bestätigung des anfechtbaren Geschäfts durch den Anfechtungsberechtigten, auch möglich als Verzicht auf das Gegenrecht; es genügt einseitige, formlose Willenserklärung.

b) Zeitablauf. Verschiedene Fristen:

aa) Unbedingt durchgreifende, in ihrem Beginn von nichts als von der Abgabe (nicht: Vollendung) der anfechtbaren Willenserklärung abhängige Frist, in allen Fällen der dem Erklärenden selbst zustehenden[3]) Anfechtbarkeit gleichmäßig: 30 Jahre.

bb) Kürzere, den Umständen angepaßte, auch durch Zwischenfälle unterbrechbare Frist: im Falle der Anfechtbarkeit wegen Irrtums unverzüglich, d. h. Abgabe (nicht Vollendung) der Anfechtungserklärung ohne schuldhaftes Zögern, nachdem der Anfechtungsberechtigte von dem Anfechtungsgrunde Kenntnis erhalten hat; im Falle der Anfechtbarkeit wegen Täuschung oder Zwang binnen Jahresfrist nach Aufklärung der Täuschung oder Aufhören der Zwangslage. Die

---

[1]) Vgl. namentlich auch § 142 Abs. 2: „Wer die Anfechtbarkeit kennt oder kennen mußte, wird, wenn die Anfechtung erfolgt, behandelt, wie wenn er die Nichtigkeit des Rechtsgeschäfts gekannt hätte oder hätte kennen müssen."

[2]) Wenn nämlich aus einem wegen Betruges anfechtbaren Vertrage ein Dritter unmittelbar ein Recht erlangt hat und um den Betrug weiß oder wissen muß, so daß der Vertrag ihm gegenüber anfechtbar ist: dieser Dritte. (§ 143 Abs. 2), vgl. oben S. 193 Note 2.

[3]) Auch sonst meist; vgl. KO. § 41 Abs. 1 letzten Satz; Anfechtungsgesetz § 12 Abs. 3; BGB. § 2340 Abs. 3, § 2082.

unter aa genannte Frist kommt also nur ausnahmsweise, wenn binnen 30 Jahren diese kürzere Fristen nicht abgelaufen sind, zur Anwendung.

4. Als Anfechtungsberechtigten haben wir uns bisher fortlaufend den Erklärenden selbst (oder dessen Rechtsnachfolger) vorgestellt, wie das der Fall ist bei den bisher behandelten Fällen wegen Irrtums, Täuschung und Drohung. Es gibt jedoch auch Fälle, in welchen das Gegenrecht der Anfechtbarkeit anderen, dritten Personen, zur Wahrung selbständiger Gegeninteressen, vom Rechte eingeräumt ist; dann jedoch durchweg mit auch sonst wesentlich verschiedenem Charakter.

a) Die Hauptfälle dieser Art liegen außerhalb des BGB.; sie beruhen auf KO. §§ 29—42 und auf dem sog. Anfechtungsgesetz.[1]) Gleich den bisher behandelten Fällen ist hier nur die Art der Ausübung des Gegenrechts, nämlich durch Anfechtungserklärung seitens des Berechtigten gegenüber bestimmten Anfechtungsgegnern; durchaus verschieden ist die Wirkung: nämlich nicht Nichtigkeit der angefochtenen Rechtshandlung, sondern bloß obligatorische Verpflichtung zur Rückerstattung des durch jene Rechtshandlung aus dem Vermögen des Gemeinschuldners (oder Schuldners schlechtweg) Veräußerten gegenüber dem dadurch Bereicherten, § 37 KO. und § 7 des Anfechtungsgesetzes. Es liegt hier also ein ganz anderer Begriff der „Anfechtung" zu Grunde.

b) Ferner innerhalb des BGB. zahlreiche verschiedene und eigenartige Fälle des Familien- und Erbrechts. Namentlich ganz anders die Anfechtung wegen Erbunwürdigkeit, s. unten § 291.

c) Betreffend den § 318 Abs. 2 s. unten § 67.

§ 57. Fälle des negativen Vertragsinteresses.

Endlich sind wir hier in der Lage, für die oben — § 50, IV[2]) — dargestellte Lehre von der Wirksamkeit nicht des Rechtsgeschäfts, sondern des Nichtzustandekommens eines Rechtsgeschäfts die Fälle[3]) nachzutragen, in welchen als solche Wirkung Anspruch anderer Beteiligter auf das negative Geschäftsinteresse entsteht.

---

[1]) Wendt, Otto, Die Konkurs- und Gläubiger-Anfechtung, Arch. f. d. zivilistische Praxis, Bd. 91, 1901, S. 482 fg. — Cosack, Anfechtungsrecht der Gläubiger, 2. Aufl.

[2]) S. dort auch die Literatur.

[3]) d. h. aus dem Gebiete, das hier behandelt wird, der selbständigen Hauptwillenserklärung, s. außerdem später § 64 z. E.

1. Dieser Fälle sind im ganzen drei, zwei bei Nichtigkeit, einer bei durchgeführter Anfechtung.

a) Bei Nichtigkeit wegen mangelnder Ernsthaftigkeit der Willenserklärung, wenn der Erklärende, obschon vielleicht ganz schuldlos, erwartete, dieser Mangel werde nicht verkannt werden, er aber doch, ohne Schuld des Erklärungsempfängers, verkannt worden ist. Schadensersatzberechtigter Erklärungsempfänger ist, falls das nichtige Rechtsgeschäft empfangsbedürftig war, der Adressat; andernfalls jeder Dritte.

b) Bei Nichtigkeit, weil die Willenserklärung auf eine Leistung unmöglichen oder verbotenen Inhalts ging (§§ 307, 309); jedoch hier nur, falls es sich um einen Vertrag handelt und falls eine von beiden beteiligten Seiten die Unmöglichkeit kannte oder kennen mußte, während die andere Seite sie weder kannte noch zu kennen brauchte; alsdann verpflichtet zum Schadensersatz jene, berechtigt dazu diese Seite. Keine Schadensersatzverpflichtung, falls beide Seiten in Bezug auf Kennen oder Kennenmüssen in derselben Lage sind.[1])

c) Bei Anfechtbarkeit wegen Irrtums; verpflichtet der Anfechtende, selbst wenn sein Irrtum entschuldbar war, gegenüber seinem Anfechtungsgegner; bei nicht empfangsbedürftiger angefochtener Willenserklärung gegenüber jedem Dritten.

2. Daraus ergibt sich: Für die Fälle der Nichtigkeit tritt diese Pflicht des Schadensersatzes für negatives Geschäftsinteresse von selbst ein, wie die Nichtigkeit. Dagegen für den Fall der Anfechtbarkeit hat der Irrende die Wahl, ob er anfechten und für negatives Geschäftsinteresse aufkommen will; oder ob er es vorzieht, es bei der Gültigkeit seiner irrtümlich abgegebenen Erklärung zu belassen. — Bei der Anfechtbarkeit wegen Täuschung oder Drohung ist selbstverständlich von dergleichen nicht die Rede.

2. Vertrag.*)

§ 58. Bedürfnis. Die Fälle einseitiger Willenserklärung.

Statt einer einseitigen Willenserklärung wird ein Vertrag nötig, soweit das Recht als Normativ-Voraussetzung für den Eintritt

---

[1]) Auch dann nicht, wenn die eine Seite wußte, während die andere Seite bloß hätte wissen müssen, aber nicht wußte.

*) Jacobi, i. d. dogm. Jahrbüchern, 35, 1 fg. — Stammler, Ver-

normaler Wirksamkeit letzteren verlangt. Dies ist aber in sehr weitgehendem Maße der Fall.

1. Einseitige Willenserklärung genügt:

a) zur Begründung, Übertragung oder Aufhebung von Rechten:

aa) regelmäßig nicht im Rechte der Schuldverhältnisse, sondern nur ganz ausnahmsweise bei der Auslobung und der Ausstellung von Schuldverschreibungen auf den Inhaber, § 305.

bb) Ebensowenig im Sachenrecht;[1]) jedoch allerdings hier regelmäßig zur Aufgabe der Sachenrechte, sei es des Eigentums, sei es beschränkter Sachenrechte, sei es unter Hinzutritt anderer Erfordernisse (nur nicht eben einer zweiten Hauptwillenserklärung), sei es formlos.[2])

cc) Im Familienrechte kommt es nur[3]) bei der Legitimation vor, daß Rechtsverhältnisse auf Grund einseitiger Willenserklärung, wennschon durch staatliche Verfügung und unter Zustimmung des zu Legitimierenden, begründet werden.

dd) Dagegen das eigentliche Gebiet der einseitigen Willenserklärung ist das Erbrecht. Hier bildet umgekehrt der Vertrag die Ausnahme, nämlich für die Fälle des Erbvertrages und Erbverzichts.

b) Außerdem beherrscht die einseitige Willenserklärung durchweg die Fälle, in welchen jemand die Willensmacht zusteht, behufs Geltendmachung von Ansprüchen oder von Gegenrechten, durch Abgabe einer Erklärung, Ausübung einer Wahl, Bestimmung eines Preises, Erklärung seines Rücktritts oder der Aufrechnung, Setzung einer Frist od. dgl. m., aber jedenfalls in einer vorher vertraglich oder gesetzlich geregelten Weise in ein bereits bestehendes Rechtsverhältnis einzugreifen, sei es in eigenen, sei es in fremden Ange-

---

trag und Vertragsfreiheit, im Handwörterbuch der Staatswissenschaften hrsgegb. v. Conrad, 2. Aufl. 7, 473 fg. — Ältere Literatur: Siegel, Das Versprechen als Verpflichtungsgrund im heutigen Recht. — Schloßmann, Der Vertrag.

[1]) Wegen gewisser Fälle einseitiger Rechtshandlungen mit dinglicher Wirkung, die nicht Rechtsgeschäfte sind, vgl. oben S. 154 fg.

[2]) Z. B. Aufgabe des Eigentums an Grundstücken, mit Eintragung ins Grundbuch, § 928 Abs. 1; an Fahrnis, formlos, aber unter Aufgabe des Besitzes, § 959; des Nießbrauchs oder Pfandrechts an Fahrnis ganz formlos, §§ 1064, 1255; einer Hypothek, unter Zustimmung des Eigentümers (deshalb nicht etwa Vertrag zwischen Aufgebendem und Eigentümer, sondern eine Haupt- und außerdem eine Nebenwillenserklärung!) § 1183; u. s. f.

[3]) S. etwa außerdem noch § 1718.

legenheiten. Dabei sind die Einzelheiten in typisch wiederkehrender Weise folgendermaßen geordnet:

aa) Diese einseitige Willenserklärung ist eine empfangsbedürftige, Adressat nach den Umständen verschieden, meist[1]) die andere Partei.

bb) Sie ist eine nicht rücknehmbare, sondern erschöpft z. B. das Wahlrecht des Erklärenden und bindet ihn, wie ein Vertrag.

cc) Steht das durch sie ausgeübte Recht mehreren oder gegen mehrere zu, so kann sie rechtswirksam nur seitens dieser mehreren oder gegen diese mehreren gleichmäßig abgegeben werden, vgl. z. B. § 356.

dd) Besteht das durch sie ausgeübte Recht darin, durch Fristsetzung weitere Rechtsfolgen herbeizuführen, so pflegt vorgeschrieben zu sein, daß die gesetzte Frist eine „angemessene" sein muß, z. B. §§ 250, 283, 326. Wie nun, falls die gesetzte Frist als eine unangemessene sich herausstellt? Man wird annehmen müssen, daß die Folgen der Fristsetzung dann doch eintreten, aber erst mit dem Ablaufe einer angemessenen Frist.

2. Sonst bedarf es durchweg eines Vertrages.

3. Jedoch bedeutet das nicht, daß die Hauptwillenserklärung, die erst durch Hinzutritt einer zweiten ihre Normativwirksamkeit gewinnen kann, deshalb zunächst, in ihrer Vereinsamung, ganz wirkungs- oder gar bedeutungslos sei. Ein gewisses Maß von Wirksamkeit kann ihr vielmehr sofort zukommen, nämlich soviel, wie eben nötig, damit sie dem Zustandekommen eines Vertrages zur Grundlage diene. Von dieser einstweiligen Wirksamkeit der noch vereinzelt dastehenden, auf Vertragsabschluß gerichteten Willenserklärung wird sofort, bei der Lehre vom Vertragsabschlusse, zu handeln sein.

§ 59. Vertragsabschluß.

Ordentliche Form.[2]) §§ 145—150, 153.

Ordentlicherweise geschieht ein Vertragsabschluß durch Austausch zweier Hauptwillenserklärungen, welche auf dieselbe Normalwirksamkeit gerichtet sind. Austausch: d. h. beide Willenserklärungen

---

[1]) Besondere Regeln im Erbrecht, wo durchweg das Nachlaßgericht eintritt; darüber näheres unten.

[2]) Thon, i. d. Archiv f. d. cilist. Praxis 80, 63. — Kohler, in seinem Archiv 1, 283 fg. — Aus der erdrückenden älteren Literatur etwa nach: Regelsberger, Civilrechtl. Erörterungen, Heft 1, 1868. — Schott, Der oblig. Vertrag unter Abwesenden.

sind empfangsbedürftig in der Weise, daß je der Erklärer der einen Adressat der anderen ist und umgekehrt. Die erst abgegebene von beiden Willenserklärungen heißt Antrag, die andere Annahme (Offerte und Akzept).

I. Der Antrag, von dem der Vertrag ausgeht.

1. Der Antrag muß selbstverständlich sein eine gültige Willenserklärung mit allem, was dadurch gegeben ist. Besonders: vollständig, verbindlich gemeint (nicht etwa bloß Anpreisung, Aufforderung zu Anträgen)[1]); wirksam abgegeben und vollendet (zugegangen ohne spätestens gleichzeitigen Eingang eines Widerrufs).

2. Wirkung des Antrages im Zweifel: Gebundenheit des antragenden Teils an ihn bis zu dem Augenblicke, in dem Antwort zu erwarten ist; dann also Rücknahme und Wegfall in der Zwischenzeit unmöglich. Dieser Augenblick ist:

unter Anwesenden: sofort;

unter Abwesenden: derjenige, in welchem der Antragende Eingang der Antwort unter regelmäßigen Umständen erwarten darf.

3. Diese Wirkung des Antrages kann durch Bestimmung des Antragenden verändert werden:

a) An Stelle der soeben angegebenen kann eine andere (längere oder kürzere) Frist gesetzt werden; vielfach folgt dies schon aus der Natur der Sache.

b) Der Antragende kann alle Gebundenheit an seinen Antrag ausschließen. Dann hat der Antrag nun die Bedeutung, daß, wenn er bis zum rechtzeitigen Eingang der Annahmeerklärung nicht zurückgenommen ist, der Vertrag zu stande kommt.

II. Die Annahme, welche den Vertrag vollendet.

1. Auch sie muß gültige Willenserklärung sein, doch wird das hier weit seltener zweifelhaft werden.

---

[1]) Als solche gilt meist bloß Feilhalten von Waren oder dgl. — Ebenso natürlich unverbindlich Austausch bloß vorbereitender Erklärungen unter den Parteien, auch wenn die Punkte, über die Einigkeit (ohne Verbindlichkeit) erzielt ist, fixiert werden, sog. Punktationen. Diese Absicht der Unverbindlichkeit liegt hier im Zweifel vor, bis Einigkeit über alle angeregte Punkte, auch untergeordneter Natur, erzielt ist, § 154 Abs. 1 Satz 2. — Verabrednng der Beurkundung bedeutet im Zweifel Ausschluß der Verbindlichkeit bis zur vollzogenen Beurkundung, § 154 Abs. 2; kann jedoch auch bedeuten, daß Parteien sich verpflichten, den verbindlich zu stande kommenden formlosen Vertrag dann auch noch zu beurkunden.

2. Sie muß dem Antragenden unwiderrufen[1]) so zugehen, daß sie den Antrag noch in Kraft trifft.

a) Dies ist im Zweifel auch dann noch der Fall, wenn der Antragende inzwischen gestorben oder geschäftsunfähig geworden ist; seine Erben oder Vertreter treten für ihn ein.

b) Wohl aber gehört dazu, daß die annehmende Antwort eintrifft binnen des Zeitraumes, in dem sie zu erwarten ist, s. soeben oben I, 2, oder des an Stelle dessen gesetzten Zeitraumes, s. oben I, 3 a; sog. rechtzeitige Antwort. Trifft sie später ein, so findet sie keinen Antrag mehr vor, mag nun der Antragende inzwischen anderen Willens geworden sein oder nicht, mag er zwischenzeitig gebunden gewesen sein oder nicht.

c) Im übrigen ist zu unterscheiden:

aa) War der Antragende an seinen Antrag gebunden (oben I, 2 oder I, 3 a), so genügt der rechtzeitige Eingang der Annahme, mag selbst der Erklärende inzwischen anderen Willens geworden sein und dem Ausdruck gegeben haben.

bb) War der Antragende dagegen nicht gebunden (oben I, 3 b), so kommt der Vertrag nun nicht zu stande, falls der Antragende vor Eingang der Annahme die Erklärung, er nehme seinen Antrag zurück, bereits gültig abgegeben hatte. Stillschweigende, nicht erklärte Willensänderung ist selbst hier bedeutungslos; erst recht natürlich, wenn sie erst nach Eingang der Annahme erklärt wird, da ja dann der Vertrag bereits geschlossen ist.

3. Da schon deshalb (s. außerdem sofort unter 7) der Augenblick der Vollendung, d. h. des Einganges der Annahme beim Antragenden äußerst wichtig, dem Annehmenden aber (falls die Sache unter Abwesenden spielt) nicht aus eigener Wahrnehmung bekannt ist, so schreibt § 149 dem Empfänger der Annahme vor, er habe ein verspätetes Eintreffen derselben dem Annehmenden unverzüglich anzuzeigen, wenn die Annahmeerklärung so abgesendet war, daß sie bei regelmäßiger Beförderung rechtzeitig bei dem Antragenden eingegangen wäre, und wenn Empfänger dies erkannte oder erkennen

---

[1]) Bis sie beim Antragenden eintrifft, kann der Erklärende sie, wie jede Willenserklärung, gültig widerrufen, sofern nun dieser Widerruf spätestens gleichzeitig mit ihr beim Antragenden eintrifft. — Natürlich ist davon, daß der Antrag noch in Kraft stände, nicht mehr die Rede, falls eine vollgültige Ablehnungserklärung seitens des später Annehmenden vorher dem Antragenden zugegangen ist.

mußte.[1]) Verzögert der Empfänger die Absendung dieser Anzeige, so gilt die Annahme als nicht verspätet. — Folge: wer rechtzeitig Antwort abgeschickt und keine derartige Anzeige erhalten hat, kann sich[2]) darauf verlassen, daß der Vertrag zustande gekommen ist.

4. Die verspätet eingehende Annahme, welche als solche wirkungslos ist, gilt ihrerseits als neuer Antrag.

5. Dasselbe gilt betreffend den Inhalt der Annahme: sie darf keinen Zusatz, keine Erörterung, Einschränkung oder sonstige Änderung gegenüber dem Antrage enthalten, sonst gilt sie ganz (nicht bloß in Bezug auf den geänderten, obschon vielleicht ganz untergeordneten Punkt) als Ablehnung, verbunden mit einem neuen, nun durch sie dem früheren Antragenden gemachten Antrag. Anders nur, wenn entweder

a) der Antragende auch abweichende Annahme (in Bezug auf diese oder jene Einzelheit seines Antrags) als Annahme ansehen zu wollen erklärt hatte; oder

b) die scheinbar abweisende Annahme tatsächlich als unbedingte Annahme gemeint und erkennbar ist, verbunden mit dem Antrage, zu dem dadurch zustande kommenden Vertrag einen Abänderungsvertrag zu schließen.

6. Schon daraus folgt, daß die Annahme sich auf alle vom Antragenden angeregte Punkte erstrecken muß und keinen neuen anregen darf, soll sie als Annahme gelten. Abspaltbarkeit einzelner einmal angeregter Punkte, so daß Einigung über die übrigen als Vertragsabschluß für sich möglich würde, bedürfte besonderer (übrigens auch stillschweigend möglicher) Einräumung seitens des Teiles, der sie angeregt hat. Ausnahme für den Fall, daß die Parteien irrig meinen, alle angeregten Punkte seien erledigt, s. unten § 60, 4.

7. Kommt es zu einer rechtzeitigen, vollständigen Annahme, so ist im allgemeinen mit ihrer Vollendung der Vertrag gültig und wirksam zustande gekommen. Jedoch nur, sofern nicht im Einzelfalle besondere Normativvoraussetzungen hinzutreten müssen. Mangels derselben kann dann

a) der Vertrag ganz unverbindlich, ungültig sein, z. B. mangels Erfüllung von Formvorschriften oder auch aus sonstigen Gründen, vgl. z. B. § 873 Abs. 2; oder, was wohl die Regel sein wird,

---

[1]) z. B. bei dem zu spät abgelieferten, rechtzeitig zur Post gegebenen Brief aus dem Poststempel.

[2]) Sofern nur nicht Unerkennbarkeit für den Empfänger vorlag.

b) der Vertrag ist freilich gültig, seine Wirksamkeit ist aber noch hinausgeschoben bis zum Hinzutritt der mangelnden sonstigen Umstände, z. B. einer ergänzenden Willenserklärung.

III. Einigung. — Worüber Einigung gewonnen ist, ergibt sich nach den allgemeinen Regeln durch Auslegung beider Willenserklärungen, s. oben § 53 I, hier besonders bestätigt durch § 157: „Verträge sind so auszulegen, wie Treu und Glauben mit Rücksicht auf die Verkehrssitte es erfordern", vgl. darüber oben S. 78. Bei dieser Auslegung[1]) kann sich nun wieder Mangel an Übereinstimmung zwischen Erklärungswillen und Erklärungsinhalt herausstellen.

1. Ergibt sich dies bei einer der beiden Willenserklärungen[2]) für sich betrachtet, so hat der Erklärende sein Anfechtungsrecht nach den Regeln des § 55 oben. Macht er Gebrauch davon, so bricht mit der einzelnen Willenserklärung der ganze Vertrag als nie geschlossen zusammen. Fällt es unausgeübt weg, so wird mit der einzelnen Willenserklärung der Vertrag vollgültig. Bis sich eines von beiden entscheidet, ist der Vertrag und seine Gültigkeit in der Schwebe. — Analog übrigens für den Fall, daß eine der beiden Willenserklärungen durch Täuschung oder Drohung veranlaßt sein sollte.

2. Ist dagegen jede der beiden Willenserklärungen für sich vollgültig, so kann ein Mangel an Übereinstimmung daraus entstehen, daß sie untereinander nicht so vollständig, wie zwischen Antrag und Annahme nötig, übereinstimmen, etwa weil jede Partei die Erklärung der anderen mißverstanden hat, sog. Dissens, Irrtum über den Konsens. Dann ist, wenigstens auf ordentliche Weise, gar kein Vertrag zu stande gekommen.[3]) Er ist nicht etwa bloß anfechtbar, sondern garnicht vorhanden. Von Haftung für negatives Vertragsinteresse, wenn etwa ein Teil mehr als der andere am Mißverständnisse schuld sein sollte oder aus welchem Grunde auch immer, ist hier positivrechtlich nicht die Rede.

---

[1]) Ehrlich, i. d. Jur. Bl. 17, 510 fg. — Danz, Die Auslegung der Rechtsgeschäfte (in Fischers Abhandlungen z. Privatrecht). — Derselbe, i. d. dogm. Jahrb. 38, 373 fg. — Steinbach, Treu und Glauben im Verkehr. — Staub, i. d. Deutsche Jur.-Zeitung 7, 24.

[2]) Oder auch bei beiden Willenserklärungen, eine jede für sich betrachtet; dann steht das Anfechtungsrecht des Textes beiden Erklärenden zu.

[3]) S. jedoch unten § 60, unter 4.

§ 60. Vertragsabschluß. Außerordentliche Formen.

Abweichungen von der bisher behandelten ordentlichen Form des Vertragsabschlusses sind in folgenden Weisen und Fällen zugelassen.

1. Der Antrag kann, statt empfangsbedürftig, an jeden Dritten gerichtet sein, so daß durch dessen rechtzeitige vollständige Annahme der Vertrag zu stande kommt. Das ist, falls nicht vorgeschriebene Formalitäten hindernd im Wege stehen (z. B. bei der Auflassung) jederzeit möglich; z. B. Auswerfen von Münzen unter eine Menge zur Aneignung durch jeden, den es trifft. Jedoch wird hier besonders scharf zuzusehen sein, ob wirklich bindender Antrag oder nicht vielmehr bloß Aufforderung an Dritte, ihrerseits Anträge zu machen, vorliegt.

2. Weit eigenartiger, daß auch die Annahme unter Umständen nicht empfangsbedürftig ist, also nicht zur Kenntnis des Antragenden zu kommen braucht.[1]) Mit ihrer rechtzeitigen Abgabe ist alsdann (vgl. oben S. 177 fg.) der Vertrag vollendet.

a) Fälle: Wenn der Antragende auf Empfang der Annahmeerklärung verzichtet hat oder wenn Eingang einer solchen bei ihm nach der Verkehrssitte nicht zu erwarten ist.[2]) Das wird namentlich auch regelmäßig zutreffen, wo der, dem der Antrag gemacht ist, der privaten oder öffentlich-rechtlichen Verpflichtung zur Annahme solcher Anträge unterliegt.[3])

b) Erfordernis zum Vertragsabschlusse bleibt aber auch hier

---

[1]) § 151. Weit leichter verständlich der ganz ähnliche Fall, wenn beide Willenserklärungen beurkundet sind, obschon die Annahme dem Offerenten noch nicht bekannt zu sein braucht, § 152.

[2]) Z. B. also, wenn die Verkehrssitte dahin geht, daß jeder derartige Antrag von diesem Adressaten selbstverständlich angenommen wird, soweit er nicht ausdrücklich ablehnt (Zimmerbestellung im Hotel; Auftrag an einen Dienstmann oder dgl. im Rahmen seiner üblichen Tätigkeit; u. s. f.). Oder wenn die Verkehrssitte dahin geht, daß der Vertrag als geschlossen gilt, wenn der andere Teil sofort nach Eingang des Antrages an die Ausführung der darin enthaltenen Bestellung herangeht, oder wenn mit dem Antrage Übersendung der angebotenen Ware verbunden ist und es der Verkehrssitte entspricht, daß Annahme schon im Auspacken oder Gebrauchen oder Verbrauchen dieser Ware liegt. In allen diesen und zahlreichen ähnlichen Fällen ist eben Eingang einer annehmenden Antwort nach der Verkehrssitte nicht zu erwarten.

[3]) Biermann, Rechtszwang zum Kontrahieren (z. B. der Post, konzessionierter Personen u. s. f.) i. d. dogm. Jahrbüchern 32, 267 fg.

immer Wille desjenigen, an den der Antrag sich richtet, den Vertrag rechtsverbindlich anzunehmen und irgendwelche, wie auch immer erfolgende, bewußte Äußerung dieses Willens, gegenüber irgend einem Menschen oder durch Vornahme einer Handlung, die eine Spur läßt, so daß daraus die damals „stillschweigend" erfolgte Abgabe dieses Annahmewillens später erschlossen werden kann;[1]) so ausdrücklich § 151.

3. Wo ein solcher Fall vorliegt, in welchem eine nicht an den Antragenden gerichtete, aber doch vorhandene Annahmeerklärung stillschweigend den Vertrag zu stande gebracht hätte, da kann es mangels solcher Annahmeerklärung dazu kommen, nicht daß ein Vertrag zu stande käme, aber doch dazu, daß der Empfänger des Antrags sich rechtlich so behandeln lassen muß, als ob ein Vertrag vorläge. Wenn er nämlich, ohne Vertragsannahmewillen, doch so gehandelt hat, wie er rechtgemäß nur auf Grund eines solchen (erklärten) Willens hätte handeln dürfen.[2]) Will dann die antragende Seite ihn so behandeln, als hätte er angenommen, so wird er nicht gehört, falls er versuchen sollte, sich dagegen darauf zu berufen, er habe ja garnicht angenommen noch annehmen wollen; denn auf selbst begangnes Unrecht darf sich niemand berufen. Also: Vertragswirkung ohne Vertrag! Aber praktischer Unterschied, sobald der Antragende diese Auffassung fallen läßt und es vorzieht, etwa Schadensersatz wegen unerlaubter Handlung zu fordern (sofern er nur den Beweis dafür erbringen kann). Anders ausgedrückt also: Nicht Vertragsrecht, sondern Recht des einen Teils, den anderen so zu behandeln, als liege ein Vertrag vor.

4. Nicht ganz so außerordentlich, sondern etwa in ihrer Irregularität in der Mitte zwischen den hier unter 2 und 3 behandelten Fällen, liegt derjenige des § 155 BGB. „Haben sich die Parteien bei einem Vertrage, den sie als geschlossen ansehen, über einen Punkt, über den eine Vereinbarung getroffen werden sollte, in Wirklichkeit nicht geeinigt" — so liegt offenbar, mag dieser Punkt selbst von

---

1) Vgl. oben S. 155 u. 158 Note 1.

2) Wenn also z. B. der Empfänger einer ihm zum Kaufe angebotenen Warensendung einen Teil derselben verbraucht, dann die Lücke verborgen und das Ganze quasi re integra an den Anbietenden zurückgesandt hat. Jede andere Behandlung derartiger Fälle als die im Texte hier und an den in voriger Note angeführten Stellen versuchte Konstruktion führt unvermeidlich zu Willensfiktionen.

ganz untergeordneter Wichtigkeit gewesen sein, überhaupt keine regulär-vollständige Annahme, also auch kein regulärer Vertragsabschluß vor, s. oben § 59 III 2. Trotzdem gilt hier das Vereinbarte, soweit es reicht, „sofern anzunehmen ist, daß der Vertrag auch ohne eine Bestimmung über diesen Punkt geschlossen sein würde".[1]) Hier also wohl Vertragswirkung, aber ohne Vertragsschluß durch die Parteien; vielmehr Anordnung derjenigen Wirkung, welche sonst als Vertragswirkung eintreten würde, durch das Gesetz. Man könnte, nach Analogie der Putativehe, von Putativvertrag reden: für die Teile, über welche man tatsächlich einig war, über die aber wegen des Dissenses über den Rest eine Einigung nicht zu stande gekommen ist, tritt an Stelle der Einigung der gute Glaube der Parteien, sie sei zu stande gekommen.

5. Ganz regelmäßig, nur verschieden auslegbar bezüglich der einzelnen Abschnitte der Entwicklung, ist endlich die Form des Vertragsabschlusses im Wege der Versteigerung. Darüber bestimmt § 156 für den Fall des Zweifels folgendes: Die Aufforderung des Versteigernden ist nicht schon Angebot, sondern erst rechtsunverbindliche Aufforderung dazu. Angebot ist dann jedes Gebot eines Ansteigernden; es ist verbindlich bis zur Abgabe eines Übergebotes oder bis zu Schluß der Versteigerung. Vertragsannahme endlich liegt dann in dem Zuschlage, den der Versteigernde erteilt. — Weitere Eigenheiten des Versteigerungsverkaufes, der im Wege der Zwangsvollstreckung oder als Pfandverkauf oder als Selbsthülfeverkauf oder in dgl. Fällen mehr stattfindet, geben §§ 456—458, die übrigens auch Fälle betreffen, wo ein ähnlicher Verkauf nicht im Wege der Versteigerung, sondern unter der Hand ausgeführt wird.

§ 61. Vertragsarten.

1. Gegenseitiger Vertrag, s. bereits oben § 48 II 1. So heißt heute, §§ 320 fg., kurzerhand derjenige Vertrag, den man sonst wohl als den „vollkommen gegenseitigen" dem „unvollkommen gegenseitigen" (negotia bilateralia aequalia — inaequalia) entgegengesetzt hat. Dieser echte gegenseitige Vertrag wird besonders gekennzeichnet dadurch, daß beide Beteiligten jederseitig verschiedene Gegenstände liefern und

---

[1]) Rein subjektiv, nicht objektiv; rein nach dem Augenblicke damaliger Willenserklärung, nicht nach dem Ergebnisse jetziger Aufklärung über den Dissens zu beurteilen.

erhalten sollen, so daß dadurch ein Güteraustausch zu stande kommt. Eben weil sie diesem zu dienen bestimmt sind, heißen sie auch wohl synallagmatische Verträge. Dahin gehören z. B. Kauf-, Pacht-, Dienstmiete-, Gesellschafts-, Eheabschlußvertrag.[1]) Den Gegensatz bilden folgende Möglichkeiten:

a) Der streng einseitige Vertrag, d. h. der über ein Geschäft, zu dessen Essentialien es gehört,[2]) daß die eine Seite ausschließlich berechtigt, die andere Seite ausschließlich verpflichtet sei, geschlossene Vertrag. Z. B. der Darlehnsvertrag.

b) Der untergeordnet ein- oder gegenseitige Vertrag. Das ist der, zu dessen Art es gehört, daß wesentlich nur Verpflichtung auf der einen, Berechtigung auf der andern Seite entsteht; daß sich aber Entstehung von Gegenverpflichtungen und Gegenberechtigungen untergeordneter Art daraus ergeben kann. So z. B. bei dem (unentgeltlichen) Auftrage, wo wesentlich nur ist die Pflicht der einen Seite, den Auftrag auszuführen, wo aber, wenn diese Ausführung bei dem Beauftragten Schaden stiftet, Schadensersatzpflicht des andern Teils hinzutreten kann.

c) Der abwechselnd gegenseitige Vertrag. Das ist der, welcher zuerst auf der einen Seite nur Verpflichtung und dann, damit abwechselnd, auf der anderen Seite nur Verpflichtung bezüglich desselben Rechtsgutes schafft, so daß diese beiden Verpflichtungen (und die entsprechenden Berechtigungen) sich nicht kreuzen, wie beim synallagmatischen Vertrage, sondern einander ablösen; damit wird kein Güteraustausch bezweckt,[3]) sondern nur Hin- und Rückgabe desselben Rechtsgutes, also schließlich nur eins: zeitlich beschränkte Hingabe dieses Rechtsgutes. Z. B. wenn A. verspricht, dem B. eine Sache eine Zeitlang unentgeltlich zu leihen, wogegen B. verspricht, sie dann sorgfältig zu behandeln und wieder über eine gewisse Zeit zurück-

[1]) Weiterer Unterschied: Diese Gegenseitigkeit gehört zu den essentialia, liegt im Wesen der betr. Vertragsart, so bei den Beispielen des Textes, wesentlich gegenseitiger Vertrag; oder aber das Wesen des Vertrages ist indifferent dagegen, ob die Leistung unentgeltlich oder entgeltlich erfolgt, unwesentlich ein- oder gegenseitiger Vertrag, z. B. Verwahrung, Leibrente, s. unten §§ 141, 142.

[2]) Vgl. darüber und über den darin liegenden Doppelsinn oben § 53, I, 5 a.

[3]) Anders z. B. bei der Miete, wennschon da auch zuerst die eine, dann erst die andere Seite leistet. Das ist aber bei der Miete ein unwesentliches naturale negotii; bei der Leihe kann man sich die Reihenfolge gar nicht anders denken.

zugeben, s. unten § 143. Es liegt also hier keine wahre Gegenseitigkeit vor. Darum ändert es aber auch den Charakter solcher Geschäfte nicht wesentlich, wenn bloß die Rückgabeverpflichtung des einen Teils, gar keine Hingabeverpflichtung des anderen Teils verabredet sein sollte.

2. Vorvertrag.[1]) So nennt man einen Vertrag, in dem Parteien sich verpflichten zum Abschlusse eines weiteren, bloß obligatorischen Vertrages unter denselben Parteien. Er ist bindend, nicht bloß Punktation, oben S. 202 Note 1; der entsprechende Hauptvertrag soll abgeschlossen werden zwischen denselben Parteien, nicht etwa von einer derselben mit einem Dritten,[2]) und er soll sich beziehen nur auf ein obligatorisches, nicht etwa auch ein dingliches Ausführungsgeschäft.[3])

Für diesen Vorvertrag nun ist es zweifelhaft, ob er in unserem Rechte überhaupt noch anzuerkennen ist. Man wird näher zusehen müssen.

a) Er mag seine Berechtigung darin suchen, daß er formlos ist, wenn er zu einem formalen Hauptvertrag verpflichtet. Dann ist er aber als Verbotsumgehung nichtig, wenn die Formalität des Hauptvertrages vom Gesetze zum Schutze des sich Verpflichtenden gegen sich selbst eingeführt ist, wie z. B. bei der Immobilienveräußerung, dem Schuldanerkenntnisse, der Bürgschaft, der Veräußerung eines ganzen Vermögens. Die übrigbleibenden Möglichkeiten fallen tatsächlich alle unter die sofort sub d, bb zu betrachtende Art von Fällen.

b) Handelt es sich übrigens um Vorvertrag[4]) zu einem gegenseitigen Vertrag, so ist nicht abzusehen, warum Parteien auf abermaligem Vertragsschluß, um zum Hauptvertrage zu kommen, bestehen

---

[1]) Schloßmann i. d. dogm. Jahrb. 45, 1 fg. — Wolfgang Stintzing, Die Verpflichtung im Gebiet der Schuldverhältnisse, Heft 1. — Ältere Literatur: Degenkolb im Archiv f. d. civilist. Praxis 71. — Göppert, i. d. Krit. Ztschr. 14, 400 fg.

[2]) Darum z. B. Versprechen an den Aussteller einer Anweisung, sie annehmen zu wollen, kein Vorvertrag.

[3]) Sonst wäre z. B. jeder Kauf ein Vorvertrag. — Neuerdings redet man freilich auch von Vorverträgen zu familienrechtlichen Geschäften, z. B. Verlöbnis. Das ist logisch möglich, aber wenig förderlich.

[4]) Das sei ein formlos geschlossener Nebenvertrag, falls der Hauptvertrag formlos ist; falls der Hauptvertrag formal ist, der unter Wahrung derselben Form geschlossene Vorvertrag.

sollen; **das** wäre eine Chikane, also unzulässig, § 226. Hier wird man also allerdings in dem sog. Vorvertrag sofort bereits den Hauptvertrag zu finden haben. Wer sich heute verpflichtet, eine bestimmte Sache zu einem bestimmten Preise von einem bestimmten Verkäufer kaufen zu wollen, ist schon Käufer, hat schon gekauft.

c) Ebenso, falls es sich um Vorvertrag zu einem einseitigen Vertrage handelt, nur in dem Sinne, daß die Seite, die später verpflichtet werden soll, jetzt schon eine Verpflichtung übernimmt. Wer heute verspricht, wenn ihm einmal eine Sache zur Aufbewahrung anvertraut werden sollte, diese gut aufbewahren und zurückerstatten zu wollen, schließt heute schon einen Aufbewahrungsvertrag ab.[1])

d) Soll aber der Vorvertrag zu einem einseitigen Vertrage die Bedeutung haben, auch oder gerade denjenigen zu verpflichten, der in dem Hauptgeschäft der einseitig Berechtigte werden wird (und umgekehrt), so ist abermals zu unterscheiden:

aa) In den meisten Fällen wird auch dann kein Vorvertrag im strengen Sinne, sondern bereits der Hauptvertrag, nur eben als ein abwechselnd gegenseitiger vorliegen, s. soeben oben 1, c. So wäre es unnötige Häufung der Verträge und Geschäfte, wollte man in dem dort gegebenen Beispiele bloß einen Vorvertrag zu einem Leihevertrag und nicht vielmehr schon den Leihevertrag selbst finden.

bb) Eben deshalb aber versagt diese Betrachtungsart, wo das Hauptgeschäft nach Gesetzesvorschrift ein streng einseitiges ist, das also eben zu einem, wennschon nur wechselseitig, gegenseitigen nicht umgeprägt werden kann, wenigstens nicht, ohne Natur, Namen, Typus zu wechseln. So also vor allem bei allen abstrakten Geschäften; ferner namentlich beim Darlehen.[2]) Wer sich verpflichten will, ein Darlehen zu geben, mit jemand in Anweisungs- oder Wechselverkehr zu treten, kann diese Verpflichtung nicht innerhalb des Darlehns-, Anweisungs-, Wechselvertrages übernehmen. Da bleibt also der Vorvertrag[3]) (besser vielleicht zu heißen Vorverpflichtungsvertrag) unerläßlich.

---

[1]) „Realkontrakte" im römischen Sinne, wonach erst die res verpflichtet, sind uns unbekannt; wennschon ich nicht zurückgeben kann, ehe ich das Zurückzugebende erhalten habe, kann ich mich schon vorher dazu verpflichten.

[2]) § 610 „wer die Hingabe eines Darlehens verspricht"; darin liegt die gesetzliche Entscheidung, daß dieses Versprechen noch nicht zum Darlehen selbst gehört.

[3]) Pactum de mutuo dando, de cambiando. Wegen der Formalität, die hier für Wechsel und Anweisung u. dgl. ergänzend hinzutritt, s. oben soeben sub a.

3. Verfügende oder verpflichtende Verträge oder solche, die beides verbinden, s. oben § 48, II, 3. — Unterart der verfügenden Verträge sind die sog. dinglichen Verträge, vom Gesetze gerne bezeichnet als „Einigung"; ein solcher dinglicher Vertrag liegt vor,[1] falls das Recht, auf dessen Übertragung oder Preisgabe der Vertrag unmittelbar gerichtet ist, ein dingliches ist.

III. Ergänzungsbedürftige Willenserklärungen.

1. Stellvertretung.*) §§ 164—181.

§ 62. Begriff und Möglichkeit.

I. Begriff. Stellvertretung ist Abgabe oder Entgegennahme von Hauptwillenserklärungen, deren Erfolgswille auf fremde Angelegenheiten gerichtet ist.

1. Abgabe der Willenserklärung als einer eigenen, d. h. Erklärung des Erfolgswillens als eines eigenen, aus eigener Willensenergie hervor, wenn schon über fremde Angelegenheiten. Gegensatz: Beihilfe zu fremdem Geschäftsabschlusse, der durch Hauptwillenserklärung des Anderen erfolgt; z. B.:

a) Ausdenken oder Formulieren des von dem Anderen zu erklärenden Willens, Tätigkeit des Notars oder dergl.; oder

b) Überbringen eines fremden Willens[2]) mit eigenem Erklärungswillen, der aber dahin geht, jenen Willen (Erfolgswillen) als den eines Anderen mitzuteilen: Tätigkeit des Boten, des Mittlers oder dergl.

---

[1]) Entscheidungen des Reichsgerichts 50, 81; vgl. auch unten § 166, I, 1, e, bb und die Literaturnote dortselbst.

*) Lenel in den dogm. Jahrbüchern 36, 1 fg. — Biermann, Zur Lehre v. d. Vertretung und Vollmacht, in Gießener Festgabe f. Dernburg. — Hupka, Die Vollmacht, 1900. — F. Leonhard, Vertretung beim Fahrniserwerb, 1899. — Rümelin, H., Das Handeln in fremdem Namen im bürgerlichen Gesetzbuch, im Arch. f. civilist. Praxis, 93, 131 fg. — Schloßmann, Die Lehre von der Stellvertretung, 2 Teile; und in d. dogm. Jahrbüchern 44, 289 fg. — Preuß, ebenda, 44, 429 fg. — Ältere Literatur: Buchka, Lehre v. d. Stellvertretung. — Hellmann, Stellvertretung. — Mitteis, Stellvertretung.

[2]) In genau vorgeschriebener oder in freier Formulierung, ja selbst mit freier sachlicher Bestimmung, soweit nur die getroffene Bestimmung als Erfolgswille des Anderen, nicht als eigener Erfolgswille, mitgeteilt werden soll.

2. Abgabe der Willenserklärung als enthaltend einen Erfolgswillen, der auf fremde Angelegenheiten gerichtet ist, unter Ausschluß der Wirkung auf eigene Angelegenheiten; s. oben S. 157. Das Gesetz nennt dies „Erklärung im Namen eines Anderen", den entgegengesetzten Fall „Erklärung im eigenen Namen". Zur Erklärung im Namen eines Andern gehört also dieser besondere Stellvertretungswille. — Gegensätze:

a) Der Erklärende will selbst Rechte erwerben oder Pflichten auf sich nehmen, um dieselben sodann auf Andere weiter zu übertragen, sog. indirekte Stellvertretung, die genau geredet gar keine ist, überhaupt juristisch als solche keine besondere Geschäftsform darstellt. Sie kann nur dazu werden, wenn der Handelnde zu der Weiterübertragung einem Dritten gegenüber von vornherein verpflichtet und berechtigt ist, sog. Handeln auf eigenen Namen, aber auf fremde Rechnung, Tätigkeit des Kommissionärs.

b) Der Erklärende will selbst das Recht erwerben, daß einem Andern geleistet werde, oder selbst die Pflicht übernehmen, daß er einen Andern zu leisten veranlassen werde, sog. Verträge zu Gunsten oder zu Lasten Dritter; darüber später, § 120 unten; oder er will selbst, im eigenen Namen, fremdes Recht, z. B. fremdes Eigentum als solches übereignen, unter Benutzung vielleicht von § 185, oder auf Grund einer Ermächtigung, s. unten § 66, 5; all das hat mit eigentlicher Stellvertretung nichts zu schaffen.

3. Abgabe einer Hauptwillenserklärung, nicht bloße Zustimmung oder sonstige Ergänzung zu einer fremden Willenserklärung. So gehören hierher die Geschäfte, die der gesetzliche Vertreter selbständig für sein Mündel schließt, nicht die Geschäfte, die der beschränkt Handlungsfähige selbst vornimmt mit Zustimmung seines gesetzlichen Vertreters; darüber vielmehr unten in § 65.

4. Stellvertretung gibt es analog noch für die Entgegennahme von Willenserklärungen (die hier nicht eben Hauptwillenserklärungen zu sein brauchen). Sinn der Stellvertretung ist hier, daß eine seitens des Stellvertretenen empfangsbedürftige Erklärung als empfangen und vollendet juristisch gilt, sobald sie dem Stellvertreter zugegangen ist; keine Stellvertretung, wenn der Empfänger einer Willenserklärung diese bloß dem Adressaten übermitteln soll, so daß sie nur dann vollendet ist, wenn sie bei letzterem eingeht.

II. Möglichkeit der Stellvertretung, d. h. einer Stellvertretung, die so wirkt, wie sie wirken soll, setzt folgendes voraus:

1. Im allgemeinen. Es muß vorliegen:

a) Ein Geschäft, das der Stellvertretung zugänglich ist. Dahin gehören heute prinzipiell die vermögensrechtlichen Geschäfte unter Lebenden; im Familien- und Erbrecht kommen zahlreiche Ausnahmen vor (z. B. Eheabschluß, Testamentserrichtung).

b) Eine zur Abgabe oder Entgegennahme stellvertretender Willenserklärungen fähige Person. Dazu muß mindestens vorhanden sein beschränkte Geschäftsfähigkeit. Diese genügt bei gewillkürter Stellvertretung; bei gesetzlicher wird meist über diese Grenze hinaus volle Geschäftsfähigkeit gefordert.

c) Stellvertretungsmacht des Handelnden für denjenigen, in dessen Namen er handelt, so daß die einzelne Stellvertretungshandlung innerhalb der Grenzen dieser Macht fällt.

d) Stellvertretungswille und erkennbare Erklärung desselben; mangels letzterer[1]) gilt der Wille als im eigenen Namen des Erklärenden erklärt, § 164 Abs. 2, selbst wenn der Erklärende irrtümlich, aber unverschuldet, geglaubt hat, sein Stellvertretungswille werde nicht verkannt werden.[2])

e) Endlich darf es sich nicht handeln um ein Rechtsgeschäft, das der Stellvertreter in Doppelrolle mit sich selbst (der Stellvertreter des A mit sich im eigenen Namen oder mit sich als dem Stellvertreter des B) abschließen würde, es bestehe denn ausschließlich in Erfüllung einer Verbindlichkeit, oder es wäre ihm denn Befugnis dazu besonders eingeräumt, § 181.[3])

2. Die Stellvertretungsmacht insbesondere kann beruhen:

a) auf gesetzlicher oder obrigkeitlicher Anordnung, sog. gesetzliche Stellvertretung. Solche liegt vor, sofern das Gesetz oder die Obrigkeit bestimmt, daß hier eine Stellvertretung stattfinden soll oder kann. Die Bestimmung der Person des Vertreters mag durch die Obrigkeit oder durch den zu Vertretenden erfolgen. Den Umfang seiner Vertretungsmacht wird dann regelmäßig das Gesetz, obschon vielleicht nur dispositiv, bestimmen. Der Vertreter bekleidet hier eine Art von Amt. — Man unterscheide weiter:

---

[1]) Dieselbe kann auch dahin gehen, man wolle nach freier Wahl oder nach objektiv feststehenden, aber unaufgeklärt gelassenen Verhältnissen (für „wen es angeht") für sich oder für einen Dritten als dessen Stellvertreter handeln.

[2]) Dadurch geht dieses sog. Offenbarungsprinzip des § 164 Abs. 2 über die Behandlung der Mentalreservation hinaus; vgl. oben S. 189 Note 1.

[3]) Rümelin, M., Das Selbstkontrahieren des Stellvertreters, 1888.

aa) Derartige Anordnungen getroffen ausschließlich im Interesse des Vertretenen z. B.: Vorstand der juristischen Person; Vormünder und Pfleger für Geschäftsunfähige oder Verschollene.[1]) Hierher gehören auch die Fälle, wo der gesetzliche Vertreter mehrere Personen vertritt, welche vollkommen gleiches Interesse haben, z. B. ein Vormund für mehrere Geschwister oder aber auch der Vertreter mehrerer Teilhypothekenbriefe, der Treuhänder aus § 1189.[2])

bb) Derartige Anordnung, getroffen im Interesse mehrerer zu vertretenden Personen, deren Interessen kollidieren, zu richtiger Vermittlung zwischen diesen Interessen untereinander und vielleicht auch noch mit den Interessen nicht vertretener Dritter; nicht notwendig ausschließlich im Interesse der Vertretenen, wohl aber unter Ausschluß eines jeden eigenen Interesses auf seiten des Stellvertreters. So z. B. die Fälle des Nachlaßverwalters, des Konkursverwalters, des Testamentsvollstreckers.[3]) Hierher gehören aber auch die Fälle, wo das Gesetz kollidierende Interessen mehrerer dinglich Berechtigter löst und sichert durch die Vorschrift, daß die Sache bei einem Dritten zu hinterlegen ist, der die Sache nun in deren Namen mindestens besitzt, bisweilen auch verwertet, z. B. Hinterlegung von Wertpapieren, an denen ein Nießbrauch besteht, § 1082 ff., und die zahlreichen ähnlichen Fälle.

cc) Endlich derartige Anordnung getroffen im Interesse auch des Vertreters, der dadurch zum Stellvertreter aus eigenem Rechte wird, namentlich in Fällen seines eigenen Verwaltungs- und Nutznießungsrechtes an fremdem Vermögen, z. B. als Ehemann oder als Inhaber der elterlichen Gewalt. Hier ist das Geschäft des Stellvertreters oft ein solches, das vorgenommen ist teils in eigenem, teils in fremdem Namen; ersteres soweit er über Vermögensfrüchte, letzteres soweit er gleichzeitig über den Stammwert verfügt.

---

[1]) So auch die Pflegschaft für Ungeborene, wennschon unter denselben Bedenken wie die oben § 12, 3 erwähnten.

[2]) Schultze, Alfred, Treuhänder, in den dogm. Jahrb. 43, 1 fg.

[3]) Daß ein Unbeteiligter mehrere kollidierende Interessen gleichmäßig vertreten könne, so weit ein jedes berechtigt ist, leugnet zu Unrecht Lippmann in den dogm. Jahrb. 41, 173. — Damit soll freilich nicht geleugnet sein, daß Testamentsvollstrecker und Konkursverwalter außerdem noch mehr sind als Vertreter aller Interessenten, nämlich außerdem auch noch Beamte, als Vertreter beteiligter öffentlicher Interessen, z. B. an dem richtigen Vollzug eines Testamentes, vgl. unten Buch 5, Abschn. 1, Kap. 4. Das tritt dann eben noch zu ihrer Vertretungsstellung amtlich hinzu.

b) Mangels solcher gesetzlicher oder obrigkeitlicher Begründung kann die Stellvertretungsmacht nur beruhen auf Zustimmung des zu Vertretenden; wir sprechen dann von rechtsgeschäftlicher oder gewillkürter Vertretung. Ist die Zustimmung vorhergehend, so heißt sie besonders: Vollmacht. — Die Grenzen dieser Vertretungsmacht mögen durch zwingendes Recht (z. B. bei der Prokura) oder dispositiv (z. B. beim Vereinsvorstande) geregelt oder ganz der Willkür überlassen werden. Es mag auch hier Lösung einer Interessenkollision gewollt sein, z. B. bei der vertraglichen Einsetzung eines Sequesters.

3. Mit den bisher erwähnten Unterschieden der Stellvertretungsmacht ist nicht zu verwechseln die Frage nach ihrem Umfange, ob z. B. der Vertreter den Vertretenen vertritt in allen seinen Angelegenheiten, oder bloß in einzelnen, ob bloß in Vermögensangelegenheiten (Sorge für das Vermögen)[1]) oder auch in persönlichen Dingen (Sorge für die Person). Bei der Sorge um das Vermögen mag es sich bloß handeln um Erhaltung desselben (z. B. für den Ungeborenen) oder um Vermehrungsbemühung (z. B. bei dem Prokuristen).

III. Aus dem Bisherigen folgt:

1. Rechtsgeschäfte auf Grund von Stellvertretungsmacht, die auf gesetzlicher oder obrigkeitlicher Verleihung beruht, sind selbständige Rechtsgeschäfte auf Grund von selbständigen Willenserklärungen. Es gilt für sie allgemeinhin nichts Besonderes,[2]) zur Besprechung bieten sie als solche keinen Anlaß; Einzelheiten werden vielmehr bei der Lehre von der Vormundschaft, von dem ehelichen Güterrecht, vom Nachlasse u. s. f. vorzutragen sein, wie solche bereits vorgetragen sind betreffend den Vorstand oder sonstige Organe der juristischen Person.

2. Dagegen Vertretungsgeschäfte ohne solche Grundlage sind ergänzungsbedürftige Rechtsgeschäfte, zu welchen als gesetzlich notwendige ergänzende Willenserklärung eine Zustimmung treten muß.

---

[1]) Also Sinn dieses Ausdruckes: Vertretung einer Person mit der Aufgabe, für deren Vermögen zu sorgen; irreführend die Vorstellung, als wäre das Vermögen gewissermaßen der Vertretene. Vertretener ist stets (s. jedoch S. 215 Note 1) eine Person.

[2]) Außer etwa folgendem: Stellvertretungsgeschäfte, vorgenommen auf Grund giltig entstandener gesetzlicher Vertretung, bleiben mit Normalfolge in Wirksamkeit, auch wenn später der obrigkeitliche Beschluß, auf dem die gesetzliche Vertretung beruhte, als ungerechtfertigt wieder aufgehoben werden sollte, § 115 Abs. 1 Satz 2.

Dabei ist stets im Einzelfalle zuzusehen, ob die ergänzende Willenserklärung zur Ergänzung genügt oder nicht, und welche Wirkungen alsdann eintreten. Darüber weiteres in den folgenden Paragraphen.

§ 63. Gewillkürte Stellvertretung auf Grund von Vollmacht.

I. Die Vollmacht selbst. — Vollmacht ist vor der Vertretungsausübung gewillkürtermaßen erteilte Vertretungsmacht. Sie wird meist erteilt auf Grund irgend eines zwischen Vertreter und Vertretenem bestehenden Rechtsverhältnisses, z. B. Auftrag, Gesellschaft; sie fällt dann auch meist mit dieser ihrer Grundlage weg; aber sie **kann** unabhängig davon entstehen und fortbestehen, enger oder weiter gefaßt sein, als jene; sie kann also an und für sich nicht bloß auf Kraft dieser Grundlage gültig sein; sie mag akzessorisches Recht oder abstrakt sein.

1. Die Vollmacht entsteht:

a) gewöhnlich durch formloses, einseitiges, empfangsbedürftiges Rechtsgeschäft. Adressaten beliebig: entweder der zu Bevollmächtigende oder der Dritte, dem gegenüber die Vertretung stattfinden soll. — Sie kann aber auch entstehen

b) durch Kundgebung (d. h. nicht-rechtsgeschäftliche Mitteilung, ohne Rechtserfolgswillen), daß man jemanden bevollmächtigt habe, in Form besonderer Mitteilung an einen Dritten oder in Form öffentlicher Bekanntmachung. Auch dies schafft Vollmacht, in ersterem Falle jenem Dritten, in letzterem Falle jedem Dritten gegenüber.

c) Wer eine Vollmachtsurkunde ausstellt und dem Vertreter **aushändigt**, schafft diesem Vertreter Vollmacht im Maße des Inhalts dieser Urkunde,[1]) und zwar jedem Dritten gegenüber, dem der Vertreter diese Urkunde vorlegt.

2. Fortdauer und Erlöschen der Vollmacht betreffend, so muß unterschieden werden zwischen der wirklichen, vollständigen Fortdauer und solchen Fällen, in welchen die Vollmacht nur in gewissen Richtungen als fortdauernd gilt, während sie übrigens erloschen ist.

a) Die Vollmacht erlischt

---

[1]) Analog der Fall des Überbringers einer Quittung, § 370; diese Quittung ist Vollmacht zu stellvertretendem Empfang der quittierten Leistung; jedoch **hier**, „sofern nicht die dem Leistenden bekannten Umstände der Annahme einer solchen Ermächtigung entgegenstehen“.

aa) durch gültigen Widerruf. Gültig ist er bei akzessorischer Vollmacht nur, wenn er nach dem zu Grunde liegenden Rechtsverhältnisse gestattet ist (wie im Zweifel der Fall), mag dieses auch fortbestehen. Erklärung wie bei der Bevollmächtigung, oben 1 a;

bb) durch Endigung des der akzessorischen Vollmacht zu Grunde liegenden Rechtsverhältnisses, wenigstens im Zweifel; als solche Endigungsursache wird häufig (z. B. beim Auftrag) Tod oder Eintritt der Geschäftsunfähigkeit des Berechtigten erscheinen, vgl. unten § 144, 4.

b) Doch gilt sie trotzdem als fortbestehend

aa) falls sie formlos gegenüber dem Dritten, mit dem der Stellvertreter Rechtsgeschäfte schließen soll, erklärt ist (oben 1 a) diesem Dritten gegenüber, bis diesem ihr Erlöschen vom Vollmachtgeber angezeigt ist;

bb) falls sie durch Kundgebung erklärt ist (oben 1 b), den hierdurch zur Annahme ihrer Existenz Berechtigten gegenüber, bis zur Rücknahme in derselben Form;

cc) falls sie auf Vorlegung einer Vollmachtsurkunde beruht (oben 1 c), dem hierdurch zur Annahme ihrer Existenz Berechtigten gegenüber so lange, bis die Urkunde dem Vollmachtgeber zurückgegeben[1]) oder für kraftlos erklärt wird. Letztere Möglichkeit, die offenbar zum Schutze des Vollmachtgebers unbedingt nötig ist, wird verwirklicht durch ein besonderes Verfahren, das mindestens über einen Monat in Anspruch nimmt;

dd) endlich, falls das Erlöschen auf Beendigung des zu Grunde liegenden Rechtsverhältnisses beruht, denjenigen Personen gegenüber, für welche dieses Rechtsverhältnis noch als fortdauernd gilt (Auftrag, § 674, Gesellschaft, § 729), bis zur Erledigung dieses Ausnahmezustandes.

c) Der Unterschied zwischen der vollgiltigen und zwischen der erloschenen, als bestehend nur noch geltenden Vollmacht äußert sich darin, daß

aa) letztere stets nur bestimmten, in den einzelnen Fällen unter b soeben genauer bezeichneten Personen gegenüber, und auch diesen gegenüber

bb) nur so lange als fortbestehend gilt, bis sie das Erlöschen

---

[1]) Dazu der Bevollmächtigte unbedingt, ohne jedes Zurückbehaltungsrecht, nach dem Erlöschen der Vollmacht verpflichtet, § 175.

der Vollmacht irgendwie kannten oder kennen mußten. Es handelt sich also ausschließlich um Schutz für deren guten Glauben.

II. Die Wirksamkeit der Vollmacht.

1. Bei Vertragsabschlüssen, Abgabe von nicht empfangsbedürftigen einseitigen Willenserklärungen und Entgegennahme aller Arten von einseitigen Willenserklärungen genügt es zur Wirksamkeit der Vollmacht, daß sie (allgemeingiltig oder diesem Dritten gegenüber) im Augenblick der Vornahme des Rechtsgeschäfts und in einem dasselbe umschließenden Umfange vorhanden sei. Wie der Dritte sich hierüber oder über ihren Mangel Klarheit verschaffen mag, bleibt seine Sache; er mag sich vorher erkundigen, mangels genügenden Nachweises mit einem Stellvertreter nicht einlassen. Hat er sich eingelassen, so kommt es nur darauf an, ob Vollmacht vorlag oder nicht.

2. Bei der Abgabe empfangsbedürftiger einseitiger Willenserklärungen[1]) durch einen Stellvertreter dagegen ist dem Adressaten (der ja hier nicht die Wahl hat, sich einzulassen oder nicht), ein besonderes Recht gegeben, sofern er nicht über das Bestehen der Vollmacht durch den Vollmachtgeber selbst vergewissert ist. Er kann dann nämlich Vorweisung einer Vollmachtsurkunde von dem Stellvertreter verlangen und mangels solcher Vorweisung alsdann[2]) unverzüglich[3]) die Erklärung zurückweisen. Diese Erklärung ist dann, trotzdem wirklich Vollmacht zu ihr vorhanden gewesen sein mag, unwirksam.

III. Die Wirkung der Stellvertretung.

1. Ist ein Rechtsgeschäft mit wirksamer Vollmacht vorgenommen oder entgegengenommen und treffen die ferneren Voraussetzungen der Stellvertretungsmöglichkeit (oben § 62, II, 1) zu, so tritt die gewünschte Wirkung ein: Die Wirkungen entstehen sofort, unmittelbar und ausschließlich in den Rechtsverhältnissen des Vertretenen.

2. Für die einzelnen weiteren Voraussetzungen und Wirkungen des so vorgenommenen Rechtsgeschäfts ist zu unterscheiden:

a) die objektiven Verhältnisse sind zu beurteilen aus der Person des Vertretenen.

b) Soweit dagegen subjektive Verhältnisse in Betracht kommen, Wissen um bestimmte Umstände, Schuld, Nachlässigkeit, Irrtum,

---

1) H. Habicht in der Jur. Wochenschrift 30, 770 fg.

2) Nur alsdann, d. h. wenn er solche Vorlegung mit der Angabe, er weise sonst zurück, gefordert hat.

3) Nur unverzüglich, nicht nach längerem Besinnen.

Bedrohung, Täuschung oder dergl. mehr, so wird auf die Person des Stellvertreters gesehen, § 166 Abs. 1.[1])

c) Letzteres erleidet nur da eine Ausnahme, wo der Vertreter nach besonderen, bestimmten Anweisungen des Vollmachtgebers gehandelt hat; dann kann dieser sich nicht auf solche schuldlose Unkenntnis des Vertreters berufen, die bei ihm selbst in dem Augenblicke, in welchem er dem Vertreter noch hätte andere Anweisung zugehen lassen können, nicht oder nicht mehr oder nicht schuldlos vorhanden war, § 166 Abs. 2. Dem Sehenden[2]) kommt die Blindheit seines Stellvertreters nicht zu statten.

§ 64. Gewillkürte Stellvertretung ohne Einwilligung.

Kommt ein Rechtsgeschäft in Stellvertretung ohne bis dahin begründete Stellvertretungsmacht, d. h. ohne gesetzliche noch behördliche Einräumung derselben einerseits, ohne gültige Vollmacht andererseits vor, so fragt sich, ob es überhaupt noch ergänzungsfähig ist; für den bejahenden Fall, wie die Ergänzung möglich ist und wirkt; endlich, welche Folgen eintreten, falls es ergänzungsunfähig sein oder die nötige Ergänzung nicht finden sollte.

I. Ergänzungsfähigkeit.

1. Sie liegt stets vor bei Vertragsschlüssen.

2. Sie ist stets ausgeschlossen bei Abgabe[3]) einer einseitigen, nicht empfangsbedürftigen Willenserklärung durch einen Stellvertreter ohne bereits vorhandene Stellvertretungsmacht.

3. Sie ist ausnahmsweise denkbar bei Abgabe oder Entgegennahme einer einseitigen empfangsbedürftigen Erklärung seitens eines solchen Stellvertreters: wenn nämlich beide Teile darüber einverstanden waren, daß der Vertreter ohne Vertretungsmacht handle. Außerdem, aber bloß bei der Abgabe, wenn der Erklärende Stellvertretungsmacht ohne Beanstandung seitens des Adressaten behauptet hat.

II. Liegt Ergänzungsfähigkeit vor, so entsteht ein Schwebezustand:

1. Derselbe findet seine Erledigung nach der Seite, daß das Geschäft sich als dauernd unwirksam herausstellt:

---

[1]) Dies gilt selbstverständlich erstrecht für die Fälle nicht gewillkürter Vertretung.

[2]) Oder sich die Augen Zuhaltenden!

[3]) Entgegennahme kann hier, mangels Empfangsbedürftigkeit, gar nicht in Betracht kommen!

a) durch wirksamen Widerruf seitens der andern beim Geschäfte beteiligten Partei. Dieser Widerruf ist wirksam, falls:

aa) der Widerrufende den Mangel der Stellvertretungsmacht beim Abschlusse nicht kannte[1]) und

bb) den Widerruf rechtzeitig vor erfolgter Genehmigung dem Vertreter oder dem Vertretenen gegenüber erklärt;

b) durch Verhalten des Vertretenen, Tätigkeit oder Stillschweigen.

aa) Tätigkeit, d. h. Genehmigungsverweigerung. Diese ist wirksam jedenfalls, wenn der anderen Partei erklärt. Sie mag zwar auch zunächst wirksam sein, wenn dem Vertreter erklärt, dies aber nur, wenn die andere Partei nicht eine Erklärung über die Genehmigung für sich fordert. Durch diese Aufforderung (s. auch sofort darüber bb) wird die selbst früher an den Vertreter gerichtete Erklärung nunmehr unwirksam, so daß der Vertretene dadurch aufs neue frei wird, abzulehnen oder zuzustimmen oder sich zu verschweigen.

bb) Stillschweigen, nämlich auf die Aufforderung der anderen Partei hin, sich über die Genehmigung zu erklären. Antwortet darauf der Vertretene binnen 14 Tagen nicht, so gilt dies als Ablehnung.

2. Dagegen findet der Schwebezustand seine Entscheidung in dem Sinne, daß das Geschäft vollwirksam wird, falls der Vertretene seine Genehmigung wirksam (wie oben 1, b, aa) erklärt. Dann liegt alles genau so, als hätte der Stellvertreter von Anfang an Vollmacht gehabt, sog. Rückwirkung der Genehmigung, § 184 Abs. 1; jedoch unter Vorrang für etwaige Zwischenverfügungen des Genehmigenden, ebenda Abs. 2.

III. Ist mangels Vertretungsmacht, Ergänzungsfähigkeit oder Ergänzung das Geschäft als Stellvertretungsgeschäft für den Vertretenen ganz unwirksam, so fragt sich, ob es nicht Wirkungen hat zwischen Vertreter und Drittbeteiligtem. Man unterscheide:

1. Falls Drittbeteiligter die Sachlage kannte (durch Mitteilung des Vertreters oder aus sonstiger Quelle) oder kennen mußte, so bleibt es ganz ohne Wirkungen.

2. Falls dagegen der Vertreter als mit Vertretungsmacht (ge-

---

[1]) Anderenfalls Widerruf ausgeschlossen, also der Dritte gebunden, der Vertreter noch nicht: sog. hinkendes Geschäft.

setzlicher oder gewillkürter) ausgestattet, in rechtsverbindlicher Weise[1]) aufgetreten ist und der andere Teil es nicht besser wußte oder wissen mußte,[2]) so ist abermals zu unterscheiden:

a) Kannte der Vertreter den Mangel seiner Vertretungsmacht, so ist er dem Dritten nach dessen Wahl zur Erfüllung oder zur Leistung des vollen, positiven Geschäftsinteresses verpflichtet.

b) Kannte dagegen der Vertreter selbst den Mangel nicht, so daß er in gutem Glauben war, so haftet er bloß für negatives Vertragsinteresse, wie in den Fällen des § 57 oben.

2. Beschränkte Geschäftsfähigkeit. §§ 107—111, § 131 Abs. 2.

§ 65.

Ähnlich ergänzungsbedürftig sind die Willenserklärungen eines nur beschränkt Geschäftsfähigen, sofern sie nicht ohne weiteres vollwirksam sind,[3]) s. oben § 51 II. Das Verhältnis dreht sich nur insofern um, als hier der in eigenen Angelegenheiten handelnde beschränkt Geschäftsfähige die Hauptwillenserklärung abgibt, die Ergänzung derselben seitens seines gesetzlichen Vertreters erfolgen muß. Von Ergänzung durch Erklärung eines gewillkürten Vertreters kann hier natürlich nicht die Rede sein. Mit ganz geringen, durchweg hieraus sich ergebenden Einzelabweichungen ist demgemäß im übrigen hier die Lage genau dieselbe, wie bei dem ergänzungsbedürftigen Stellvertretungsgeschäfte.

1. Die Zustimmung des gesetzlichen Vertreters kann voraus erklärt sein (Einwilligung). Sie ist dann rücknehmbar bis zur Vornahme des Rechtsgeschäfts, zu dem sie erteilt ist, § 183. Sie wirkt dann genau wie oben § 63 III.

2. Liegt keine Einwilligung des gesetzlichen Vertreters vor, so gestalten sich die Verhältnisse genau gemäß oben § 64, nur mit folgenden Abweichungen:

---

[1]) Das ist nicht der Fall, falls es sich um das Auftreten eines beschränkt Geschäftsfähigen ohne Zustimmung seines gesetzlichen Vertreters handelt: denn dieser kann sich ja allein, im eigenen Namen, nicht verpflichten, obschon er zur Vornahme von Rechtsgeschäften in fremdem Namen ohne weiteres fähig ist, s. oben S. 214; diese Folge zieht ausdrücklich § 179 Abs. 3 Satz 2.

[2]) Auch nicht selbst durch seinen Widerruf der Genehmigung des Vertretenen zuvorgekommen ist und dadurch selbst die Ergänzung unmöglich gemacht hat, s. oben II, 1a.

[3]) Dahin gehören auch die Fälle der §§ 112, 113 und dort sog. „Ermächtigung“; s. oben § 51, II, 3 b und vgl. dagegen unten § 66, 5.

a) Ergänzungsfähigkeit versagt hier bei Abgabe oder Entgegennahme aller einseitigen Erklärungen, auch bei den empfangsbedürftigen, da von Einverständnis oder dergl. (s. oben § 64 I 3) hier nicht die Rede sein kann.

b) Widerruf ist dem Drittbeteiligten auch dann gestattet, wenn er zwar die Lage des Erklärenden als eines beschränkt Geschäftsfähigen gekannt hat, aber nicht das Fehlen der Einwilligung, welche der Minderjährige wahrheitswidrig als gegeben behauptet hat.

c) Schadensersatzpflicht des beschränkt Geschäftsfähigen, falls das Geschäft endgültig scheitert, kommt nicht zu Frage. Soll ihn doch eben die ganze Einrichtung selbst vor Schaden schützen.

d) An Stelle des gesetzlichen Vertreters tritt behufs Erteilung oder Versagung der Genehmigung nach erlangter voller Geschäftsfähigkeit der bisher beschränkte Geschäftsfähige selbst.

3. Andere Fälle.

§ 66.

1. Dem Falle beschränkter Geschäftsfähigkeit, von dem oben § 65 handelt, liegt am nächsten der Fall des Vormundes oder des Inhabers der elterlichen Gewalt, der zu einem namens des Mündels oder Kindes abgeschlossenen Rechtsgeschäfte gegenvormundschaftlicher oder vormundschaftsgerichtlicher Zustimmung bedarf. Dieser Fall unterliegt entsprechend denselben Vorschriften, §§ 1828—1832; nur ist die Genehmigung stets hier dem Vormunde zu erteilen, und wird erst wirksam dadurch, daß dann der Vormund sie dem beteiligten Dritten mitteilt.

2. Sodann gehören hierher Fälle des ehelichen Güterrechts.

a) Die Ehefrau, welche unter dem gesetzlichen Güterstande der ehemännlichen Verwaltung und Nutznießung lebt, kann über ihr sog. eingebrachtes Gut nicht ohne Zustimmung des Ehemannes verfügen, §§ 1395 ff. und § 1403 Abs. 1. Dadurch gestalten sich die Rechtswirkungen solcher Verfügungen fast ganz[1]) wie die des beschränkt Geschäftsfähigen, §§ 1396 ff. Nur fällt fort die Rückweisbarkeit der einseitigen verfügenden Willenserklärung bei vorher erteilter, wennschon nicht beurkundeter Einwilligung des Ehemannes; vgl. oben § 63 II 2.

[1]) So auch teilweise in einem Punkte, wo man stärkere Abweichung erwarten könnte, s. § 1396 Abs. 3.

b) Dem vorbehandelten entspricht unter geringfügigen Abweichungen (§ 1448 Abs. 2, 3 verglichen mit § 1396 Abs. 2) der Fall der in Gütergemeinschaft lebenden Eheleute, wenn der Ehemann Verfügungen trifft oder Verpflichtungen eingeht, zu welchen er der Zustimmung der Frau bedarf.

3. Verfügung eines Nichtberechtigten im eigenen Namen über den Gegenstand, der seinem Rechte nicht untersteht. Sie ist wirksam, wenn mit Zustimmung des Berechtigten abgegeben; sie wird nachträglich wirksam durch dessen Genehmigung, aber freilich auch durch nachträglichen Rechtserwerb seitens des Verfügenden, § 185.[1])

4. Für letzterwähnten Fall und für ähnliche Einzelfälle gibt das Gesetz nicht so eingehende Vorschriften, wie für die vorher behandelten Fälle. Es gelten nur allgemein die Regeln von der Widerrufbarkeit der Einwilligung bis zur Vornahme des bewilligten Rechtsgeschäfts, § 183, und von der Rückwirkung der Genehmigung § 184. Doch mag sich entsprechende Übertragung der sonst in dergleichen Fällen geltenden Regeln unter Umständen rechtfertigen lassen.

5. Ermächtigung.[2]) — Ganz anders liegen die Fälle, wo ein Rechtsgeschäft, das jemand im eigenen Namen vornimmt, deshalb ergänzungsbedürftig ist, weil es unmittelbar auf Rechtsverhältnisse eines Dritten, und zwar nicht bloß zu dessen Gunsten, wirken soll. Wir reden hier von Ermächtigung.

a) Die Ermächtigung kann beruhen auf richterlicher Bestimmung (§ 1358) oder auf Rechtsgeschäft (Vertrag zwischen Ermächtigendem und Ermächtigtem, namentlich Anweisungsvertrag, §§ 783 fg.)

b) Sie schafft keine Rechtsverpflichtung unter den Beteiligten,[3]) nur die des Ermächtigenden, die Handlung des Ermächtigten gegen

---

[1]) Dadurch gedeckt der Fall der vorigen Note, soweit § 1396 Abs. 3 von dem Recht der beschränkt Geschäftsfähigen abweicht.

[2]) In anderem Sinne gebraucht das BGB. dieses Wort bei der Lehre von der vormundschaftlichen Ermächtigung eines beschränkt Geschäftsfähigen, vgl. oben § 51, II, 3 b, in §§ 112, 113. — Für den dort geltenden Sinn vgl. oben § 62, I, 2 b.

[3]) Dies der Unterschied gegen selbständige Befugnisse, als z. B. das Verwaltungsrecht des Ehegatten oder Vaters am Vermögen der Ehefrau oder des Kindes. — Allenfalls mag man als sonstige Rechtsverpflichtung aus der Anweisung noch in Anspruch nehmen, nach Analogie von § 789, eine Billigkeits-Verpflichtung des Angewiesenen gegenüber dem Anweisenden, diesen über den Verlauf der Angelegenheit unverzüglich, namentlich bei anomaler Gestaltung, zu benachrichtigen.

sich gelten zu lassen. Sonstige Rechtsverhältnisse unter den Parteien, namentlich die, auf Grund deren es zur Ermächtigung gekommen ist, bleiben unberührt.

c) Falls die Ermächtigung rechtsgeschäftlich erteilt ist, wird sie im Zweifel wie jeder Vertrag nicht als abstrakt, sondern als kausal zu betrachten sein, wenn schon auf sie die Bestimmung betr. die Vollmacht, wonach diese sich im Zweifel akzessorisch zu dem sie veranlassenden Rechtsverhältnis zwischen Vollmachtgeber und Bevollmächtigtem verhält, nicht ausgedehnt werden kann, weder betr. Bestand noch betr. Untergang. Dazu ist sie von der Vollmacht allzusehr verschieden.

d) Die rechtsgeschäftlich erteilte Ermächtigung beruht nicht, wie die Vollmacht, auf persönlichem Vertrauen, sondern verfolgt rein ökonomische Wirkungen unter den Parteien. Daher ist sie im Zweifel frei übertragbar von dem Ermächtigten auf einen weiter zu Ermächtigenden und geht nicht unter durch Tod noch durch Eintritt der Geschäftsunfähigkeit eines der Beteiligten; vgl. §§ 791, 792.

e) Dagegen ist sie frei widerrufbar von seiten des Ermächtigenden, so lange und so weit auf Grund der Ermächtigung noch weiter keine rechtsverbindlichen Folgen eingetreten sind. Der Widerruf ist einseitiges, empfangsbedürftiges Rechtsgeschäft gegenüber dem Ermächtigten, § 790.

IV. Sonstige ergänzende Willenserklärungen.

§ 67.

1. Ergänzende Bestimmungen, die gewillkürterweise zu selbständigen Hauptwillenserklärungen hinzutreten sollen, können in verschiedenster, beliebiger Weise vorkommen. Solche Bestimmungen brauchen gar keine Willenserklärungen im eigentlichen Sinne zu sein, mag sein z. B., daß Parteien verabredet haben, es auf die Wahl eines Kindes ankommen zu lassen. Seine Rechtsbedeutung gewinnt dann dieser Wahlakt natürlich nicht aus der Willensverfügung des Kindes, sondern aus dem Willen der sonst Beteiligten. Es können aber doch auch Parteien gerade auf ein ergänzendes eigentliches Rechtsgeschäft abgestellt haben, sei es von ihnen oder von einem von ihnen vorzunehmen oder von einem Fremden.

2. Allgemeine Vorschriften dispositiver Natur enthält das BGB. für solche Fälle nur, sofern es sich um Bestimmung eines

obligatorischen Leistungsinhaltes handelt, §§ 315fg. Es wird daher darauf bei der Lehre von den Schuldverhältnissen zurückzukommen sein. Indessen dürfte einer der dort aufgestellten Regeln Geltung für alle hierhergehörigen ergänzenden Willenserklärungen zukommen, nämlich der Vorschrift, daß, wenn diese Willenserklärung von einem Dritten abzugeben ist, Anfechtung der getroffenen Bestimmung wegen Irrtums, Drohung oder arglistiger Täuschung nur dem Vertragschließenden zusteht; Anfechtungsgegner aber ist der andere Teil; § 318 Abs. 2.

V. Einzelne Inhaltsgestaltungen von allgemeiner Bedeutung.

1. Vorbemerkung.

§ 68.

Was alles den Inhalt der Rechtsgeschäfte bilden kann, das ergibt sich wesentlich aus den besonderen Teilen des Privatrechts und gehört eben deshalb nicht in den allgemeinen Teil. Wohl aber gibt es gewisse Inhalts-Gestaltungen, welche in allen oder in den meisten Sonderteilen wiederkehren und für jeden dieselbe Bedeutung haben; diese müssen deshalb herausgegriffen und bereits hier vorgeführt werden. Wir setzen hierher: bedingtes Rechtsgeschäft; befristetes Rechtsgeschäft; liberales Rechtsgeschäft (Schenkung); und Rechtsgeschäft mit Auflage.

2. Bedingtes Rechtsgeschäft,[1]) §§ 158—162.

§ 69. Begriff, Arten, Möglichkeit.

I. Begriff. — Eine bedingte Willenserklärung ist eine solche, bei welcher der Erfolgswille als nur bedingt, doch aber schon vor-

---

[1]) Im allgemeinen: Fitting, im Arch. f. d. zivilist. Praxis 39, 305fg. — von Scheurl, Zur Lehre v. d. Nebenbestimmungen bei Rechtsgeschäften. — Karlowa, Das Rechtsgeschäft u. s. Wirkung, 76fg. — Enneccerus, Rechtsgeschäft, Bedingung und Anfangstermin. — Bes. über Rückwirkung: Windscheid, Die Wirkung der erfüllten Bedingung. — Ihering, i. d. dogm. Jahrb. 10, 493fg. — Fitting, Über den Begriff der Rückziehung. — Bes. betr. Beweisfragen: Stölzel, im Recht 5, 503fg. — Rosenberg, Arch. f. d. zivilist. Praxis 94, 1fg. und 314fg. — Ältere Literatur: s. etwa Fitting, i. d. Ztschr. f. Zivilprozeß, 13, 55fg. — Bes. über Bedingung Wendt, Lehre v. bedingten Rechtsgeschäft. — Adickes, Zur Lehre v. d. Bedingungen. — Leonhard, F., Willkür und Willenserklärung i. d. dogm.

handen erklärt wird. Es soll jetzt bereits festgelegt werden, daß, wenn in Zukunft ein nicht bestimmt vorhersehbares Ereignis eintritt, gewisse Rechtsfolgen eintreten sollen.

1. Der Inhalt des bedingten Rechtsgeschäfts zerfällt nicht etwa in zwei trennbare Stücke, Bedingung und Bedingtes; ganz irreführend namentlich die herkömmliche Vorstellung, welche die Bedingung lediglich als Nebenbestimmung zu dem Bedingten ansieht. Vielmehr stehen beide Teile an Gewicht und Bedeutung einander absolut gleich. Der Erklärende will nicht zunächst unbedingt und fügt dann nachträglich, nebensächlich die Bedingung zu; sondern er will nur unter der Bedingung, er will bedingt. Bedingt Wollen ist etwas ganz anderes als unbedingt Wollen.[1]) Bedingt Wollen umschließt stets und von vornherein eine Alternative: im Falle des Eintrittes des Gegenteils der Bedingung Nicht-Wollen. Bedingung liegt also vor, wenn irgend ein Motiv, irgend eine Voraussetzung der Willensbildung zum Teil des Willens selbst geworden, in den Willen aufgenommen ist; darauf beruht ihre rechtliche Bedeutung. Wie umgekehrt die regelmäßige rechtliche Bedeutungslosigkeit der bloßen Voraussetzung (vgl. oben § 49, II, 4) eben darauf beruht, daß sie nicht zum Willensinhalt erhoben ist. Wenn ich mich trotz der Unsicherheit alles Zukünftigen heute schon entschließe, unbedingt etwas zu wollen, was ich nur unter gewissen Voraussetzungen wünsche, so nehme ich eben das Risiko auf mich, daß jener Erfolg jedenfalls eintritt, auch dann, wenn diese Voraussetzungen sich als unzutreffend herausstellen. Will ich mich gegen dieses Risiko sichern, so will ich bedingt — ein Sicherungsmittel, das mir freilich nur da zur Verfügung steht, wo das Recht bedingte Rechtsgeschäfte zuläßt. Soweit dies nicht der Fall ist, habe ich nur die Möglichkeit, unter jenem Risiko meinen Willen unbedingt zu erklären — oder zunächst gar nicht zu wollen, etwa weitere Entwicklung der Dinge abzuwarten, ehe ich meinen Willen erkläre. Die rechtliche Zulassung der bedingten Willenserklärung bedeutet die rechtlich gewährte Möglichkeit, zukünftige Eventualitäten jetzt schon alternativ zu ordnen.

2. Dabei ist das zweite Wesentliche, daß dieser Wille nicht etwa

---

Jahrb. 39, 174 fg. — Bes. über die Resolutivbedingung: Thibaut, Zivilist. Abhandlungen, 359 fg. — Schulin, Über Resolutivbedingungen und Endtermin. — v. Bechmann, Kauf, 2, 487 fg.

[1]) S. die beweisrechtliche Folge unten § 87.

ein bloßer innerer Entschluß ist, später jenachdem so oder so handeln zu wollen, sondern ein bereits jetzt wirksamer Wille, dem die Möglichkeit dieser Art von Wirksamkeit durch das Recht beigelegt ist. Diese Art von Wirksamkeit aber ist: wenn später die Bedingung eintritt, so bedarf es nicht erst eines abermaligen unbedingten Wollens und seiner Erklärung von seiten des jetzt Erklärenden; sondern es soll dann, unabhängig von seinem dann vorhandenen Willen, zufolge der jetzigen Willenserklärung die Willenswirkung eintreten. Darauf erklärt der jetzt seinen Willen Erklärende, sich bereits jetzt festlegen zu wollen, und dementsprechend wird er denn auch jetzt bereits — falls sonst das Rechtsgeschäft gültig und wirksam ist — vom Rechte darauf festgehalten. Eben darum ist seine jetzige bedingte Willenserklärung bereits eine solche, d. h. verbindlich, nicht bloß Äußerung eines unverbindlichen Entschlusses betreffend zukünftiges Verhalten.

3. Jedes bedingte Rechtsgeschäft schafft also einen Schwebezustand, der währt, bis sich entscheidet, ob die Bedingung eintritt oder nicht eintritt. Es schafft Vollwirkung freilich erst für die Zeit nach Beendigung dieses Schwebezustandes; aber eine gewisse Wirkung doch auch bereits sofort während des Schwebezustandes, mindestens doch eine rechtliche Gebundenheit des Erklärenden, welche keineswegs ohne gegenwärtige Einzelfolgen bleibt.

4. Für den Begriff der Bedingung folgt aus dem Bisherigen: Bedingung ist der gewillkürte Teil einer Willenserklärung, welcher die vollständige Normalwirksamkeit von künftigen ungewissen Ereignissen abhängig macht.

a) Gewillkürt — nicht sog. condicio juris, vom Recht auferlegte Bedingung, Normativ-Voraussetzung.

b) Ungewiß: weder notwendig noch unmöglich, noch tatsächlich bereits entschieden.

II. Arten.

1. Wesentlich ist die Unterscheidung in aufschiebende (suspensive) und auflösende (resolutive) Bedingungen. Suspensiv bedingt ist ein Rechtsgeschäft, wenn der Wille dahin geht, daß während des Schwebezustandes es zunächst vollständig, abgesehen nur von den dem Schwebezustande als solchem eignenden Wirkungen, so gehalten werden solle, als läge noch gar kein Rechtsgeschäft vor; resolutiv bedingt, wenn der Wille dahin geht, es solle zunächst vollständig, mit Ausnahme nur der dem Schwebezustande als solchem eignenden

Wirkungen, so gehalten werden, als läge das Rechtsgeschäft unbedingt vor.

a) Es handelt sich also um eine besondere Abmachung betreffend die Zwischenzeit, während der eigentliche dauernde Zustand stets erst nach Erledigung der Bedingung eintritt.

b) Was bei der resolutiv bedingten Willenserklärung als Bedingung für Aufhebung des zwischenzeitig hergestellten Zustandes erscheint, muß genau entgegengesetzt gefaßt sein wie die suspensiv gefaßte Bedingung, die unter denselben tatsächlichen Verhältnissen zu demselben Dauerergebnisse führen soll. Will ich für den Fall, daß ich eine reiche Erbschaft mache, ein Haus erwerben, andernfalls nicht, so ist es für das dauernde Ergebnis gleich, ob ich sage: Ich kaufe, wenn ich Erbe werden sollte — oder ob ich sage: Ich kaufe, jedoch soll dieser Kauf nur gültig sein, falls sich nicht später herausstellt, daß mir die erwartete reiche Erbschaft entgeht. Ich bediene mich nur der einen oder anderen Ausdrucksweise, jenachdem ich zwischenzeitig noch nicht oder wohl schon als Käufer dastehen möchte. Ich muß deshalb, um dasselbe endgültige Ergebnis zu erzielen, was ich in dem einen Falle positiv ausdrücke (wenn ich Erbe werde), in dem andern Falle negativ ausdrücken (wenn ich nicht Erbe werde). Darum ist aber mein Wille in beiden Fällen für die Dauerwirkung genau derselbe, namentlich die Einheitlichkeit des Gesamtwillens keine geringere in dem einen oder anderen Falle; in beiden Fällen will ich nur kaufen, wenn; in beiden Fällen nicht kaufen, wenn nicht; nur für die Zwischenzeit möchte ich durch Wahl der einen oder anderen Form verschiedene Ergebnisse erzielen.

c) Die resolutiv bedingte Willenserklärung ist also nicht zu zerspalten in zwei Willenserklärungen

aa) ich kaufe unbedingt; jedoch soll

bb) dieser Kauf hinfällig werden, wenn mir die Erbschaft entgeht. Auch eine solche Willenserklärung, die dann tatsächlich zwei Willenserklärungen enthält, ist selbstverständlich möglich. Dann liegt aber *keine* resolutive Bedingung vor, sondern ein unbedingtes Geschäft und ein Auflösungsgeschäft unter Suspensivbedingung. Im Zweifel ist nicht anzunehmen, daß Parteien eine solche Sonderung gewollt haben. Wäre die resulotive Bedingung nur eine solche Unterart, eine besondere Anwendung der Suspensivbedingung, so könnte unser BGB. nicht beide Arten der Bedingung fortdauernd nebeneinander stellen in sachlich gleichartiger, formal paralleler Behandlung.

2. Ferner unterscheidet man Bedingungen, auf deren Eintritt oder Ausfall einer der Beteiligten hinzuwirken in der Lage ist, sog. Potestativbedingungen, und rein zufällige, das sind alle anderen. Die Unterscheidung hat viel von ihrer alten Bedeutung verloren.

3. Endlich kann man noch, sofern eine Bedingung bei einem Rechtsgeschäft mit mehreren Willenserklärungen und Rechtsverhältnissen vorkommt, unterscheiden, ob das ganze Rechtsgeschäft bedingt ist, oder bloß eine der mehreren darin enthaltenen Beziehungen. Z. B.: Wenn Du, Fischer, etwas fängst, so soll ein Kauf zwischen uns zustande gekommen sein (emptio rei speratae, kein Fang, kein Kauf); oder: ich kaufe unbedingt, Du sollst aber nur verpflichtet sein, etwas zu liefern, wenn Du etwas fängst (emptio spei, kein Fang, doch Kauf); darüber mehr unter § 126, II, 1, Note.

III. Ist ein bedingtes Rechtsgeschäft als solches rechtlich unmöglich, so versagt die Wirksamkeit der gesamten unteilbaren[1]) bedingten Willenserklärung. Damit aber bedingte Willenserklärung als solche rechtlich möglich sei, muß ein Doppeltes zutreffen: das Recht muß diese Art von Rechtsgeschäften als bedingte normativ zulassen; und es muß diese Bedingung normativ zulassen.

1. Regelmäßig und im Zweifel duldet das Recht für alle Arten von Rechtsgeschäften Bedingtheit, falls nicht besonders das Gegenteil vorgeschrieben ist. Bedingungen sind z. B. unzulässig bei vielen Geschäften des Familienrechts, bei Annahme und Ausschlagung einer Erbschaft, bei der Auflassung. Ferner bei zahlreichen empfangsbedürftigen einseitigen Willenserklärungen, die eine endgültige Entscheidung herbeiführen sollen (Kündigung, Aufrechnung, Mahnung, Wahl u. dgl. m.), falls nicht an ihre Stelle Vertrag tritt.[2])

2. Ebenso sind regelmäßig alle Bedingungen zulässig; Ausnahmen beziehen sich entweder

a) auf diese Art von Bedingungen schlechtweg; dahin gehören:

aa) Bedingungen, welche das ganze Rechtsgeschäft zu einem

---

[1]) Also nicht etwa Gültigkeit unter Wegstrich der Bedingung oder dgl.!; solche Fälle kennt das Römische und gemeine Recht ausnahmsweise; unserem Rechte sind sie folgerichtig fremd.

[2]) So wohl genauer zu fassen der Unterschied, auf den mit Recht aufmerksam macht Crome, System, 1, 438 Note 15, 16.

widerrechtlichen oder unsittlichen machen würden, s. oben § 53, II, 3 b; sodann

bb) Bedingungen, welche dem Rechtsgeschäft sonstige inhaltliche Voraussetzungen seiner Gültigkeit rauben würden, z. B. seine Vollständigkeit oder Rechtsverbindlichkeit, letzteres etwa durch die sog. reine Potestativ-Bedingung: „Ich verpflichte mich, wenn ich will." Jedoch wird dies tatsächlich entweder gar nicht als Verpflichtung oder sonst so nackt kaum je gemeint sein; es genügt schon, damit Verbindlichkeit trotzdem übrig bleibe, jede Erschwerung des Nichtwollens, z. B. schon die, die darin liegt, daß für eine bestätigende Willensäußerung eine Frist gesetzt werden kann; vgl. namentlich § 495 und dazu unten § 130, 2 über den sog. „Kauf auf Probe".

b) Oder diese Art von Bedingung ist unzulässig nur neben dieser Art von Rechtsgeschäft; dahin gehören

aa) Bedingungen, deren Inhalt dem Inhalte eben dieses Rechtsgeschäfts absolut widersprechen würde, sog. perplexe Bedingungen, selbstverständlich; und

bb) einzelne gesetzlich besonders vorgeschriebene Fälle, so z. B. § 2065.

§ 70. Wirkung.

I. Wirkungen des Schwebezustandes.

Es ist schon hervorgehoben, daß bei suspensiver Bedingtheit die normalen Wirkungen des Rechtsgeschäfts zunächst noch nicht eintreten, während dieselben bei resolutiver Bedingtheit sofort eintreten; beides jedoch unter Vorbehalt der endgültigen Gestaltung und beides ferner mit Ausnahme derjenigen Wirkungen, welche der Schwebezustand für beide Arten von bedingten Rechtsgeschäften gleichmäßig hervorruft; so daß also diese Wirkungen bei den aufschiebenden Bedingungen als ein Plus über die sonst zunächst ausbleibende Wirkung hinaus erscheinen, bei der auflösenden Bedingung als ein Minus der sonst zunächst eintretenden Wirkung. Diese Wirkungen des Schwebezustandes nun sind hier genauer darzustellen.

1. Soweit die bedingte Erklärung bloß eine verpflichtende ist, so ist für beide Beteiligte bereits jetzt eine Verpflichtung vorhanden, sich so zu verhalten, daß keinem der möglichen Endergebnisse vorgegriffen wird, sondern jeder der dann jenachdem endgültig eintretenden Rechtslage zu genügen in der Lage ist. D. h.: Wer bei Eintritt der

Bedingung etwas leisten muß (der suspensiv Verpflichtete — der resolutiv Berechtigte, der alsdann zurückleisten muß), muß sich in der Lage halten, diesen Verpflichtungen, falls sie später eintreten sollten, zu genügen. Setzt er sich dazu während der Schwebezeit schuldhaft außer Lage, sodaß dadurch bei Eintritt der Bedingung die Herstellung des bedingten Zustandes als vereitelt oder beeinträchtigt sich herausstellt, so muß er dafür haften. Insoweit darf sich also jetzt schon der suspensiv Verpflichtete nicht mehr als frei, der resolutiv Berechtigte noch nicht als im Vollgenuß seines Rechts befindlich betrachten. Freilich — handeln sie entgegen und haben dann das Glück, daß die Bedingung ausfällt, so bleiben sie tatsächlich von Schadensersatzverpflichtungen frei, da sich dann nachträglich herausstellt, daß ihr Handeln den andern Teil nicht geschädigt hat; dieser Schadensersatz kann also eingetrieben werden nur für den Fall des Eintritts der Bedingung und nach diesem Eintritte; widerrechtlich ist aber die Handlung zunächst jedenfalls gewesen. Und das zeigt sich denn auch praktisch schon jetzt z. B. darin, daß unter besonderen Umständen einstweilige richterliche Eingriffe zur Verhütung solcher Handlungsweise zu erreichen sind (sog. „Arrest" oder „einstweilige Verfügung", § 916 Abs. 2, § 936 CPO.); daß bedingte Forderungen im Konkurse und bei ähnlichen Gelegenheiten berücksichtigt werden; und namentlich schließlich darin, daß sie wie unbedingte vererblich und übertragbar sind.

2. Ist die bedingte Erklärung (außerdem oder nur) eine verfügende, so ist die Verfügungsgewalt sämtlicher Beteiligter bezüglich des Rechts, über das unter Bedingung verfügt ist, sofort wesentlich geschmälert, selbst eben nur eine bedingte. Machen sie oder ihre Rechtsnachfolger während des Schwebezustandes von dieser ihrer geschmälerten Verfügungsgewalt Gebrauch, so hängt die volle Wirksamkeit dieser weiteren Rechtsgeschäfte, sofern überhaupt von dem Verfügungsrecht des Handelnden,[1]) dann eben auch vom Ausfall der Bedingung ab. Näher so:

a) Wer suspensiv bedingt über sein Recht verfügt hat, kann weiter darüber verfügen:

---

[1]) § 161 Abs. 3, vgl. etwa oben Ende von § 53 die Bemerkung über Vorschriften zu Gunsten derjenigen, welche Rechte von einem Nichtberechtigten herleiten. Diese Vorschriften greifen auch hier zum Schutze gutgläubiger Dritter ein.

aa) mit einstweiliger Wirkung — jedenfalls;

bb) mit dauernder Wirkung nur unter der Normativ-Voraussetzung (condicio juris), daß die Bedingung der früher getroffenen Verfügung ausfällt.

b) Zu wessen Gunsten suspensiv bedingt über das Recht eines andern verfügt ist, der kann jetzt schon über das Recht weiter verfügen:

aa) mit einstweiliger Wirkung — keinenfalls;

bb) mit dauernder Wirkung nur für den Fall, daß jene Bedingung eintritt.

c) Wer resolutiv bedingt über sein Recht verfügt hat, kann weiter darüber verfügen:

aa) mit einstweiliger Wirkung — keinenfalls;

bb) mit dauernder Wirkung, falls jene Bedingung eintritt; und schließlich

d) zu wessen Gunsten resolutiv bedingt über das Recht eines andern verfügt ist, der kann jetzt schon über dies Recht weiter verfügen:

aa) mit einstweiliger Wirkung: jedenfalls;

bb) mit dauernder Wirkung: nur falls jene Bedingung ausfällt.

3. Beide Teile sind sofort verpflichtet, für oder gegen den Eintritt oder den Ausfall der Bedingung, der ihnen zu Nutzen oder Schaden gereichen würde, nur soweit zu wirken, wie eine solche Tätigkeit bei Abschluß des bedingten Rechtsgeschäfts als ihnen eingeräumt nach Treu und Glauben angesehen werden kann. Von dem Ergebnis, das sie durch pflichtwidriges Eingreifen herbeiführen, gilt das Gegenteil als eingetreten. — Andererseits ist freilich auch keiner der Beteiligten verpflichtet, auf Verwirklichung desjenigen Ergebnisses hinzuwirken, das dem andern Teile nützen würde, es sei denn ein besonderes Abkommen der Art getroffen.

4. Hat aber einer der beiden Beteiligten irrtümlich während schwebender Bedingung dem andern etwas bereits geleistet, was er letzterem erst bei einem diesem günstigen endgültigen Ergebnisse hätte zu leisten brauchen,[1]) so ist dies ein Übermaß; es ist Leistung einer Nicht-Schuld, ohne daß auch nur feststände, ob diese Nicht-Schuld jemals zur Schuld werden wird; es kann also, wie überhaupt irr-

---

[1]) d. h. hat der suspensiv Verpflichtete schon geleistet oder der resolutiv Berechtigte schon zurückgegeben.

tümlich ungeschuldet Geleistetes, zurückgefordert werden,[1]) — es sei denn, daß, während dieser Rückforderungsanspruch noch schwebt, die Bedingtheit sich zu Gunsten derjenigen Partei, die die Leistung empfangen hat, entscheidet.

II. Eintritt der Bedingung.

Ist die Bedingung eingetreten oder gilt sie dafür,[2]) so treten die für diesen Fall bedingten Wirkungen der Willenserklärung nunmehr endgültig ein, indem gleichzeitig die zweifelhafte Bedeutung der Verhältnisse der Schwebezeit klar wird. Zu alledem bedarf es keines besonderen Anlasses, namentlich keiner neuen Erklärung mehr, sondern diese Folgen knüpfen sich ebenso jetzt an die frühere bedingte Erklärung, wie sie sich, wäre sie unbedingt gewesen, von vornherein an dieselbe geknüpft haben würden, von Rechts wegen.

1. Trifft die Suspensiv-Bedingung ein, und zwar

a) soweit sie einer bloß verpflichtenden Erklärung beigefügt ist, so ist vor allem

aa) das Forderungsrecht nunmehr unbedingt und zweifellos vorhanden;

bb) Schadensersatz wegen unerlaubter oder sonst zu vertretender Handlungen der Zwischenzeit fällig;

cc) kann aber auch außerdem noch, sofern Parteien dies beabsichtigt haben sollten, für sie die weitere Verpflichtung eintreten, einander alles das zu gewähren, was sie haben würden, wenn die volle Wirksamkeit schon in irgend einem früheren Zeitpunkt, besonders gleich bei Abschluß des bedingten Geschäfts, eingetreten wäre — eine Anordnung, die nicht eben vermutet wird, nach dem Inhalt der Partei-Absicht aber häufig angenommen werden muß und namentlich gern so ausgedrückt wird, daß „Rückziehung“[3]) der an den Eintritt der Bedingung geknüpften Folgen eintreten solle.

b) Handelt es sich um eine verfügende Erklärung, welche unter Suspensiv-Bedingung stand, so tritt

---

[1]) arg. e contrario aus § 813 Abs. 2; vgl. unten § 156, I.

[2]) S. oben I 3, aber auch für den besonderen Fall des Testaments nach § 2076; vgl. auch § 2075.

[3]) Dieser leicht mißverständliche Ausdruck ist im Zweifel so zu verstehen; er hat also keine absolute, sondern bloß relative Bedeutung zwischen den Parteien; nicht zu verwechseln mit den Folgen der Regeln, die unter I 2 entwickelt sind, noch mit der Rückwirkung z. B. bei der Anfechtung, wo es sich um echte Wirkung ex tunc handelt!

aa) vor allem nun die Verfügung in Kraft; das Recht, über das verfügt ist, fällt von dem Verfügenden auf den andern Teil, sofern nur gelegentlich des bedingten Geschäftes oder zwischenzeitig dafür alle weiteren Normativ-Voraussetzungen bereits erfüllt worden sind. Es habe z. B. A dem B unter aufschiebender Bedingung das Eigentum an einer beweglichen Sache übertragen; zur dinglichen Wirkung einer Fahrnis-Übereignung bedarf es, außer der Einigung, noch der körperlichen Sachübergabe. Ist diese nun schon während schwebender Bedingung (z. B. miet- oder leihweise) erfolgt, so fällt mit eintretender Bedingung das Eigentum der Sache dem B von selbst zu. Das ist nicht möglich, falls im Augenblicke der eintretenden Bedingung die Normativ-Voraussetzung der Sachübergabe noch fehlt; hier kann B nur diese nunmehr von A, gemäß der obligatorischen Seite des Verhältnisses, beanspruchen; Eigentümer wird B erst — aber auf Grund der alten Einigung, ohne daß es einer neuen bedürfte — in dem Augenblicke, in dem er diesen Herausgabeanspruch tatsächlich durchsetzt.

bb) Sodann stellen sich nunmehr die Folgen der Einschränkung heraus, der die Verfügungsgewalt des Verfügenden während der Schwebezeit unterlag. Hat A zwischenzeitig seine Sache weiter veräußert oder dinglich belastet, so sind diese Zwischenverfügungen (und etwa darauf gegründete abermalige Verfügungen der Rechtsnachfolger) hinfällig, sie fallen mit dem Eintritt der Suspensiv-Bedingung hinweg, soweit sie auf der Verfügungsgewalt des A beruhen, auch wenn A in der Zwischenzeit Besitzer der Sache geblieben war und sie in Ausführung solcher Geschäfte Dritten übergeben hatte. Dagegen zwischenzeitig getroffene Verfügungen des B, die zwischenzeitig unwirksam waren, werden jetzt, wenn nur die sonstigen Normativ-Bedingungen erfüllt sind, zu voller Wirksamkeit gelangen.

cc) Zu einer „Rückziehung" analog der soeben für die obligatorische Wirkung entwickelten ist bei den verfügenden Rechtsgeschäften kein Platz.

2. Trifft die Resolutiv-Bedingung ein, und zwar

a) die einer bloß verpflichtenden Erklärung beigefügte, so ist vor allem

aa) das Forderungsrecht nunmehr unbedingt und zweifellos weggefallen, ohne daß es aufgehoben zu werden brauchte; soweit etwa schon geleistet war, ist zurückzuleisten, da sich die Leistung nunmehr als ohne Rechtsgrund bei dem Empfänger befindlich herausstellt.

bb) Hatte der Empfänger diese Rückleistung schuldhaft unmöglich gemacht oder geschmälert, so tritt nunmehr seine Ersatzpflicht in Kraft.

cc) Außerdem ist Rückziehung möglich in dem oben 1, a, cc entwickelten Sinne.

b) Handelt es sich dagegen um eine verfügende Erklärung unter Resolutiv-Bedingung, so tritt

aa) vor allem nun die Verfügung außer Kraft. Das Recht, das auf den andern Teil zwischenzeitig übergegangen war, fällt ohne weiteres an den Verfügenden zurück, da ja alles inzwischen Geschehene sich als nur vorübergehend wirksam, d. h. als unwirksam herausstellt. Darum bedarf es nicht etwa einer Rückübertragung des Rechts mit den dazu gehörigen Formen und sonstigen Normativ-Voraussetzungen; es handelt sich ja eben nicht um Übertragung und Rückübertragung, sondern darum, daß die erste Übertragung sich als endgültig unwirksam herausstellt. Hatte z. B. A dem B unter Resolutiv-Bedingung das Eigentum einer beweglichen Sache übertragen und deshalb diese Sache dem B schon übergeben, so ist nun mit eintretender Bedingung A ohne weiteres Eigentümer der Sache, auch ohne daß sie ihm zurück übergeben zu werden brauchte; stellt sich doch eben heraus, daß er nie aufgehört hatte, Eigentümer zu sein; als solcher mag er nun die körperliche Herausgabe von B wie von jedem Dritten beanspruchen.

bb) Dies vollzieht sich um so sicherer, da weitere Verfügungen, die B etwa zwischenzeitig kraft seines zwischenzeitigen Schein-Eigentums über die Sache getroffen hatte, sich nunmehr als hinfällig herausstellen, soweit sie auf seiner Verfügungsgewalt beruhen,[1]) auch wenn B in der Zwischenzeit Besitzer der Sache gewesen und sie in Ausführung solcher weiterer Geschäfte Dritten weitergegeben haben sollte. Dagegen zwischenzeitig getroffene Verfügungen des A, die zwischenzeitig unwirksam waren, würden jetzt, sobald nur die sonstigen Normativ-Voraussetzungen dafür erfüllt sind, zu voller Wirksamkeit gelangen.

c) Diese Wirkung des Eintritts der Resolutiv-Bedingung, daß er nämlich rückwärts die Zwischenverfügungen vernichtet und den

---

[1]) S. soeben oben S. 232 Note 1.

früheren Rechtszustand ohne weiteres wieder herstellt, pflegt man wohl auch eine dingliche Wirkung zu nennen und aus einer „Rückziehung" oder „dinglichen Gebundenheit" zu erklären; während sie sich doch aus den allgemeinen Regeln über bedingte Rechtsgeschäfte von selbst ergibt, ebenso als Wirkung des Ausfalles der Suspensiv-Bedingung (siehe sofort unten III, 1) eintritt, und zwar bei Verfügungen über Forderungsrechte ebensowohl, wie bei Verfügungen über dingliche Rechte.

d) Durch diese Art der Wirksamkeit unterscheidet sich die auflösende Bedingung wesentlich von dem Rücktrittsrecht, §§ 346 fg., mag dieses gesetzlich begründet oder gewillkürt sein. Wer ein Recht unter Rücktrittsrecht überträgt, hat dies Recht ganz aufgegeben, die andere Partei wird vollberechtigt; Weiterübertragung durch letztere Partei ist voll wirksam, mag das Rücktrittsrecht ausgeübt werden oder nicht, mag die Weiterübertragung vor oder nach Ausübung des Rücktrittsrechtes geschehen. Die Ausübung des Rücktrittsrechts erzeugt nur zwischen den beiden ursprünglichen Parteien ein persönliches Schuldverhältnis auf Rückverschaffung des damals veräußerten Rechts, wennschon einschließlich der zwischenzeitig aus diesem Recht gezogenen Vorteile, § 346. Näheres darüber unten § 122.

III. Ausfall der Bedingung. — Ist die Bedingung ausgefallen oder gilt sie dafür, so steht nunmehr fest, daß die Rechtslage, wie sie während der Zwischenzeit mit zwischenzeitiger Wirksamkeit bestanden hat, so sich dauernd mit dauernder Wirksamkeit erhält. Näheres braucht kaum ausgeführt zu werden, da es sich um die genaue Umdrehung der Sachlage bei eintretender Bedingung handelt. Allenfalls sei hervorgehoben für diese Lage betreffend verfügende Erklärungen:

1. Bei ausfallender Suspensivbedingung treten alle Rechte und Zwischenverfügungen dessen, der bedingt verfügt hatte, in volle und dauernde Wirksamkeit, ohne daß ihm etwas neu übertragen zu werden braucht, also z. B. auch sein Eigentum ohne weiteres, mag er selbst die Sachen zwischenzeitig dem anderen Teil übergeben haben, genau wie bei eintretender Resolutivbedingung; während

2. bei ausfallender Resolutivbedingung alle Rechte (und Zwischenverfügungen) dessen, zu dessen Gunsten verfügt war, nunmehr dauernde Wirksamkeit erhalten, soweit sie bereits zwischenzeitig vollwirksam übertragen waren. Fehlte bei der ursprünglichen, resolutiv bedingten

Übertragung noch eine Normativvoraussetzung (z. B. die Übergabe), so muß diese nun, damit die Verfügung wie zwischenzeitig so dauernd wirke, nachgeholt werden; gemäß der obligatorischen Seite des Verhältnisses ist dies der, zu dessen Gunsten die Wirksamkeit eintreten soll, von dem anderen Teile zu beanspruchen in der Lage: genau wie bei eintretender Suspensivbedingung. Von Rückwirkung aber oder gar von Fiktionen, als habe nie die Ungewißheit eines Zwischenzustandes vorgelegen, braucht bei alledem nicht die Rede zu sein.

2. Befristetes Rechtsgeschäft,[1]) § 163.

§ 71.

1. Begriff. Eine befristete Willenserklärung ist eine solche, bei welcher der Erfolgswille als auf Eintritt der Wirksamkeit nur binnen einer gewissen Zeit oder für eine gewisse Zeit gerichtet erklärt wird. Es soll jetzt bereits festgelegt werden, daß in Zukunft Rechtsfolgen eintreten oder wieder wegfallen sollen.

a) Gemeinsam mit dem bedingten Rechtsgeschäft: Einheitliche Bestimmung (nicht bloß abteilbare Nebenverabredung), getroffen jetzt, über die Wirksamkeit der Willenserklärung in der Zukunft.

b) Verschiedenheit: dort als über ein unsicheres, hier als über ein sicheres zukünftiges Ereignis. Daher dort stets darin liegend eine Alternative, hier von vornherein nur Eine Möglichkeit, Eine Rechtslage, welche zu einer bestimmten Zeit eintreten oder wegfallen soll.

c) Deshalb dafür, ob Bedingung, ob Befristung vorliegt, nicht eben entscheidend die Ausdrucksweise der Parteien, sondern ausschließlich die Frage, ob es sich handelt um eine ungewisse oder um eine gewisse Zukunftsgestaltung, an die der Eintritt der Rechtsfolgen geknüpft ist. Also namentlich:

> dies certus an, certus quando (Kalendertag), dies certus an, incertus quando (Todestag),

beides Befristungen; dagegen

> dies incertus an, certus quando (Tag der Großjährigkeit) und dies incertus an, incertus quando (Hochzeitstag)

beides Bedingungen.

---

[1]) Siméon, Das Wesen des befristeten Rechtsgeschäftes. — Schuppe in Gruchots Beiträgen 34, 801 fg.

2. Arten. Der Unterschied zwischen Anfangs- und Endtermin (dies a quo und ad quem) ist weit stärker als der zwischen aufschiebender und auflösender Bedingung. Denn hier steht von vornherein fest, daß bei Aufschub nur von dem bestimmten Tage an, bei Auflösung nur bis dahin die geschäftlichen Wirkungen eintreten werden; namentlich also kann bei einem Endtermin an andere als zwischenzeitliche Wirkungen gar nicht gedacht werden.

3. Möglichkeit: in derselben Weise und bei denselben Rechtsgeschäften, wie die Bedingung.

4. Wirkungen während der Zwischenzeit.

a) Die suspensiv befristete Verpflichtung und Berechtigung besteht schon jetzt, aber als noch nicht fällige;[1]) ebenso die Verpflichtung und Berechtigung auf Rückgewähr dessen, was aus der resolutiv befristeten Verpflichtung und Berechtigung sofort übergeben bezw. geleistet worden ist. Es ist jetzt schon sicher, daß nach Ablauf wird geleistet werden müssen; wer schuldhafterweise diese Leistung vereitelt oder beeinträchtigt, wird dafür Schadensersatz leisten müssen. Es gibt jetzt schon richterliche Mittel, unter Umständen selbst auf die Zukunft gerichtete Erfüllungsklage, CPO. §§ 257 bis 259, gegen ihn; solche Forderungen und Schulden sind nicht nur theoretisch gültig, veräußerlich und vererblich, sondern sie haben schon ihren festen praktischen Vermögenswert, der bei bedingten Ansprüchen ganz verschwinden mag, wenn nämlich die Möglichkeit des Eintritts der Bedingung eine ganz entfernte ist, vgl. § 1986 Abs. 2.

b) Verfügungsgewalt hat offenbar, nachdem über die Sache einmal formgerecht unter Frist verfügt ist, jeder Beteiligte nur noch für die Zeit, während welcher ihm jene Verfügung solche Gewalt beläßt. Wer aufschiebend verfügt hat, bis zu Eintritt der Frist, während für die Zeit von da ab bereits jetzt mit Sicherheit der andere verfügen kann; und umgekehrt bei auflösend befristeter Verfügung.

c) Von einer Beeinflußbarkeit des Ergebnisses durch Parteitätigkeit ist hier nicht die Rede.

---

[1]) Ohne Unterschied, ob der „Bestand" oder die „Fälligkeit" einer Forderung befristet ist; dagegen etwas ganz anderes als Befristung ist Einräumung eines Gegenrechtes auf Befristungsbeanspruchung, d. h. Stundung, dilatorische Einrede, § 202 Abs. 2.

d) Der Hauptunterschied positiver Art[1]) zwischen Befristung und Bedingung aber findet sich bei der Behandlung des Falles, in welchem ein bedingt oder befristet Verpflichteter irrtümlich noch während der Zwischenzeit geleistet hat. Jener kann (s. oben § 70 I 4) alsdann die Leistung zunächst als ungeschuldet zurückfordern; dem befristet Leistungspflichtigen versagt § 813 Abs. 2 ein solches Rückforderungsrecht, da hier etwas zweifellos Geschuldetes nur zu früh geleistet ist.

5. Wirkung bei Ablauf der Frist.

a) Befristete Forderungen oder Rückforderungen werden nunmehr fällig. Dagegen davon, daß Parteien sich gewähren sollen, was sie hätten, wenn das Geschäft von vornherein unbefristet oder garnicht abgeschlossen worden wäre, pflegt hier nicht in Rede zu sein (obschon es keineswegs absolut unmöglich ist): denn warum hätten Parteien sonst die Wirkungen der Zwischenzeit gewollt?

b) Befristet getroffene Verfügungen treten nunmehr ohne weiteres in Kraft, wenn die sonst zur Wirksamkeit derselben gehörigen Formen u. s. f. beachtet sind; auch ohne solche Formen bleibt das Recht bei dem, der nur für eine bestimmte Zeit, resolutiv befristet, darüber verfügt hatte und es jetzt also von selbst, ohne Rückübertragung, wieder hat: hatte er es doch nur für die Zwischenzeit, auf die Dauer der Zwischenzeit verloren, für die Zeit darüber hinaus aber stets mit Sicherheit behalten. Ebenso kommen die kurzlebigen Verfügungen der Zwischenberechtigten und ihrer Rechtsnachfolger, soweit sie von deren Verfügungsgewalt abhängen, nunmehr zu ihrem von Anfang an bestimmt vorhersehbaren Ende, während die Verfügungen der Dauerberechtigten[2]) nunmehr in diejenige Dauerwirksamkeit treten, die ihnen als von diesem Momente ab eintretende von jeher sicher war.

6. Jede Möglichkeit anderen Ausganges ist von vornherein ausgeschlossen; sonst läge eben Bedingung vor und nicht Befristung.

---

[1]) Die übrigen wesentlichen Unterschiede ergeben sich aus der Natur der Sache von selbst, ohne daß das Gesetz auch nur ein Wort darüber zu verlieren brauchte.

[2]) Solche Dauerberechtigte sind: bei aufschiebend befristeter Verfügung der, zu dessen Gunsten sie getroffen ist; bei auflösend befristeter Verfügung der, der sie trifft.

3. Liberales Rechtsgeschäft[1]).

§ 72.

I. Im allgemeinen. — Liberal sind alle Rechtsgeschäfte,[2]) bei welchen der Wille des Handelnden dahin geht, durch sie einem Anderen einen Vermögensvorteil zuzuwenden, ohne daß der Handelnde sich hierzu rechtlich für verpflichtet hielte noch sich dabei einen entsprechenden Gegenvorteil rechtlich zu sichern vorhätte; causa donandi, oben § 49, 1, 2 a.

1. Liberal sind also alle Geschäfte bloß zu Lasten des Erklärenden, sofern er nicht zu ihrer Vornahme rechtlich verpflichtet war. Durch rechtliche Verpflichtung jeder Art, auch ohne Erzwingbarkeit, wird Liberalität ausgeschlossen, nicht durch bloß moralische, z. B. Dankbarkeitsverpflichtung.

2. Liberal sind aber auch gemischte Geschäfte (teils zu Gunsten, teils zu Lasten des Erklärenden), wenn die versprochene Leistung die zugesicherte Gegenleistung,[3]) oder einen sonst gesicherten Gewinn (z. B. den durch freiwillige Erfüllung einer Bedingung in Aussicht stehenden) entschieden übertrifft, bezüglich dieses Überschusses. Erwerb lediglich moralischer oder sozialer Ansprüche auf Gegenleistung (z. B. auf Gegengeschenke) schließt den liberalen Charakter der Leistung nicht aus. Ebensowenig die Verbindung der liberalen Zuwendung mit der untergeordneten Pflicht für den Bevorteilten, Aufwendungen aus der Liberalität zu besonderen Zwecken zu machen, sog. Auflagen, worüber mehr in dem folgenden Paragraphen.

3. Im übrigen können dem liberalen Zwecke alle möglichen Arten von Geschäften dienen. Man stelle sich etwa vor:

a) Das liberale Versprechen, wenn verbindlich abgegeben, stellt

---

[1]) Burckhardt, Die Stellung der Schenkung im Rechtssystem, in Festgaben für Leist. — Derselbe, Zum Begriffe der Schenkung, in Festgaben für Bekker. — Ortloff, in Kohlers Archiv, 21, 269 fg. — Ältere Literatur: v. Meyerfeld, Lehre v. d. Schenkung.

[2]) Nur Rechtsgeschäfte; Beispiele liberaler Zuwendungen ohne Rechtsgeschäft, die deshalb auch nicht Schenkungen sind, s. bei Cosack 1, 493 fg., der dies treffend hervorhebt.

[3]) z. B. Kauf einer Sache weit überm oder Verkauf weit unterm Preise, mit Wissen und Willen des Benachteiligten, sog. verhüllte Liberalität. — Dagegen Überlassen kleinerer Warenquantitäten zur Probe behufs ev. Kaufs nicht Liberalität, sondern Hingabe zu Erwerbszweck.

selbst die Liberalität dar, seine Erfüllung ist dann eben deshalb liberales Geschäft nicht mehr. Über die Besonderheiten des Schenkungsversprechens mehr unten in § 145.

b) Dem stehen am nächsten Sicherungen fremder Schulden, Übernahme von Bürgschaften, Stellung von Pfändern dafür; ferner Bezahlung fremder Schuld, Schulderlaß, Stundung u. dgl. m.

c) Übertragung oder Aufwendung von Eigentum aus liberaler Veranlassung oder alle möglichen Verfügungen über bestehende oder zu schaffende Vermögensrechte sonst zu Gunsten eines Anderen, ohne Verpflichtung dazu.

d) Verzicht auf eigne Vorrechte, um Rechte eines Anderen zur Geltung kommen zu lassen, z. B. auf ein vorangehendes Pfandrecht zu Gunsten des nachfolgenden Pfandgläubigers, auf eine Erbschaft zu Gunsten des nächstberechtigten Erben u. s. f.

e) Endlich Erbeinsetzungen, Vermächtnisse u. dgl. Geschäfte von Todeswegen.

II. Die Schenkung im besonderen, §§ 516—534.

1. Begriff. Der Begriff ist ein engerer als der der Liberalität, wie er bisher dargestellt worden ist. Diese wird nämlich zur „Schenkung" im strengeren, juristischen Sinn, wenn die Zuwendung den Anderen wirklich bereichert, und aus dem Vermögen desjenigen, der das Rechtsgeschäft vornimmt, herrührt; § 516. Daher nicht Schenkung, wo der Handelnde liberale Absicht hat, tatsächlich aber zu der Leistung verpflichtet ist. Ferner nicht, wo er bereichern möchte, aber nicht bereichert (z. B. Bürgschaftsversprechen für eine ohnehin absolut sichere Forderung). — Daher ferner besonders nicht Schenkung die soeben unter d erwähnten liberalen Verfügungen, wenn es sich dabei nur darum handelt, daß jemand zum Vorteile eines Anderen einen Vermögenserwerb *unterläßt*, auf ein ihm angefallenes, *noch nicht endgültig erworbenes* Recht verzichtet, z. B. eine Erbschaft oder ein Vermächtnis ausschlägt — nicht bereits Erworbenes wieder hergibt; § 517. — Außerdem sind ebensowenig die soeben unter e genannten Geschäfte von Todeswegen als Schenkungen im engeren Sinne aufzufassen, mit Einschluß selbst der sogenannten „Schenkungen von Todeswegen", es sei denn der geschenkte Gegenstand schon unter Lebenden dem Beschenkten übergeben: alsdann finden nämlich (§ 2301 Abs. 2) die Vorschriften über Schenkungen unter Lebenden Anwendung.

2. Arten. Wir unterscheiden:

a) Die gemeine Schenkung und die Schenkung, durch die einer sittlichen Pflicht oder einer auf den Anstand zu nehmenden Rücksicht entsprochen wird[1]), § 534 und sonst mehrfach.

b) Das bloße Schenkungsversprechen und das Handgeschenk, d. h. die Vornahme einer Verfügung, die eine Schenkung enthält (besonders Übereignung) ohne vorhergehendes Schenkungsversprechen, § 518 Abs. 2.

3. Wenn das Recht so von den Liberalitäten die Schenkung aussondert, so geschieht dies, weil letztere ausschließlich gewissen einengenden und abschwächenden Regeln unterliegt. So im Erb- und und Familienrechte, so ferner im Rechte der Schuldverhältnisse, siehe namentlich unten § 145. Dagegen um alle möglichen liberalen Geschäfte handelt es sich an manchen anderen Stellen des Gesetzbuches[2]) und besonders für das Anfechtungsrecht der Gläubiger im Konkurse und außerhalb desselben, oben § 56, II, 4 a.

4. Eigentümlichkeiten der Schenkung als solcher[3]) sind allgemeinhin folgende:

a) Verpflichtung aus jeder Schenkung, auch aus dem bloßen Handgeschenk: Schaden, den der Beschenkte deshalb erleidet, weil das ihm Geschenkte mit Fehlern oder Mängeln behaftet ist, die der Schenker ihm arglistig verschwiegen hat, zu ersetzen, § 523 Abs. 1, § 524 Abs. 1. Aber nicht etwa für diese Fehler und Mängel aufzukommen oder gar neue fehlerlose Exemplare zu schenken.

b) Rückforderungsrecht des Geschenkgebers aus jeder Schenkung: War die Zuwendung ohne den Willen des Beschenkten erfolgt[4]) und dieser lehnt sie binnen ihm dazu vom Geschenkgeber gestellter angemessener Frist (überhaupt oder als Schenkung)[5]) ab, so kann die Herausgabe gefordert werden. Dagegen bei bloßem Still-

---

[1]) Eine Schenkung letzterer Art (nicht etwa gar nicht Schenkung) ist auch die weder geschuldete noch übermäßige Ausstattung. Das ergibt deutlich trotz des Wortlautes von § 1624 Abs. 1 der Abs. 2 ebenda, vgl. oben S. 60.

[2]) Siehe namentlich unten § 155 I 4 a.

[3]) Nicht des Schuldverhältnisses, das sich aus einem Schenkungsversprechen ergibt; dessen Eigentümlichkeiten unten § 145.

[4]) Das ist möglich, sofern das Geschäft, in das die Schenkung sich einkleidet, als einseitige Willenserklärung vornehmbar ist, z. B. Verzicht auf einen Nießbrauch an einer beweglichen Sache zu Gunsten des Eigentümers oder Ausstellung einer Schuldverschreibung auf den Inhaber und Übersendung an den zu Beschenkenden oder namentlich Bezahlung seiner Schulden.

[5]) Erklärt z. B., er betrachte sie als Zahlung einer Schuld.

schweigen des zu Beschenkenden kommt kein derartiges Rückforderungsrecht zur Entstehung. Stillschweigen trotz Fristsetzung ist endgültige Annahme, § 516 Abs. 2.

c) Rückforderungsrechte des Schenkers bloß bei gemeiner Schenkung:

aa) Infolge eigener Bedürftigkeit des Schenkers, 10 Jahre lang nach Leistung des geschenkten Gegenstandes (nicht etwa schon nach Abgabe eines Schenkungsversprechens)[1]) ausübbar, sofern die Rückgabe den Beschenkten selbst nicht wieder ebenso schwer treffen würde und sofern nicht Vorsatz oder grobe Fahrlässigkeit den Schenker in diese Lage gebracht haben. Der Beschenkte kann die Herausgabe abwenden, indem er dem früheren Schenker eine Unterhaltsrente zahlt. Ein früher Beschenkter haftet vor später Beschenkten.

bb) Infolge Widerrufs wegen Undankbarkeit, erfolgend durch Erklärung gegenüber dem Beschenkten, falls dieser sich schwerer Verfehlungen gegen den Schenker oder gegen einen nahen Angehörigen desselben und dadurch groben Undankes schuldig macht;[2]) ausübbar grundsätzlich[3]) nur bei Lebzeiten des Beschenkten und des Schenkers persönlich, vgl. oben S. 148; erlöschend durch Verzeihung, Verzicht oder Ablauf eines Jahres, sofern einer dieser drei Umstände eintritt, nachdem der Schenker in voller Kenntnis der Sachlage sich befindet.

Übrigens richtet in allen Fällen, in welchen es zu einer Rückforderung gegen den Beschenkten kommt, diese sich nach den Vorschriften über die Herausgabe einer ungerechtfertigten Bereicherung, s. später § 155.

4. Rechtsgeschäft mit Auflage, §§ 525—527.

§ 73.

Mit jedem liberalen Rechtsgeschäft[4]) kann sich eine zweite, nebensächliche Willenserklärung des liberalen Teils verbinden, des Inhalts, die Liberalität werde gemacht unter der Auflage, daß der

[1]) Erst dann gewinnt also die Schenkungsleistung eigentlich vollständige juristische Solidität; umsomehr, als dieselbe Frist bei erbrechtlichen Rückforderungen aus dem Pflichtteilsanspruche wiederkehrt, s. § 2325 Abs. 3 und vgl. unten § 332, III, 3, sowie § 335 ganz.

[2]) Daher auch § 1584 Abs. 1, s. unten § 228, I, 5.

[3]) S. jedoch § 530 Abs. 2.

[4]) Nicht bloß mit der Schenkung, unter Lebenden und von Todeswegen.

Bedachte den ihm zugewandten Vermögensvorteil in irgend einer genauer bestimmten Weise, ganz oder teilweise, zu Gunsten des Hingebenden oder des Empfängers oder Dritter oder im öffentlichen Interesse verwenden werde.

1. Begriff. Für den allgemeinen Begriff der Auflage folgt hieraus:

a) Sie ist, im Gegensatze zu Bedingung und Befristung, nicht ein unablöslicher Bestandteil desjenigen Rechtsgeschäfts, dem sie beigefügt ist; „unter Auflage schenken wollen" ist nicht ein einheitlicher Begriff, wie wenn etwa jemand nur unter der Bedingung der Erfüllung des Inhalts der Auflage schenken wollte, sondern es ist „unbedingt schenken wollen" mit Hinzufügung einer Auflage.[1]) Gültigkeit und Wirksamkeit der Schenkung sind also zunächst unabhängig von Wirksamkeit und Ausführung der Auflage. — Hier handelt es sich also wirklich um eine Nebenbestimmung des Rechtsgeschäfts, nicht um eine besondere Gestaltung des rechtsgeschäftlichen Willens selbst.

b) Die Auflage ist aber ferner ein nebensächlich, nicht ein gleichwertig zu der Willenserklärung hinzutretendes Element. Wäre sie gleichwertig, so bliebe ja keine Liberalität übrig; es würde die einseitige Liberalität, das Schenkungsversprechen oder welches Geschäft auch immer vorliegen mag, zu einem gegenseitigen, synallagmatischen Vertrag, Leistung gegen Gegenleistung.

c) Die Mitwirksamkeit desjenigen, dem die Liberalität zu statten kommt, spielt deshalb bei der Auflage, im Gegensatze zu gegenseitigen Verträgen, eine untergeordnete Rolle; die Auflage erscheint mehr als eine einseitige Verfügung der liberalen Seite, als lex rei suae dicta des Geschenkgebers.

2. Verbindlichkeit des Beschenkten.[2])

a) Wodurch und wann entsteht sie?

aa) Durch Annahme des Geschenkes nur, sofern die Leistung des Geschenkes schon geschehen ist oder sofern sie nachfolgt.

bb) Jedenfalls aber durch Leistung des Geschenkes an den zu Beschenkenden.

---

[1]) Wegen der beweisrechtlichen Bedeutung hiervon s. unten § 87.

[2]) In dieser Nummer dieses Paragraphen sei stets, der Kürze halber, unter „Beschenkter", „Geschenkgeber" u. s. f. ausdehnender Weise verstanden, der, zu dessen Gunsten liberal verfügt ist, oder der liberal verfügt hat; u. s. f.

b) Wie weit reicht sie? Höchstens auf Aufwendung von so viel, wie der Beschenkte tatsächlich empfangen hat.

aa) Hat er nicht Genügendes zur Erfüllung der Auflage erhalten, so ist soweit gar keine Verpflichtung für ihn entstanden, § 525 Abs. 1.

bb) Stellt sich das Empfangene später infolge von Mängeln im Rechte oder von Fehlern der empfangenen Sachen als ungenügend heraus, ehe die Auflage erfüllt ist, so hat der Beschenkte soweit eine hemmende Einrede gegen die Verbindlichkeit aus der Auflage, § 526 Satz 1.

cc) Tritt dasselbe (überraschend für den Beschenkten) ein nach Erfüllung der Auflage, so entsteht dem Beschenkten ein Ergänzungsanspruch, der aus der Schenkung selbst keineswegs sich ergeben würde, § 526 Satz 2.

c) Zu wessen Gunsten entsteht sie?

aa) Vor allem gewinnt der Geschenkgeber selbst einen klagbaren Erfüllungsanspruch gegen den Beschenkten, einen Anspruch, der selbstverständlich auch auf die Erben des Geschenkgebers übergeht.

bb) Sodann gewinnen Dritte, zu deren Gunsten die Auflage gemacht ist, klagbaren Anspruch auf Erfüllung, wenn der Geschenkgeber ihnen einen solchen unmittelbar zuwenden wollte und in dieser Absicht mit dem Beschenkten über Erfüllung der Auflage einen besonderen Vertrag geschlossen hat.[1]) Liegt ein besonderer Vertrag über die Auflage zwischen Geschenkgeber und Beschenktem vor, so wird jene Absicht des Geschenkgebers, daß daraus der Beschenkte unmittelbar berechtigt werden solle, im Zweifel vermutet, § 330.

cc) Endlich aber kann auch, wenn die Vollziehung der Auflage im öffentlichen Interesse liegt, nach dem Tode des Schenkers (statt seiner Erben, die mangels eigenen Interesses die Sache vernachlässigen mögen) die zuständige Behörde die Vollziehung verlangen, § 525 Abs. 2.

d) Wie wirkt sie?

aa) Im allgemeinen bloß in Form des Erfüllungszwanges, die soeben aufgezählten Berechtigten haben den Anspruch und die Klage auf Erfüllung.

bb) Ist die Erfüllung dem Belasteten durch seine Schuld oder

---

[1]) Hellwig, Verträge auf Leistung an Dritte, 155fg. — Kohler, in seinem Archiv, 21, 259 fg.

infolge eines sonst von ihm zu vertretenden Umstandes (unten Kap. 5) unmöglich geworden, so kann der Geschenkgeber statt Schadensersatzes wegen Nichterfüllung Rückerstattung des Teils der Schenkung, um den der Beschenkte dadurch bereichert ist, fordern, es sei denn, daß ein Dritter aus der Auflage ein Recht erworben (soeben c, bb) hat, das diese Möglichkeit ausschließt. § 527.

cc) Dem stehen andere Fälle gleich, in welchen der Schenker gleichfalls, wenn es sich statt um eine Auflage um einen gegenseitigen Vertrag handelte, zum Rücktritte berechtigt wäre: dauernder Verzug des Beschenkten oder Urteil, § 527.

dd) Ist dagegen die Erfüllung dem Belasteten unmöglich geworden durch einen Umstand, den er nicht zu vertreten hat, so behält er im Zweifel das Geschenk ganz und wird von der Belastung frei. Die Auflage ist eben bloß eine nebensächlich zur Liberalität hinzutretende, keine bedingende Willensbestimmung. Nur falls es als Zweck der Schenkung nach dem Inhalte der Willenserklärung des Schenkenden deutlich erhellt, daß die Schenkung (ganz oder in ihrem auf die Erfüllung der Auflage zu verwendenden Teil) bloß deshalb gemacht ist, damit die Auflage erfüllt werde, so kann das Geschenkte (ganz oder soweit) nach dem Kondiktionenprinzip, sobald nun jener Zweck sich als unerreichbar herausstellt, zurückgefordert werden, § 812.

3. Eine besondere Stellung nimmt die Auflage ein, falls sie durch ein Rechtsgeschäft von Todeswegen[1]) begründet werden soll; sie tritt dann in die Mitte zwischen die gewöhnliche Auflage und das Vermächtnis. Es werden dann einerseits eine Reihe von Rechtsregeln, die sich zunächst auf das Vermächtnis beziehen, für sie anwendbar, § 2192, s. unten § 327.

Andererseits aber gelten mit ganz geringen Unterschieden[2]) die für das Sondergebilde der Auflage wesentlicheren Vorschriften auch für die Auflage von Todeswegen, als: Einklagbarkeit durch die

---

1) Nicht durch ein Rechtsgeschäft unter Lebenden, das in Bezug auf die Auflage erst nach dem Tode des Schenkers wirksam werden soll; z. B. ich schenke und gebe jemandem unter Lebenden etwas mit der Auflage, daß er mir ein Monument dereinst auf mein Grab setzen lassen solle; gewöhnliche Auflage.

2) Einerseits ist der Kreis der klageberechtigten Privatpersonen etwas weiter gezogen, in § 2194 Satz 1; andererseits fehlt der Verzug in § 2196 Abs. 2, nebst einigen geringfügigeren Abweichungen ebendort von § 527.

öffentliche Behörde, falls es sich um öffentliche Interessen handelt, § 2194 Satz 2; Rückforderungsrecht gerichtet auf den zu Auflageerfüllung zu verwendenden Teil der Liberalität bei zu vertretender Unmöglichkeit dieser Erfüllung und bei Verurteilung des Belasteten, § 2196; und im Zweifel Recht des Belasteten, die ganze Zuwendung ungeschmälert zu behalten, falls die Erfüllung der Auflage ihm in einer nicht von ihm zu vertretenden Weise unmöglich oder die Auflage selbst unwirksam wird, § 2195.

Fünftes Kapitel.

Verschulden und Vertreten.*)

§ 74. Vorbemerkung.

I. Das BGB. redet häufig davon, daß eine bestimmte Person ein bestimmtes Ereignis (und dessen Folgen) zu vertreten habe.[1]) Auch hier wurde schon mehrfach gesprochen von Verpflichtungen zum Ersatze von Schaden, bei positivem und negativem Vertragsinteresse. Ferner war schon mehrfach zu erwähnen, wie bedeutsam für gewisse Rechtslagen es wirkt, ob Beteiligte einzelne einschlagende Verhältnisse kennen oder nicht kennen oder kennen müßten. Derartige Haftungsverhältnisse ziehen sich durch das ganze Privatrecht hindurch, verbunden mit höchst verschiedenen Voraussetzungen und Folgen im einzelnen.

1. Sie spielen namentlich ihre Rolle im Obligationenrecht und zwar wieder hauptsächlich auf zwei Weisen:

a) Gelegentlich bereits bestehender Schuldverhältnisse, soweit es

*) Jung, Delikt und Schuldverursachung. — Rümelin, M., Grund der Schadenszurechnung. — Linckelmann, Haftpflicht aus unerlaubten Handlungen. — Weyl, Verschulden und verwandte Begriffe. — v. Liszt, Deliktsobligationen. — v. Kries, Über den Begriff der objektiven Möglichkeit und einige Anwendungen desselben, in der Vierteljahrsschrift für wissenschaftliche Philosophie 12, 179 fg. — Rümelin, G., Die Verwendung der Kausalbegriffe im Straf- und Civilrecht, im Archiv f. d. civilistische Praxis 90, 171 fg. — Heinrici, in Gruchots Beiträgen 42, 625 fg. — Unger, Handeln auf eigne und auf fremde Gefahr, i. d. dogm. Jahrb. 33, 299 fg. — Rümelin, M., Zufall im Recht. — Ältere Literatur: v. Jhering, Schuldmoment im Röm. Privatrecht. — Pernice, Labeo, 2, Abteil. 1.

[1]) Nicht zu verwechseln mit der früher behandelten „Stellvertretung“.

sich um deren Nichterfüllung (nicht vollständige, nicht rechtzeitige Erfüllung) handelt, sog. Obligationenverletzung; und

b) als Gründe zur Entstehung neuer, besonderer Obligationen auf Schadensersatz, besonders in der Gestalt von sog. unerlaubten Handlungen oder Delikten, aber auch in davon mehr oder weniger abweichenden Gestalten.

2. Sie reichen aber auch durch alle übrigen Teile des Rechts hindurch, bedingen den Erwerb oder Verlust dinglicher Rechte oder auch von Familienrechten in der Form des „guten Glaubens" und beeinflussen die Gestaltung der Erbrechte und die Haftung der Erben.

3. Dabei erscheinen aber Folgen und Voraussetzungen so mannigfach verschieden, daß es schwer fällt, eine allgemeine Lehre von überall zutreffender Bedeutung daraus zu abstrahieren. Man kann nur einzelne Punkte, einzelne besonders bedeutsame oder typische Begriffe herausnehmen und schildern; alles sonst muß den besonderen Teilen überlassen bleiben, namentlich solche einzelne, hier bereits entwickelte Begriffe anzuwenden, zu zeigen, in welcher Weise das Recht sich ihrer bedient, unter welchen Einschränkungen oder Ausdehnungen und mit welchen Wirkungen.

II. Die Hauptrolle spielt hier der Begriff der Schuld; am klarsten liegen die Fälle, in welchen das, was eine Person zu vertreten hat, ihr eigenes schuldhaft rechtswidriges Verhalten ist. Von diesen Fällen ist auszugehen, eine Analyse dieses Begriffs ist zu geben. Daran schließen sich andere Haftungsmöglichkeiten. Will man dem den Begriff des „Zufalls" gegenüberstellen, so kann man sich darunter Verschiedenes denken.

1. Man kann zufällige nennen alle Ereignisse, die niemand „vertritt"; dann stehen auf der anderen Seite alle möglichen Haftungsgründe.

2. Man kann aber auch zufällige nennen alle Ereignisse, außer den durch schuldhaft rechtswidriges Verhalten einer Person herbeigeführten: dann gehören zum Zufalle alle anderen Haftungsgründe. Dann ist namentlich auch, was für diese Person Schuld, für jene andere, an dieser Schuld unbeteiligte Person Zufall, obschon auch sie vielleicht dafür haften muß (Haftung für Schuld Dritter).

3. Diese beiden Begriffe vom Zufall sind streng juristisch. Hinzutritt eine dritte, mehr allgemeinhin übliche Verwendung des Wortes zur Bezeichnung eines Ereignisses, dessen Eintritt menschlich nicht vorher berechnet noch vorhergesehen werden konnte. Auch in

dieser Bedeutung wird das Wort wohl von Juristen verwendet. Aus ihr sind die beiden anderen Bedeutungen hervorgegangen, dadurch, daß es meist Fälle des Zufalls in diesem letzten Sinne sind, welche niemand zu vertreten hat oder in welchen wenigstens von einer Schuld einer Person als von dem Grunde für deren Vertretungsverpflichtung nicht die Rede sein kann.

§ 75. Schuldhaft rechtswidriges Verhalten.

Wo schuldhaft rechtswidriges Verhalten eines Menschen in Frage kommen soll, handelt es sich stets um zwei Seiten des Tatbestandes: um das äußere Verhalten in seiner äußeren Rechtswidrigkeit, den sog. objektiven Tatbestand; und hinzutretend um die innere Verfassung der Person, deren Verhalten in Frage steht, d. i. die Schuld dieser Person, den sog. subjektiven Tatbestand. Es ist davon getrennt zu handeln und schließlich einiges über die Folgen beizufügen.

I. Der objektive Tatbestand. Hierher gehören körperliches Verhalten einer Person und Rechtswidrigkeit.

1. Das Verhalten der Person muß sein ein körperliches, kann übrigens bestehen in einer Tätigkeit oder in einer Unterlassung. Von diesem körperlichen Verhalten der Person ist hier, bei der Lehre von den rechtswidrigen Handlungen, ebenso auszugehen, wie wir früher, bei der Lehre vom Rechtsgeschäft, davon auszugehen hatten.

2. Dieses Verhalten kann nun ein schon an sich rechtswidriges sein; alsdann ist der objektive Tatbestand höchst einfach gegeben. Z. B. das Recht befiehlt den Eltern, für ihre Kinder zu sorgen, dies unterbleibt trotzdem; oder das Recht verbietet, in der Nähe eines Pulvermagazins zu rauchen, dies geschieht trotzdem; in beiden Fällen liegt der denkbar einfachste objektive Tatbestand vor.

3. Das Verhalten kann aber auch zunächst ein an sich noch nicht rechtswidriges sein; es wird erst zu einem rechtswidrigen, indem es weitere Folgen verursacht, deren Herbeiführung rechtswidrig ist. Alsdann ist weiter zu unterscheiden:

a) Ursächlich, kausal für einen gewissen Erfolg nennen wir jedes menschliche Verhalten, ohne welches dieser Erfolg nicht (oder nicht genau so) eingetreten wäre.

b) Objektiv rechtswidrig ist jedes *tätige* menschliche Verhalten, welches, obschon an sich nicht rechtswidrig, für einen Erfolg kausal geworden ist, dessen Herbeiführung rechtlich (dieser oder jeder Person) verboten ist.

c) Objektiv rechtswidrig ist menschlich untätiges Verhalten, sofern es nicht schon an sich selbst rechtswidrig ist, nur, wenn folgendes zusammentrifft:

aa) Es muß kausal sein für einen rechtswidrigen Erfolg, d. h. bei entsprechender Tätigkeit wäre dieser Erfolg nicht (oder nicht so) eingetreten;

bb) es muß diese Tätigkeit dem Menschen, um dessen Verhalten es sich handelt, möglich gewesen sein; und

cc) es muß der Rechtssatz, infolge dessen der Erfolg rechtswidrig ist, den Sinn haben, daß nicht nur Herbeiführung dieses Erfolges (dieser oder jeder Person) verboten, sondern auch Aufwand von Tätigkeit zur Vermeidung dieses Erfolgs geboten ist. Dies ist, namentlich wenn der Rechtssatz sich an alle Welt wendet, keineswegs selbstverständlich anzunehmen, eher das Gegenteil: denn tätige Nächstenhülfe ist im allgemeinen nicht Rechtspflicht, während allerdings eine allgemeine Rechtsmaxime lautet: Neminem laede! Im allgemeinen wird also ein besonderes Rechtsverhältnis nötig sein, infolge dessen der Unterlassende eine Tätigkeit zur Verhütung des eingetretenen Erfolges zu entwickeln verpflichtet war.

Ich sei z. B. durch Vertrag oder sonstwie rechtlich verpflichtet, Pelzwerk eines Anderen in meinem Hause lagern zu lassen; dann hafte ich nicht dafür, daß ich es häufig lüfte, klopfe und dadurch vor Motten sichere; wohl aber, wenn ich rechtlich auch zu dergleichen verpflichtet sein sollte. — Oder: Ich sehe eine leicht zerstörbare fremde Sache auf der Straße liegen; trete ich darauf, so handle ich rechtswidrig; lasse ich sie einfach liegen, während ich sie leicht aufheben und retten könnte, so handle ich im allgemeinen nicht rechtswidrig; es sei denn, daß ich dem Eigentümer zu dergleichen Diensten besonders verpflichtet war.

4. Das Rechtsgebot oder -verbot, gegen welches der eingetretene Erfolg verstößt, kann herrühren

a) aus einer besonderen Gesetzesbestimmung, welche diese Befehle unmittelbar ausspricht; oder

b) aus einer besonderen Gesetzesbestimmung, welche diese Befehle mittelbar ausspricht in der Weise, daß sie mit deren Nichtbefolgung

Nachteile für den Zuwiderhandelnden (straf- oder zivilrechtlich) verbindet;[1]) oder

c) aus einem anderweitigen Rechtsverhältnisse (des Obligationenrechts oder des Familienrechts oder irgend welcher Art sonst), das derartige Rechtspflichten nach allgemeinen Rechtsregeln verbindlich erzeugt, z. B. als Inhalt des betreffenden Rechtsverhältnisses.

5. Ob der Erfolg herbeigeführt ist durch das rechtswidrige Verhalten eines einzelnen Menschen oder durch dessen Zusammenwirken mit anderen Menschen, ist für den objektiven Kausalzusammenhang gleichgültig.

6. Soweit die Rechtsregel, auf welcher die Rechtswidrigkeit beruht, Ausnahmen kennt, soweit entfällt natürlich im Einzelfalle die Rechtswidrigkeit und damit jede Haftungsverpflichtung aus ihr. Solcher „Ausschlußgründe der Rechtswidrigkeit" mag es für einzelne Rechtspflichten hier und da besondere geben, welche hier nicht aufgezählt werden können. Durchgängig kommen in Betracht:

a) Amtlicher Auftrag, öffentlich-rechtliche Befugnis od. dgl., selbstverständlich;

b) erlaubte Selbsthülfe, Notwehr und Notstand.[2]) Darüber näheres unten in Kap. 7 dieses Buchs, § 81 fg.

c) Einwilligung des Beschädigten, sofern damit vertragsmäßig gültig (ohne Verstoß gegen die guten Sitten) Verzicht auf die dem Beschädigten günstigen privatrechtlichen Folgen der Beschädigung, namentlich also auf Schadensersatzansprüche, geleistet ist.

d) Selbstschädigung; s. sofort unten § 76, I, 8.

II. Der subjektive Tatbestand. Hierher gehören: Zurechnungsfähigkeit; Wollen des körperlichen Verhaltens; Vorhersehen des rechtswidrigen Erfolges; Kenntnis desselben als eines rechtswidrigen (Schuld im engsten Sinne).

---

[1]) So z. B. in allen Fällen, wo denjenigen Rechtsnachteile treffen, der bei einer Handlung etwas weiß oder wissen mußte, während er bei gutem Glauben von diesen Nachteilen verschont geblieben wäre, vgl. z. B. § 307. Offenbar liegt in solchen Bestimmungen mittelbar das Gebot, solcher Handlungen sich zu enthalten.

[2]) Auch der obligatorischen Verpflichtung gegenüber, z. B. den fremden Hund zu verpflegen, der plötzlich Zeichen von Tollwut gibt, § 228; auch wohl analog weiter auszudehnen, z. B. so, daß die Dienstverpflichtung, eine Hafenstadt zu besuchen, wegfällt, falls dort eine Seuche ausbricht, keinesfalls aber auf das enge Gebiet der „unerlaubten Handlungen" einzuschränken; vgl. unten § 92, I, 6.

1. Zurechnungsfähigkeit. Dieselbe mangelt

a) vollständig Kindern unter 7 Jahren und Geisteskranken, welche infolge dieser ihrer Geisteskrankheit keine „freie Willensbestimmung" mehr haben, § 827, einerlei, ob entmündigt oder nicht, nicht dem Entmündigten als solchem.[1])

b) Kindern über 7, aber unter 18 Jahren und Taubstummen, sofern sie bei der Begehung der schädigenden Handlung nicht die zur Erkenntnis der Verantwortlichkeit erforderliche Einsicht haben, § 828.

2. Wollen des körperlichen Verhaltens, das im objektiven Tatbestande vorliegt. Ein jedes solches Verhalten ist gewollt, falls im Augenblick desselben die so sich verhaltende zurechnungsfähige Person nicht einem absoluten (äußerem oder innerem, z. B. Krämpfe) Zwange unterlag und ferner sich nicht in einem vorübergehenden Zustande der Bewußtlosigkeit oder krankhafter Störung der Geistestätigkeit, so daß die freie Willensbestimmung ausgeschlossen war, befand. — Derartig gewolltes körperliches Verhalten nennen wir „Handlung"; der subjektive Tatbestand erfordert also vor allem die Handlung eines Zurechnungsfähigen. — Dies, verbunden mit Kenntnis der Rechtswidrigkeit, s. sofort unten 4, genügt, falls dieses körperliche Verhalten schon an sich objektiv rechtswidrig ist, s. oben I, 2; wird aber das Verhalten zu einem objektiv rechtswidrigen erst durch weiteren Erfolg, so muß auch noch subjektiv etwas hinzutreten. Nämlich

3. dieser Erfolg muß als ein Erfolg dieses Verhaltens im Augenblicke der Handlung von dem Handelnden vorhergesehen werden oder doch wenigstens vorhergesehen werden können; der Erfolg, nicht bloß das unmittelbar körperliche Verhalten muß dem Handelnden „zurechenbar" sein. Unter „Vorhersehen" verstehen wir hier stets ein Vorausberechnen der Zukunft, das unter Ansatz bestimmter gegebener Faktoren[2]) und in bestimmter Entwicklung derselben zwar nicht mit der dem Menschen bei Beurteilung zukünftiger Dinge überhaupt verschlossenen mathematischen Gewißheit, aber mit einer außerordentlich hohen Wahrscheinlichkeit eine gewisse Zukunftsgestaltung ergibt.

---

[1]) S. auch Dittenberger, Der Schutz des Kindes gegen die Folgen eigener Handlungen, 1903.

[2]) Zu diesen gehört die Mitwirkung von Naturkräften oder anderen Menschen, mögen letztere als blind oder als ihrerseits schuldhaft mitwirkende in die Rechnung eingestellt sein.

a) Zurechnung zum Vorsatz (dolus, dolus malus, böser Vorsatz, wohl auch Absicht, Arglist geheißen) liegt vor, wenn der Handelnde den Erfolg bei seiner Handlung tatsächlich vorhersieht und dennoch handelt. Man kann dann auch (s. oben § 47, 3 a) sagen, daß er den rechtswidrigen Erfolg selbst gewollt hat. Hier pflegt stets und weitestgehend Haftung einzutreten; vertragsmäßige vorherige Abmachung, daß für Vorsatz nicht gehaftet werden solle, ist, als gegen die guten Sitten verstoßend, nichtig, § 276 Abs. 2.

b) Hat dagegen der Handelnde den Erfolg nicht vorhergesehen, während er ihn hätte vorhersehen können, so ist er ihm zur Fahrlässigkeit (sog. culpa) zuzurechnen. Hier bemerke man weiter:

aa) Tatbestände, bei welchen die Erfolgsherbeiführung nur zur Fahrlässigkeit zurechenbar ist, betrachtet das Recht nur mit Auswahl und selbst dann bisweilen nur für besonders schwere Fälle dieser Fahrlässigkeit als juristische Tatsachen, um irgendwelche Haftungsfolgen daran zu knüpfen; in zahlreichen anderen Fällen läßt es Haftung nur für Vorsatz eintreten. Denn für Fahrlässigkeit haften lassen, heißt Aufmerksamkeit fordern; das heißt weit mehr, als bösen Vorsatz verbieten; das Recht hütet sich aber wohl, sich selbst durch Überspannung seiner Anforderungen zu schädigen.

bb) Wo Haftung für Fahrlässigkeit zur Rede kommt, ist stets für die Frage, ob der Erfolg hätte vorausgesehen werden können, nur mit den Umständen, Kenntnissen und Fähigkeiten eben desjenigen zu rechnen, dessen Handlungsweise beurteilt werden soll.

cc) Dagegen ist in verschiedenen Fällen das Maß der erforderten Aufmerksamkeit, mangels deren das Recht Fahrlässigkeit annimmt, bald ein objektives, bald ein subjektives:

a) Regelmäßig (daher im Zweifel so gemeint) ist das Maß ein objektives, das der im Verkehr erforderlichen Sorgfalt;[1]) früher wohl diligentia boni patrisfamilias genannt. Es wird weiter unterschieden zwischen gröberen und weniger groben Verletzungen dieser Aufmerksamkeitspflicht und bisweilen nur für „grobe Fahrlässigkeit" gehaftet; Fahrlässigkeit kurzerhand umfaßt im Zweifel grobe und leichte. Die Grenze zwischen objektiv grober und leichter Fahrlässigkeit ist der Regel des Lebens zu entnehmen, muß also im einzelnen Falle dem freien Ermessen überlassen bleiben. Um leichte Fahrlässigkeit handelt es sich auch bei dem sog. Wissen-Müssen, es

---

[1]) Wendt, im Arch. f. d. civilist. Praxis, 87, 422 fg.

sei denn besonders hervorgehoben, daß nur das durch grobe Fahrlässigkeit verschuldete Nicht-Wissen gemeint ist, § 122, § 932 Abs. 2.

3. Bisweilen aber auch haftet der Handelnde nur nach subjektivem Maßstabe, nämlich nur für diejenige Sorgfalt, „welche er in eigenen Angelegenheiten anzuwenden pflegt". Doch befreit ihn diese Haftungserleichterung nur soweit, wie er denn doch von objektiv grober Fahrlässigkeit sich ferne hält, § 277. Dieser Maßstab wird vom Gesetze gerne angelegt, wo Lebensgemeinschaft zwischen dem Haftenden und dem Geschädigten besteht oder wo der Haftende durch Gefälligkeit in die Haftungslage kommt, z. B. §§ 1359, 1664, 690, s. bes. auch § 708.

4. Endlich ist zur Vollständigkeit des subjektiven Tatbestandes noch erforderlich, daß der Handelnde seine Handlung im Augenblicke derselben als rechtswidrige erkannte oder wenigstens bei gebotener Aufmerksamkeit erkennen konnte. Sonst kann von Schuld im eigentlichen Sinne nicht die Rede sein. Diese Erkenntnis der Rechtswidrigkeit kann namentlich ausgeschlossen sein durch Rechtsirrtum oder durch den irrigen Glauben daran, daß ein Ausschlußgrund der Rechtswidrigkeit (oben I, 6) vorliege.

5. Es ergibt sich aus vorstehendem, daß Rechtswidrigkeit objektiv (s. oben I, 5) und subjektiv vorliegt auch dann, wenn zu dem unerlaubten Erfolge mehrere Menschen zusammengewirkt haben; und zwar in Bezug auf jeden derselben, der diesen Erfolg als einen durch dies Zusammenwirken herbeiführbaren bei seiner Mitwirkung vorhergesehen hat oder hätte vorhersehen können. Haben mehrere bewußtermaßen so zusammen gewirkt, so sagt man von ihnen, daß sie die unerlaubte Handlung „gemeinschaftlich" begangen haben. Von mehreren gemeinschaftlich Handelnden haftet jeder ganz für den ganzen Erfolg, den er ja verursacht und vorhergesehen hat (oder hätte vorhersehen können). Sieht oder wirkt einer von ihnen weiter, so haftet bloß dieser für diesen Überschuß, sog. Exzeß. Anstifter und Gehülfen stehen vollbeteiligten Mittätern gleich, § 830 Abs. 1 Satz 1 und Satz 2.

III. Daß es bei den juristischen Folgen der schuldhaften rechtswidrigen Handlung sich meist um Schadensersatz handelt (bisweilen freilich auch um andere Rechtsverluste, Rechtsverwirkungen od. dgl.), ist schon mehrfach bemerkt worden. Die Lehre vom Schadensersatze im einzelnen gehört ins Recht der Schuldverhältnisse. Nur das sei eben hier noch bemerkt, daß zu dem Schaden, für den gehaftet wird, nicht nur gehört der durch die schuldhaft rechtswidrige Handlung selbst und unmittelbar angerichtete, sondern auch der weiter daraus sich ergebende.

1. Die Kausalkette, die bei dem gewollten körperlichen Verhalten einer Person beginnt und von da zu dem rechtswidrigen Erfolge führt, läuft weiter und mag da zu weiteren schädigenden Erfolgen dieses Erfolges führen.

2. Wo findet sie ihr Ende?

a) Einigkeit besteht darüber, daß dieses Ende nicht schon da eintritt, wo das Ende der Zurechnung zu Schuld oder Fahrlässigkeit liegt, bei dem letzten Erfolge, den der Handelnde im Augenblick seiner Handlung vorhersehen konnte. Vielmehr haftet, wer schuldhaft rechtswidrig gehandelt hat, auch für solchen dadurch angerichteten Schaden, den er weder nach Art noch nach Umfang damals vorhersehen konnte.

b) Vielfach aber wird neuerdings behauptet, die Grenze sei zu finden in der Beschränkung der Haftung auf das, was überhaupt zur Zeit der Handlung ein Mensch, bei voller Kenntnis aller einschlägigen Verhältnisse, als schädigende Wirkung seiner Handlung menschlicher Erfahrung gemäß hätte vorhersehen können (sog. „adäquate Verursachung" durch die Handlung). Indessen ist eine solche Einschränkung weder theoretisch rein durchführbar,[1]) noch positiv in unseren Gesetzen vorgeschrieben.

c) Somit bleibt nichts anderes übrig, als die Haftung soweit auszudehnen, wie die genau erkennbare und verfolgbare schädigende Kausalität der Handlung, für die gehaftet wird, im Augenblicke der Haftungsinanspruchnahme reicht; dafür scheint auch positiv-rechtlich § 254 Abs. 2 zu sprechen.

§ 76. Verwandte Fälle.

I. Aus der großen Zahl der Möglichkeiten lassen sich hier folgende nur andeuten[2]):

1. Haftung ohne gewolltes körperliches Verhalten: wenn jemand sich durch geistige Getränke oder ähnliche Mittel fahrlässig in einen

[1]) Vgl. Rümelin selbst a. a. O. S. 340 „Billigkeitsmodifikationen".

[2]) Über die außerkontraktlich hierher gehörigen Fälle, eigentlich „unerlaubter Handlungen" Näheres unten § 161 I; weiterhin aber auch zu vergleichen unten § 161 II. Die folgende Aufzählung beschränkt sich wesentlich auf das Recht des BGB.; vgl. aber auch sofort II, 2 b.

die Zurechenbarkeit ausschließenden Zustand versetzt hat, so wird ihm das auch schuldlos darin Angerichtete zur Fahrlässigkeit angerechnet, § 827 Satz 2.

2. Haftung ohne Zurechnungsfähigkeit, unter Umständen begründet für Kinder und Geisteskranke durch § 829.

3. Haftung oder wenigstens sonstige Rechtsnachteile, begründet auf lediglich objektiv rechtswidriges Verhalten ohne subjektiven Tatbestand; z. B. gegen den gutgläubigen Besitzer fremden Eigentums § 985, 989; oder gegen den, der in gutem Glauben verbotene Eigenmacht übt, § 858. — Hierher zu rechnen auch die Haftung für obligationswidriges Unterlassen der Leistung in einzelnen Fällen schuldloser Unmöglichkeit, z. B. § 279 u. s. f., s. unten § 92, I, 5.

4. Haftung, obschon zum vollen subjektiven Tatbestande die Kenntnis der Rechtswidrigkeit mangelt.

a) Am nächsten der Regel steht es hier, wenn der Handelnde seines Rechtes sich nicht ganz sicher fühlt, § 820, vgl. CPO. § 717 Abs. 2 und § 945; hierher zu ziehen auch §§ 347, 351 ff.

b) Noch etwas weiter geht es, wenn Schadensersatzpflicht eintritt, während der Handelnde ohne jede Fahrlässigkeit, wennschon irrig überzeugt war, es stehe ihm der Rechtswidrigkeits-Ausschlußgrund der berechtigten Selbsthülfe zu, § 231. Auf andere Ausschlußgründe[1]) ist dies nicht auszudehnen.

5. Haftung des einen für das Verhalten des anderen, ohne jede eigene Schuld des Haftenden (wie sie z. B. liegen könnte in fahrlässiger Auswahl oder Beaufsichtigung) oder selbst ohne jede Kausalität des Haftenden kennt unser Recht aus Gründen der Verkehrssicherheit oder des sozialen Ausgleichs, immerhin jedoch nur in vorsichtigem Maße, nämlich etwa wie folgt:

a) Bei Obligationsverletzungen hat der Schuldner „ein Verschulden seines gesetzlichen Vertreters und der Personen, deren er sich zur Erfüllung seiner Verbindlichkeit bedient, in gleichem Umfange zu vertreten, wie eigenes Verschulden", § 278. Soweit hier der gesetzliche Vertreter den Vertretenen haftbar macht, steht diesem Falle nahe die Haftung der juristischen Person für Delikte ihrer Organe, s. oben § 31, III, 2. Eine Ausdehnung von § 278 findet sich in

---

[1]) Wie aber in den Fällen erlaubter Selbsthülfe, die über § 229 hinausgehen, z. B. § 561? Auf diese bezieht § 231 sich nicht, doch mag analoge Ausdehnung angezeigt sein.

§ 254 Abs. 2 Satz 2; ähnlich auch die Verpflichtung aus § 122 im Falle des § 120. Noch weitergehend z. B. § 549 Abs. 2.

b) Haftung mehrerer, die alle bei einem unerlaubten Erfolge beteiligt sind, wenn sich nicht ermitteln läßt, wer von ihnen den Schaden verursacht oder auch nur mitverursacht hat, § 830 Abs. 1, Satz 2.

c) Dagegen nicht notwendig hierher gehörig die Fälle, in welchen man haftet für Delikte solcher Personen, die man zu einer Verrichtung bestellt hat oder die man zu beaufsichtigen verpflichtet war. Hier schafft nämlich unser Recht nur eine eigenartige Verschiebung der Beweislast; gelingt trotzdem dem Unschuldigen der Nachweis seiner Schuldlosigkeit, so ist er haftfrei; gelingt sie ihm nicht, so führt dies freilich zur Haftung ohne subjektive Schuld des Haftenden; ist der so Haftende schuldig, so führt diese Einrichtung nur zu leichterer Verurteilbarkeit des ohnehin Haftenden, §§ 831, 832.

6. Haftung für Tiere, Gebäudeeinrichtungen, auch Jagdschaden, bald ohne jede Schuld des Haftenden, bald bloß unter Beweiserschwerung, § 833 ff.

7. Andersartige, meist geringere Rechtsnachteile, mangels guten Glaubens oder mangels der Wahrung vorgeschriebener Fristen (bald nur sofern verschuldeter, bald auch unverschuldetermaßen), oder mangels bestimmten Wissens (ebenso) oder mangels Einhaltung bestimmter Formen oder dgl.: solcherlei Fälle durchziehen das ganze Recht unter immer verschiedenen Einzelheiten, welche hier nicht weiter verfolgt werden können.

8. Haftung für verschuldete Selbstbeschädigung.[1]) Hier ist zu unterscheiden:

a) Soweit es sich um Befehle des absolut zwingenden öffentlichen Rechtes handelt, auf deren Verletzung die Rechtswidrigkeit beruht, bildet Selbstverletzung (z. B. Selbstverstümmelung) keinen Ausschlußgrund der Rechtswidrigkeit. Es handelt sich also um eigentliches Verschulden und es ist nicht abzusehen, warum an dieses nicht auch civilistische Folgen sollten geknüpft werden können, z. B. Verlust von Invaliditäts-Ansprüchen.[2]) Eine andere Frage nur, wie weit jene Befehle gehen, ob sie namentlich auch operative Eingriffe, wo diese

---

[1]) Wendt, in d. dogm. Jahrb. 31, 137 fg. — v. Tuhr, Eigenes und fremdes Verschulden.

[2]) Vgl. etwa § 1565 mit StGB. § 175.

zur Heilung nötig, an sich vornehmen zu lassen dem Kranken vorschreiben.[1])

b) Soweit es sich dagegen nur um Befehle des Civilrechts handelt, machen diese vor der Person des Berechtigten selbst, dessen Rechte geschützt werden sollen, Halt: er soll nicht civilistisch genötigt sein, seine Rechtsgüter zu wahren oder sich der Verletzung seiner Rechtsgüter zu enthalten. Schädigt er sich selbst oder unterläßt es, sich gegen Schaden zu wahren, so handelt er nicht einmal in rechtlich mißbilligter Weise, sofern nur kein anderer, rechtlich an dem Vorgang Beteiligter, mitleidet. Von einer „Schuld" im strengen Sinne kann also keine Rede sein, mangels Rechtswidrigkeit.[2]) Wenn also wohl auch in dergleichen Fällen das BGB., z. B. § 228 Satz 2, ferner § 254 Abs. 1 u. Abs. 2, vgl. auch § 467 und den dort angezogenen § 351, von einem „Verschulden des Beschädigten" spricht, um Rechtsnachteile für ihn damit zu verbinden, so kann das nur bedeuten, daß analog alle sonstigen Bestandteile des Begriffes der „schuldhaft rechtswidrigen Handlung" außer dem objektiven Erfordernis der Rechtswidrigkeit und außer dem subjektiven Erfordernis der Kenntnis derselben hierher übertragen werden sollen, also namentlich Zurechnungsfähigkeit, Verantwortlichkeitsbewußtsein, Vorhersehen oder Vorhersehenkönnen der Folgen, endlich wohl auch Wegfall der Rechtsnachteile bei Vorliegen notwehr- oder notstand *ähnlicher* Zustände.

Z. B. eine Kuh ist von einem bösen Buben schwer, aber leicht wahrnehmbar verletzt worden, jedoch so, daß sie bei irgendwie angemessener Behandlung sicherlich nicht eingehen würde. Der Eigentümer unterläßt solche Behandlung oder läßt gar das Tier weiter arbeiten; das Tier fällt; für diesen höheren Schaden, über den der Verletzung hinaus, haftet hier der Übeltäter gemäß § 254 nicht, wenn den Eigentümer ein „Verschulden" für seine keineswegs rechtswidrige Handlungsweise trifft; anders, wenn der Eigentümer unzurechnungsfähig gewesen sein sollte oder den Schaden nicht hätte erkennen können oder keine Mittel gehabt hätte, der Kuh die nötige Pflege angedeihen zu lassen.

II. In vielen angeführten Fällen handelt es sich stärker oder

---

[1]) *Endemann*, Fr., Die Rechtswirkungen der Ablehnung einer Operation seitens des körperlich Verletzten.

[2]) Ähnlich, nämlich bloß Moral-, nicht Rechtswidrigkeit bei der „Schuld" eines Verlobten, der dem andern Teil Grund zum Rücktritt vom Verlöbnis gibt, s. unten § 218.

schwächer um Haftung (oder sonstige Rechtsnachteile) wegen „Zufall" (das Wort genommen im Sinne wie oben § 73, II 2), namentlich also über die Grenze des Vorhersehbaren hinaus. Als einziges Bindeglied zwischen juristischem Tatbestand und Rechtsfolge liegt dann vor die objektive Kausalität in ihrer Grenzenlosigkeit. Indessen pflegt dann doch wieder gegen Übermaß der Haftung in anderer Weise vorgesorgt zu sein.

1. In den bei weitem meisten Fällen durch genauere Angabe der besonderen Haftungsursachen oder sonstigen tatsächlichen Verhältnisse, an die das Recht anknüpft; z. B. § 278: „in gleichem Umfange wie eigenes Verschulden"; oder in den soeben unter I zuletzt erwähnten Fällen durch Anknüpfung an den übertragenen Begriff des Verschuldens; selbst in einem der weitestgehenden Fälle, dem der Haftung für Tierschaden, durch die Voraussetzung, daß der Haftende das Tier „hält", § 833. Solche Wendungen des Gesetzes sind deshalb möglichst scharf auszulegen. Bezeichnend auch, daß das Gesetz sich regelmäßig solcher Wendungen bedient, nicht aber direkt von Haftung für Zufall redet.

2. Wo aber das Gesetz Haftung für Zufall direkt vorschreibt, pflegt es wieder eine Ausnahme zuzufügen, indem es diese Haftung wegfallen läßt, sofern es sich handelt um „höhere Gewalt".

a) Höhere Gewalt,[1]) vis major, liegt vor, wenn ein Unfall verursacht ist durch Umstände, die von außerhalb des Betriebes, für den gehaftet wird, herstammen, **und** wenn dieser Unfall durch wirtschaftlich für diesen Betrieb erträgliche Aufwendungen und Vorbeugungsmaßregeln nicht vermieden werden konnte. Treffen nicht diese beiden Bedingungen zusammen, so ist höhere Gewalt zu leugnen; man spricht dann wohl von „niederem Zufall".

Z. B. Fälle höherer Gewalt sind Überschwemmung, feindlicher Einbruch, räuberischer Überfall; Feuersbrunst wohl, wenn von außen her z. B. der Gasthof, dessen Inhaber für fremdes Gepäck haftet, vernichtet wird, und zwar in solcher Weise, daß noch so sorgfältig vorher dazu angebrachte Brandsicherungs- und Feuerlöschvorrichtungen sich nutzlos erweisen; dagegen nicht, wenn sich aus dem Gasthofbetrieb selbst entwickelnd.

---

[1]) **Exner**, in Grünhuts Zeitschrift 10, 497 fg. — **Dernburg**, ebenda 11, 335 fg. — **Baron**, i. Archiv f. civilist. Praxis 78, 284 fg. u. 81, 177 fg. — **Unger**, in d. dogm. Jahrb. 30, 414 fg. — **Fischer**, ebenda 37, 199 fg. — **Cosack**, Handelsrecht, S. 448 fg., dem ich folge.

b) Die Fälle, in welchen für Zufall bis zur Grenze der höheren Gewalt gehaftet wird, gehören vornehmlich dem Handelsrecht und dem Haftpflichtgesetze (v. 7. Juni 1871) an. Im BGB. gehört dahin namentlich die Haftung des Gastwirts für eingebrachte Sachen, § 701 fg. S. ferner das Reichspostgesetz v. 28. Oktober 1871, § 6, 11. — Von derartigen Fällen hat eine Übertragung stattgefunden, wenn das BGB. in einzelnen Fällen Fristversäumnisse dann entschuldigt, d. h. ihrer rechtsschädigenden Wirkung wieder entkleidet, falls dieselben durch „höhere Gewalt" entschuldigt sind, s. § 203 und § 1996; von einem Herrühren des Zufalls von außen her kann hier indessen kaum mehr die Rede sein; es bleibt nur die allgemeine Steigerung des Wesens der Vorhersehbarkeit und Abwendbarkeit nach freiem Ermessen übrig.

III. Wo ein Unfall ein Rechtsgut (z. B. Sachen, menschliche Arbeitskräfte) schädigt, ohne daß wegen Schuld oder wegen eines verwandten Ereignisses ein Dritter diesen Schaden vertreten müßte, da bleibt zunächst nichts anderes übrig, als daß den Schaden der Betroffene trägt, casum sentit dominus. Man sagt deshalb wohl: der Eigentümer trägt „die Gefahr" der Sache. Z. B. ich habe mir einen Hundertmark-Schein bereitgelegt, um eine fällige Zahlung damit zu leisten; der Schein verbrennt durch Zufall; ich muß den Schaden tragen und sehen, mir zur Tilgung meiner Schuld denselben Betrag abermals zu verschaffen; hatte ich bereits den Schein dem Gläubiger übergeben, ehe er verbrannte, so bin ich meiner Schuld ledig und der Gläubiger des Geldes.

Indessen kann unter Umständen, wer nach allgemeinen Rechtsregeln über Ersatzhaftung solchen Schaden von sich abzuwälzen nicht in der Lage ist, doch dazu gelangen infolge besonderer zwischen ihm und einem Dritten bestehender Rechtsverhältnisse. So der wegen Brandschadens Versicherte. Zu ähnlichem Ergebnisse führt aber auch bisweilen das Spiel nicht eben auf Tragung der Unglücks-Garantie gerichteter, aber darauf hinauslaufender gegenseitiger obligatorischer Verträge, wenn nämlich die eine Seite zu der ihr obliegenden (Geld-) Leistung verpflichtet bleibt, obschon die andere Seite durch den ihre Leistung betreffenden Zufall von der Leistungspflicht befreit wird. Z. B. der zur Dienstleistung Verpflichtete wird für eine verhältnismäßig nicht erhebliche Zeit durch einen in seiner Person liegenden Grund ohne sein Verschulden an der Dienstleistung verhindert; dann braucht er dafür nicht einzustehen; der zur Dienstleistung Berechtigte aber muß dennoch den abgemachten Lohn bezahlen, § 616. Tatsächlich also wirkt der Dienstvertrag wie eine Art Versicherung der Arbeitskraft gegen zufällige, kürzere Arbeitsunfähigkeit. Man spricht hier von einer Gefahr des Vertrages, welche in unserem Beispielfall der Dienstherr zu tragen hat, so daß dadurch wirtschaftlich die Gefahr des Gegenstandes auf ihn übergewälzt wird.

Immerhin sind derartige Fälle, worüber mehr bei der Lehre von den Schuldverhältnissen, die Ausnahme; die Regel ist, daß, wenn durch Zufall die eine Seite, so alsdann auch die andere Seite frei wird. Bei derartiger Regelung der Gefahr des Vertrages bleibt es bei der Tragung der Gefahr der Sache durch den zunächst Betroffenen. Wenn z. B. der Verkäufer deshalb den verkauften Gegenstand nicht zu liefern braucht, weil er ihm ohne seine Schuld zufällig untergegangen ist, so braucht regelmäßig auch der Käufer den Kaufpreis nicht zu zahlen; das drückt man aus, indem man sagt: der Verkäufer trägt bis zur Übergabe der Ware die Gefahr des Vertrages und der Sache.

Sechstes Kapitel.

Zeitablauf.

§ 77. Zeitberechnung,[1]) § 186—193.

Wie für alles Menschliche, so für das Recht, ist stets von maßgebender Bedeutung die Zeit und ihr Ablauf. Namentlich wird das Recht zufolge gesetzlicher oder gerichtlicher Vorschrift oder zufolge rechtsgeschäftlicher Abmachungen fortwährend beeinflußt durch Termine, Fristen, Zeitbestimmungen und Zeitbegrenzungen aller Art, vgl. auch oben § 71 über befristete Rechtsgeschäfte. Eine allgemein durchgreifende Rechtswirkung des Zeitablaufes beruht auf dem Institute der „Verjährung", von dem im folgenden Paragraphen gehandelt werden soll; dem sollen dann in § 79 einige wenige allgemeine Regeln, die sich über Natur und Bedeutung gesetzlicher Fristen aufstellen lassen, entgegengesetzt werden. Dafür aber, sowie ferner

---

[1]) Romeik, Fristbestimmung. — Hermann, Joh., Civilrechtliche Fristen und Verjährungen.

für die zahllosen anderen Fälle, in welchen die Zeit sonst im Rechte entscheidend wirkt, bedarf es allgemeiner Regeln über die Art und Weise der Zeitberechnung. Über diese Regeln, welche übrigens lediglich ergänzend-dispositiver Natur sind, ist hier noch das Nötigste zu sagen. Für die leicht verständlichen, mathematisch klaren Einzelheiten sei jedoch statt dessen auf den Wortlaut des Gesetzes verwiesen.

1. Hauptunterscheidung ist folgende: Eine Frist beginnt entweder zu laufen mathematisch exakt mit dem Beginne eines bestimmten Tages oder im Laufe desselben. Ersterer Fall ist offenbar nur möglich, wenn dieser Tag in dieser seiner Bedeutung vorher feststeht oder ihm diese Bedeutung nachträglich ausdrücklich beigelegt ist; nicht, wenn die Frist durch ein in den Lauf des Tages fallendes Ereignis — und sollte es auch tatsächlich eine Minute nach Mitternacht des vorhergehenden Tages eintreten — in Bewegung gesetzt wird oder von diesem ab („von jetzt ab," „von heute ab") berechnet werden soll.

2. Auf dieser Unterscheidung beruhen folgende Bestimmungen:

a) Erster Fall, Beginn der Frist von dem Tagesbeginn ab: alsdann Ablauf der Frist nach Ablauf der festgesetzten Zeit unter Einrechnung jenes Tages.[1]) Also bei Woche, Monat oder dergl. am Ende des Tages, welcher gleiche Bezeichnung trägt wie der dem Tage des Fristbeginnes voraufgehende Tag: war der Tag des Wochenfristbeginnes ein Mittwoch, am Dienstag Abend 12 Uhr; war der Monatsfristbeginn der 27., am 26. ebenso; u. s. f.

b) Zweiter Fall: Beginn der Frist im Laufe eines Tages; alsdann Ablauf der Frist nach Ablauf der festgesetzten Zeit ohne Einrechnung jenes Tages, so daß der Rest des Tages seit Beginn der Frist, sei er lang oder kurz, noch zu der Frist hinzutritt.[2]) Also Ende der Frist am Ende des Tages, welcher gleiche Bezeichnung trägt wie der Tag des Fristbeginns selbst, d. h. am Ende des gleichnamigen Wochen-, Monats- oder Jahrestages, also z. B. am

---

[1]) Z. B. in drei Tagen vom Beginn des morgigen Tages, von „morgen" ab; ist diese Verabredung an einem Montag getroffen, so ist die Frist erreicht drei Tage nach Beginn des Dienstag, d. h. in der Mitternachtswende von Donnerstag auf Freitag.

[2]) Z. B.: In drei Tagen von jetzt (oder von heute) ab; ist diese Verabredung an einem Montag zu irgend welcher Stunde getroffen, so ist der Montagsrest nicht einzurechnen; die Frist ist also erreicht drei Tage nach Beginn des Dienstag, d. h. in der Mitternachtswende von Donnerstag auf Freitag: das Ergebnis genau wie in dem Falle der vorigen Note.

Ende von Mittwoch, den 27. Oktober 1904, wenn der Jahresfristbeginn in den 27. Oktober 1903 gefallen ist.

3. Ausnahme für die Berechnung des Lebensalters, die regulär unter 2 b fallen müßte: hier wird der Tag der Geburt voll miteingerechnet; wer also z. B. am 5. Mai 1900 (einerlei zu welcher Stunde vor Mitternacht) geboren ist, wird volljährig schon um die Mitternachtswende zwischen dem 4. und 5. Mai 1921; denn der 5. Mai 1900 wird seiner Lebensdauer ganz zugeschlagen.

4. Das Ergebnis ist, daß immer nur nach ganzen Tagen gerechnet wird, sog. Civilkomputation. Diese Berechnung fällt mit der mathematisch exakten zusammen in den Fällen 2 a, weicht dagegen davon ab in den Fällen 2 b und 3. Rechnung nach Tagesunterabschnitten, a momento ad momentum, findet nur statt, wenn dies besonders vorgeschrieben oder verabredet sein sollte.

5. Hinzu treten folgende Einzelheiten:

a) Fehlt bei einer nach Monaten bestimmten Frist in dem letzten Monat der für ihren Ablauf maßgebende Tag, so endigt die Frist mit dem Ablaufe des letzten Tages dieses Monats, § 188 Abs. 3. Also z. B. Beginn der Frist am oder im 29. oder 30. oder 31. Januar 1903; Dauer: ein Monat; alsdann Ende stets am Ende des 28. Februar dieses Jahres.

b) Die Frist wird an ihrem Ende um so viele Tage ausgedehnt wie nötig, damit ihr letzter Tag nicht auf einen Sonntag oder auf einen staatlich für den betreffenden Ort anerkannten allgemeinen Feiertag falle, sofern sie für eine geschäftliche Tätigkeit läuft, da eine solche an solchem Tage nicht vorgenommen oder von der anderen Seite abgewiesen oder wenigstens nicht gefordert werden kann, § 193. Ist also z. B. ein Darlehn auf einen Monat gegeben am 24. November eines Jahres, in welchem auf den 24. Dezember ein Sonntag fällt, und ist am Zahlungsort auch der zweite Weihnachtstag staatlich als allgemeiner Feiertag anerkannt, so wird die Rückzahlung erst fällig am 27. Dezember, die Frist verlängert sich um drei volle Tage.

§ 78. Verjährung.[1]) § 194—225.

Anspruchsverjährung ist diejenige Rechtseinrichtung, welche, im Anschlusse daran, daß eine gewisse Zeit hindurch es verzögert worden

[1]) Heymann, Das Vorschützen der Verjährung. — Hölder in Kohlers

ist, einen Anspruch geltend zu machen, demjenigen, gegen welchen dieser Anspruch geht, eine dauernde Einrede gegen diesen Anspruch verleiht. Man redet eben deshalb von Anspruchsverjährung. Andere Arten der Verjährung sind unserem Recht teils unbekannt (so die frühere sog. unvordenkliche Verjährung), teils nur gelegentlich für einzelne Rechtsinstitute bekannt, also im allgemeinen Teil nicht zu behandeln (so namentlich solche Arten der Verjährung, welche Rechte schaffen oder vernichten, die sog. rechtserwerbende oder erlöschende Verjährung.[1])

I. Voraussetzungen sind: Ein verjährbarer Anspruch; Ablauf einer bestimmten Zeit; Nichtgeltendmachung des Anspruches während dieser Zeit; Beruhen dieser Nichtgeltendmachung auf einer Verzögerung.

1. Verjährbarkeit des Anspruches.

a) Nur Ansprüche unterliegen dieser Verjährung, nicht die Rechte; namentlich also nicht die absoluten dinglichen Rechte, sondern nur die daraus erwachsenden Ansprüche; und gar nicht die Könn-Rechte.

b) Dagegen die Ansprüche sind regelmäßig alle verjährbar. Ausnahmsweise sind der Verjährung entzogen die Ansprüche

aa) aus familienrechtlichen Verhältnissen, soweit sie auf Herstellung des rechtsgemäßen Zustandes für die Zukunft gerichtet sind, § 194 Abs. 2;

bb) Ansprüche aus in das Grundbuch eingetragenen oder in ihm vermerkten Rechtsverhältnissen, soweit es sich nicht bloß handelt um Rückstände wiederkehrender Leistungen oder um Schadensersatz, § 902, vgl. jedoch § 1028;

cc) Ansprüche aus Nachbar- und Gemeinschaftsrecht in gewissem Maße, § 924 und 758; und endlich

---

Archiv 11, 217 fg. — Regelsberger in der Deutsch. Jur.-Ztg. 5, 328 fg. — Ältere Literatur: Unterholzner, Ausführliche Entwicklung der gesamten Verjährungslehre, 2 Bde., 2. Aufl. bearbeitet v. Schirmer-Granzin, Verjährung und gesetzliche Befristung. — S. außerdem die Literatur zu § 14, III und zu § 18.

[1]) Wo diese erscheint, tritt sie freilich vielfach auf als bloße Steigerung der Anspruchsverjährung, vgl. § 901 und § 1028 und unten in diesem Paragraphen II 1 Note.

dd) Ansprüche auf Berichtigung falscher Angaben im Grundbuche, § 898.[1])

d) Dieser Verjährung unterliegen auch vor dem 1. Januar 1900 entstandene, bis dahin nicht verjährte Ansprüche; weitere Einzelheiten in Art. 169.

2. Ablauf einer bestimmten Zeit.

a) Dauer:

aa) regelmäßig 30 Jahre.

bb) zwei Jahre in zahlreichen Fällen des täglichen Lebens, für die alltäglichen Leistungen und Lieferungen der Kaufleute, Fabrikanten, Handwerker, Lehrer, Ärzte, Wirte, Dienstboten zur Verwendung im Haushalte, außerhalb des Gewerbebetriebs der anderen beteiligten Seite; s. die Einzelheiten im Gesetzestext selbst, § 196 Abs. 1.

cc) vier Jahre in den Fällen der voraufgehenden Nummer, falls es sich um Gewerbebetrieb oder Weiterveräußerung u. dgl. m. für die andere beteiligte Seite handelt, § 196 Abs. 2.

dd) gleichfalls vier Jahre für Rückstände von Zinsen, Miet- und Pachtgeldern und dergl. regelmäßig wiederkehrende Leistungen, § 197.

ee) Mit dem Hauptanspruche verjähren die von ihm abhängigen Nebenansprüche auf Zinsen oder dergl., auch wenn sie erst kürzere Zeit als die Verjährungszeit fällig sein sollten, § 224.

ff) Außerdem kommen noch vielfach weit kürzere Verjährungszeiten für einzelne Ansprüche vor, welche aber hier nicht zusammengestellt, sondern nur jeder an seinem Ort genannt werden können; sie haben dann vielfach auch besondere Anfangstermine oder sonst besondere Bedingungen, gehen bisweilen selbst neben der ordentlichen dreißigjährigen Verjährung her, z. B. die dreijährige Verjährung der Schadensersatzansprüche aus unerlaubten Handlungen, § 852. Bis auf ein Jahr oder gar 6 Monate geht z. B. herab § 477, bis auf 6 Wochen § 490.

---

[1]) Diese Ansprüche bleiben also so lange klagweise durchführbar, wie nicht etwa entweder die früher falsche Angabe im Grundbuche richtig geworden ist, etwa durch Tabularverjährung (§ 900, 901), oder die Klage deshalb versagt, weil der materielle Anspruch, auf dem der formale Anspruch auf Änderung des Grundbuches beruht, verjährt ist. D. h. also die Bestimmung des Textes bedeutet nur: dieser formale Anspruch soll nicht früher verjähren, als jener materielle.

b) Beginn. Die Verjährung beginnt zu laufen von dem Augenblicke ab, in welchem der Anspruch unmittelbar (namentlich ohne Befristung noch Bedingung) ausübbar, aber unbefriedigt ist. Verletzung des Anspruchs ist keineswegs dazu gehörig. Also:

aa) bei sofort ausübbaren Ansprüchen beginnt die Verjährung mit dem Anspruche, gleichgültig, ob der Berechtigte ihn sofort erfüllt sehen möchte oder nicht daran denkt oder selbst nichts davon weiß.[1])

bb) Dem kann der Verpflichtete nur allenfalls zuvorkommen, indem er mit dem Beginne der Ausübbarkeit des Anspruchs gleichzeitig leistet. Dann ist für den Verjährungsbeginn die Möglichkeit ausgeschlossen. So gestaltet sich die Lage namentlich leicht von selbst bei Ansprüchen auf Unterlassung; deshalb beginnt hier die Verjährung erst mit der Zuwiderhandlung, § 198 Satz 2. Ebenso aber auch z. B. bei Ansprüchen auf Dienstleistungen, wenn der Verpflichtete sich rechtzeitig dem Berechtigten zur Verfügung stellt, so lange er nur dienstwillig bleibt.

cc) Als bereits entstanden und ausübbar gilt ein Anspruch, der noch gar nicht besteht, dessen Existenz hervorzurufen aber in der Rechtsmacht des alsdann Berechtigten liegt, in zwei durchgreifenden[2]) Fällen: wenn nämlich der Berechtigte zu diesem Behufe nur zu kündigen oder anzufechten braucht, § 199 u. 200, von dem ersten Augenblick ab, in welchem er dadurch Fälligkeit herbeizuführen vermag, § 199 Satz 2.

dd) Die in zwei oder vier Jahren verjährbaren Ansprüche (oben a, bb—dd) beginnen erst zu verjähren am Ende des Jahres ihrer Entstehung, § 201, d. h. zu der Zeit, wo nach bekannter Übung des alltäglichen Lebens sie rechnungsmäßig klargestellt und eingezogen zu werden pflegen.

3. Nichtgeltendmachung des Anspruches während dieser Zeit.

a) Geltendmachung ist hier bald im weitesten, bald im engsten Sinne zu nehmen, je nach der Seite, von welcher sie erfolgt. Es kann nämlich

aa) der Verpflichtete der Geltendmachung seinerseits entgegenkommen durch Abschlagszahlung, Zinszahlung, Sicherheitsleistung oder durch jede sonstige formlos einseitige Anerkennung; dann genügt dies als Geltendmachung gegen die Verjährung.

---

[1]) Also ohne Verletzung des Anspruches, s. vorigen Absatz des Textes.

[2]) Außerdem der Sonderfall des § 2332 Abs. 3; Zitelmann, System, S. 177.

bb) Anders, wenn eine Tätigkeit des Anspruchsberechtigten so wirken soll. Dann bedarf es einer gerichtlichen, ernsthaft eingeleiteten und durchgeführten Geltendmachung, gerichtet auf richterliche Feststellung oder auf Befriedigung durch Zwangsvollstreckung, klageweise oder durch gleichstarke Maßregeln[1]), welche das Gesetz § 209 ff. genau aufführt. Wird z. B. die Klage zurückgenommen oder als an falschem Orte angebracht gerichtsseitig zurückgewiesen, ohne daß der Berechtigte binnen einer Frist von 6 Monaten[2]) aufs neue Klage erhöbe, so ist alles, was er bisher getan hat, mangels der nötigen Ernsthaftigkeit bedeutungslos für den Lauf der Verjährung; dieselbe gilt als nicht unterbrochen.

b) In allen diesen Fällen ist die Wirkung genügender Geltendmachung die, daß die Verjährung unterbrochen ist; d. h. die bisher etwa schon verstrichene Zeit wird wirkungslos und es ist eine neue Verjährung, die nun nach dem Fortfalle der unterbrechenden Tatsachen (z. B. von der letzten Prozeßhandlung ab) beginnt. Hatte die Unterbrechung zu rechtskräftiger Feststellung des Anspruches geführt, so ist diese neue Verjährung stets eine dreißigjährige, mag auch der Anspruch ursprünglich kürzer verjährbar gewesen sein.

4. Verzögerung. Das Institut der Verjährung ist nicht so hart gegen den Berechtigten, daß es seinen Lauf nähme ganz unbekümmert darum, ob während der Verjährungszeit die Ausübung des Anspruches ihm subjektiv möglich war oder nicht; aber es geht auch nicht etwa anderseits so weit, kurzerhand schuldhafte Verzögerung dieser Ausübung zur Bedingung zu machen; sondern es legt nur einzelnen entschuldigenden Ursachen der Verzögerung Bedeutung bei und zwar auch wieder in verschiedenem Maße.

a) Entschuldigte Verzögerungsgründe sind:

---

[1]) Also nicht z. B. bloßes Vorbringen einer Einrede zur Geltendmachung des dahinterstehenden Rechtes; denn Einrede führt, selbst im Prozesse vorgebracht, nie zu Verurteilung aus dem dahinterstehenden Rechte, sondern dient nur zur Abwehr.

[2]) Dieselbe Frist für den Berechtigten, der versucht hat, sein Recht im Wege der Aufrechnung gegen ein anderes Recht, in dem Prozesse, der gegen ihn aus diesem anderen Rechte geführt wird, geltend zu machen, und der damit gescheitert ist. Das Vorbringen der Aufrechenbarkeit im Prozesse genügt nur als Geltendmachung des damit zur Aufrechnung gestellten Rechtes, wenn es zur Aufrechnung führt oder wenn binnen 6 Monaten Klageerhebung folgt, § 215 Abs. 2. Aufrechnungsversuch, der wirkungslos bleibt, ist außerhalb des Prozesses überhaupt bedeutungslos für die Verjährung.

aa) nachträglich, nach Eintritt der Fälligkeit des Anspruches, gewährte Stundung, § 202 Abs. 1; oder überhaupt

bb) Bestehen eines vorübergehenden[1]) Einrederechts gegen den Anspruch, sofern dieses Einrederecht zu beseitigen nicht eben der Anspruchsberechtigte verpflichtet oder doch berechtigt ist. Außerdem, § 202 z. E., wirkt nicht so die Einredemöglichkeit aus § 770 zugunsten des Bürgen[2]) und aus § 2014, 2015 zugunsten des Erben, ganz außerordentlicher Weise.

cc) Bestehen des ehelichen oder des Kindschafts- oder des Vormundschaftsverhältnisses zwischen Anspruchsberechtigten und Verpflichteten.

dd) Stillstand der Rechtspflege oder sonstige Behinderung des Berechtigten in der Rechtsverfolgung durch „höhere Gewalt", s. oben § 76, II, 2 b.

ee) Die Verjährung richtet sich gegen eine geschäftsunfähige oder gegen eine in der Geschäftsfähigkeit beschränkte Person, die ohne gesetzlichen Vertreter ist.

ff) Aktive oder passive Zugehörigkeit des Anspruchs zu einem Nachlasse, der ohne Vertreter ist.

b) Wirkung dieser Gründe ist:

aa) für die Fälle oben aa—cc: Die Verjährung ist „gehemmt" für die Dauer des Verzögerungsgrundes, jedoch ad cc nur, solange das in Betracht kommende Kind minderjährig ist. Unter „Hemmung" einer Verjährung versteht man, im Gegensatz zur Unterbrechung, einen solchen Stillstand derselben, nach dessen Beendigung die Verjährung unter Einrechnung der bis zum Eintritt der Hemmung verflossenen Zeit weiter läuft, während es nach der Unterbrechung einer neu zu eröffnenden, also wieder die ganze Verjährungszeit erfordernden Verjährung bedarf.

bb) für die Fälle oben dd: Die Verjährung ist gehemmt, soweit

---

[1]) Nicht eines dauernden, peremptorischen Einrederechtes, trotz desselben läuft die Verjährung weiter, d. h. zur Abwehr des Anspruchs braucht sich in solchem Falle, nach Ablauf der Verjährungszeit, der Anspruchsverpflichtete nicht mehr auf jene andere, oft schwer zu beweisende peremptorische Einrede zu berufen, sondern kann sich der stets relativ leicht beweisbaren Einrede der Verjährung bedienen.

[2]) Dafür s. einen Erklärungsversuch von Kipp in dessen Ausgabe von Windscheid, Pandekten 1, 492 oben.

ohne solche Hemmung diese Verzögerungsursachen in die letzten 6 Monate der Verjährungszeit hineinfallen würden.

cc) für die Fälle ee u. ff: Nicht Hemmung der Verjährung, sondern bloß Hinausschub ihrer Vollendung, nämlich so, daß diese erst 6 Monate nach Eintritt eines Umstandes eintritt, der der aus jenen Entschuldigungsgründen hervorgehenden entschuldigten Rechtslage ein Ende bereitet: die Person wird unbeschränkt geschäftsfähig oder erhält einen Vertreter, die Erbschaft wird angenommen oder in Konkurs erklärt oder erhält sonst einen Vertreter. An Stelle dieser Frist von 6 Monaten tritt, falls die ganze Verjährungsfrist eine kürzere ist, diese.

II. Wirkung. Mit dem Ablauf der Verjährung erhält der Anspruchsverpflichtete eine dauernde Einrede gegen den Anspruch.

1. Nicht das Recht wird berührt[1]), sondern bloß der Anspruch. Das ist um so wichtiger, je mehr das Recht den Anspruch überragt, namentlich also für Ansprüche aus dinglichen Rechten. Man bemerke etwa:

a) Der Eigentümer oder sonst dinglich Berechtigte, dessen Eigentumsherausgabeanspruch gegen den unrechtmäßigen Besitzer verjährt ist, bleibt Eigentümer u. s. f. und kann auch gegen Dritte andere Ansprüche ausüben.

b) Jedoch sind identisch der Herausgabeanspruch gegen den jetzigen Besitzer und der gegen dessen Rechtsvorgänger. War also der Anspruch gegen letzteren verjährt, so ist es auch der gegen ersteren; war der Anspruch zur Zeit des Rechtsübergangs noch nicht verjährt, so kommt dem jetzigen Besitzer doch die während des Besitzes seines Rechtsvorgängers verflossene Verjährungszeit zu statten: sie wird während seines eigenen Besitzes verflossener zugerechnet, § 221.

2. Aber auch der Anspruch wird nicht etwa unmittelbar durch die Verjährung vernichtet. Vielmehr ist Wirkung der Verjährung nur, daß der Verpflichtete ein Gegenrecht, Einrederecht, gegen den Anspruch erwirbt. Damit dieses den Anspruch hemme, muß erst wieder der Verpflichtete Gebrauch davon machen, sich darauf berufen. So lange, so weit und so oft er sich nicht darauf beruft, besteht der Anspruch fort. Ja, der mit dieser dauernden Einrede behaftete An-

---

[1]) Es gehe denn eine sonstige rechtserlöschende Verjährung im besonderen Einzelfalle neben der Anspruchsverjährung her, etwa unter denselben Bedingungen wie diese, s. oben S. 265 Note 1.

spruch wird hier, entgegen der ausdrücklichen Regel für solche Fälle, sonst (oben S. 86 Note 1, § 813 Abs. 1) ausdrücklich als rechtlich erfüllbarer festgelegt: Leistung desjenigen, der sich darauf berufen könnte, bleibt Leistung, mag er leisten, weil er sich wissentlich auf Verjährung nicht berufen mag oder weil er in Unkenntnis der eingetretenen Verjährung ist. Keinesfalls kann er das Geleistete zurückfordern. Solcher Leistung steht gleich vertragsmäßiges Anerkenntnis sowie Sicherheitsleistung des Verpflichteten. § 222 Abs. 2.

3. Getrennt zu halten von dem Hauptanspruch ist der aus Rechten, welche zu seiner Sicherung bestellt sind. Diese werden von der Verjährung jenes nur so weit berührt, wie es sich um Rückstände von Zinsen oder von dgl. handelt, § 223.[1])

4. Dagegen zu verbinden ist mit dem Hauptanspruch ein solcher auf sonstige von ihm abhängige Nebenleistungen, auf Zinsen, Früchte, Kosten u. dgl. m. Solche Nebenansprüche mögen später entstanden sein, als der Hauptanspruch; daher mag für letzteren die Verjährungszeit abgelaufen sein, für ersteren die (wennschon kürzere, s. soeben oben I, 2, a, dd) Verjährungszeit noch nicht; sie sind dann trotzdem mit verjährt, § 224.

5. Betreffend die Fortdauer der Aufrechenbarkeit eines verjährten Anspruchs gegen einen unverjährten, wenn nur beide ursprünglich einander als unverjährt-aufrechenbar gegenübergetreten sind, s. unten § 109.

6. In welcher Form der verjährte Anspruch prozessual geltend gemacht werden soll, ob klage- oder verteidigungsweise, in letzterem Falle also als Einwendung gegen irgendwelche andere Klage desjenigen, zu dessen Gunsten die Verjährung eingetreten ist, ist gleichgültig; so oft letzterer sich auf die Verjährung beruft, ist die Wirkung des Anspruchs gehemmt. Diese Berufung mag also sein Einrede gegen eine Klage oder Einrede gegen eine Einrede, sogen. Replik. — Nur muß es immer der verjährte Anspruch selbst sein, gegen den man sich auf Verjährung beruft. Hatte der Anspruchsberechtigte außerdem ein selbständiges Anfechtungs- oder Einrede- oder sonstiges Gegenrecht — die ja als Könnrechte sämtlich unverjährbar sind —, so kann er sich darauf noch berufen, während ihm ein inhaltlich gleiches oder ähnliches Anspruchsrecht verjährt sein mag; er kann sich also noch verteidigen, während er nicht mehr angreifen kann. —

---

[1]) Die nicht verjährten Nebenrechte werden dadurch zu selbständigen Rechten, s. oben S. 61 Note 1 und Text dazu.

Ein solch **selbständiges** Verteidigungsmittel gibt unsere Rechtsordnung dem Anspruchsverpflichteten entweder

a) direkt, sofort als Einrede, z. B. in § 320 das Recht, aus einem gegenseitigen Vertrage die Leistung bis zur Bewirkung der Gegenleistung zu verweigern, es sei denn, daß der in Anspruch Genommene vorzuleisten verpflichtet ist. Wäre also z. B. der Anspruch des Käufers A aus dem gegenseitigen Kaufvertrage zwischen ihm und B verjährt, der des Verkäufers B noch nicht (weil etwa für den ersteren eine kürzere Verjährungsfrist abgemacht gewesen wäre), und verlangt B nun Erfüllung von A, ohne sie seinerseits anzubieten, so könnte sich A dagegen nicht mehr auf seinen (verjährten) Gegenanspruch berufen (etwa im Wege der Schadensersatzforderung wegen nicht rechtzeitiger Lieferung und sodann der Aufrechnung gegen den ihm abverlangten Kaufpreis); wohl aber käme ihm die Einrede aus § 320 zu statten.

b) Oder aber ein solches besonderes Einrederecht ist in der Weise gegeben, daß zunächst ein weitergehendes Anspruchsrecht eingeräumt, für den Fall von dessen Verjährung aber diesem ausdrücklich Fortbestand als Verteidigungsmittel, als Einrede, ohne jede zeitliche Begrenzung beigelegt ist. Z. B. es ist jemand durch Erpressung zur Ausstellung einer Schuldverschreibung gegen sich genötigt worden; die Anfechtungsfrist ist vorüber; der Anspruch aus der unerlaubten Handlung (der Erpressung) auf Vernichtung dieser Schuld ist verjährt; nun verlangt der Erpresser Bezahlung: dann gibt dem Genötigten § 853 das Recht, sich einredeweise nach wie vor auf Unerlaubtheit jener Handlung zu berufen. Ähnlich § 821, § 478 und dergleichen Fälle mehr.

7. Das hier entwickelte Institut der Anspruchsverjährung erklärt sich aus dem Bedürfnis des Rechtslebens und Verkehrs, mit veralteten Ansprüchen aufzuräumen, eine Zeitgrenze zu ziehen, jenseits deren niemand mehr zu fürchten braucht, mit Rechtsansprüchen behelligt zu werden und Gegenbeweise (z. B. der Zahlung) führen zu müssen. Es stellt in dieser Beziehung in bezug auf Wirkungen und Bedingungen (namentlich Entschuldigung der Verzögerung) schon das Mindestmaß dessen dar, was für Sicherheit und Klarheit der Verhältnisse erforderlich ist. Daher kann, § 225[1]), diese Verjährung

---

[1]) Jedoch Ausnahmen bei einzelnen kurzen, sechsmonatlichen oder einjährigen Verjährungsfristen; hier Verlängerung durch Vertrag zulässig; § 477 und 638.

durch Rechtsgeschäft weder ausgeschlossen noch erschwert werden; wohl aber ist rechtsgeschäftliche Erleichterung der Verjährung, insbesondere durch Abrede kürzerer Verjährungsfrist, gesetzlich zulässig.

§ 79. Gesetzliche Befristung.[1])

Die gesetzlichen Befristungen sind äußerst verschieden in ihrer Dauer, in ihren Bedingungen und in ihren Wirkungen. Es handelt sich hier allgemeinhin wesentlich nur darum, ihren Gegensatz gegen die Anspruchsverjährung hervorzuheben.

1. Die Anspruchsverjährung richtet sich nicht gegen das Recht, sondern bloß gegen den Anspruch, und zwar so, daß sie diesen nicht beseitigt, sondern bloß entkräftet. Rechtsbefristungen bedeuten regelmäßig eine dem Recht von vornherein vorgeschriebene Lebensdauer, mit deren Ablauf das Recht ohne weiteres vollständig wegfällt; man redet deshalb gern von Präklusivfristen.[2]) Besonders pflegt der Gesetzgeber die Ausübung von Könnrechten an solche Präklusivfristen zu knüpfen; es kommt aber auch bei allen anderen Arten von Rechten vor, daß sie nur auf eine bestimmte Zeitdauer gesetzlich eingeräumt sind. Es ist dies wohl von der Anordnung besonderer, namentlich kürzerer Verjährungsfristen zu unterscheiden.

2. Dieser ihrer Natur nach finden auf die gesetzlichen Präklusivfristen die Eigentümlichkeiten der Verjährung (Rücksicht auf Ausübbarkeit des Anspruchs, Entschuldigung der Verzögerung durch bestimmte Entschuldigungsgründe, Schwäche der Wirkung) an sich keine Anwendung. Doch werden einzelne derartige Momente bisweilen gesetzlich auf einzelne Fristen und auf die Berechnung von deren Lauf übertragen; so z. B. gleich, gelegentlich der Lehre von der Verjährung, auf die dort vorkommende Präklusivfrist des § 212 Abs. 2 Satz 1 eine Reihe von Entschuldigungsgründen der Verjährung, Satz 2 ebendaselbst. Eben diese Hinübernahme kommt im BGB. noch mehrfach vor; vgl. außerdem etwa § 1996.

3. Eine Wiedereinsetzung in den vorigen Stand als allgemeine Einrichtung zugunsten dessen, der eine derartige Frist oder einen

[1]) Grawein, Verjährung und gesetzliche Befristung.

[2]) Dasselbe Verhältnis, wie es besteht zwischen einer rechtsgeschäftlich aufschiebenden Befristung, dies a quo, und der rechtsgeschäftlich aufschiebenden Einrede der Stundung, s. oben § 73, 3a, Note, besteht hier zwischen dem dies ad quem als einem gesetzlich dem Recht gestellten Endtermin und der gesetzlichen, dauernden Einrede der Verjährung.

Termin ohne seine Schuld versäumt hätte, kennt unser bürgerliches Recht nicht — im Gegensatz zu unseren Prozeßordnungen. Erst-recht nicht mehr eine Wiedereinsetzung in den vorigen Stand gegen sonstige Rechtsnachteile oder Läsionen, wie sie dem alten gemeinen Recht bekannt war.

Siebentes Kapitel.

Ausübung und Schutz der Rechte.

I. Außenprozessual.

1. Im allgemeinen.[1])

§ 80.

1. Im allgemeinen ist es Sache eines jeden, wie er von der ihm übertragenen Rechtsmacht Gebrauch macht. Soweit er reine Könnrechte hat, wird er sie einfach durch Erklärung, in der durch das Recht selbst näher ihm vorgeschriebenen Weise, ausüben. Soweit er in einem Rechtsverhältnisse zu anderen Menschen steht, kann er diesen gegenüber auf Einhaltung desselben dringen und entsprechende Leistungen annehmen; soweit ein Rechtsverhältnis zur Sache vorliegt, kann er es selbständig und selbsttätig ausüben, seine Sache, wo immer er sie findet, an sich nehmen, sie sodann gebrauchen, weitergeben oder auch zerstören nach Belieben. Nur wo er zu dem Behufe Gewalt gegen andere Personen anwenden oder Rechtsgüter anderer Personen (z. B. den Besitz derselben) überhaupt irgendwie verletzen müßte, wird die Grenze eigenmächtiger Rechtsbetätigung zweifelhaft. Hier greift durchweg das staatliche Verbot der Eigenmacht ein und nötigt den Berechtigten dazu, sich um Rechtshülfe an den Staat zu wenden.

2. Immerhin kann der Berechtigte durch vorsichtig gewählte oder auch durch ihm gesetzlich verschaffte vorbeugende Maßregeln das Gebiet einengen, innerhalb dessen er staatlichen Rechtsschutzes bedarf. Dahin gehört schon alles, was die Beweislage des Berech-

---

[1]) **Wendt**, Faustrecht. — **Merkel**, Kollision rechtmäßiger Interessen. — **Ötker**, Notwehr und Notstand.

tigten erleichtert und daher den Verpflichteten von böswilliger Weigerung abschreckt: Schriftlichkeit der Verträge, Ausstellung von Quittungen oder Schuldscheinen, vielleicht selbst in vollstreckbarer Form, oder auch Schutz des guten Glaubens. Namentlich aber gehört hierher Sicherheitsleistung für eine in Zukunft (sicher oder vielleicht) fällige Leistung, welche den Gesicherten in die Lage setzt, aus den ihm jetzt schon in die Hand gegebenen Sicherheitsmitteln später sich selbst zu befriedigen. Zu solchen Sicherheitsleistungen mögen, wo sie vertragsmäßig zwischen Parteien verabredet werden, alle ersinnlichen rechtsgeschäftlichen Mittel und Wege dienen, sofern sie sich ökonomisch dazu eignen; namentlich kommen hier vielfach fiduciarische Rechtsgeschäfte[1]) vor. Wo aber, wie durchaus nicht ganz selten,[2]) das Recht selbst einem Gläubiger gegen seinen Schuldner den Anspruch auf Sicherstellung gewährt, da ist dieser Anspruch auch durch bestimmt vom Gesetze ein für allemal vorgeschriebene Maßnahmen zu erfüllen, § 232—240. Solche Maßnahmen sind Hinterlegung von Geld oder Wertpapieren oder Verpfändung geldwerter Gegenstände, nur im Notfalle Stellung eines tauglichen Bürgen, all dies unter mannigfachen weiteren, das wirtschaftlich hinreichende Maß[3]) der Sicherung betreffenden Bedingungen. In derartigen Fällen ist auch, wenn die geleistete Sicherheit ohne Verschulden des Berechtigten unzureichend wird, dieselbe anderweitig zu ergänzen oder zu erneuern. — In ähnlich gesicherter Rechtslage befindet sich übrigens derjenige Berechtigte, der irgend einen Wertgegenstand (Sache oder Recht, namentlich Forderung) seines Verpflichteten sonstwie in die Hand bekommen hat, falls ihm rechtlich darüber zu Gunsten seines Anspruches zu verfügen gestattet ist, sei es durch Aufrechnung oder durch Selbsthülfeverkauf[4]) oder auch nur in Gestalt eines ihm bis zur Erfüllung zustehenden Zurückbehaltungsrechtes, vgl. § 273.

3. Muß der Berechtigte staatliche Hülfe in Anspruch nehmen, so braucht dieselbe doch nicht ohne weiteres prozessual zu sein. Man beachte:

a) In manchen Fällen gewährt die Polizei gegen grobe, un-

[1]) Siehe oben das Beispiel S. 185 Note 4.

[2]) Vgl. z. B. § 1051 Nießbraucher, § 1391 Ehemann, § 1844 Vormund u. dgl. m.

[3]) In Bezug auf Höhe, sowie in Bezug auf schnelle und möglichst bequeme Eintreibbarkeit; auch letztere Umstände bestimmen das Maß der Sicherheit nach wirtschaftlicher Auffassung.

[4]) Z. B. §§ 383 fg. und vgl. auch §§ 1228 fg.

zweideutige Rechtsbrüche (persönliche Belästigung, Störung des Hausfriedens oder dgl.) so vollständige Abhülfe, daß weiterer Rechtsschutz sich erübrigt.

b) Außerdem kommt hier die freiwillige Gerichtsbarkeit in Betracht: Sicherung der Rechte durch Mitwirken des Notars oder Gerichts bei ihrer Begründung oder Änderung,[1]) Aufsichtsmaßregeln über Vertreter juristischer Personen, Vormünder, Pfleger oder auch Eltern und andrerseits Unterstützung derselben durch das Vormundschaftsgericht (vgl. § 1631 Abs. 2 Satz 2), Mitwirkung bei Teilungen oder sonstigen Auseinandersetzungen u. dgl. m.

4. Als die Grenzlinie, jenseits deren, falls alle andern Hülfsmittel versagen, prozessuale Hülfe zur Durchführung der Rechte einzig mögliches Mittel unter Ausschluß selbständiger Betätigung des Berechtigten wird, während diesseits dieser Linie solche selbständige Betätigung rechtlich[2]) möglich ist, wurde oben (unter 1) bezeichnet: wenn die tatsächliche und rechtliche Lage eine solche ist, daß der Berechtigte sein Recht nicht selbst durchzuführen vermag, ohne dadurch Rechtsgüter anderer Personen oder öffentliches Recht zu verletzen; namentlich also, wo Gewalt gegen die Person oder gegen den Besitz eines anderen erforderlich wird. — Indessen wurde bereits oben gleichzeitig hervorgehoben, daß diese Grenzlinie keine absolut durchgreifende ist. Es gibt Fälle, in welchen selbst diesseits derselben die Rechtsausübung rechtlich untersagt ist, so unten §§ 84, 85; und es gibt andrerseits Lagen, in welchen über diese Grenze hinaus selbständige Maßregeln zu Gunsten eines Rechts gestattet sind; letzterenfalles kann es sich wieder handeln entweder um Maßregeln zur Aufrechterhaltung eines tatsächlich bestehenden rechtsgemäßen Zustandes, unten §§ 81, 82; oder um Maßregeln zur Herbeiführung eines solchen unter Beseitigung des bestehenden, objektiv rechtswidrigen Zustandes, unten § 83; d. h. um Rechtsverteidigung oder um Rechtsangriff. Von diesen Möglichkeiten ist nunmehr eingehender zu handeln.

---

[1]) In einzelnen Urkunden oder in amtlichen Büchern oder Registern.

[2]) Rechtlich — darum nicht immer tatsächlich, wo Kraft und Energie des Berechtigten nicht ausreichen. Auch ist ja der Prozeßweg keineswegs auf die Fälle beschränkt, wo er der einzig gegebene ist! Vielmehr mag ihn beschreiten, 1. wer rechtlich keine andere Hülfe hat; 2. wer rechtlich sich anders helfen dürfte, es aber tatsächlich nicht vermag; oder auch 3. wer rechtlich und tatsächlich sich anders helfen könnte, diesen Weg aber aus irgend welchen Motiven vorzieht.

2. Ausdehnung gestatteter Rechtsausübung.

a) Behufs Rechtsverteidigung.

§ 81. Notwehr.[1]) § 227.

Gestattet ist selbständige Verteidigung einer bestehenden Rechtslage durch Notwehr. „Notwehr ist diejenige Verteidigung, welche erforderlich ist, um einen gegenwärtigen rechtswidrigen Angriff von sich oder einem andern abzuwenden", nämlich durch Verletzung der Rechtsgüter des Angreifenden.

I. Der allgemeine Begriff der Notwehr, § 227.

1. Es handelt sich um den Konflikt zweier Rechtsgüter. Dieser Konflikt entsteht dadurch, daß das angegriffene Rechtsgut nicht gerettet werden kann ohne Schädigung anderer Rechtsgüter; alsdann ist die Rettung durch Schädigung des rechtsverletzenden Angreifers oder seiner Rechtsgüter[2]) Notwehr.

2. Wer sich im Rechte befindet, braucht dem Unrecht nicht zu weichen, auch nicht zur Staatshülfe zu flüchten. Daher die volle Berechtigung der Notwehr, wie sie auch strafrechtlich einen Schuldausschließungsgrund bildet. Daher auch nicht erfordert irgend ein Verhältnis zwischen dem Wert des angegriffenen und des geopferten Rechtsgutes; ich darf z. B. mein Eigentum auf Kosten des Lebens des Angreifers, falls nötig, verteidigen.

3. Wer sich im Rechte befindet, dem darf jeder hülfreich beispringen; daher Notwehr auch unbeschränkt bei Angriffen gegen Dritte zulässig, sog. Nothülfe.

4. Erforderlich ist nur:

a) Ein gegenwärtiger Angriff, nicht zu entfernt, noch bereits

---

[1]) Ungemein anregend und tief Löffler, Unrecht und Notwehr, in der Zeitschr. f. d. ges. Rechtswissenschaft 21, 1 fg.; aber äußerst bedenklich in Grundlagen und Folgerungen. — Außerdem noch: v. Alberti, Das Notwehrrecht. — Schollmeier, Das Recht der Notwehr, Festrede. — Heyer, in Kohlers Archiv, 19, 38 fg.

[2]) Rettung vor rechtswidrigem Angriff des A. durch Opfer einem Dritten zustehender (sog. neutraler) Rechtsgüter gehört nicht hierher, ist nicht Notwehr. — Wer übrigens nur die Wahl hat, seine oder neutrale oder Rechtsgüter des Angreifers zu opfern, befindet sich stets in Notwehr, wenn er letztere, mögen sie auch wertvoller sein, opfert; denn er ist weder verpflichtet, sein Recht preiszugeben, noch seine Rechtslage dem Herrn der neutralen Rechtsgüter gegenüber zu verschlechtern, um den Angreifer zu schonen.

(erfolglos oder erfolgreich) vorüber. Gegenwärtig, d. h. auch unmittelbar bevorstehend, drohend; seine Verwirklichung braucht der Angegriffene nicht abzuwarten. Wiederherstellung einer bereits gestörten oder aufgehobenen Sachlage ist nicht mehr Notwehr.

b) Die gewählte Maßregel darf nicht weiter gehen, als zur Abwehr dieses Angriffes erforderlich, soweit sich das beim Angriff beurteilen läßt. Geht der Angegriffene über die Grenzen der Notwehr, z. B. in Bestürzung, Furcht oder Schrecken hinaus, so ist er (StGB. § 53) nicht strafbar, aber objektiv erlaubt, Rechtsausübung war seine Handlung soweit nicht mehr; sie ist also, wenn er nicht subjektiv entschuldbar irrte (vgl. oben § 75, II, 4) unerlaubte Handlung.

c) Der abzuwehrende Angriff muß seinerseits ein rechtswidriger sein und von einem Menschen ausgehen.[1]) Eine schuldhaft unerlaubte Handlung dieses Menschen braucht er nicht darzustellen, da nach unserm BGB. zweifellos z. B. auch der von einem Wahnsinnigen ausgehende Angriff hierher gehört. Es genügt also objektiv rechtswidriger Angriff von seiten eines Menschen, der persönlich gegen irgend ein Rechtsgut eines andern, nicht eben gegen einen Menschen persönlich gerichtet sein muß.

5. Daß der Angegriffene den von ihm in Notwehr angerichteten Schaden irgendwie zu vertreten hätte, ist ausgeschlossen.

II. Besondere Erwähnung findet außer in § 227 die Notwehr im BGB. als Notwehr des Besitzers gegen verbotene Eigenmacht (§ 859 Abs. 1, § 860) und als Notwehr des Vermieters, der die Entfernung der seinem Pfandrechte unterliegenden Sachen, soweit er ihr zu widersprechen berechtigt ist, ohne Anrufen des Gerichts verhindern darf, § 561 Abs. 1. — Sieht man indessen, wie hier vertreten, den Besitz und jene Befugnis des Vermieters als Rechte und die Notwehr als bereits im Falle bloß objektiv rechtswidrigen Angriffes gegeben an, so gehen diese Bestimmungen über die ohnehin durch § 227 gegebenen Notwehrbefugnisse nicht hinaus, wenigstens nicht, soweit sie bloß Wahrung eines bestehenden Zustandes treffen. Soweit sie Wiederherstellung eines bereits gestörten Zustandes betreffen, ist auf sie unten, in § 83, zurückzukommen.

---

[1]) Vgl. oben § 1, I, 3.

§ 82. Notstand, im abwehrenden Sinne,[1]) § 228.

Gestattet ist selbständige Verteidigung einer bestehenden Lage im Notstande.

Im Notstande[2]) vorgenommen ist diejenige, nicht schon als Notwehr erscheinende Beschädigung oder Zerstörung fremder Sachen, welche erforderlich ist, um eine durch jene Sachen drohende, gegenwärtige, nicht Anderen als Maßregel der Notwehr dienende[3]) Gefahr für Rechtsgüter, deren Wert nicht außer Verhältnis zu dem durch die Notstandshandlung anzurichtenden Schaden steht, von sich oder einem andern abzuwenden.

1. Es handelt sich um den Zusammenstoß zweier Rechtsgüter. Das angegriffene Rechtsgut kann nicht gerettet werden ohne Schädigung fremder Sachen, und zwar gerade solcher, von welchen aus dem angegriffenen, aber nichts rechtswidrig angegriffenen[4]) Rechtsgute der Schaden droht, z. B. um den Anfall eines wütenden Hundes oder um den Einsturz eines brennenden Gebäudes oder um schädliche Dämpfe aus einer Fabrikanlage; jedoch all dies nur, insofern diese Gefahren nicht veranlaßt sind durch den eigenen Herrn der gefährdenden Sachen in rechtswidriger Weise.

2. Es handelt sich also um den Konflikt zweier Rechtsgüter, veranlaßt durch einen Angriff, in Bezug auf welchen sich keiner von beiden Berechtigten im Unrecht befindet. Also nicht um Konflikt des Rechts mit dem Unrecht, sondern zweier Rechte. Daher ist die volle Berechtigung der Notstandshandlung rechtlich nur unter engeren Bedingungen eingeräumt, als die der Notwehr. Soweit ist sie dann

---

[1]) v. Tuhr, Der Notstand im Civilrecht. — Titze, Die Notstandsrechte im d. BGB. und ihre geschichtliche Entwicklung. — Max Cohn, Bonner Inaug.-Dissert. — Außerdem die Literatur zu Kap. 5, oben.

[2]) Dem BGB. ist der Ausdruck fremd.

[3]) Wenn z. B. A gegen B, der bei ihm einbrechen will, in richtiger Notwehr den Hund losläßt, so ist B, der den Hund, um sein Leben zu retten, erschlägt, nicht im Notstande; Notwehr bricht Notstand; vgl. auch StGB. § 54, „.... in einem unverschuldeten .... Notstande."

[4]) Denn sonst läge Notwehr vor. Z. B. also der Hund ist von Natur wütend und überfällt mich: Notstand; er ist von seinem Herrn, der nicht selbst in Notwehr ist (vgl. vorige Note) gegen mich gehetzt: Notwehr; er ist von einem Dritten, der nicht selbst in Notwehr ist (vgl. vorige Note) gegen mich gehetzt: wieder Notstand.

aber auch nicht etwa bloß entschuldigte, sondern vollberechtigte Handlung. Im einzelnen:

a) Als zu opfernde Rechtsgüter kommen hier bloß fremde Sachen in Betracht;

b) diese fremden Sachen müssen tätig ein- und angreifende sein, gewissermaßen sie (nicht ihre Herren) befinden sich in der Sphäre des Unrechts; und

c) der zur Abwendung der Gefahr an ihnen anzurichtende Schaden darf nicht außer Verhältnis zu der Gefahr stehen. Dieser Bedingung ist regelmäßig ohne weiteres genügt bei Angriffen gegen Leib und Leben; bei Angriffen gegen Vermögenswerte nur dann, wenn der anzurichtende Vermögensschaden nicht wesentlich höher ist als der zu verhütende.

3. Da es sich um vollberechtigte Handlung handelt, ist Nothülfe seitens Dritter in demselben Maße hier zulässig, wie bei der Notwehr — über den Standpunkt von StGB. § 54 hinaus.

4. Sonst erforderlich gegenwärtiger Angriff und richtiges Maß der Abwehrmaßregel, wie bei der Notwehr.

5. Wie steht es um Vertreten des Schadens?

a) In der Regel, da die Handlung vollberechtigt, keine Pflicht des Handelnden, für den durch dieselbe hervorgerufenen Schaden einzustehen.

b) Ausnahme: Falls der Handelnde die Gefahr verschuldet[1]) hat, § 228 Satz 2. Nicht als ob dadurch seine Notstandshandlung eine unerlaubte würde,[2]) diese bleibt „nicht rechtswidrig" im Sinne von: vollkommen rechtsgemäß. Seine Vertretungspflicht folgt hier offenbar nicht aus der Notstandshandlung, sondern aus der vorangehenden Handlung, durch welche er einen solchen Notstand, während er ihn dabei vorhersah oder vorhersehen konnte, hervorgerufen hat. Diese vorangehende Handlung und als deren Folge die Notstandshandlung hat er zu vertreten.

---

[1]) Z. B. den ihn anfallenden Hund selbst in Wut versetzt hat.

[2]) Es sei denn, daß seine unerlaubte Handlung derart war, daß daraus einem andern die Befugnis der Notwehr entstand. Soweit dann diese Notwehr reicht, ist die zur Abwehr der Notwehr vorgenommene Handlung nicht nur eine verschuldete, die zum Schadensersatz verpflichtet, sondern Notstandshandlung überhaupt nicht mehr, s. vorige Noten.

b) Behufs Rechtsangriffes: Selbsthülfe.

§ 83.

Von Selbsthülfe (berechtigte Selbsthülfe, Selbsthülfer im engeren Sinne) redet man in solchen Fällen, in welchen das Recht Verletzung fremder Rechtsgüter dem Berechtigten gestattet, um eine seinem Rechte nicht entsprechende tatsächliche Lage zu einer diesem Rechte entsprechenden Lage umzugestalten, oder um wenigstens einen Schritt nach der Herbeiführung dieser Wirkung hin zu tun. Da im allgemeinen, behufs Vermeidung von Faustrechtszuständen, der Staat sich solche Rechtserzwingungshandlungen selbst vorbehält, so sind die Fälle erlaubter Selbsthülfe, im Gegensatz zu der regelmäßig durchgreifenden Art von Notwehr und doch wohl auch noch von Notstand, nur Ausnahmen. Vertragsmäßige Ausdehnung solcher Fälle ist durch zwingendes Recht ausgeschlossen.

I. Die weitestgehende, allgemeinhin wirksame derartige Ausnahme ist angeordnet durch § 229, näher beschränkt durch §§ 230, 231.

1. Für alle hierher gehörigen Fälle müssen folgende Voraussetzungen zutreffen:

a) es muß sich handeln um Verwirklichung eines Anspruchs;

b) diese Verwirklichung wäre mangels der Selbsthülfehandlung vereitelt oder wesentlich erschwert, und

c) obrigkeitliche Hülfe rechtzeitig zu erlangen ist unmöglich.

2. Alsdann sind folgende Rechtshülfe-Maßnahmen rechtlich gestattet unter folgenden besonderen Voraussetzungen für die Gestattung einer jeder dieser Maßnahmen:

a) Der Berechtigte kann Sachen wegnehmen, zerstören oder beschädigen. Zerstörung oder Beschädigung spielt hier eine ganz untergeordnete Rolle. Wegnahme ist nur gestattet, sofern die Sache bei genügender Zeit der Wegnahme durch gerichtliche Zwangsvollstreckung oder durch sog. „dinglichen Arrest“ [1]) unterlegen hätte. Z. B. also wenn der Käufer den Verkäufer im Begriffe sieht, mit der ihm verkauften Sache das transatlantische Schiff, das sofort abgehen wird, zu besteigen; er nimmt ihm die verkaufte Sache ab, CPO. § 883: erlaubte Selbsthülfe. Oder der Darlehnsgläubiger sieht den Schuldner

[1]) D. h. eine im Notfalle vorgenommene Zwangsvollstreckung, s. CPO. §§ 916 fg.

im Begriff, Exekutions-Objekte lieber in den Rhein zu werfen, als ihm zu gönnen: er fällt ihm in den Arm und entreißt sie ihm, erlaubte Selbsthülfe, CPO. § 917.

b) Der Berechtigte kann den Verpflichteten, falls dieser der Flucht verdächtig ist, festnehmen, soweit bei genügender Zeit sog. „persönlicher Arrest“ gegen ihn möglich wäre, CPO. § 918.

c) Der Berechtigte kann endlich den Widerstand des Verpflichteten gegen eine Handlung, die dieser zu dulden verpflichtet ist, beseitigen, aber doch auch wohl nur, soweit bei genügender Zeit solche Duldung exekutionsmäßig staatlich erzwingbar gewesen wäre, CPO. §§ 892 und 758 Abs. 3.

3. Ist eine Sache weggenommen oder eine Person festgenommen, so ist unverzüglich über sie dinglicher oder persönlicher Sicherheitsarrest prozessual zu beantragen.

a) Geschieht dies und wird gerichtlich dem Antrage stattgegeben, so tritt die Folge ein, als läge Gerichtshülfe, nicht Selbsthülfe von vornherein vor. Es kann also namentlich nie durch solche Mittel volle Verwirklichung, sondern nur Sicherung zukünftiger Verwirklichung des Anspruchs erzielt werden.[1])

b) „Wird der Arrestantrag verzögert oder abgelehnt, so hat die Rückgabe der weggenommenen Sachen und die Freilassung des Festgenommenen unverzüglich zu erfolgen“, § 230 Abs. 4.

4. Liegt wirklich gerechtfertigte Selbsthülfe vor, so ist die Handlung durchaus rechtgemäß, namentlich also auch nicht rechtswidriger Angriff; der Angegriffene befindet sich nicht in Notwehr, ist zu Notstandsmaßregeln nicht berechtigt. Von irgend welchem Schadensersatz kann nicht die Rede sein.

5. Wegen des im Falle bloß vermeintlich gestatteter Selbsthülfe, selbst da, wo den Handelnden keinerlei Schuld an seinem Irrtum trifft, zu leistenden Schadensersatzes, im Gegensatze zu den Fällen irrtümlich angenommener Notwehr oder Notstandslage, s. oben § 75 II, 4 u. § 76 I, 4 b.

II. Besondere Fälle der gestatteten Selbsthülfe in unserem Rechte sind folgende:

1. Zu Gunsten des entsetzten Besitzers behufs alsbaldiger Wiedererlangung des Besitzes, § 859 Abs. 2 fg. u. § 860. Ohne die Vor-

[1]) Z. B. die weggenommene Sache wird nicht Eigentum des Darlehnsgläubigers, der sie weggenommen hat, sondern nur Exekutionsobjekt; der Wegnehmende erhält an ihr ein Pfändungspfandrecht. CPO. § 930 Abs. 1.

aussetzungen des § 229 und auch sonst weit über die dort eingeräumten Befugnisse hinausgehend; namentlich von Arrest u. dergl. keine Rede.

2. Dem steht am nächsten der Fall des Besitzers eines Grundstücks, der in der Ausübung einer diesem Grundstück grundbuchmäßig zustehenden Grunddienstbarkeit gestört wird, § 1029, vergl. auch Art. 191.

3. Das Recht des Vermieters, Sachen des Mieters, die seinem Pfandrechte unterliegen, soweit er ihrer Entfernung zu widersprechen befugt ist, wenn der Mieter auszieht, in Besitz zu nehmen, sog. Sperr-Recht, § 561 Abs. 1 z. E.

4. Fall des Überhanges und der Wurzeln, § 910.

5. Fall des Bienenschwarms, Verfolgungs- und Herausnahmerecht, § 962.

6. Landesrechtliche Pfändungsfälle, Art. 89.

3. Einschränkung sonst gestatteter Rechtsausübung.*) § 904.

§ 84. Notstand, im zugreifenden Sinne.

I. Der dinglich zur Innehabung einer Sache Berechtigte verliert seine Befugnis, jedem nicht besser Berechtigten jede Einwirkung auf die Sache zu verbieten, demjenigen gegenüber, der zur Abwendung einer gegenwärtigen Gefahr einwirken will, falls die Einwirkung dazu notwendig und der drohende Schaden unverhältnismäßig groß ist gegenüber dem Schaden, der aus der Einwirkung auf die Sache dem dinglich Berechtigten droht.

1. Das Recht spricht bloß vom Eigentümer, doch ist die Bestimmung zweifellos auf alle dinglich zur Innehabung der Sache Berechtigte (z. B. Besitzer) auszudehnen.

2. Es handelt sich um Einschränkung der Ausübbarkeit dinglicher Rechte, vielleicht gar um Einschränkung der Rechte selbst. Die Sache ist also insoweit rechtlich eine herren- und besitzlose. Einwirkungsverbot des Eigentümers oder Besitzers ist eben so bedeutungslos, wie es Verbot irgend eines Dritten an der Sache nicht Berechtigten wäre; infolgedessen liegt die Sache dem Zugriffe dessen, der ihrer benötigt, frei zugänglich da. Indem er sie wegnimmt oder schädigt oder zerstört, verletzt er niemandes Recht, begeht er keine Gewalttat, keinen An- oder Eingriff gegen oder in fremde Rechte.

---

*) Literatur s. zu den vorigen Paragraphen.

3. Diese Einschränkung wird dem dinglichen Recht auferlegt wegen eines Notstandes — im weiteren Sinne des Wortes —, in dem der andere sich befindet. Läge Notwehr oder Notstand vor im verteidigenden Sinne, wie oben § 82, so bedürfte es dieser Bestimmung nicht, da alsdann die Notrechte weit stärker sind. Es greift also die hier besprochene Bestimmung ein, wenn

a) entweder gar kein „Angriff" den Notstand verursacht, oder

b) zur Überwindung der durch einen Angriff hervorgerufenen Gefahr andere Sachen als die des Angreifers (Notwehr) oder als die angreifenden Sachen (Notstand) benutzt oder beschädigt werden müssen.

4. Weitere Bedingungen sind ähnlich wie diejenigen des Verteidigungsnotstandes, ohne damit zusammenzufallen. Näher so:

a) Erforderlichkeit der Maßregel zur Abwehr gegenwärtiger Gefahr, wie bei allen Notrechten.

b) Nothülfe jedes Dritten ebenso zulässig.

c) Während aber bei abwehrendem Notstand das zu rettende Gut nur nicht wesentlich hinter dem geopferten an Wert zurückstehen darf, muß hier das gerettete Gut unverhältnismäßig wertvoller sein als das geopferte. Das trifft übrigens auch hier für Leib und Leben regelmäßig ohne weiteres zu.

5. Die Handlung dessen, der in solcher Lage auf fremdes Eigentum einwirkt ohne Erlaubnis oder trotz Verbot des Eigentümers, ist keine unerlaubte. Trotzdem tritt in scharfem Gegensatze zum unverschuldeten Verteidigungsnotstande hier Verpflichtung zu Schadensersatz ein. Sie ist nicht aus dem Gesichtspunkte der unerlaubten Handlung zu erklären. Vielmehr träfe eher zu der Gesichtspunkt der Bereicherung durch Verwendung fremden Vermögens in gewisser Anlehnung an die Enteignung. Das würde für den Fall, wo A Sachen des B zu Sicherung des C vor unverhältnismäßig hohem Schaden opfert, gestatten, als Entschädigungsverpflichteten nicht den A, sondern unmittelbar den C anzusehen. — Wo die geopferte Sache ohnehin verloren war, kann für sie von Schadensersatz keine Rede sein.

II. Meist wird angenommen, der Einschränkung der Rechte des dinglich Berechtigten entspreche ein „dem andern" eingeräumtes Recht im subjektiven Sinne auf Inanspruchnahme der fremden Sache.

Indessen muß dies[1]) geleugnet werden. Vielmehr handelt es sich um den — im Privatrecht freilich seltenen — Fall eines Interessenschutzes auf andere Weise als durch Einräumung eines subjektiven Rechts an den zu Schützenden. Diese Konstruktion ist möglich; sie entspricht am genauesten dem positiv vorliegenden Gesetz; und sie ist die einzige, die, gegenüber der fast maßlosen Tragweite von § 904, zu erträglich praktischen Folgen führt.

1. Es ist nicht richtig, daß durch die Einschränkung des Rechts des Eigentümers das Recht des andern begriffsnotwendig gegeben sei. Es ist vielmehr sehr wohl denkbar, daß, soweit der Notstands-Eingriff nach § 904 erforderlich wird, niemand berechtigt ist. Etwa wie bei einer dem gemeinen Gebrauch gewidmeten Sache,[2]) die, soweit dieser Gebrauch es bedingt, dem Zugriffe jedermanns unter Ausschluß der Vorrechte des Eigentümers unterliegt, ohne daß aber doch irgendwer ein Recht im subjektiven Sinne auf solche Nutzung hätte. Die Handlung des Nutzenden ist keine unerlaubte, aber auch keine Rechtsausübung; sie ist nicht rechtlich verboten, aber auch nicht rechtlich privilegiert; sie ist rechtlich erlaubt nur in jenem negativen, nicht in diesem positiven Sinne.

2. Klar ist, daß der Wortlaut des § 904 niemand ein Recht verleiht, sondern bloß das Verbietungsrecht des Eigentümers einschränkt. Dem entspricht seine Stellung, nicht unter den §§ 227 fg., sondern bei der Lehre vom Eigentum und von seinem Inhalte. Ähnliche Inhaltsbeschränkungen des Eigentums, denen kein Recht eines andern entspricht,[3]) enthalten in ähnlicher Fassung des Wortlautes die §§ 905, 906; auch sie schaffen eine rechtsfreie, rechtsneutrale Sphäre. Unsere Auffassung ist also die streng gesetzlich gegebene.

---

[1]) Obschon wohl auch „die Gesetzgeber" sich die Sache so gedacht haben mögen.

[2]) Man denke etwa an den öffentlichen Brunnen mit daranhängendem Trinkgeschirr. Jedweder aus dem Publikum darf diesen benutzen. Keiner hat ein Recht auf Benutzung. Es mag dieser Brunnen nur zu bestimmten Stunden dem öffentlichen Gebrauch dienen, zu allen übrigen lediglich dem seines Eigentümers. Genau so die durch § 904 geschaffene Rechtslage, falls der Brunnen überhaupt nicht dem öffentlichen Gebrauch gewidmet ist, aber seine Benutzung von einem Verschmachtenden in Anspruch genommen wird.

[3]) Oder sollten etwa Dritte ein Recht haben auf Einwirkungen in verschwindender Höhe oder Tiefe, § 905 BGB.? Oder auf Zulassung der Dämpfe, Gase, Gerüche u. s. f., s. dagegen bezeichnend den Schlußsatz von § 906? Über letzteren Punkt Näheres unter § 175, I.

3. Sie führt zu folgenden praktischen Folgen:

a) Der andere handelt nur soweit nicht unerlaubt, wie sein Zugriff sich unmittelbar auf die Sache richtet, deren er benötigt. Kein Recht hat er, sich diese Sache zu verschaffen durch weitergehende Einwirkungen auf Person oder Vermögen oder sonstige Rechtsgüter (z. B. den Hausfrieden) des Sacheninhabers, es träfe denn auch für diese Einwirkungen § 904 in allen Punkten, einschließlich des Wertverhältnisses zu.[1])

b) Der Inhaber der Sache ist nicht verpflichtet, sie dem andern herauszugeben, ihm Zugang zu ihr zu vermitteln oder dgl., sondern er muß nur dessen Zugriff dulden, soweit dabei nicht etwa gleichzeitig ihm (dem Inhaber) persönlich oder einem seiner dem § 904 nicht unterliegenden Rechtsgüter Gewalt geschieht.

c) Der andere, dem bei seinem Zugriff Widerstand geleistet wird, befindet sich also nicht in Rechtsausübung, also auch nicht etwa im Zustande der Notwehr oder berechtigter Selbsthülfe — damit entfallen unerträgliche, sonst unvermeidliche Folgerungen.[2]) — Ebensowenig freilich befindet sich im Zustande der Notwehr der, dem die Sache abgenommen werden soll, solange der Angriff sich bloß darauf erstreckt; dagegen allerdings, sobald der Angriff sich gegen seine Person oder gegen andere, dem § 904 nicht unterliegende Rechtsgüter wendet.

d) Bei tätlichem energischem Widerstande[3]) des Herrn der Sache darf also der andere nicht durchgreifen; würde doch auch darüber das vorgeschriebene Güterwertverhältnis geradezu umgestürzt werden!

---

[1]) Beispiel: An das einsam liegende Haus des A klopft in kalter Winternacht B und begehrt Einlaß, da er sonst erfriere. A öffnet nicht, da er sich vor Räubern fürchtet. B erbricht die Tür, dringt ins Haus und bleibt dort über Nacht. Alsdann gedeckt durch § 904 die rein materielle Sachbeschädigung an der Tür, nicht aber der Hausfriedensbruch; hätte B ein Recht auf Benutzung des Hauses gegen die Kälte, so könnte auch von Hausfriedensbruch nicht die Rede sein; A müßte sich alles gefallen lassen!

[2]) Z. B. im vorhergehenden Falle hat nicht etwa B die Rechte der berechtigten Selbsthülfe! — Oder folgender Fall: A reitet spazieren; ihm fällt ein bedenklich aussehender Mensch B in die Zügel und verlangt sein Pferd, um in dringender Not zum Arzt zu reiten; A weigert sich und schickt sich an, sein Pferd von B loszureißen und wegzureiten; B schießt den A vom Pferde, um es dann in der angegebenen Weise zu benutzen. Soll man wirklich die Tötung des A als in Notwehr seitens des B erfolgt betrachten? Das wäre unvermeidlich, wenn man B ein Recht auf Benutzung des Pferdes zulegt.

[3]) Dagegen ganz irrelevant Verbal-Verbot, aktuelles oder ein- für allemal erklärtes, z. B. durch Aufschrift: „Verbotener Weg“ oder dgl.

Wohl aber würden in solchem Falle dem andern gegen den Inhaber Schadensersatzansprüche entstehen aus § 823 Abs. 2, soweit nicht der Inhaber sich im Rechte ohne Fahrlässigkeit seinerseits glauben konnte; denn ein Schutzgesetz für den andern ist § 904 allerdings.

§ 85. Chikane-Verbot. § 226.

1. Die bisher erwähnten Rechtsbeschränkungen bezogen sich nur auf dingliche Rechte. Für die Ausübung aller Rechte gilt die Einschränkung des § 226: sie ist unzulässig, „wenn sie nur den Zweck haben kann, einem andern Schaden zuzufügen". Nicht ob sie im Einzelfalle diesen oder jenen Zweck wirklich hat, ist entscheidend; Befriedigung der Schadenfreude durch Rechtsausübung mag sich nicht erfolglos verstecken hinter einem andern vorgeschützten, aber denkbarerweise zutreffenden Zweck; nur wo kein anderer Zweck vorliegen kann, als der der bösen Chikane, wird die Rechtsausübung unzulässig. Auf die Frage nach Verpflichtung zu Schadensersatz wegen derartig unzulässiger Rechtsausübung wird später zurückzukommen sein bei der Lehre von den Schuldverhältnissen aus unerlaubter Handlung.

2. Einzelne Anwendungsfälle desselben Rechtsgedankens finden sich in §§ 905, 906, 997 Abs. 2, 1020 Satz 1 u. s. f. Man hüte sich vor Verallgemeinerung, welche Erschütterung jeder Rechtssicherheit zur Folge haben müßte. Eine gewisse Ähnlichkeit mit der alten römischen exceptio doli generalis ist übrigens nicht zu verkennen,[1] wennschon beide Dinge keineswegs zusammenfallen.[2]

II. Prozessual.

§ 86. Der Prozeßgang.

1. Wer sein Recht im Prozesse angriffsweise durchsetzen will,[3] dem stehen dazu folgende Möglichkeiten offen:

---

1) Es übe z. B. A ein Forderungsrecht gegen B aus, um dieselbe Sache von ihm zu erhalten, die er ihm unmittelbar darauf zurückzugeben verpflichtet ist. Dieser Musterfall der alten exc. d. g. fällt offenbar auch unter § 226: denn wenn dieses Vorgehen des A überhaupt einen erlaubten Zweck haben soll, so kann es doch nur der sein, dem B zu schaden, ohne jeden eigenen Nutzen des A. — Vgl. übrigens oben § 18, unter 8.

2) Siehe z. B. oben S. 84 Note 1; von § 226 kann da nicht die Rede sein; ebenso oben S. 195 Note 1 u. unten § 149, I, 4 c Note.

3) Er mag dies nach Belieben unterlassen — oder selbst recht über-

a) Vorbeugend, ehe der Anspruch noch ausübbar ist: Feststellungsklage, gerichtet auf richterliche Feststellung des Bestehens oder Nichtbestehens eines Rechtsverhältnisses, wenn Kläger ein rechtliches Interesse daran hat, CPO. § 256; oder Klage auf künftige Leistung in den Fällen CPO. §§ 257—259, namentlich stets dann, wenn die Besorgnis gerechtfertigt ist, daß der Schuldner rechtzeitiger Leistung sich entziehen werde, vgl. oben § 71, 3 a; oder endlich unter Umständen Erwirkung von Arrest oder vorläufiger Verfügung, das sind vorgreifende Sicherungsmaßregeln, CPO. § 916 ff.

b) Nachträglich, nach eingetretener Ausübbarkeit: Klage auf Verurteilung des Verpflichteten zur Leistung oder was solcher Klage gleichwirkt, wie etwa Erwirkung eines Zahlungsbefehls im Mahnverfahren oder Anmeldung des Anspruches im Konkurse, vgl. § 209; solche Klage bildet den regelmäßigen Fall der Rechts- und Anspruchsausübung durch prozessualen Angriff; sie wird im folgenden durchweg als vorliegend vorausgesetzt werden.

2. Wer sein Recht im Prozesse verteidigungsweise zur Geltung bringen will,[1]) der muß gerade ein solches Recht haben, das als Gegenrecht auf den Klageanspruch einzuwirken geeignet ist; sonst ist er dazu außer Lage.

3. Dem Angegriffenen, der seinerseits einen Anspruch gegen seinen Angreifer prozessual durchsetzen will — ihm bleibt nichts übrig, als seinerseits gleichfalls zu klagen. Nur ausnahmsweise kann er erreichen, daß mit der Klage seines Gegners seine neue Klage als sog. Widerklage äußerlich verbunden wird, CPO. § 280. Indessen bleibt die Widerklage Angriff (Gegenangriff), nicht Verteidigung; ebenso bleibt Gegeneinrede des Klägers gegen eine Einrede des Beklagten (sog. Replik) Verteidigung; u. s. f. für Dupliken, Tripliken u. s. w.

4. Das klägerische Vorbringen besteht in Behauptungen und Anträgen; die Behauptungen sind teils tatsächliche, teils rechtliche.

a) Der Kläger muß eine Reihe juristischer Tatsachen behaupten, nämlich diejenigen, auf Grund deren er seinen Anspruch zu haben

---

flüssigerweise tun gegen einen Beklagten, der alles einzuräumen und zu tun bereit ist. Auch dann ergeht Urteil zu Klägers Gunsten; doch muß dann dieser die Prozeßkosten tragen, CPO. § 93.

[1]) Ob und wann er dies tun will, ist dann wiederum ausschließlich seine Sache; tut er es überflüssigerweise (d. h. während ohnehin die Klage abgewiesen worden wäre), so treffen ihn die dadurch besonders verursachten Kosten, CPO. § 96; vgl. die vorige Note.

glaubt. Z. B. die Sache, die jetzt der Beklagte besitze, sei ihm (Kläger) seinerzeit von deren damaligem Eigentümer übergeben worden, wobei sie einig darüber gewesen seien, daß das Eigentum daran auf ihn übergehen solle; oder er (Kläger) und Beklagter hätten einen Darlehnsvertrag untereinander geschlossen und Beklagter die Darlehnssumme von ihm erhalten; oder dgl. m.

b) Sodann muß der Kläger behaupten, durch diese Tatsachen habe er nach geltendem Recht seinen Anspruch erworben: er sei durch jene Vorgänge Eigentümer oder Darlehnsgläubiger geworden und habe demgemäß gegen jeden Besitzer den Anspruch auf Herausgabe der Sache oder gegen diesen seinen Schuldner den Anspruch auf Rückerstattung des Darlehns.

c) Endlich stellt der Kläger als Schluß hieraus den Antrag: Beklagter sei ihm zur Erfüllung dieses seines Anspruches zu verurteilen.

5. Die Erwiderung des Beklagten hierauf, dessen sog. Klageeinlassung, kann eine verschiedene sein:

a) Er kann das ganze Klagevorbringen des Klägers und dessen Schlüssigkeit zugeben, den Anspruch des Klägers anerkennen, sog. positive Klageeinlassung.

b) Oder aber er kann sich gegen alle oder gegen einzelne Stücke der Klagebegründung oder gegen deren Schlüssigkeit wenden, sog. negative Klageeinlassung. Seine Einwendungen können näher sein folgende:

aa) Er leugnet alle vom Kläger behaupteten Tatsachen oder einzelne derselben, während er andere zugibt.

bb) Zugegeben, die klägerischen Tatsachen seien richtig, so leugnet er, daß sie so, wie behauptet, zur Entstehung des von diesem eingeklagten Anspruches hinreichen; er leugnet, daß sie den vollen juristischen Tatbestand dafür darstellen.

cc) Zugegeben, daß sie so, wie vorgetragen, zur Entstehung dieses Anspruchs hinreichen würden, behauptet er weitere Tatsachen, infolge deren es trotzdem nicht zur Entstehung jenes Anspruches gekommen sei.

dd) Zugegeben, daß jener Anspruch einmal entstanden sei, so behauptet er weitere Tatsachen, infolge deren der Anspruch zwischenzeitig wieder untergegangen sei: Erlöschen desselben durch Ablauf einer Frist oder durch Erfüllung oder dgl., oder auch durch ein vom Beklagten selbst zwischenzeitig ausgeübtes vernichtendes Gegenrecht, z. B. Anfechtung oder Aufrechnung.

ee) Oder endlich, selbst zugegeben, daß jener Anspruch noch bestehe, so macht Beklagter nunmehr (vgl. oben 2) von einem ihm zustehenden Gegenrechte Gebrauch, führe dies Gegenrecht nun zur Vernichtung oder, als Einrede, nur zur Hemmung des Klageanspruches. Er wird dabei die zur Begründung des Bestehens dieses Gegenrechtes erforderlichen Tatsachen behaupten müssen, sofern sich diese nicht schon aus dem bisherigen Tatsachenbestande (wie z. B. oft für die Verjährung) ergeben. Zur Abweisung des Klägers führt dies übrigens nur, falls das Gegenrecht ein solches auf Vernichtung oder eine dauernde Einrede ist. Handelt es sich bloß um eine aufschiebende Einrede, so erfolgt bedingte Verurteilung des Beklagten; z. B. bei der Einrede, Beklagter sei berechtigt, seine Leistung bis zur Bewirkung der Gegenleistung zu verweigern (§ 273 Abs. 1, § 320 Abs. 1), erfolgt Verurteilung desselben zur Erfüllung Zug um Zug (§ 274 Abs. 1, § 322 Abs. 1), d. h. unter der Bedingung, daß Kläger dem Beklagten gleichzeitig mit dem Eintreiben der Leistung die Gegenleistung anbiete, es falle denn diese Einengung wieder weg gemäß § 274 Abs. 2, vgl. unten § 105, II, 2b.

6. Wenn der Beklagte Einwendungen, die er vorbringen könnte, nicht vorbringt, während die Tatsachen, aus denen sich diese Einwendungen ergeben, dem Richter bereits beachtlich vorliegen, so stellt sich folgender wesentliche Unterschied heraus:

a) Die Einwendungen, welche soeben unter 5, b, aa—dd zusammengestellt wurden, hat alsdann der Richter, obschon der Beklagte sich nicht ausdrücklich darauf beruft, von Amtswegen zu berücksichtigen. Mit nicht entstandenen oder nicht mehr bestehenden Rechten darf er, sobald die Tatsache ihm feststeht, nicht arbeiten.

b) Dagegen die Einwendung oben 5, b, ee wirkt nur, sofern von dem Beklagten zur Verwendung gebracht. Selbst wenn dem Richter feststeht, daß Beklagter ein solches Gegenrecht, z. B. die Einrede der Verjährung, hat, bleibt für ihn abzuwarten, ob Beklagter es verwenden will; sonst würde dem Beklagten Rechtsausübung aufgenötigt.

§ 87. Beweis.[1])

I. Beweislast im allgemeinen. — Nicht beweisbedürftig sind notorische (allbekannte) oder gerichtskundige oder von der Gegenseite

[1]) Fitting, Die Grundlagen der Beweislast. — Reinhold, in Buschs Zeitschrift 20, 113fg. — Stölzel, im „Recht“ 5, 508fg. und 6, 571fg. —

zugegebene Tatsachen.[1]) Nicht beweisbedürftig sind ferner Tatsachen, auf denen die Gültigkeit des anzuwendenden Rechts einschließlich Gewohnheits- und fremden Rechts beruht, da dieses dem Gericht von Amtswegen bekannt ist, jura novit curia. Im übrigen muß eine Partei, was sie, um im Prozesse obzusiegen, behaupten muß, auch beweisen; beweisen heißt, dem Richter die Überzeugung der Tatsächlichkeit verschaffen.

1. Es handelt sich nicht um eine Pflicht, weder im Sinne des Privatrechts, als hätte die andere Seite ein Recht auf Erbringung des Beweises, noch im Sinne des öffentlichen Rechts, als hätte das Gericht ein solches Recht; sondern es handelt sich nur um eine Voraussetzung, mangels deren der Beweispflichtige sein Ziel nicht erreicht: wer seinen Prozeß verlieren will, mag ruhig sich der Beweislast entledigen; unerlaubt handelt er nicht.

2. Was beweisbedürftig, aber nicht bewiesen ist, existiert nicht für den Richter. Vor allem also mag Kläger, will er mit seiner Klage durchdringen, die nicht zugegebenen klagbegründenden Tatsachen beweisen, sonst kann ihm der Richter nicht „Recht geben". Bis ihm dieser Beweis gelungen ist, mag Beklagter ruhig abwarten. Daher die alte Regel: Actore non probante reus absolvitur. Daher ferner die gleich alte praktische Warnung: Im Prozesse kommt es nicht nur auf das Recht an, sondern ebensosehr auf dessen Beweisbarkeit, mangels letzterer heißt es: non jus deficit, sed probatio.

3. Sobald aber Kläger seine tatsächlichen Behauptungen, die sich als für seinen Klageantrag schlüssig erweisen, bewiesen hat, ändert sich die Lage. Nun muß Beklagter seine Einwendungen, soweit sie sich auf neue Tatsachen stützen, beweisen, widrigenfalls der

---

Eccius, in Gruchots Beiträgen 45, 267 fg. — Rosenberg, Die Beweislast. — Wach, Beweislast, Dekanatsprogramm, in Buschs Zeitschrift 29, 359 fg. Ältere Literatur: Weber, Über die Verbindlichkeit zur Beweisführung, 1805, 3. Aufl. bes. v. Heffter 1845. — Gerber, Klaggrund und Beweislast, 1858.

[1]) Nicht zugegeben ist die Behauptung der einen Seite, es sei ein unbedingter, unbefristeter, inhaltlich genau bestimmter Vertrag geschlossen, wenn die andere Seite nur bedingten, befristeten, unbestimmten Vertragsschluß zugibt; denn dies Zugegebene ist etwas ganz anderes als das Behauptete. Das Geständnis läßt sich hier nicht teilen, der Behauptende bleibt voll beweispflichtig. Dagegen wohl zugegeben die Behauptung der Schenkung, wenn auch der Zugebende außerdem behauptet, sie sei unter Auflage erfolgt; das letztere wird dann der Zugebende zu beweisen haben. Vgl. oben § 69 z. A. und § 73, 1 a.

Richter diese Einwendungen nicht zu beachten vermag, dem Klageantrag also stattgeben muß. Excipiendo reus fit actor.[1])

4. Diese Verhältnisse drehen sich selbstverständlich aber- und abermals um bei Repliken, Dupliken usf.; der Widerkläger steht von vornherein für seine Behauptungen dem Kläger gleich.

5. Aus dem bisher Gesagten ergibt sich folgende Regelung der Beweislast:

a) Kläger muß behaupten, also auch beweisen diejenigen[2]) Tatsachen, aus welchen unter normalen Verhältnissen Entstehung des von ihm eingeklagten Anspruchs folgt, mögen dieselben nun übrigens positive oder negative, äußere oder innere (z. B. guter Glaube) sein. Hierin liegt allerdings schon strengeren Erfordernissen gegenüber für ihn eine doppelte Erleichterung.

aa) Er braucht nicht nachzuweisen, daß normale Verhältnisse vorliegen. Was so als „normal" anzusehen, braucht nicht eben gesetzlich, es kann auch durch Gewohnheitsrecht oder Übung gewissermaßen selbstverständlich geregelt sein. Es gehört dahin z. B. nicht, daß ein Mensch (heute noch) lebe; wohl aber, daß er nicht geistesgestört sei; daß er in gutem Glauben sei, gehört nicht dahin,[3]) wohl aber, daß er rechtsgeschäftliche Erklärungen ernsthaft und ungezwungen abgegeben habe. Kurz, normal ist diejenige Sachlage, wie sie im täglichen Leben zu liegen pflegt, falls nicht ganz außerordentliche, selten Platz greifende Erscheinungen dazwischen treten; so ist namentlich nicht anomal gewöhnliche menschliche Schwäche, wohl aber anomal das Vorkommen eines Verbrechens.

bb) Wer das Entstandensein seines Anspruchs bewiesen hat, braucht nicht zu beweisen, daß derselbe jetzt noch besteht. Man pflegt zu sagen: Der Fortbestand eines einmal entstandenen Anspruchs wird vermutet bis zum Beweise des Unterganges oder der Hemmung.

b) Beklagter muß behaupten, also auch beweisen, falls er dadurch der Verurteilung entgehen will:

[1]) Nur in diesem beweisrechtlichen Sinne richtiger Satz.

[2]) Sog. „wesentliche" Tatsachen, das sind die juristischen Tatsachen, an deren Vorliegen (juristischer Tatbestand) das materielle Recht die Entstehung (ähnlich sofort unter b, bb den Untergang) des prozessual zur Rede stehenden Anspruchs knüpft: rechtsbegründende (bezw. rechtsvernichtende) Tatsachen.

[3]) Das Gegenteil des guten Glaubens kommt nur zu häufig vor! Es kommt eben hier nicht auf das an, was normal sein sollte, sondern auf das, was normal ist. Anders, wo gesetzliche Sonderregeln eingreifen, vgl. sofort unten II u. f. etwa jetzt schon § 937.

aa) Anomale Tatsachen, infolge deren der klägerische Anspruch nicht entstanden sein soll, s. oben § 86, 5 b, cc.

bb) Tatsachen, aus welchen unter normalen Verhältnissen Untergang des klägerischen Anspruchs folgt, s. ebenda dd.

cc) Tatsachen, aus welchen unter normalen Verhältnissen Entstehung seines Gegenrechts folgt, s. ebenda ee.

All dies natürlich nur, soweit diese Tatsachen beweisbedürftig, namentlich also nicht schon durch den Kläger zugegeben, z. B. schon in dessen Behauptungen von selbst mit enthalten sind.

c) Die Verteilung der Beweislast bei weiteren Repliken und Dupliken usf. sowie bei Widerklage ergibt sich hieraus von selbst.

II. Sonderregeln. — Diese allgemeinen Regeln über Verteilung der Beweislast würden allein für sich bestehend zu großen Härten und zu zahllosen Zweifeln im Einzelfalle führen. Deshalb läßt es das Gesetz dabei nicht bewenden, sondern gibt außerdem eine Reihe von Einzelvorschriften. Das BGB. befaßt sich damit sogar fortlaufend. Das Gesetz verfährt dabei nach drei verschiedenen Methoden:

1. Durch unmittelbare Anordnung, z. B. § 282 — wobei übrigens dahingestellt bleibt, ob solche Bestimmung die Beweislast, wie sie ohnehin eintreten würde, nur bestätigt oder verschiebt.

2. Durch Anordnung sog. Rechtsvermutungen, welche dem Richter vorschreiben, bestimmte Tatsachen als erwiesen anzunehmen, auch ohne daß ihm der Beweis dafür geführt wäre. Es ist weiter zu unterscheiden:

a) Die meisten solcher Rechtsvermutungen lassen Gegenbeweis zu, sind bloß sog. praesumptiones juris; es ist das stets im Zweifel anzunehmen, ZPO. § 292. D. h. der Richter soll die Tatsachen, für welche eine solche Vermutung spricht, nur so lange als erwiesen annehmen, als nicht von der anderen Seite das Gegenteil bewiesen ist. Es handelt sich also um wahre Verschiebung der Beweislast, statt daß die eine Partei die vermutete Tatsache beweisen müßte, muß die andere das Gegenteil beweisen. So § 18 Abs. 1 (Präsumptivwirkung der Todeserklärung, vgl. oben § 23), oder § 484 oder etwa § 1006.

b) Bisweilen aber auch ist der Beweis des Gegenteils ausgeschlossen, sog. praesumptio juris et de jure; dann liegt nicht Beweisverschiebung vor, sondern Beweisentlastung; und dann handelt es sich durchweg um einen diesergestalt ausgedrückten materiellen, nicht bloß beweisrechtlichen Satz. Das BGB. enthält dafür kein volles Beispiel, nur nahekommend §§ 1591, 1592; wohl aber z. B. KO. § 108 Abs. 2.

3. Mit Vorliebe aber bedient sich das BGB. folgenden Kunstgriffes: Indem es den juristischen Tatbestand regelt, bringt es einzelne Punkte desselben zur Erwähnung in einer Form, aus der erhellt, ob es sie als normalerweise gegeben oder als anomale, in normalen Fällen nicht zutreffende Erscheinungen ansieht. Dann erhellt also daraus weiter, wem für die Behauptung ihres Zutreffens oder Nichtzutreffens der Beweis erlassen oder der Gegenbeweis auferlegt ist und umgekehrt; vgl. soeben oben I, 5a, aa und b, aa, auch b, bb. Besonders häufig geschieht dies so, daß bei negativen Teilen eines Tatbestandes die Negative als normal bezeichnet wird, um dem sich darauf Berufenden den schwierigen Beweis einer Negative zu ersparen, womit dann also dem anderen Teile der Beweis, daß jener Umstand doch hier vorliege, aufgebürdet ist. Dahin gehört z. B. von uns bereits bekannten Dingen die Verbindlichkeitswirkung des Vertragsantrags, dieselbe sei denn besonders ausgeschlossen; oder die Widerrufbarkeit der Vollmacht, sofern sich nicht aus dem zugrunde liegenden Rechtsverhältnis Unwiderrufbarkeit ergibt; oder der Umfang der Vollmacht des Vorstandes, sofern nicht statutarisch eingeschränkt: In allen diesen Fällen hat den Beweis dafür, daß die Ausnahme vorliegt, zu führen, wer sich darauf beruft; das Nichtzutreffen der Ausnahme gilt als normal. — Dagegen müssen z. B. folgende, auch innerliche oder negative Bedingungen, damit Eintritt der Rechtswirkungen angenommen werde, nachgewiesen werden: für die Anfechtbarkeit wegen Täuschung das Kennen oder Kennenmüssen des Anfechtungsgegners § 123 Abs. 2; daß nach der Verkehrssitte Eingang einer Annahmeerklärung nicht zu erwarten war, falls man sich auf Vertragsschluß ohne solchen beruft, § 151; daß obrigkeitliche Hülfe nicht rechtzeitig zu erlangen war, für den, der angenommen zu sehen wünscht, daß seine Selbsthülfe eine gestattete war, § 229.

Die formalen Mittel, deren das Gesetzbuch sich dazu bedient, um einzelnen Umständen den Charakter des Normalen oder Anomalen aufzudrängen, sind von sehr verschiedener Klarheit; vgl. darüber oben S. 25 Note. Es handelt sich darum, daß

a) entweder ein Tatbestandsmoment von der die übrigen Tatbestandsmomente aufführenden positiven Regel getrennt und in besonderem Satze, und zwar in Form einer Ausnahme oder Einschränkung hinzugefügt, dadurch das Nichtzutreffen dieser Ausnahme oder Einschränkung als das Normale gekennzeichnet wird, z. B. § 206 Abs. 2, § 937 Abs. 2; oder darum,

b) daß diese Ausnahme angefügt ist in einem Nebensatze, beginnend mit den Worten „es sei denn, daß"; oder endlich darum,

c) daß ein gewöhnlicher negativer Bedingungssatz vorliegt, der als Ausnahme in demselben Sinn gemeint ist, während freilich ein negativer Bedingungssatz auch das Ausdrucksmittel für das gesetzliche Verlangen des zu erweisenden Zutreffens der Negative sein mag. Ersteres ist durchweg der Fall, wenn der ganze Bedingungssatz, durch an den Anfang vorgezogene Verneinung, negiert ist; letzteres, wenn es sich um eine Negierung bloß des Schlußverbums, um eine Art positiven Bedingungssatzes mit negiertem Zeitwort, also um die positive Bedingung einer Negative handelt; ersteres z. B. § 477 Abs. 1, § 18 Abs. 2, § 179 Abs. 1; letzteres z. B. § 111 Satz 2, § 174 Satz 1. Hier soll es schließlich ganz äußerlich darauf ankommen, ob der Typus vorliegt, „wenn (er, sie, es, sich) nicht . . . zutrifft" (d. h. Nichtvorliegen beweisrechtlich normal); oder der Typus: „wenn . . . nicht zutrifft" (d. h. das Nichtvorliegen beweisbedürftig). Indessen wird man hier bisweilen bezweifeln müssen, ob der Wille des Gesetzgebers zum notwendigen gesetzlichen Ausdrucke gebracht sein mag; vgl. z. B. § 828 Abs. 2.

§ 88. Prozeßbeginn und Ende.

Außer der Lehre von der Verteilung der Beweislast sind materiellrechtlich besonders bedeutsam zwei Prozeßmomente: sein Beginn und sein Ende.

I. Der Augenblick, der als Beginn hier in Betracht kommt, ist der der „Rechtshängigkeit". Solche liegt vor, CPO. § 263 Abs. 1, mit der Erhebung der Klage.[1]. Außer den prozessualen Wirkungen[2]) treten folgende materiellrechtlich ein:[3])

---

[1]) Für andere Fälle CPO. § 281.

[2]) CPO. § 263 Abs. 2 und folgende Paragraphen.

[3]) Dazu gehört nicht mehr Unveräußerlichkeit des im Streite befangenen Rechts wie früher vielfach. — Wegen einer bedeutsamen aktionenrechtlichen Wirksamkeit siehe CPO. § 325 und vgl. unten II 2b, ähnlich CPO. §§ 741, 742.

1. Die Verjährung des eingeklagten Anspruches wird unterbrochen, s. oben S. 268 und s. auch §§ 941 und 1033.

2. Die Haftung des Beklagten für Sorgfalt, Früchte u. dgl. pflegt einzutreten oder sich wesentlich zu erhöhen, sollte er selbst in seinem Widerstande gegen die Klage guten Glaubens sein: denn wenigstens muß er jetzt anfangen, an seinem Rechte zu zweifeln und sich schlimmen Ausgang als möglich vorzustellen, vgl. oben § 76, 4a und vielfach unten, bes. § 181.

3. Bei Geldschulden beginnt der Lauf der sog. Prozeßzinsen in Höhe von 4%, § 291.

4. Sonstige Haftungssteigerungen, z. B. bei Unterhaltsansprüchen für die Vergangenheit, § 1613.

5. Ansprüche, die durch den Tod des Berechtigten oder Verpflichteten erlöschen würden, pflegen bestehen zu bleiben, wenn sie im Augenblicke des Todes bereits rechtshängig waren, s. oben S. 147 Note 1, §§ 847, 1300, auch § 528; vgl. auch wegen der Pfändbarkeit CPO. § 852.

II. Der Augenblick, der hier als derjenige des Endes in Betracht kommt, ist der der Rechtskraft,[1]) d. i. des rechtskräftigen Urteils. Ein Urteil ist rechtskräftig, wenn es nicht mehr durch Rechtsmittel anfechtbar ist.[2]) Hauptsächlich wichtig ist dann die prozessuale Wirkung, falls das Urteil ein verurteilendes ist, nämlich die Vollstreckbarkeit.[3]) Daneben aber treten wieder, für alle Arten von Ur-

---

[1]) Binder, Subjektive Grenzen der Rechtskraft. — Fischer, in den dogm. Jahrb. 40, 151 fg. — Wach und Laband, Drei Rechtsgutachten. — Mendelssohn-Bartholdy, Grenzen der Rechtskraft. — Hellwig, Wesen und subjektive Begrenzung der Rechtskraft. — Ferner etwa noch: Goldschmidt, im Archiv f. bürg. Recht 15, 252 fg. — Redlich, in der Zeitschrift f. Zivilprozeß 25, 357 fg. — v. Bülow, im Archiv für die zivilist. Praxis 83, 1 fg. — Auch noch Fischer, in seinen und Bekkers Beiträgen, Heft 6, Recht und Rechtsschutz. — Vgl. auch Zitelmann, Internationales Privatrecht 2, 267 fg. — Es konnte nicht mehr benutzt werden: Kisch, Beiträge zur Urteilslehre, teilweise in den Straßburger Festgaben für A. S. Schulze, später vollständig separat, 1903.

[2]) Rechtsmittel hier im Sinn der Prozeßordnung gleich „ordentliche Rechtsmittel". Diese Rechtskraft liegt also vor, wenn entweder das Urteil von der für diesen Fall höchsten Instanz ausgeht (sofort bei seinem Erlaß) oder die Notfrist für Einlegung des Rechtsmittels (Anrufung einer zulässigen höheren Instanz) gegen ein Urteil niederer Instanz abgelaufen ist.

[3]) Indessen gibt es auch, schon vor der Rechtskraft, eine sog. „vorläufige Vollstreckbarkeit" s. CPO. §§ 704, 708 fg. und überhaupt neben dem Urteil andere

teilen, auch für klagabweisende, die materiellrechtlichen Wirkungen der Rechtskraft:

1. Konstitutive Wirkung[1]) hat das Urteil regelmäßig nicht. Wo es solche hat, tritt sie ein mit der Rechtskraft.

a) Direkt konstitutive Wirkung haben eine Reihe gerichtlicher Entscheidungen im Familien- und Erbrecht, vor allem die Ehescheidungsurteile, § 1564; s. außerdem §§ 1418, 1470, 1496, 1542, 2342; außerdem das Ausschlußurteil im Aufgebotsverfahren.

b) Indirekt konstitutive Wirkung kann jedes Urteil gewinnen, das die eine Partei dazu verurteilt, eine Willenserklärung abzugeben. Hier nämlich, CPO. § 894, gilt die Erklärung als abgegeben, sobald das Urteil die Rechtskraft erlangt hat; d. h. die Rechtskraft des Urteils bewirkt, daß die Erklärung als abgegeben gilt.

2. Deklarative Wirkung gewinnt jedes Urteil mit dem Eintritte seiner Rechtskraft; sein Beruf ist es eben, soweit seine Feststellungen reichen, für die Parteien, zwischen welchen es ergangen ist, die strittigen Fragen endgültig zu entscheiden. Res judicata jus facit inter partes. Soweit diese Rechtskraft reicht, kann also in neuen Prozessen weder mehr der abgewiesene Kläger klagend sein vermeintliches — vielleicht sogar wirkliches, zu Unrecht ihm aberkanntes Recht durchsetzen, noch der verurteilte Beklagte sich der Anerkennung des zu seinen Ungunsten festgestellten Rechtsverhältnisses unter irgend welchem Einwand aus den vor dem Urteil liegenden Rechtsmomenten entziehen. Versuche ersterer Art werden an dem Einwand, Versuche letzterer Art an dem Gegeneinwand der rechtskräftig entschiedenen Sache scheitern. Beispiele:

a) A klagt gegen B eine Mietzinsrate ein; entweder A wird, da Mietverhältnis nicht vorliege, abgewiesen; dann wird B später, abermals wegen desselben Mietverhältnisses, etwa auf weitere Raten, in Anspruch genommen, sich einfach auf die Rechtskraft des ersten

---

„vollstreckbare Titel", s. CPO. § 794 fg. Andererseits gibt es unvollstreckbare rechtskräftige Urteile, s. CPO. § 888 Abs. 2, oben S. 61.

[1]) Konstitutive Wirkung, d. h. die Wirkung, Rechte zu schaffen, zu ändern oder aufzuheben. Über diese Möglichkeit der Wirksamkeit des Urteils als einer juristischen Tatsache s. oben S. 74. Der gemeinrechtliche Hauptfall dieser Art, das Adjudikationsurteil im Teilungsprozeß, ist dem BGB. unbekannt. — Außer den im Text erwähnten Fällen hat natürlich stets konstitutive Wirkung der Teil des Urteils, der über die Tragung der Prozeßkosten entscheidet.

Urteils berufen und damit ohne weiteres Abweisung des A erzielen, soweit nicht A auf neue, nach der Rechtskraft des ersten Urteils eingetretene juristische Tatsachen sich zu berufen vermag. Oder A siegt ob. Dann wird er später abermals, etwa auf weitere Raten oder auf Rückgabe, klagend, den Beweis für das Bestehen des Mietverhältnisses nicht abermals zu führen brauchen, sondern diesen Beweis durch Berufung auf die Rechtskraft des früheren Urteils ersetzen; B würde dagegen nur Erlöschungsgründe aus der Zwischenzeit vorbringen können.

b) A klagt gegen B auf Anerkennung seines Eigentumsrechts an der Sache X und auf Unterlassung von Störungen. Entweder A wird abgewiesen; dann würde jeder weitere Eigentumsanspruch des A gegen B auf X mit dem Einwande des rechtskräftigen Urteiles ohne weiteres zurückgeschlagen werden, es sei denn, A behauptete neuen zwischenzeitigen Eigentumserwerb. Oder A siegt ob. Käme er nun später wieder in die Lage, gegen B sein Eigentum prozessual geltend zu machen,[1]) so könnte B nur allenfalls den Beweis versuchen, daß A dies Eigentum zwischenzeitig verloren hätte, andere Einwendungen müßten an der Gegeneinwendung der rechtskräftig entschiedenen Sache scheitern. All dies tut aber, falls das Urteil falsch sein sollte, dem Rechte und den Ansprüchen des wirklichen Eigentümers — sei dieser B oder gar ein dem Prozesse ganz fremder Dritter — gegen Dritte keinen Eintrag; rechtskräftig entschieden ist nur der eingeklagte Anspruch, daß B das Eigentum des A anzuerkennen und diesen darin nicht zu stören habe.

3. Wie weit reichen die Grenzen der Rechtskraft in schwierigen Fällen? Die Frage ist überaus bestritten; hier können nur noch folgende Punkte hervorgehoben werden:

a) Urteile sind der Rechtskraft nur insoweit fähig, als über den durch die Klage oder durch die Widerklage erhobenen Anspruch entschieden ist, CPO. § 322 Abs. 1. Man bemerke:

aa) Über den Anspruch, nicht über das dahinterstehende Recht, soweit es ihn überragt, z. B. das dingliche Recht, vgl. soeben Beispiel b z. E.

bb) Über Ansprüche, nicht über Einreden oder sonstige Gegenrechte, die nicht widerklageweise, sondern nur abwehrend geltend gemacht sind.

---

[1]) Z. B. als Eigentümer des Grundstückes X, dem eine Grunddienstbarkeit über ein anderes Grundstück des B zusteht.

cc) Ausnahmsweise schafft indessen das die Aufrechnung einer Gegenforderung abweisende Erkenntnis Rechtskraft für die Entscheidung, daß die Gegenforderung nicht besteht, bis zur Höhe des Betrages, für welchen die Aufrechnung geltend gemacht worden ist, CPO. § 322 Abs. 2.

b) Das rechtskräftige Urteil wirkt nur für und gegen die Parteien (jus facit inter partes), außerdem für und gegen diejenigen Rechtsnachfolger der Parteien, welche dies nach dem Eintritt der Rechtshängigkeit geworden sind, CPO. § 325. Über zahlreiche weitere Einzelheiten, namentlich Erstreckung der Rechtskraft auf andere Rechtsnachfolger oder gar auf Dritte, sog. absolute Rechtskraft, namentlich in erb- oder familienrechtlichen Fällen, s. CPO. §§ 325—327, 629, 640—644. Darauf kann hier nicht eingegangen werden. Ein materiellrechtlich begründeter Fall, §§ 425, 429, kann erst später zur Behandlung kommen.

4. Wegen einer anderweitigen Wirkung des rechtskräftigen Urteils in einem Einzelfalle s. unten § 103, 4b, aa.

Zweites Buch.

Recht der Schuldverhältnisse.

---

§ 89. Vorbemerkung.

1. Über den Begriff des Rechtes aus einem Schuldverhältnisse, Forderungsrechtes, ist gehandelt oben § 15, II. Forderungsrecht ist danach ein Recht, dessen Gegenstand unmittelbar das Verhalten der durch dieses Recht verpflichteten Person ist. Dieses Verhalten als Gegenstand eines solchen Rechtes heißt die Leistung. Die beiden beteiligten Personen heißen Gläubiger und Schuldner. „Kraft des Schuldverhältnisses ist der Gläubiger berechtigt, von dem Schuldner eine Leistung zu fordern" § 241 Satz 1. Die Leistung kann bestehen in einem Tun (Arbeiten, Verschaffen von Sach- oder Rechtsgütern) oder in einem Unterlassen. Sie ist, soweit überhaupt ein Schuldverhältnis und eine Verbindlichkeit daraus vorliegt, durch Klage erzwingbar, oben S. 60 fg.

2. Darüber, daß diese Leistung nicht notwendigerweise Geld- oder Vermögenswert im Einzelfalle zu haben braucht, ist bereits gehandelt oben § 15, I, 1. Indessen man bemerke:

a) Wo kein Vermögenswert, wird meist auch kein rechtlich verbindlich gemeintes Versprechen vorliegen, z. B. bei Gefälligkeitsleistungen; dann also auch kein Schuldverhältnis.

b) Wo kein Vermögenswert, wird häufig das Schuldverhältnis sich weder so wie versprochen (in natura), noch in Form von Schadensersatz vollstrecken lassen. Soll hier nicht alles vom guten Willen des Schuldners abhängig sein, so wird nach wie vor nur Verabredung von Vertragsstrafe zu helfen vermögen.

c) Wo kein Vermögenswert im Einzelfalle, wird es sich immer doch um Güter wirtschaftlicher Art handeln müssen.

d) Schuldverhältnisse ohne Vermögenswert werden nach alledem als verschwindend selten zu behandeln sein. Wenn unser BGB. die Rechtsneuerung enthält, von solchem Vermögenswert abzusehen, so ist das Ergebnis dieser Neuerung im wesentlichen nur das, daß nicht jedes Schuldverhältnis für seine Gültigkeit auf Vorhandensein von Vermögenswert untersucht zu werden braucht; tatsächlich vorhanden sein wird er aber meist doch.

3. Über die Entstehung der Schuldverhältnisse sind bereits die Grundunterscheidungen vorgetragen. Es handelt sich entweder

a) um Rechtsgeschäft, und zwar wieder

aa) entweder um einseitiges des Schuldners, oder

bb) um Vertrag zwischen Gläubiger und Schuldner; oder

b) um unerlaubte Handlung; oder

c) um andere Tatsachen oder Tatbestände, wofür also übrig bleibt Entstehung des Schuldverhältnisses aus Gesetz oder aus sonstigen obrigkeitlichen Anordnungen. Man sagt wohl, das Recht knüpfe hier die Entstehung von Schuldverhältnissen an variae causarum figurae. Solche Tatbestände haben bisweilen eine gewisse Ähnlichkeit bald mit den Rechtsgeschäften (obligationes quasi e contractu), bald mit den unerlaubten Handlungen (obligationes quasi e delicto). Wegen letzterer Möglichkeit s. auch oben § 76.

4. Über den Inhalt der Schuldverhältnisse ist schon mehrfach bemerkt, daß hier freieste Bewegung den Beteiligten eingeräumt ist. Sie können zum Inhalte von Forderungsrechten machen, was sie an Leistungen nur ersinnen und übernehmen mögen, in beliebiger Gestaltung und Verbindung, sofern nur gesetzlich oder sittlich Verbotenes vermieden wird.[1]) Indessen man unterscheide:

a) Dies trifft nicht zu für Tatbestände nicht rechtsgeschäftlicher Natur; ja nicht einmal für Tatbestände, bei welchen zum Rechtsgeschäft einseitige Willenserklärung genügen soll. Wo solche Tatbestände Schuldverhältnisse schaffen oder verändern, sind sie vom Gesetze ausschließlich, nicht exemplifizierend aufgestellt.

b) Die Regel trifft also genauer genommen nur zu für Verträge. Wer jene Inhaltsfreiheit für Schaffung oder Abänderung von Schuldverhältnissen genießen will, muß Schuldverhältnisse in

---

[1]) Hellwig, im Archiv f. d. zivilist. Praxis 86, 223 fg.

Vertragsform begründen oder verändern. Die vom Rechte ausgebildeten Tatbestände von Schuldverhältnissen aus Verträgen sind nur exemplifizierend.

c) Dieser Unterschied ist demnach ein grundlegender. Es genügt nicht, ihn erst zu berücksichtigen bei der Erörterung der einzelnen Schuldverhältnisse, sondern es ist von vornherein zu scheiden das Gebiet des Vertrags und der Vertragsfreiheit einerseits, und das geschlossene Gebiet anderweitig entstehender Schuldverhältnisse andererseits.

5. Es ergibt sich folgende Dreiteilung:

a) Im ersten Abschnitte sind zu behandeln die Regeln betreffend alle wie auch immer entstehende Schuldverhältnisse.

b) Im zweiten Abschnitte sind zu behandeln die Regeln betreffend Schuldverhältnisse aus Verträgen; und zwar

aa) im allgemeinen; und

bb) die einzelnen Typen, welche dafür unser BGB. ausgeprägt hat.

c) Den dritten Hauptabschnitt endlich bilden die Schuldverhältnisse auf anderer als vertraglicher Grundlage. Diesen allen gemeinsame Regeln gibt es nicht. Vielmehr ist hier die Untereinteilung zu entnehmen der Entstehung aus einseitigem Rechtsgeschäft oder aus rechtsgeschäftsähnlichen Tatbeständen oder aus unerlaubten Handlungen (Delikten) oder aus deliktsähnlichen Tatbeständen.

6. Ehe wir in diese Einteilung eintreten, ist eben noch das Recht der Übergangszeit zu erwähnen. Vor dem 1. Januar 1900 entstandene Schuldverhältnisse unterliegen nach Art. 170 auch fernerhin dem Rechte ihrer Entstehungszeit in allen Punkten. Eine Ausnahme sei gleich miterwähnt: Miet-, Pacht- und Dienstverhältnisse älterer Begründung treten nach Art. 171 unter das neue Recht, wenn das Verhältnis nach altem Recht beiderseitig kündbar war und von diesem Kündigungsrechte nicht baldmöglichst nach dem 1. Januar 1900 Gebrauch gemacht worden ist; die Herrschaft des neuen Rechts tritt dann ein in dem Augenblicke, in dem hätte gekündigt werden können. Andere Ausnahmen betreffen die Gemeinschaft nach Bruchteilen und Schuldverschreibungen auf den Inhaber, Art. 173, 174 ff.

Erster Abschnitt.

Allgemeines Recht der Schuldverhältnisse.*)

Erstes Kapitel.

Inhalt der Schuldverhältnisse.

§ 90. Im allgemeinen.

I. Inhalt eines Rechts im subjektiven Sinne (s. oben S. 48) ist die Möglichkeit seiner Ausübung. Inhalt eines Schuldverhältnisses ist also die Macht, welche dem Gläubiger rechtlich über den Schuldner eingeräumt ist. Näher gehören hierher folgende Fragen:

1. Welche Machtmittel stehen dem Gläubiger zur Verfügung? (Frage nach der Erzwingbarkeit der Schuldverhältnisse). Dabei läßt sich wieder unterscheiden:

a) Unterliegt der Schuldner der Möglichkeit, daß der Gläubiger gegen ihn auf Durchführung seines Anspruchs klage? Antwort: Ja, ohne Ausnahme; denn das Recht unseres BGB. kennt keinen klaglosen Anspruch aus Schuldverhältnissen, keine sog. bloße Naturalobliegenheit, s. oben S. 60fg.

b) Welchen Exekutivmaßregeln unterliegt der Schuldner? Die Beantwortung dieser Frage, so tief sie in das materielle Recht auch eingreift, gehört in die Lehre vom Zivilprozeß. Es genüge hier zu bemerken, daß sich die Zwangsvollstreckung durchaus nicht bloß gegen das Vermögen, sondern unter Umständen auch mit Strafen oder selbst direkt gegen die Person, ja gegen die Freiheit des Schuldners wendet, vgl. CPO. §§ 883, 885, 888 Abs. 1, 890, 892. Nur soweit das Schuldverhältnis ein zur Leistung von Diensten verpflichtender Dienstvertrag (nicht etwa ein unentgeltliches Auftragsverhältnis oder dgl.) ist, versagt die Vollstreckbarkeit gegen die Person des Dienstverpflichteten, CPO. § 888 Abs. 2, oben S. 61.

2. Welches Verhalten kann der Gläubiger von dem Schuldner ernstlich verlangen, was heißt „Rechtspflicht auf Leistung", abgesehen von der prozessualen Frage der Erzwingbarkeit, rein materiellrechtlich? (Frage nach der Intensität der Schuldverhältnisse). Darüber in dem nächsten Unterabschnitt.

---

*) Stammler, Das Recht der Schuldverhältnisse in seinen allgemeinen Lehren.

3. **Was** kann im einzelnen als zu Leistendes der Gläubiger von dem Schuldner verlangen? (Frage nach dem Umfang der Schuldverhältnisse). Oder, nur etwas anders ausgedrückt: Was ist der Gegenstand der Leistung, d. i., da ja die Leistung selbst unmittelbarer Gegenstand des Schuldverhältnisses ist (s. den ersten Absatz des vorigen Paragraphen), was ist mittelbar, in zweiter Linie Gegenstand des Schuldverhältnisses?

a) Vor allem offenbar das wirtschaftliche Gut, welches dem Gläubiger durch die Leistung des Schuldners verschafft werden soll (Dienste, Arbeitsergebnis, Sachen, Rechte, zu vorübergehendem oder zu dauerndem, zu vollem oder zu beschränktem Genusse). Dieses Gut dem Gläubiger zu verschaffen, ist Sinn und Zweck des Schuldverhältnisses, die Verbindlichkeit des Schuldners nur das dazu dienende Mittel.[1]) Von den verschiedenen gegenständlichen Gestaltungen, welche demgemäß die dem Schuldner obliegende Leistung wesentlich bedingen, wird in weiteren Unterabschnitten dieses Kapitels ausführlich zu handeln sein.

b) Ergänzend treten hinzu die näheren Umstände, unter welchen dieses Gut zu leisten ist, namentlich nach Ort und Zeit. Darüber der vorletzte Unterabschnitt.

c) Endlich verschieben und verändern, vermehren und vermindern sich unter dem Einflusse eines besonderen Umstandes, des sog. Verzuges (sei es des Schuldners, sei es des Gläubigers) die ursprünglichen Verhältnisse und Gegenstände der Leistungspflicht. Davon soll ein letzter Unterabschnitt dieses Kapitels handeln.

II. Für alle diese Fragen und Unterabschnitte aber, für das gesamte Recht der Schuldverhältnisse gilt Eine große, gemeinsam durchgreifende Regel, § 242[2]): „Der Schuldner ist verpflichtet, die Leistung so zu bewirken, wie Treu und Glauben mit Rücksicht auf die Verkehrssitte es erfordern.“ Wegen dieser Bestimmung, die wörtlich genau auf **alle** Schuldverhältnisse überträgt, was § 157 für die **Auslegung der Verträge** bestimmt hat, vgl. oben S. 78.

---

[1]) Dies hat besonders herausgearbeitet und in seiner Tragweite klargestellt G. **Hartmann**, Die Obligation, 1875. Zunächst für das alte gemeine Recht, aber ebenso zutreffend auch für unser Recht.

[2]) **Schneider**, K., Treu und Glauben im Recht der Schuldverhältnisse. — **Derselbe**, i. d. Deutschen Jur.-Ztg. 8, 232 fg.

I. Die Intensität der Schuldverhältnisse.

1. Persönliche Leistung und Vermögenshaftung.

§ 91.

I. Ob erzwingbar oder nicht, vor allem ist Pflicht des Schuldners, sich persönlich zu bemühen, um dem Gläubiger die Leistung zu verschaffen. Gegenstand der Obligation ist nicht der Geldwert der Leistung, beizutreiben aus dem Vermögen des Schuldners, sondern dieser Geldwert kann nur unter Umständen, im Falle der Not und besonders der schuldhaften Nichterfüllung der Verbindlichkeit durch den Schuldner, an Stelle des ursprünglichen Gegenstandes treten. Will der Schuldner rechtmäßig handeln, will er ganz seinen Verpflichtungen nachkommen, so genügt nicht das Angebot vollen, selbst noch so weit greifenden Schadensersatzes für Nichtleistung, sondern eben bloß die Leistung selbst. Immerhin bleibt zu unterscheiden:

1. Vorstehendes soll nicht heißen, daß gerade der Schuldner höchstpersönlich stets tätig werden müßte; das wird vielmehr nur da zutreffen, wo das Leistungsergebnis von seiner Person individuell abhängt, ein höchstpersönliches ist. Sonst kann statt des Schuldners jeder Dritte, ob auf seinen Auftrag oder Befehl oder unabhängig davon, ja es kann selbst statt menschlicher Tätigkeit ein Naturereignis, soweit dies möglich ist (z. B. Einsturz der umzureißenden Mauer) den zu leistenden Zustand herstellen: wenn nur ganz und vollständig der Zustand, wie ihn herzustellen der Schuldner verpflichtet war, eingetreten ist, so ist der Leistungspflicht genügt. Nur wenn Schuldner und Gläubiger dahin übereinstimmen, daß sie die Erfüllung durch einen Dritten nicht wünschen, kann Gläubiger die Leistung eines Dritten ablehnen, § 267; es sei denn, daß der Dritte ein selbständiges Recht darauf hat, statt des Gläubigers zur Wahrung eigener Interessen erfüllen zu dürfen, s. § 268.

2. Was übrig bleibt, ist also das: Falls nicht ein solcher günstiger Zufall da, wo er möglich ist, die Leistung für den Schuldner beschafft, da hat dieser sie, selbst oder durch Dritte, zu beschaffen. Er kann nicht den Gläubiger auf sein Vermögen verweisen und übrigens sich seiner Schuldverhältnisse unbekümmert entschlagen. Schuldverhältnisse sind nicht Haftungen auf einen gewissen Geldbetrag, sondern sie sind persönliche Verpflichtungen des Schuldners auf ein gewisses Tun oder Unterlassen.

II. Aber freilich: Neben und hinter der persönlichen Leistungsverpflichtung des Schuldners steht durchweg ergänzend dessen Vermögenshaftung.

1. Diese Vermögenshaftung steht neben und hinter der Leistungsverpflichtung. Nämlich:

a) Sie steht daneben, insofern zur Bewirkung der Leistung selbst der Schuldner häufig Vermögen haben und verwenden muß, sofern es sich nämlich nicht um ausschließlich persönliche Tätigkeit handelt. Alsdann ist Schuldner zu einem solchen Aufwand verpflichtet.

b) Sie steht dahinter, insofern häufig an Stelle der eigentlichen Leistungspflicht Pflicht zur Leistung von Schadensersatz in Geld, ganz oder teilweise, tritt und diese Leistung dann oft die einzig erzwingbare ist. Insofern spielt nach wie vor, auch nach unserm BGB., der Geldwert einer jeden Verbindlichkeit, und demgemäß die wirtschaftliche Lage des Schuldners eine entscheidende Rolle.

2. Diese Vermögenshaftung erstreckt sich normalerweise auf das ganze Vermögen des Schuldners. Indessen kann sie sich ausnahmsweise beschränken, sodaß Schuldner für einzelne Schulden nur mit gewissen Gütern oder Gütermassen haftet, in welche dann auch wegen dieser Schulden die Zwangsvollstreckung ausschließlich zulässig ist.[1])

a) Solche Fälle treten nicht ganz selten von Gesetzes wegen ein, namentlich betreffend die verschiedenen Gütermassen des Ehe- und Erbrechts, wo vielfach darauf zurückzukommen sein wird; s. aber auch § 419 Abs. 2. — Außerhalb des BGB. gehören hierher manche Fälle des Handelsrechts, namentlich der handelsrechtlichen Gesellschaftsbildung und des Seerechts.

b) Ferner können ausnahmsweise solche Fälle auf vertragsmäßiger Verabredung eingeschränkter Haftung beruhen; das ist nicht absolut auszuschließen, kommt jedoch selten vor, namentlich doch wohl nur zulässig in solchen Fällen, wo die der beschränkten Haftung unterstellte Gütermasse (Sondergut) sich irgendwie, juristisch und durch einen besonderen Zusammenhang mit dem betr. Schuldverhältnisse, von dem Gesamtvermögen des Schuldners abhebt, nicht rein will-

---

[1]) Ehrenberg, Beschränkte Haftung des Schuldners. — L. v. Seuffert, Beschränkte Haftung, i. d. Jahrb. der jur. Gesellschaft, München, 1898—1901, S. 236 fg.

kürlich bestimmt ist.[1]) Diese gewillkürte beschränkte Haftung gewinnt besondere Bedeutung für die Verhältnisse nicht rechtsfähiger Vereine, vielleicht auch im ehelichen Güterrecht, soweit sie eben zulässig befunden werden sollte.

c) Nicht zu verwechseln mit den Fällen beschränkter Vermögenshaftung sind die Fälle, in welchen die Verbindlichkeit selbst auf eine gewisse, durch die Vermögenslage des Schuldners gegebene Höhe beschränkt ist. So bei den Alimentations- oder Schenkungsansprüchen, soweit sie wegfallen oder einer Einrede unterliegen,[2]) falls der Verpflichtete außerstande ist, ohne Gefährdung seines standesmäßigen Unterhalts ihnen nachzukommen, § 1603 Abs. 1 oder § 519. So aber namentlich auch in allen Fällen, wo Schuldner nur wegen einer ihm grundlos auf fremde Kosten zuteil gewordenen Bereicherung haftet, also auch nur bis zum Maße derselben und bis zu dem Maße, in welchem dieselbe noch im Augenblicke der Geltendmachung des Anspruchs vorhanden ist. Hier erfährt die Höhe des Anspruches selbst eine Einschränkung; in der Höhe aber, in welcher der Anspruch besteht, haftet dafür Schuldners gesamtes Vermögen.

3. Diese Vermögenshaftung ist normalerweise die gleiche für alle Schuldverhältnisse und gegenüber allen Vermögensstücken desselben Schuldners. Das zeigt sich namentlich im Konkurse, wo dann alle Gläubiger sich gleichmäßig proportionelle Herabsetzung ihrer Forderungen entsprechend der Höhe der Konkursmasse gefallen lassen müssen. In günstigerer Lage können sein:

a) Einzelne Forderungen als solche, um ihrer selbst willen, sog. bevorrechtete (privilegierte) Konkursforderungen, s. KO. § 61 Nr. 1—5. Näheres gehört ins Konkursrecht.

b) Einzelne Forderungen deshalb, weil zu ihrer Sicherung den Gläubigern besondere dingliche Rechte an einzelnen Gegenständen des schuldnerischen Vermögens bestellt sind, sog. Wertsicherungs- oder Pfandrechte, infolge deren diese Gläubiger Anspruch auf „abgesonderte" Befriedigung ihrer Ansprüche aus diesen Gegenständen haben. Näheres hierüber später im dritten Buche; vgl. auch KO. §§ 47 fg.

---

[1]) Z. B. also nicht: Für den Preis des Hauses, das ich hiermit von Dir kaufe, hafte ich Dir nur mit meinem beweglichen, nicht mit meinem sonstigen unbeweglichen Vermögen"; wohl aber z. B. für Gesellschaftsverhältnisse.

[2]) Sog. Einrede der Kompetenz (id, quod competit, nämlich zum eigenen Unterhalt).

2. Sorgfalt und Unmöglichkeit. §§ 275—282.

§ 92.

Stehen so durchweg Person und Vermögen des Schuldners für dessen Schuldverhältnis ein, so fragt sich doch immer weiter noch: bis zu welchem Grade der Anstrengung? Erst die Beantwortung dieser Frage liefert uns eine greifbare Vorstellung von dem Inhalte der Schuldverhältnisse.

I. Dieser Grad der dem Schuldner zugemuteten Anstrengung ergibt sich zunächst aus seiner Haftung für Sorgfalt, sei es eigene, sei es fremde.[1])

1. Eine solche Haftung für Sorgfalt beginnt für ihn offenbar erst mit Beginn des Schuldverhältnisses; sie bleibt bestehen bis zur Erledigung des Schuldverhältnisses. Wie weit er schon während der auf Begründung des Schuldverhältnisses durch Rechtsgeschäft gerichteten Unterhandlungen zur Sorgfalt verpflichtet ist und wohl wegen Außerachtlassung derselben auf negatives Vertragsinteresse haftet, gehört nicht hierher; s. deshalb oben § 50 IV und § 57.

2. Die Sorgfalt, die er in eigener Person trägt, bezieht sich auf voll obligationsmäßiges Handeln und auf Unterlassung obligationswidrigen Handelns, § 276. Und zwar umschließt die so zu leistende Sorgfalt im Zweifel (vgl. oben S. 254 fg.) Haftung für Vorsatz und für Fahrlässigkeit jeder, auch der leichtesten Art, § 276 Abs. 1.

a) Die Haftung für Fahrlässigkeit kann herabgesetzt werden, sei es vertragsmäßig in beliebiger Ausdehnung bis zur vollständigen Beseitigung, sei es gesetzlich bis zum Ausschlusse der leichten Fahrlässigkeit oder bis zur Anwendung des subjektiven Maßstabes, d. h. Haftung für das Maß der Sorgfalt, welches der Schuldner auf seine eigenen Angelegenheiten zu verwenden pflegt; z. B. §§ 521, 599, 690 (wegen der Unentgeltlichkeit der vom Schuldner übernommenen Leistung) oder 708 (wegen der Natur der Gesellschaft, welche die Angelegenheiten der Gesellschaft den eigenen Angelegenheiten eines jeden Gesellschafters gleichstellt).

---

[1]) Unger, Jos., „Handeln auf eigene Gefahr", 1. Aufl. 1891, 2. Aufl. 1893; und „Handeln auf fremde Gefahr", in den dogm. Jahrb. 33, 299 fg. — von Tuhr, Eigenes und fremdes Verschulden, in Grünhuts Zeitsch. 25, 529 fg. — Von einer anderen Seite her: Wendt, Unterlassungen und Versäumnisse im BGB., im Archiv f. d. zivilist. Praxis 92, 1 fg. — S. auch die Literatur unten zu § 124.

b) „Die Haftung wegen Vorsatzes kann dem Schuldner nicht im voraus erlassen werden", § 276 Abs. 2; denn das wäre gegen die guten Sitten.

3. Dazu tritt im Zweifel in demselben Maße die Haftung des Schuldners für Sorgfalt folgender Personen, § 278: nämlich seines gesetzlichen Vertreters (Vormundes, Vorstandes od. dgl. m.); und der Personen, deren er sich zur Erfüllung seiner Verbindlichkeit bedient.

a) Wegen dieses Falles, in dem der Schuldner Umstände vertreten muß, die weit über sein eigenes verantwortlich rechtswidriges Verhalten hinausreichen, s. oben § 76. Der Inhalt des Schuldverhältnisses ist eben hierauf gesteigert.

b) Jedoch steht hier vertragsmäßigem Ausschlusse dieser Haftung, selbst soweit es sich um vorsätzlich rechtswidriges Verhalten solcher dritter Personen handeln sollte, nichts entgegen: § 278 Satz 2; denn diese Haftung dem daran unschuldigen Schuldner zu erlassen, verstößt nicht gegen die guten Sitten.

4. Soweit diese Sorgfaltspflicht reicht, umfaßt sie alles, was zur Erfüllung der Verbindlichkeit notwendig ist oder werden kann, sei es vor Fälligkeit (aber nach Beginn) derselben behufs Vorbereitung ihrer Erfüllung, sei es bei Fälligkeit behufs Ausführung dieser Erfüllung selbst, mag es sich nun handeln um den Erwerb der schuldgemäß dem Gläubiger zu beschaffenden Sachen oder Rechte oder um die Vorbereitung und Ausführung der ihm zu liefernden Werke oder Arbeiten, besonders auch um die Beschaffung der dazu benötigten Geldmittel. — Namentlich auch würde es gegen diese Sorgfaltspflicht verstoßen, wollte sich der Schuldner auf den Eintritt eines ihn befreienden günstigen Zufalls (s. oben § 91, I, 1) verlassen; vielmehr wird er auf einen solchen unter keinen Umständen rechnen dürfen.

5. Mehr aber, als in dieser Sorgfaltspflicht liegt, braucht der Schuldner regelmäßig nicht zu leisten. Anders ausgedrückt: er haftet normalerweise weder persönlich noch mit seinem Vermögen unbedingt dafür, daß die Zukunftsgestaltung, auf deren Herbeiführung das Schuldverhältnis lautet, eintrete, sondern nur darauf, daß er nebst den Personen, für die er wie für sich selbst haftet, auf die Herbeiführung dieser Zukunftsgestaltung das nötige Maß an Sorgfalt und Mühe verwende. Bleibt dann diese Zukunftsgestaltung trotzdem aus, so haftet er dafür weiter nicht. — Indessen gibt es Aus-

nahmen, in welchen die schuldnerische Haftung abermals weiter gesteigert ist:

a) Diese Ausnahmen können vertragsmäßig begründet sein durch besondere freiwillige Übernahme höherer Haftungsgrade seitens des Schuldners; man spricht dann gerne vom sog. Garantievertrag,[1]) der Schuldner verspricht unter allen Umständen, oder etwa bis zu höherer Gewalt, für eine gewisse Zukunftsgestaltung einstehen zu wollen. Diese Garantieverträge enthalten leicht, da damit die Gefahr für ganz unvorhersehbare Fälle übernommen wird, ein sog. gewagtes (aleatorisches) Element; sie sind deshalb aber keineswegs ohne weiteres verboten, sondern nur, wenn dieses Element sich genügend steigert, um den betreffenden Vertrag als Spiel oder Wette zu kennzeichnen, § 762, s. unten § 116, I, 2 d. Eine erlaubte und besonders häufige, aber nicht im BGB. behandelte Form solcher Verträge ist der Versicherungsvertrag.

b) Die Ausnahme kann gesetzlich dispositiv begründet sein, wie dies für zahlreiche besonders wichtige Fälle zutrifft. Davon seien hier bereits folgende als allgemeinhin bedeutsam erwähnt:

aa) Die Haftungssteigerung tritt ein zur Strafe gewissermaßen für rechtswidriges Verhalten des Schuldners, z. B. § 287 Satz 2; oder auch in Erwägung eigentümlicher wirtschaftlicher Verhältnisse, z. B. § 701.

bb) Sodann gehört hierher die weitgreifende Ausnahme des § 279, für alle Verbindlichkeiten auf Lieferung eines nur der Gattung nach bestimmten Gegenstandes, also namentlich für alle Geldschulden. Danach kann in solchen Fällen der Schuldner, dem trotz Aufgebot aller Sorgfalt die Leistung mißlingt, sich trotzdem nicht von der Leistungspflicht entschuldigen, solange nur dieselbe Leistung aus derselben Gattung irgendwie, namentlich etwa einem Geschickteren oder Wohlhabenderen, möglich bleibt; wie dies bei Geldschulden[2]) stets zutreffen wird.

cc) Noch weiter reicht folgender Fall. Wenn die Lage bei rechtsgeschäftlicher Begründung des Schuldverhältnisses eine solche ist, daß schon jetzt (ob erkennbar oder nicht für die Beteiligten verschlägt nichts) feststeht, wie gerade diesem Schuldner persönlich es trotz

---

[1]) Stammler, im Arch. f. d. zivil. Praxis 69, 1 fg.

[2]) Bei anderen Gattungsschulden etwa dann nicht mehr, wenn die ganze Gattung untergegangen, z. B. eine Tiergattung ausgestorben ist.

Aufgebots aller ihm obliegenden Sorgfalt nicht gelingen wird, die geschuldete Zukunftsgestaltung herbeizuführen,[1]) während das in vollem Maße einem anderen allenfalls wohl gelingen könnte, so soll[2]) eine Garantiepflicht gegen diesen Umstand als durch das Schuldverhältnis begründet angesehen werden; es muß dann nämlich der Schuldner für die Leistung gerade so aufkommen, als ob die Erfüllung nur mangels seiner sorgfältigen Bemühung um sie gescheitert wäre. Insoweit ist also wiederum eine absolute Haftung des Schuldners für Herbeiführung der Zukunftsgestaltung, nicht bloß für Bemühung um Herbeiführung einer solchen Gestaltung gegeben. All dies natürlich nur dispositiv, sofern es nicht im Einzelfalle durch rechtsgeschäftliche Abmachung, sei sie ausdrücklich oder stillschweigend erfolgt, ausgeschlossen ist.

dd) Endlich gibt es einzelne Vertragsarten, in welchen — nach gleichfalls nur dispositiver Gesetzesbestimmung — ein Garantieversprechen enthalten ist, wenigstens in bezug auf einzelne Seiten oder in bezug auf einzelne Möglichkeiten des Gesamtvertrages. So z. B. beim Verkauf von Forderungen in bezug auf das Bestehen derselben, § 437; auf dergleichen wird bei der Lehre von den einzelnen Schuldverhältnissen mehrfach einzugehen sein.

ee) Mit diesen Ausnahmen ist nicht zu verwechseln der Fall, in welchem der Schuldner, der alles ihm Obliegende getan und dennoch die Leistung nicht oder nicht vollständig zustande gebracht hat, sich gewisse mindere Nachteile als Einstehen für vollen Schadensersatz wegen Nichtleistung gefallen lassen muß, z. B. Wegfall, Rückgabe oder Minderung dessen, was er seinerseits zu fordern oder empfangen hat. Solche Rückwirkungen der einen, unerfüllten, von zwei gegenseitigen Vertragsleistungen auf die andere gehören nicht hierher.

6. Neuerdings wird mehrfach behauptet,[3]) unter Umständen habe Schuldner nicht einmal die volle Sorgfaltspflicht zu vertreten; nämlich dann nicht, wenn er dabei, um zu erfüllen, zu Leistungen sich aufraffen müsse, welche bei Übernahme der Schuldverpflichtung

---

[1]) Mag dieselbe individuell oder gattungsmäßig bestimmt sein.

[2]) Arg. e contrario aus § 275 Abs. 2 und aus dem Wortlaute von § 306, nämlich „unmöglich" nach dem Sprachgebrauche des BGB. = absolut unmöglich. Allerdings beziehen sich §§ 306 fg. nur auf Schuldverhältnisse aus Verträgen. Doch ist die Regel zu verallgemeinern.

[3]) Literatur s. unten zu II.

ganz unvorhergesehen waren und das Maß des Vorhergesehenen oder Vorhersehbaren unverhältnismäßig übersteigen; sei es, daß unverhältnismäßiger Aufwand erforderlich wird (z. B. der Preis der verkauften, von dem Verkäufer selbst erst anzuschaffenden Ware hat sich unvorhersehbar verzehnfacht oder verhundertfacht), sei es, daß sonst unverhältnismäßige Opfer notwendig werden (z. B. in dem Hafenort, an dem für einen anderen Geschäfte abzuwickeln jemand in Form von Auftrag oder von Dienstmiete übernommen hat, ist die Pest ausgebrochen). Ob ein solches unverhältnismäßiges Steigen des behufs Leistung dem Schuldner obliegenden Leistungsiuhaltes vorliege, lasse sich bei entgeltlichen, gegenseitigen Leistungen am besten aus der eintretenden Unverhältnismäßigkeit zur Gegenleistung erkennen. Indessen bemerke man demgegenüber:

a) Unbedingt wird man dies zugeben können nur soweit, wie eine Art von Notstand für den Schuldner vorliegt, sodaß infolge dieses Notstandes seine Nichterfüllung seiner Verbindlichkeit zu entschuldigen sein wird. Mindestens § 54 StGB.[1]) wird man analog hierher übertragen müssen, unter Berufung etwa auf § 242. Es wird also nicht rechtswidrig handeln, wer eine geschuldete Leistung unerfüllt läßt, weil unverschuldetermaßen bei der Erfüllung gegenwärtige Gefahr für Leib oder Leben des Schuldners oder Dritter eintreten müßte, wie z. B. bei obigem Pestfalle, auch wenn es sich um entgeltliche Geschäftsbesorgung handelt.

b) Desgleichen wird man eine solche Haftungsherabsetzung zugeben können, wo sie besonders vertraglich abgemacht oder dispositivrechtlich vorgeschrieben ist oder sonstwie aus der besonderen Natur des Schuldverhältnisses, z. B. als eines liberalen, sich ergibt,[2]) wo eben hinter dem gewählten Ausdrucke, den Erfolg leisten zu wollen, erkennbar nur der Wille steht, ein gewisses Maß von Mühe- oder Vermögensaufwand auf den Erfolg hin leisten zu wollen, vgl. etwa die gesetzlich-dispositiven Entscheidungen § 633 Abs. 2 (Werkvertrag);

---

[1]) § 228 und 904 BGB. passen hier im allgemeinen nicht; vgl. jedoch auch folgende Note.

[2]) Z. B. wird der unentgeltlich Verwahrungspflichtige nicht genötigt sein, bei einer ohne seine Schuld bei ihm ausgebrochenen Feuersbrunst das fremde Gut vor dem eigenen zu retten. Ist er entgeltlich verwahrungspflichtig, so mag für eigenes, unverhältnismäßig wertvolles Gut § 904 analog eingreifen; für Leib- oder Lebensgefahr jedenfalls der vorhergehende Gesichtspunkt.

§ 2170 Abs. 2 Satz 2 (Vermächtnis); und § 251 Abs. 2; noch weiter geht § 519 (Schenkung).

c) Wo dagegen keiner dieser beiden Gesichtspunkte zutrifft, d. h. bei der großen Menge entgeltlicher Schuldverhältnisse, da wird man solche Anschauungen scharf zurückweisen müssen, so oft dem Schuldner nur unvorhergesehen hohe Opfer an Geld oder auch an Last und Mühe behufs Erfüllung zugemutet werden. Die so beliebte Berufung auf § 242, d. h. auf Treu und Glauben, würde hier zu schwerster Erschütterung von Treu und Glauben, von Verkehrs- und Rechtssicherheit führen, und es würde das ganze Recht der Schuldverhältnisse von hier aus den Angeln gehoben werden. Der Verkäufer des oben zuerst gegebenen Beispieles wird also nach wie vor als leistungspflichtig zu erklären sein; er wird den Schaden zu tragen haben.

II. Seine entscheidende Anwendung findet das bisher Vorgetragene in der Lehre von der Unmöglichkeit.[1])

1. Terminologisches. Wir unterscheiden:

a) Ursprüngliche und nachträgliche Unmöglichkeit — je nachdem der Grund, aus dem die Erfüllung bei Fälligkeit unmöglich ist, schon bei Entstehung des Schuldverhältnisses vorliegt oder erst nachher eintritt.

b) Volle oder absolute oder objektive Unmöglichkeit, und Unvermögen des Schuldners zur Leistung, auch subjektive Unmöglichkeit geheißen — je nachdem die Unmöglichkeit für jedermann oder bloß für diesen Schuldner besteht. Indessen ist für diesen Schuldner auch das bloße Unvermögen wahre Unmöglichkeit, nicht zu verwechseln mit Vorliegen schwerer, aber immerhin doch überwindbarer Hindernisse oder mit Vorliegen entfernter, immerhin aber doch gegebener Möglichkeiten.

---

[1]) Biermann, Zur Lehre v. d. Unmöglichkeit, im Archiv f. d. zivilist. Praxis 91, 713 fg. — Kleineidam, Unmöglichkeit und Unvermögen. — Titze, Unmöglichkeit der Leistung. — Hellmann, im Archiv f. d. zivilist. Praxis 90, 363 fg. — Kisch, Wirkungen der nachträglich eintretenden Unmöglichkeit u. s. f., in Fischers Abhandlungen, 7, 1. — Förtsch, i. d. Deutsch. Jurist. Zeitung, 7, 64 fg. — Kleineidam, i. d. dogm. Jahrb. 43, 105 fg. — Kisch, ebenda 44, 68 fg. — Ältere Literatur: Fr. Mommsen, Die Unmöglichkeit der Leistung in ihrem Einflusse auf obligatorische Verhältnisse, Beiträge z. Obligationenrecht, Abt. 1, 1850. — Fischer, i. d. dogm. Jahrb. 37, 199 fg. — Bes. über Zahlungsunfähigkeit Armin Ehrenzweig, Vortrag, geh. i. d. Wiener jur. Ges. am 3. März 1902.

c) Verschuldete oder unverschuldete Unmöglichkeit:[1]) je nachdem die Unmöglichkeit durch einen Mangel an Sorgfalt seitens des Schuldners, seines gesetzlichen Vertreters oder seines Gehilfen, den der Schuldner zu vertreten hat, hervorgerufen ist oder durch einen anderen (für den Schuldner zufälligen) Umstand.

d) Vollständige (totale) oder teilweise (partielle) Unmöglichkeit: je nachdem sie sich auf den ganzen Leistungsgegenstand oder nur auf einen Teil desselben erstreckt. Eine besondere Art teilweiser Unmöglichkeit ist die Unmöglichkeit rechtzeitiger Erfüllung; darüber gilt indes manches Besondere, worüber später.

2. Grundlegendes. — Soweit wirkliche (wennschon bloß subjektive) Unmöglichkeit der Leistung vorliegt, soweit kann offenbar ernsthaft von Erfüllung der Schuld in deren ursprünglichem Sinne (in natura) gar nicht die Rede sein; es wäre das einfach ein Widersinn. Insofern gilt stets und muß stets gelten der Satz: Impossibilium non est obligatio. Vielmehr kann offenbar die Frage nur die sein, ob jede Verbindlichkeit wegfällt oder ob ein anderer Leistungsgegenstand an Stelle des unmöglichen tritt. Letzteres bejaht man, wenn man formal sich des Ausdrucks bedient, der Schuldner bleibe irgendwie zu der unmöglichen Leistung verpflichtet. An Stelle der unmöglichen Leistung kann treten:

a) Schadensersatz; oder

b) Surrogatleistung, nämlich ein Ersatz oder Ersatzanspruch (z. B. gegen Übeltäter oder gegen eine Versicherungsgesellschaft), den der Schuldner infolge des Umstandes, welcher die Leistung unmöglich macht, erlangt und dem Gläubiger weiter gibt, § 281 Abs. 1.

III. Auf Grund dieser Formulierungen und der vorangehenden Darstellung (unter I) gelangen wir zu folgenden gesetzlichen Regeln:[2])

---

[1]) Streng genommen müßte man sagen: Infolge eines von dem Schuldner zu vertretenden Umstandes eintretende Unmöglichkeit — infolge eines von dem Schuldner nicht zu vertretenden Umstandes eintretende Unmöglichkeit; diese Wendungen sind aber unglaublich schwerfällig, kaum zu handhaben. Deshalb die Bezeichnung des Textes nach dem Prinzip: a potiori fit denominatio, jedoch ist dabei sorgfältig auf die hier bestimmte Bedeutung dieser Bezeichnung zu achten.

[2]) Hinzuzunehmen: Wegen der Abweichungen bei Alternativverpflichtungen unten § 96, wegen der Verwicklungen bei Verpflichtungen aus gegenseitigen Verträgen später der Abschnitt über diese, wegen derjenigen partiellen Unmöglichkeit, die sich auf die Rechtzeitigkeit der Erfüllung bezieht, der Abschnitt über Verzug.

1. Ursprüngliche, objektive Unmöglichkeit: Nichtigkeit der Obligation; einerlei ob diese Unmöglichkeit verschuldet oder unverschuldet, da ja hier noch gar keine Sorgfaltspflicht begründet; allenfalls Haftung für negatives Vertragsinteresse, vgl. oben § 57; ferner auch einerlei, ob totale oder partielle Unmöglichkeit, selbst bei letzterer im Zweifel das Schuldverhältnis nichtig, wenn nicht anzunehmen ist, daß es auch ohne den nichtigen Teil begründet wäre; §§ 306, 139.

2. Ursprüngliche subjektive Unmöglichkeit: Gültigkeit der Obligation, Verpflichtung zu vollem Schadensersatz; einerlei ob verschuldet oder unverschuldet, total oder partiell, s. oben I 5b, cc. Der Gläubiger kann Surrogatleistung fordern, verliert dann aber, soweit deren Wert reicht, das Recht auf Schadensersatz (facultas alternativa, s. unten § 96 1, b), § 281 Abs. 2.

3. Nachträgliche objektive Unmöglichkeit.

a) Vollständige. — Ist sie verschuldet, so bleibt die Obligation gültig; Verpflichtung zu vollem Schadensersatze tritt ein; auch sonst wie oben unter 2, § 280 Abs. 1. Ist sie dagegen unverschuldet, so erlischt das Schuldverhältnis, § 275 Abs. 1, soweit nicht Surrogatleistung möglich ist und von dem Gläubiger verlangt wird, § 281 Abs. 1.

b) Unvollständige. — Soweit sie reicht, wie soeben unter a; aber soweit sie nicht reicht, bleibt im Zweifel (im Gegensatze zu der Lage bei ursprünglicher objektiver Unmöglichkeit, denn hier nicht Nichtigkeit, sondern zunächst gültiges Rechtsverhältnis, s. unter 1) die ursprüngliche Leistungspflicht daneben[1]) bestehen. Nur wenn die möglich gebliebene teilweise Erfüllung für ihn kein Interesse mehr hat (was er eventl. beweisen muß!) kann der Gläubiger bei unvollständiger verschuldeter nachträglicher objektiver Unmöglichkeit unter Ablehnung des noch möglichen Teils Schadensersatz wegen vollständiger Nichterfüllung fordern, § 280 Abs. 2.

4. Nachträgliche subjektive Unmöglichkeit.

a) Falls ursprünglicher Leistungsgegenstand nicht ein bloß der Gattung nach bestimmter Gegenstand ist:[2]) genau wie unter 3, d. h. wie bei nachträglicher objektiver Unmöglichkeit, § 275 Abs. 2.

---

[1]) d. h. neben Erlöschen des Schuldverhältnisses für den unmöglichen Teil, wenn die Unmöglichkeit unverschuldet ist; oder neben Schadensersatzanspruch des Gläubigers für den unmöglichen Teil, wenn die Unmöglichkeit verschuldet ist.

[2]) Namentlich also, wenn dieser Gegenstand individuell bestimmt ist, das Grundstück A, die Forderung gegen X auf 100, die Arbeitsleistung des Y.

b) Falls aber Gegenstand der Leistung ein bloß der Gattung nach bestimmter Gegenstand ist, so tritt,[1]) einerlei, ob hier das nachträgliche Unvermögen verschuldet ist oder nicht, dieselbe Behandlung ein wie bei verschuldeter nachträglicher objektiver Unmöglichkeit, solange nur noch die Leistung aus der Gattung objektiv möglich ist, § 279, s. oben I 5 b, bb. Wird diese objektiv unmöglich,[2]) so haben wir nicht mehr subjektive, sondern objektive Unmöglichkeit vor uns, es tritt die Behandlung ein, wie oben unter 3 vorgetragen.

5. Es kann nach dem Vorstehenden für den Schuldner — um volle Freiheit von der Schuld in Anspruch zu nehmen oder um statt der ursprünglichen Schuld etwas anderes (Schadensersatz oder Leistungssurrogat) leisten zu dürfen — genügen, sich auf Unmöglichkeit schlechthin zu berufen; es kann aber auch für ihn, um nicht zu viel leisten zu müssen, notwendig werden, sich auf unverschuldete Unmöglichkeit zu berufen. In allen solchen Fällen trifft ihn die Beweislast, sei es bloß für die Unmöglichkeit, sei es auch dafür, daß er deren Eintritt nicht verschuldet noch sonst zu vertreten hat, § 282.

3. Zurückbehaltungsrecht.[3])

§ 93.

Schließlich würde man zu falschen Vorstellungen gelangen betreffend die Zwangsmacht des Schuldverhältnisses, so lange man jedes derartige Verhältnis nur für sich betrachtete und annähme, daß es ganz ohne Rücksicht auf andere Beziehungen zwischen Gläubiger und Schuldner verpflichte und berechtige. Vielmehr wird für die Würdigung des Schuldverhältnisses stets noch zu beachten sein, ob nicht umgekehrt, wer aus einem Schuldverhältnisse etwas zu fordern

---

[1]) Beispiele: Unverschuldete Verarmung des Schuldners; oder derselbe kann sich trotz aller Bemühungen keine Gemälde von Böcklin verschaffen, wenn er irgend ein solches zu liefern versprochen hat, weil sie nämlich alle in festen Händen sind.

[2]) Beispiele: Schuldner hat versprochen, eins von den letzten Exemplaren einer aussterbenden Tierspezies zu liefern; so lange nur noch eins lebt, haftet er unbedingt, trotz unverschuldeten subjektiven Unvermögens; sobald keins mehr lebt, haftet er nur noch für Verschulden, wenn er etwa selbst den Eintritt dieser objektiven Erfüllungsunmöglichkeit verschuldet haben sollte.

[3]) Reinhold, i. d. Allg. Jur.-Zeit., 16, 361 fg. — Pappenheim, i. d. Deutsch. Jur.-Zeit. 7, 86 fg.

hat, diesem Schuldner aus demselben oder aus einem anderen Schuldverhältnisse auch seinerseits etwas zu leisten hat.

1. Voraussetzung, von der wir hier ausgehen, ist stets

a) daß zwischen zwei Personen ein solches Schuld- oder Anspruchverhältnis[1]) über Kreuz besteht, so daß jeder von beiden Schuldner und Gläubiger des anderen für je eine Leistung ist;

b) daß beide Schuldansprüche fällig sind.

2. Alsdann liegt die eine Möglichkeit gegenseitiger Beeinflussung vor, falls noch hinzukommt, daß beide Leistungsgegenstände gleichartig sind, denn dann wird Aufrechenbarkeit gegeben sein, unten § 109.

3. Die andere wesentlich verschiedene[2]) Möglichkeit liegt vor, falls noch hinzukommt, daß beide Leistungsansprüche aus demselben rechtlichen Verhältnisse entspringen. Diese Beeinflussung gliedert sich dann wieder je nach der Nähe der Verwandtschaft:

a) Entspringen die Ansprüche aus einem und demselben voll gegenseitigen Vertragsverhältnisse, so sind sie sinn- und absichtsgemäß aneinander gebunden. S. darüber unten § 121, bemerke aber hier schon die Ausnahme § 556 Abs. 2, § 581.

b) Die Ansprüche können aber auch auf einem und demselben Verhältnisse[3]) beruhen, ohne daß die Verwandtschaft so weit ginge wie bei voller Gegenseitigkeit; man vgl. oben § 61, 1, b und c; oder man denke auch nur an das Recht des zahlenden Schuldners auf Quittung, § 368.[4]) Auch dann kann keinem von beiden Teilen zugemutet werden,[5]) daß er sich der Sicherheit, welche ihm diese Lagerung gegenseitiger Ansprüche verschafft, durch Vorleistung begebe. Es verleiht deshalb

aa) § 273 Abs. 1 jedem Teil die Einrede des Zurückbehaltungsrechts, wirksam, bis der andere Teil die ihm obliegende Leistung bewirkt; und damit im Prozesse das Recht, zu Leistung nur gegen

---

[1]) Dieses mag auch aus einem anderen, namentlich dinglichen Recht herrühren.

[2]) Deshalb nicht hierher übertragbar sonstige Bedingungen und Einschränkungen der Aufrechenbarkeit, namentlich nicht § 394.

[3]) Das so, als einheitliches, gilt nach Treu und Glauben oder nach der Auffassung des Verkehrs.

[4]) Einen anderen derartigen Fall s. unten § 101, II, 2.

[5]) Es sei denn ein Teil, der den zurückzuhaltenden Gegenstand durch eine vorsätzlich begangene unerlaubte Handlung erlangt hat, § 273 Abs. 2 Satzteil 2, vgl. unten §§ 159, 160 und 161, III, 2.

Empfang der ihm gebührenden Leistung (Erfüllung Zug um Zug, s. oben S. 290) verurteilt zu werden, § 274 Abs. 1; sofern nicht

bb) etwas anderes zwischen Parteien vereinbart ist oder als vereinbart aus der Natur der Sache sich ergibt; und sofern nicht

cc) ein Teil dem anderen für die dem ersteren Teile obliegende Leistung anderweitig gleichwertige Sicherheit stellt, womit denn das Zurückbehaltungsrecht des anderen Teiles entfällt, § 273 Abs. 3.

4. So lange das Zurückbehaltungsrecht besteht, äußert dieses seinerseits wieder eine eigentümlich lähmende Wirkung zu Lasten desjenigen, der auf Grund dieses Rechtes eine bewegliche Sache seines Schuldners in Besitz behält. Es kann dann nämlich der Schuldner, soweit der Gläubiger durch jenen Besitz für alle seine zurückhaltungsberechtigten Ansprüche gedeckt ist, sich jeder sonstigen Zwangsvollstreckung in sein Vermögen durch Widerspruch entziehen, ZPO. § 777.

5. Mangeln die beiden unter 2 und 3 besprochenen Beziehungen, so genügen die unter 1 besprochenen Voraussetzungen nach gemeinem bürgerlichen Rechte nicht, damit die beiden Ansprüche sich beeinflussen, namentlich nicht um ein Zurückbehaltungsrecht zu begründen. Anders

a) im Handelsrecht auf Grund des sog. kaufmännischen Zurückbehaltungsrechtes, HGB. §§ 369—372;

b) im Konkurse, KO. § 49 Abs. 1 Nr. 4; und

c) für den Fall vertraglicher Einräumung eines Zurückbehaltungsrechtes. Ein solcher Vertrag ist möglich und gültig, wenn nur die eine Voraussetzung (oben 1a) vorliegt.[1])

II. Der Gegenstand der Schuldverhältnisse.

1. Einige Einteilungen.

§ 94.

In bezug auf den Leistungsgegenstand können folgende Unterschiede aufgeführt werden:

---

[1]) Daran ist festzuhalten, denn sonst würde unter dem Namen eines Zurückbehaltungsrechtes ein Selbsthülferecht eingeräumt, was nicht angeht; vgl. oben S. 281. So also z. B. durch Vertrag nicht ausdehnbar das Selbsthülferecht des Vermieters, die Möbel des Mieters in Besitz zu nehmen, mag es auch mißbräuchlich als Zurückbehaltungsrecht — besser: Sperrrecht — bezeichnet werden.

1. Das zu beschaffende Gut kann sein ein bloß tatsächliches Ereignis oder ein mit einem Rechtserwerbe od. dgl. verbundener wirtschaftlicher Vorgang, z. B. Arbeiten oder das Eigentum an einer Sache. Im letzteren Falle gehört zur Leistung die Vornahme eines Rechtsgeschäfts, z. B. der Übereignung.

2. Es kann sich handeln um ein einziges einheitliches Gut oder um einen wirtschaftlichen Erfolg, der sich aus mehreren Einheiten zusammensetzt; jenachdem ist die Leistung eine einfache oder zusammengesetzte. Wichtig ist hier namentlich der Unterschied zwischen zusammengesetzten Stammschuldverhältnissen, die von vornherein eine Fülle von möglichen Einzelheiten in sich schließen (Gesellschaft, Geschäftsbesorgung od. dgl.) und den daraus wirklich hervorgehenden Zweigschuldverhältnissen, als z. B. Verpflichtung der Gesellschafter, Gewinn und Schaden untereinander auszugleichen, Verpflichtung des Geschäftsbesorgers, ein angefangenes Geschäft zu Ende zu führen, u. s. f. Man bemerke, daß jedes derartige Zweigverhältnis, einmal entstanden, dem Stammverhältnis gegenüber im wesentlichen selbständig ist.

3. Das zu beschaffende Gut kann von vornherein mehr oder weniger genau bestimmt sein. Das nicht genau bestimmte nennen wir unbestimmt. Ganz unbestimmt darf es natürlich nicht sein, da sonst ja noch gar kein festes Schuldverhältnis vorläge; aber es genügt zunächst, wenn es nur bestimmbar vorliegt. Die Unbestimmtheit wird im Zweifel dem Schuldner zugute kommen, d. h. ihm das Wahlrecht zwischen den mehreren danach möglichen Leistungsgegenständen verschaffen; denn er genügt ja mit jeder solchen Leistung seiner Verpflichtung. Anders nur, falls das Wahlrecht ausdrücklich dem Gläubiger beigelegt ist. In allen dergleichen Fällen wird besonders bedeutsam, wann und wie näher aus der Bestimmbarkeit bis zur Ausführung der Leistung etwas genau Bestimmtes sich entwickelt; denn natürlich kann, mögen der Möglichkeiten auch mehrere sein, stets nur Ein Bestimmtes wirklich, d. h. ausgeführt werden. Man redet hier gern davon, daß eine „Konzentration" der mehreren möglichen auf die Eine wirkliche Leistung stattfindet. Über verschiedene Arten solcher Unbestimmtheit im nächsten Unterabschnitt.

4. Endlich kann das zu beschaffende Gut ganz individuelle Eigentümlichkeiten aufweisen, welche auf das Schuldverhältnis zurückwirken, mag dann übrigens das auf diesen Gegenstand gerichtete Schuldverhältnis aus Vertrag oder aus unerlaubter Handlung oder aus

Gesetz entspringen. Wegen dieses letzteren Umstandes gehört diese Betrachtung hierher, in den allgemeinen Teil. Über mehrere derartige besondere Gegenstände von Schuldverhältnissen in dem zweitfolgenden Unterabschnitt.

2. Unbestimmtheit des Gegenstandes.

§ 95. Gattungsschuld,[1]) § 243.

1. Begriff. — Eine Gattungsschuld (generische Obligation) liegt vor, wenn der zu leistende Gegenstand nur nach Gattungsmerkmalen bestimmt ist, ohne individualisiert zu sein.

a) Dabei wird man meist an Sachen, und zwar an bewegliche denken, vor allem an vertretbare, s. oben § 38. Indessen können alle Arten von Sachen generisch umschrieben, also auch generisch unbestimmt sein. Ob dabei bloß allgemeine, natürliche, weite Rubriken zur Beschreibung der Art benutzt sind (z. B. fünf Liter Provencer Olivenöl, zwei Merinoschafe, so und soviel Geld deutscher Währung, eine Tonne Eisenschrauben von bestimmter Größe und Ausführung) oder engere, lokale, persönliche Beziehungen (z. B. zwei Flaschen Wein aus den Kellern der Weinhandlung X, zwei Trakehner-Rappen, ein Kruppsches Geschütz von bestimmtem Kaliber u. s. f.; schließlich selbst: zwei Flaschen Wein aus einem kleinen Privatkeller, dessen Bestand vielleicht nur ganz wenige Flaschen beträgt), ist einerlei, solange nur diese Beschreibung nicht zu individueller Bestimmung individuell vorgestellter Objekte dient; ist aber letzteres der Fall, so ist die Obligation keine generische mehr, mag auch der Ausdruck derselbe sein (z. B. eine von den drei Flaschen Hochheimer 1813er in meinem Keller, wenn diese drei Flaschen dem Beteiligten körperlich wohl bekannt sind und vor Augen schweben).

b) Der Begriff wird aber auch übertragen auf Gegenstände, z. B. Rechte, die so generisch bestimmt sind; z. B. wäre eine solche generische Obligation die auf Verschaffung eines Summenversprechens von bestimmter Höhe, gerichtet gegen einen bestimmten Schuldner.

2. Die (größere oder geringere) Unbestimmtheit ergibt sich daraus, daß alle Gegenstände, die der generischen Beschreibung entsprechen, geeignete Leistungsgegenstände sind. In etwa wird diese Unbestimmtheit jedoch eingeschränkt durch § 243 Abs. 1: „Wer eine

---

[1]) Berndorff, Die Gattungsschuld, Berliner Preisschrift.

nur der Gattung nach bestimmte Sache schuldet, hat eine Sache von mittlerer Art und Güte zu leisten."

3. Die wesentliche Eigentümlichkeit der generischen Obligation, Haftung des Schuldners für nachträgliches, subjektives Unvermögen ist bereits besprochen, s. oben § 92 III 6b.

4. Wird durch Konzentration die generische Obligation zu einer individuell bestimmten, so treten folgende Veränderungen ein:

a) Schuldner ist nur noch verpflichtet, den Gegenstand zu leisten, auf den sich die Konzentration vollzogen hat; jetzt unverschuldetermaßen eintretendes subjektives Unvermögen zur Leistung dieses Gegenstandes befreit nun also den Schuldner; man pflegt deshalb wohl zu sagen, daß dieser Gegenstand jetzt auf Gefahr des Gläubigers steht, während vorher Gegenstände, die der Schuldner sich etwa verschafft und bereitgestellt hatte, um seine Schuld erfüllen zu können, auf dessen Gefahr gingen, solange es nur noch andere leistbare Gegenstände derselben Gattung gab, § 279.

b) Schuldner ist nur noch berechtigt, diesen Gegenstand zu leisten, Gläubiger kann eben ihn statt jedes anderen, auf den die generische Beschreibung paßt, verlangen; jedoch nur, soweit darin keine Chikane gegen den Schuldner liegen würde, wie nahe liegt, vgl. § 226.

5. Da also die Konzentration für beide Beteiligte Vor- und Nachteile mit sich bringen kann, so kann sie offenbar nicht einseitig vorzeitig herbeigeführt werden. Sondern nur

a) entweder jederzeit vertragsmäßig; oder

b) von dem Augenblick ab, in dem Schuldner leistungsberechtigt ist, dadurch, daß er das zur Leistung eines verpflichtungsgemäßen Gegenstandes seinerseits Erforderliche getan hat, § 243 Abs. 2. Also z. B. bei Bringschulden (vgl. unten § 102) dadurch, daß er einen solchen Gegenstand dem anwesenden Gläubiger zur Übergabe am Ablieferungsorte entgegenhält. Oder dadurch, daß er einen solchen Gegenstand, den er behufs Übergabe an den Gläubiger am Erfüllungsorte bereitgestellt hatte, auf Wunsch des Gläubigers diesem oder einem Dritten anderswohin sendet;[1]) nicht aber z. B. schon dadurch, daß er die Sache an den Erfüllungsort von anderswoher schickt, denn

[1]) Wichtige Erweiterung darüber hinaus beim Kaufe, nämlich für jede Versendung auf Wunsch des Käufers an einen anderen als den Erfüllungsort, sofern nur immer die abgesendete Sache verpflichtungsgemäß ist, § 447, s. unten bei der Lehre vom Kaufe.

das ist erst Vorbereitung der dort zu bewirkenden Leistung; vgl. unten § 102. Ersterenfalles geht also, wenn nichts anderes bestimmt ist, der Transport auf Gefahr des Gläubigers (Konzentration eingetreten, Schuldner haftet nicht mehr für unverschuldetes Unvermögen); letzterenfalls auf Gefahr des Schuldners (mangels Konzentration § 279 noch wirksam).

c) Es gibt Fälle, in welchen der Gläubiger es in der Hand hat (weil er zur Erfüllung vor- oder mitwirken muß), es dem Schuldner (ganz oder zeitweilig) unmöglich zu machen, daß dieser das zur Leistung Erforderliche tue. Dann darf darunter der Schuldner natürlich in der für ihn so wichtigen Konzentrationsfrage nicht leiden. Deshalb ist hier zur Ergänzung der bisherigen Konzentrationsgründe bestimmt,[1]) daß der Schuldner Konzentration herbeiführen kann,

aa) indem er den Gläubiger durch Angebot der zu leistenden Sache in Annahmeverzug setzt, § 300 Abs. 2; s. näheres unten § 105, I, 4;

bb) oder indem er von dem ihm aus dem Verhalten seines Gläubigers erwachsenen Rechte der Hinterlegung Gebrauch macht, § 372 Satz 2, mit einigen Abstufungen betr. Art und Dauer der Hinterlegung, vgl. unten § 108, 6.

§ 96. Wahlschuld.[2]) §§ 262—265.

1. Begriff. Eine Wahlschuld (Alternativobligation) liegt vor, wenn als zu leistender Gegenstand einer von zwei oder mehreren, individuell einander entgegengesetzten Gegenständen bestimmt ist. Dabei kann wieder jeder derartige Gegenstand für sich individuell oder generisch bestimmt sein. (Z. B. mein Pferd Hektor oder mein Pferd Ajax; fünf Liter Provenceröl oder zehn Scheffel Getreide verpflichte ich mich zu liefern).

a) Der Unterschied gegen die generische Obligation ergibt sich

[1]) Namentlich soll § 300 Abs. 2 durchaus nicht etwa eine Einschränkung von § 243 Abs. 2 enthalten (z. B. für Holschulden), sondern nur eine Erweiterung und Ergänzung; aber freilich auch nicht, wie oft gesagt, eine Erklärung oder Inhaltserläuterung, denn es handelt sich um Verschiedenes, das sich kreuzt, nicht deckt!

[2]) Leonhard, F., Die Wahl bei der Wahlschuld, i. d. dogm. Jahrbüchern 41, 1 fg. — Ältere Literatur: Fitting, Korrealobligation, S. 136 fg. — Pescatore, Die sog. alternative Obligation.

aus dem individuellen Moment. Wo dies vorliegt, verändert sich die generische Obligation, trotz selbst dies verhüllenden Ausdrucks (so das Beispiel der einen von den drei Flaschen Hochheimer oben § 95, 1 a z. E.), in eine alternative. Das ist deshalb besonders wichtig, weil eben deshalb auf die Alternativobligation § 279 nicht anwendbar ist.

b) Zu unterscheiden ist aber auch die Alternativobligation von der sog. facultas alternativa, dem Fall, in dem nur ein bestimmter Gegenstand geschuldet, aber Befreiung von dieser Schuld durch Leistung eines anderen Gegenstandes von vornherein möglich ist oder nachträglich möglich wird. Beispiele häufig, durch Partei- oder durch gesetzliche Bestimmung, s. z. B. § 281 Abs. 2, vgl. oben § 92 III 2. Da gelten natürlich ganz andere Regeln.

2. Das Wahlrecht zwischen den mehreren Möglichkeiten steht (vgl. oben § 94, 3) im Zweifel dem Schuldner zu, sonst dem Gläubiger.

3. Dies Wahlrecht ist um so bedeutsamer, als hier der Wahlberechtigte damit auch das Recht auf einseitig-vorzeitige Herbeiführung der Konzentration hat, die hier überdies stärker wirkt, als bei der generischen Obligation.

a) Die Wahl erfolgt durch Erklärung gegenüber dem anderen Teile, § 263 Abs. 1, also durch einseitige, empfangsbedürftige Willenserklärung, vornehmbar in jedem Augenblick, auch vor der Fälligkeit. Eine solche Wahlerklärung seitens des wahlberechtigten Schuldners wird aber meist auch liegen in dem Beginn der Erfüllung einer der mehreren alternativ geschuldeten Leistungen. Darauf, daß Schuldner alles zur Erfüllung seinerseits Erforderliche getan hat, wird es hier also nicht ankommen.

b) Wirkung der Konzentration ist hier nicht nur, wie bei der generischen Obligation, daß die Unbestimmtheit aufgehoben, an die Stelle der bis dahin möglichen mehreren Leistungen nunmehr allein, für beide Teile bindend, der gewählte Leistungsgegenstand getreten ist; sondern darüber hinaus auch, unter Rückziehung dieser Wirkung auf die Vergangenheit, daß der gewählte Gegenstand als der von Anfang an allein geschuldete gilt, § 263 Abs. 2.

4. Außer durch Ausübung des Wahlrechts kann hier Konzentration eintreten durch solche Unmöglichkeit einer der mehreren Leistungen, welche seitens des Nichtwahlberechtigten nicht verschuldet ist, § 265. Damit sind gleichgestellt für diese Obligation:

a) Ursprüngliche und nachträgliche teilweise (d. h. hier mindestens die eine der mehreren Alternativen übriglassende) Unmöglichkeit,[1]) während die totale Unmöglichkeit unter den allgemeinen Regeln stehen bleibt.

b) Ausübung des Wahlrechts seitens des Wahlberechtigten und vorsätzliche oder fahrlässige Herbeiführung einer partiellen Unmöglichkeit seitens desselben oder seitens einer der Personen, für die er einzustehen hat.

5. Hieraus folgt für die Gestaltung der Unmöglichkeitsfolgen im einzelnen:

a) Der Wahlberechtigte (oder eine Person, für die er einstehen muß) führt teilweise Unmöglichkeit absichtlich oder fahrlässig herbei: Konzentration auf die übrig bleibenden Möglichkeiten, zu Nutz oder zu Schaden bindend für beide Beteiligte.

b) Diese Unmöglichkeit tritt ein, ohne daß einer der beiden Beteiligten sie zu vertreten hatte: dasselbe Ergebnis; nicht etwa hat der wahlberechtigte Schuldner, der hier doch schuldlos einer der ihm ursprünglich zustehenden Erfüllungsmöglichkeiten beraubt ist, das Recht, sich von der möglich gebliebenen Leistung durch Leistung des Wertes der unmöglich gewordenen zu befreien.

c) Der Nichtwahlberechtigte führt die teilweise Unmöglichkeit schuldhaft herbei. Alsdann verbleibt der anderen Seite ihr Wahlrecht. Folge:

aa) Ist der Schuldner wahlberechtigt, so kann er die unmöglich gewordene Leistung wählen, dann gilt diese Leistung (s. oben 3b) als die einzig von Anfang an geschuldete, d. h. der Schuldner wird ganz leistungsfrei.

bb) Ist der Gläubiger wahlberechtigt, so kann er wählen zwischen der möglich gebliebenen Leistung und vollem Schadensersatz (einschl. § 281 Abs. 2) für die unmöglich gewordene.

6. Bei so scharfer Ausbildung der Bedeutung des Wahlrechts ist die ganze Natur der Wahlschuld verschieden, je nachdem Schuldner oder Gläubiger wahlberechtigt ist:

a) Ist Schuldner wahlberechtigt, so ist nur irgend einer der mehreren alternativ geschuldeten Gegenstände, nach seinem Belieben,

---

[1]) Namentlich beseitigt somit die aus § 139 sonst abzuleitende Präsumption für vollständige Ungültigkeit bei partieller ursprünglicher Unmöglichkeit; vielmehr bleibt hier, wie sonst nur bei partieller nachträglicher Unmöglichkeit, der mögliche Rest im Zweifel aufrecht.

in der Schuldhaftung befangen. Mit allen übrigen kann Schuldner frei schalten und walten; beraubt er sich noch so mutwillig der Möglichkeit, sie zu leisten, sodaß ihm nur noch eine Möglichkeit übrig bleibt, und geht dann auch diese Möglichkeit, diese nun aber ohne seine Schuld verloren, so wird er doch ganz frei: denn es war ja inzwischen von selbst Konzentration auf diese Möglichkeit eingetreten.

b) Ist dagegen Gläubiger wahlberechtigt, so sind alle alternativ geschuldeten Gegenstände in der Schuldhaftung befangen, obschon natürlich schließlich nur einer zu leisten ist. Denn die Wahlerklärung der Gläubigers hat ja rückgreifende Wirkung; bis zu ihr muß also der Schuldner sich mit aller Sorgfalt zu jeder der geschuldeten Leistungen bereit halten, widrigenfalls er zu vollem Schadensersatz (s. oben 5 c, bb) herangezogen werden kann.

7. Grenze dieses so mächtigen Wahlrechtes ist die Erfüllungsnotwendigkeit. Ohne Konzentration keine Erfüllbarkeit; diese darf natürlich nicht daran, daß der Wahlberechtigte sein Recht auszuüben unterläßt, scheitern. Deshalb ist folgendes bestimmt:

a) Das Wahlrecht des Schuldners erlischt erst mit gegen ihn durchgeführter Zwangsvollstreckung auf eine der mehreren Leistungen, d. h. der Gläubiger muß noch in alternativer Fassung klagen; kann dann die Zwangsvollstreckung, nach seiner Wahl, auf jeden Alternativgegenstand einleiten; muß aber von ihr, solange sie nicht vollendet ist, abstehen, wenn Schuldner Erfüllung durch einen anderen Alternativgegenstand anbietet; § 264 Abs. 1.

b) Das Wahlrecht des Gläubigers geht auf den Schuldner über — dieser muß doch endlich einmal erfahren, was er leisten soll —, wenn jener von diesem bei Fälligkeit zur Ausübung des Wahlrechts aufgefordert wurde (§ 295 Satz 2) und eine ihm sodann zur Ausübung seines Wahlrechts von dem Schuldner gesetzte angemessene Frist hat unbenutzt vorübergehen lassen, § 264 Abs. 2.

8. Für den Fall, daß das Wahlrecht einem Dritten zusteht, s. den folgenden Paragraphen.

§ 97. Sonstige Inhaltsbestimmung. §§ 315—319.[1]

Auch außerhalb der Fälle der beiden vorhergehenden Paragraphen kann es vorkommen, vgl. oben § 67, daß der Leistungsgegenstand oder Leistungsinhalt (Art des Geschäfts, Umfang der

[1]) Schirmer, im Arch. f. d. zivil. Praxis, 91, 136 fg.

Leistung, sonstige Modalitäten derselben) unbestimmt ist und durch Erklärung einer Person erst noch bestimmt werden soll, damit die Leistung möglich werde. Mangels solcher nachträglicher Bestimmung würde das Schuldverhältnis als ganz unbestimmtes bedeutungslos, hinfällig werden.

1. Dann ist vor allem zu unterscheiden, ob diese Bestimmung in das billige Ermessen oder vollkommen frei in die Willkür dessen, der sie treffen soll, gestellt ist.

a) Für ersteres spricht die Vermutung, § 315 Abs. 1, § 317 Abs. 1.

b) Bei ersterer Sachlage treten folgende Vorteile ein:

aa) Entspricht die getroffene Bestimmung nicht (§ 315 Abs. 3), oder offenbar nicht (§ 319 Abs. 1) der Billigkeit, so ist sie unverbindlich.

bb) In diesem Falle, ferner aber auch, wenn der, der die Bestimmung zu treffen hatte, sie nicht treffen kann oder will oder auch nur verzögert, kann dann statt seiner das Gericht sie durch Urteil treffen, § 315 Abs. 2 Satz 2 und § 319 Abs. 1 Satz 2: denn das Gericht findet ja in dem „billigen Ermessen", nach dem zu entscheiden ist, eine objektive Grundlage für dieses sein Urteil.

c) Mangels jeder solchen objektiven Grundlage kann dagegen in dem anderen Falle, dem der freien Willkür, das Gericht nicht an Stelle des Bestimmungsberechtigten treten. Hier scheitert also das Schuldverhältnis an dessen Versagen oder Verzögern, § 319 Abs. 2.

2. Weniger bedeutsam ist, ob die Bestimmung zu treffen ist durch eine der beiden am Schuldverhältnisse beteiligten Personen oder durch einen Dritten. Das hat, abgesehen von ganz untergeordneten Unterschieden zwischen § 315 und 319,[1]) nur den Unterschied zur Folge, daß die Bestimmung erfolgen soll:

a) Seitens eines der Beteiligten durch Willenserklärung gegenüber dem Anderen, § 315 Abs. 2.

b) Seitens eines Dritten durch Willenserklärung gegenüber irgend einem der Beteiligten, § 318 Abs. 1.

3. An der Hand vorgehender Bestimmungen ermöglicht es unser BGB., ein Schuldverhältnis zu einem sicher bestimmbaren und damit zu einem durchführbaren zu gestalten, das im Leben nicht

---

[1]) Weitere Einzelheiten in § 317 Abs. 2 und in § 318 Abs. 2.

selten vorkommt und zunächst an schwerem Bestimmtheitsmangel zu leiden scheint: Wenn nämlich ein gegenseitiges Vertragsverhältnis abgemacht, der Umfang der einen Leistung bestimmt, der der Gegenleistung aber unbestimmt gelassen ist.[1])

a) Dann mögen, z. B. bei Werk-, Dienst- oder Mäklervertrag, Taxen, Tarife od. dgl. aushelfen, §§ 612, 632, 653.

b) Mangels solcher Aushilfe aber gilt dann im Zweifel der Teil, der die unbestimmte Gegenleistung zu fordern hat, als zur Bestimmung derselben nach billigem Ermessen berechtigt, §§ 316, 315 Abs. 1; und es gelten dann also ferner die Regeln, die hier unter 1b entwickelt sind.

3. Einzelne besondere Leistungsgegenstände.

§ 98. Schadensersatz.[2]) §§ 249—257.

Schadensersatz mag aus irgendwelchem Grunde, aus einem Garantievertrag, an Stelle der schuldhaft unmöglich gewordenen Schuldleistung, aus unerlaubten Handlungen oder aus schuldähnlichen Verhältnissen (quasi e delicto) zu leisten sein. Hier handelt es sich um Bestimmung seiner Art und seines Umfanges.

1. Der Art nach unterscheidet man Schadensersatz in natura und in Geld.

a) Wo und soweit möglich, ist der Schaden in natura zu ersetzen, d. h. der Zustand herzustellen, der bestehen würde, wenn der zum Ersatze verpflichtende Umstand nicht eingetreten wäre. Das wird namentlich möglich sein bei Störungen eines rechtsgemäßen Zustandes,

---

[1]) Z. B. es ist eine Arbeit ohne fest vorher verabredeten Lohn geleistet, eine Sache ohne fest verabredeten Preis gekauft u. s. f.

[2]) Mataja, R. des Schadensersatzes vom Standpunkte der Nationalökonomie. — Steinbach, in den Jur. Blättern 17, 243 fg. — Mataja, in Kohlers Archiv 1, 267 fg. — Schmidt, H., Das Schadensersatzrecht des Entwurfs, ein Gutachten aus dem Anwaltsstande. — Behrend, in der Deutschen Jur.-Zeitung 2, 341 fg. — Oertmann, in der Allgem. Österr. Gerichtszeitung 49, 81 fg. — Degenkolb, im Archiv f. d. zivilist. Praxis 76, 1 fg. — Oertmann, in den Festgaben für Dernburg. — Regelsberger, in den dogm. Jahrb. 41, 251 fg. — Kisch, in den dogm. Jahrb. 44, 68 fg. — Staub, Die positiven Vertragsverletzungen und ihre Rechtsfolgen, in der Festschrift für den 26. D. Juristentag 29 fg. — Ältere Literatur: Fr. Mommsen, Zur Lehre vom Interesse, Beiträge z. Obligationenr., Abt. 2. — Cohnfeldt, Die Lehre vom Interesse.

der wenigstens für die Zukunft sich wird wiederherstellen lassen (z. B. der zu Unrecht ausgewiesene Mieter erhält die Wohnung wieder), während allerdings für die zwischenzeitige Störung meist ergänzend Schadensersatz in Geld wird hinzutreten müssen. Bei Sachschaden wird Naturalersatz nur möglich sein, wenn es sich um vertretbare Sachen handelt; denn eine geflickte Sache ist nicht gleich einer unbeschädigten.

a) Trotzdem Naturalersatz möglich, kann der Gläubiger Geldersatz verlangen:

aa) Wahlweise daneben, wenn es sich um Verletzung einer Person oder Beschädigung einer Sache handelt; der Beschädigte kann so selbst, auf Kosten des Schädigers, die Kur in die Hand nehmen, statt sich in des Anderen Hand zu geben, § 249 Satz 2.

bb) Endgültig an Stelle des Naturalersatzes tretend, indem der Ersatzberechtigte dem Verpflichteten eine angemessene Frist bestimmt, nach deren Ablauf er Naturalersatz ablehnt; die Verpflichtung schlägt dann am Ende jener Frist, wenn bis dahin nicht geleistet ist, in Verpflichtung auf Geld um; § 250. Eine solche Frist kann auch in ein zunächst auf Naturalersatz lautendes Urteil aufgenommen werden, CPO. § 255.

c) Trotzdem Naturalersatz möglich, hat der Schuldner die facultas alternativa, Geld zu leisten, wenn jener nur mit unverhältnismäßigen Aufwendungen möglich ist, § 251 Abs. 2.

d) Übrigens tritt Geldleistung überall ein, soweit Naturalersatz nicht möglich oder nicht genügend ist, statt seiner oder neben ihm, § 251 Abs. 1. Die Geldleistung wieder kann in Form einer Kapital- oder einer Rentenleistung erfolgen.[1]

2. Der Umfang des Schadensersatzes ergibt sich bei Naturalersatz aus der Sachlage selbst. Namentlich muß hier auch, soweit er in dieser Form geleistet werden kann, Ersatz geleistet werden für Schaden, der nicht Vermögensschaden ist, also für idealen Schaden, z. B. mindestens durch Beseitigung des schädigenden (etwa anstößigen, Ehrgefühl des Geschädigten verletzenden, Hausfriede desselben störenden) Zustandes für die Zukunft.

3. Dagegen bei Gelderersatz ist der Umfang näher zu bestimmen nach folgenden Regeln:

---

[1]) Fälle des Rentenbezugs: §§ 913, 917, 843, 845 BGB.

a) Wegen eines Schadens, der nicht Vermögensschaden ist,[1]) kann Gelderſatz nur in den gesetzlich (und zwar recht spärlich) bestimmten Fällen gefordert werden, § 253, nämlich in §§ 847,[2]) 1300. Es handelt sich dabei wesentlich um Verletzung von Körper, Gesundheit, Freiheit, weiblicher Geschlechtsehre; ergänzend treten auf ähnlichem Gebiete die strafrechtlichen Bestimmungen über Buße hinzu, namentlich bei Beleidigung und Körperverletzung.

b) Der Vermögensschaden setzt sich zusammen aus erlittenem Verlust und entgangenem Gewinn.

aa) Der erlittene Verlust (damnum emergens) pflegt klar greifbar vorzuliegen.

bb) Schwer nachweisbar ist der entgangene Gewinn (lucrum cessans), wie stets, wo die Frage gestellt werden muß: Wie lägen die Verhältnisse der Gegenwart, wenn in der Vergangenheit dieses oder jenes (hier: das schädigende Ereignis) sich nicht ereignet hätte? Sehr richtig verweist der § 252 auf zwei Erkenntnisquellen: Welcher Gewinn wäre nach dem gewöhnlichen Laufe der Dinge zu erwarten gewesen? und: Welcher nach den besonderen Umständen des Falles, nach den behufs Gewinnerzielung getroffenen Anstalten und Vorkehrungen? Zur Annahme einer Gewinnmöglichkeit genügt Wahrscheinlichkeit, die also hier nicht besonders hochgradig, der Sicherheit nahe kommend zu sein braucht.

4. An sich begründete Schadensersatzansprüche können sich mindern oder sogar ganz wegfallen aus folgenden Gründen:

a) Falls, ohne dazu aus anderem Grunde (z. B. gesellschaftlichem Betriebe eines Erwerbsgeschäfts) verpflichtet zu sein, der Schädiger dem Beschädigten in nahem, ursächlichem Zusammenhang mit dem schädigenden Ereignisse einen Gewinn verschafft hat, sog. compensatio lucri cum damno,[3]) gemäß Regel und Anschauung des Lebens.

---

[1]) Nicht Vermögensschaden ist auch Verletzung des sog. Affektionsinteresses an einer Sache, z. B. in ihrer Eigenschaft als Familienerbstück, als Lieblingstier od. dgl. m. Es liegt in § 253 also zugleich die Bestimmung, daß solcher Affektionswert bei Bemessung des Schadensersatzes in Geld nicht zu berücksichtigen ist; bei dolosen Eingriffen des Verletzenden eine große Härte gegen den Geschädigten!

[2]) Vgl. dazu § 618; analoge Ausdehnung wohl auf kontraktmäßige Fälle; s. v. Tuhr, i. d. Deutschen Juristen-Zeitung 6, 426.

[3]) Oertmann, Die Vorteilsausgleichung beim Schadensersatzanspruch.

b) Falls bei Entstehung des Schadens der Beschädigte selbst mitgewirkt hat, soweit diese seine Beteiligung reicht, vorwiegt oder sonst nach den Umständen in diesem Sinne bedeutsam erscheint, gemäß der Regel und Anschauung des Lebens, § 254 Abs. 1.

c) Falls aus ganz besonderen, dem Schuldner ohne seine Fahrlässigkeit unbekannten Umständen ein außerordentlich hoher Schaden entstanden ist, vgl. für den Kausalzusammenhang § 75, III, und der Beschädigte[1]) billigerweise darauf den anderen Teil rechtzeitig hätte aufmerksam machen müssen, § 254 Abs. 2 Satz 1.

d) Falls der Beschädigte[1]) selbst unterlassen hat, den Schaden abzuwenden oder zu mindern, obschon er dazu in der Lage war und ihm auch billigerweise die dazu nötige Tätigkeit oder Duldung (z. B. einer Operation, um schweren Körperschaden, für den nun ein Dritter Ersatz leisten soll, zu meiden) hätte zugemutet werden dürfen, § 254 Abs. 2 Satz 1.

Über den Begriff der Haftung für verschuldete Selbstbeschädigung, der den drei letzten dieser vier Fälle zugrunde liegt, und über die daraus weiter sich ergebenden Folgen vgl. oben § 76, I, 8.

5. Besondere Regeln über einige besondere Gegenstände der Schadensersatzleistung geben die §§ 255—257.

§ 99. Zinsen. §§ 246—248.

Zinsen sind Nebenleistungen[2]) neben einem Hauptleistungsgegenstand (Kapital), der aus vertretbaren Sachen besteht, sofern diese Nebenleistungen gleichfalls aus vertretbaren Sachen und zwar in einem verhältnismäßig (z. B. prozentuell) zum Kapital zu berechnenden Maße bestehen und je in festen Zeitabschnitten fällig werden. Hauptsächlich gehören hierher Geldzinsen für ein ausstehendes Geldkapital. Woher die Hauptverpflichtung rührt und wieso sie mit der Nebenverpflichtung auf Zinsenleistung verbunden ist (bedungene Darlehnszinsen, gesetzliche Verzugszinsen od. dgl. m.), ist für den Inhalt der Zinsverpflichtung nach unserem Recht bedeutungslos; meist aber handelt es sich um Entschädigung wegen für die Hauptschuld gewährten

---

[1]) Oder die Person, für welche er einsteht, gemäß § 278, s. § 254 Abs. 2 Satz 2.

[2]) Deshalb nicht zu verwechseln mit Rentenschulden od. dgl., wo das Stammkapital fehlt; deshalb aber andererseits hier Hauptanwendungsfall für die Verjährung eines akzessorischen Rechts mit dem Hauptrecht, oben § 78, II, 4.

Ausstandes oder eingetretener Verzögerung, d. h. also um Ausgleich oder Ersatz für den zwischenzeitigen Kapitalgenuß. Daher sind die Zinsen Früchte des Kapitals und des Rechts auf das Kapital, § 101, vgl. oben § 42, I, 2 und § 45, V. Im Zweifel beträgt der Zinsfuß bei uns in bürgerlichen Verhältnissen, vom 1. Januar 1900 ab, für alle laufenden Zinsverhältnisse[1]) vier Prozent, § 246; anders im Handelsrecht, HGB. § 352 (fünf Prozent).

Bei der Lehre von den Zinsen handelt es sich wesentlich um die (zwingenden) Zinsbeschränkungen, welche man nie ganz hat entbehren können, wegen des hier besonders leicht möglichen sozialen Mißbrauches. Nachdem durch Art. 39 das Gesetz betr. die vertragsmäßigen Zinsen vom 14. November 1867 aufgehoben ist, unterliegt diese Materie ausschließlich dem neuen Rechte.

1. Danach gibt es keine Zinsbeschränkung in Form eines gesetzlich vorgeschriebenen Maximalzinsfußes. Doch sind Zinsverabredungen, die über 6% hinausgehen, stets deshalb einer vorher vertragsmäßig nicht einschränkbaren Kündigung binnen bestimmter Frist ausgesetzt, § 247 Abs. 1; Ausnahmen ebenda Abs. 2.

2. Die im voraus getroffene Vereinbarung, daß Zinsen wieder Zinsen tragen sollen (sog. Zinseszinsen, Anatocismus), ist nichtig, § 248 Abs. 1, mit Ausnahmen für die Bedürfnisse der Sparkassen, Kreditanstalten und Bankgeschäfte, die teils Zinseszinsen rechtsverbindlich versprechen, § 248 Abs. 2 Satz 1, teils, aber in weit engerem Maße, sich solche versprechen lassen dürfen, § 248 Abs. 2 Satz 2. Andere Ausnahmen, gleichmäßig für beide Seiten, bei kaufmännischen Kontokorrent-Verhältnissen, HGB. § 355.

3. Außer diesen besonders die Zinsen als solche betreffenden Beschränkungen macht sich aber endlich hier die sog. Wuchergesetzgebung geltend, welche alle wucherische Ausbeutung schlechthin betrifft. Dahin gehört der Kriminalschutz gemäß Art. I des Gesetzes vom 19. Juni 1893; an Stelle des, durch Art. 47 aufgehobenen, privatrechtlichen Artikels II dieses Gesetzes ist aber getreten § 138 Abs. 2, über den schon oben S. 185 gehandelt ist.

---

[1]) Neukamp, im Recht, 4, 77 fg. — Stölzel, ebenda 4, 137 fg. — Staub, i. d. Deutschen Jur.-Ztg. 5, 42 fg., 87 fg. — Hölder, ebenda, 101 fg. Keyßner, ebenda, 113 fg. — Goldenring, ebenda, 133 fg.

§ 100. Geld.[1]) §§ 244, 245.

Im weiteren wirtschaftlichen Sinne ist „Geld" jedes allgemein im Verkehr befindliche und ohne weiteres allseitig als Zahlungsmittel angenommene Wertzeichen, z. B. auch Reichskassenscheine, Reichsbanknoten, Noten ausländischer, über allen Zweifel erhabener Banken (z. B. der Englischen), erst recht ausländische Gold- und Silbermünzen. So ist auch gelegentlich der Ausdruck Geld im BGB. gebraucht;[2]) im engeren Sinne aber wird der Ausdruck verwendet, wo von dem besonderen Gegenstand der Geldschuld die Rede ist. Dann versteht man unter Geld nur dasjenige Wertzeichen, das nach den Gesetzen eines bestimmten Staates von jedermann als Zahlungsmittel zu einem bestimmten Werte (Nennwert) angenommen werden muß, sog. Währung; in Deutschland also nur die deutsche Währung, wie sie festgestellt ist durch das Reichs-Münzgesetz vom 9. Juli 1873.[3])

1. Selbstverständlicher Hauptgrundsatz ist also: Erfüllung einer eigentlichen Geldschuld ist in Deutschland stets und stets nur — falls der Gläubiger nicht in Ersatz, z. B. durch Banknoten, einwilligt — möglich durch Übereignung so vieler Geldstücke[4]) deutscher Währung, wie sie den Gesamtbetrag der Schuld ergeben. Wo in Gesetzen oder Verträgen von Geld schlechtweg als geschuldet die Rede, da ist zweifellos stets eine solche Geldschuld als begründet anzusehen.

2. Wie nun aber, falls deutlich auf Leistung durch Hingabe besonders bezeichneter Münzen oder sonstiger Geldwertzeichen abge-

---

[1]) R. Koch, Geld und Wertpapiere, Berlin 1889 (Beiträge zum Erl. und Beurt. des Entwurfs, herausg. v. Bekker und Fischer, 4. Heft). — Außerdem Hartmann, Rechtl. Natur des Geldes.

[2]) Z. B. §§ 234, 270 Abs. 1, 291, 301, 1288, 1653, 1806, kurz überall, wo es für die betreffende juristische Bestimmung bloß auf die wirtschaftliche Natur des betr. Gegenstandes ankommt. Insofern hat zweifellos recht Dernburg, Lehrbuch 2, 33 fg. Anders dagegen, wo der Begriff der Geldschuld die Qualität der zu leistenden Sache bedingt, wie hier.

[3]) Soetbeer, Deutsche Münzverfassung, 1874.

[4]) In Gold unbeschränkt, daher heißt unsere Währung „Goldwährung"; in Silber, Nickel, Kupfer nur bis zu gesetzlich festgelegter Höhe; in alten Silbertalern freilich auch noch unbeschränkt (daher unsere Währung wohl eine „hinkende" geheißen); Papier als Währung, sog. Zwangswährung (im juristischen Sinne ist jede Währung Zwangswährung, doch empfindet man den Zwang erst bei nicht vollwertigem Geld, also namentlich bei Papier), wodurch das Papiergeld zum Geld im engeren Sinne würde, ist uns unbekannt.

stellt ist? Z. B. es sollen geleistet werden: 20 Zehnmarkstücke, oder 500 französische Franken, oder 10 Dukaten.

a) Im Zweifel ist das dann nur als ein anderer Ausdruck für den in diesen Münzen steckenden Wert aufzufassen. Dann liegt echte Geldschuld vor; d. h. die Zahlung kann in beliebiger jetziger deutscher Währung geleistet werden, nachdem, soweit es sich um fremde oder um nicht mehr bestehende deutsche Währung handelt, Umrechnung stattgefunden hat. Bei fremden Münzen ist der Kurswert[1]) zugrunde zu legen, d. h. das Wertverhältnis, welches nach den Festsetzungen des internationalen Verkehrs am Zahlungsort zur Zahlungszeit zwischen jenen Wertzeichen und deutscher Währung besteht.

b) Ist dagegen Zahlung gerade und ausschließlich in den genannten Wertzeichen, ausdrücklich oder nach dem erkennbaren Sinne der Verabredung,[2]) besonders ausbedungen, so liegt nicht mehr Geldschuld vor, sondern sog. Geldsortenschuld: es ist, wie stets, was verabredet, zu leisten. Nur wenn dem Schuldner in einer Weise, die er vertreten muß, Naturalerfüllung unmöglich wird, schlägt diese Schuld, wie jede andere, in eine eigentliche Geldschuld um; dann ist aber auch dem Gläubiger voller Schadensersatz zu leisten, der weit über den Kurswert hinausgehen mag. Unverschuldete nachträgliche Unmöglichkeit wird hier wie sonst wirken.

c) Mittelfälle zwischen den beiden bisher besprochenen Fällen, wonach etwa in erster Linie womöglich bestimmte Münzen, sonst der Wert in beliebiger deutscher Währung geleistet werden soll, sind möglich: auch darauf bezieht sich § 245.

d) Handelt es sich um den Erwerb von Münzen, die bei besonderer Gelegenheit geprägt sind, als solchen, oder gar um alte Münzen, die nur noch als Merkwürdigkeiten, Antiquitäten oder Schmuckstücke zu dienen pflegen: so liegt nicht einmal Geldsortenschuld vor.

e) Ebensowenig bei der Verpflichtung z. B. des Aufbewahrers, ihm übergebene, im Eigentum des Übergebenden verbleibende Münz-

---

[1]) Außer ihm und dem oben erwähnten Nennwert haben Geldmünzen noch einen Metallwert; der Kurswert pflegt von diesem nicht allzuweit abzuweichen.

[2]) Z. B. ich brauche eben 20 Zehnmarkstücke zu einer Preisverteilung von je 10 Mark an 20 Sieger; oder ich brauche Frankengeld, weil ich nach Frankreich reisen will; oder ich wünsche eben 10 Dukaten, wegen der besonders feinen Prägung und historischen Bedeutung.

stücke (die etwa mit einem Zeichen versehen, oder in ein Packet eingesiegelt sind) dem anderen Teile zurückzuerstatten, ohne daß ihm gestattet wäre, andere gleichwertige Geldstücke dafür zu liefern.

§ 101. Sonstige Leistungsgegenstände.

I. Verpflichtung zu dulden, daß von einer Sache, die man von einem anderen herauszufordern berechtigt ist, dieser andere eine Einrichtung wegnehme. Allgemeine Ausführungsbestimmungen über diesen Fall, der in verschiedenen Rechtslagen vorkommt, in § 258.

II. Verpflichtung zur Herausgabe einer bestimmten Sache oder sonst eines bestimmten Gegenstandes. — Hier gelten folgende Besonderheiten:

1. Vom Eintritt der Rechtshängigkeit ab richten sich die Haftungsverhältnisse zwischen Schuldner und Gläubiger wegen Untergang, Verschlechterung, Nutzungen und Verwendungen nach den entsprechenden Verpflichtungen, wie sie (s. unten §§ 181 und 182) zwischen Eigentümer und Besitzer von dem Eintritte der Rechtshängigkeit des Eigentumsanspruches ab gelten; soweit nicht besondere Umstände des Falles[1]) noch stärkere Wirkungen zugunsten des Gläubigers ergeben; § 292.

2. Als mit einer solchen Verpflichtung auf einem und demselben rechtlichen Verhältnisse beruhend gilt, im Sinne der dadurch dem Schuldner erwachsenden Einrede des Zurückbehaltungsrechts, jeder fällige Anspruch des Schuldners wegen Verwendungen auf den Gegenstand oder wegen eines ihm durch den Gegenstand verursachten Schadens; es sei denn, daß er den Gegenstand durch eine vorsätzlich begangene unerlaubte Handlung erlangt hat, § 273 Abs. 2.

III. Verpflichtung zur Veräußerung oder Belastung einer Sache: erstreckt sich im Zweifel auch auf das Zubehör der Sache, wenigstens soweit vertraglich begründet § 314, s. aber auch darüber hinaus § 926 Abs. 1 Satz 2, §§ 1031, 1120 und § 2164 Abs. 1.

---

[1]) Als solche Umstände kommen jedoch **nicht** in Betracht unerlaubte Handlungen und die besondere Haftbarkeit wegen dieser Unerlaubtheit (§§ 848, 849), es seien denn diese **unerlaubten** Handlungen zugleich **strafbar**, §§ 992, 993, s. unten § 181. Dagegen kämen von straflosen Handlungen etwa in Betracht die Folgen, auch zufällige Folgen, sofern nur der Zufall die Sache beim Gläubiger nicht betroffen haben würde, der Verletzung von § 603 oder von § 691 Satz 1 oder dgl., auch sofern aus anderen Gründen Verzug des Schuldners ausgeschlossen sein sollte.

IV. Rechnungslage und sonstige Auskunftserteilung,[1]) §§ 259 bis 261. Regelmäßig sind Verwalter fremden Vermögens verpflichtet, über Einnahmen, Ausgaben und Stand des Vermögens dem Berechtigten oder einer Behörde periodisch oder abschließend Rechnung zu legen und sodann das verwaltete Vermögen, d. h. also einen Inbegriff von Sachen und Gegenständen, herauszugeben. Es mag sich aber auch bloß um eine solche Herausgabepflicht, ohne vorangehende Verwaltungspflicht, handeln, so z. B. für den Erbschaftsbesitzer gegenüber dem richtigen Erben, § 2018, oder in ähnlichen Fällen.

1. Dann tritt regelmäßig für den so Verpflichteten hinzu die Pflicht, dem Berechtigten nähere Auskunft zu erteilen, damit letzterer seine Rechtslage übersehen kann, vgl. §§ 2011, 2027, 2057, 2127, 2314, 2362.

2. Der so berechtigte Gläubiger, handele es sich um Rechnungslage oder um Rückerstattung eines Inbegriffes von Sachen und Rechten, hat folgende besondere Hülfsmittel:

a) Er kann Vorlage einer förmlichen, schriftlich aufgestellten Rechnung verlangen, mit zugehörigen Belegen, und außerdem etwa noch eines Bestandverzeichnisses (Inventars).

b) Er kann, falls er es für notwendig erachtet und falls auch objektiv Grund zu einer solchen Maßregel besteht, darauf bestehen, daß Schuldner die Richtigkeit und Vollständigkeit seiner Angaben nicht nur allgemeinhin versichere, sondern auch durch Ableistung eines darauf gerichteten Eides, des sog. Offenbarungseides, bestärke; so daß der Schwörende durch Eidesleistung und vorsätzliches Zuwiderhandeln gegen das in dem Offenbarungseide niedergelegte Versprechen der Strafe des § 162 StGB. verfällt. Diese Eidespflicht des anderen Teils ist ein gewöhnliches, gesetzliches Schuldverhältnis, zu dessen Erfüllung dem Berechtigten der Weg der Klage und der Zwangsvollstreckung, ZPO. §§ 889, 888 Abs. 1, gewiesen ist.

III. Leistungsort und Zeit.

1. Leistungsort.[2]) §§ 269, 270.

§ 102.

I. Leistungsort (oder Erfüllungsort) ist der Ort, auf den es

[1]) Bähr, Ges. Aufsätze 1, 116 fg.

[2]) Reatz, Erfüllungsort, in Gutachten aus dem Anwaltsstande. —

juristisch, soweit nicht einzelne abweichende Bestimmungen eingreifen, für die Erfüllung des Schuldverhältnisses ankommt:

1. Die juristischen Folgen, die sich an den Umstand, daß ein Ort der Leistungsort ist, im Zweifel knüpfen, sind im wesentlichen folgende:

a) Der Leistungsort bestimmt den Gerichtsstand der Obligation, § 29 CPO., auch mit Folgen für das internationale Privatrecht.

b) Mehr Kosten, als behufs Erfüllung am Leistungsort nötig, hat der Schuldner nicht zu tragen.

c) Weitere und höhere Gefahr, nachdem der Leistungsgegenstand an den Leistungsort gebracht ist oder — falls er nicht dorthin gebracht werden soll — als bei seiner Verbringung dorthin entstehen würde, hat der Schuldner nicht zu tragen.

d) Hat der Schuldner überhaupt alles voll so bewirkt, wie er es am Leistungsorte obligationsmäßig zu bewirken verpflichtet war, so hat er „alles seinerseits Erforderliche" getan. Verursacht z. B. die Versendung vom Leistungsorte anderswohin Zeitaufwand, so ist Verspätung des Einganges um diesen Zeitraum für die Frage, ob Schuldner rechtzeitig geleistet hat, außer Ansatz zu lassen.

e) Unmöglichkeit am Leistungsorte zu erfüllen wird regelmäßig nur partielle Unmöglichkeit sein. Nur ausnahmsweise, falls erkennbarer- oder verabredeterweise Erfüllung anderswo ganz ausgeschlossen ist, wird diese Unmöglichkeit total werden.

2. Der Leistungsort braucht also nicht zusammenzutreffen:

a) Mit dem Orte, an dem tatsächlich, auf Wunsch beider Parteien oder auf Wunsch der einen derselben, dem die andere entgegenkommt, geleistet wird; selbst nicht

b) mit dem Ablieferungsort,[1] d. i. dem Orte, an den statt an den Leistungsort die Leistung übermittelt zu erhalten der Gläubiger geradezu ein Recht hat, mag er dies Recht nun haben unter der Last, dagegen Kosten und Gefahr dieser Übermittlung seinerseits zu tragen; oder unter der Last, eines von beiden zu tragen; ja mag selbst die Übermittlung auf Kosten und Gefahr des Schuldners erfolgen, arg. § 270 Abs. 4. Trotzdem können Ablieferungs- und

---

Schönfeld, i. d. Deutsch. Jur.-Zeit. 6, 393. — Beer, ebenda, 504 fg. — Ältere Literatur: Reatz, Lehre vom Erfüllungsort. — Schulin, Zur Lehre vom Erfüllungsort.

[1]) Für die Bezeichnung Ablieferungsort § 391 Abs. 1.

Leistungsort verschieden bleiben. Namentlich ist daraus, daß Schuldner die Kosten der Versendung übernommen hat, nicht zu entnehmen, daß der Bestimmungsort auch Leistungsort sein soll, § 269 Abs. 3. Erst wenn sämtliche juristische Folgen des Leistungsortes auf einen anderen Ort übertragen wären, würde es keinen Sinn mehr haben, nicht vielmehr letzteren als Leistungsort anzusehen.

II. Leistungsort in diesem Sinne ist nun:

1. der durch Vertrag oder (in besonderen Fällen) durch Gesetz bestimmte;

2. derjenige, der sich aus den Umständen, namentlich aus der Natur des Schuldverhältnisses (z. B. bei Übernahme auf einem Grundstück auszuführender Arbeiten) ergibt; sonst

3. der Ort, an welchem der Schuldner zur Zeit der Entstehung des Schuldverhältnisses seinen Wohnsitz[1]) hatte; § 269 Abs. 1. D. h. Schulden sind im Zweifel Holschulden.

4. Ergeben diese Bestimmungen nicht ganz genau Wohnung und Raum, wo die Leistung zu bewirken ist, sondern etwa bloß eine Stadt oder eine weiter gedehnte Möglichkeit, so kann an einem jeden Punkte innerhalb dieser Möglichkeit richtig geleistet werden, sofern nur die Wahl dieses Punktes der Billigkeit, den üblichen Lebensgewohnheiten der Beteiligten und sonst nach Treu und Glauben zu nehmenden Rücksichten entspricht — loco oportuno, wie die Römer sagten.

III. Dagegen nur Ablieferungsort in dem eben erörterten Sinne ist z. B.[2]) nach gesetzlicher Dispositivregel für Geldschulden (im weiteren Sinne) der Wohnsitz des Gläubigers, und zwar mit der Maßgabe, daß sogar Schuldner Kosten und Gefahr der Sendung dahin zu tragen hat, § 270 Abs. 1 u. 2, soweit oder sofern[3]) diese Last nicht durch zwischenzeitigen Domizilwechsel des Gläubigers sich

---

[1]) An Stelle des Wohnsitzes tritt für Verbindlichkeiten im Gewerbebetriebe der Ort der gewerblichen Niederlassung, § 269 Abs. 2 u. § 270 Abs. 2.

[2]) Außerdem häufig nach Parteiverabredung, z. B. wenn ein Kauf ohne Änderung des gesetzlich dispositiv dafür gegebenen Erfüllungsortes geschlossen ist, dann aber Verkäufer die verkaufte Sache auf Wunsch des Käufers nach einem anderen Orte als dem Erfüllungsorte versendet, § 447.

[3]) „Soweit oder sofern": nämlich bei Zunahme der Kosten Wegfall insoweit; bei Zunahme der Gefahr, da diese nicht wohl trennbar, vollständiger Wegfall!

erhöht, § 270 Abs. 3. — D. h. Geldschulden sind im Zweifel Bringschulden.

IV. Man pflegt zu nennen:

Bringschulden solche Schulden, bei welchen der Schuldner dem Gläubiger die Leistung auf Schuldners Gefahr und Kosten an einen anderen Ort als an den Leistungsort zu bringen hat;

Schickschulden solche Schulden, bei welchen der Schuldner dem Gläubiger die Leistung auf Gläubigers Gefahr und Kosten an einen anderen Ort als an den Leistungsort zu schicken hat;

Holschulden solche Schulden, bei welchen der Schuldner dem Gläubiger die Leistung am Leistungsorte bereitzuhalten und, wenn Gläubiger sie dort holt, sie dort auszuführen hat.

2. Leistungszeit.[1] §§ 271, 272.

§ 103.

Die Leistungszeit hat nicht so mannigfache Bedeutungen wie der Leistungsort; sie bezieht sich vielmehr bloß, wie das Wort sagt, auf die Frage fälliger, rechtzeitiger Leistung. Dagegen ist diese Frage regelmäßig besonders wichtig; an sich und wegen ihrer weiteren Folgen, als Beginn der Verjährung (s. oben § 78, I, 2 b) oder des Verzugs (s. unten § 104).

1. Bei der Leistungszeit ist zu unterscheiden ob sie den Leistungsinhalt näher bestimmt zugunsten des Schuldners, oder zugunsten des Gläubigers, oder zugunsten (und zu Lasten) beider.

a) Bloß zugunsten des Schuldners: wenn dieser früher leisten darf, aber nicht früher zu leisten braucht. Dies ist als Sinn einer besonderen Bestimmung über die Leistungszeit im Zweifel anzunehmen, § 271 Abs. 2, namentlich bei unverzinslichem Darlehen, §§ 272, 609 Abs. 3.

b) Bloß zugunsten des Gläubigers: wenn dieser schon vorher Leistung zu fordern berechtigt ist, sie bis dahin sich aber nicht aufdrängen zu lassen braucht; z. B. ich bestelle vier eiserne Träger, die ich für meinen Hausbau brauche, lieferbar nach meiner Disposition; ich brauche sie dann erst zu beziehen, wenn ich wünsche (d. h. wenn ich sie nach den Fortschritten des Baues unmittelbar verwenden kann). Übrigens der seltenere Fall.

---

[1]) Gruchot, Zahlung der Geldschuld, S. 130 fg.

c) Zugunsten und Lasten beider: Schuldner darf und braucht nicht vorher zu leisten, z. B. jene Träger waren bestellt, lieferbar binnen drei Wochen; weil die Fabrik sie nicht früher liefern, ich aber auch sie nicht früher brauchen kann. Vielfache Zwischenfälle sind denkbar; z. B. lieferbar binnen drei Wochen oder später, nach Bestellers Disposition; oder: lieferbar höchstens binnen drei, längstens binnen sechs Wochen, für die Zwischenzeit nach Bestellers Disposition; u. s. f.

2. Leistungszeit in irgendwelchem derartigen Sinne ist nun:

a) Eine besonders bestimmte, dem Geschäfte als Befristung beigefügte, s. oben § 71; hier gilt die Vermutung des § 271 Abs. 2, oben 1a.

b) Eine den Umständen zu entnehmende (z. B. der erkennbaren Verwendbarkeit für den Käufer, der erkennbaren Herstellungsfrist für den Verkäufer), wobei dann diese Umstände regelmäßig zugleich ergeben werden, zu Lasten wessen diese zeitliche Begrenzung wirken soll.

c) Sonst gilt im Zweifel als Leistungszeit der Augenblick der Entstehung des Schuldverhältnisses, zugunsten und zu Lasten aller Beteiligten, so daß jetzt sofort — „statim debetur" — der Gläubiger fordern, der Schuldner leisten kann, § 271 Abs. 1.

d) Dabei ist jedoch stets Rücksicht zu nehmen auf Treu und Glauben und demgemäß auf die Einzelumstände; die Erfüllung kann stets nur oportuno tempore verlangt und aufgedrängt werden.

3. Ist das Schuldverhältnis ein echt bedingtes, so liegt hierin zugleich meist ein Aufschub der Leistungszeit bis zur Erfüllung der Bedingung. Es kann aber auch das Schuldverhältnis selbst ein unbedingtes und nur der Eintritt der Fälligkeit abhängig sein, z. B. von der Ausübung eines Kündigungsrechts[1]) seitens eines der Beteiligten. Dann kann wieder Fälligkeit eintreten mit dem Eintritt der Bedingung (der Kündigung) oder erst binnen einer bestimmten Zeit (Kündigungsfrist) nachher (z. B. drei Monate nach Kündigung); die Kündigung selbst wieder kann jederzeit oder nur zu bestimmten Zeiten (Kündigungsterminen) zulässig sein.[2])

---

[1]) Immerwahr, Kündigung. — Thiele, i. d. Archiv f. zivilist. Praxis 89, 85 fg. — Vgl. auch unten S. 343 Note 5.

[2]) Z. B. § 565 Abs. 1 Satz 1. Erfolgt also hier die Kündigung den 5. Januar (es sei denn einer der Tage vom 2. zum 4. Januar ein Sonntag), so wird sie erst wirksam am 1. Juli; für den einfacheren Fall vgl. § 609 Abs. 2.

4. Das Einhalten rechtzeitiger Leistung gewinnt seine ganz besondere Bedeutung aus dem Charakter der Zeit, die, einmal versäumt, nicht wieder eingebracht werden kann. Was zuerst an dem falschen Orte geleistet ist, mag an den richtigen geschafft werden; aber (auch die eben dadurch) einmal eingetretene Verspätung ist nicht wieder einzuholen. Bei Leistungsverspätung handelt es sich also stets um Unmöglichkeit; es fragt sich nur, ob um teilweise oder um vollständige. Denn je nachdem bleibt die Leistung selbst geschuldet (mit oder ohne Schadensersatzverpflichtung für die Verspätung, je nach den zu vertretenden Umständen); oder es fällt die ganze Leistungspflicht fort (mit oder ohne Schadensersatzverpflichtung für sie, je nach denselben Umständen).

a) Im allgemeinen sind hier die allgemeinen Regeln über Unmöglichkeit anzuwenden. Diese ergeben:

aa) bei ursprünglicher Unmöglichkeit rechtzeitiger Leistung im Zweifel vollständige Nichtigkeit, §§ 306, 139, oben S. 315;

bb) bei nachträglicher Unmöglichkeit, die wohl häufiger vorkommen wird, im Zweifel bloß partielle Unmöglichkeit. Hier wird also, wer totale Unmöglichkeit in Anspruch nimmt, den Nachweis liefern müssen, daß nach den besonderen Umständen des Falles verspätete Leistung gar nicht mehr als Leistung erscheint; besonders der Gläubiger, der die verspätete Leistung ablehnen und Schadensersatz wegen voller Nichterfüllung verlangen will, wird nachzuweisen haben, daß die verspätete Erfüllung für ihn kein Interesse hat, § 280 Abs. 2, § 286, oben § 92, III, 3 b. Dieser Nachweis wird sich unter Umständen leicht führen lassen (z. B. es handelt sich um ein Maskenkostüm, das am Fastnachtsdienstagball getragen werden sollte; oder um ein Blumengeschenk zu einem Geburtstage od. dgl. m.); er kann aber auch sehr schwer zu führen sein; und namentlich wird oft der Gläubiger wünschen, die ganze verspätete Sache abzuschneiden, auch in solchen Fällen, wo diese Bedingung des § 280 Abs. 2 nicht zutrifft.

b) Deshalb greifen hier vielfach besondere gesetzliche Regeln oder besondere Parteiverabredungen ein.

aa) Eine besondere gesetzliche Regel ermöglicht es dem Gläubiger, Verspätung ohne weiteres als dauernde und von dem Schuldner zu vertretende Unmöglichkeit zu behandeln, falls diese Verspätung über die rechtskräftige Verurteilung zur Bewirkung der Leistung hinaus und dann noch über eine dem Schuldner zu diesem Behufe von dem Gläubiger gesetzte angemessene Frist hinaus dauert; es sei denn die

Leistung bis zu Ablauf dieser Frist durch einen Umstand, den Schuldner nicht zu vertreten hat, dauernd unmöglich geworden, § 283. Hier haftet also der Schuldner für volle Unmöglichkeit, die er selbst sonst nicht zu vertreten hätte, wenn nur folgendes vorliegt:

α) Der Gläubiger muß die Nachfrist so, daß er dabei auf Naturalerfüllung mit ihrem Ablaufe verzichtet, zu diesem Behufe gesetzt haben;[1]) nicht das Recht, sondern nur eine sich bildende gerichtliche Übung[2]) stellt dem ohne weiteres gleich die Sachlage, wie sie dadurch eintritt, daß der Schuldner ernsthaft und dauernd jede Leistung weigert.

β) Die Leistung darf nicht vor Fristablauf nachgeholt sein.

γ) Sie darf nicht vor Fristablauf ohne sonst von dem Schuldner zu vertretenden Grund dauernd unmöglich geworden sein. Ist es nur eine vorübergehende, wenngleich schuldlose Unmöglichkeit, welche den Schuldner von Erfüllung binnen der Frist abgehalten hat, so haftet er für Schadensersatz wie wegen voller dauernder verschuldeter Unmöglichkeit.

Über eine ähnliche Regel, bei der an Stelle des rechtskräftigen Urteils Verzug des Schuldners tritt, die aber nur bei gegenseitigen Schuldverhältnissen[3]) — sonst, wohl zu merken, nicht! — Platz greift, s. unten § 122, III, 1 a; § 123, II, 3, Note; ebenda III, 3, Note; und § 124, I überhaupt.

bb) Falls besonders bestimmt ist, daß die Leistung zu einer bestimmten Zeit oder binnen einer bestimmten Frist erfolgen müsse und daß sie unter keinen Umständen später erfolgen dürfe, so erwerben hierdurch beide Teile das Recht, nichtrechtzeitige Erfüllung als totale und dauernde Unmöglichkeit zu behandeln. Man nennt ein Geschäft, dem eine solche Klausel beigefügt ist, Fixgeschäft. Besondere gesetzliche Regeln für das Fixgeschäft enthält das gemeine bürgerliche Recht wieder nur, sofern es sich um ein gegenseitiges

---

[1]) Mit der gewöhnlichen bindenden Wirkung und sonstigen Bedeutung solcher Fristsetzung, s. oben § 58, 1 b.

[2]) Reichsgerichtserkenntnis vom 29. April 1902; s. Deutsch. Juristen-Zeitung 7, 383ff.: ferner RGEntsch. 50, 208. — Literatur: Erler, im „Recht", 5, 421 fg. — Niedner, i. d. Deutsch. Jur.-Zeit. 6, 443 fg. — Staub, ebenda, 6, 478 fg. — Simonson, ebenda, 7, 121 fg. — Brückmann, ebenda, 7, 220 fg.

[3]) Für den Fall rechtskräftigen Urteils bei gegenseitigen Schuldverhältnissen, § 325 Abs. 2, s. unten ebenfalls § 122, III, 1 a u. § 123, IV.

Schuldverhältnis handelt, § 361, s. unter § 122, II, 1 b; eine größere Bedeutung hat das Fixgeschäft im Handelsrecht, vgl. HGB. § 376.

5. Auch sonst (vgl. soeben 4, b, aa) steigert sich die Bedeutung der Verspätung, falls der Schuldner mit seiner Leistung über gewisse Zeitpunkte hinaus zurück bleibt.

a) Hierher gehört auch schon der Eintritt der Rechtshängigkeit, wenigstens für Geldschulden wegen der Prozeßzinsen § 291, s. oben § 88, I, 3.

b) Hierher gehört aber auch besonders diejenige Verspätung, welche wegen ihrer besonderen Voraussetzungen und Folgen besonders, nämlich „Verzug" heißt, mag sie nun vorliegen auf seiten des Schuldners mit der Leistung, oder auf seiten des Gläubigers mit der Annahme der Leistung. Davon im folgenden Abschnitte.

IV. Verzug.

1. Verzug des Schuldners.[1] §§ 284—290.

§ 104.

Es ist zu bestimmen, unter welchen Voraussetzungen der Verzug eintritt und welche Wirkungen er übt, schließlich wie er getilgt wird.

I. Verzug des Schuldners (Leistungsverzug) ist diejenige Verspätung der schuldnerischen Leistung, in welcher eine verschuldete Verletzung des Schuldverhältnisses enthalten ist.

1. Verspätung der schuldnerischen Leistung. Darin liegt:

a) Der Schuldner hat noch nicht vollständig das „seinerseits Erforderliche" getan. Hat er es getan, aber die Leistung mangels Mitwirkung des Gläubigers oder sonstwie (etwa infolge Zufall) dadurch nicht zustande gebracht, so ist von Verzug für ihn nicht die Rede.

---

[1] Alte Literatur: v. Madai, Lehre von der mora, 1837. — Fr. Mommsen, Die Lehre von der mora, Beiträge z. Obligationenrecht, Abt. 3. — Kniep, Die mora des Schuldners nach röm. und heut. R., 2 Bde. — Von Neueren: Dreyer, in Gruchots Beiträgen, 37, 199 fg. — Rehbein, mora debitoris, eine Studie. — Paech, Der Leistungsverzug, eine Studie.

b) Er hat das Erforderliche noch nicht getan, obschon die Schuld fällig ist. Vor Fälligkeit selbstverständlich kein Verzug.

2. Diese Verspätung muß eine Verletzung des Schuldverhältnisses enthalten. Das folgt noch nicht aus dem Umstande der Fälligkeit. Denn wie oft ist eine Schuld, namentlich eine ohne Befristung eingegangene, also von ihrer Entstehung ab fällige (s. oben S. 339, statim debetur) fällig, ohne daß schon der Gläubiger ihre Erfüllung wünschte! Er läßt es vielmehr damit anstehen, bis er die Leistung eben braucht oder sonst Erfüllung herbeizuführen sich veranlaßt sieht. Erst wenn nun der Schuldner, auf die Aufforderung des Gläubigers hin (denn bis dahin konnte ja Schuldner noch nicht wissen, für welchen Moment Gläubiger Erfüllung wünschen würde), nicht binnen angemessener Frist[1]) leistet, wird man von einer Verletzung des Schuldverhältnisses reden dürfen; bis dahin besteht ein fälliges, aber unverletztes Schuldverhältnis.[2]) Anders freilich, wenn es, namentlich infolge einer Zeitverabredung zwischen Schuldner und Gläubiger, von vornherein feststand, daß die Leistung zu einem ganz bestimmten Termin[3]) erwartet werde; dann ist offenbar Verspätung darüber hinaus ohne weiteres Verletzung.[4]) Daher die gesetzlichen Regeln des § 284, nach welchen zum Verzugseintritt gehört entweder:

a) Mahnung des Gläubigers[5]) (sog. Interpellation), gerichtet an den Schuldner;

b) oder Erhebung der Klage auf Leistung, der Zustellung eines Zahlungsbefehls gleichsteht; oder

c) Eintritt einer nach dem Kalender (von Anfang ab oder von

---

[1]) Deshalb eine solche noch einzuräumen in den sofort folgenden Fällen a und b, nicht im Falle c des Textes.

[2]) Derselbe Unterschied zwischen Fälligkeit und Verletzung eines Anspruchs ist uns schon begegnet bei der Lehre von der Verjährung; dort ist der entscheidende Augenblick umgekehrt der der Fälligkeit, wennschon noch ohne Verletzung, s. oben § 78, I, 2 b.

[3]) Ein solcher, der jeden Zweifel ausschließt, ist aber nur ein kalendermäßig bestimmter, s. sofort im Text unter c.

[4]) Erstrecht natürlich anders, wenn schon die Begründung des Schuldverhältnisses auf einer Rechtsverletzung beruht, bei Schuldverhältnissen e delicto: semper moram fur facere videtur; vgl. einstweilen § 848; s. unter § 161, III, 1 a.

[5]) Dieselbe darf befristet sein, aber nicht bedingt, vgl. Kipp ed. Windscheid 2, 129.

Kündigung ab) festgesetzten oder berechenbaren Leistungszeit, auch ohne Mahnung.[1])

3. Diese Verspätung muß eine von dem Schuldner verschuldete sein; d. h. verschuldet in dem Sinne, wie oben von „verschuldeter Unmöglichkeit" die Rede war; es braucht sich nicht eben um echte Schuld (Vorsatz oder Fahrlässigkeit) des Schuldners zu handeln, sondern um irgend einen Umstand, den er zu vertreten hat. Die negative Fassung des § 285 bedeutet, daß Schuldner den Beweis dafür, daß er unverschuldet in Verspätung geraten ist, zu führen, d. h. irgend einen Entschuldigungsgrund[2]) darzutun hat; Vorliegen eines solchen schließt den Verzug nur aus, solange er zutrifft.

II. Wirkung des Verzugs. — Hätte Verzug weiter keine Wirkung als die sonstiger zu vertretender (je nach den Umständen partieller oder totaler) Unmöglichkeit, so wäre er vielleicht nur ein Sonderfall derselben. Tatsächlich aber liegen die Dinge anders:

1. Zunächst treten allerdings die Folgen der verschuldeten Unmöglichkeit ein, § 286.

2. Hinzu kommt eine genauere Bestimmung einzelner solcher Folgen, wie sie ja wohl allerdings meist schon aus jenem Gesichtspunkte sich würden herleiten lassen, hier nun aber ohne Rücksicht auf solche Herleitbarkeit unzweifelhaft eintreten:

a) bei Geldschulden,[3]) Verzugszinsen von 4 %, § 288, ohne Ausschluß nachweisbar höheren Schadens;

b) bei Verpflichtung auf Schadensersatz[4]) für während des

---

[1]) Hier gilt der alte Satz: Dies interpellat pro homine.

[2]) Z. B. unverschuldete Unkenntnis der Verpflichtung, die z. B. aus einem Nachlasse her auf den jetzigen Schuldner ohne dessen Wissen übergegangen ist. So mag er berechtigterweise trotz Mahnung oder Klageerhebung seitens des Gläubigers an das Bestehen einer solchen Schuld nicht glauben, ohne jede Fahrlässigkeit seinerseits; dann erhöht ja allerdings trotzdem die Rechtshängigkeit den Umfang seiner Verpflichtung bis zu einem gewissen Maße (s. oben § 88, I), aber doch entfernt nicht bis zur Höhe der Verzugshaftung; d. h. wer seine Sache für eine gute hält, braucht nicht ohne weiteres der Klage aus Furcht vor Verzugshaftung nachzugeben. Anders nach rechtskräftiger Verurteilung: hier wäre der Glaube, trotzdem nicht schuldig zu sein, unentschuldbar.

[3]) Es sei denn das geschuldete Geld Zins; denn dann wären diese Verzugszinsen Zinseszinsen, die nicht genommen werden sollen, § 289.

[4]) Aus irgendwelchem Grunde, auch zufolge der Unmöglichkeitshaftung nach § 287 Satz 2 (s. sofort hier unter 3b), die dadurch abermals an Schärfe zunimmt.

Verzugs untergegangene oder unherausgebbar gewordene oder verschlechterte Gegenstände: Verzinsung des Betrages vom Zeitpunkte der Wertbestimmung der zu ersetzenden Gegenstände ab, § 290.

3. Namentlich aber kommt hinzu folgende Steigerung, die jedenfalls über das Maß der sonstigen Unmöglichkeitshaftung hinausgeht und deshalb das besondere Schwergewicht der Verzugshaftung begründet, nämlich:

a) Soweit bisher Schuldner nach der Sonderart seiner Schuld leichter (z. B. nur für grobe Fahrlässigkeit oder nur für solche, wie in eigenen Angelegenheiten) haftet, erhöht sich seine Haftung jedenfalls von jetzt ab auf solche für jede Fahrlässigkeit, § 287 Satz 1.

b) Aber weit mehr noch: mit dem Eintritte des Verzugs fällt ihm die Verantwortung zu sogar für Zufall; zufällig („unverschuldet") eintretende Unmöglichkeit befreit ihn jetzt nicht mehr; vielmehr haftet er auf vollen Schadensersatz, „es sei denn" (d. h. ihm liegt der Nachweis dafür ob, um sich von solcher Haftung zu befreien!) „daß der Schaden auch bei rechtzeitiger Leistung eingetreten[1]) sein würde", § 287 Satz 2. So hat er von nun ab wesentlich die Gefahr der Leistung zu tragen.

III. Der Verzug des Schuldners erlischt, sobald dieser Erfüllung der Schuld, in dem jetzt geschuldeten Maße (also mit den aus dem bisherigen Verzug hinzugekommenen Zinsen u. s. f.) und in der jetzt geschuldeten Art (z. B. Schadensersatz statt der unmöglich gewordenen ursprünglichen Leistung) seinem Gläubiger anbietet.[2]) Namentlich beschränkt sich damit die Haftung des Schuldners wieder auf das Maß, wie es vor Eintritt des Verzugs aus dem Schuldverhältnisse sich ergab.

---

[1]) Z. B. das zu liefernde Pferd wäre nachweisbarermaßen auch im Stalle des Käufers, wenn es rechtzeitig in denselben überführt worden wäre, gefallen. Es sei an die Schwierigkeit eines solchen Beweises unter der Hypothese verändert gedachter Vergangenheit erinnert (vgl. oben S. 329 btr. lucrum cessans), der hier nicht durch gesetzliche Bestimmungen (wie dort § 252 Satz 2) erleichtert ist.

[2]) Über den Begriff des „Anbietens" und was dem gleichsteht siehe den folgenden Paragraphen. — Außerdem können natürlich die Verzugsfolgen vertragsmäßig erlassen werden, z. B. durch Stundungsvertrag.

2. Verzug des Gläubigers.[1]) §§ 293—304.

§ 105.

I. Mit dem Verzuge des Gläubigers (auch Annahmeverzug geheißen) betreten wir ganz anderes Gebiet, so lange wenigstens, wie wir daran festhalten, daß dieser in dem vorliegenden Rechtsverhältnisse ausschließlich Gläubiger, d. h. Forderungsberechtigter ist, also nur Inhaber eines Rechts im subjektiven Sinne, dem also das betreffende Rechtsgut nicht aufgedrängt, sondern nur zur Verfügung gestellt werden soll. — Nimmt ein solcher Gläubiger nicht an, so kann das nicht als Unrecht seinerseits angesehen werden; es kann sich nur darum handeln, daß er die Lage seines Schuldners nicht darf willkürlich verschlimmern können. Deshalb sind einerseits die Rechtsnachteile, die ihn wegen seines Verzugs treffen, weit geringer als die des Schuldnerverzugs; andererseits treten sie auch ein ohne jede Rücksicht darauf, ob dem Gläubiger eine „Schuld" beigemessen werden kann oder nicht: liegt doch irgendwelche Rechtspflichtsverletzung seinerseits überhaupt nicht vor.

1. Verzug zufolge Leistungsangebot ist die regelmäßige Erscheinungsform des Annahmeverzugs, d. h. Leistungsangebot von seiten des Schuldners die regelmäßige Voraussetzung seines Eintrittes.

a) Das Anerbieten der Leistung, um das es sich hier handelt, ist entweder ein tatsächliches oder ein bloß wörtliches.

aa) Tatsächliches Angebot, sog. Realofferte, Hinhalten, Darreichen der Leistung ist das ganz Reguläre, § 294.

bb) An Stelle dessen tritt bloß wörtliches Angebot, sofern nur dahinterstehende wirkliche Leistungsbereitschaft nicht nachweisbar mangelt (§ 297), wenn Gläubiger schon vorher dem Schuldner erklärt hat, daß er die Leistung nicht annehmen werde, oder wenn zur Bewirkung der Leistung eine Handlung des Gläubigers erforderlich ist, insbesondere wenn der Gläubiger die geschuldete Sache abzuholen hat, § 295 Satz 1.

---

[1]) Kohler, Der Gläubigerverzug, in Kohlers Archiv 13, 149 fg. — Die herrschende Meinung vertritt dagegen Leo Rosenberg, Der Verzug des Gläubigers, dogm. Jahrb. 43, 141 fg. — Außerdem: Hirsch, Zur Revision der Lehre vom Gläubigerverzuge. — Förtsch, i. d. Deutschen Jur.-Zeit. 7, 64 fg. — Ältere Literatur wie zum vorigen Paragraphen; außerdem: Kohler, i. d. dogm. Jahrb. 17, 261 fg. — v. Schey, Begriff und Wesen der mora creditoris im österr. und im gem. Recht.

b) Angeboten werden muß natürlich die Leistung so, wie jetzt geschuldet. Teilangebot z. B. genügt nicht, es sei denn ausnahmsweise der Schuldner zu Teilleistungen berechtigt, sonst nicht einmal zur Herbeiführung des Verzugs auch nur für den angebotenen Teil, § 266. War die Leistung schuldhaft verspätet, aber nicht ganz unmöglich, noch nicht für den Empfänger wertlos geworden, so ist z. B. zum Angebote Schadensersatz für die Verspätung beizufügen. Wer die Leistung anbietet, ist gleichgültig, wenn nur das Angebotene voll und ganz die geschuldete Leistung ist, s. § 267 und oben S. 305.

c) Endlich muß natürlich hinzukommen, daß der Gläubiger die gebotene Leistung nicht annimmt, z. B. nicht mitwirkt zur Übereignung der angebotenen Geldstücke an sich selbst[1]) bei dem Versuch des Schuldners, eine Geldschuld zu erfüllen. Wo der Schuldner ohne jede Mitwirkung des Gläubigers erfüllen kann,[2]) ist Annahmeverzug des Gläubigers nicht wohl denkbar.

d) Von einer Schuld des Gläubigers ist nicht die Rede, also auch nicht von einem Entschuldigungsgrunde der Nichtannahme auf seiten des Gläubigers als von einem Ausschlußgrunde seines Verzuges. Der Gläubiger mag z. B., weil er gutgläubig meinte, es werde ihm nichts oder nichts mehr geschuldet, das Angebot abgewiesen haben, so tritt doch Verzug gegen ihn ein. Nur falls ihm zu einer nicht vorher bestimmten, zufällig inoportunen Zeit angeboten wurde, kann er kurzen Aufschub verlangen, § 299.

2. Verzug ohne Leistungsangebot tritt ausnahmsweise ein:

a) in folgenden beiden Fällen, nämlich

aa) wenn zur Bewirkung der Leistung eine Handlung des Gläubigers erforderlich ist, durch die an diesen gerichtete Aufforderung zur Vornahme derselben, § 295 Satz 2; und

bb) selbst ohne diese Aufforderung, durch den bloßen Eintritt des Kalendertages, wenn jene zur Bewirkung der Leistung von seiten des Gläubigers erforderliche Handlung kalendermäßig (von selbst oder

---

[1]) Zur Übereignung bedarf es eines Vertrags zwischen dem, der Eigentum übertragen will, und dem, der es erwerben soll; es kann also letzterem nicht aufgedrängt werden.

[2]) Er ist z. B. seinen Nachbarn gegenüber verpflichtet, auf eigenem Grund und Boden einen Graben zu ziehen, der dem Gute des Nachbarn als Wasserabfluß dienen soll; sobald er diesen Graben gegraben hat, ist seine Verpflichtung erfüllt, mag der Nachbar den Graben benutzen oder nicht.

auf Kündigung hin) feststeht und nun ausbleibt, § 296, entsprechend der Sachlage für den Schuldnerverzug.

b) Doch muß hier wieder (wie zu § 295 Satz 1) hinzutreten, daß nicht dahinterstehende wirkliche Leistungsbereitschaft von seiten des Schuldners nachweisbar mangelt, § 297.

3. Folgen des Annahmeverzuges sind deshalb bloß[1]):

a) Garantie- und Sorgfaltsverpflichtung des Schuldners, soweit sie bis dahin bestanden, gehen (umgekehrt analog zu ihrer Steigerung bei Leistungsverzug) zurück auf Vertretung von Vorsatz und grober Fahrlässigkeit, § 300 Abs. 1.

b) Sonst zu leistende Zinsen für eine Geldschuld fallen während des Verzuges fort, § 301.

c) Die Verpflichtung auf Ersatz derjenigen Nutzungen, die gezogen werden können (fructus percipiendi) geht herab auf die wirklich gezogenen (fructus percepti), § 302.

d) Durch das erfolglose Angebot und durch den Annahmeverzug weiter entstehende Mehraufwendungen (z. B. Lagerkosten) hat der Gläubiger dem Schuldner zu ersetzen, § 304.

e) Zur Preisgabe des angebotenen Gegenstandes auf Gefahr des Gläubigers ist Schuldner nicht etwa berechtigt, sondern regelmäßig nur zu Hinterlegung oder was dem gleichsteht, s. unten § 108. Nur falls das Schuldverhältnis auf Herausgabe eines Grundstücks geht, berechtigt der Eintritt des Annahmeverzuges den Schuldner dazu, dessen Besitz aufzugeben, nachdem er dies vorher, soweit tunlich, dem Gläubiger angedroht hat, § 303: denn bei Grundstücken wird dies kaum für den Gläubiger allzu harte Folgen haben.

4. Diese soeben dargestellten Verzugsfolgen werden teils ergänzt, teils etwas umgestaltet durch eine uns schon bekannte (s. oben § 95 5 c) Regel betreffend einen besonderen Fall des Annahmeverzugs, wenn es sich nämlich handelt um eine Gattungsschuld, um deren Konzentration und Erfüllung. Hier bestimmt ja nämlich § 300 Abs. 2 als weitere Verzugsfolge den Gefahrübergang, d. h. die Konzentration auf den angebotenen individualisierten Erfüllungsgegenstand,[2]) aber nur, falls als Annahmeverzug vorliegt ein solcher mit

---

[1]) Namentlich wird nicht etwa durch den Annahmeverzug der Schuldner seiner Verpflichtung ohne weiteres los und ledig.

[2]) Ist diese Sache noch nicht vollständig individualisiert, sondern z. B. ein 50-Literfaß Wein, aus dem Gläubiger sich so geschuldete 10 Liter holen

Leistungsangebot,[1]) nicht ein solcher ohne Leistungsangebot. So ergeben sich hier folgende Möglichkeiten:

a) Konzentration und Verzug treten beide ein, zufolge desselben Tatbestandes. Dann treten auch alle Folgen beider ein, sowohl Gefahrübergang auf den Gläubiger, wie Herabsetzung der Haftung des Schuldners, § 300 Abs. 1, soeben 3 a, wie die sonstigen Verzugsfolgen, soeben 3 b—e. Als jener einheitliche Tatbestand kann wieder doppeltes in Betracht kommen, ohne daß die beiden Möglichkeiten sich ausschlössen:

aa) Schuldner tut alles zur Leistung Erforderliche und darin liegt zugleich, von selbst, das Angebot an den Gläubiger, das diesen bei Nichtannahme in Verzug versetzt; Konzentration aus § 243 Abs. 2 und zugleich aus § 300 Abs. 2, Verzug aus § 294 oder aus § 295 Satz 1. Das wird am häufigsten vorkommen.

bb) Schuldner setzt den Gläubiger durch Leistungsangebot in Verzug; Verzug wie soeben, Konzentration aus § 300 Abs. 2.

b) Konzentration und Verzug treten wieder beide ein, aber zufolge verschiedener Tatbestände; Rechtsfolgen genau wie soeben. — Möglichkeit wieder doppelt:

aa) Schuldner tut alles zur Leistung Erforderliche, darin liegt jedoch noch keine Verzugsetzung; diese wird außerdem herbeigeführt durch Aufforderung oder Eintritt eines Kalendertages; Konzentration nach § 243 Abs. 2; Verzug nach § 295 Satz 2 oder nach § 296.

bb) Konzentration tritt ein zufolge irgend eines anderen Konzentrationsgrundes,[2]) z. B. Hinterlegung[3]) oder sonstwie,[4]) ohne daß bereits alles zur Leistung Erforderliche vom Schuldner getan wäre,

---

soll, so tragen jetzt Gläubiger und Schuldner die Gefahr der Verschlechterung und des Untergangs gemeinsam, im Verhältnisse von 4 : 1.

[1]) Sei nun der Verzug selbst erst zufolge Leistungsangebot, oder wäre er auch ohne solches Angebot (soeben unter 2) eingetreten, falls nur dann noch das Angebot hinzukommt. Dieses mag übrigens real oder bloß wörtlich sein; jede Form genügt.

[2]) S. oben § 95, 5 die übrigen Möglichkeiten.

[3]) Hinterlegung als Konzentrationsmittel kommt hauptsächlich in Betracht, wo Angebot an den Gläubiger aus einem in dessen Person liegenden Grund ohne Fahrlässigkeit des Schuldners nicht möglich ist, d. h. im Falle der Berechtigung zur Hinterlegung auch ohne vorangehenden Annahmeverzug, § 372 Satz 2, vgl. unten § 108, 6.

[4]) Z. B. etwa beim Kaufe oder bei ähnlichen Geschäften gemäß gesetzlicher Sonderbestimmung durch Absendung der Ware an einen anderen als den Erfüllungsort, vgl. unten § 127, auch oben § 95, 5 b, Note.

daneben ergibt sich Verzug wie soeben aus § 295 Satz 2 oder aus § 296.

c) Wie aber, wenn nun Konzentration und Gefahrübergang auf den Gläubiger einerseits, Verzugseintritt andererseits auseinanderfallen? Auch dies wieder ist nach zwei Seiten möglich:

aa) Es ist konzentriert, indem der Schuldner alles Erforderliche getan hat, ohne daß Annahmeverzug eingetreten wäre, indem weder angeboten (oben Nr. 1), noch aufgefordert (oben Nr. 2a, aa), noch ein kalendermäßiger Termin, der so wirken könnte (oben Nr. 2 a, bb) vorhanden ist.[1]) Dann treten eben alle Wirkungen der Konzentration ein und keinerlei Wirkungen des Verzuges. Namentlich also haftet der Schuldner auch wegen leichter Fahrlässigkeit in bezug auf die Sache, auf welche sich das Schuldverhältnis konzentriert hat; er hat Zinsen weiter zu zahlen; u. s. f.

bb) Es ist Annahmeverzug (nämlich ohne Leistungsangebot) herbeigeführt, ohne daß (auf welche Weise auch immer) Konzentration herbeigeführt wäre.[2]) Dann treten die Konzentrationsfolgen nicht ein. Treten aber die Verzugsfolgen vollständig ein, wie man zunächst, auch mangels jeder gesetzlichen Sonderbestimmung,[3]) an-

---

[1]) Z. B. die Verpflichtung des Schuldners geht, ohne kalendermäßige Terminsbestimmung, ausdrücklich nur darauf, daß Schuldner eine gewisse Quantität einer generisch bestimmten Sache für die Abholung durch den Gläubiger bereitzustellen hat. Er tut dies, bietet das Bereitgestellte aber weder an, noch fordert er zu dessen Abholung auf. — Der Fall einer solchen ausdrücklichen Abmachung ist aber nicht mit der gewöhnlichen Holschuld zu verwechseln, bei der Schuldner keineswegs bloß bereitzustellen, sondern dem Gläubiger, wenn dieser dann zum Abholen kommt, noch die Sache zu übergeben, meist auch zu übereignen hat. Dann hat durch das bloße Bereitstellen Schuldner noch nicht alles Erforderliche getan; es ist also weder Konzentration noch Annahmeverzug herbeigeführt; daraus erwächst dann beides (soeben a, bb), wenn Schuldner anbietet; bloß letzterer, wenn Schuldner zum Abholen auffordert, folgender Fall (c, bb) des Textes.

[2]) Beispiel s. z. E. voriger Note; oder auch der Fall einer Holschuld mit kalendermäßig bestimmtem Termin zum Holen, wenn nicht Schuldner außerdem noch anbietet, vom Eintritte jenes Termins ab. Verzug hier selbstverständlich stets nur gemäß § 295 Satz 2 oder § 296, da sonst ja der Verzug selbst Konzentration herbeiführt.

[3]) Eine solche ist nicht, obschon oft dafür zitiert, § 279; denn dem gegenüber ist hier § 300 Abs. 1, der bei Verzug die Haftung, auch die Garantie- oder casus-Haftung auf dolus und culpa lata herabsetzt, lex specialis. Höchstens könnte man sich auf den Zusammenhang zwischen § 300 Abs. 1 und § 300 Abs. 2 berufen.

nehmen möchte? Dabei bleibt es auch zweifellos für diejenigen Verzugsfolgen, die soeben unter Nr. 3 b—e aufgezählt sind. Bedenklicher aber steht es um Nr. 3 a, Herabgang der Haftung des Gläubigers auf solche wegen Vorsatzes und grober Fahrlässigkeit, gemäß § 300 Abs. 1. Denn da hier nach wie vor ein ganzes genus geschuldet ist, mit allen darin liegenden Leistungsmöglichkeiten, nicht eine einzelne konkrete Sache[1]): worauf soll sich denn da Vorsatz und grobe Fahrlässigkeit, worauf Wegfall der Haftung für Zufall und für leichte Fahrlässigkeit beziehen? Man wird unterscheiden müssen: Findet sich ein solches Objekt, auf das § 300 Abs. 1 hier, trotz nicht eingetretener Konzentration, sich beziehen läßt,[2]) so wird es bei der Haftungsminderung sein Bewenden haben können; anderenfalls, falls sich kein solches Objekt findet,[3]) kann eben von einer solchen Wirkung des Verzuges nicht mehr die Rede sein.

5. Der Annahmeverzug wird getilgt durch des Gläubigers Annahmebereitschaft, falls er sie erklärt und dabei den Ersatz der Mehraufwendung anbietet. Von diesem Augenblick ab hören die Verzugswirkungen auf, z. B. auch die geringere Sorgfaltshaftung in bezug auf die behufs Erfüllung einer gewissen Obligation ange-

---

[1]) Mag auch eine solche vom Schuldner ausgesondert, zur Leistung bestimmt und bereitgestellt sein; solche einseitige Bestimmung zur Leistung konzentriert eben nicht; die ausgesonderte Sache wird dadurch nicht zum Leistungsgegenstand.

[2]) Das wird der Fall sein, falls die generische Bestimmung eine engere ist, sodaß sie nur eine bestimmte, übersehbare Anzahl geeigneter Leistungsindividuen umfaßt, s. oben § 95, 1 a zweite Gruppe von Beispielen. Schuldet also z. B. A dem B eine Flasche Wein aus seinem Keller und es tritt Annahmeverzug ohne Konzentration ein: so geht die Haftung des A herab auf solche bloß wegen Vorsatzes und grober Fahrlässigkeit, freilich nicht in bezug auf eine etwa von ihm zur Leistung ausgesonderte Flasche Wein; aber wohl in bezug auf seinen ganzen Keller. Geht während des Verzugs sein ganzer Weinbestand im Keller zugrunde unter Umständen, welche A bei stärkerer Sorgsamkeit hätte vermeiden können, so ist er der Schuld gegen B damit ledig und kann Gegenleistung verlangen, s. unten § 123, II, 2 a, bb.

[3]) Dies wird der Regelfall sein, falls nämlich die generische Obligation eine weitere ist, bezüglich auf eine unendliche Anzahl von darunter fallenden Individuen, s. oben § 95, 1 a erste Gruppe von Beispielen. Hier trägt also der Schuldner trotz des Verzugs seines Gläubigers die ganze Gefahr ungeschmälert weiter, bis er (durch Leistungsangebot gemäß § 300 Abs. 2 oder sonstwie) Konzentration herbeiführt, womit die Sachlage in die soeben unter a, bb oder b, bb geschilderte Rechtslage übergeht.

botene Sache. Bei der Konzentration auf diese Sache aber, auch wenn sie erst durch den Verzug eingetreten war, und bei der dadurch bewirkten Gefahrtragung bleibt es selbstverständlich.

II. All dies ändert sich wesentlich, sobald es sich um einen Gläubiger handelt, von dem auch seinerseits der Schuldner gegen Erfüllung der ihm (diesem Schuldner) obliegenden Pflicht Erfüllung einer anderen Pflicht Zug um Zug verlangen kann, § 298.

1. Deshalb braucht noch nicht eben ein vollständig gegenseitiges Schuldverhältnis vorzuliegen, sondern es genügt jede unvollständige Gegenseitigkeit, die z. B. ein Zurückbehaltungsrecht begründet (§ 273, s. oben § 93), ja es genügt selbst schon die Quittungsverpflichtung des Gläubigers, wenn Schuldner Quittung verlangt hat, § 368, vgl. oben S. 317.

2. Nunmehr wechselt der Gesichtspunkt: Der Gläubiger weist nicht mehr (oder nicht mehr bloß) etwas ab, was ihm schließlich, wenn er es nicht will, nicht aufgedrängt werden soll; sondern er versagt sich einer ihm obliegenden Leistungspflicht. Deshalb hier zwei weitere Bestimmungen:

a) Ein solcher Gläubiger kommt auch dann schon in Annahmeverzug,[1]) wenn er zwar bereit ist, die angebotene Leistung anzunehmen, die verlangte Gegenleistung aber nicht anbietet, § 298.

b) Gegen einen solchen Gläubiger wird die Zwangsvollstreckung auf Eintreibung der Gegenleistung dem Schuldner ohne weiteres, d. h. ohne Bewirkung der eigenen Leistung, möglich, sofern nur rechtskräftige Verurteilung vorliegt, obschon diese Verurteilung auf Erfüllung Zug um Zug lauten mag § 274 Abs. 2. Es wird gewissermaßen das Urteil für die nicht in Verzug befindliche Seite der Einschränkung auf Vollstreckbarkeit Zug um Zug ledig und dadurch praktisch einseitig vollstreckbar. Doch gilt dies nicht für § 368.

3. Dieser Gesichtspunkt kann aber schließlich noch weit stärker in den Vordergrund treten in folgenden Fällen:

a) Wenn es sich um ein voll gegenseitiges Schuldverhältnis handelt, s. unten § 124, II.

b) Wenn die dem Gläubiger seinerseits obliegende Verpflichtung gerade (unter anderem oder allein) darauf abgeht, dem Schuldner die

---

[1]) Auch dieser Annahmeverzug bewirkt zugleich bei Gattungsschulden Konzentration oder nicht, je nachdem er durch Angebot der Sache oder anderswie herbeigeführt ist, vgl. soeben I, 4.

Leistung abzunehmen, z. B. beim Kauf § 433 Abs. 2. Liegt es dann so, daß der Käufer gerne zu zahlen bereit ist, aber die ihm angebotene Ware nicht abnimmt,[1] so gerät er dadurch gleichzeitig (für seine Lieferungsberechtigung) in Annahmeverzug und (für seine Abnahmeverpflichtung) in Erfüllungsverzug, sofern nur auch die subjektiven Erfordernisse dieses letzten vorliegen, die bei ersterem nicht erforderlich sind (Schuld, § 285). Dann wird also dieser Schuldner selbstverständlich in bezug auf jeden von beiden Leistungsgegenständen (Lieferung und Abnahme derselben) je die Folgen der ihn treffenden Verzugsart gleichzeitig zu tragen haben.

Zweites Kapitel.

Erlöschen der Schuldverhältnisse.

I. Unter Befriedigung des Gläubigers.

1. Erfüllung.[2] §§ 362—371.

§ 106.

I. Das Schuldverhältnis erlischt, wenn diejenige Zukunftsgestaltung hergestellt ist, auf deren Herbeiführung es gerichtet ist, § 362 Abs. 1.

1. Diese Zukunftsgestaltung muß voll und ganz hergestellt sein, in rechter Weise, am rechten Ort, zur rechten Zeit, nicht bloß zum Teil, § 266.

2. Wie sie hergestellt ist, verschlägt nichts.

a) Ob also der Schuldner selbst oder ein Dritter für ihn oder gar der Zufall (wo dies der Natur der Leistung nach möglich ist) es bewirkt hat, ist für das Erlöschen dieses Schuldverhältnisses[3]) bedeutungslos, § 296, vgl. oben § 91, I, 1.

---

[1]) Es handelt sich z. B. um Sperrgut; der Käufer will gerne den Preis zahlen, aber die Sachen, die er nicht mehr unterzubringen weiß, möchte er los sein; er erbietet sich deshalb dem Verkäufer zu zahlen, will aber von der Übernahme der Sache nichts wissen.

[2]) Wesentlich nur ältere Literatur: Gruchot, Lehre von der Zahlung der Geldschuld. — Römer, Beiträge z. d. Lehre v. d. Erfüllung. — Außerdem etwa v. Collatz, i. d. dogm. Jahrb. 40, 127.

[3]) Anders für ein etwa beteiligtes Gegenseitigkeitsverhältnis.

b) Ebensowenig, ob dem Gläubiger unmittelbar geleistet worden ist, wenn diesem die Leistung nur voll und ganz zugeht. Deshalb ist Erfüllung nicht nur Leistung an den Gläubiger selbst oder an dessen Empfangsbevollmächtigten [1]) oder Empfangsermächtigten, sondern auch das leistungsmäßige Gelangen des zunächst nur einem sonstigen Dritten geleisteten Erfüllungsgegenstandes an den Gläubiger — freilich erst dies Gelangen, falls es eintritt und von dem Zeitpunkt ab, in dem es eintritt, nicht schon das Übergeben der Leistung an den Dritten. Wegen der Wege, auf welchen so die zunächst einem Dritten gemachte Leistung an den Gläubiger gelangen kann, s. § 185, gemäß § 362 Abs. 2. Sicher geht also der Schuldner nur, wenn er dem Gläubiger selbst oder einem Empfangsbevollmächtigten leistet; dann ist in dem Augenblick erfüllt, in dem an eine solche Person geleistet ist; als so bevollmächtigt gilt stets der Überbringer einer Quittung für die darin quittierte Leistung, „sofern nicht die dem Leistenden bekannten Umstände der Annahme einer solchen Ermächtigung entgegenstehen", § 370.

3. Schwierigkeiten entstehen, falls aus mehreren Schuldverhältnissen zu gleichartigen Leistungen derselbe Schuldner demselben Gläubiger verpflichtet ist und nun eine Leistung gemacht wird, deren Umfang zur Tilgung aller dieser Schuldverhältnisse nicht hinreicht. Auf welches der mehreren Schuldverhältnisse ist sie dann anzurechnen? [2]) Es entscheidet die Bestimmung des Schuldners, jedoch mit folgender näheren Maßgabe:

a) Sind außer der Hauptleistung Zinsen und Kosten zu entrichten, so ist Schuldner verpflichtet, zu bestimmen, daß auf diese die Leistung zunächst anzurechnen sei. Zur Erfüllung dieser Pflicht kann er nicht direkt gezwungen werden; auch bei Verletzung derselben bleibt es bei seiner anderweitigen Bestimmung; dann kann aber Gläubiger die Annahme der Leistung ablehnen und damit den Schuldner in Verzug setzen; § 367.

b) Sonst ist die Bestimmungsmöglichkeit des Schuldners [3]) frei, § 366 Abs. 1.

---

[1]) Der im voraus erteilten Vollmacht tritt hier wie durchweg die nachträgliche Genehmigung rückwirkend zur Seite; wegen der Ermächtigung vgl. oben § 66, 5, bes. wegen der Anweisung auf Schuld unten § 148, 3d.

[2]) Henrici, i. d. dogm. Jahrb. 14, 428 fg. — Struckmann, ebenda, 15, 251 fg. — Henrici, ebenda, 32, 99 fg.

[3]) Es ist kein Anspruch, sondern ein Könn-Recht; seine Bestimmung legt die Beziehung der Leistung fest.

c) Macht der Schuldner von seinem Bestimmungsrecht keinen Gebrauch, so gilt die gemachte Leistung als anzurechnen zunächst auf ausstehende Zinsen und Kosten, sodann auf die fällige Schuld, unter mehreren fälligen Schulden auf die für den Gläubiger weniger sichere, unter mehreren gleich sicheren Schulden auf die für den Schuldner lästigere (z. B. verzinsliche, wenn eine andere unverzinslich ist), unter mehreren gleich lästigen auf die ältere, schließlich mangels aller dieser Bevorzugungsmerkmale auf jede von ihnen gleichmäßig, § 366 Abs. 2.

4. Gegen Leistung kann Schuldner Quittung (auf seine Kosten) und Herausgabe eines etwa über die Schuld ausgestellten Schuldscheins verlangen, §§ 368, 369, 371.

5. Erfüllung einer Geldschuld heißt besonders Zahlung.

II. Die Erfüllung als solche tilgt das Schuldverhältnis, die Tatsache der Erfüllung, nicht irgend ein dahinter liegender Parteiwille oder gar Parteivertrag. — Das legt die Frage nahe: Ist die Erfüllung ein Rechtsgeschäft? Ist sie etwa gar ein zweiseitiges Rechtsgeschäft, ein Vertrag, zusammengesetzt aus Erfüllungsanerbieten von der einen, Annahme von der andern Seite?

1. Ob die Erfüllung von seiten des Schuldners ein Rechtsgeschäft sein muß, ergibt sich aus ihrem Gegenstande. Ist dieser (s. oben S. 319) bloß ein tatsächliches Ereignis, so mag dasselbe dem Gläubiger ohne Rechtsgeschäft verschafft werden können und dann bedarf es eben auch keines schuldnerischen Rechtsgeschäfts zur Erfüllung (z. B. bei einer Arbeitsleistung). Handelt es sich dagegen um ein Recht, so wird der Schuldner dasselbe nicht ohne rechtliche Verfügung, d. h. nicht ohne Rechtsgeschäft, dem Gläubiger zu verschaffen vermögen.

2. Ob es einer Mitwirkung seitens des Gläubigers bedarf, ist gleichfalls lediglich den Umständen zu entnehmen.

a) Das gilt zunächst, falls die schuldnerische Erfüllungstätigkeit eine rein tatsächliche ist. Mag sein, daß alsdann Mitwirkung des Gläubigers nötig ist, z. B. materielle Abnahme des durch Boten oder Post übersandten Gegenstandes oder Anweisung des Ortes, wo die Arbeiten auszuführen sind, und dergl.; mag auch sein, daß dergl. nicht nötig ist, z. B. der Bote schiebt das Paket mit dem Leistungsgegenstand [1]) durch ein offenes Fenster ins Haus des Bestellers, die

---

[1]) Dieser ist hier nicht gedacht als ein erst noch behufs Erfüllung zu übereignender, sodann als ein bloß seinem Eigentümer zurückzugebender; z. B. das

Arbeit ist an einem festgestellten Orte auf freiem Felde auszuführen und wird dort, ohne jede weitere Inanspruchnahme von Mitwirkung des Gläubigers, ausgeführt. Auch in den Fällen letzterer Art liegt volle Erfüllung vor, also Erlöschen des Schuldverhältnisses.

b) Ebenso, wenn die Tätigkeit des Schuldners behufs Erfüllung rechtsgeschäftliche Elemente in sich schließt. Handelt es sich z. B. um Übereignung an den Gläubiger, so bedarf es einer Mitwirkung desselben; handelt es sich dagegen um Leistung an einen Dritten oder z. B. um Erfüllung der obligationsmäßig seitens des Schuldners übernommenen Verpflichtung, einen Nießbrauch aufgeben zu wollen, der eine bewegliche Sache des Gläubigers beschwert, so genügt Mitwirkung des Dritten oder gar einseitige, dem Besteller des Nießbrauches[1]) zugehende Aufgabeerklärung des Nießbrauchers, § 1064.

3. Aus der Einteilung und aus den Beispielen der vor. Nummer ergibt sich gleichzeitig, ob und wann die Mitwirkung des Gläubigers eine bloß tatsächliche oder eine rechtsgeschäftliche sein muß; offenbar ist letzteres, selbst wo seine Mitwirkung nötig, durchaus nicht stets notwendig der Fall.

4. Die Antwort lautet also: Nein; Erfüllung als solche ist kein Rechtsgeschäft; erstrecht kein Vertrag; sondern sie gibt nur oft zu Rechtsgeschäften und zu Verträgen Anlaß, vollzieht sich oft in Form von solchen. Dies Ergebnis und die Unterscheidungen, die uns zu ihm geführt haben, sind aber von größter praktischer Wichtigkeit. Folgendermaßen:

a) Soweit zur Erfüllung kein Rechtsgeschäft des Schuldners gehört, kann auch ein absolut Geschäftsunfähiger die ihn belastenden Schulden durch Erfüllung tilgen.

b) Soweit zur Erfüllung keine Mitwirkung des Gläubigers gehört, wird es nicht zum Verzuge der Annahme kommen; sondern die Erfüllung des Schuldners tilgt das Schuldverhältnis, mag nun der Gläubiger vorher protestieren oder nachher erklären, „er verweigere Annahme" oder gar die empfangene Leistung zurückschicken, preisgeben oder dergl.

Schuldverhältnis des Schuldners ging darauf, eine Reparatur an ihm vorzunehmen und ihn dem Eigentümer zurückzubringen.

[1]) Man nehme etwa an, daß dieser Besteller ein anderer ist, als der jetzige Eigentümer der Sache, der zugleich Gläubiger in unserem Falle ist. So hat dieser Gläubiger nicht einmal als Adressat der Aufgabeerklärung mitzuwirken.

c) Soweit zur Erfüllung keinerlei oder wenigstens keine rechtsgeschäftliche Mitwirkung[1]) des Gläubigers nötig ist, kommt es auf dessen Handlungsfähigkeit nicht an. Mag einem Wahnsinnigen die ausgebesserte Sache (s. S. 355 Note 1) zurückgegeben werden, der sie sofort zertrümmert oder verschenkt: die Obligation ist erfüllt und erloschen; es sei denn, daß der Schuldner um diese Verhältnisse wußte und darum nach Lage der Sache und gemäß der allgemeinen Verpflichtung auf Treu und Glauben, § 242, ein anderes Verhalten von ihm hätte beobachtet werden müssen.

5. Von der hier besprochenen, unter Umständen zur Erfüllung und dann auch zur Vermeidung von Annahmeverzug des Gläubigers notwendigen tatsächlichen oder rechtsgeschäftlichen Annahme des Gläubigers ist endlich wohl zu scheiden die nur selten (so beim Werkvertrag) ihm pflichtgemäß obliegende, häufig aber freiwillig und besonders stillschweigend[2]) abgegebene rechtsgeschäftliche Willenserklärung des Gläubigers, er nehme eine ihm als Erfüllung angebotene Leistung als Erfüllung an.[3]) Auf diese „Annahme" (sonst auch im Gesetze, z. B. in § 640, „Abnahme" genannt) bezieht sich die Beweisverschiebung des § 363. Nämlich:

a) Im allgemeinen hat Schuldner, falls er Erlöschen der Obligation durch Erfüllung in Anspruch nimmt, nachzuweisen, daß seine Leistung wirklich „Erfüllung" in vollem Sinne des Wortes gewesen ist, genau und vollständig die geschuldete Leistung so, wie sie zu machen war; es trifft ihn die Beweislast, auch bezüglich des Umfanges, der Nebenumstände u.s.f.

---

[1]) Als solche ist auch anzusehen der bloße Umstand, daß der Gläubiger ausschließlicher Adressat einer behufs Erfüllung der Obligation erforderlichen, vom Schuldner abzugebenden einseitigen empfangsbedürftigen Willenserklärung wäre; § 131.

[2]) Zur Vermeidung von Verwechslungen und Rechtsverlusten wird daher, wer in dem einen Sinn annehmen möchte, um (falls die Leistung Erfüllung sein sollte, was Empfänger jetzt noch nicht ganz zu übersehen vermag) nicht in Annahmeverzug zu kommen, während er in dem anderen Sinn nicht annehmen möchte (um sich für den Fall, daß es sich umgekehrt verhalten sollte, nichts zu vergeben) vorsichtigerweise seine „Annahme" mit einer ausdrücklichen Erklärung in diesem Sinne, einem Protest, daß sie nicht Annahme im Sinne des § 363 sein solle, begleiten: Vorbehaltsannahme. Ebenso mag der Schuldner unter Vorbehalt für den Fall, daß sich später seine Nichtschuld herausstelle, zahlen; vgl. Liebknecht, Vorbehaltszahlung und Eventualaufrechnung.

[3]) Lehmann, i. d. Deutsch. Jur.-Ztg. 7, 491 fg. — Rosenberg, i. d. dogm. Jahrb. 43, 245 fg. — Jacobi, ebenda, 45, 259 fg.

b) Hat dagegen Gläubiger in diesem besonderen Sinne „angenommen", so geht diese Beweislast umgekehrt auf ihn über, § 363.

c) Noch weitergehende Wirkung der Annahme, daß sie nämlich einen Verzicht auf Rüge der Mängel oder sonst einen Rechtsverzicht enthalten soll, ist denkbar, aber nicht ohne weiteres anzunehmen.

d) Wegen einer besonderen Bedeutung dieser Annahme für den Fall des Kaufes später, s. einstweilen § 464. Wegen der noch viel weitergehenden Bestimmungen beim beiderseitigen Handelskaufe s. HGB. §§ 377, 378.

2. Hingabe an Erfüllungsstatt.[1] § 364.

§ 107.

1. Etwas anderes als das eigentlich Geschuldete an Erfüllungsstatt hinzugeben, um sich damit zu befreien, hat Schuldner kein Recht; es bedarf dazu stets eines Entgegenkommens seitens seines Gläubigers.

2. Dieses Entgegenkommen kann aber verschiedene Stufen haben.

a) Der Gläubiger nimmt, was ihm an Erfüllungsstatt angeboten ist, bloß entgegen, um zu versuchen, sich daraus (z. B. durch Versilberung der betreffenden Sache, durch Eintreibung einer ihm abgetretenen Forderung) Befriedigung zu verschaffen. Nur nachdem er sich solche und nur soweit er sich solche verschafft haben wird, soll dann das Schuldverhältnis zwischen seinem Schuldner und ihm erlöschen. Man wird im Zweifel ein noch weitergehendes Entgegenkommen des Gläubigers anzunehmen kein Recht haben; ausdrücklich bestimmt dies das BGB. für den Fall, daß das, was Gläubiger so erhält, nur ein neuer Anspruch gegen den Schuldner selbst (z. B. ein Wechsel auf den Schuldner)[2]) ist; § 364 Abs. 2.

b) Der Gläubiger nimmt das ihm an Erfüllungsstatt Angebotene an Erfüllungsstatt an. Alsdann erlischt das Schuldverhältnis, § 364 Abs. 1. Der bisherige Schuldner aber haftet für das Hingegebene in bezug auf Rechtsfehler oder Sachmängel wie ein Verkäufer, § 365.

---

[1]) Römer, Leistung an Zahlungsstatt.

[2]) Wechselbegebung für eine Schuld ist also nicht Zahlung! Im Zweifel ist Einräumung eines neuen Anspruches in Höhe und zu Zwecken der alten Schuld nicht Aufhebung dieser letzteren (sog. novatio, Aufhebung einer alten Schuld durch Bestellung einer neuen), sondern nur Bestätigung und Bestärkung derselben (sog. constitutum debiti proprii).

Es hat eine Art Verkauf unter Aufrechnung des Kaufpreises gegen den Wert der Schuld stattgefunden.

3. Hinterlegung.[1] §§ 372—386.

§ 108.

1. Ist der Gläubiger im Verzuge der Annahme, so muß dem Schuldner ein Mittel geboten werden, um ohne Verlust seinerseits sich von der Schuld endgültig befreien zu können; um stärkere Entlastung zu seinem Gunsten herbeizuführen, als sie schon von selbst durch den Annahmeverzug eintritt.

2. Solches Mittel ist die Hinterlegung der Leistung auf Kosten des Gläubigers bei einer dazu bestimmten öffentlichen Stelle, mit der Anweisung, daß das Hinterlegte an den Gläubiger, sobald sich dieser zur Annahme entschließt, herauszugeben ist[2]) — jedoch, falls es sich um Leistungen Zug um Zug handelt, nur gegen Bewirkung der Gegenleistung seinerseits.

3. Die Wirkung des Mittels ist verschieden stark, je nachdem es selbst in verschiedener Stärke angewandt wird, nämlich als vorläufige oder als endgültige Hinterlegung.

a) Vorläufige Hinterlegung: d. h. Hinterlegung, bei welcher der Hinterlegende das Recht[3]) behält, das Hinterlegte beliebig zurückzuziehen, solange es nicht dem Gläubiger verabfolgt oder der Hinterlegungsstelle die Annahme durch den Gläubiger erklärt oder ein rechtskräftiges Urteil zu dessen Gunsten vorgelegt ist. Im Zweifel und ohne besondere Erklärung des Schuldners ist nur diese schwächere Hinterlegung vorgenommen. Dieselbe befreit den Schuldner nicht voll, sondern beschränkt nur seine Haftung auf das Hinterlegte und darauf, daß er dem Gläubiger dessen Einholung ermögliche; d. h. so lange diese Hinterlegung dauert, hat der Gläubiger an Stelle seiner bisherigen Forderung nur noch ein Recht auf das Hinterlegte, ohne Zinsen noch Nutzungen. Nimmt der Schuldner die hinterlegte Sache zurück, so gilt die Hinterlegung als nicht erfolgt.

---

[1]) Beer, Hinterlegung. — Hellwig, Verträge auf Leistungen an Dritte, 442 fg.

[2]) Es handelt sich um einen Vertrag mit der Hinterlegungsstelle zu Gunsten eines Dritten.

[3]) Von den Eigentümlichkeiten dieses Rechts s. in § 377; (Hellwig a.a.O. S. 457 fg.).

b) Endgültige Hinterlegung, d. h. solche, bei welcher der Schuldner der Hinterlegungsstelle erklärt, daß er auf das Recht zur Rücknahme verzichte. Diese Erklärung ist trotz ihrer Einseitigkeit so, wie sie gemeint ist, bindend.[1]) Deshalb Wirkung: Der Schuldner wird von seiner Verbindlichkeit befreit, dieselbe erlischt, als hätte Schuldner an Gläubiger geleistet.

c) Die ursprüngliche vorläufige Hinterlegung kann in jedem Augenblick von dem Schuldner durch Abgabe der betreffenden Erklärung zur endgültigen gesteigert werden. Wirkung: Das dann eintretende Erlöschen des Schuldverhältnisses wird auf die Zeit, in der zuerst, wennschon nur vorläufig, hinterlegt worden ist, zurückbezogen.

4. Von der geschehenen Hinterlegung ist Gläubiger tunlichst zu benachrichtigen. Sein Recht erlischt, soweit es noch mangels Endgültigkeit der Hinterlegung bestanden haben sollte, vollends, wenn er sich nicht binnen dreißig Jahren nach Empfang dieser Anzeige bei der Hinterlegungsstelle meldet. Gleichzeitig wird der Schuldner zur Rücknahme berechtigt, auch wenn die Hinterlegung eine endgültige gewesen ist. — Ergänzend wirken die landesrechtlichen Möglichkeiten des Art. 145.

5. Durch dieses Institut der Hinterlegung kann aber seiner Natur nach dem Schuldner nur soweit geholfen werden, wie es sich um ihrer Natur nach hinterlegbare Sachen (Geld, Wertpapiere, Urkunden, Kostbarkeiten, s. auch Art. 146) als Leistungsgegenstände handelt. Wie in anderen Fällen?

a) Für Schuldner unbeweglicher Sachen ist gesorgt durch die Sonderbestimmung der Preisgebbarkeit § 303, s. oben § 105, I, 4 e.

b) In anderen Fällen bleibt nichts übrig, als den Leistungsgegenstand versteigern[2]) zu lassen und den Erlös zu hinterlegen. Ebenso wird verfahren, falls die Sache an sich zur Hinterlegung nicht ungeeignet wäre, aber ihr Verderb zu besorgen oder die Aufbewahrung mit unverhältnismäßigen Kosten verbunden ist.

---

[1]) Natürlich in bezug auf das oben unter a geschilderte Recht der beliebigen jederzeitigen Rücknahme; nicht als Verzicht auf das Recht aus § 382! — Der Abgabe dieser Erklärung durch den Schuldner steht gleich das Vorliegen der Umstände, die der Vorläufigkeit der Hinterlegung ein Ende machen, § 376 Abs. 2 Nr. 2 und 3.

[2]) Oder, wenn er einen Börsen- oder Marktpreis hat, ihn zu diesem laufenden Preise durch öffentlich befugte Vermittelungsperson veräußern zu lassen.

6. Vorstehende Regeln kommen dem Schuldner nicht bloß bei Annahmeverzug seines Gläubigers zu statten, wie bisher vorgetragen, sondern auch, § 372 Satz 2, bei ähnlicher Rechtslage, wenn nämlich Schuldner aus einem anderen in der Person des Gläubigers liegenden Grunde ohne Fahrlässigkeit seinerseits nicht oder nicht mit Sicherheit dem Gläubiger leisten kann. So namentlich, falls Schuldner schuldlos nicht genau weiß, wer sein Gläubiger ist; z. B. es melden sich mehrere Personen als Erben des ursprünglichen Gläubigers oder als Einzelrechtsnachfolger desselben in die Forderung. Es würde aber auch schon genügen, wenn Gläubiger verzogen wäre, ohne von seinem neuen Wohnsitze dem Schuldner Kunde zu geben, und dieser neue Wohnsitz nun nicht mit Sicherheit zu ermitteln wäre. In dergleichen Fällen wird die Hinterlegung auch für Interpellation und Konzentration eintreten müssen.

4. Aufrechnung.[1]) §§ 387–396.

§ 109.

I. Grundlagen und Wesen. — Wenn A dem B 50, zahlbar heute, und B dem A gleichfalls 50, zahlbar heute, schuldet, so wäre es unpraktisch, unökonomisch und unsicher, diese fünfzig hin und her zu zahlen. Wer von den beiden gegen den Wunsch des andern auf

---

[1]) Lippmann, i. d. dogm. Jahrb. 32, 157 fg. — Kohler, in Buschs Zeitschr. 20, 1 fg. — F. Leonhard, Die Aufrechnung. — Geib, Über die Behandlung der Kompensationseinrede. — Kohler, in Buschs Zeitschr. 24 1 fg. — Geib, im Archiv f. d. zivilist. Praxis, 85, 161 fg. — Weismann, ebenda, 26, 1 fg. — Siber, Kompensation und Aufrechnung. — Weismann, in Buschs Zeitschr. 26, 1 fg. — Fitting, in Hallischer Festgabe für Dernburg. — Wach, in Buschs Zeitschr. 27, 1 fg. — Schrutka-Rechtenstamm, Richtigkeit der Forderungen als Voraussetzung der Komp. — Binder, Rückwirkung der Aufrechnung, in seinen und Bernhöfts Beiträgen, Heft 1. — Lippmann, i. d. dogm. Jhrb. 43, 435 fg. — Örtmann, im „Recht" 6, 447 fg. — F. Leonhard, in Kohlers Archiv 21, 171 fg. — Über Eventualaufrechnung besonders: Stölzel, Schulung für die civilist. Praxis, 2. Teil. — Eccius, in Gruchots Beiträgen 42, 15 fg. — Förtsch, ebenda, 225 fg. — Stölzel, in Buschs Zeitschr. 24, 50 fg. und 415 fg. — Über Aufrechnung gegen Lohnforderungen bes. Fuld, i. d. Blättern f. Rechtsanwendung 66, 77 fg. 101 fg. — Burchardt, i. d. Deutsch. Jur.-Zeit. 5, 262 fg. — Metzger, ebenda, 7, 47. — Ältere Literatur. Dernburg, Die Kompensation nach Römischem Recht, 2. Aufl. 1868. — Eisele, Kompensation nach röm. u. gem. Recht. — Brinz, i. d. Jhrb. des gemeinen Rechts 1, 24. — Ubbelohde, Ipso jure compensatur.

einem solchen Erfüllungsmodus bestände, würde sich fast dem Verdacht aussetzen, nur seinerseits 50 empfangen und sich dann seiner Leistung entziehen zu wollen: denn welches Interesse hätte er sonst an seinem Verhalten?[1]) Man wird also jedem Beteiligten ein Recht auf Aufrechnung einräumen, ohne daß sie davon Gebrauch zu machen genötigt wären; sie können sich gegenseitig die Aufrechnung aufdrängen, ohne daß ihnen dieselbe von Rechtswegen aufgedrängt würde (nicht: ipso jure compensatur); es wird darauf ankommen, ob einer von beiden sein Forderungsrecht so aufgeben will, um seiner Schuld ledig zu werden, oder nicht. Es liegt also in der Ausnutzung der rechtlich einem jeden von beiden eröffneten Möglichkeit eine Verfügung auch über das eigene Recht, welche nicht vorweggenommen werden soll; aber immerhin ist es so naheliegend und wahrscheinlich, daß eine solche Verfügung stattfinden wird, man ist allgemein in Handel und Wandel so gewohnt, diese Verfügung als etwas, was selbstverständlich vollzogen werden wird, anzusehen, daß schon ihre Möglichkeit genügt, um zwischen den beiden aufrechenbaren Schuldverhältnissen schon jetzt gegenseitige, schwebende Einwirkungen herzustellen.

Von diesen Anschauungen etwa ausgehend, gelangt unser Recht zu folgendem Aufbau dieses Rechtsinstituts.

1. Die Aufrechenbarkeit verleiht ein Gegenrecht, in die Hand des dazu Berechtigten so gelegt, daß er durch formlose, einseitige, empfangsbedürftige Erklärung der Ausübung desselben (die sog. Aufrechnungserklärung) gleichzeitig seine Forderung und seine Schuld zum Erlöschen bringt; bis dahin bestehen sie beide.

2. Aber auch schon der Zustand der Aufrechenbarkeit hat Rechtsfolgen, die also allerdings ipso jure eintreten. Die Sache liegt ähnlich, wie wenn ein Recht mit einer dauernden Einrede behaftet ist: es besteht noch, aber es erleidet Schmälerungen, auch bevor die Einrede ausgeübt wird,[2]) da man eben stets mit deren vorliegender Ausübbarkeit rechnen muß.

3. Der Unterschied des aufrechenbaren und des einredebehafteten Anspruches liegt darin: ersterer wird durch Ausübung des betreffenden Gegenrechts aufgehoben, letzterer bloß gehemmt. Dieser Unterschied macht sich auch vor Ausübung des Gegenrechts geltend.

---

[1]) l. 8 pr. D. de doli mali exceptione 44, 4: dolo facit qui petit quod redditurus est.

[2]) Wegen dieses Vergleiches s. oben § 18, 3 b u. 6; wegen der einzelnen Folgen s. sofort unten II, 3.

4. Die Stellung der beiden Aufrechnungsbeteiligten braucht nicht genau die gleiche zu sein. Das dabei aufgegebene Recht mag etwas stärker sein als das, von dessen Erfüllung der Aufrechnende sich befreit, nur nicht umgekehrt. So ergibt sich ein Unterschied, wer aufrechnet; A, der stärker Berechtigte,[1]) mag ein Aufrechnungsrecht gegen B haben, während B keins (oder noch keins) hat gegen A. Nur darf der Unterschied zwischen beiden Ansprüchen nicht so weit gehen, daß der eine Anspruch ganz schwach und inhaltlos wäre; denn sonst würde die sog. (einseitige, rückwirkende) Aufrechnung des A tatsächlich einen (der Vertragsform bedürftigen, nicht rückwirkenden) Schulderlaß darstellen; es würde das wesentlich onerose Rechtsgeschäft zum liberalen werden, wenn nicht gar zur Schenkung.

5. Wir unterscheiden:

a) Die Forderung, die aufgerechnet, d. h. behufs Aufrechnung hingegeben, von dem Aufrechnenden preisgegeben wird, worin der Aufrechnende Gläubiger ist: zur Aufrechnung verwendbare Schuld.

b) Die Forderung, gegen welche aufgerechnet wird, die mit dem Gegenrecht des Aufrechnenden behaftet ist, von der der Aufrechnende sich befreit, worin er Schuldner ist: durch Aufrechnung tilgbare Schuld. Sie mag etwas schwächer sein, als jene.

II. Aufrechenbarkeit.

1. Voraussetzungen der Aufrechenbarkeit sind:

a) Solche, welche für beide Schuldverhältnisse gleichmäßig zutreffen müssen, nämlich:

aa) die beiden Leistungen müssen auf wirtschaftlich gleiche Güter gehen, z. B. beide auf Geld oder sonst auf vertretbare Sachen gleicher Art.

bb) Der Schuldner des einen Verhältnisses muß der Gläubiger des anderen sein und umgekehrt;[2]) Bürgen oder sonst Drittbeteiligte stehen dem nicht gleich.

b) Solche, welche für das durch Aufrechnung tilgbare Schuldverhältnis bestehen müssen, nämlich:

[1]) Wie weit A, wenn er die Forderungen für gleich stark hält und sich nur infolge dieses Irrtums dazu entschloß, aufzurechnen, die so zugunsten des B durch irrtümliche Selbstschädigung entstandene Bereicherung zurückzufordern in der Lage ist, ist eine weitere Frage, die nicht hierher gehört, sondern in die Bereicherungslehre.

[2]) In dieser Beziehung gelten der Ordnung halber verschiedene Kassen des Reichs oder desselben Bundesstaates oder desselben Kommunalverbandes als verschiedene Subjekte, § 395.

aa) Der aufrechnende Teil muß in der Lage sein, Annahme der Leistung, falls er sie jetzt anböte, von seinem Gläubiger verlangen zu dürfen, wozu die Schuld ja nicht eben, vgl. oben § 103, 1 a, fällig zu sein braucht. Wäre das Schuldverhältnis ein zugunsten des Gläubigers noch betagtes, so darf dem Gläubiger dieses sein Recht nicht auf dem Wege der Aufrechnung entzogen werden. Wo aber auch vor Fälligkeit Erfüllung, da ist nicht minder Aufrechnung möglich.

bb) Der aufrechnende Teil muß wirklich Schuldner des anderen Teils sein. Sollte er dies bloß irrtümlich meinen oder wissentlich simulieren z. B. wegen einer Spiel- oder Wettschuld,[1]) so läge nicht Aufrechnung vor, sondern Hingabe einer wahren Obligation behufs Erfüllung einer Nichtobligation, § 762 Abs. 1 Satz 2. — Dagegen bedeutungslos,[2]) ob die wirklich bestehende, durch Aufrechnung tilgbare Schuld einredebehaftet oder anfechtbar oder dgl. ist; wer statt der Einrede sich zu bedienen oder anzufechten, aufrechnet, verzichtet eben auf jene anderen Gegenrechte; § 390 Satz 1 ist hier nicht anwendbar.

cc) Die durch Aufrechnung zu tilgende Schuld darf nicht aus einer vorsätzlich begangenen unerlaubten Handlung des Aufrechnenden herrühren;[3]) eine solche Forderung ist privilegiert, so daß sie nicht dieser Tilgungsart unterliegt, § 393.

dd) Ebenso privilegiert sind andere Forderungen, nämlich die der Pfändung nicht unterworfenen und die gewisser Unterstützungskassen. § 394.

c) Solche, welche für das zur Aufrechnung verwendbare Schuldverhältnis bestehen müssen, nämlich:

aa) Die betr. Schuld muß fällig sein; wer noch nicht Erfüllung fordern kann, kann sich einer ihm jetzt obliegenden Leistung[4]) nicht durch Berufung auf eine zukünftige Gegenforderung entziehen.

bb) Das Schuldverhältnis muß vollgültig und unanfechtbar

---

[1]) Die im juristischen Sinne keine ist.

[2]) Für die Aufrechenbarkeit; wegen Kondiktion s. oben.

[3]) Ich kann also z. B. nicht mir sagen: X schuldet mir 100 M., die ich sonst nie von ihm bekommen werde; ich mache mir also das Vergnügen, ihm vorsätzlich auf unerlaubte Weise Schaden für 100 M. zuzufügen; und rechne dann auf. Vielmehr müßte ich, wenn ich so handelte, bar zahlen.

[4]) Sind beide Leistungen erst in Zukunft fällig, so mögen sie alsdann aufrechenbar werden; sie sind es aber jetzt noch nicht, §§ 387, 388 Satz 2.

sein. Solange es auch nur mit einer dilatorischen Einrede behaftet ist, ist es zur Aufrechnung unverwendbar, § 390 Satz 1. Es darf auch nicht etwa beschlagnahmt sein, arg. § 392.

d) Haben beide Schuldverhältnisse sämtliche Eigenschaften, sowohl des zur Aufrechnung verwendbaren wie des durch Aufrechnung tilgbaren Schuldverhältnisses, so haben beide Beteiligte das Aufrechnungsrecht, sonst bloß der, welcher Gläubiger in dem zur Aufrechnung verwendbaren Schuldverhältnis ist.

2. Voraussetzungen der Aufrechenbarkeit sind dagegen nicht:

a) Gleicher Leistungs- oder Ablieferungsort; er sei denn von ausschlagend wesentlicher Bedeutung; sonst findet Ausgleich durch Schadenverrechnung statt; § 391.

b) Gleicher Betrag der gleichartigen Leistungen; die zu tilgende Schuld kann größer sein als die zur Aufrechnung verwendbare Forderung; dann muß freilich der Aufrechnungserklärung Angebot der Barzahlung für den Überschuß beigefügt werden, damit nicht auf diesem Umwege Gläubiger zur Entgegennahme von Teilerfüllung genötigt werden; § 389 (verbis „soweit" u. s. f.) u. § 266.

c) Gleiche Liquidität (d. h. Klarheit des Bestandes, des Betrages und der Beweisbarkeit) beider Ansprüche; vielmehr hat Illiquidität des einen von ihnen nur prozessuale Folgen, ZPO. § 145 Abs. 3 u. § 302 Abs. 1.

3. Wirkung der Aufrechenbarkeit. — Hierher gehören folgende Erscheinungen:

a) Es tritt ein Schwebezustand ein in bezug auf jedes von beiden Schuldverhältnissen, die aufrechenbar einander gegenüberstehen, folgender Art:

aa) Wenn sich nachträglich entscheidet, daß es zur Aufrechnung kommt, so treten die Folgen derselben nun schon rückwärts in Wirkung für die Zeit vom Augenblick der Aufrechenbarkeit ab; d. h. in der Zwischenzeit fällig gewordene Zinsen oder Vertragsstrafen stellen sich als nicht geschuldet heraus, in der Zwischenzeit scheinbar eingetretener Verzug stellt sich als nie eingetreten heraus und überhaupt Ergebnisse belastender oder gar bestrafender Art, die aus der Nichtberichtigung der einen oder anderen Schuld sonst folgen würden, sind beseitigt;[1]) § 389.

---

[1]) Nicht weiter; die Tatsache, daß bis zu durchgeführter Aufrechnung zwei Schuldverhältnisse bestanden, bleibt aufrecht.

bb) Wenn sich nachträglich entscheidet, daß es nicht zur Aufrechnung kommt, so bleibt es, wie während der Zwischenzeit, bei dem unveränderten Bestehen beider Schuldverhältnisse.

b) Es entsteht für den Gläubiger eines jeden von beiden zur Aufrechnung verwendbaren Schuldverhältnissen ein festes, wohlerworbenes Gegenrecht gegen das andere Schuldverhältnis. Daß dies ein festes, jetzt schon bestehendes Recht ist, äußert sich in folgenden Punkten:

aa) Es geht dem Berechtigten nicht verloren dadurch, daß nachträglich, wennschon vor Aufrechnung, das zur Aufrechnung verwendbare Schuldverhältnis mit der Einrede der Verjährung behaftet wird; auch eine verjährte kann gegen eine unverjährte Schuld aufgerechnet werden, wenn sie nur beide unverjährt waren, als sie zur Aufrechnung geeignet einander zuerst gegenübertraten, § 390 Satz 2.

bb) Es geht den Berechtigten nicht unverzüglich[1]) verloren dadurch, daß der andere Teil, von einem Rücktrittsrechte oder Kündigungsrechte Gebrauch machend, eines der beiden Schuldverhältnisse aufhebt, §§ 357, 554 Abs. 2.

cc) Es geht dem Berechtigten endlich auch nicht dadurch verloren,[2]) daß das durch Aufrechnung vernichtbare Schuldverhältnis jetzt nachträglich durch Forderungsübertragung Gläubiger wechselt oder beschlagnahmt wird, §§ 406, 492, sondern bleibt auch gegen den neuen Gläubiger, auch nach der Beschlagnahme in Kraft, wenn es nur erworben war[3]) vor der Kenntnis des Berechtigten von dem Gläubigerwechsel oder vor Beschlagnahme (nicht: vor Kenntnis von derselben!). S. ferner auch KO. §§ 53—56.

---

[1]) Wohl aber, wenn es dann nicht unverzüglich ausgeübt wird.

[2]) Daß es ihm unter denselben Umständen sogar erworben wird, s. unten § 111, II, 2, a, bb.

[3]) Mehr besagen nicht die beiden Ausnahmen in §§ 406 und 492, nur daß sie die Fälle, in welchen es eintreten kann, daß die Aufrechenbarkeit erst später eintritt als der Gläubigerwechsel oder die Beschlagnahme, positiv kennzeichnen. — Z. B. eine Kaufpreisforderung (das durch Aufrechnung vernichtbare Schuldverhältnis) ist am 1. Januar fällig, das dagegen zur Aufrechnung verwendbare Darlehen am 1. Februar; Beginn der Aufrechenbarkeit: 1. Februar; wird die Kaufpreisforderung vorher beschlagnahmt, so kommt keine Aufrechenbarkeit zur Entstehung; wird sie nachher beschlagnahmt, so bleibt es zugunsten des aufrechnungsberechtigten Darlehensgläubigers bei der Kompensierbarkeit: hatte dieser doch vielleicht nur deshalb nun sich entschlossen, das Darlehen noch etwas anstehen zu lassen, weil er sich durch seine Kaufpreisschuld und deren Aufrechenbarkeit gedeckt wußte.

4. Die Wirkungen der Aufrechenbarkeit, Schwebezustand und Gegenrecht, gehen unter:

a) Durch Ausübung dieses letzteren; oder

b) dadurch, daß vor seiner Ausübung auf eine andere als eine der drei soeben (3 b, aa—cc) aufgeführten Weisen eines der beiden Schuldverhältnisse fortfällt oder das zur Aufrechnung verwendbare in eine Lage kommt, infolge deren es, wenn sie von jeher bestanden hätte, nie zur Aufrechnung verwendbar gewesen wäre. Namentlich also auch dadurch, daß das zur Aufrechnung verwendbare Recht mit irgend einer anderen Einrede als derjenigen der Verjährung behaftet wird.

III. Aufrechnung.

1. Aufrechnung tritt ein, wenn ein Aufrechnungsberechtigter von diesem seinen Rechte durch einfache, an den anderen Beteiligten zu richtende Willenserklärung Gebrauch zu machen erklärt.

2. Diese Willenserklärung „ist unwirksam, wenn sie unter einer Bedingung oder einer Zeitbestimmung abgegeben wird", § 388 Satz 2: denn es soll Klarheit geschaffen sein darüber, ob die beiden Schuldverhältnisse bestehen oder aufgehoben sind; doch ist sog. Eventualaufrechnung, d. h. ihre Erklärung bloß für den Fall, daß der Erklärende zu der hierdurch eventuell zu tilgenden Leistung sonst verurteilt werden würde (nicht für den Fall, daß er der Verurteilung auch ohne Aufrechnung entgehen könnte) im Prozesse unentbehrlich und deshalb zulässig.

3. Übrigens kann die Aufrechnungserklärung im Prozesse (dies bes. häufig) und außerhalb desselben, durch den Berechtigten oder durch einen Bevollmächtigten (bes. auch den Prozeßbevollmächtigten) desselben erfolgen: es ist stets nur zuzusehen, ob der Wille der ist, das Aufrechnungsrecht auszuüben, oder ob bloß eine zukünftige Ausübung dieses Rechts angekündigt werden soll; letzterenfalles ist natürlich noch keine Aufrechnung da.

4. Stehen dem zur Aufrechnung verwendbaren mehrere durch Aufrechnung tilgbare Schuldverhältnisse gegenüber,[1]) so hat unter diesen der Aufrechnende ein ähnliches Bestimmungsrecht, wie der leistende Schuldner, vgl. oben S. 354; doch kommt ein (nur unverzüglich ausübbares) Widerspruchsrecht des andern Teils hinzu,[2])

---

1) Seeler in Kohlers Archiv, 15, 104 fg.

2) Zwei selbständige Könnrechte, Bestimmungsrecht der einen, Widerspruchsrecht der anderen Seite, nicht Vertrag! Anders Dernburg II, 1, 294.

falls der Aufrechnende dabei von der mangels Bestimmung innezuhaltenden Reihenfolge (derselben wie oben S. 355) abweicht.

5. Wirkung der eingetretenen Aufrechnung ist Erlöschen beider Schuldverhältnisse, soweit sie sich decken, mit Rückwirkung auf den Zeitpunkt des Beginns der Aufrechenbarkeit, s. oben II 3 a, aa.

IV. Vorstehende Grundsätze über die Aufrechnung sind die, welche von Gesetzes wegen gelten, so daß sie wenigstens dem einen der beiden Beteiligten aufgedrängt werden können. Sie unterliegen aber, als dispositives Recht, vertraglicher Abänderung.

1. Sie können eingeengt werden, d. h. es kann durch Parteiabrede alle Aufrechenbarkeit ausgeschlossen oder dieselbe an schwerere Bedingungen geknüpft werden (z. B. beim Kontokorrentvertrage bezüglich der einzelnen Posten bis zur Abrechnung).

2. Sie können aber auch ausgedehnt werden, bezüglich alsdann erst zu begründender Schuldverhältnisse oder zur Regelung bereits entstandener Schuldverhältnisse, indem über die daraus fälligen oder erst später fällig werdenden Leistungen, die sonst an sich nicht aufrechenbar wären, Parteien einen Aufrechnungsvertrag schließen. Namentlich auch kann derselbe zwischen mehr als zwei Personen, zur Ausgleichung zwischen ihnen bestehender Schuldverhältnisse auf Einen Schlag, geschlossen werden,[1]) bis zu der geschäftsmäßigen Abwicklung aller in einem gewissen Personenkreise (z. B. der Börsenbesucher) jeden Tag fälligen Ansprüche durch Ausgleiche untereinander (sog. Skontration, clearing-house-Einrichtung). Solche Aufrechnungsverträge stehen juristisch in der Mitte zwischen der Einigung über Hingabe an Erfüllungsstatt und dem entgeltlichen Erlaßvertrage.

II. Ohne Befriedigung des Gläubigers.

§ 110.

1. Erlaß.[2]) „Das Schuldverhältnis erlischt, wenn der Gläubiger dem Schuldner durch Vertrag die Schuld erläßt", § 397 Abs. 1. Erlaß ist also der freiwillige vertragliche Verzicht des Gläubigers auf sein Forderungsrecht, gleichviel, ob er und wie weit er befriedigt ist oder nicht.

---

[1]) Z. B. A schuldet B 100, B schuldet C 100, C schuldet A 100: diese drei treten zusammen und kompensieren ihre drei Schuldverhältnisse einfach so, daß keiner etwas zu leisten noch zu empfangen hat. Vgl. auch unten § 148.

[2]) Hartmann, im Archiv f. d. zivilist. Praxis 85, 1 fg. (unvollendet).

a) Meist ist der Erlaß liberal gemeint; er kann aber auch gegen eine Gegenleistung erfolgen. Wäre diese Gegenleistung Bestellung einer neuen Forderung zwischen denselben Parteien, so läge eine Art Novation vor, s. oben S. 358 Note 2.

b) Erlassen sich mehrere an demselben Vertragsverhältnisse Beteiligte gegenseitig Ansprüche, so spricht man wohl von freiwilligem Rücktritt, Auflösung des Vertrages, mutuus dissensus.

c) Der Erlaß läßt sich auch einkleiden in Form einer Quittung oder eines sonstigen Anerkenntnisses darüber, daß ein Schuldverhältnis nicht oder nicht mehr bestehe;[1]) nur muß entsprechender Erklärungswille vorliegen, mit dem Bewußtsein mindestens eventueller Wirkung auf Vernichtung des Schuldverhältnisses, soweit ein solches tatsächlich noch bestehen sollte. Wer bloß quittieren, d. h. ohne Rechtsverfügung bloß dem Zahlenden pflichtgemäß einen Beweis über das, was nach der Meinung des Quittierenden tatsächlich geschehen ist, in die Hand geben will, erläßt nicht. Wer weitergehenden Willen des Quittierenden behauptet, wird ihn zu beweisen haben. Hinzu kommt, daß, um diese Erlaßwirkung zu üben, nicht einseitige Quittung genügt, sondern ein Vertrag Not tut, d. h. also Annahme von der anderen Seite hinzutreten muß. Doch kann diese stillschweigend erfolgen. Vgl. § 397 Abs. 2 und betreffend Rückforderbarkeit wegen Irrtums § 812 Abs. 2.

2. Rücktritt oder Widerruf, sei es freiwilliger, sei es in Ausübung eines (bedungenen oder gesetzlichen) Rücktritts- oder Widerrufsrechts erklärt. Er beendet die Schuldverpflichtung bald von da ab, bald rückwärts; besonders von Kündigung[2]) statt von Rücktritt oder Widerruf pflegt man aber zu reden, wenn dadurch ein dauerndes Schuldverhältnis für die Fortdauer, nicht für die bisher entstandenen Zweigschuldverhältnisse, zu Ende gebracht werden soll, z. B. Kündigung der Miete, des Gesellschafts- oder Auftrags-Verhältnisses. Weiteres s. besonders unten in § 122 über den Rücktritt vom gegenseitigen Vertrage.[3])

---

[1]) Literatur über diesen negativen und ebenso unten § 117, II über den positiven Anerkenntnisvertrag s. oben bei der Lehre vom abstrakten Vertrage, zu § 49, II, 1.

[2]) Dagegen nicht hierher gehörig Kündigung, sofern diese nicht Ende, sondern Fälligkeit des Schuldverhältnisses bewirkt; s. oben § 103, 3; z. B. Kündigung des Darlehns.

[3]) Denn einzig bei einem solchen pflegt man vom „Rücktritt“ zu reden.

3. Wegen Untergang des Schuldverhältnisses in den Fällen, in welchen Unmöglichkeit den Schuldner befreit, s. früher.

4. Tod eines Beteiligten bringt das Schuldverhältnis nur ganz ausnahmsweise zum Erlöschen, wenn es nämlich von dem Schuldner oder an den Gläubiger höchstpersönlich zu erfüllen war.

5. Konkursrechtlicher Erlöschensgrund, nämlich Zwangsvergleich, d. i. eine Art von Erlaß der Schuld über das durch den Zwangsvergleich festgesetzte Maß der Befriedigung hinaus (vgl. KO. § 197), vgl. auch oben S. 61.

6. Vereinigung von Schuld und Forderung in derselben Hand (sog. Konfusion),[1]) etwa durch Erbgang oder auch durch Abtretung unter Lebenden, muß, ohne besondere Rechtsbestimmung, selbstverständlich das Schuldverhältnis vernichten. Jedoch ist

a) fraglich, wie weit das auch für und gegen die Drittbeteiligten wirkt, z. B. Bürgen, andere unter mehreren Gesamtschuldnern oder -gläubigern; darüber später bei den Lehren von der Bürgschaft, von der Gesamtschuld u. s. f.; und

b) muß dies so scheinbar untergegangene Schuldverhältnis natürlich wieder in Kraft treten, wenn der Rechtsgrund, infolgedessen es zur Vereinigung gekommen ist, nachträglich kraftlos und die Vereinigung deshalb wieder aufgehoben wird,[2]) vgl. §§ 2143, 2175, auch 1976, beschränkter § 2377.

7. Rechtskräftiges Urteil, das den tatsächlich bestehenden Anspruch aberkennt, ist, wennschon nicht formal juristisch, so doch tatsächlich in jeder Beziehung Aufhebung des zugrunde liegenden Schuldverhältnisses ohne jeden praktischen Rest.

Zwar könnte man sich auch im anderen Falle ein Rücktrittsrecht und einen Rücktritt denken, z. B. vom Schenkungsversprechen, vom Versprechen auf Hingabe eines Darlehns (§ 610), aber das GB. spricht in solchen Fällen lieber von einem „Widerruf". Auch wäre wohl von sämtlichen Vorschriften, die das GB. über den Rücktritt in §§ 346—361 gibt, auf solchen Rücktritt von einseitigem Vertrage, d. h. auf das Widerrufsrecht, höchstens etwa anwendbar § 355 und § 359, außer den für solche Könn-Rechte wie Erklärung des Rücktritts oder des Widerrufes ohnehin regelmäßig wiederkehrenden Vorschriften der §§ 349, 356.

[1]) Kretschmar, Die Theorie der Konfusion.

[2]) Z. B. der Schuldner beerbt seinen Gläubiger, der ipso jure eingetretene Erbschaftserwerb wird durch Ausschlagung der Erbschaft seitens des Schuldners rückgängig, dann muß er jedem andern, der nun Erbe wird, zahlen, vgl. § 1953 Abs. 1. — Für das Wechselrecht s. Wechselordnung Art. 10, 98.

Drittes Kapitel.

Die Subjekte der Schuldverhältnisse.

I. Wechsel derselben.

1. Des Gläubigers.[1]) §§ 398—413.

§ 111.

Außer durch Erbgang kann das Schuldverhältnis Gläubiger wechseln durch Übertragung (Zession). Diese Zession kann sein eine gesetzliche oder eine gerichtliche oder eine gewillkürte. Der Übergang der Forderung auf einen anderen Gläubiger durch gerichtliche Überweisung und dessen Wirkung richtet sich nach zivilprozessualen Regeln, ist also nicht hier zu behandeln. Auf den gesetzlichen und den gewillkürten Übergang finden im wesentlichen dieselben Bestimmungen Anwendung, § 412, diese beiden Fälle können hier also zusammen behandelt werden. Es gilt da folgendes:

I. Der Gläubiger-Wechsel soll bewirken, daß an Stelle des bisherigen Gläubigers ein anderer, als Rechtsnachfolger jenes ersteren, in die Obligation eintritt. Ein solcher Vorgang, an dem man sich unter der Herrschaft älterer Rechtsanschauungen, namentlich rein Römischer, früher vielfach stieß, erscheint uns heute als selbstverständlich zulässig, ja als unentbehrlich.

1. Es kommt dazu:

a) falls das Gesetz Forderungsübergang[2]) in einzelnen Fällen vorschreibt,[3]) einfach von selbst in dem Augenblicke, in dem die dafür vom Gesetze vorgeschriebenen Voraussetzungen vorliegen;

b) gewillkürtermaßen durch Vertrag zwischen den beiden Gläu-

---

[1]) Danz, im Archiv f. d. zivilist. Praxis 74, 240 fg. — Martinius, in Gutachten aus dem Anwaltsstande, 52 fg., 1294 fg. — v. Blume, Novation, Delegation und Schuldübertragung. — Ältere Literatur (stark antiquiert): Mühlenbruch, Lehre v. d. Zession d. Forderungsrechte, 1. Aufl. 1817, 3. Aufl. 1836. — Alb. Schmid, Die Grundlehren der Zession. — Betr. eine Einzelheit: Heuer, Straus und Abrahamsohn, i. d. Deutsch. Jur.-Zeit. 8, 28 fg. u. 342 fg.

[2]) Nicht bloße Verpflichtung des Gläubigers dazu, eine solche rechtsgeschäftlich zu bewirken.

[3]) Vgl. z. B. § 268 Abs. 3, § 426 Abs. 2, § 774 Abs. 1 (Fall des Bürgen) u. s. f.

digern, dem, der es bisher war, und dem, der es von jetzt ab sein oder von einem zukünftigen, in diesem Vertrage irgendwie festgesetzten Zeitpunkte ab werden soll. Der Übergang erfolgt durch den gültigen Abschluß dieses Abtretungsvertrages, in dem darin gewillkürten Zeitpunkte; einer weiteren besonderen Ausführungstätigkeit dazu bedarf es nicht; es sei denn, daß jener Vertrag noch nicht eine solche, sondern nur schwächere Wirkung[1]) sich besonders beilegt.

2. Damit die Wirkung dieser Vorgänge eintrete, muß jedoch das Schuldverhältnis ein abtretbares sein.[2]) Als abtretbare gelten heute im Zweifel alle, auch zukünftige Schuldverhältnisse, d. h. Schuldner hat im Zweifel keinen Anspruch darauf, nur an seinen ursprünglichen Gläubiger leisten zu dürfen, obschon ihm das bequemer, persönlich angenehmer und dergl. sein mag. Auf solche individuelle Empfindungen kann der Forderungsverkehr heute keine Rücksicht mehr nehmen — es liege denn ein anderes in der Natur des betreffenden Schuldverhältnisses, oder wäre besonders von den Parteien vereinbart. Daher folgende Ausnahmen von der allgemeinen Abtretbarkeit des Schuldverhältnisses:

a) Falls das betreffende Forderungsrecht unter Lebenden überhaupt unübertragbar ist; s. oben § 46, I, 2 und 3.

b) Falls die Vereinbarung zwischen Parteien besonders dahin getroffen ist, daß Abtretung nicht erfolgen solle. Die Forderung wird dadurch unübertragbar, nicht etwa bloß der Gläubiger obligatorisch verpflichtet, sich der Übertragung zu enthalten, vgl. oben § 46, II, 3. Dies kann ausdrücklich oder stillschweigend verabredet sein, im Zweifel gilt es der Natur der betreffenden Schuldverhältnisse entsprechend als verabredet z. B. beim Vorkaufsrecht § 514, bei Ansprüchen auf Dienste § 613 Satz 2, bei dem Anspruche auf Ausführung eines Auftrages § 664 Abs. 2.

3. Tritt die Wirkung ein, so ist sie nach beiden Seiten hin

---

[1]) Nämlich bloß zu einer zukünftigen Zession verpflichtende Wirkung; dann bedarf es später noch eines Abtretungsvertrages.

[2]) Eine ganz andere Frage, wie weit Ansprüche aus andern als Schuldverhältnissen, namentlich familien- und erbrechtliche Ansprüche abtretbar sind. Man wird diese Frage bei jedem Familien- oder Erbrechte für sich prüfen müssen. Dagegen Ansprüche aus dinglichem Rechte sind ohne weiteres unbedenklich im Zweifel abtretbar, vgl. auch § 413; jedoch Stampe, im Archiv f. d. civil. Praxis 80, 305 fg.

eine vollständige: der alte Gläubiger ist es gar nicht mehr, der neue ist es voll und ganz an seiner Stelle.

a) Der alte Gläubiger verliert alle seine Rechte; er ist verpflichtet, dem neuen Gläubiger Auskunft zu erteilen, Beweispapiere zu übergeben und auszustellen u.s.f.

b) Der neue Gläubiger tritt ganz in die Rechtslage ein, wie sie bezüglich des Schuldverhältnisses zur Zeit des Übergangs besteht; d. h. einerseits: er erwirbt die Forderung mit allen Nebenrechten, Pfandrechten, Bürgschaftsrechten, Vorzugsrechten u.s.f.; aber andererseits auch: er muß sich alle Einwendungen und Gegenrechte (z. B. Aufrechenbarkeit[1]) gefallen lassen, die zur Zeit der Abtretung gegen den bisherigen Gläubiger begründet waren.

c) Der Schuldner tritt also genau in dasselbe Rechtsverhältnis zu dem neuen Gläubiger, in dem er bisher zu dem alten stand. Nur kann der Schuldner, so oft ihm gegenüber der neue Gläubiger als solcher rechtlich auftritt, urkundlichen Nachweis über den Forderungsübergang auf diesen verlangen, § 410.

II. Hiermit wären alle diese Verhältnisse aufs einfachste geregelt, kämen nicht eine Reihe von Schutzmaßregeln hinzu, deren nun Gläubiger und in noch höherem Maße Schuldner bedürfen.

1. Der neue Gläubiger ist zu schützen gegen Nichtbestand der Forderung, namentlich gegen Kollusion zwischen den ursprünglichen Obligationssubjekten; jedoch erhält er

a) im allgemeinen solchen Schutz nur, soweit er ihn aus dem Obligationsverhältnisse zwischen sich und dem alten Gläubiger, das zur Zession geführt hat, (z. B. aus dem Verkauf der Forderung an ihn), zu begründen vermag, vgl. etwa einstweilen § 437.

b) Nur falls Schuldner eine Schuldurkunde ausgestellt hat, soll der neue Gläubiger infolge der Schuldabtretung, die unter Vorlegung der Urkunde stattgefunden hat, schlechthin sich, soweit er es nicht besser wußte oder wissen mußte, darauf verlassen können, daß nicht diese Urkunde zum Schein ausgestellt[2]) oder die in ihr beurkundete Forderung gewillkürtermaßen (nach oben I, 2 b) unabtretbar ist; er

---

[1]) S. oben S. 366.

[2]) Nicht aber auch darauf, daß keine sonstige Einwendung gegen das beurkundete Schuldverhältnis (z. B. aus Irrtum, oder aus einer verbotenen oder unsittlichen causa, oder Spiel oder Wette od. dgl.) vorliegen: sonst würde jedes beurkundete Schuldverhältnis hierdurch zu einem absolut abstrakten, vgl. S. 163 fg.; einen Schritt auf diese Wege tut allerdings § 405.

erhält trotz dieser Umstände eine (vielleicht jetzt erst so entstehende) Forderung auf die in der Urkunde verbriefte Leistung.

2. Der Schuldner ist zu schützen teils gegen seine Unkenntnis von dem ganzen, ja ohne seine Mitwirkung sich vollziehenden, Vorgang der Forderungsabtretung; teils gegen die, sobald er etwas erfährt, bei ihm entstehende Unsicherheit, wer denn nun sein Gläubiger sei.

Dieser Schutzbedürftigkeit gemäß sind drei Stadien des Verhältnisses zu unterscheiden.

a) Ein erstes Stadium ist das, in welchem der Schuldner noch gar nichts um die Forderungsabtretung weiß.[1]) Diesem Umstande trägt das Gesetz Rechnung: alles, was während dieses Stadiums noch zwischen Schuldner und früherem Gläubiger vorgeht, ist zugunsten des Schuldners gleich wirksam, als wäre der bisherige Gläubiger noch Gläubiger, ohne daß dem Schuldner gegenüber der neue (wirkliche) Gläubiger etwas dagegen einzuwenden vermöchte.

aa) Dahin gehören also Leistungen des Schuldners an den alten Gläubiger, Erlaßverabredungen mit ihm und dgl. Wie der alte Gläubiger seine Mitwirkung dabei dem neuen Gläubiger gegenüber verantwortet, ist seine Sache.

bb) Dahin gehört ferner Erwerb der Aufrechenbarkeit gegen den alten Gläubiger durch den Schuldner während dieses Stadiums. D. h. A hält sich noch für den Schuldner des B; er verschafft sich noch einen Gegenanspruch gegen B, um damit aufzurechnen; dann erfährt er erst, daß, als er jenen Anspruch erwarb, bereits durch Geschäft zwischen B und C er, A, Schuldner des C geworden war. Es ist A ein Aufrechnungsrecht auch gegen C erworben und geblieben, obschon objektiv Personenidentität zwischen den beiden anfechtbaren Ansprüchen in keinem Augenblick begründet war; § 406.[2])

cc) Dahin gehört es endlich auch, falls dem Schuldner infolge seiner Unkenntnis von der bereits eingetretenen Rechtsnachfolge in das Schuldverhältnis eine andere Nachfolge in dasselbe glaubhaft erscheint, die tat-

---

[1]) Dem Wissen steht hier Wissen-Müssen nicht gleich, denn eine Pflicht des Schuldners, sich zu erkundigen, ob nicht etwa ein Gläubigerwechsel eingetreten ist, besteht nicht; so lange er nichts hört, mag Schuldner getrost annehmen, daß er es nur mit seinem ursprünglichen Gläubiger (oder mit dessen Erben) zu tun hat.

[2]) Vgl. oben S. 366 Note 2.

sächlich eben deshalb nicht mehr eintreten konnte. Z. B.[1]) es habe A seine Forderung gegen X an B, dann abermals an C abgetreten. Dann ist natürlich letztere Abtretung ganz wirkungslos, da ja A gar nichts mehr hatte, was er abtreten konnte, gar nicht mehr Gläubiger des X war, als er an C abtrat, indem vielmehr bereits B Gläubiger geworden war. Nun erfährt aber X von ersterer Abtretung nichts, sondern nur von letzterer; dann hat X allen Anlaß, nun C für seinen Gläubiger zu halten, es wird also B alles gegen sich gelten lassen müssen, was von da ab bis zum Augenblicke, an dem X eines Besseren belehrt worden ist, in bezug auf das Schuldverhältnis sich zwischen X und C abspielt, entsprechend dem soeben unter aa und auch unter bb Bemerkten.

b) Das zweite Stadium tritt ein, sobald der Schuldner irgendwie, nur nicht aber von seiten seines bisherigen Gläubigers, von der Forderungsabtretung erfährt.[2]) Alsdann muß er mit ihrer Möglichkeit rechnen, die sub a dargestellte Rechtslage hört auf; aber er braucht keineswegs sicher zu sein, wer denn nun sein Gläubiger ist; hier tritt ergänzend ein die Rechtsregel über die Möglichkeit der Befreiung durch Hinterlegung in solchen Fällen, § 372 Satz 2, s. oben § 108, 6.

c) Das dritte Stadium tritt ein,[3]) wenn der bisherige Gläubiger es ist, der dem Schuldner Anzeige von der erfolgten Forderungsabtretung macht. Auf eine solche Anzeige muß der Schuldner sich verlassen können; dem bisherigen Gläubiger ist also von jetzt ab alle Möglichkeit geraubt, noch als Gläubiger aufzutreten; eine solche Anzeige kann (§ 409 Abs. 2) nur mit Zustimmung desjenigen zurückgenommen werden, welcher in ihr als der neue Gläubiger bezeichnet worden ist. Sie ist (ähnlich wie die Anzeige betr. erteilte Vollmacht)

---

[1]) Weitere Möglichkeiten zählt § 408 Abs. 2 auf.

[2]) Etwa von seiten des neuen Gläubigers, der ja nach dem bisher Dargestellten allen Anlaß hat, dem sub a geschilderten ersten Stadium ein möglichst rasches Ende zu setzen!

[3]) Es kann natürlich, falls die erste Nachricht über die Zession dem Schuldner schon in dieser Form zuging, mit dem zweiten Stadium zusammenfallen. — Der im Texte genannten Anzeige „steht es gleich, wenn der Gläubiger eine Urkunde über die Abtretung dem in der Urkunde bezeichneten neuen Gläubiger ausgestellt hat“ (wie er dazu verpflichtet ist gemäß § 403) „und dieser sie dem Schuldner vorlegt“, § 409 Abs. 1 Satz 2; was durchzusetzen und zu tun also in der Hand des neuen Gläubigers liegt!

verbindlich für den Anzeigenden. Erst damit ist die Rechtslage ganz geklärt und die Gefahr des Forderungsüberganges erledigt.

2. Des Schuldners.[1]) §§ 414—419.

§ 112.

1. An Stelle des bisherigen Schuldners, der ausscheidet, tritt außer durch Erbgang ein neuer Schuldner in das Schuldverhältnis ein durch Vertrag zwischen diesem und dem Gläubiger, sog. Schuldübernahme.

a) Der bisherige Schuldner muß sich dies gefallen lassen, wie er überhaupt kein Recht auf persönliche Erfüllung hat; vgl. oben § 91, I, 1. Er wird seiner Schuld ledig.

b) Der neue Schuldner tritt in das Schuldverhältnis, wie es lag; er hat die Einwendungen seines Rechtsvorgängers, jedoch nicht dessen Aufrechnungsrecht.

c) „Infolge der Schuldübernahme erlöschen die für die Forderung bestellten Bürgschaften und Pfandrechte", da den Bestellern derselben nicht zuzumuten ist, statt für den alten für den neuen Schuldner zu haften. Analog ist die Behandlung im Hypothekenrecht und für das Vorzugsrecht im Konkurse.

2. Dieser Schuldübernahme tritt, zunächst ganz von ihr verschieden, gegenüber die Erfüllungsübernahme; d. i. der Vertrag zwischen dem Schuldner und einem Dritten, durch welchen dieser Dritte dem Schuldner gegenüber es auf sich nimmt, für die Erfüllung des Schuldverhältnisses zu sorgen und einzustehen. Dadurch wird zunächst an dem ursprünglichen Schuldverhältnisse nichts geändert. Einziger Schuldner des Gläubigers A ist nach wie vor der bisherige Schuldner B; der Dritte C ist dazu ganz außer Beziehung. Zu jenem Schuldverhältnisse ist nur noch ein neues hinzugekommen, das den C, der in diesem Schuldner ist, obligiert, statt des B, der hier Gläubiger, dort Schuldner ist, jenes zu erfüllen. Geschieht dies nicht, so haftet dem A bloß der B, dem wieder gegen

---

[1]) K. Hellwig, Verträge auf Leistung an Dritte, Kap. 3, Nr. 3, „Erfüllungs- und Schuldübernahme" S. 159 fg. — v. Blume i. d. dogm. Jahrb. 39, 390 fg. und 40, 106 fg. — Unger i. d. dogm. Jahrb. 26, 399 fg. — Bähr, Ges. Aufsätze, 52 fg. — Kipp i. d. dogm. Jahrb. 36, 336 fg. — Regelsberger, ebenda, 39, 463 fg. — Ältere Literatur: Delbrück, Übernahme fremder Schulden. — S. auch die Literatur zu § 111.

C Rückgriff zusteht. Geschieht es, so erfüllt C, indem er A leistet, gleichzeitig die Schuld des B an den A und seine eigene Schuld an B; aber nicht seine Schuld an A, denn eine solche besteht nicht.

3. Die Erfüllungsübernahme wird aber zur Schuldübernahme, wenn

a) B und C ein solche stärkere Wirkung ihrer Abmachung bezwecken;[1]) wenn sodann

b) einer von ihnen hiervon dem Gläubiger A Mitteilung macht, und wenn endlich

c) dieser nun das Rechtsgeschäft als Schuldübernahme genehmigt.[2]) Nichterklärung seinerseits gilt selbstverständlich (denn wie sollte man ihm einen neuen Schuldner bloß infolge Stillschweigens aufzwingen?) als Versagung der Genehmigung; es handele sich denn, § 416,[3]) um den Fall, wo der Erwerber eines Grundstückes die dasselbe belastende Hypothek nebst den dadurch gesicherten Schulden mit übernimmt. Hier entspricht es der ökonomischen Lage und der Regel des Lebens, daß dem Gläubiger, der wesentlich auf seine hypothekarische Deckung und kaum auf die Person des Schuldners zu sehen pflegt, der neue Grundstückserwerber als Schuldner gerade so lieb ist wie der alte; es gilt also hier seine Einwilligung mangels Erklärung binnen sechsmonatlicher Frist als erteilt.

4. Ist die Schuldübernahme aus einer Erfüllungsübernahme hervorgegangen, so gewinnt besondere Bedeutung § 417 Abs. 2: daß nämlich aus dem Verhältnisse zwischen B und C, das zur Schuldübernahme geführt hat, C gegen A keine Einwendungen herleiten kann. Wo C mit A direkt kontrahiert hat, ist das ganz selbstverständlich; es ist deshalb viel zu stark, auf Grund von § 417 Abs. 2 von der notwendigerweise abstrakten Natur der Schuldübernahme zu sprechen; denn auf die Rechtsverhältnisse zwischen A und C, wegen deren zwischen diesen (direkt oder indirekt) die Schuldübernahme zu stande gekommen ist, ist selbstverständlich keiner von beiden in keinerlei Weise zurückzukommen behindert. Höchstens also dürfte man sagen, daß das Rechtsverhältnis zwischen Gläubiger und neuem Schuldner

---

[1]) Wegen einer (übrigens selbstverständlichen, denn ein plus bedarf stets besonderen Beweises) Vermutung hiergegen s. unten § 120, 3 a.

[2]) Vorher können B und C ihren Vertrag beliebig wieder aufheben — was wohl auch ohne § 415 Abs. 1 Satz 3 selbstverständlich wäre.

[3]) Dort auch einige weitere Eigentümlichkeiten dieses Falles! Derselbe ist eben ein wirtschaftlich gesicherter und besonders häufiger.

abstrakt ist, indem es absieht von dem Rechtsverhältnisse zwischen dem bisherigen und dem neuen Schuldner.

5. Wegen einiger, fast erbrechtsähnlicher Besonderheiten derjenigen Schuldübernahme, die unausschließbar darin für alle Schulden jemandes liegt, daß ein anderer dessen gesamtes Vermögen durch Vertrag übernimmt, s. § 419 und darüber unter § 304, III, 1. Jedoch ist diese Übernahme kumulativer[1]) Natur, während sonst hier immer von privativer Schuldübernahme die Rede war.

II. Mehrheit derselben.

§ 113. Möglichkeiten und Fälle.

Beteiligung mehrerer Schuldner oder mehrerer Gläubiger an einem Schuldverhältnisse oder an mehreren Schuldverhältnissen kann durch Gesetz, behördliche Verfügung oder Vertrag zustande kommen. Sie kann bei einem Schuldverhältnisse ursprünglich vorliegen oder nachher eintreten, z. B. durch Erbgang, indem an Stelle des Schuldners oder Gläubigers mehrere Miterben treten.

Wenn so A, B und C dem X eine bestimmte Leistung schulden, oder A dem X, Y und Z eine bestimmte Leistung schuldet, so mag das näher folgendes bedeuten, s. auch oben § 45, III:

1. Es mag so gemeint sein, daß Teilung des Schuldverhältnisses nach Wertquoten, sog. ideale Teilung,[2]) vorliegt. Dann ist weiter zu unterscheiden:

a) Die ideale Teilung mag sein eine solche bei einfacher Rechtsgemeinschaft, sog. Gemeinschaft nach Bruchteilen. Dies wird vermutet, falls die Leistung eine teilbare ist, § 420, es habe sich denn die Begründung des Schuldverhältnisses durch gemeinschaftlich

---

[1]) „Interzession" nennt man jede Beteiligung eines Dritten als mithaftenden Teils bei einer wirtschaftlich fremden Schuld. Die Interzession ist entweder eine bloß subsidiäre (gewöhnliche Bürgschaft, Pfandbestellung für fremde Schuld) oder eine vollwertige. Die vollwertige Interzession heißt wohl auch Schuldübernahme im weiteren Sinne. Dann ist diese Schuldübernahme im weiteren Sinne wieder entweder eine Kumulation, wenn der Dritte neben den bisherigen Schuldner tritt (selbstschuldnerische Bürgschaft, Eintritt als Gesamtschuldner); oder eine privative, wenn der Dritte als neuer Schuldner ganz an Stelle des bisherigen Schuldners tritt, Schuldübernahme im engeren Sinne, von der in diesem Paragraphen die Rede war.

[2]) Vorbehaltlich sofortigen Umschlages in reale Teilung, s. unten § 115, 1.

abgeschlossenen Vertrag der mehreren Verpflichteten mit dem Gläubiger vollzogen. Denn dann tritt nach § 427 umgekehrt die Vermutung ein zugunsten eines Gesamtschuldverhältnisses, s. sofort unten.

In diesem Falle hat also je A, B und C von X je ein Drittel der Leistung zu fordern oder je X, Y und Z an A je ein Drittel der Leistung zu leisten. Näheres über die gesetzliche Behandlung dieses Falles unten in § 115.

b) Die ideale Teilung mag aber auch sein eine solche bei Rechtsgemeinschaft zur gesamten Hand. Dies tritt ein, wenn das Schuldverhältnis auf seiten der mehreren Beteiligten zu einem Gesamtvermögen (Gesellschaft, Miterbschaft, familienrechtlichen Gütermasse) gehört. Über die gesetzliche Behandlung derartiger Fälle bestehen keine gemeinsamen Regeln,[1]) doch sind es häufig solche, welche das Verhältnis dem echten Gesamtschuldverhältnis (s. sofort unter § 114) stark annähern, so daß die mehreren Beteiligten (z. B. geschäftsführungsberechtigte Gesellschafter) dem andern Teile fast wie echte Gesamtschuldner ihrem Gläubiger oder wie echte Gesamtgläubiger ihrem Schuldner gegenüberstehen.

2. Es mag aber auch so gemeint sein, daß jede Teilung ausgeschlossen ist. Dann wieder zwei Möglichkeiten:

a) Sowohl A wie B wie C haben dem X die ganze Leistung zu entrichten; oder A hat die ganze Leistung sowohl dem X wie dem Y wie dem Z zu entrichten. Dann liegen tatsächlich drei ganz selbständige Schuldverhältnisse vor, für die weiter nichts Besonderes gilt. Doch wird bei einem auf Zusammenhang des Schuldverhältnisses hinweisenden Ausdrucke dieser Sinn kaum anzunehmen sein.

b) Die andere Möglichkeit ist folgende: X darf sowohl von A wie von B wie von C die ganze Leistung fordern, aber Leistung seitens einer dieser Drei befreit die beiden Anderen; X erhält schließlich nur eine Leistung. Oder sowohl X wie Y wie Z dürfen die ganze Leistung von A fordern, aber Leistung des A an einen von diesen Dreien befreit ihn auch von den beiden Anderen; A braucht schließlich nur einmal zu leisten. Es liegen also drei Schuld-

---

[1]) Wie auch dafür der gemeinsam kurze Name fehlt. Man mag wohl reden von Schuldverhältnissen, die zur gesamten Hand mehreren zustehen oder obliegen, aber nicht (nach Analogie etwa von Gesamteigentum oder dgl.) von Gesamtschuldverhältnissen, da dieser Name gesetzlich für das ungeteilte Verhältnis, unten § 114, festliegt.

verhältnisse ungeteilt, je auf das Ganze vor, jedoch so miteinander verbunden, daß Erfüllung des einen die beiden anderen zum Erlöschen bringt. Eine derartige Verbindung mehrerer Schuldverhältnisse heißt „Gesamtschuldverhältnis“; die mehreren Schuldner heißen Gesamtschuldner, die mehreren Gläubiger Gesamtgläubiger. Vermutet wird ein derartiges Gesamtschuldverhältnis nur in dem bereits erwähnten Falle des § 427, wo es sich um mehrere Gesamtschuldner handelt. Hierüber mehr im folgenden Paragraphen.

§ 114. Gesamtschuldverhältnis.[1]) §§ 421—430.

I. Mehrere Gesamtschuldner sind verpflichtet, ein jeder die ganze Leistung[2]) zu bewirken, der Gläubiger aber ist sie nur einmal zu fordern berechtigt.[3]) Wie weit beeinflussen sich gegenseitig die mehreren Schuldverhältnisse zwischen je einem dieser Schuldner und dem gemeinsamen Gläubiger?

1. Bis voll erfüllt ist, hat der Gläubiger die Wahl, von welchem seiner Schuldner er volle oder teilweise Erfüllung eintreiben will.

2. Ist eines der Schuldverhältnisse unter Befriedigung des Gläubigers (oben §§ 106—109) getilgt, so sind auch die anderen getilgt. Der erfolgten Befriedigung steht verhältnismäßig gleich der vollgültige, seitens eines Schuldners angestellte Befriedigungsversuch: der Verzug, in welchen dadurch der Gläubiger versetzt wird, wirkt auch zugunsten der übrigen Schuldner, § 424.

3. Der Erlaßvertrag zwischen einem der Schuldner und dem Gläubiger wirkt je nach Parteiabsicht bloß zugunsten des ihn abschließenden Schuldners oder auch der übrigen (in personam oder in rem), § 423; der Wille zur stärkeren Wirkung muß nachgewiesen werden, um wirksam zu werden.

---

[1]) Örtmann i. d. Allg. Österr. Gerichtszeit. 48, 396 fg. — Binder, Die Korrealobligation im röm. und heutigen Recht. — Ältere Literatur: Ribbentrop, Zur Lehre von der Korrealobligation, 1831. — Sonst aus der gewaltigen Masse etwa noch: Eisele im Archiv f. d. zivil. Praxis 77, 374 fg. und 84, 295 fg. — Fitting, Natur der Korrealobligation. — Brinz i. d. Krit. Vierteljahrsschr. 16, 1 fg. — Unger i. d. dogm. Jahrb. 22, 207 fg. und 23, 106 fg. — Mitteis in Grünhuts Ztschr. 14, 419 fg.

[2]) Vielleicht ein jeder unter veränderten Nebenbestimmungen bezüglich des Leistungsorts, der Leistungsart od. dgl.; das verschlägt nichts.

[3]) So namentlich in dem Falle des § 427 und ferner auch in allen Fällen kumulativer Schuldübernahme; außerdem aber auch im Falle Mehrerer, die zusammen eine unerlaubte Handlung begangen haben, § 840.

4. Übrigens stehen die mehreren Schuldverhältnisse sich wieder vollkommen selbständig gegenüber; Gründe, welche nur das eine in bezug auf Leistungsinhalt oder beteiligte Persönlichkeiten beeinflussen[1]) oder gar zum Erlöschen bringen, lassen die anderen unberührt. Dahin gehören u. a.:

a) schuldhaftes Verhalten des einen Schuldners, dessen Verzug u. dgl. m.;

b) ferner alle Erlöschungsgründe ohne Befriedigung des Gläubigers, oben § 110, s. jedoch für den Erlaß soeben unter 3; und

c) selbst die Verjährung zugunsten eines der Schuldner, bei deren Unterbrechung oder Hemmung gegen einen der anderen.

5. Das Ergebnis ist, daß es sich um mehrere selbständige Schuldverhältnisse handelt, die lediglich so weit einander beeinflussen, wie es bedungen wird durch die Vorschrift, daß mit Befriedigung des Gläubigers aus einem derselben die anderen erlöschen.

II. Mehrere Gesamtgläubiger sind berechtigt, ein jeder die ganze Leistung zu fordern,[2]) der Schuldner aber ist sie nur einmal zu leisten verpflichtet. Alsdann ist die Lage genau die entsprechende, bis auf wenige Einzelheiten:

1. Bis voll erfüllt ist, hat der Schuldner die Wahl, welchem seiner Gläubiger er leisten will; dies Wahlrecht wird ihm auch nicht dadurch genommen, daß einer der Gläubiger Erfüllungsklage gegen ihn erhoben hat. Dagegen wirkt Verzug des Gläubigers, dem der Schuldner zu leisten anbietet, gegen alle übrigen mit.

2. Im übrigen gelten die Regeln, wie oben I, 2—4, mit Einer Veränderung:

a) Diese Ausnahme betrifft die Aufhebung des Schuldverhältnisses durch Vereinigung von Forderung und Schuld in einer Person. Hier gehen dadurch die anderen Gläubiger ihres Forderungsrechtes verlustig, während bei gleicher Vereinigung von mehreren Gesamtschuldnern die nicht persönlich berührten auch nicht befreit werden.

b) Diese Ausnahme hängt zusammen mit einem eigentümlichen Ergebnis, das sich gemäß der Regel für Erlaßverträge (soeben

---

[1]) Vermehrung, Verminderung oder Änderung des Leistungsgegenstandes; Übertragung der Forderung oder Schuldübernahme.

[2]) Z. B. eigentlich ökonomischer Forderungsberechtigter ist bloß X; statt aber Y Empfangsvollmacht zu erteilen, läßt er seinen Schuldner A zur größeren Bequemlichkeit versprechen, X oder Y erfüllen zu wollen. Dagegen einen Fall gesetzlicher Begründung gibt § 2194.

oben I, 3) in diesem Falle ergibt, daß nämlich einer der Gläubiger, wenn dies nur Inhalt des Erlaßvertrages sein soll, die Schuld dem Schuldner mit Wirkung auch gegen alle übrigen Gläubiger erlassen, d. h. diesen ihre Forderung so entziehen kann, als wäre er befriedigt. Ganz ähnlich aber ist offenbar die Lage für die übrigen Gläubiger in dem soeben unter a bezeichneten Falle.

3. Daraus folgt:

a) Verspricht der Schuldner einem der Gläubiger, gerade ihm leisten zu wollen, so mag ihn das diesem Gläubiger gegenüber verpflichten, wie denn ja auch der Erfüllung dieser Verpflichtung kein Recht der anderen Gläubiger im Wege steht; aber berührt davon werden die Rechte der anderen Gläubiger nicht.

b) Anders, falls einer der Gläubiger dem Schuldner die Schuld mit Wirkung gegen alle Gläubiger erläßt gegen Errichtung eines neuen Schuldverhältnisses,[1]) bloß zwischen diesem Gläubiger und dem Schuldner. Alsdann geht das Gesamtschuldverhältnis in allen seinen Bestandteilen unter und es wird jene neue Obligation begründet — soferne dieser ganze Vertrag nicht als gegen die guten Sitten verstoßend im einzelnen Falle sich herausstellen und deshalb nichtig sein sollte.

III. In Einem Punkte wird für solche Gesamtschuldverhältnisse dann aber doch auch einheitlich das Verhältnis der mehreren Schuldner und Gläubiger untereinander geregelt. Nämlich durch die Vorschrift, daß, soweit nicht ein anderes bestimmt ist,[2]) sie im Verhältnisse zueinander zu gleichen Anteilen verpflichtet und berechtigt sind. §§ 426, 430. Sie haben also Geleistetes, Empfangenes, Aufgerechnetes, Erlassenes od. dgl. untereinander auszugleichen, sodaß schließlich jeden nur sein Teil trifft. Bei Gesamt*schuldnern* ist behufs Durchführung dieser Ausgleichung Übergang der Forderung gegen die übrigen auf den den Gläubiger befriedigenden Schuldner in entsprechendem Maße (nicht darüber hinaus!) vorgeschrieben.

IV. Korrealität und Solidarität.

1. Im alten gemeinen Recht kannte man bei ähnlicher Lage zwei Gebilde: die sog. Solidarität, welche dem Gesamtschuldverhältnisse

[1]) Eigentliche „Novation"; diese hebt die übrigen Schuldverhältnisse also auf, dagegen nicht sogen. constitutum debiti proprii; das ist der Fall unter a.

[2]) Dies „Andere" kann ein mehr oder ein weniger sein, z. B. bei der Bürgschaft, jenachdem Bürge oder Hauptschuldner geleistet hat.

unseres bürgerlichen Rechts wesentlich ähnlich ist; und die sog. Korrealität, welche den Einfluß der mehreren zusammengehörigen Einzelschuldverhältnisse aufeinander weit stärker ausprägte, sodaß namentlich jedes Verschulden (Verzug, Unmöglichkeit od. dgl.) eines der Beteiligten und ebenso jeder in der Person eines Beteiligten auftretende Befreiungsgrund auch zugunsten oder zu ungunsten aller übrigen Schuldner oder Gläubiger wirkte.

2. Kennt nun unser bürgerliches Recht noch eine solche Korrealität? In so fest und typisch ausgeprägter Form nicht mehr. Wohl aber ist auch bei uns die Möglichkeit ausdrücklich vorgesehen,[1]) daß eine Steigerung der gegenseitigen Beeinflussung der mehreren Schuldverhältnisse stattfinde. Wie weit dann diese Steigerung geht, ist in jedem Einzelfalle gesondert zu untersuchen; sie mag aber nicht selten weit genug gehen, um an die alte Korrealität zu erinnern.

3. Eine solche Steigerung tritt ein, wo sie sich aus dem Schuldverhältnisse ergibt. Möglichkeiten:

a) Das Gesamtschuldverhältnis ist durch Gesetz begründet und für einen Einzelfall denn auch gesetzlich gesteigert; z. B. für den von Mehreren, die zusammen eine unerlaubte Handlung vorgenommen haben, zu leistenden Schadensersatz haften diese alle als Gesamtschuldner, § 840 Abs. 1;[2]) weit schärfere Haftung für einander, falls es sich um Rückgabe einer Sache handelt, die sie einem anderen durch unerlaubte Handlung entzogen haben, ergibt sich aus § 848.

b) Das Gesamtschuldverhältnis ist vertraglich begründet. Dann ist es:

aa) entweder ein typisch geregeltes, und dann mag in dieser Regelung dispositiv seiner besonderen, die Beziehung zwischen den mehreren Schuldnern oder Gläubigern steigernden Natur Rechnung getragen sein, z. B. bei der Bürgschaft, § 767;

bb) oder es ist eine derartige Vertragswirkung von den Parteien ausdrücklich oder stillschweigend gewillkürt.

§ 115. Ideale Teilung nach Bruchteilen.

Wenn ein gemeinschaftliches Schuldverhältnis vorliegt, das sich ideal nach Bruchteilen zwischen mehreren Schuldnern oder zwischen

---

[1]) § 425 Abs. 1 verbis: „soweit sich nicht aus dem Schuldverhältnis ein anderes ergibt."

[2]) Crome in den dogm. Jahrb. 35, 100 fg.

mehreren Gläubigern teilt, oben § 113, 1a, so kommt es weiter darauf an, ob dies Schuldverhältnis in Natur teilbar ist oder nicht. Teilbar in diesem Sinne ist es, wenn der Gegenstand der Leistung teilbar ist.

1. Ist dies der Fall, so tritt sofort von vornherein an Stelle der idealen Teilung reelle Teilung. Das Schuldverhältnis löst sich sofort auf in mehrere Schuldverhältnisse auf je einen Leistungsteil. Z. B. A, B und C haben X in diesem Sinne 300 versprochen; dann entstehen sofort drei getrennte Forderungsrechte des A, des B und des C gegen X auf je 100. Diese mehreren in Natur geteilten Schuldverhältnisse sind nun ganz selbständig voneinander, sie seien denn zusammengehalten:

a) durch eine Vertragsstrafe, die ganz verfällt, wenn auch nur ein Teil der ursprünglichen gemeinschaftlichen Schuld nicht oder nicht rechtzeitig geleistet wird;

b) oder dadurch, daß ihnen eine einheitliche ungeteilte Gegenleistung gegenübersteht, da sie dann sämtlich voll erfüllt werden müssen, damit die Gegenleistung verlangt werden könne. Erfüllung einzelner unter ihnen würde, zu auch nur verhältnismäßiger Eintreibung der Gegenleistung seitens der erfüllenden Schuldner, nicht genügen;[1]) § 320 Abs. 1 Satz 2.

2. Die Teilung ist nicht in Natur durchführbar, wenn der Gegenstand der Leistung nicht teilbar ist. Dann ist Erfüllung so, wie gewollt, nämlich nach Teilen, objektiv unmöglich. Deshalb aber erlischt das Schuldverhältnis hier nicht, sondern das Gesetz läßt ersatzweise eine andere Lösung eintreten.

a) Falls es mehrere Schuldner sind, die eine unteilbare Leistung so schulden, so setzt sie § 431 mehreren Gesamtschuldnern ohne weiteres vollständig gleich.[2])

b) Falls es mehrere Gläubiger sind, denen eine unteilbare Leistung so geschuldet wird, so schlägt § 432 einen ganz anderen

[1]) Z. B. A, B und C kaufen für 30 000 Mk. von X ein Haus, wobei sie sich nicht solidarisch, sondern nur zu Teilen verpflichten; jeder schuldet bloß 10 000 Mk.; solange aber nicht jeder von ihnen diese Summe voll zahlt, kann keiner von ihnen Lieferung des Hauses (auch nur zu einem Drittel) fordern.

[2]) Deshalb praktisch ganz überflüssig, wo der Leistungsgegenstand ein unteilbarer ist und es sich um mehrere Schuldner handelt, zuzusehen, ob Schuldverhältnis zu Teilen oder Gesamtschuldverhältnis gewollt ist; jedenfalls tritt letzteres ein; deshalb die Vermutungen der §§ 420 und 427 ausgesprochen nur für teilbare Leistungsgegenstände.

Weg der Abhülfe ein. Er bestimmt nämlich, daß alsdann der Schuldner nur an alle seine Gläubiger gemeinschaftlich zu leisten braucht und daß diese nur Leistung „an alle" zu fordern berechtigt sind; d. h. der unteilbare Leistungsgegenstand ist den Gläubigern allen zusammen zu entrichten, in ihre Hände zusammen zu übergeben, oder auch für sie gemeinsam zu hinterlegen oder einem gerichtlich zu bestellenden Verwahrer (sog. Sequester) abzuliefern. Im übrigen sind die juristischen Schicksale der mehreren Schuldverhältnisse ganz soweit selbständig voneinander, wie in dem Falle der Teilbarkeit.

Zweiter Abschnitt.

Sonderrecht der Schuldverhältnisse aus Verträgen.

Erstes Kapitel.

Im allgemeinen.

I. Einschränkungen.

§ 116. Verbote. §§ 309—313. Bes. Spiel und Wette. §§ 762—764.

Bei unserer so weitgetriebenen Vertragsfreiheit sind vor allem die wenigen Einschränkungen zu betonen. Dieselben bestehen teils in Verboten gewisser Verträge, teils in der Erschwerung ihrer Begründung durch Formalien. Über jene Verbote soll hier, über solche erschwerende Formalien im folgenden Paragraphen gehandelt werden.

I. Verboten sind

1. natürlich vor allem solche Verträge, die schon als Rechtsgeschäfte verboten sind, d. h. solche, die gegen die guten Sitten[1]) oder gegen besondere Gesetze verstoßen, s. oben S. 185 fg. Es sei dabei gleichzeitig an andere allgemein rechtsgeschäftliche Erfordernisse, als genügende Bestimmtheit, Möglichkeit u. dgl. m., erinnert.

---

[1]) Die besonderen Anwendungen häufig auch noch besonders im Gesetze ausgesprochen, z. B. die uns schon bekannte Nichtigkeit der Verabredung de dolo non praestando, § 276 Abs. 2, ebenso natürlich auch viele der sofort aufzuzählenden Einzelverträge.

2. Sodann eine Reihe einzelner, vom Gesetze hier oder da verbotener Verträge und Vertragsklauseln. Letztere können hier nicht alle zusammengestellt werden, sie sind gelegentlich der Besprechung der Vertragstypen, bei denen sie vorzukommen pflegen, zu erwähnen.[1]) Ebenso steht es um die Verträge, die sich an besondere sachen- oder familienrechtliche Verhältnisse anschließen.[2]) Von rein obligatorischen Verträgen gehören hierher:

a) Vertrag auf Übertragung des ganzen künftigen Vermögens oder eines Bruchteils desselben oder auch auf Belastung desselben.

b) Vertrag über den Nachlaß oder über Vermächtnisse od. dgl. eines noch lebenden Dritten (Ausnahmen unter § 117); ebendahingehörig der Vertrag gegen § 2302.

c) Versprechen eines Lohns für den Nachweis der Gelegenheit zur Eingehung einer Ehe oder für die Vermittlung des Zustandekommens einer Ehe, sog. Ehevermittlervertrag, § 656.[3])

d) Spiel und Wette, § 762. — Spielvertrag: ein solcher, bei dem die Parteien Gewinn und Verlust unter entgegengesetzten Bedingungen vereinbaren, lediglich um den Reiz dieser Aussicht zu genießen oder auch bloß um des Zeitvertreibs willen;[4]) Wettvertrag: ein solcher, bei dem jede Partei der andern eine Leistung verspricht für den Fall, daß die andere recht, sie selbst unrecht in bezug auf eine aufgestellte Behauptung habe, lediglich in der Absicht, die Ernsthaftigkeit dieser Behauptung zu bekräftigen.[5])

e) Lotterie- oder Ausspielvertrag,[6]) es sei denn die Lotterie oder Ausspielung staatlich genehmigt (oder gar veranstaltet!) § 763.

f) Ebenso besonders das sog. Differenzgeschäft[7]) des § 764, von

---

[1]) Vgl. z. B. §§ 544, 618, 624, 716, 724.

[2]) Vgl. z. B. § 1229 (Verbot der lex commissoria) oder § 1518 (Verträge betr. fortgesetzte Gütergemeinschaft). Der Erbvertrag wieder ist eine Lehre für sich, der „Vertragsfreiheit" entzogen, s. darüber unten im Erbrecht.

[3]) Kohler, i. seinem Archiv 12, 317 fg.

[4]) Nicht um dadurch Anregung und Mittel zu besseren Zwecken zu gewinnen, als Sportbetrieb, Tierzucht od. dgl.

[5]) Grenze zwischen Spiel und Wette ist, seitdem das Recht beide gleich behandelt, unwesentlich geworden; wesentlich nur noch, was zu dem einen oder zu dem anderen gehört.

[6]) Endemann, Beiträge z. Gesch. d. Lotterien und zum heutigen Lotterierechte. — Derselbe i. d. Deutsch. Jur.-Zeit. 3, 51 fg. — Georg Cohn in W. Endemanns Handbuch des Handelsrechts 3, 36 fg.

[7]) Aus der gewaltigen Literatur: G. A. Leist, in Festgaben für B. W. Leist u. i. Arch. f. d. zivilist. Praxis 83, 153 fg. — Oertmann i. d. Deutsch.

wirtschaftlich tiefstgreifender, aber zweifelhafter und schwieriger Anwendbarkeit. Es liegt vor, wenn ein auf Lieferung von Waren oder Wertpapieren lautender Vertrag geschlossen ist in der Absicht „daß der Unterschied zwischen dem vereinbarten Preise und dem Börsen- oder Marktpreise der Lieferungszeit von dem verlierenden Teile an den gewinnenden gezahlt werden soll".

aa) Damit ein solches Geschäft vorliege, muß eine solche Absicht möglich sein, d. h. die betreffenden Waren oder Wertpapiere müssen einen Börsen- oder Marktpreis haben.

bb) Die Absicht braucht nicht ausschließlich, sie muß aber doch ganz überwiegend auf eine solche Lösung des Geschäfts (Differenzzahlung statt effektiver Leistung und Preiszahlung) gerichtet sein; eben daher der aleatorische, spielähnliche Charakter. Es genügt solche Absicht auf der einen Seite, wenn der andere Teil sie kennt oder kennen muß, § 764 Satz 2.

cc) Falls das Geschäft im Börsenhandel zu stande gekommen ist, so unterliegt es den Sondervorschriften des Börsengesetzes vom 22. Juni 1896, §§ 66—69, wodurch es trotz § 764 gültig sein kann; denn § 69 jenes Gesetzes ist § 764 gegenüber gültig geblieben, Einf.Ges. z. HGB. Art. 14, IV, a. Die Einzelheiten gehören ins Handelsrecht.

g) Endlich sei gleich in diesem Zusammenhange vorgetragen (obschon es sich dabei nicht um vertragsmäßige, sondern um einseitige Begründung des Schuldverhältnisses handelt), daß eine ohne staatliche Genehmigung in den Verkehr gelangte inländische Schuldverschreibung auf den Inhaber, in der die Zahlung einer bestimmten Geldsumme versprochen wird, nichtig ist, § 795 Abs. 3.

II. Die Bedeutung vorstehend zusammengestellter Verbote ist eine wesentlich verschiedene je nach Grund und Grad der darin ausgedrückten rechtlichen Mißbilligung:

1. In den Fällen, die soeben unter 2 a, b und g dargestellt sind, und in den Fällen, in welchen schon ohnehin der Vertrag absolut gegen die guten Sitten verstößt (z. B. Versprechen, eine Schandtat auszuführen oder zu dulden, oder Spiel, das nicht nur gegen § 762, sondern außerdem noch gegen ein kriminelles Verbot verstößt, StGB. § 284, oder bei dem falsch gespielt wird), ist das Versprechen absolut nichtig, ohne jede rechtliche Bedeutung und kann solche auch niemals,

---

Jur.-Zeit. 2, 129 fg. — Wilke, ebenda, 6, 325 fg. — Staub, ebenda, 6, 441 fg. —. Müller, Neander, Differenztheorie und Börsengeschäfte.

unter keinen Umständen gewinnen. Derartige Versprechen sollen überhaupt nicht vorkommen. Leistet der, der meint versprochen zu haben, trotzdem, so ist diese Leistung nicht nur ohne rechtlichen Grund, sondern auch sie selbst (nicht bloß ihr Grund) ist rechtlich mißbilligt. Sie kann also stets zurückgefordert werden, falls nicht die Rückforderung wegen gleicher Schändlichkeit aller Beteiligten strafweise, nach § 817, ausgeschlossen ist.

2. Dagegen in den Fällen, die soeben unter 2 c—f dargestellt sind[1]) und in den Fällen, in welchen nicht schon der Vertrag absolut, sondern nur der Umstand, einen solchen Inhalt rechtserzwingbar machen zu wollen, gegen die guten Sitten verstößt (z. B. Verpflichtung zum Konfessionswechsel), hat das Recht gegen das Vorkommen solcher Versprechen und gegen deren freiwillige Erfüllung nichts einzuwenden, es will nur jeden, direkten oder indirekten, Erfüllungszwang abschneiden. Daher folgende Behandlung,[2]) vgl. §§ 656, 762—764:

a) Aus dem Vertrage entsteht keine Verbindlichkeit; diese kann auch nicht nachträglich durch Schuldanerkenntnis, Ausstellung von Wechseln über die Schuld od. dgl. begründet werden; sie kann nicht durch Bürgschaftsübernahme oder Pfandbestellung seitens Dritter gesichert werden; es bleibt also bei der Kraftlosigkeit des Vertrages als solchen.

b) Wenn dagegen der, der sich für den Schuldner aus diesem Vertrage ansieht, seinem vermeintlichen Gläubiger irrtümlich, aber freiwillig leistet — erst recht natürlich, falls er ihm in richtiger Kenntnis der Unverbindlichkeit leistet! — so ist das nicht rechtlich mißbilligt. Das Recht erkennt sogar an, daß eine moralische oder Anstandspflicht vorlag, wennschon keine juristische. Und es versagt deshalb dem, der so geleistet hat, das Rückforderungsrecht, das es sonst dem irrtümlich Leistenden zubilligt, vgl. auch § 814.

---

[1]) Was bes. den Lotterievertrag angeht, so wird die Genehmigung jedes deutschen Einzelstaates nur innerhalb der Grenze dieses Staates wirken können. Andererseits aber auch wirken bloß polizeiliche oder fiskalische Territorialstrafgesetze nicht in dem Sinne absoluter Verbote, sondern belassen dem bestraften Geschäft seine Gültigkeit, vgl. oben S. 184 Note 3.

[2]) Darüber, daß hier nicht einmal genügend Stoff zur Anerkennung einer naturalis obligatio, sondern gar kein Schuldverhältnis übrig bleibt, namentlich darüber, daß die soluti retentio für Annahme einer Naturalobligation nicht genügend ist, wo sonst alles (wie hier) versagt bleibt, s. oben S. 60.

3. Auf eine dritte Möglichkeit macht uns endlich noch die Fassung von § 276 Abs. 2 und mancher ähnlich gestalteten Paragraphen[1]) aufmerksam: das Verbot mag ein absolutes sein, wie unter 1, aber nur während einer gewissen Zeit, namentlich soweit die betreffenden Verträge gewisse Eventualitäten der Zukunft voraussehen, nicht, soweit sie bereits eingetretene Verhältnisse ordnen. Denn es ist oft rechtlich und moralisch verwerflich, sich Straflosigkeit, Haftungsfreiheit für ein gewisses Verhalten vorher zusagen zu lassen, wo gegen Erlaß oder sonstige mildere Regelung der aus diesem Verhalten einmal erwachsenen Schadensersatzhaftung nichts einzuwenden ist. Jenes würde Mißbrauch erleichtern, dieses bedeutet weiter nichts, als daß das Privatrecht Vorteile niemand aufzwingt. Daher das Verbot von gewissen Verabredungen bloß, soweit sie „im voraus" getroffen sind. Werden sie nachträglich getroffen oder bestätigt, so sind sie von da ab vollgültig.

§ 117. Erschwerungen durch Formalitäten. Bes. Schuldversprechen und Schuldanerkenntnis. §§ 780—782.

Rechtsgeschäfte, also auch Verträge sind im allgemeinen formlos. Wo ihnen eine Form vorgeschrieben ist, sind sie mangels Beobachtung derselben nichtig. Dies und die Art der dazu vom Gesetzgeber verwandten Formalien ist uns bereits bekannt. Solchen Formvorschriften pflegt das Gesetz Verträge zu unterstellen, um den Beteiligten die besondere Gefährlichkeit oder Wichtigkeit der gerade hier zu treffenden Verfügungen vor Augen zu rücken und um ihnen zugleich, infolge der Umständlichkeiten der Formbeobachtung, Überlegungszeit, ehe sie fest gebunden sind, zu sichern.

I. Die Formalvorschriften, die hierher gehören, sind folgende,[2]) geordnet nach dem Maße der Formalien:

1. Gerichtliche oder notarielle Beurkundung für die Erklärung beider Parteien:

a) Für den Vertrag, durch den jemand sein gegenwärtiges Vermögen ganz oder zu einem Bruchteile veräußert oder mit einem Nießbrauche belastet, § 311.

b) Für die Ausnahmefälle (vgl. oben § 116 I, 2 b) des § 312

---

[1]) S. namentlich § 619 und §§ 1149, 1229; vgl. aber auch § 343 Abs. 1 Satz 3 und § 655 Satz 2 („die Herabsetzung", nicht bloß die Rückforderung).

[2]) Zusammenstellung nach Cosack, Lehrbuch, 1, 305 fg.

Abs. 2, nämlich Verträge über künftigen Erb- oder Pflichtteil unter künftigen gesetzlichen Erben.

c) Für den Erbschaftskauf, § 2371.

d) Besonders wichtig aber ist, daß dieser Formvorschrift auch unterstehen alle Verträge, welche, wennschon nur rein obligatorisch und noch so entfernt erst die wirkliche Übereignung vorbereitender Weise, die eine beteiligte Partei zur Übereignung[1]) eines Grundstücks verpflichten sollen.[2]) Selbst Schriftlichkeit nutzt hier nichts, keine Partei ist irgendwie gebunden, eine jede kann Treu und Glauben zum Hohn zurücktreten, so lange nicht gerichtliche oder notarielle beiderseitige Beurkundung vorliegt.[3]) Nur wenn dann doch, ohne daß dieser Form genügt wäre, die grundbuchmäßige Übereignung (sog. Auflassung und Eintragung) erfolgt ist, so wird damit der früher geschlossene Vertrag rückwärts vollinhaltlich gültig. § 313.

2. Gerichtliche oder notarielle Beurkundung, vorgeschrieben bloß für die Erklärung des sich verpflichtenden Teiles bei Schenkungsversprechen;[4]) wird auch formlos durch Erfüllung gültig; § 518.

3. Beiderseitige Schriftlichkeit: Bei Miet- und Pachtverträgen über ein Grundstück, die länger als ein Jahr gelten sollen, § 566.

4. Einseitige Schriftlichkeit, bloß für die Erklärung des sich verpflichtenden Teiles:

a) für Bürgschaftsversprechen; wird auch formlos durch Erfüllung gültig; § 766;

b) für Leibrentenschulden, § 761;

c) für Schuldversprechen und Schuldanerkenntnisse, §§ 780 und

---

[1]) Bezieht sich also bloß auf das Eigentum. Ausgedehnt durch § 1017 auf Erbbaurecht. Sonst (z. B. für Hypotheken u. s. f.) nicht zutreffend.

[2]) Weißler i. d. Zeitsch. d. D. Notarvereins, 2, 272 fg.; und zahlreiche kleine Aufsätze der Gelegenheitsliteratur.

[3]) Schlimmsten Chikanen und Ausbeutungen ist mit diesem Rechtssatze Tür und Tor geöffnet, der einer ganz veralteten, für unsere Verkehrsverhältnisse unzutreffenden Überschätzung des mysteriösen Sonderwertes vom Eigentum an Grund und Boden seine Entstehung verdankt. Nur falls der Vertragschließende eine öffentliche (z. B. auch kommunale) Behörde ist, ist er in besserer Lage, Art. 142 und Preuß. Ausführungsgesetz Art. 12 § 2.

[4]) Auch falls dasselbe in Form eines Schuldversprechens oder Schuldanerkenntnisses gekleidet ist, § 518 Abs. 1 Satz 2; dasselbe muß aber auch, gegen die herrschende Meinung, gelten bei Einkleidung in Form eines Wechsels, unter Parteien.

781,[1]) sie seien denn auf Grund Abrechnung oder im Wege Vergleiches abgeschlossen, § 782. — Unter Schuldversprechen versteht man ein solches, durch welches der es abgebende Teil für alle Fälle, selbst wenn keine materiell-ökonomische Grundlage dafür, oder juristisch gesprochen bloß die causa donandi dafür vorliegen sollte, zur Erfüllung verpflichtet, der andere Teil forderungsberechtigt werden will. Unter Schuldanerkenntnis ein solches, durch welches der es abgebende Teil für alle Fälle, selbst wenn irgend welche Schuld zwischen ihm und dem andern Teil bisher noch nicht oder nicht mehr bestanden haben sollte, zur Handlungsweise, als bestände sie, verpflichtet, der andere Teil so forderungsberechtigt werden will. Beide Geschäfte führen zu dispositiver totaler Abstraktheit.

II. Die beiden letzterwähnten Fälle — Schuldversprechen und Schuldanerkenntnis — sind sogar die Musterfälle des abstrakten, d. h. eben von seiner ökonomischen oder rechtlichen Grundlage abstrahierenden, dieser gegenüber „selbständigen" (§ 780) Vertrages.[2]) Bei dieser Gelegenheit merke man folgendes:

1. Ein Vertrag unterliegt keineswegs etwa einer Formvorschrift, weil er nach Parteiabsicht abstrakt wirken soll oder damit diese Art seiner Wirksamkeit eintrete; vielmehr nur eben, wenn er Schuldversprechen oder Schuldanerkenntnis ist. Im übrigen steht es jedem frei, namentlich zur Abänderung oder Bestärkung oder Aufhebung bestehender Schuldverhältnisse alle möglichen Verträge beliebig kausal oder abstrakt, formlos oder formal zu schließen, z. B. Forderungsübertragungen, Dechargeerteilungen, Erlaßverträge sonst, Schuldübernahmen, Quittungsausstellungen.[3]) All dies ist abstrakt möglich, wenn nachweisbar so gewollt; der Form bedarf es nur, soweit diese für diesen Fall vorgeschrieben ist; sie wird dann freilich auch meist den Beweis der gewillkürten Abstraktheit wesentlich erleichtern.

2. Ganz anders, wo es sich um die vereinzelten Fälle handelt, wo nach normativer Gesetzesvorschrift ins Recht der Schuldverhältnisse Abstraktheit höherer Art, d. h. zugunsten Dritter, eingreift.[4])

---

[1]) Unbeschadet noch stärkerer Formerfordernisse, wo solche nach der Natur des Gegenstandes hinzukommen, z. B. bei dem Anerkenntnis, das die Pflicht zur Übertragung von Grundeigentum schaffen soll, gemäß § 313, der sonst auf diesem Wege umgangen werden könnte.

[2]) Literatur s. oben bei der Lehre vom abstrakten Rechtsgeschäft, die von hier ausgeht, § 49, II, 1.

[3]) Vgl. oben § 110, 1 c.

[4]) Vgl. wegen des Unterschiedes oben in § 49, II.

Dort müssen die Parteien, damit diese Abstraktheit Platz greife, sich der dort vom Gesetze zur Bedingung gemachten schriftlichen Form bedienen: für die Annahme der Anweisung und für die Ausstellung von Schuldverschreibung auf den Inhaber. Das heißt dort nicht, daß Schriftlichkeit vorgeschrieben wäre im Sinne (auch nur in dem schwächeren Sinne), wie oben unter I davon die Rede war; mangels Schriftlichkeit wäre namentlich die Anweisung unter Parteien doch vollgültig, vielleicht selbst von dispositiver Abstraktheit begleitet; aber wenn Parteien die stärkeren Wirkungen wollen, wie sie für diese beiden Rechtsinstitute ihnen ermöglicht sind, so müssen sie sich der urkundlichen Form bedienen, ohne welche man sich diese Rechtsinstitute gar nicht denken kann. Näheres darüber unten §§ 148, 149.

II. Bestärkungsmittel.

§ 118. Draufgabe.[1]) §§ 336—338.

Die sog. Draufgabe[2]) (Handgeld, arrha) kann den verschiedensten Zwecken dienen, vorweggenommene Vertragserfüllung oder Schadensersatzsicherung od. dgl. sein; Hauptaufgabe des Gesetzes ist, zu bestimmen, was sie im Zweifel ist und wie sie dann behandelt werden soll.

1. Sie hat im Zweifel doppelte Bedeutung, nämlich daß

a) ihre Hingabe Zeichen (nicht Bedingung) dafür sein soll, daß der Vertragsabschluß endgültig zustande gekommen ist; und

b) daß sie vonseiten des Teils, der sie hingegeben hat, bei schuldhafter Nichterfüllung dem andern Teile als Schadensersatzminimum verfallen soll.

2. Sie hat also namentlich im Zweifel folgende Bedeutungen nicht:

a) Als Reugeld, d. h. daß in ihrer Hingabe für den hingebenden Teil die Berechtigung stipuliert wäre, unter Preisgabe des Hingegebenen vom Vertrage zurückzutreten.[3])

b) Als ein Mehr über die vertragsmäßig ausbedungene Leistung des sie Hingebenden hinaus (obschon hierauf der Name „Draufgabe"

---

[1]) v. Jagemann, Die Draufgabe.

[2]) D. h. es wird schon vor Erfüllung von einer oder von beiden Seiten eine (meist nur kleinere) Anzahlung, ein sog. „Mietpfennig" od. dgl., geleistet.

[3]) Ein solches Reurecht wäre nicht ein Bestärkungs-, sondern ein Abschwächungsmittel des Vertrages.

hindeutet): vielmehr ist sie später von dieser Leistung in Abzug zu bringen oder zurückzugeben oder sonst zu verrechnen.

c) Als für anderweitige Fälle oder in anderweitigen Grenzen getroffene Schadensersatzverabredung.

§ 119. Vertragsstrafe.[1]) §§ 339—345.

I. Vertragsstrafe ist die von dem Gläubiger für den Fall, daß er seine Verbindlichkeit nicht oder nicht in gehöriger Weise (namentlich etwa nicht rechtzeitig) erfüllt, versprochene Zahlung einer Geldsumme als Strafe.

1. Dieses Versprechen ist demnach nur dann und nur insoweit gültig, wie die Verbindlichkeit, zu deren Sicherung es gegeben ist, rechtsgültig besteht, § 344.

2. Der Anspruch auf die Strafsumme verfällt im Zweifel mit dem Verzug des Schuldners, und zwar ganz, sollte der Verzug auch nur ein teilweiser sein.[2]) Ja es genügt nach ausdrücklicher Gesetzesvorschrift, falls die geschuldete Leistung in einem Unterlassen besteht, jedes Zuwiderhandeln, damit die Vertragsstrafe verfalle, auch wenn keine Schuld auf Seite des Schuldners vorliegt. § 339.

3. Die Verabredung der Strafe hat im Zweifel doppelte Bedeutung.

a) Die Strafe soll treten an Stelle der Erfüllung; sei es ganz oder sei es auch nur an Stelle gehöriger, namentlich rechtzeitiger Erfüllung; auch ohne daß dafür der Schuldner zu Schadensersatz schon ohnehin verpflichtet wäre[3]); so daß also dadurch der Gläubiger eine facultas alternativa gewinnt. Diese ist von verschiedener Tragweite, je nachdem die Strafe an Stelle der Leistung schlechthin oder an Stelle der Rechtzeitigkeit der Leistung tritt.[4])

aa) Tritt sie an Stelle der Leistung, so schließen Erfüllung und Strafe einander aus.

---

[1]) Sprenger, in Gruchots Beitr. 33, 638 fg. — Fuld, im Sächs. Archiv 9, 337 fg. — Besonders über Röm. Recht v. Seeler, Zur Lehre v. d. Konventionalstrafe, 1891. — Ältere Literatur: Randa, Lehre v. d. Zinsen und von der Konventionalstrafe.

[2]) Deshalb das oben § 115, 1 a Vorgetragene.

[3]) Doch immer, sofern nicht bloß Unterlassung in Frage steht, unter der Voraussetzung des Verzuges, s. soeben unter 2.

[4]) Bestimmte Vermutung für keins von beiden.

Ebenso wird alsdann durch Verlangen der Strafe Verlangen der Erfüllung ausgeschlossen. Nicht aber dieses umgekehrt: wer Erfüllung verlangt, aber noch nicht erhalten hat, kann noch wechseln, ersteres Begehren fallen lassen und die Strafe verlangen, § 340 Abs. 1 Satz 2.

bb) Tritt sie an Stelle der Rechtzeitigkeit der Leistung, so bleibt neben der Strafe für Verspätung der Erfüllung die verspätete Erfüllung selbst noch geschuldet. Doch kann der Gläubiger, der verspätete Erfüllung ohne gleichzeitige Entrichtung der Verspätungsstrafe angenommen hat, letztere nur noch nachverlangen, falls er sich dies bei der Annahme ersterer ausdrücklich vorbehalten hat, § 341 Abs. 3; sonst gilt jene Annahme als Verzicht auf die Strafe, selbst wenn der Gläubiger in Unkenntnis dieser Rechtsregel angenommen haben sollte.

b) Die andere Bedeutung, welche der Verabredung einer Vertragsstrafe im Zweifel zukommt, ist die, falls ohnehin eine Schadensersatzpflicht des Schuldners (für Nichterfüllung oder für ungehörige, verspätete Erfüllung) begründet ist, als Mindestbetrag des zu ersetzenden Schadens zu gelten.

4. Sie hat also im Zweifel nicht die Bedeutung eines Schadensersatzmaximums, noch die eines Mehr über Erfüllung oder Schadensersatz hinaus; die eines Garantievertrags gewinnt sie nur, wenn die geschuldete Leistung in einer Unterlassung besteht, s. oben unter 2.

5. Beweis. — Ist streitig, ob mangels Erfüllung der Verbindlichkeit die Strafe verfallen ist, so trifft die Beweislast

a) durchweg den Schuldner, der Erfüllung zu leisten hat; nur

b) falls die geschuldete Leistung in einem Unterlassen besteht, den Gläubiger, der Nichterfüllung zu beweisen hat, § 345.

6. Richterliches Ermäßigungsrecht.[1]) — „Ist eine verwirkte Strafe unverhältnismäßig hoch, so kann sie auf Antrag des Schuldners durch Urteil auf den angemessenen Betrag herabgesetzt werden." § 343.

a) „Angemessener Betrag": Unter Berücksichtigung jedes berechtigten, nicht bloß des Vermögensinteresses; namentlich also auch des Affektionswertes.

b) Nach Entrichtung der Strafe nicht mehr möglich.

c) Dieses im sozialen Interesse getroffene Ermäßigungsrecht gefährdet stark die Hauptbedeutung der Vertragsstrafe, indem es

---

[1]) Hölder, im „Recht", 4, 161 fg.

Unsicherheit hervorruft, während die Vertragsstrafe eben sichern, alles fest und klar stellen[1]) soll. Der Richter wird es daher mit Vorsicht handhaben! Im Handelsrecht ist das Ermäßigungsrecht ausgeschlossen, HGB. § 348.

II. Der Vertragsstrafe engst verwandt ist eine Strafverabredung, bei welcher als Strafe nur eine andere Leistung als die Zahlung einer Geldsumme versprochen ist. Eine solche Verabredung unterliegt allen unter I aufgestellten Regeln, mit Einer Ausnahme: Die sonst bloß statt Erfüllung eintretende facultas alternativa, die Strafleistung zu verlangen, gilt hier auch als verabredet neben und statt Schadensersatz, an Stelle der oben unter 3b mitgeteilten Vermutung, welche hier wegfällt, § 342.

III. Der Vertragsstrafe begrifflich fremd steht gegenüber der selbständige Vertrag, durch welchen jemand einem anderen eine Strafe verspricht für den Fall, daß er eine Handlung vornimmt oder unterläßt — ohne daß (oder abgesehen davon, ob) der Versprechende zu der Vornahme oder Unterlassung dieser Handlung dem Versprechensempfänger gegenüber verpflichtet ist. Z. B. A hat das Recht, über einen gewissen Weg zu gehen; er gibt dies Recht auch keineswegs auf; er verpflichtet sich nicht einmal B gegenüber, von diesem Rechte keinen Gebrauch machen zu wollen; sondern er verspricht nur B, ihm 100 zahlen zu wollen, so oft er im nächsten Jahr von diesem Recht Gebrauch machen werde.

1. Es handelt sich um einen gewöhnlichen, selbständigen Schuldvertrag unter Bedingung. Falls A trotzdem über jenen Weg geht, handelt er weder absolut noch B gegenüber widerrechtlich; falls A sich des Gehens über jenen Weg enthält, so erfüllt er damit keine Vertragspflicht; sondern es wird nur im eigenen wohlverstandenen Interesse des A liegen, daß er sich dieser Handlung enthalte, damit nicht die Bedingung eintrete und er 100 an B zahlen muß.

2. Trotzdem aber der Unterschied zwischen diesem Vertrag und der Vertragsstrafe ein so starker ist, leuchtet ein, wie nahe es läge, ersteren zur Umgehung der Regeln zu benutzen, welche letzteren einschränken. Deshalb ist auch auf jede derartige Verabredung ausgedehnt zunächst das richterliche Ermäßigungsrecht, § 343 Abs. 2;

---

[1]) Daher ein Hauptgebiet ihrer Anwendbarkeit in Fällen, in welchen kein oder kein genau nachweisbares oder schätzbares Vermögensinteresse (Geld-Schadensersatz) bei der Verbindlichkeit gegeben ist.

ferner die Beweisregelung des § 345 (s. oben I 5); und endlich die Regel des § 344 (s. oben I 1) in dem Sinne, daß das bedingte Strafversprechen ungültig ist, wenn die Bedingung so gefaßt ist, daß behufs Vermeidung ihres Verfalles der Verpflichtete etwas durch Rechts- oder Anstandspflicht Gebotenes unterlassen oder Verbotenes tun müßte.[1])

III. Leistung an Dritte.[2]) §§ 328—335.

§ 120.

Inwieweit durch Vertrag zwischen A und B Rechte für einen Dritten, X, oder Pflichten zu Lasten von X begründet werden können, sofern ein Vertretungs- oder Zustimmungsverhältnis hinzutritt, ist aus dem allgemeinen Teil bekannt. Ebenso dürfte ohne weiteres klar sein, daß ohne jedes derartige Verhältnis der Vertrag zwischen A und B Pflichten zu Lasten von X nicht zu begründen vermag. Wohl aber ist weiter zu erörtern die Frage, ob aus einem solchen Vertrage zwischen A und B ohne jedes derartige Verhältnis dem X Rechte erwachsen können.

1. Man pflegte dies früher[3]) allgemeinhin zu verneinen, namentlich nach römischem Recht; es hatte dann also der Vertrag zwischen A und B, daß B dem X 100 zahlen solle, nur die Bedeutung, daß A von B fordern konnte, daß B eine solche Zahlung an den X leiste, während X juristisch ganz unbeteiligt, namentlich unberechtigt blieb. Das mag und wird tatsächlich auch heute noch sehr oft vorkommen, aber nur, falls sich die Intention von A und B darauf beschränkt. Dagegen eröffnet nun unser Recht der Parteiwillkür unbeschränkt auch die andere Möglichkeit, daß nämlich X selbst forderungsberechtigt werde; man spricht dann von Versprechen der Leistung an einen Dritten oder zugunsten eines Dritten.

2. Indem unser Recht diese Möglichkeit eröffnet, gibt es auch

---

[1]) Wohl ohnehin selbstverständlich.

[2]) Konrad Hellwig, Die Verträge auf Leistung an Dritte, Leipzig 1899: fundamentales Werk über das neue Reichsrecht. — Von jüngerer Literatur etwa noch Ofner, in Gruchots Zeitschr. 29, 587 fg.; von älterer: Ehrenzweig, Die sog. zweigliedrigen Verträge. — Älteres: Busch, Doktrin und Praxis in den Verträgen zugunsten Dritter. — Bähr in den dogm. Jahrb. 6, 131 fg. — Unger, ebenda 10, 1 fg. — Gareis, Verträge zugunsten Dritter, 1873.

[3]) Vgl. jedoch jetzt Hellwig, a. a. O., Vorwort, S. III fg.

hier der Parteiwillkür volle Betätigungsfreiheit. Ob der Dritte das Recht[1]) unmittelbar erwerben soll, ob sofort oder später oder unter gewissen Voraussetzungen, ob unentziehbar und unschmälerbar oder unter der Befugnis der ursprünglich Beteiligten, es aufzuheben oder zu ändern, ob endlich so, daß er von dem Augenblicke seines Erwerbes ab Alleingläubiger ist oder Gesamtgläubiger neben A — alles das ist der Verabredung von A und B überlassen. X kann nur insoweit eingreifen, als er das aus dem Vertrag unmittelbar ihm erworbene Recht so vernichten kann, als wäre es nie entstanden, indem er nämlich dem Versprechenden (B, nicht A) gegenüber die Willenserklärung auf Zurückweisung jenes Rechts abgibt.

3. Es bleibt nun bei der Menge hier eröffneter Möglichkeiten übrig, einige Rechtsvermutungen anzugeben, die unser Gesetzbuch damit zugleich aufstellt:

a) Gegen ein dem Dritten unmittelbar zu erwerbendes Recht; wenn B, ohne die Schulden des A zu übernehmen, diesem bloß verspricht, dessen Gläubiger (X) zu befriedigen.

b) Zugunsten eines dem Dritten unmittelbar zu erwerbenden Rechts: Bei Lebensversicherungs- oder Leibrentenverträgen[2]) mit Verabredung der Leistung an Dritte,[3]) oder bei unentgeltlichen Leistungen, wenn dabei dem Empfänger (B) eine Leistung an einen Dritten (X) auferlegt wird; oder bei Vermögens- oder Gutübernahmen unter Verabredungen von Abfindungen Dritter.

c) In bezug auf die Zeit des für den Dritten eintretenden Rechtserwerbes: falls B an X nach dem Tode des A leisten zu wollen erklärt,[4]) mit diesem Tode. Das Versprechen ist in solchem

---

[1]) So wie es ihm von A bestellt ist, natürlich, also auch nur mit den Einwendungen, die B gegen A haben würde, § 334.

[2]) Außer der betreffenden versicherungsrechtlichen Literatur s. Ehrenberg i. d. dogm. Jahrb. 41, 341 fg.

[3]) D. h., wie man es im Leben meist auszudrücken pflegt, „auf den Namen" von Dritten, z. B. der Ehefrau, der Kinder u. s. f. Indem so zugunsten dieser unmittelbar ein eigenes, selbständiges Recht, z. B. gegen die Versicherungsanstalt, entsteht, ist zugleich festgelegt, daß die Ansprüche dieser Überlebenden nicht in den Nachlaßkonkurs über das Vermögen des Versicherungsnehmers hineingezogen werden können; sie stehen ihnen aus eigener Person zu, nicht als Erben des Verstorbenen.

[4]) Diese Vermutung für den Augenblick des selbständigen Rechtserwerbes des Dritten tritt also namentlich bei Lebensversicherungsverträgen zugunsten Dritter zu der vorigen Vermutung hinzu; Frauen und Kinder erhalten ihr

Falle unabänderlich und gültig auch für den Fall, daß X im Augenblicke des Todes des A noch nicht lebt, § 331 Abs. 2, vgl. auch § 2178;[1]) X erwirbt das für ihn objektiv festgelegte Recht im Augenblick seiner Geburt.

d) In bezug auf die Stellung des ursprünglichen Gläubigers: stets zugunsten von Gesamtgläubigerschaft, § 335. Doch kann natürlich nachträglich der ursprüngliche Gläubiger aus dieser Stellung ausscheiden; damit geht das Forderungsrecht ausschließlich auf den Dritten über.

IV. Sonderrecht der Schuldverhältnisse aus gegenseitigen Verträgen.

1. Grundlage, Einrede des nicht erfüllten Vertrages,[2]) §§ 320—322.

§ 121.

I. Grundlage.

1. Vollständig gegenseitige Verträge (vgl. oben § 61, 1) tragen ihren kausalen Zusammenhang in sich selbst, in der Gegenseitigkeit; sie gehen stets auf einen Güteraustausch, ein sog. συνάλλαγμα, daher auch synallagmatische Verträge geheißen. Jeder Teil will leisten, um die Gegenleistung des anderen Teils zu empfangen. Diese Eigentümlichkeit des Willens gelangt zum Ausdruck, indem nicht zwei getrennte einseitige Verträge geschlossen werden, sondern ein einheitlicher gegenseitiger Vertrag. Von den beiden so übers Kreuz bestellten Leistungspflichten muß also die eine, gemäß erklärtem Parteiwillen, stets die andere beeinflussen. In welcher Art aber dieser Einfluß näher sich ausprägen soll, das pflegen die Parteien regelmäßig nicht zu verabreden,[3]) ja nicht einmal eine jede sich selbst

---

Recht erst mit dem Augenblicke des Todes des Vaters und Ehemannes, aber nicht von Todes wegen.

[1]) Dagegen nicht hier anwendbar die zeitigen Beschränkungen z. B. von §§ 2162, 2163 oder irgendwelche ähnliche; also zeitig unbegrenzt?!

[2]) André, Einrede des nicht erfüllten Vertrags im heut. gem. Recht, 1891. — W. Stintzing, nondum est ex empto actio, 1893. — Von Älteren: Keller, Jahrb. d. gem. Rechts 4, 337 fg. — Bechmann, Kauf, 1, 540 fg.

[3]) Nur das Eine geht noch nach der Maximalseite aus der Parteiverabredung hervor: Diese Beeinflussung soll nicht so stark sein, als wäre die eine Leistung zur Bedingung der Verpflichtung auf die Gegenleistung gemacht, also verkauft unter der Bedingung der Preiszahlung oder gekauft unter der Bedingung der Warenlieferung; denn die für so weit reichende Abhängigkeit beider Leistungen voneinander vom Rechte den Parteien zur Verfügung gestellte Form der Bedingung ist ja eben von Parteien nicht gewählt.

klarzumachen; eine solche nähere Prägung jenes allgemeinen Parteiwillens ist Sache dispositiver Gesetzesvorschriften.

2. Diese Gesetzesvorschriften werden anzuknüpfen haben bei den verschiedenen Rechtslagen und -möglichkeiten, welche aus einer Vertragsverpflichtung oder einem Schuldverhältnisse sich ergeben können. Für sie alle wird die Frage entstehen: was soll bei ihnen, falls das Schuldverhältnis ein gegenseitiges ist, anders gestaltet werden, als wenn es ein bloß einseitiges wäre? Entscheidend wichtig wird dabei offenbar vor allem die Beantwortung dieser Frage für die Hauptmöglichkeit, die Erfüllung. Aber auch die Auflösung des Vertrages, ohne oder nach Erfüllung, die Unmöglichkeit oder die Verspätung der Erfüllung bieten solche hier zu beantwortende Fragen.

3. Eine scharf einheitliche, etwa logisch aus Einer gemeinsamen obersten Regel abzuleitende Beantwortung dieser Fragen ergibt das Recht nicht[1]): da es ihm vielmehr darauf ankommt, bei diesen im Handel und Wandel weitaus häufigsten und wichtigsten Schuldverhältnissen möglichst elastisch den Bedürfnissen des Lebens und Verkehrs sich anzuschmiegen. Als Grundlage für die folgenden Betrachtungen kann also auch hier keine solche absolut durchgreifende Regel aufgestellt werden, sondern nur die allgemeine Betrachtung, wie Unbilligkeiten entstehen würden, wenn auf unvorhergesehene Weise wider ihren Willen die eine von beiden Vertragsparteien auch nur in die Gefahr versetzt würde, ihren Zweck ganz oder teilweise zu verfehlen, während die andere Vertragspartei den ihrigen ganz oder teilweise mit Sicherheit erreicht. Es handelt sich also um Gleichmaß nicht bloß der Erfüllungspflicht, sondern auch ihrer Sicherung, soweit nicht das Gleichmaß der letzteren durch die Besonderheit des Schuldverhältnisses selbst oder durch Parteiwillen ausgeschlossen ist.

4. Dies letztere Gleichmaß ist nämlich offenbar wesentlich verschoben, sobald die eine Partei vor-, die andere nachzuleisten hat. Es ist dann unvermeidlich eine Zwischenzeit gegeben, während deren die eine Partei ihren Zweck schon erreicht hat, indessen die andere noch auf Erfüllung wartet. Obschon dem Grundzuge der Gegenseitigkeit weniger entsprechend, ist dies doch keineswegs ausgeschlossen. Hieraus ergibt sich:

---

[1]) Im Gegensatz zu dem logischen Aufbau, der sich bei bedingten Rechtsverpflichtungen ergibt, vgl. oben §§ 69 fg.

a) Gegenseitige Schuldverhältnisse sind im Zweifel gleichzeitig („Zug um Zug") zu erfüllen: wer behauptet, zur Nachleistung berechtigt zu sein, wird dies besonders zu beweisen haben, § 320 Abs. 1 Satz 1, Nachsatz.

b) Aber auch wenn, gemäß besonderer Parteiabrede oder gemäß gesetzlich für besondere Typen des gegenseitigen Vertrages (z. B. Miete) besonders aufgestellter Dispositivregel der eine Teil (z. B. der Mieter) Vorleistung des anderen Teils zu fordern berechtigt ist, setzt doch eine Rechtsneigung ein, das Gleichgewicht zugunsten der so geschädigten Partei wiederherzustellen.

aa) Dies tritt wohl gelegentlich einzelner Sonderbestimmungen hervor, auf die erst später wird eingegangen werden können, z. B. im Pfandrecht, das dem vorleistenden Vermieter gesetzlich an den eingebrachten Sachen des Mieters zusteht, § 559.

bb) Namentlich aber hat es zu einer ebenso allgemeinen wie eigenartigen Gesetzesbestimmung geführt[1]): Wenn nach dem Abschlusse eines solchen gegenseitigen Vertrags auf Vor- und Nachleistung in den Vermögensverhältnissen des zur Nachleistung berechtigten Teils eine so wesentliche Verschlechterung eintritt, daß dadurch der Anspruch auf die Gegenleistung „gefährdet" wird, so hat der Vorleistungsverpflichtete das Recht, diese ihm obliegende Leistung zu verweigern, bis die Gegenleistung bewirkt oder Sicherheit für sie geleistet wird, § 321. Das sichert also den Vorleistungsverpflichteten gegen solche Zunahme der in jeder Vorleistungspflicht liegenden Gefahr, die durch nachträgliche wesentliche Verschlechterung der Vermögensverhältnisse der anderen Partei eintritt; nicht gegen diese Gefahr, soweit sie schon bei Vertragsabschluß vorlag und übernommen wurde. Der so gesicherte Vorleistungspflichtige ist dadurch in wesentlich ähnliche[2]) Lage versetzt, wie wer ohne Gegenseitigkeit, aber doch aus demselben rechtlichen Verhältnis gleichzeitig mit dem, was ihm zu leisten obliegt, einen fälligen Anspruch gegen den anderen Teil und deshalb gegen diesen ein Zurückbehaltungsrecht hat, §§ 273 fg., vgl. oben § 93.

5. Ein solches Zurückbehaltungsrecht würde ohne weiteres offenbar schon jeder von beiden Parteien aus § 273 zustehen im

---

[1]) Regelsberger i. d. dogm. Jahrb. 40, 451 fg. — Fritze, in Kohlers Archiv 17, 20 fg.

[2]) Nicht ganz in dieselbe Lage, denn im § 321 fehlt die Bestimmung von § 273 Abs. 3 Satz 2.

Normalfalle des gleichzeitig erfüllbaren gegenseitigen Schuldverhältnisses; d. h. also das Recht, nicht leisten zu müssen, bis die Gegenleistung bewirkt oder Sicherheit für sie gestellt ist. Hier aber wäre das nicht einmal genügend. Denn wer aus einem voll gegenseitigen Vertrage leisten, nicht bloß Sicherheit für zukünftige Leistung stellen soll, der kann auch seinerseits volle gegenwärtige Gegenleistung, nicht bloß Sicherheit für zukünftige Gegenleistung verlangen. Von den beiden Alternativen, zwischen welchen die Ausübung des Zurückbehaltungsrechts der anderen Seite die Wahl läßt (ihrerseits zu erfüllen oder Sicherheit zu leisten), muß also die letztere hier ausgeschlossen sein. Deshalb hat hier jeder von beiden Teilen, der auf Erfüllung in Anspruch genommen wird, eine stärkere, verzögerliche Einrede als die des bloßen Zurückbehaltungsrechts; eine Einrede, welche nur die andere Möglichkeit offen läßt; sie heißt: „Einrede des nicht erfüllten Vertrages", und ist nunmehr eingehender zu besprechen.

II. Die Einrede des nicht erfüllten Vertrages (exceptio non impleti contractus) ist diejenige Rechtsform, durch die der Intention der Parteien, die einen gegenseitigen Schuldvertrag geschlossen haben, vom Recht voll entsprochen wird, ohne überflüssige Erschwerung und Versteifung des Verhältnisses, und namentlich gemäß der privatrechtlichen Grundregel, die Wahrung des Parteiinteresses möglichst jeder Partei selbst zu überlassen, sodaß sie je nach Umständen oder Belieben streng auf ihrem Rechte bestehen, oder auf der anderen Seite sich entgegenkommend erweisen kann.

1. Das gegenseitige gleichzeitig erfüllbare Schuldverhältnis zwischen A und B enthält nach unserem Recht vier Einzelrechte:

a) Das Forderungsrecht des A gegen B auf Leistung, anders gesagt, das Schuldverhältnis, aus dem B dem A die Leistung schuldet.

b) Das Forderungsrecht des B gegen A auf Gegenleistung, anders gesagt das Schuldverhältnis, aus dem A dem B die Gegenleistung schuldet.

c) Ein Gegenrecht des B gegen seine unter a genannte Schuld, und zwar ein verzögerliches Einrederecht; nämlich das Recht, die Geltendmachung dieser Schuld zu hemmen, solange nicht A seinerseits ihm die Gegenleistung bewirkt; und endlich

d) das entsprechende Gegenrecht des A gegen seine unter b genannte Schuld, nämlich das Recht, die Geltendmachung dieser

Schuld zu hemmen, so lange nicht B seinerseits die Leistung bewirkt. Die beiden letzterwähnten Gegenrechte sind es, welche Einrede des nicht erfüllten Vertrags heißen; sie treten zu den beiden ersterwähnten Forderungs- und Schuldverhältnissen ergänzend hinzu. Es handelt sich also um zwei Sollrechte, denen zwei Könnrechte einschränkend (regulierend) über Kreuz gesellt sind.

2. Diese sämtlichen Rechte stehen einander selbständig gegenüber; jedes muß, um zu wirken, geltend gemacht werden; freilich wird es zu einer Geltendmachung der Gegenrechte kaum kommen, so lange nicht eins der Sollrechte geltend gemacht ist.

3. Nicht erfüllt ist auch der nur teilweise oder nicht ganz richtig erfüllte Vertrag; bis zur vollständigen richtigen Erfüllung seitens des anderen Teils kann also jeder Teil die ganze ihm obliegende Leistung verweigern. Doch soll dies nicht gegen Treu und Glauben, besonders wegen geringfügiger Rückstände[1]) durchgeführt werden dürfen, § 320 Abs. 2.

4. Wird ein solches Gegenrecht geltend gemacht[2]) gegen die Erfüllungsklage des anderen Teils, so hat das nur die Wirkung, daß der beklagte Teil nun zur Erfüllung Zug um Zug zu verurteilen ist (ähnlich wie bei der Einrede des Rückhaltungsrechts) § 322 Abs. 1. Der zur Zwangsvollstreckung aus diesem Urteil berechtigte Teil hat also, indem er zu ihr schreitet, seine Leistung anzubieten; dann aber kann er auch ungehemmt weitergehen. Wie sich dies dann schließlich gestaltet, wenn nunmehr noch der andere Teil die angebotene Leistung nicht annimmt, oder daraufhin seinerseits nicht sich leistungsbereit zeigt, darüber sofort unten bei der Lehre vom Verzuge.

5. Versagt wird dies Recht dem Mieter oder Pächter eines Grundstückes wegen der zu Ende der Miet- oder Pachtzeit eintretenden Rückerstattungspflicht, wenn er dagegen Einwände aus seinen Ansprüchen gegen den Vermieter oder Verpächter suchen sollte, der dadurch um sein Grundstück käme, § 356 Abs. 2 und § 581; vgl. unten § 132, III, 4 a.

6. Weitergehende Folgen hat nach unserem Rechte die Gegenseitigkeit zunächst nicht; namentlich nicht etwa ohne weiteres und schlechthin die Folge, daß, wenn der eine Teil nicht oder nicht voll-

[1]) Aber auch darüber hinaus auszudehnen, vgl. Ehrenzweig, Zahlungsunfähigkeit, S. 9 (verhungertes Pferd) und den Fall aus der Praxis S. 12 fg.

[2]) Beweispflicht doch immer auf Seite desjenigen, der Erfüllung behauptet, nicht auf Seite des Einredenden!

ständig oder nicht rechtzeitig erfüllt, dann auch der andere Teil seiner Verpflichtung ledig würde (sog. resiliatorische Klausel[1]) od. dgl. m.; wie weit aber doch unter Umständen wenigstens ähnliches eintritt, darüber in den folgenden Paragraphen bei den Lehren von der Unmöglichkeit und vom Verzuge.

2. Rücktritt.[2] §§ 346—361, § 327.

§ 122.

Vorher ist noch eine andere Eigentümlichkeit der gegenseitigen Verträge zu betrachten: die Möglichkeit des Rücktrittes von ihnen (vgl. oben S. 369 Note 3).

I. Unter „Rücktritt vom Vertrage" lassen sich ganz verschiedene Vorgänge denken, die aus verschiedenen Gründen herrühren können.

1. Verschiedene Vorgänge: es handelt sich um Rücktritt von einem bereits erfüllten oder von einem noch vollständig unerfüllten Schuldverhältnis.

a) Soweit Parteien von einem noch unerfüllten gegenseitigen Schuldverhältnisse zurücktreten, ist der Rücktritt ein Aufhebungsgrund dieses Schuldverhältnisses (z. B. mutuus dissensus); zu geschehen braucht dann garnichts, sondern es fällt nur jede Verpflichtung hinweg, daß etwas geschehe.

b) Soweit Parteien von einem erfüllten gegenseitigen Schuldverhältnisse zurücktreten, wird dadurch kein Schuldverhältnis aufgehoben, denn das, von dem zurückgetreten wird, war ja schon durch Erfüllung erloschen. Sondern es entsteht neu zwischen den Parteien ein Schuldverhältnis, darauf gehend, daß sie sich gegenseitig in die Lage zurückversetzen sollen, als wäre jenes frühere Schuldverhältnis nicht erfüllt worden,[3]) ja, als hätte es nie zwischen ihnen bestanden.

aa) Dieses neu entstandene Schuldverhältnis ist auch seinerseits ein gegenseitiges: A hat, was er kraft des ursprünglichen gegenseitigen Schuldverhältnisses von B bekommen hatte, diesem zurückzugewähren und umgekehrt. Es besteht auch zwischen diesen beiden

---

[1]) Wegen besonderer Verabredung derselben s. § 360.

[2]) Gradenwitz, im Jahresbericht der jur. Ges. Berlin, 42, 82 fg. — Leonhard, i. d. Deutschen Jur.-Ztg. 6, 349 fg. — Littmann, Das gesetzliche Rücktrittsrecht.

[3]) Für nicht in natura zurückgewährbare Leistungen, als persönliche Dienstleistungen oder Sachbenutzung, tritt Werterſatz in Geld ein, § 346 Abs. 2.

neuen gegenseitigen Verpflichtungen dieselbe Zusammengehörigkeit, wie zwischen Leistung und Gegenleistung aus gegenseitigen Verträgen sonst, sodaß der eine Teil nur zurückzugewähren braucht, wenn der andere Teil zurückgewährt, und so, daß jeder Teil, um diesen Zusammenhang zu wahren, die Einrede des nicht erfüllten Vertrages hat, § 348.

bb) Daß es so zur Durchführung des Rücktritts einer Erfüllungstätigkeit, einer Rückerstattung seitens der Beteiligten bedarf, unterscheidet den Rücktritt von dem Eintritt der Resolutivbedingung, der ja Wiederherstellung des ursprünglichen Zustandes ipso jure, infolge der Wirkung des zwischenzeitigen Schwebezustandes nach sich zieht, vgl. oben S. 235 fg.

cc) Dagegen ist die Wirkung des Rücktritts insofern, wenigstens im Zweifel, stärker als die Wirkung des Eintritts der Bedingung, weil nämlich hier es regelmäßig als Pflicht der zurücktretenden Parteien erscheint, die bereits eingetretenen Vertragswirkungen nicht nur von jetzt ab, sondern so, als wären sie nie eingetreten, von der Zeit ihres Eintritts ab (natürlich soweit dies jetzt noch möglich ist), d. h. obligatorisch ex tunc, nicht bloß ex nunc auszugleichen und zu beseitigen,[1]) während dies bei bedingten Rechtsgeschäften, obschon es auch da möglich ist, doch nicht vermutet wird, vgl. § 347 Satz 2 und 3 mit § 159.

2. Verschiedene Gründe. Der Grund, aus dem es zum Rücktritte kommt, kann sein eine Einigung der beiden beteiligten Parteien oder ein gesetzlich einer derselben eingeräumtes Rücktrittsrecht.

a) Jene Einigung kann schon geschlossen sein zugleich mit dem ursprünglichen gegenseitigen Vertrage, von dem ein Rücktrittsrecht eingeräumt werden soll, oder nachträglich, aber immerhin doch wenigstens vor dem Rücktritte selbst, sodaß also unter irgend welchen verabredeten Bedingungen (Zahlung eines Reugeldes oder Verzug der anderen Seite oder auch bloße Willkür) aus jener früheren Einigung einer der Parteien oder beiden ein nunmehr eben ausgeübtes Rücktrittsrecht zusteht.

b) Ein Rücktrittsrecht kann ferner der einen oder anderen beteiligten Partei gesetzlich zugesprochen sein aus besonderen Gründen.

c) Endlich aber auch braucht dem Rücktritte gar kein Rücktritts-

---

[1]) Z. B. in bezug auf Zinsen, Früchte und sonstige Zwischenvorteile, s. vorige Note.

recht der Parteien voranzugehen, sondern es kann, ohne daß bisher zwischen ihnen oder gesetzlich davon die Rede gewesen wäre, nunmehr zwischen ihnen in jedem Augenblick der Rücktritt vom Vertrage vereinbart werden.

Diese drei Möglichkeiten stehen einander keineswegs inhaltlich gleich. Die gesetzlich für den Fall des Rücktritts kurzerhand gegebenen Regeln der §§ 346 fg. passen genau nur auf die erste dieser drei Möglichkeiten, für die sie auch zunächst nur bestimmt sind.

II. Rücktritt kraft vorher gewillkürten Rücktrittsrechtes.

1. Dasselbe gilt als gewillkürt auch in folgenden Fällen:

a) Bei Verabredung der resiliatorischen Klausel (s. oben S. 403 Note 1), § 360; Beweisregelung § 358; s. auch § 455.

b) Bei Verabredung eines Fixgeschäfts (s. S. 341 fg.), § 361.

2. Es wird ausgeübt durch Erklärung des Beteiligten gegenüber dem anderen Teile, § 349, ist also ein Könnrecht, gerichtet auf Vernichtung der etwa noch bestehenden Verbindlichkeiten und auf Erzeugung der Rückerstattungs- und Ausgleichungsverbindlichkeiten; darüber, wie dabei sich dic Aufrechnung gestalten kann, s. oben § 109, II, 3, b, bb; wie dabei die fällige Reugeld-Zahlung, s. § 359.

3. Es ist nur ausübbar binnen einer Frist; mangels Vereinbarung einer solchen binnen einer angemessenen, von dem anderen Teile den Berechtigten gesetzten Frist, § 355.

4. Wie, wenn vor Ausübung des Rücktrittsrechtes der, dem gegenüber es ausgeübt wird, die Möglichkeit verloren hat, die empfangene Leistung so, wie empfangen, zurückzugeben, weil sie zerstört, beschädigt, unwiederbringlich veräußert oder belastet ist? Dann haftet er dafür, aber nur soweit, wie ein gutgläubiger Besitzer dem Eigentümer gegenüber nach Eintritt der Rechtshängigkeit, also nur für Verschulden.[1]) Von einem solchen kann hier, genau wie bei jener Rechtslage (vgl. oben § 88, I, 2) die Rede sein deshalb, weil der betreffende Leistungsempfänger ja von vornherein nicht ganz sicher damit rechnen durfte, die Leistung behalten zu dürfen, indem er das gewillkürte Rücktrittsrecht kannte und also mit dem Falle von dessen

---

[1]) Soweit also solches nicht vorliegt, braucht er dann nichts zurückzugewähren, während der andere Teil nach wie vor zurückgewähren muß; nicht etwa wird, weil dieser Teil frei wird, auch jener frei. Der Rücktrittsberechtigte muß sich also wohl hüten, bei solcher Sachlage von seinem Rücktrittsrechte Gebrauch zu machen! Er würde seine Rücktritts-Erklärung wegen Irrtums wohl kaum anfechten können, da es sich ja bloß um Irrtum im Motive handelt.

Ausübung seitens der anderen Partei rechnen mußte; § 347 Satz 1. Deshalb ist dann auch die Analogie weiter durchgeführt auf das Maß zu ersetzender Nutzungen und Zinsen, ferner auf den Ersatzanspruch für Verwendungen, § 347 Satz 2 u. 3.

5. Ähnlich ist die Lage, aber etwas verschieden die Behandlung, wenn die Seite, die ihr Rücktrittsrecht selbst ausübt oder ausüben möchte, es ist, der aus ähnlichen Gründen die Rückgabe der ihrerseits empfangenen Leistung unmöglich werden sollte. Denn dann liegt eine Art von Schuld darin, daß sie das Rücktrittsrecht in Anspruch nimmt, obschon sie sich ihrerseits die Rückgabe durch eigene Handlungen unmöglich gemacht hat; während von Schuld keine Rede sein kann, wo ihr die Rückgabe irgendwie sonst unmöglich geworden ist. Mit diesem Schuldbegriffe wird hier folgendermaßen vom Gesetze operiert:

a) Ist es Zufall, wodurch das seitens des Rücktrittsberechtigten Herauszugebende (vor seiner Ausübung des Rücktrittsrechtes oder auch nachher) untergegangen ist, so leidet er darunter in keiner Weise: er kann dann trotzdem den Rücktritt erklären und braucht seinerseits nichts[1]) herauszugeben, da von Schadensersatz nicht die Rede sein kann, § 350.

b) Ist es dagegen nicht Zufall, so muß unterschieden werden:

aa) Ist der Rücktrittsberechtigte deshalb außer Lage, den Gegenstand zurückzugeben, weil er ihn schuldhaft beschädigt, verschlechtert, zerstört, oder auch durch Verarbeitung oder Umbildung zu einer anderen Sache umgestaltet hat (§ 351 Satz 1, § 352), also weil er körperlich etwas an der Sache vorgenommen hat, so verliert er sein Rücktrittsrecht, d. h. seine Rücktrittserklärung stellt sich, wenn sie nach Eintritt solcher Umstände[2]) von ihm abgegeben ist, als wirkungslos heraus. — Ebenso wird der Rücktrittsberechtigte behandelt, wenn die herauszugebende Sache nicht ganz untergegangen, aber wesentlich beschädigt ist; oder wenn nicht er, sondern sein gesetzlicher Vertreter, seine Leute (im Sinne des § 278) oder gar Dritte, welche den Gegenstand durch Verfügung des Rücktrittsberechtigten[3]) erlangt

---

[1]) Es sei denn allenfalls Schadensersatz- oder dgl. Ansprüche gegen Dritte, die an Stelle der untergegangenen Sache treten, § 281.

[2]) Treten diese Umstände nachher ein, so gelten die allgemeinen Regeln für die nun vollwirksam entstandenen Rückerstattungsverpflichtungen, § 325 Abs. 1.

[3]) Dieser stehen gleich gegen ihn gerichtete Maßregeln der Zwangsvollstreckung, Arrest u. dgl., § 353 Abs. 2.

hatten, so mit diesem Gegenstande umgegangen waren, § 351 Satz 2, § 353 Abs. 1.

bb) Ist dagegen der Rücktrittsberechtigte aus anderem Grunde schuldhaft außer Lage, den Gegenstand zurückzuerstatten, namentlich aber deshalb, weil er ihn unwiederbringlich weitergegeben, veräußert, dinglich belastet hat u. dgl. — so verliert er nun sein Rücktrittsrecht nicht, sondern wird, wenn er von diesem Gebrauch macht, behandelt wie jeder Verpflichtete, der sich die Erfüllung seiner Verpflichtung schuldhaft unmöglich gemacht hat: Er mag zuerst versuchen, zu erfüllen, etwa die Sache vom Dritten, in dessen Hand sie jetzt ist, sich behufs Erfüllung wieder zu verschaffen, sie ihm wieder abzukaufen oder dgl.; gelingt ihm dies nicht, so muß er vollen Schadensersatz leisten.

6. Zur Sicherung in der hierdurch, namentlich in den Fällen des letzten Unterabsatzes, für den anderen Teil entstehenden Rechtslage ist diesem das Könnrecht des § 354 zugebilligt. Falls nämlich der Teil, der seinen Rücktritt erklärt hat, mit der Rückleistung in Verzug kommt und auch binnen einer ihm von der anderen Seite gesetzten angemessenen Frist die Rückleistung noch nicht[1]) beibringt, so wird dadurch der Rücktritt unwirksam, als hätte der ihn Erklärende sein Rücktrittsrecht verloren gehabt. Dadurch werden alle Weiterungen, Beweisschwierigkeiten und Erörterungen, ob wirkliche oder bloß scheinbare, verschuldete oder unverschuldete Unmöglichkeit der Rückerstattung vorliegt, abgeschnitten.

III. Rücktritt kraft gesetzlichen Rücktrittsrechtes.

1. Fälle eines solchen sind:

a) Allgemeinhin, bei der Lehre von der Unmöglichkeit und vom Verzug aus gegenseitigen Verträgen aller Art gegebene, gemäß den Bestimmungen der §§ 325 Abs. 1, 326 (vgl. auch § 280 Abs. 2), auf welche sofort unten in den folgenden Paragraphen einzugehen sein wird. — Dahin gehört aber auch außerdem das Rücktrittsrecht, welches § 325 Abs. 2 in Ausdehnung von § 283 im Falle dieses Paragraphen dem Gläubiger auf Grund eines rechtskräftigen Urteils nach fruchtlos abgelaufener Erfüllungsnachfrist dann beilegt, wenn das Schuldverhältnis ein gegenseitiges ist und wenn nicht dauernde Unmöglichkeit der Erfüllung ohne von dem Schuldner zu vertretenden Umstand eingetreten ist, vgl. oben § 103, 4 b, aa und unten § 123, IV.

---

[1]) Ganz oder doch wenigstens so, daß kein erheblicher Teil mehr fehlt.

b) Außerdem bei besonderen Typen der gegenseitigen Schuldverhältnisse besonders vom Gesetze eingeräumte Rücktrittsrechte, namentlich die beim Kaufe wegen Mängel der gekauften Sachen dem Käufer eingeräumte Befugnis zur Wandelung, §§ 459 fg.

2. Wie weit auf diese Fälle die Regeln des vorher gewillkürten Rücktrittsrechtes passen, ist eine nicht allgemeinhin zu entscheidende Frage. Namentlich braucht hier keineswegs stets eine Lage vorzuliegen, zufolge deren eine „Schuld" des einen oder anderen Teiles auch nur im weitesten Sinne des Wortes angetroffen werden kann; sodaß dann die besonders wichtigen und feinen, soeben II, 4—6 mitgeteilten Regeln gewiß nicht passen. Daher folgende Rechtslage:

a) Auf die Wandelung und auf ähnliche Fälle erklärt das Gesetz regelmäßig die Regeln der §§ 346—356 nur unter starken Abänderungen für übertragbar; diese Abänderungen greifen da selbst in die Natur des Rücktrittsrechtes, das da nicht mehr ein Könnrecht bleibt, ein; näheres darüber bei den betreffenden einzelnen Schuldverhältnistypen.

b) Auf die allgemeinen Fälle der §§ 325 u. 326 (vgl. auch § 280 Abs. 2) dagegen dehnt das Gesetz durch § 327 die hier unter II mitgeteilten Regeln über die Einzelheiten des Rücktrittsrechtes durchgreifend aus; jedoch sinngemäß vollständig nur, so weit in den Anwendungsfällen dieser Paragraphen, was allerdings fast stets zutreffen wird, der Teil, dem gegenüber der Rücktritt erklärt wird, den Umstand, aus dem dem anderen Teile das Rücktrittsrecht erwächst, zu vertreten hat, sodaß von einer „Schuld" wenigstens auf jener Seite die Rede sein kann. Ist jede solche Verantwortlichkeit des Teiles, dem gegenüber der Rücktritt erklärt wird, ausgeschlossen, was allerdings nur sehr selten vorliegen wird, aber doch vorkommen kann,[1]) so setzt § 327 Satz 2 die sonst den beiden Beteiligten obliegende absolute Rückerstattungspflicht für alles Empfangene mit Zinsen und Früchten der Zwischenzeit u. s. f. für ihn auf das Maß der ungerechtfertigten Bereicherung herab.

IV. Gewillkürter Rücktritt ohne vorher begründetes Rücktrittsrecht. Hier ist alles der Parteiverabredung überlassen, dispositive Vorschriften für diese Fälle trifft der Gesetzgeber nicht; die unter II, namentlich 4—6, entwickelten Regeln versagen da offenbar vollständig.

---

[1]) S. namentlich oben § 103, 4 b, aa, γ z. E. u. unten § 123, IV betr. §§ 283, 325 Abs. 2; sowie § 636, wozu zu vgl. Planck zu § 327 (Band 2, S. 106).

3. Unmöglichkeit.[1]) §§ 323—325.

§ 123.

Daß die Lehre von der Unmöglichkeit hier Anlaß zu Besonderheiten bietet, beruht wiederum auf der Verknüpfung der beiden gegenseitig zu entrichtenden Leistungen. Ist oder wird die eine von beiden unmöglich, so ist nämlich damit für die Leistungspflicht des Teiles, dessen Leistung unmöglich geworden ist, gar nichts eigentümliches eingetreten: er wird frei oder zu Schadensersatz verpflichtet[2]) wenigstens zunächst nach genau denselben Grundsätzen, welche auch gelten würden, wenn seine Verpflichtung bloß eine einseitige wäre. Wohl aber entsteht die besondere Frage: Wie verhält es sich um die Leistungspflicht des anderen Teiles in bezug auf die möglich gebliebene Leistung?[3]) Soll diese nun doch geschuldet sein oder bleiben, namentlich für den Fall, daß der andere Teil durch nicht zu vertretende Unmöglichkeitsgründe frei geworden ist? Wenn z. B. der Verkäufer, dessen zu leistende Ware zufällig untergegangen ist, dadurch von seinen Verpflichtungen als Verkäufer frei geworden ist: soll der Käufer doch verpflichtet bleiben, den Kaufpreis zu bezahlen? Oder soll der Wegfall jener Verpflichtung auf diese zurückwirken? Und wie soll es im Falle verschuldeter Unmöglichkeit gehalten werden, da das zunächst beabsichtigte συνάλλαγμα doch jedenfalls unmöglich geworden ist? Soll es da nicht der Billigkeit besser entsprechende Möglichkeiten geben, als wenn unlösbar der eine Teil an seine Leistung, der andere Teil an Schadensersatz für die unmöglich gewordene Leistung geknüpft bliebe? Wiederum sind alle diese Fragen nicht nach Einer obersten durchgreifenden Regel, sondern nach möglichst elastischen Billigkeitserwägungen zu beantworten. Wir legen dabei der Auseinandersetzung die bekannten Unterscheidungen der Unmöglichkeitsfälle zugrunde, vgl. oben § 92, II.

I. Ursprüngliche Unmöglichkeit einer von beiden Leistungen.

1. Objektive. — Der ganze Vertrag ist im Zweifel nichtig, § 306, 139. Entsteht die Verpflichtung des A. nicht, so auch im Zweifel nicht die des B.; die Abhängigkeit der beiden Verpflichtungen

---

1) Krückmann im Archiv f. d. zivilist. Praxis 90, 88 fg. — Schöller, in Gruchots Beiträgen 44, 603 fg. u. 45, 511 fg. — Staffel, im Archiv f. d. zivilist. Praxis, 92, 467 fg. — S. aber namentlich die Literatur oben zu § 92, II.

2) „Gefahr der Sache" vgl. oben § 76, III.

3) „Gefahr des gegenseitigen Vertrags", vgl. oben ebendaselbst.

reicht weit genug, damit das Nichtentstehen der einen das Entstehen der andern hindere; sie kommen nur beide zusammen entweder zustande, oder nicht zustande.

2. Subjektive. Es gilt nichts Besonderes. Auch der zur Leistung Unvermögende wird verpflichtet; er sehe zu, wie er erfüllt oder Schadensersatz leistet; wogegen ihm die Leistung des anderen Teils gebührt.

II. Nachträgliche vollständige Unmöglichkeit einer Leistung.

1. Von keiner Seite verschuldete: so fällt mit der Pflicht, das unmöglich Gewordene zu leisten, auch für die andere Seite ihre Leistungspflicht hinweg. Kann der Verkäufer ohne Schuld nicht liefern, so braucht auch der Käufer nicht zu zahlen.[1]) Bereits Geleistetes ist als ungerechtfertigte Bereicherung herauszugeben. Nur wenn der, der das unmöglich Gewordene zu fordern gehabt hätte, sein Recht anwendet, statt dessen Surrogat zu verlangen (vgl. oben S. 314), muß er dagegen auch einen, ev. verhältnismäßig geminderten Teil seiner Obliegenheit leisten, § 323.

2. Von seiten desjenigen, der diese Leistung zu fordern gehabt hätte, zu vertretender Maßen: § 324.

a) Hierher gehörige Fälle:

aa) Der betr. Gläubiger oder seine Leute hindern durch eigene Tätigkeit oder Untätigkeit (wo sie mitzuwirken, z. B. abzunehmen hätten) wider Treu und Glauben oder wider besondere Vertragspflicht den Schuldner an der Erfüllung.

bb) Der betr. Gläubiger befindet sich im Verzuge der Annahme, sei es, weil er die ihm angebotene, vertragsmäßige Leistung nicht annimmt, sei es auch, weil er diesem Angebote gegenüber seinerseits die ihm abverlangte Gegenleistung nicht leistet, § 298, s. oben § 105, II, 2 a. Während dieses Verzuges wird dem Schuldner, wennschon ohne jede weitere Schuld des Gläubigers oder seiner Leute, die bei Eintritt des Verzuges vielleicht noch möglich gewesene Leistung unmöglich. Auch hierfür muß der Gläubiger dann aber einstehen: hätte er den Verzug nicht eintreten lassen, so wäre die Unmöglichkeit nicht eingetreten. § 324 Abs. 2.

b) Wirkung. Der Teil, der die unmöglich gewordene Leistung zu entrichten gehabt hätte, wird frei, während der andere Teil nach wie vor voll verpflichtet bleibt. Nur wo Ersparnisse, Minder=

---

[1]) Über Einzelabweichungen gerade im Falle des Kaufes s. unten bei diesem.

aufwendungen oder dgl. dem, der berechtigt bleibt, deshalb möglich werden, muß er sie in Abzug bringen.

3. Von seiten desjenigen, der diese Leistung zu entrichten gehabt hätte, zu vertretender Maßen, § 325 Abs. 1. Dann hat der andere Teil die Wahl:[1])

a) Schadensersatz wegen Nichterfüllung zu verlangen, event. mit Surrogatanspruch, unter Leistungsangebot seinerseits, also selbstverständlich unter Aufrechterhaltung des Vertrages; oder

b) vom Vertrage zurückzutreten, s. soeben oben § 122, III; oder

c) zu bestimmen, daß die Sache so behandelt wird, als hätte niemand die Unmöglichkeit zu vertreten, sodaß also, während der Vertrag nicht aufgehoben wird, doch von keiner Seite die volle Leistung, sondern nur eventuell Surrogatleistung gegen (verhältnismäßig geminderte) Gegenleistung nach §§ 281, 323 Abs. 2 in Betracht kommt.

4. In allen diesen Fällen steht nachfolgendes Leistungsunvermögen der nachfolgenden objektiven Unmöglichkeit gleich, wo es ihr auch bei einseitigem Schuldverhältnisse gleichstehen würde, während es unbeachtet bleibt, wo es auch bei einseitigem Schuldverhältnisse unbeachtet bleiben würde. Dieselbe Regel gilt bei teilweiser Unmöglichkeit, zu der wir nun gelangen.

III. Nachträgliche teilweise Unmöglichkeit.

1. Von keiner Seite verschuldet: Dann ermäßigt sich die Gegenleistung, die möglich und geschuldet bleibt, verhältnismäßig zu dem Minderwerte des möglich bleibenden Teils der teilweise unmöglich gewordenen Leistung, § 323 Abs. 1.[2])

2. Von seiten des Forderungsberechtigten zu vertreten. Dann hat dieser nur den möglich gebliebenen Rest seiner Forderung zu beanspruchen, aber die volle Gegenleistung zu entrichten. Hierher gehört es selbstverständlich auch, wenn der Forderungsberechtigte in bezug auf einen Teil seines Anspruches im Verzuge der Annahme sich befindet und nun Unmöglichkeit eintritt.

---

[1]) Wahlrecht, wie in allen Fällen dieser Paragraphen, ausübbar durch einseitige empfangsbedürftige Willenserklärung in ein für alle Male bindender Weise.

[2]) Nach näherer Vorschrift von §§ 472, 473. Es sei der Wert der ursprünglichen Leistung a, der Wert der möglich gebliebenen Leistung b, der Wert der ursprünglich geschuldeten Gegenleistung c, dann wird gesucht die verhältnismäßig herabgesetzte, jetzt noch geschuldete Gegenleistung, x; dann ergibt sich die Proportion $a:b = c:x$; ist dann $b = 0$, so wird auch $x = 0$.

3. Von seiten dessen, dem eben diese Leistung oblag, zu vertreten. Dann ist zu unterscheiden:

a) Entweder hat nachweisbar für die andere Seite der möglich gebliebene Leistungsrest gar kein Interesse mehr, dann hat diese andere Seite sämtliche Rechte voll wie bei vollständiger Unmöglichkeit, die der Leistungsverpflichtete zu vertreten hat (oben II, 3), für den ganzen, auch für den möglich gebliebenen Umfang der Verbindlichkeit; oder

b) diese Lage liegt nicht vor, dann hat die andere Seite dieselben Rechte, aber nur in bezug auf den unmöglich gewordenen Teil der Leistung und einen verhältnismäßigen Teil der Gegenleistung, während die Verpflichtungen aus dem möglich gebliebenen Teile der Leistung und aus dem verhältnismäßigen Teile der Gegenleistung bestehen bleiben.

IV. Dem Falle, in dem die Leistung unmöglich wird und wo der, der sie zu entrichten gehabt hätte, dies zu vertreten hat, wird gleich behandelt der Fall, in welchem die Leistung durchaus möglich geblieben sein mag, der Leistungspflichtige aber sie trotz rechtskräftiger Verurteilung zu ihrer Entrichtung, und selbst binnen der ihm danach von der anderen Seite gesetzten angemessenen Erfüllungsnachfrist,[1] nicht bewirkt hat. Denn für diesen Fall gilt ja selbst schon bei nicht gegenseitigen Schuldverhältnissen die Erfüllung als dauernd in zu vertretender Weise unmöglich geworden, s. oben § 103, 4 b, aa. Die Schlüsse bei Gegenseitigkeit zieht folgerichtig § 325 Abs. 2 dahin:

1. Wenn hier bis zu Ablauf der Nachfrist gar keine Leistung erfolgt ist, so erhält der Teil, der die Frist gesetzt hat, alle Berechtigungen wie soeben oben unter II, 3.

2. Wenn bis dahin nur teilweise Erfüllung erfolgt ist, so erhält der Teil, der die Frist gesetzt hat, alle Berechtigungen wie soeben oben unter III, 3.

3. Für das Maß der Haftung des andern Teils, wenn der fristsetzende Teil Rücktritt wählt, gilt § 327, namentlich also gemilderte (Bereicherungs-)Haftung, wenn es zu dergleichen kommt, ohne daß wirklich Schuld des Schuldners, oder auch nur sonst ein Grund, wegen dessen dieser die Verzögerung zu vertreten hätte, vorliegt, s. soeben oben § 122, III, 2 b.

---

[1]) Alle Einzelheiten wie oben S. 341.

4. Verzug.[1])

§ 124.

Daß endlich auch der Verzug bei den gegenseitigen Schuldverhältnissen besonders geregelt werden muß, ergibt sich schon aus der nahen Verwandtschaft mit der (teilweisen) Unmöglichkeit; sowie für den Verzug des Gläubigers aus den oben § 105 II betonten Umständen.

I. Verzug der Erfüllung, § 326. Diesem ist übrigens gleichzusetzen[2]) zwar nicht unverschuldete Verspätung, wohl aber jede zu vertretende sonstige Zuwiderhandlung gegen die Verbindlichkeit, namentlich etwa positive Obligationsverletzung, welche, ohne die Erfüllung geradezu unmöglich zu machen oder den Schuldner in Verzug zu setzen, die Erfüllung und damit die Erreichung des Vertragszweckes so stark gefährdet, daß ähnlicher Schutz wie bei Verzug des Schuldners dem anderen Teile zugebilligt werden muß. — Liegt Verzug oder ein anderer derartiger Fall der Vertragsverletzung vor, so ist weiter zu unterscheiden:

1. Hat die verspätete Erfüllung des Vertrages für den anderen Teil nachweisbar kein Interesse mehr, so erhält dieser Teil wieder das Recht, Schadensersatz wie wegen vollständiger Nichterfüllung zu verlangen oder ganz vom Vertrage zurückzutreten, wie bei vollständiger, nachträglicher, verschuldeter Unmöglichkeit.

2. Liegt die Sache nicht so, so erhält der andere Teil zunächst bloß die gewöhnlichen Rechte des Gläubigers gegenüber einem in Verzug befindlichen Schuldner. Hier aber, bei dem Verzug aus gegenseitigen Verträgen, erhält er ein Mehr darüber hinaus, wenn er dasselbe Mittel anwendet, das ihm sonst zu diesem Behufe nur nach rechtskräftiger Leistungsverurteilung seines Schuldners zur Verfügung steht. Er hat hier wie dort die Befugnis, eine angemessene Nachfrist (hier nach Eintritt des Verzuges oder was dem gleichsteht[3]) zu setzen; d. h. zu erklären, daß er nach fruchtlosem Ablaufe derselben

---

1) Literatur wie oben zu § 104 und § 105 und bes. wie zu S. 341 Note 2 oben.

2) Staub, i. d. Guttentagschen Festgabe für den 26. Deutschen Juristentag, „Die positiven Vertragsverletzungen und ihre Rechtsfolgen." — A. A. Dernburg, i. d. Deutsch. Juristenzeitung 8, 1 fg. — Entsch. d. RG.s, 54, 98, bespr. ebenda 8, 215 fg. — A. A. Kipp, ebenda 8, 253 fg.

3) S. oben S. 341 Note 2.

den Anspruch auf Erfüllung (nebst Schadensersatz wegen verspäteter Erfüllung, der dazu gehört) ablehne; dann geht er mit solchem fruchtlosen Ablaufe[1]) dieses Anspruchs auf Erfüllung in natura verlustig, erhält aber damit das bekannte Wahlrecht: entweder Anspruch auf Schadensersatz wegen vollständiger Nichterfüllung mit Erhaltung des Schuldverhältnisses, also auch der Gegenleistungsverpflichtung; oder Rücktrittsrecht. — Damit ist es bei gegenseitigen Schuldverhältnissen in die Hand des Gläubigers gegeben, nach eingetretenem Schuldnerverzug oder in ähnlichen Fällen so vorzugehen, wie der Gläubiger bei allen Schuldverhältnissen nach erstrittenem rechtskräftigen Urteil vorgehen kann: er kann das sonst endlose Warten auf verspätete Erfüllung abschneiden und statt dessen eine endgültige, klare Rechtslage herbeiführen.

Beispiel: Wenn der Käufer in Verzug der Zahlung kommt, so kann auf diese Weise der Verkäufer Schadensersatz wegen Nichterfüllung verlangen. In Ausführung dessen mag er die Sache behalten, als hätte der Käufer durch eigene Schuld ihm die Leistung der Sache unmöglich gemacht, und von dem Käufer die Differenz zwischen dem verabredeten Kaufpreise und dem bei jetzigem Verkaufe erzielbaren Preise fordern. Wie sich dieser letztere Wert beweisbar bestimmen läßt, ob durch neuen wirklichen Verkauf oder durch Schätzung oder dgl., ist ihm überlassen; keinesfalls braucht er zu verkaufen oder sonstwie die Sache loszuschlagen, von Selbsthülfeverkauf oder dgl. ist keine Rede, sondern es handelt sich um ein Mittel, die Gegenleistung in eine Wertleistung umzurechnen und sie dadurch mit der Leistung, die ohnehin Wertleistung (Kaufpreiszahlung) ist, gleichwertig zu machen, so daß nun diese von jener abgezogen werden kann; sie werden, wie zwei Brüche, um die Subtraktion zu ermöglichen, auf gleichen Nenner gebracht.[2])

II. Verzug der Annahme. Hier gelten nicht sowohl mehrere

---

[1]) Wie, wenn der Schuldner während dieser Frist teilweise leistet? Darüber Romeik in d. Deutsch. Jurist.-Zeit. 6, 493 fg. und RG.-Entsch. 50, 138. M. A. kann Gläubiger Teilleistung hier, wie stets, ablehnen; nimmt er sie aber an, so muß der Rest nach der Analogie teilweiser Unmöglichkeit, s. soeben oben § 123, III, 3 behandelt werden, gemäß dem scharfen Wortlaute von § 326 Abs. 1 Satz 3.

[2]) Adler, in Kohlers Archiv, 17, 136. — Kaufmann, in d. Deutsch. Jurist.-Zeit. 4, 152. — Götte, ebenda, 4, 399. — Förtsch, ebenda, 7, 64 fg. — Kisch, i. d. dogm. Jahrb. 44, 68 fg. — RG.-Entsch. 50, 262.

Sondervorschriften, als vielmehr folgende besonders wichtige Anwendungsfälle uns schon bekannter Sätze:

1. Für die Leistungsunmöglichkeit, die auf der einen Seite des Schuldverhältnisses eintritt, während der andere Teil sich im Verzuge der Annahme befindet, muß dieser letztere Teil einstehen, als hätte er sie verschuldet, § 324 Abs. 2, soeben oben § 123, II, 2 u. III, 2.

2. Namentlich aber gewinnt hier durchschlagende Bedeutung die uns bereits bekannte Bestimmung des § 298 (s. oben § 105, II, 2 a) in Verbindung mit der uns gleichfalls schon bekannten Regel des § 274 Abs. 2 (s. oben § 105, II, 2 b), in bezug genommen durch § 322 Abs. 3. Es handelt sich darum, daß ein Teil zwar die ihm angebotene Leistung des anderen Teiles anzunehmen gern bereit ist, aber nicht die verlangte[1]) Gegenleistung seinerseits anbietet. Ist nun so der eine Teil im Verzuge der Annahme und außerdem der andere Teil im Besitze eines rechtskräftigen Urteils, welches auf Leistung Zug um Zug lautet: so kann dieses Erkenntnis von dem betreibenden Teil im Wege der Zwangsvollstreckung „ohne Bewirkung der ihm obliegenden Leistung" durchgeführt werden, d. h. so, als ob es gar nicht auf „Erfüllung Zug um Zug", als ob es unbeschränkt einseitig lautete, ohne Rücksicht auf das durch den gegnerischen Verzug lahmgelegte Reziprozitätsgegenrecht des Gegners. Wieder schafft diese Bestimmung statt des sonst durch die Gegenseitigkeit dem ungetreuen Teile ermöglichten Hin- und Herzerrens eine einfache, klare Rechtslage zugunsten des anderen Teiles.

3. Das soll auch bei einem gegenseitigen Schuldverhältnis auf Nachleistung dem Teil zugute kommen, der vorzuleisten hat. Könnte doch sonst der andere Teil, indem er die Vorleistung nicht annähme, den Verfall der Nachleistung grenzenlos hinzögern! Deshalb hier die Möglichkeit, sobald jener andere Teil in Verzug der Annahme ist, gegen ihn auf „Leistung nach Empfang der Gegenleistung" zu klagen; und dann, nach aus dieser Klage gegen ihn erstrittenem, rechtskräftigem Urteil, wenn er dann noch immer im Verzug der Annahme sich befindet, mit der Zwangsvollstreckung vorzugehen, als habe jener die Gegenleistung schon empfangen, oder als ob das Urteil unbeschränkt einseitig lautete, § 322 Abs. 2 u. 3.

III. Man beachte besonders, daß sonach hier, wo jeder von beiden

---

[1]) Hier wie stets muß, damit die Wirkung der Gegenseitigkeit hervortrete, die Gegenleistung verlangt werden, gerade wie die exceptio non impleti contractus vorgebracht werden muß, um wirksam zu werden.

Beteiligten zugleich Schuldner und Gläubiger ist, es auch in der Hand eines jeden von beiden, der leistungsbereit ist, liegt, den anderen nicht leistungsbereiten Teil in Verzug sowohl der Leistung wie der Annahme zu setzen.

1. A, der leistungsbereit ist und gegenseitige Vertragserfüllung wünscht, versetzt den andern Teil B in Verzug der Leistung, wie sonst auch, indem er ihn zur Leistung auffordert.

2. A versetzt dann aber auch B zugleich in Verzug der Annahme, wenn er gleichzeitig mit jener Leistungsaufforderung die ihm, A, obliegende Leistung anbietet, mit dem Bemerken jedoch, er werde sie nur endgültig bewirken, falls er gleichzeitig das ihm von B Gebührende erhalte. Ist auf den Eingang der Gegenleistung nach B's eigenem Geständnis gar keine Aussicht vorhanden, so mag als „Anbieten" seitens des A hier sogar ein bloß formal-wörtliches genügen, § 295, vgl. oben S. 346.

3. So erhält A gegen B die doppelt günstige Rechtslage, wie soeben unter I und wie unter II vorgetragen.

4. Dieser Fall gleichzeitig gegen dieselbe Partei vorhandenen Verzugs der Leistung und der Annahme, der sich aus dem Wesen der Gegenseitigkeit ergibt, ist aber endlich wohl zu scheiden von der damit innerlich nicht zusammenhängenden, äußerlich ähnlichen Möglichkeit, die oben § 105, II, 3 b behandelt worden ist. Diese letztere mag selbst wieder mit dem hier besprochenen Fall zusammentreffen. Z. B. der Verkäufer bringt den Käufer, der den Kaufpreis nicht zahlen will, in Verzug der Leistung und in Verzug der Annahme, außerdem aber noch in Verzug der Abnahme, die eine Art von Leistungsverzug ist.

Zweites Kapitel.

Die einzelnen Schuldverhältnisse aus Verträgen.[1]

§ 125. Einteilung.

Die Einteilung der Schuldverhältnisse aus Verträgen ergibt sich natürlich aus der Einteilung der Verträge, oben § 61, 1. Dabei

[1] Schollmeyer, Das Recht der einzelnen Schuldverhältnisse im BGB.

bleibt jedoch die Rubrik der abwechselnd gegenseitigen Verträge unberücksichtigt, indem dieser Unterschied als Einteilungsprinzip nicht bedeutsam genug ist, sich auch mit den anderen Einteilungsprinzipien unvorteilhaft kreuzen würde. Wir erhalten also folgende Klassen:

1. Wesentlich gegenseitige Schuldverhältnisse, bei welchen die volle, synallagmatische Gegenseitigkeit zum Wesen des Geschäfts gehört, darunter die wichtigsten Verkehrsgeschäfte; hierher gehören z. B. Kauf, Miete und Pacht, Dienstvertrag, Werkvertrag, Vergleich.

2. Unwesentlich ein- oder gegenseitige Verträge, d. h. solche, bei welchen der einen, wesentlichen Leistungsverpflichtung sich eine volle Gegenleistungsverpflichtung gesellen oder nicht gesellen mag, ohne daß darum das Verhältnis seinem Wesen nach ein anderes würde. Hierher gehören Verwahrung und Leibrente.

3. Einseitige Schuldverhältnisse mit untergeordneter Gegenseitigkeit, bei welchen volle Gegenseitigkeit ihrem Wesen nach ausgeschlossen ist. Hierher gehören Leihe und Auftrag.

4. Streng einseitige Schuldverhältnisse; hierher gehören Schenkungsversprechen, Darlehen, Bürgschaft und Anweisung.

I. Wesentlich gegenseitige Schuldverhältnisse.

1. Kauf.[1] §§ 433–514.

a) Sach-Kauf.

§ 126. Im allgemeinen.

Der Kauf bezweckt Hingabe von gegenständlichen[2]) Gütern irgend welcher Art zu dauerndem Haben gegen Geld. Die Hauptver-

---

[1]) Bernhöft, Kauf und Miete und verwandte Verträge, i. d. Beiträgen von Bekker und Fischer, Heft 12. — Laband, im Arch. f. d. civilist. Praxis 74, 299 fg. — Krückmann, Zur Reform des Kaufrechts. — Ernst Zimmermann, Der Kaufvertrag, i. d. Badischen Annalen von 1897. — Schreier, Die Lehre des BGB. v. d. gegenseitigen Verträgen und ihre Anwendung auf Kauf und Miete. — Emerich, Kauf und Werklieferungsvertrag, in Fischers Heften 4, 2. — Schöller, in Gruchots Beitr. 46, 1 fg. und 253 fg. — Ältere Literatur: Bechmann, Der Kauf, T. 1 u. T. 2 Abt. 1 (weiter nicht erschienen) 1876, 1884. — Außerdem etwa noch: Treitschke, Der Kaufkontrakt, 1838, 2. Aufl. 1866.

[2]) Diese Wendung soll Arbeitsleistungen, persönliche Dienstleistungen ausschließen. Übrigens kann auch der gekaufte Gegenstand selbst wieder Geld sein, ich kaufe ein Geldstück mittels eines anderen, z. B. Geldwechselvertrag.

pflichtung des Käufers ist also stets eine höchst einfache: Geldschuld. Dagegen höchst mannigfach die Verpflichtung des Verkäufers, je nach der Eigenart des verkauften Gegenstandes. Je nach dem dieser ein körperlicher (Sache) oder ein sonstiger Gegenstand ist, wirkt dieser natürliche Unterschied so stark auf die juristische Lage zurück, daß man die Verpflichtungen des Verkäufers einer Sache und die des Verkäufers eines sonstigen Gegenstandes kaum noch zusammen behandeln kann. Es soll hier deshalb zunächst nur von dem Falle die Rede sein, an den man ohnehin meist unwillkürlich bloß denkt, von dem Sachkaufe. Die Regeln über den Kauf von anderen Gegenständen folgen unten in § 129.

I. Im Falle des Sachkaufes legt unser Recht dem Käufer zwei Verpflichtungen[1]) auf; nicht bloß die der Geldzahlung, sondern auch die, dem Verkäufer die gekaufte Sache abzunehmen, § 433 Abs. 2. Es handelt sich dabei um körperliche, materielle Abnahme, damit die Sache den Verkäufer nicht belästige; nicht um Abnahme im Sinne der Annahme als Erfüllung, § 363.[2])

II. Ebenso sind es zwei Verpflichtungen, die für den Fall des Sachkaufes dem Verkäufer auferlegt werden: dem Käufer die verkaufte Sache zu übergeben und ihm das Eigentum an ihr auf seine Kosten, § 448,[3]) zu verschaffen. Während aber die soeben erwähnten beiden Verpflichtungen des Käufers offensichtlich zwei verschiedenen Zwecken dienen, dienen diese beiden Verpflichtungen des Verkäufers nur einem und demselben, durch die allgemeine Natur des Kaufes gegebenen Zwecke: dem Käufer das dauernde Haben des Gutes zu sichern. Zu dem Behufe soll er die Sache, körperlich, bekommen und, juristisch, zu eigen bekommen. Diese beiden Erfüllungsleistungen des Verkäufers sind nicht Selbstzweck, sondern nur jenem Zwecke zu dienen berufen. Greifbar unentbehrlich zu diesem Behufe ist die körperliche Übergabe, sie verschafft das Haben; die Eigentumsbeschaffung dagegen soll offenbar die Dauer dieses Habens verbürgen. Indessen hierzu mag sie hin und wieder entbehrlich, in anderen Fällen wiederum nicht einmal genügend sein. Daraus ergibt sich die Möglichkeit von Abschwächungen und Bestärkungen.

---

[1]) Bechmann im Arch. f. d. civilist. Praxis 77, 1 fg.

[2]) Oben § 105, II, 3 b und § 106, II, 5.

[3]) Jedoch trägt der Käufer die Kosten der Kaufbeurkundung, der Auflassung und der Eintragung ins Grundbuch im Zweifel beim Grundstückskaufe, § 449.

1. Regelfall ist die Verpflichtung zur Eigentumsbeschaffung. Das hindert nicht den Verkauf zukünftiger[1]) oder fremder Sachen. In solchen Fällen hat meist Verkäufer die Verpflichtung, dafür zu sorgen, daß er sich die Sache verschaffe, um sie dann dem Käufer zu übereignen.

2. Diese Übereignung ist ungenügend, wenn dingliche oder persönliche Rechte[2]) Dritter die Sache so belasten, daß sie dem zum Eigentümer gewordenen Käufer dadurch voll (z. B. durch fremde Pfandrechte) oder teilweise (z. B. fremde Nutzungsrechte) entzogen werden könnte. Pflicht des Verkäufers ist also auch, dafür zu sorgen und einzustehen, daß solche Rechte nicht bestehen, §§ 434 fg., ja daß für sie nicht einmal der Schein spreche, als beständen sie (Grundbuchberichtigung, § 435). In denselben Zusammenhang gehört die ergänzende Pflicht des Verkäufers, dem Käufer die zum Beweise seiner rechtlichen Lage nötigen Auskünfte, Urkunden ꝛc. zu geben, § 444.

3. Diese Eigentumsbeschaffung ist andererseits stets das Mindestmaß des Notwendigen, damit der Käufer sich in der Dauer seines Habens sicher fühle, bei Grundstücken. So lange der Käufer nicht form- und sachgemäß im Grundbuche als Eigentümer des betreffenden Grundstückes eingetragen ist, hat er keinesfalls die nötige Sicherheit, also der Verkäufer seine Verbindlichkeit aus dem Verkaufe[3]) nicht voll erfüllt. Anders bei beweglichen Sachen. Hier ist die Gewähr der Dauer, welche jede Innehabung in sich selbst trägt, so stark, daß wenn Verkäufer dem Käufer nur körperlich die verkaufte Sache übergeben hat, es unter Umständen fast chikanös seitens des nun im Besitz und Genuß befindlichen Käufers wäre, die Verpflichtung des Verkäufers bloß deshalb als unerfüllt zu betrachten, weil er, der Käufer, nicht formal in jeder Beziehung gegen fremde Eigentums- oder sonstige fremde dingliche Rechtsprätentionen gesichert wäre. Solche fremde dingliche Rechte an der Sache mögen ja dazu führen,

---

1) Wenn er nur nicht zum Spiele wird. Über den Unterschied zwischen emptio spei und emptio rei speratae s. oben S. 230 und ferner Endemann in Grünhuts Zeitschrift 12, 245 fg. — Über den Grenzfall des Werkvertrages später bei diesem, unten S. 468 fg.

2) Selbstverständlich nur Privatrechte, öffentliche Lasten und Abgaben gehören nicht hierher, § 436. Von persönlichen Rechten, die so wirken können beachte man bes. Miete und Pacht zufolge von §§ 571, 581, s. unten § 133, II; vgl. jedoch auch CPO. § 806.

3) Erschwerende, öffentliche Form desselben, wie hier vorgeschrieben, vgl. oben § 117, I, 1 d.

daß die Sache dem Käufer von dem Dritten schließlich abgenommen („evinziert") wird (sog. Eviktion); soll diese bloße, vielleicht sehr entfernte Möglichkeit aber genügen, damit der Käufer einerseits inzwischen die Sache voll behalte, andererseits daneben noch Schadensersatz wegen nicht voll erfüllten Vertrages[1]) von dem Verkäufer hinzu verlange? Deshalb ist hier die Sache so geregelt:

a) Die Eigentums-Übertragungsverpflichtung ist allerdings auch hier, beim Verkaufe beweglicher Sachen, beibehalten.

b) Hat aber der Verkäufer dieser seiner Verpflichtung insoweit genügt, als er die Sache zum Zwecke der Eigentumsübertragung dem Käufer übergeben hat; und stellt sich dann heraus, daß der Verkäufer trotzdem jene seine Verpflichtung nicht erfüllt hat, weil nämlich mangels genügender Rechtslage des Verkäufers es diesem durch jene Maßregel nicht gelungen ist, dem Käufer Eigentum frei von Rechten Dritter zu beschaffen: so kann deshalb, wegen des sog. „Mangels im Rechte" des Verkäufers und wegen der darauf beruhenden Nichterfüllung der verkäuferischen Verpflichtungen, der Käufer Schadensersatz nur verlangen, § 440 Abs. 2—4, wenn:

aa) entweder die Eviktion gegen den Käufer durchgeführt, ihm die Sache vom Dritten abgenommen;[2]) oder

bb) der Käufer (z. B. bei drohender Eviktion) bereit ist, dagegen dann auch die Sache dem Verkäufer zurückzugewähren, der dann sehen mag, wie er mit dem Dritten fertig wird; oder

cc) diese Rückgewährung dem Käufer ohne seine Schuld unmöglich geworden ist, weil etwa die Sache untergegangen ist.

4. Falls der Verkäufer eine der ihm sonach obliegenden Verpflichtungen so, daß nicht die Ausnahmefälle des § 440 Abs. 2—4 eingreifen, unerfüllt läßt, so haftet er dem Käufer auf Schadens-

---

[1]) Daß er außer alledem sich noch aus denselben Gründen chikanöser Weise der Erlegung des Kaufpreises entziehe, wird freilich schon verhindert durch § 320 Abs. 2.

[2]) Dem steht es gleich, wenn der Käufer, um die Sache zu behalten, den Dritten abgefunden hat oder wenn er ihn beerbt hat oder dgl., § 440 Abs. 3. — Weshalb der Käufer sich zur Herausgabe an den Dritten entschlossen hat, ist indifferent, wenn nur dieses Dritten Eviktionsrecht wirklich besteht. Am sichersten geht Käufer, wenn er sich von dem Dritten beklagen läßt, dem Verkäufer in diesem Prozeß den Streit verkündet (ZPO. §§ 72, 74) und erst verurteilt herausgibt; der Beweis, daß der Eviktionsfall vorliegt, ist ihm dann gegenüber dem Verkäufer unbedingt gesichert, während er ihn sonst noch besonders führen muß.

ersatz wegen Nichterfüllung nach den allgemeinsten Regeln und Unterschieden, namentlich also im Falle der Unmöglichkeit oder des subjektiven Leistungs-Unvermögens gemäß den ganz allgemein dafür geltenden Regeln und Unterschieden; so daß also z. B. die Haftung des Verkäufers ganz entfällt und § 323 in Geltung tritt bei nachträglicher subjektiver Unmöglichkeit, die Verkäufer nicht zu vertreten hat; dagegen unbedingt die Haftung eintritt bei ursprünglicher subjektiver Unmöglichkeit, gemäß der allgemeinhin für diesen Fall begründeten Garantiepflicht. Diese Haftung ist also materiellrechtlich genau dieselbe, mag Käufer seine Pflicht nicht erfüllen, weil ihm dies infolge „Mangels im Recht" unmöglich ist, oder aus irgend einem anderen Grunde. Beweisrechtlich jedoch ist für ersteren Fall durch § 442 noch eine besondere Verschiebung zugunsten des Verkäufers angeordnet; daß der Mangel im Recht wirklich vorliegt, hat hier nämlich der sich darauf berufende und deshalb Erfüllung leugnende Käufer zu beweisen, während sonst bekanntlich jeder aus einer Verpflichtung in Anspruch genommene Gläubiger, der sich auf Erfüllung beruft, diese beweisen muß.

III. Die bisher dargestellten beiderseitigen Verpflichtungen können durch besondere Verabredungen verschoben werden, und zwar ziemlich weit, ohne daß deshalb das Geschäft aufhörte, ein „Kauf" zu sein: so lange nur der Urzweck, Austausch von Gütern zu dauerndem Haben gegen Geld, überwiegend bleibt.[1]) Näher:

1. Der Käufer kann außer Geld auch Nebenleistungen, Arbeitsleistungen z. B., versprechen, arg. § 473. Erst wenn die Geldleistung des Käufers ganz verschwände oder ganz nebensächlich würde, würde der „Kauf" ein Tausch, s. unten § 131.

2. Es kann auf die Gleichzeitigkeit der Leistungspflicht verzichtet werden. Geschieht dies

a) in Form einer Stundung des Kaufpreises, so wird darin ein Verzicht auf Vorteile der §§ 325 Abs. 2 und 326 (besondere Folgen des Verzuges und des rechtskräftigen Erkenntnisses bei gegenseitigen Verträgen) und zugleich auf Verzinsung des Kaufpreises seitens des Verkäufers erblickt, §§ 454, 452.

b) Geschieht es ohne förmliche Stundung, etwa in der Weise,

---

[1]) In der scholastisch-technischen Ausdrucksweise: so lange nur die naturalia, nicht auch die essentialia negotii abgeändert werden durch diese hinzutretenden accidentalia.

daß dem Käufer schon die Nutzungen der gekauften Sachen gebühren,[1]) während Verkäufer noch nicht den Preis erhalten hat, so ist letzterer im Zweifel von dem Augenblicke des Beginns jener Nutzungen ab vom Käufer zu verzinsen, § 452.

c) Geschieht es endlich in der Weise, daß bei der Übergabe der Sache, die ohne Zahlung des Kaufpreises stattfindet, die Übereignung unter der Bedingung der nachträglichen Zahlung dieses Preises vorgenommen wird,[2]) [3]) so gilt diese Bedingung im Zweifel als eine aufschiebende und zugleich dieser Vorgang als Verabredung der resiliatorischen Klausel für den Fall, daß der Käufer mit der Zahlung in Verzug kommen sollte, § 455, vgl. oben § 122, II, 1 a.

3. Es kann auf die Eigentumsbeschaffung verzichtet werden oder auf die Haftung für Freiheit von Rechten Dritter, die das Eigentum belasten, s. oben II, 2, ganz oder teilweise.

a) Derartige allgemeinhin getroffene Verabredungen sind nichtig, als gegen die guten Sitten verstoßend, wenn der Verkäufer den Mangel im Rechte arglistig verschweigt, § 443.

b) Eine solche Verabredung, betreffend die die Sache belastenden Rechte Dritter oder auch gar betreffend das Eigentumsrecht des Verkäufers, gilt bisweilen als stillschweigend zustande gekommen, wenn nur der Käufer um das Bestehen oder Nichtbestehen solcher Rechte bei Abschluß des Kaufes wußte; bisweilen liegt dies aber auch in solcher bloßen Kenntnis noch nicht, indem vielmehr hier der Käufer Beseitigung dieser Belastungen seitens des Verkäufers behufs Erfüllung der verkäuferischen Verpflichtungen erwarten darf. Im Anschlusse an die Anschauungen des Verkehrs bestimmt unser Recht in § 439, daß

---

[1]) Darüber s. sofort § 127 unter 3a.

[2]) Kulemann, Der Eigentumsvorbehalt, i. d. Braunschw. Zeitschr. 40, 145 fg. und 41, 60 fg.

[3]) Selbstverständlich ist dieses sog. pactum reservati dominii bei Übergabe der Sache vor Zahlung des Kaufpreises nicht, wie dies im gem. Recht der Fall war. Vielmehr ist es nach unserem Recht bei Übereignung von Grundstücken, da diese keine Bedingung verträgt (s. oben § 69, III 1) sogar unmöglich; § 455 bezieht sich deshalb nur auf den Verkauf beweglicher Sachen. Auch hier freilich ist diese Verabredung mit schweren wirtschaftlichen Gefahren verknüpft, namentlich, wenn sie zu sog. Abzahlungsgeschäften hinzutritt. Dagegen das besondere Gesetz vom 16. Mai 1894, das neben dem BGB. fortbesteht. Danach sind hier Verabredungen nichtig, durch die Verkäufer das Eigentum wieder an sich zieht und bereits geleistete Zahlungsraten behält. Weiteres in den Kommentaren zum Gesetze von Hausmann, Schmitt oder Lazarus.

aa) letzteres angenommen werden soll, falls es sich handelt um Hypotheken, Grundschulden, Rentenschulden oder Pfandrechte; dagegen

bb) ersteres, falls es sich handelt um sonstige Mängel im Rechte. Demnach wird also voller Verzicht auf das Recht der Eigentumsbeschaffung im Zweifel darin liegen, wenn der Käufer weiß, daß dem Verkäufer die Sache nicht gehört. Doch wird im Einzelfalle stets genau zuzusehen sein, ob Parteien die Sache nicht erkennbar anders gedacht haben, vgl. soeben II, 1.

4. Endlich seien noch, aus der Fülle derartig möglicher Neben-Verabredungen, erwähnt solche betr. den Ort der Übergabe. Diese können so gemeint sein, daß an Stelle des allgemein gesetzlich-dispositiv gegebenen Erfüllungsortes (vgl. oben § 102) wirklich ein anderer Erfüllungsort tritt; im Zweifel aber sind sie so gemeint (und mag selbst der Verkäufer die Transportkosten tragen), daß bloß ein anderer Ablieferungsort verabredet ist. Dann hat eben der Verkäufer zu seiner sonstigen Übergabepflicht, die örtlich nach wie vor nach dem Erfüllungsorte sich richtet, hinzu noch die Nebenverpflichtung übernommen, die Sache dem Käufer an einen andern Ort als den Erfüllungsort[1]) zu senden; man pflegt dann wohl von „Versendungskauf" zu reden, während der Kauf sonst nur eine Holschuld des Verkäufers begründet.

§ 127. Gefahr.[2])

Wenn die verkaufte Sache nach Abschluß des Kaufes untergeht oder sich verschlechtert, ohne daß der Verkäufer dies zu vertreten hätte, so wird er selbstverständlich seiner Lieferungspflicht soweit ledig. Wie aber steht es um die Zahlungspflicht des Käufers; besteht diese fort oder fällt sie gleichzeitig in entsprechendem Maße hinweg? Anders ausgedrückt: Wer trägt die Gefahr des Kaufvertrages?

1. Aus einfacher Anwendung allgemeiner Grundsätze (s. namentlich oben § 123) würde sich folgendes ergeben:

---

[1]) Von Haus zu Haus oder auch von Stadt zu Stadt, jedenfalls natürlich unter Aufgebot voller Sorgfalt für Verpackung, richtige Auswahl dessen, der die Sendung besorgen soll, u.s.f.; „Hat der Käufer eine besondere Anweisung über die Art der Versendung erteilt und weicht der Verkäufer ohne dringenden Grund von der Anweisung ab, so ist der Verkäufer dem Käufer für den daraus entstehenden Schaden verantwortlich" § 447 Abs. 2.

[2]) Martinius, in Kohlers Archiv, 17, 50 fg. — Die ältere gemeinrechtliche Literatur durchweg antiquiert.

a) Ist in dem Augenblick, in dem die Sache untergeht oder sich verschlechtert, noch nicht alles erfüllt, was Verkäufer zu leisten hatte, nämlich Übergabe und lastenfreie Eigentumsbeschaffung, so wirkt seine Befreiung befreiend auch für den Käufer, d. h.

aa) bei Untergang der Sache kann Käufer den ganzen Kaufpreis behalten oder, soweit er ihn schon gezahlt haben sollte, zurückfordern;

bb) bei Verschlechterung einen entsprechenden Teil des Kaufpreises.[1])

b) Ist dagegen in dem Augenblick, in dem Untergang oder Verschlechterung eintritt, alles dem Verkäufer Obliegende erfüllt, so berührt diesen jener Vorgang nicht mehr; er hat das Recht auf Zahlung des vollen Kaufpreises erworben und behält es ungeschmälert.

c) Daran ändert es auch nichts, wenn die verkaufte Sache bloß generisch bestimmt, der Kauf ein Gattungskauf war. Wird hier vor Erfüllung der Verkäufer frei — nur daß dies hier eben sehr selten der Fall sein wird, gemäß dem oft berührten § 279 —, so wird es auch der Käufer; geht die richtig gelieferte Einzelsache nach Erfüllung unter, so berührt dies nur den Käufer.

d) Ebensowenig Besonderes bietet suspensiv oder resolutiv bedingter oder sog. Aversionalkauf (d. h. solcher, bei welchem noch zu messende Massen gekauft sind). Das Ergebnis ist stets, daß, wer nichts er- oder behält, auch nichts zu leisten braucht; und daß, wer Verschlechtertes er- oder behält, nur um so weniger zu bezahlen braucht. Nur falls eine Resolutiv-Bedingung des Kaufes ausfällt, nachdem die Sache übergeben und bei dem Käufer sodann untergegangen oder beschädigt worden ist, bleibt der Preis (oder der Anspruch darauf) dem Verkäufer voll erhalten. Nicht so bei Eintritt der Resolutiv- und in keinem Falle der Suspensiv-Bedingung.

2. Bei diesem Ergebnisse der allgemeinen Grundsätze hat es aber unser Gesetzbuch nicht belassen. Es bestimmt daneben folgendes anders:

a) Beim Grundstücksverkaufe geht die Gefahr auf den Käufer über, sobald ihm nur entweder das Grundstück übergeben

---

[1]) Der aber auch natürlich, falls die Verschlechterung die Sache zu einer für den Käufer wertlosen macht, schließlich geradezu gleich Null werden kann; hier treten außerdem die Regeln über Fehlerhaftung hinzu, vgl. den folgenden Paragraphen, falls die Verschlechterung einen „redhibitorischen Fehler“ herbeiführt.

oder Eigentum daran durch Grundbuch-Eintragung verschafft ist, § 446 Abs. 2.

b) Beim Verkaufe beweglicher Sachen geht die Gefahr auf den Käufer über, sobald ihm nur die Sache übergeben[1]) ist, einerlei ob er damit zugleich lastenfreies Eigentum an ihr erhalten hat oder noch nicht, § 446 Abs. 1 Satz 1.

c) In solchen Fällen ist es der eigentlichen, körperlichen Übergabe der verkauften Sache gleichgesetzt, wenn Verkäufer in bezug auf sie das vorgenommen hat, was nach der Regel des Sachenrechts behufs der Übereignung beweglicher Sachen als Ersatz der unmittelbar körperlichen Übergabe dienen kann (s. einstweilen §§ 929—931).

d) Beim eigentlichen[2]) Versendungskaufe endlich geht die Gefahr auf den Verkäufer schon über bei Beginn der Versendung, sobald nur die Sache an die diese Versendung besorgende Person oder Anstalt übergeben ist, § 447 Abs. 1; mag das nun am Erfüllungsorte geschehen sein oder anderswo.

e) So oft durch eine dieser Regeln (s. namentlich sub b bis d) der Gefahrübergang vorgeschoben ist, gilt dasselbe auch für die Konzentration im Falle eines Gattungskaufes; es tritt dann damit selbstverständlich auch Konzentration auf die übergebene oder abgesandte Sache ein; vgl. oben § 95, 5 b, Note und § 105, I, 4 b, bb, Note 4.

3. Da sonach es sehr oft vorkommen kann, daß der Käufer die Gefahr schon trägt, ehe er unbelasteter Eigentümer der Sache geworden, je ehe er auch nur in den Besitz derselben gelangt ist, so bedarf es folgender weiterer Bestimmungen:

a) Von der Übergabe an gebühren dem Käufer die Nutzungen und trägt er die Lasten der Sache, § 446 Abs. 1 Satz 2.

b) Ist vor der Übergabe der Sache die Gefahr auf den Käufer übergegangen, so wird der Verkäufer, der dann noch notwendige Verwendungen auf die Sache macht (an der er ja gar kein Interesse mehr hat) zum Ersatz dafür berechtigt, als sei er dazu

---

[1]) D. h. behufs Erfüllung der Verkaufsverpflichtungen, namentlich behufs Übereignung übergeben; nicht z. B., wenn bei suspensiv bedingtem Kaufe dem Käufer die ihm bei Eintritt der Bedingung erst endgültig zu übereignende Sache jetzt schon zur Verwahrung oder mietweise übergeben ist; in diesem Falle geht die Gefahr erst über, wenn nach Eintritt der Bedingung die Einigung zwischen Verkäufer und Käufer gemäß § 929 Satz 2 hinzutritt.

[2]) D. h. dem nicht an den Erfüllungsort erfolgenden, s. oben § 126, III, 4.

vom Käufer beauftragt; für sonstige Verwendungen wie ein Geschäftsführer ohne Auftrag; § 450. Während natürlich, so lange Verkäufer die Gefahr trägt, er aus dem Kaufvertrage und im eigenen Interesse verpflichtet ist, für gute Erhaltung der Sache zu sorgen, um sie nämlich pflichtgemäß liefern zu können, so daß von Ersatz der dafür aufgewandten Kosten nicht die Rede sein kann.

§ 128. Gewährleistung wegen Mängel der Sache.[1]

Es sind hier getrennt zu behandeln: Verkauf einer individuell bestimmten Sache, die nicht „Vieh" im Sinne des § 481 (Pferde, Esel u.s.f., s. den Gesetzestext) ist, gewöhnlicher Spezieskauf; Verkauf einer generisch bestimmten Sache, die nicht Vieh ist, gewöhnlicher Genuskauf; und endlich der Viehkauf, mag er nun Spezies- oder Genuskauf sein.

I. Gewöhnlicher Spezieskauf.

1. Aus allgemeinen Grundsätzen würde sich hier folgendes ergeben: Käufer hat eine individuell bestimmte Sache gekauft und so, wie er sie gekauft hatte, erhalten. Verkäufer hat also seine Verpflichtungen aus dem Kaufvertrage voll erfüllt.[2] Wenn nun Käufer findet, daß diese Sache nicht so gut und brauchbar ist, wie er dachte, daß sie Fehler hat oder von ihm erwartete Vorzüge nicht hat: wieso könnte dafür der Verkäufer haftbar gemacht werden? Offenbar nach allgemeinem Rechtsprinzipe allgemeinhin nicht, sondern nur bei Zutreffen besonderer Umstände, als etwa der folgenden:

a) Falls der Verkäufer über die Eigenschaften der verkauften Sache ein besonderes, ernsthaft gemeintes Versprechen[3]) gegeben hätte; oder wenn

---

[1]) Crome, im Archiv f. zivilist. Praxis 78, 122 fg. und im „Recht", 6, 33 fg. — Eccius, in Gruchots Beiträgen, 43, 305 fg. — Ältere Literatur: Hanausek, Die Haftung des Verkäufers für die Beschaffenheit der Ware, 2 Abteilungen, 1883—1887.

[2]) Anders, wenn die Sache zwischen Kauf und Lieferung fehlerhaft geworden ist, wennschon ohne Schuld des Verkäufers; hier treten die Prinzipien der Gefahrtragung wegen Verschlechterung hinzu und würden allein für sich schon weitgehende Kürzung des Kaufpreises rechtfertigen; wozu denn nun noch die weiter hier zu entwickelnden Haftungs-Grundsätze hinzutreten.

[3]) Nicht bloß allgemeine Zusicherungen, Reklamen, Anpreisungen, abgegeben in der berechtigten Erwartung, es werde das niemand als eine ernste Zusage ansehen, wie solcherlei hier bekanntlich alltäglich vorkommt, vgl. auch § 118, jedoch allerdings ergänzend § 122.

b) Betrug seitens des Verkäufers vorläge, der Verkäufer etwa arglistig durch Kunstgriffe, oberflächliche Reparaturen, Übermalungen und dgl. der Sache das Aussehen gegeben hätte, als hätte sie gewisse Eigenschaften, die sie nicht hat, oder umgekehrt. Ein solcher Betrug könnte unter Umständen, namentlich wo Käufer (ausnahmsweise![1]) das Recht hätte, von seinem Verkäufer wahrheitsgetreue und vollständige Angaben über die Eigenschaften der zu kaufenden Sache zu erwarten, schon in einem Stillschweigen darüber seitens des Verkäufers, der darum weiß, und der weiß, daß Käufer solche Sachen nicht oder nicht zu solchem Preise kaufen würde, während der Kaufverhandlungen gefunden werden; nur in diesem Falle würde das Stillschweigen des Verkäufers ein „arglistiges" im Sinne des Gesetzes (§§ 460, 463 u.s.f.) geheißen werden dürfen. Ein solcher Betrug könnte dann etwa als Anfechtungsgrund (§ 123) oder als „unerlaubte Handlung" (§§ 823fg., bes. § 826) wirksam werden.

c) Außerdem wäre es dem Käufer nun etwa noch möglich, sich zu helfen, indem er den Kauf als einen irrtümlich abgeschlossenen im Sinne des § 119 bezeichnete und anföchte, unter Einstehen für negatives Vertragsinteresse des Käufers nach § 122. Jedoch müßte dann sein Irrtum über die Eigenschaften der gekauften Sache allen Bedingungen des § 119 entsprechen, namentlich bedeutsam genug sein, um „im Verkehr als wesentlich" angesehen zu werden. Da aber auch dies zu schwerer Rechtsunsicherheit schon führen würde; so ist es durch die Bestimmungen, welche unser Gesetz hier besonders trifft und die ja stets einen Irrtum voraussetzen, als ausgeschlossen anzusehen, s. oben S. 192.

2. Bei dieser Rechtslage es nicht zu belassen hat überhaupt das Recht seine guten Gründe, schon damit nicht jedes Kaufgeschäft durch vorsichtigerweise von dem Käufer alsdann dem Verkäufer abzufordernde Versprechungen (s. soeben 1 a) überlastet werde. Statt

---

[1]) Denn regelmäßig liegt dem Verkäufer eine solche Pflicht nicht ob und auch nach den Anschauungen des täglichen Lebens ist nicht zu erwarten, daß der Verkäufer den Käufer freiwillig auf Mängel der zu verkaufenden Sache aufmerksam mache. Bei regulären Verkehrs-Verkäufen weiß jeder Teil, daß der Andere ein möglichst gutes Geschäft machen will und erwartet weiter nichts von ihm, wie er selbst weiter nichts von sich verlangt. Insofern wird es wohl, so lange Mensch Mensch bleibt, auch bleiben bei dem naturaliter licere contrahentibus se circumvenire des Pomponius, das Ulpian billigt in l. 16 § 4 D. de minoribus XXV annis 4, 4. Ob es wohl bei sog. Gefälligkeitsverkäufen unter sog. gentlemen anders ist, z. B. beim Pferdehandel?

dessen greift das Recht dispositiv ein, aber unter Berücksichtigung folgender Gesichtspunkte.

a) Einstehen des Verkäufers für Fehler der Sache ist weniger erforderlich bei solchen, die der Käufer kennt oder die ihm ohne weiteres in die Augen fallen; denn in bezug auf solche, wo das der Fall ist, mag der Käufer eben die Augen offen halten und diese Eigenschaften bei der Bemessung der Höhe des Kaufpreises berücksichtigen; die andern, sog. heimlichen Fehler bilden eine unangenehme Überraschung, die er nicht wohl vermeiden kann.

b) Aber auch soweit der Käufer einstehen muß, ist festzuhalten, daß es sich nicht um Einstehen für Erfüllung handelt, daß also mangels Fehlerlosigkeit nicht etwa ohne weiteres der Kaufpreis mit dem Einwande des nicht erfüllten Vertrages zurückgehalten oder gar[1]) Schadensersatz wegen (auch nur teilweiser) Nichterfüllung gefordert werden kann. Das unterscheidet das Einstehen für Fehler der Sache (körperliche Mängel, Mangel körperlicher Vorzüge) rechtlich von dem in dem § 126 behandelten Einstehen für Mängel im Rechte des Verkäufers, aber auch von den soeben erörterten Möglichkeiten unter 1 a und b. Deshalb wird es hier für das Recht angemessen erscheinen, eine geringere Art verkäuferischer Haftung aufzusuchen, welche den Käufer sichert, ohne dem Verkäufer zu viel aufzuladen. Ein Verdienst des Röm. Rechtes ist es, im Marktverkehr die sog. „ädilicischen Hülfsmittel" ausgebildet zu haben, welche diesen Anforderungen durchaus entsprechen und deshalb im wesentlichen sich bis in unser Recht hinein erhalten haben. — Es wird sich also darum handeln, im folgenden den Haftungsfall und die Art der Haftung für solche körperliche Mängel der Kaufsache darzustellen.

3. Der Haftungsfall. — Der Verkäufer einer Sache haftet dem Käufer dafür, daß sie zu der Zeit, zu welcher die Gefahr auf den Käufer übergeht, nicht mit Fehlern behaftet ist, die den Wert oder die Tauglichkeit zu dem gewöhnlichen oder dem nach dem Vertrage vorausgesetzten Gebrauch[2]) in nicht unerheblicher Weise aufheben oder mindern: es seien denn diese (sog. redhibitorischen) Fehler dem Käufer

---

[1]) Dies würde nur zutreffen, falls der Fehler zwischen Abschluß des Kaufes und Lieferung in von dem Verkäufer zu vertretender Weise entstanden wäre, s. Note 2 zu S. 426.

[2]) Z. B. Beimengung sonst irrelevanter Mengen von fremden Materien, wenn nach dem Vertrage Gebrauch zu Zwecken chemisch-wissenschaftlicher Untersuchung vorausgesetzt war.

beim Kaufabschlusse bekannt oder nur infolge grober Fahrlässigkeit [1]) unbekannt.

4. Die Haftungsart: Im Haftungsfalle kann der Käufer Rückgängigmachung des Kaufes (Wandelung) oder Herabsetzung des Kaufpreises (Minderung) verlangen. [2]) Er hat eins von diesen beiden Rechten nach seiner Wahl; aber kein Recht sonst; namentlich nicht etwa einen Schadensersatzanspruch.

a) Die Wandelung ist dem Rücktritte ähnlich und unterliegt daher durchweg den Regeln desselben, § 467, s. oben § 122, III. Jedoch passen hier gar nicht die bei vertraglich vorbehaltenem Rücktrittsrecht aufgestellten Regeln über die seitens des Rücktretenden schuldhaft herbeigeführte Unmöglichkeit, das Empfangene zurückzugewähren (oben § 122, II, 5): denn von einer Schuld des Käufers, der mit der gekauften Sache vor entdecktem Fehler beliebig verfährt, sie z. B. verarbeitet oder selbst schädigt oder zerstört, kann doch keine Rede sein, mag man den Schuldbegriff selbst noch so weit fassen. Deshalb bestimmt § 467 ausdrücklich, daß dem Käufer sein Wandelungsrecht nicht verloren geht, „wenn der Mangel sich erst bei der Umgestaltung der Sache gezeigt hat". Es wird das aber auch auf ähnliche Fälle, wo Käufer frei über die Sache verfügt hat und dann oder dabei erst den Mangel entdeckt, ausgedehnt werden müssen. Das Wandelungsrecht führt dann freilich in solchen Fällen nur dazu, daß Käufer seinen Preis behält oder zurückerhält (je nachdem er ihn noch nicht oder schon bezahlt hatte), da er seinerseits schuldlos außer Lage ist die Sache zurückzugeben, also von seiner Rückgabepflicht frei wird; das entspricht aber auch durchaus der Billigkeit. — Übrigens kann der Verkäufer dem Käufer für Ausübung dieses Rechtes eine Frist setzen, § 466.

b) Bei der Minderung ist der Kaufpreis in dem Verhältnisse herabzusetzen, in welchem zur Zeit des Verkaufes der Wert der Sache in mangelfreiem Zustande zu dem wirklichen Werte gestanden „hätte",

---

[1]) Weil er versäumt hat, die Augen zu öffnen; dagegen eingehende Untersuchung wird man ihn nicht zumuten können; vgl. soeben 2a. Ob Verkäufer den Fehler gekannt hat oder auch nur hätte kennen können oder nicht, ist indifferent; er haftet nicht aus irgend welcher Schuld in dieser Beziehung, sondern aus dem Verkaufe; deshalb aber ja nur beschränkt, s. den Text unter 3 und unter 5, nicht auf vollen Schadensersatz mangels Erfüllung.

[2]) Gemeinrechtlich: actio redhibitoria einerseits, andererseits aestimatoria oder quanti minoris.

§ 472 Abs. 1.[1]) Wegen eines neuen Mangels kann abermals Minderung oder nun auch Wandelung verlangt werden, § 475.

c) Minderung oder Wandelung treten nicht schon dadurch ein,[2]) daß der Verkäufer dies verlangt, d. h. dieser hat nicht Könn-Rechte (wie beim gewöhnlichen Rücktrittsrecht), sondern es hat der Käufer gegen den Verkäufer einen Anspruch darauf, daß der Verkäufer im Haftungsfalle in Wandelung oder Minderung, je nachdem Käufer diese oder jene verlangt, einwillige. „Vollzogen" ist die Wandelung oder Minderung erst, wenn der Verkäufer sich so mit ihr einverstanden erklärt hat (§ 465). Dann bedarf es erst noch ihrer realen Durchführung. Demnach kann es

aa) zu alledem zweier Klagen bedürfen, zuerst einer Klage darauf, daß Verkäufer seine Einwilligung erteile, und dann noch einer Klage darauf, daß er die Folge ziehe, z. B. den schon erhaltenen Preis mit Zinsen und Vertragskosten (§ 467 Satz 2) zurückerstatte; jedoch werden sich diese beiden Klagen miteinander verbinden lassen;[3]) es kann aber auch

bb) der Käufer, solange er den Kaufpreis nicht oder nicht ganz bezahlt hat, seinen Anspruch aus der Fehlerhaftung des Verkäufers nur abwehrweise geltend machen gegen des Verkäufers Klage auf Zahlung des Kaufpreises, soweit nämlich nach Durchführung der sub a erwähnten Mittel Verkäufer diesen Kaufpreis (ganz oder bei Minderung teilweise) dem Käufer würde zurückerstatten müssen, vgl. § 478. Handelt es sich um Wandelung, so wird in diesem Fall der Verkäufer, der die Sache schon abgeliefert hat und auf ihre Bezahlung klagt, damit aber wegen Wandelbarkeit abgewiesen wird, entweder noch § 466 benutzen oder das Angebot der Rückgabe der Sache als in der vorgebrachten Wandelbarkeitseinrede enthalten betrachten können.

5. Wegfall dieser Haftung. Die bisher geschilderte eigentümliche Haftung des Verkäufers für Mängel der Sache fällt weg:

---

[1]) Vgl. oben S. 411 Note 2. Ist der wirkliche Wert der Sache ohne Fehler = a, mit Fehler = b, der Kaufpreis = c, so ergibt sich der geminderte Kaufpreis x aus der Formel: $a : b = c : x$, ist $a = c$, so ist $x = b$.

[2]) Über diese Kontroverse s. Matthiaß, Die Wandlung nach dem BGB., in der Deutsch. Jur.-Zeit. 9, 205 fg. — Thiele, Die Vollziehung der Wandelung, im Archiv f. d. zivilist. Praxis 93, 387 fg. — Eccius, in Gruchots Beiträgen 43, 305 fg.

[3]) Prozessuale Schwierigkeiten dürfen nicht im Wege stehen, da es dieser Möglichkeit gar zu dringlich bedarf.

a) unbedingt bei öffentlicher Pfandversteigerung, § 461;

b) ferner bei Erlaß derselben durch vertragliche Abmachung; doch ist eine solche allgemeinhin getroffene Vereinbarung nichtig, wenn der Verkäufer den Mangel „arglistig verschweigt" (§ 476), s. hierbei oben 1 b z. E. und vgl. oben § 126, III, 3 a;

c) nachträglich, wenn der Käufer die mangelhafte Sache unter Kenntnis der Mängel annimmt, d. h. hier: „als Erfüllung annimmt", ohne sich dabei seine Rechte wegen der Mängel vorzubehalten, § 464, vgl. oben § 106, II, 5.

d) Namentlich aber fallen nachträglich die Ansprüche auf Vollzug der Wandelung oder Minderung[1]) hinweg, wie alle Ansprüche, durch Verjährung. Nur daß für diese Verjährung, §§ 477 fg., folgende besondere Regeln gelten:

aa) Sie ist sehr kurz: bei beweglichen Sachen 6 Monate von der Ablieferung, bei Grundstücken 1 Jahr von der Übergabe an. Die Frist kann durch Vertrag verlängert werden.

bb) Sie wird unterbrochen durch Antrag des Käufers auf gerichtliche Beweisaufnahme zur Sicherung des Beweises.

cc) Sie wirkt in der Weise, daß die genannten Ansprüche weder mehr angriffs= (s. soeben 4 c, aa), noch verteidigungsweise (s. soeben 4 c, bb) verwandt werden können. Letztere Verwendungsart überdauert aber[2]) diese Verjährung, wenn vor deren Vollendung der Antrag auf gerichtliche Beweisaufnahme (s. soeben bb) gestellt oder die Mängelrüge an den Verkäufer abgesandt oder diesem in einem Rechtsstreit zwischen Käufer und späterem Erwerber der Streit verkündet war.

6. Ausdehnung dieser Rechtsmittel und Bestimmungen. — Nachdem das Recht diese Mittel einmal für die eigentlichen Fälle der Haftung wegen körperlich=redhibitorischer Mängel ausgebildet hat, liegt kein Grund vor, sie nicht auch demjenigen zu gewähren, der ohnehin, auf Grund Zusage oder Betruges (vgl. soeben 1 a u. b) gegen den Verkäufer wegen solcher Mängel vorzugehen in der Lage wäre. Und dabei macht sich dann auch wohl selbst eine weitergehende Rückwirkung der für jene ädilizischen Rechtsmittel ausgebildeten Rechtssätze auf das Recht dieser Fälle geltend.

---

[1]) Die einmal vollzogenen bezw. ihre Durchführung unterliegen bloß der gewöhnlichen Anspruchsverjährung.

[2]) Sie wird dann mit unbegrenzter Zeitdauer möglich, vgl. § 821.

a) Ist vertragsmäßig zugesagt, daß die verkaufte Sache einen Fehler nicht oder einen Vorzug wohl habe, so haftet selbstverständlich der Verkäufer aus diesem Vertrag auf Erfüllung, soweit er durch unverschuldete nachträgliche Unmöglichkeit[1]) nicht befreit wird; d. h. bei Nichterfüllung wird Verkäufer Schadensersatz mangels Erfüllung zu leisten haben. Daneben werden dem Käufer auch hier vom Gesetze zur Wahl Minderungs- oder Wandelungsmöglichkeit angeboten, § 459 Abs. 2; wogegen er in diesem Zusammenhange für jenen seinen Schadensersatzanspruch wegen Nichterfüllung auch gewisse Einschränkungen erdulden muß: nämlich die kurze und sonst modifizierte Anspruchsverjährung (s. oben 5 d), §§ 477 fg., und den Verlust des Anspruchs durch Kenntnis bei Kaufabschluß[2]) oder durch Annahme ohne Rechtswahrung bei inzwischen erlangter Kenntnis (s. oben 5 c), §§ 460, 464.

b) Ist vertragsmäßig zugesagt, daß die verkaufte Sache einen Fehler nicht oder einen Vorzug wohl habe, ist der Verkäufer von der regulär-selbstverständlichen Pflicht zur Erfüllung dieser Zusage aber (soeben a) durch nachträgliche unverschuldete Unmöglichkeit befreit: so haftet er trotzdem für den zusagewidrigen Mangel in dem Maße und in der Art, wie für einen redhibitorischen Mangel, mag es auch keineswegs ein solcher sein, § 459 Abs. 2.

c) Als eine solche vertragsmäßige Zusage betr. Eigenschaften der Sache gilt auch die über die Größe eines Grundstücks, § 468.

---

[1]) Denn ursprüngliche Unmöglichkeit wird hier kaum denkbarerweise je objektive, sie wird immer nur subjektiv sein; für subjektive ursprüngliche Unmöglichkeit aber haftet Gläubiger bekanntlich stets, auch wenn kein Grund vorliegt, um dessenwillen er sie besonders zu vertreten hätte, daher der (nach Planck Kommentar 2, 249 Garantiepflicht festsetzende, tatsächlich bloß einschränkende, sonst bloß die Konsequenz allgemeiner Rechtsätze für diesen Fall bestätigende) § 463 Satz 1. Der Unterschied dieser und der Planckschen Auffassung würde klar, wenn etwas absolut Unmögliches zugesagt wäre, z. B. beim Verkaufe einer Maschine, daß sie ein perpetuum mobile sei; sollte dann wirklich, wie Planck annehmen müßte, Verkäufer dafür haften?

[2]) Indessen dies, wie alle diese Regeln, nur dispositiv! Anders, falls die Zusage mehr bedeuten sollte, z. B. Verpflichtung des Verkäufers, den dem Käufer bekannten Mangel vor Ablieferung der Sache noch zu beseitigen. Derartiges wird gerade hier sehr oft vorkommen und leicht anzunehmen sein, daß deshalb diese Beschränkung wegfällt. Wo sie aber vorliegt, bezieht sie sich bloß auf positives Wissen des Käufers von dem Mangel zur Zeit des Kaufabschlusses; diesem Wissen ist hier nicht, wie bei eigentlich redhibitorischen Fehlern, Nichtwissen zufolge grober Fahrlässigkeit gleichgestellt.

d) Liegt endlich keine solche Zusage, sondern Betrug, „arglistiges Verschweigen", vor, so ist (vgl. soeben unter 1 b z. E.) zu unterscheiden:

aa) Die damit unter Umständen erwachsende Möglichkeit eines Anfechtungsrechts bleibt von den besonderen Vorschriften über Haftung des Verkäufers unberührt.

bb) An Stelle der daraus unter Umständen entspringenden deliktischen Schadensersatzansprüche tritt hier ein aus dem vertragsrechtlichen Verhältnisse ein für alle Male gegebener Anspruch[1]) auf Schadensersatz wegen Nichterfüllung (§ 463 Satz 2), daneben zur Auswahl der Anspruch auf Wandelung oder Minderung (§ 460 Satz 2 z. E., §§ 462, 463). Hier aber fallen dann, wegen der deliktischen Grundlage, die Einschränkungen fort, welchen sonst der Anspruch gegen den Verkäufer wegen Mängel der Sache unterliegt, § 460 und §§ 477—479, in bezug namentlich auf grobe Fahrlässigkeit des Betrogenen und auf Kürze der Verjährungsfristen; nur § 464 bleibt übrig.[2])

II. Gewöhnlicher Genuskauf. 1. Wenn dem, der eine bloß generell (der Gattung nach) bestimmte Sache gekauft hat, als Erfüllung

---

[1]) Es ist nämlich § 463 Satz 2 nicht bloß Beschränkung unter Bestätigung eines ohnehin vorhandenen, sondern Neuerteilung eines Anspruchs, im Gegensatze gegen § 463 Satz 1. Das zeigt sich darin, daß § 463 Satz 1 nicht über das ohnehin Gegebene ausgedehnt werden darf, ohne unerträgliche Folgen (s. das Beispiel der vorletzten Note); während die Verlegung der Obligation von der deliktischen auf die obligatorische Grundlage durch § 463 Satz 2 selbst da Bedeutung hat, wo überhaupt (was ja keineswegs stets zutreffen wird) eine Deliktshaftung vorliegen würde: denn der aus dieser erwachsende Anspruch würde in drei Jahren verjähren (§ 852), der Anspruch aber aus § 463 Satz 2 verjährt erst in dreißig Jahren, § 477 Abs. 1 Satz 1 und § 479 Satz 2.

[2]) Vgl. soeben unter a z. E.; von einer Anwendbarkeit des § 464 auf unsern Fall (Mängelkenntnis bei dem Betrogenen!) kann aber nur selten die Rede sein, nämlich bei zwischenzeitiger Entdeckung. Dazu etwa noch zu bemerken: Zwar ist alles das, was der Text sub d entwickelt, im Gesetze nur bestimmt für den Fall „arglistigen Verschweigens". Jedenfalls aber ist dies das minus, andere Fälle des Betrugs dagegen offenbar das plus; und es ist doch undenkbar, daß das Gesetz für den Fall schweren unmoralischen Verhaltens versagen sollte, was es für den leichten zusagt; es werden also alle solche Gesetzesbestimmungen, die vom „arglistigen Verschweigen" reden, auch auf aktive Betrügereien auszudehnen sein. Dieser Schluß gilt auch für die herrschende Meinung, welche „arglistiges Verschweigen" überhaupt nicht (oder wenigstens nicht notwendig) als Betrug, sondern als etwas Minderes ansieht.

dieses Kaufgeschäfts eine Sache geliefert wird mit körperlichen Fehlern, die den Wert oder die Tauglichkeit zu dem gewöhnlichen oder zu dem nach dem Vertrage vorausgesetzten Gebrauch in nicht unerheblichem Maße aufheben oder mindern; oder eine Sache, die mangels irgend welcher Eigenschaften oder Vorzüge der generellen Beschreibung des Kaufvertrages nicht entspricht: so ist dies eigentlich nicht Erfüllung. Das liegt in letzterem Falle auf der Hand, trifft aber auch in ersterem Falle zu, obschon hier die Sache trotz ihrer Fehler die ausdrücklich verabredeten generischen Eigenschaften haben mag, weil sie hier nämlich infolge ihrer Fehler nicht „eine Sache von mittlerer Art und Güte" ist, wie solche mangels sonstiger näherer Bestimmung der Schuldner (§ 243 Abs. 1, s. oben § 95, 2) zu leisten hat. Dies ergibt die Möglichkeit ganz anderer Behandlung als beim gewöhnlichen Spezieskauf, bei dem die Lieferung der mangelhaften Sache trotzdem immerhin Erfüllung ist.

2. Jedoch kann der Käufer immerhin die gelieferte Sache als Objekt der Erfüllung betrachten; deshalb stehen ihm hier zunächst in bezug auf diese Sache sämtliche Rechte zur Verfügung, wie wenn er gerade sie individuell gekauft hätte, wegen der ihr im Augenblicke des Gefahrüberganges anhaftenden redhibitorischen Fehler oder wegen mangelnder zugesagter Vorzüge oder wegen „arglistigen Verschweigens", § 480 Abs. 1 und 2.

3. Andererseits kann der Käufer die gelieferte Sache als Erfüllung anzusehen ablehnen: dadurch erhält er neben den bisher aufgezählten Möglichkeiten den Anspruch, Lieferung einer mangelfreien Sache (ev. nebst Schadensersatz wegen Verzuges) vom Verkäufer zu fordern.

4. So hat hier der Käufer eine reiche Auswahl von Hülfsmitteln. Jedoch sind dagegen wieder (s. oben I, 6) die eigentümlichen Regeln der ädilicischen Rechtsmittel auch hier auf die anderen dem Käufer zustehenden Ansprüche aus Mängeln der Sache ausgedehnt:

a) Soweit es sich handelt um Schadensersatz wegen nicht erfüllter Zusage oder wegen arglistigen Verschweigens, gilt genau das oben I, 6 a—d Bemerkte.

b) Soweit es sich handelt um das Verlangen der Lieferung einer anderen, mangelfreien Sache, ist auch darauf durch § 480 Abs. 1 Satz 2 ausgedehnt die gesamte Regelung des Wandelungsanspruches, einschließlich der eigentümlichen kurzfristigen Verjährung, mit Ausnahme jedoch von § 467 Satz 2.

III. Viehkauf.[1]) — Ganz anderer, besonderer Regelung untersteht die Haftung wegen körperlicher Mängel beim Viehkaufe, §§ 481 bis 492. Hauptpunkte sind folgende:

1. Soweit der Verkäufer nicht aus besonderer Zusage (§ 492) oder aus unerlaubter Handlung bezw. Betrug (§§ 826, 123) haftet, hat er hier körperliche Mängel nur dann zu vertreten, wenn sie sich innerhalb bestimmter, von dem Augenblicke des Gefahrüberganges ab laufender[2]) Fristen (Gewährfristen) zeigen und von ganz bestimmter Art (Hauptmängel) sind.[3])

2. Der Käufer kann, wo er sonst Wandelung oder Minderung verlangen könnte, bloß Wandelung verlangen.

3. Er verliert diesen Anspruch, wenn er nicht binnen sehr kurz bemessener Frist Mängelanzeige macht, oder durch Verjährung binnen sechs Wochen vom Ende der Gewährfrist ab. Ebenso kurzer Verjährung unterliegt hier der Anspruch auf Schadensersatz wegen Zusage des Nichtvorhandenseins eines Hauptmangels.

4. Dagegen aber wird zugunsten des Käufers vermutet, daß ein Hauptmangel, der sich innerhalb der Gewährfrist zeigt, schon zu der kritischen Zeit des Gefahrüberganges vorhanden war. Diese Vermutung ist überaus wichtig, da das Vermutete regelmäßig zutreffen, aber auch regelmäßig sehr schwer zu beweisen sein wird.

5. Die besondere Rechtslage beim Gattungskaufe ist, auf dieser Grundlage, entsprechend geordnet wie beim gewöhnlichen Gattungskaufe, § 491.

b) Kauf anderer Gegenstände.

§ 129.

Andere Gegenstände als körperliche Sachen können gleichfalls den Gegenstand des Kaufes bilden: Rechte und Ansprüche aller Art, schließlich sogar ein ganzes Vermögen, d. h. alle einzelnen Stücke

[1]) Babl, Gewährleistung bei Viehveräußerungen, 2. Aufl. — Schneider, Rechtsregeln des Viehhandels. — Hirsch, Gewährleistung beim Viehhandel. — Reuter und Sauer, Viehkauf und Viehgewährschaft. — Dieselben, Gewährleistung. — Schumacher, Viehhandel und Viehprozeß, 3. Aufl. — Stölzle und Weißkopf, Viehkauf, 2. Aufl.

[2]) Denn so, gleichlautend mit § 459, kann man § 483, mit Rücksicht auf § 187, ausdrücken.

[3]) Diese Hauptfehler und die Gewährfrist für einen jeden derselben bestimmt nicht das Gesetz, sondern ergänzende, der Zustimmung des Bundesrates bedürftige Kaiserl. Verordnung; s. die vom 27. März 1899.

seiner Aktiva.[1]) Sobald es sich aber nicht mehr um Sachen handelt, lassen sich die Verpflichtungen des Verkäufers genauer nur unter Rücksicht auf den einzelnen verkauften Gegenstand bestimmen. Man kann nur allgemeinhin sagen: Der Verkäufer hat den verkauften Gegenstand, das betreffende Recht oder den betreffenden Anspruch so auf den Käufer zu übertragen, daß dieser ihn dauernd erhält. Der Käufer seinerseits hat den Kaufpreis zu zahlen, hier aber keine Abnahmepflicht. — Außerdem sind folgende Einzelheiten herauszuheben:

1. Der Verkäufer einer Forderung oder eines sonstigen Rechtes haftet für den rechtlichen Bestand des verkauften Rechtes, § 437 Abs. 1, d. h.:

a) Der Verkauf ist gültig, entgegen der Regel, trotz ursprünglicher Unmöglichkeit, mag selbst das verkaufte Recht nie bestanden haben; er bleibt auch gültig, wenn es später untergeht; er enthält eben soweit ein Garantieversprechen.

b) Dagegen garantiert der Verkäufer nicht für den ökonomischen Wert, z. B. für die Zahlungsfähigkeit des Schuldners der verkauften Forderung; eine Neigung nach dieser Richtung s. 437 Abs. 2; eine Einschränkung bei ausdrücklicher Übernahme § 438.

2. Der Verkäufer eines Rechts, das zum Besitze einer Sache berechtigt, ist bezüglich der Gefahrtragung und der damit verbundenen Verwendungsansprüche dem Verkäufer einer solchen Sache gleichgestellt, § 451. Ist die Sache eine bewegliche, so haftet er für die wirkliche Beschaffung dieses Rechtes dem Käufer nur in demselben Maße, wie der Verkäufer einer beweglichen Sache für Verschaffung des Eigentums, § 441.

3. Kommt es so zu einer Haftung des Verkäufers für „Mängel im Rechte“, so gelten die Regeln, welche darüber in § 126 betr. Beweis, Kenntnis des Käufers und arglistiges Verschweigen vorgetragen sind.

4. Allgemeinhin gilt auch die Verpflichtung des Verkäufers zu Auskunfterteilung (§ 444) und sein Anspruch auf Zinsen des Kaufpreises von dem Augenblicke ab, von welchem ab die Nutzungen des gekauften Gegenstandes dem Käufer gebühren, sofern nicht der Kaufpreis gestundet ist, § 452.

[1]) So bildet den Gegenstand eines Kaufes auch eine ganze „Erbschaft“. Die Eigentümlichkeiten dieses sog. „Erbschaftskaufes“ lassen sich jedoch erst im Zusammenhange des Erbrechts entwickeln; §§ 2371—2385 und unten § 320.

c) Besondere Arten des Kaufes.

§ 130.

1. Kauf nach Probe oder nach Muster: ein solcher, bei dem die Eigenschaften der Probe oder des Musters als zugesichert angesehen werden sollen, § 494.

2. Kauf auf Probe oder auf Besicht:[1]) ein solcher, der jetzt schon abgeschlossen ist, unter der in das freie Belieben des Käufers gestellten Bedingung, daß er den gekauften Gegenstand billige.[2]) Diese Bedingung ist im Zweifel eine aufschiebende und stets an eine Frist geknüpft, so daß, wenn die Sache dem Käufer behufs Probe übergeben war, sein Schweigen binnen dieser Frist als Billigung gilt, §§ 495, 496.

3. Spezifikationskauf: ein Gattungskauf mit absichtlich unvollständig belassener Beschreibung des gekauften Gegenstandes unter der Verabredung, daß die zur Bestimmtheit des Kaufobjekts notwendige nähere Beschreibung (sog. Spezifikation) vom Käufer einseitig nachgeliefert werden soll. Dies zu tun ist dann nicht bloß Recht, sondern auch Verpflichtung des Käufers; indessen bietet die tatsächliche Durchführung eines darauf gegen ihn zu übenden Rechtszwanges große Schwierigkeiten, namentlich betr. die Lehre vom Verzuge[3]) und mangels besonderer gesetzlicher Vorschriften; es gibt solche dagegen im Handelsrechte, HGB. § 375 Abs. 2.

4. Wiederkauf: Kauf unter dem Vorbehalt,[4]) daß der jetzige

---

[1]) Ältere Literatur: Goldschmidt i. d. Zeitschr. f. Handelsrecht 1, 67 fg. — Fitting, ebenda, 2, 203 fg. — Unger, ebenda, 3, 386 fg. — Fitting, ebenda, 5, 79 fg. — Unger, i. d. dogm. Jahrb. 25, 322 fg. — Leonhard, ebenda, 39, 180 fg.

[2]) Nicht, daß dieser Gegenstand billigenswert sei; auch nicht, daß er dem Käufer billigenswert erscheine; sondern daß der Känfer ihn dem Verkäufer gegenüber billige. Die Bedingung fällt also aus bei Mißbilligung, mag dieselbe noch so ungerechtfertigt und willkürlich sein — sie unterliegt keinerlei Nachprüfung. D. h. tatsächlich liegt der Bestand des Kaufes ausschließlich in der Hand, in der freien Willkür des Käufers, während Verkäufer gebunden ist, nur in der Fristsetzungsmöglichkeit mag eine gewisse Bindung für den Käufer liegen; vgl. oben S. 231.

[3]) Daher darüber besondere literarische Untersuchungen: Oertmann, der Kauf mit Spezifikation, im Archiv f. d. zivil. Praxis, 85, 202 fg. — Fleck, in Kohlers Archiv 12, 252 fg. — Lochner, Spezifikationskauf.

[4]) Wegen der Form s. unten 5 a.

Verkäufer später soll zu einem bestimmten (im Zweifel demselben) Kaufpreise den Gegenstand dem Käufer wieder abkaufen können, §§ 497—503.

a) Dieser Vorbehalt schafft dem Verkäufer ein Könnrecht:[1]) durch seine einseitige, empfangsbedürftige Erklärung, daß er davon Gebrauch mache, kommt der Wiederkauf[2]) zustande, nicht etwa hat er bloß einen Anspruch gegen den Käufer auf Abschluß des Wiederkaufes; also Analogie des Rücktrittsrechtes, nicht der Wandelung.

b) Das Könnrecht besteht nur während einer bestimmten Zeit; im Zweifel beträgt diese dreißig Jahre für Grundstücke, für andere Gegenstände drei Jahre nach der Vereinbarung.

c) Diese Vereinbarung bindet nur den Käufer persönlich, nicht die Sache dinglich;[3]) sie schafft nicht etwa eine dingliche Belastung der Sache; deren sachenrechtliche Schicksale bleiben davon unberührt; vielmehr ist es nur Pflicht des Käufers, den daraus gegen ihn erwachsenden Ansprüchen, wenn es dazu kommt, genugzutun.

d) Um so weiter greifend ist diese persönliche Bindung des Käufers. Er muß jeden Augenblick, so lange es schwebt, der Ausübung des Könnrechts seitens Verkäufers gewärtig sein und sich in der Lage halten, den dann für ihn entstehenden Verkaufsverpflichtungen zu genügen. Zerstört oder schädigt er zwischenzeitig die Sache oder veräußert oder belastet er sie unwiederbringlich, so wird dies also als seine „Schuld" erscheinen, für die er einsteht; § 498. Seine Lage ist demnach auch in dieser Beziehung rechtlich ähnlich der eines Käufers, der seinem Verkäufer ein Rücktrittsrecht eingeräumt hätte.

e) Der erhebliche Unterschied gegen letzterwähnten Fall betrifft die Zwischenzeit; in dem Vorbehalt des Rücktritts wird die Verabredung zu finden sein, die Ergebnisse der Zwischenzeit rückgängig zu machen, d. h. namentlich etwa für den Käufer, alle gezogenen Früchte usf. auszuliefern, für den Verkäufer den Kaufpreis nebst Zinsen zurückzuzahlen; in dem Vorbehalte des Wiederkaufes wird bloß Wirksamkeit vom Augenblicke seiner Ausübung ab verabredet sein.

[1]) Über die Natur des Wiederkaufrechtes und seine Beziehungen zum Rücktrittsrecht s. namentlich Schollmeier a. a. O. S. 22, 23, und Oertmann, Kommentar, Vorbemerkung vor § 497; ich meine, die Konstruktion des Textes sei die nächstliegende. — Sonstige Literatur: Hahn, Der Wiederkauf.

[2]) D. h. ein inhaltlich mit dem Kaufe übereinstimmendes, aber statt durch Vertrag auf diese Weise entstandenes Rechtsverhältnis.

[3]) Das kann jedoch bei Grundstücken anders werden durch „Vormerkung", § 883, auch Art. 62.

5. Vorkauf.[1]) — Einräumung der Befugnis an den Berechtigten (Vorkäufer), den Eintritt eines inhaltlich beiderseitig mit dem Kaufe übereinstimmenden Rechtsverhältnisses zwischen sich und dem Verpflichteten (Vorverkäufer) herbeizuführen, sobald der Verpflichtete mit einem Dritten einen frei gewillkürten (s. § 512) Kaufvertrag über den Gegenstand dieser Verabredung (den vorverkauften Gegenstand) abgeschlossen haben wird. Vorkäufer erhält alsdann Pflichten und Rechte des Käufers, Vorverkäufer des Verkäufers.

a) Das Vorkaufsrecht kann begründet werden durch Vertrag zwischen den Beteiligten, aber auch durch Gesetz. Gesetzlich haben ein Vorkaufsrecht die Miterben untereinander für den Fall, daß einer von ihnen seinen Anteil am Nachlasse einem Dritten verkauft, § 2034.[2]) Zu vertraglicher Begründung bedarf es, wenn es sich um ein Grundstück handelt, notarieller oder gerichtlicher Form, § 313, ebenso übrigens selbstverständlich auch beim Wiederkaufe.

b) Das so begründete[3]) ist ein Könnrecht. Der Berechtigte schafft, indem er es durch einseitige, empfangsbedürftige Erklärung ausübt, zwischen sich und dem Verpflichteten die Rechtsbeziehungen vom Käufer zu Verkäufer, und zwar im Zweifel unter denselben näheren Bestimmungen betreffend Preis und etwaige Nebenleistungen, welche der Vorverkäufer mit dem Dritten vereinbart hat.

c) Es kommen hier zwei Fristen in Betracht:

aa) Für die Zeit, in die der Kaufabschluß zwischen dem Vorverkäufer und dem Dritten fallen muß, damit der Vorkäufer dabei sein Vorkaufsrecht ausüben könne. Diese Zeit ist im Zweifel die Lebenszeit des Berechtigten, das Recht ist dann ein höchst persönliches, § 514.

bb) Für die Zeit, innerhalb deren der Berechtigte, nachdem ein solcher Kaufabschluß zwischen dem Verpflichteten und einem Dritten zustande gekommen ist, die Erklärung, daß er sein Recht ausübe,

---

[1]) Immerwahr, i. d. dogm. Jahrb. 40, 279 fg.

[2]) Das ist der einzige Rest der älteren Germanischen Näherrechte, so weit unser Gesetzbuch in Betracht kommt; außerdem s. Art. 109 und (gültig geblieben) § 27 des Preußischen Gesetzes betr. das Anerbenrecht v. 8. Juni 1896. — Über dieses Vorkaufsrecht der Miterben näheres unten § 308, 5 e.

[3]) Auch das vertraglich begründete. Zwar ist die Vertragsfreiheit keineswegs so weitgehend, daß durch Vertrag Parteien sich Könnrechte beliebig schaffen können; hier aber legt das Gesetz dem Wieder- und Vorkaufsvertrage diese Bedeutung bei.

wirksam abzugeben in der Lage ist. Diese Frist beginnt nicht schon mit dem Abschlusse jenes Kaufes zwischen dem Vorverkäufer und dem Dritten, sondern erst mit dem Eingange der Mitteilung davon, welche der Vorverkäufer dem Verkäufer macht, wie jener zu solcher Mitteilung, § 510 Abs. 1, verpflichtet ist. Die Frist beträgt im Zweifel bei Grundstücken zwei Monate, sonst nur eine Woche.

d) Wieder bindet die Verabredung nur den Käufer persönlich, nicht die Sache dinglich. Ist freilich die Sache ein Grundstück, so läßt sich hier auch letzteres Ergebnis direkt[1]) erzielen, wenn nämlich Parteien dingliche Wirkung beabsichtigen und die dazu nötigen Formalien (Eintragung ins Grundbuch) erfüllen; über dieses dingliche Vorkaufsrecht s. später unten § 199, einstweilen etwa GB. §§ 1094—1104.

e) Sache des Verpflichteten wird es also sein, sich seinem Käufer (dem Dritten) gegenüber zu wahren, um bei Ausübung des Vorkaufsrechtes seitens des dazu Berechtigten den dadurch entstehenden Käuferrechten dieses letzteren genugtun zu können. Sonst kommt Verkäufer in die Lage jemandes, der denselben Gegenstand zwei verschiedenen Personen unbedingt verkauft hat. Die Erfüllungsunmöglichkeit, in welche er dadurch jedenfalls einem von beiden Käufern gegenüber gerät, wird hier stets eine verschuldete im vollen Sinne des Wortes sein, ohne daß dies gesetzlich bestimmt oder hier weiter erörtert zu werden brauchte.

d) Kaufähnliche Geschäfte.

§ 131.

1. Der Tausch — bezweckt Hingabe irgend eines gegenständlichen Gutes zu dauerndem Haben gegen Empfang eines anderen, ebenfalls zu dauerndem Haben. Auf ihn finden die Vorschriften über den Kauf entsprechende Anwendung, § 515; d. h. beide Teile haften für Lieferung, wegen Mängel im Recht und in der Sache, wie ein Verkäufer; außerdem, falls eine Sache zu liefern ist, auf Abnahme derselben wie ein Käufer.

2. Noch weiter reicht der Ausdruck: „Verträge, die auf Veräußerung oder Belastung eines Gegenstandes gegen Entgelt[2]) gerichtet sind". Denn dahin gehört nicht bloß Kauf und Tausch, sondern z. B. auch Übernahme solcher Verpflichtungen gegen Dienstleistungen

[1]) Ohne den Umweg wie beim Wiederkaufsrechte, s. oben S. 438 Note 3.
[2]) Wegen unentgeltlicher Verträge, d. h. Schenkungen, s. unten § 145, 4.

der anderen Seite, und ferner etwa ein Gesellschaftsvertrag oder ein Vergleich, in dem eine Seite eine solche Verpflichtung übernimmt, auch etwa ein Vertrag betr. Hingabe von Sachen an Zahlungsstatt, § 365; man vgl. auch wohl noch § 757. Es gelten hier folgende Bestimmungen:

a) Die Vorschriften des Kaufes über Nichtigkeit des Versprechens, Mängel im Recht nicht vertreten zu sollen, bei arglistigem Verschweigen; und über die Auskunftspflicht u. s. f. (Urkunden herauszugeben u. dgl. m.) sind auf alle solche Verträge ausgedehnt, § 445.

b) Ebenso die Vorschriften über die Verpflichtung des Verkäufers zur Gewährleistung wegen Mängel der Sache, falls nur der so veräußerte oder belastete Gegenstand eine Sache ist, § 493.

2. Miete und Pacht.[1])

a) Miete.[2]) §§ 535—580.

§ 132. Rechtsverhältnisse zwischen Mieter und Vermieter.

Miete und Pacht bezwecken Hingabe von gegenständlichen Gütern[3]) zu vorübergehendem Haben gegen einen, meist in Geld bestehenden,[4]) Mietzins. Ist der vorübergehend hinzugebende Gegenstand eine Sache und besteht der daraus von dem Empfänger zu ziehende Nutzen bloß im Gebrauche, nicht auch in Fruchtgewinnung, so spricht man von Miete, sonst von Pacht.

I. Abschluß der Miete.[5]) — Dieser ist formlos, es handle sich denn um ein Grundstück, das für länger als ein Jahr vermietet werden soll. Dann bedarf es der Schriftlichkeit; mangels solcher

---

[1]) Fränkel, Miet- und Pachtrecht. — Jakobi, Miete und Pacht, ihre Stellung u. s. f. — Derselbe, in Kohlers Archiv 2, 31 fg. — Crome, in s. „Partiarischen Rechtsgeschäften". — Borcherdt, Miete und Pacht. — Zum Wesen der Rechte: Crome, Die juristische Natur der Miete, i. d. dogm. Jahrb. 37, 3 fg. — Fuchs, mit Nachwort von Eccius, in Gruchots Beiträgen 46, 549 fg. und 840 fg. — Hesse, in Studien, hrsgb. v. Leonhard, Heft 8. — Ältere Literatur: Degenkolb, Platzrecht und Miete. — S. auch die Literatur zum Kaufe.

[2]) Fuld, Mietrecht. — Niendorf, Die Miete, 6. Aufl. — Brückner, Miete v. Wohnungen, 2. Aufl. — Mittelstein, Miete.

[3]) S. oben S. 417 Note 2.

[4]) Notwendig ist dies nicht; z. B. Pacht gegen einen Teil des Fruchtgewinns, sog. colonia partiaria.

[5]) Wegen des Falles, daß er vor dem 1. Januar 1900 erfolgt ist, s. oben § 89, 6.

gilt der Vertrag als für ein Jahr und für unbestimmte Zeit darüber hinaus geschlossen, § 566, vgl. oben § 117, I, 3. — Außer durch ausdrücklichen Vertrag kommt die Miete namentlich auch stillschweigend zustande, indem der Gebrauch der Sache über frühere Mietzeit hinaus von Mieter fortgesetzt wird, wenn nicht Mieter oder Vermieter binnen 14 Tagen einander ihren entgegenstehenden Willen erklären; der Abschluß gilt dann als auf unbestimmte Zeit unter im übrigen gleichen Bedingungen wie bisher erfolgt, § 568. Ein auf unbestimmte Zeit abgeschlossenes Mietverhältnis gilt als abgeschlossen bis auf (rechtlich erstzulässige) Kündigung.

II. Verpflichtungen des Vermieters. — Durch die Miete wird der Vermieter verpflichtet, dem Mieter den Gebrauch der vermieteten Sache während der Mietzeit zu gewähren; zu dieser Hauptverpflichtung, aus der eine Reihe von Einzelverpflichtungen folgen, treten noch Nebenverpflichtungen.

1. Aus der Hauptverpflichtung folgt vor allem, der Vermieter hat die vermietete Sache dem Mieter in einem zu dem vertragsmäßigen Gebrauche geeigneten Zustande zu überlassen, § 536 Halbsatz 1.

2. Weiter folgt daraus, der Vermieter hat diese Sache während der Mietzeit dem Mieter zu belassen und während dieser Zeit sie in jenem Zustande zu erhalten, § 536 Halbsatz 2; nicht nur, indem er sich störender Eingriffe enthalten muß; sondern auch, indem er aktiv, auf seine Kosten, dafür, namentlich für die Instandhaltung der vermieteten Sache, für Reparaturen, die zu weiterer Ermöglichung des vollvertragsmäßigen Gebrauchs nötig werden, sorgen muß.

3. Im Gegensatze zum Kaufe ist es also hier zunächst irrelevant, ob der Vermieter diesen seinen Verpflichtungen hier wegen Mängel in seinem Rechte[1]) oder wegen Mängel der Sache nicht nachkommt oder nicht nachkommen kann; auch wegen letzterer, soweit sie den vertragsgemäßen Gebrauch beeinträchtigen, und selbst wenn dies nicht in wesentlichem Maße der Fall sein sollte, würde Vermieter, schon aus dem Mietvertrage selbst, auf Erfüllung haften, wäre auch weiter

[1]) Der Vermieter muß durchaus nicht eben Eigentümer sein; es genügt, wenn er sich in einer Rechtslage (z. B. als Nießbraucher oder selbst wieder als Mieter von einem Dritten oder irgendwie sonst) befindet, die es ihm ermöglicht, während der Mietzeit dem Mieter den Gebrauch voll zu verschaffen; dafür, daß er in einer solchen Rechtslage ist und während der Mietzeit verbleibt, muß er dem Mieter haften.

keine besondere gesetzliche Bestimmung außer § 536 darüber bei der Lehre von der Miete zu finden. Nur würde er dann freilich hier, wie stets, wo bloß die allgemeinen Regeln gelten, dieser Erfüllungspflicht durch nachfolgende unverschuldete Unmöglichkeit ledig werden; wogegen dann, nach denselben allgemeinen Regeln (§ 323), der Vermieter in entsprechendem Maße vollständig oder teilweise[1]) seiner Pflicht, den Mietzins zu entrichten, ledig werden würde. An dieser Rechtslage, wie sie sich aus der allgemeinen Lehre ergibt, ist indessen hier wiederum manches, wennschon in nicht ganz so weitgehender Weise wie beim Kaufe, so doch oft anklingend an diesen, durch besondere[2]) Vorschriften geändert; der Unterschied zwischen Mängeln im Recht und der Sache bleibt jedoch hier untergeordnet.

4. Diese Vorschriften, §§ 537 fg., ergeben:

a) Über die allgemeinen Regeln hinaus: In allen Fällen, aus welchem Grunde auch immer, wenn der Mieter im vertragsmäßigen Gebrauche der Sache erheblich gestört wird, gewinnt er dadurch, wennschon durchweg erst nach fruchtlosem Ablauf einer Nachfrist,[3]) ein fristloses Kündigungsrecht, das zu ähnlichen Folgen führt, wie die Wandelung beim Kaufe, juristisch aber eine Steigerung der Rücktrittsrechte aus §§ 325, 326 darstellt: §§ 542, 543.

b) Gemäß den allgemeinen Regeln. War der Grund, infolgedessen der Vermieter seine Verpflichtung nicht erfüllt hat (Mangel im Recht oder der Sache) schon bei Abschluß des Vertrags vorhanden,[4]) so hat der Mieter außerdem sofort (ohne Nachfrist) ein Wahlrecht mit den Möglichkeiten entweder

aa) ohne Rücksicht darauf, ob den Vermieter eine Schuld trifft oder nicht, Schadensersatz wegen Nichterfüllung zu verlangen; oder

bb) während der Zeit, innerhalb deren er zufolge jenes Mangels ganz oder teilweise gestört wird, von Zahlung des Miet-

---

[1]) Vollständig, wo der Vermieter von dem vertragsgemäßen Gebrauch während der gesamten Mietzeit gar nichts gewähren kann; proportionell gemindert, wo der vollständige Gebrauch nur während eines Teiles der Mietzeit oder nur ein unvollständiger Gebrauch während der ganzen Mietzeit gewährt wird; doppelt proportionell gemindert, wo nur teilweise Leistung nur während eines Teiles der Mietzeit vorliegt.

[2]) Natürlich nur dispositiv; außer so weit Arglist betroffen wird.

[3]) Für den Fall der Gesundheitsgefährdung s. unten V, 4.

[4]) Ursprüngliche subjektive Unmöglichkeit, nicht etwa Garantie darüber hinaus; vgl. oben S. 432 Note 1.

zinses ganz oder teilweise, in verhältnismäßiger Minderung, befreit zu sein.[1])

c) Trat der Grund erst später ein, so ist zu unterscheiden:

aa) Er tritt ein aus einem von dem Vermieter zu vertretenden Umstande; so hat der Mieter[2]) die Rechte wie oben sub a und b; oder

bb) er tritt ein aus einem von dem Vermieter nicht zu vertretenden Umstande, so ist abermals zu unterscheiden:

α) Zunächst hat Mieter bloß die Rechte wie oben sub a[3]) u. b, bb,[4]) nicht nach b, aa;[4])

β) erst wenn der Vermieter an der Dauer jenes ohne seine Schuld eingetretenen Zustandes dadurch schuldig **wird**, daß er seiner Instandhaltungs- und demgemäß Beseitigungspflicht gegenüber (s. oben unter 2) in Verzug kommt, hat Mieter auch wieder das Recht unter b, aa. Er hat hier außerdem gemäß § 538 Abs. 2 das Recht, die notwendig gewordene Reparatur selbst, auf Kosten des Vermieters, vornehmen zu lassen.[5])

d) Sämtliche bisher hier entwickelte Rechte verliert Mieter indessen, falls er die Mängel (der Sache oder im Rechte) beim Vertragsabschluß kannte.[6]) Handelt es sich dabei

aa) um körperliche Mängel, so steht hier dem Kennen das Nichtkennen auf Grund grober Fahrlässigkeit und die Annahme ohne Rechtsverwahrung bei inzwischen erworbener Kenntnis gleich, wie das auch beim Kaufe der Fall ist; während

bb) bei Mängeln im Recht nur das Kennen und dies nur bei Vertragsabschluß in Betracht kommt, ohne sonstige Unterscheidungen wie beim Kaufe, § 541 (nicht § 539 Satz 2).

e) Den Mängeln, welche als solche schon deshalb erscheinen,

---

[1]) Diese Folge tritt von selbst ein, so lange nicht die sub aa gewählt ist.

[2]) Gemäß der allgemeinen Regel, § 325.

[3]) Über die allgemeinen Regeln hinaus!

[4]) Gemäß der allgemeinen Regel, § 323.

[5]) Im wesentlichen gemäß der allgemeinen Regel, § 249 Satz 2.

[6]) Das mag gelegentlich führen zu einer Einschränkung unterhalb der Rechtslage, in welcher der Mieter sich nach den allgemeinen Regeln befinden würde; namentlich wenn er dadurch die Rechte aus § 537 im Falle zufälliger Erfüllungsunmöglichkeit auf seiten des Vermieters verliert, also auf diesem Umwege dazu kommt, die Gefahr des Vertrags tragen zu müssen! Freilich dagegen wieder die Regel hergestellt durch eine Ausnahme von der Ausnahme im Falle des § 552 Satz 3.

weil sie den regelmäßigen Gebrauch wesentlich stören, sind Mängel zugesagter Eigenschaften in bezug auf die Folgen b—d (nicht auch a!) gleichgestellt in ganz entsprechender Weise wie beim Kaufe, § 537 Abs. 2.

f) Infolge „arglistigen Verschweigens" fällt hier wie beim Kaufe die Einschränkung d, aa fort und wird hier ebenso eine Verabredung betr. Ausschluß oder Beschränkung der Mängelhaftung nichtig. Dagegen sind die Vorschriften des Kaufes über Haftung wegen arglistigen Verschweigens (§ 463 Satz 2 und Folgen, s. oben S. 433) nicht hierher übertragen.

5. Folgende Nebenverpflichtungen des Vermieters treten noch hinzu:

a) Er hat die auf der vermieteten Sache ruhenden Lasten zu tragen, § 546.

b) Er hat dem Mieter die auf die Sache gemachten notwendigen Verwendungen (mit Ausschluß von Futterkosten) zu ersetzen und dem Mieter zu gestatten, Einrichtungen, mit denen dieser die Sache versehen hat, wegzunehmen, § 547. Im übrigen wie bei Geschäftsführung ohne Auftrag. Kurze Verjährung, § 558.

III. Verpflichtungen des Mieters.

1. Er hat den vereinbarten Mietzins zu entrichten, § 535, ob er die Sache gebraucht oder nicht, wenn ihm nur der Gebrauch vom Vermieter zur Verfügung gestellt ist, § 552 Satz 1 u. 3. Indessen muß, falls der Mieter durch einen in seiner Person liegenden Grund am Gebrauche verhindert ist, der Billigkeit gemäß der Vermieter sich auf den Mietzins anrechnen lassen, was er etwa an Aufwendungen erspart oder indessen aus anderweitiger Vermietung erlangt, § 552 Satz 2.

2. Er hat von der Sache nur den selbstverständlich oder durch besondere Verabredung ihm eingeräumten Gebrauch zu machen.

a) Zu diesem Gebrauche gehört im Zweifel nicht, daß er den Gebrauch Dritten[1]) überlassen, namentlich also untervermieten dürfte. Dazu bedarf er vielmehr der Erlaubnis des Vermieters, § 549 Abs. 1.

b) Veränderungen oder Verschlechterungen der gemieteten Sache, die durch den vertragsgemäßen Gebrauch herbeigeführt werden, hat der Mieter deshalb nicht zu vertreten, § 548.

c) Wird dagegen von der Sache ein anderer, vertragswidriger Gebrauch gemacht, so haftet Mieter nach folgenden Regeln:

---

[1]) Entgeltlich oder unentgeltlich, ganz oder teilweise. Bei vorübergehend unentgeltlicher teilweiser Überlassung (Logierbesuch!) aber doch wohl selbstverständlich anders.

aa) Selbstverständlich auf Schadensersatz, falls die Sache darunter leidet.

bb) Auf Unterlassung, nachdem dieser Mißbrauch trotz Abmahnung des Mieters fortgedauert hat, § 550.

cc) Der Mieter hat bei dieser Haftung nicht nur sein eigenes und seiner Leute Verschulden, sondern auch das seines Untermieters zu vertreten, auch wenn der Vermieter die Untervermietung gestattet hatte, § 549 Abs. 2.

3. Er hat die Sache im Interesse des Vermieters zu hüten und aufzubewahren. Das äußert sich namentlich darin, daß er den Vermieter auf notwendig werdende Reparaturen oder sonstige Schutzvorkehrungen, auch auf Rechtsanmaßungen Dritter aufmerksam machen muß. Bei Versäumnis dieser Pflicht verliert er nicht nur, soweit infolge dieser Versäumnis der Vermieter Abhülfe zu schaffen außer Stand gesetzt wurde, seine Mängelansprüche gegen diesen; sondern er ist ihm auch unmittelbar zu Schadensersatz verpflichtet, § 545.

4. Er hat nach Beendigung des Mietverhältnisses die Sache in einem so weit, wie er nach den bisher erwähnten Verpflichtungen Veränderungen oder Verschlechterungen zu vertreten hat, unveränderten und unverschlechterten Zustande dem Vermieter zurückzugeben.[1])

a) Dabei gilt als Minimalschadensersatz für Verspätung die Summe, welche nach dem Mietvertrag für die betreffende Zeit als Mietzins zu entrichten gewesen wäre.

b) Ein ev. nach allgemeinen Regeln (§ 273) dem Mieter gegen diesen Rückgabeanspruch des Vermieters zustehendes Zurückbehaltungsrecht fällt fort, falls es ein Grundstück oder ein Wohnraum ist, um dessen Miete es sich handelt, § 556 Abs. 2, § 580.

---

[1]) Dieser rein personenrechtlich, obligatorisch aus der Miete entspringende Anspruch ist ganz unabhängig von dinglichen Verhältnissen. Wenn ich meine eigene Sache gemietet habe, so mag dabei ein Irrtum vorliegen, stark genug, damit ich das Geschäft anfechten kann; dann beseitigt diese Anfechtung natürlich auch den Rückerstattungsanspruch des Vermieters. Sonst bleibt dieser Anspruch selbst in diesem Falle durchaus bestehen; und es mag ja auch gar kein Irrtum vorliegen, sondern eine durchaus vernünftige Veranlassung zu jenem Geschäfte, z. B. ich miete meine Sache dem Nießbraucher ab: dann ist alles in bester Ordnung und ich bin verpflichtet, wie jeder andere Mieter es wäre. — Namentlich also auch kommt dieser Rückgabeanspruch dem vermietenden Nichteigentümer (oder sein Eigentum nicht zu beweisen fähigen Vermieter) gegen seinen Mieter (oder Untermieter s. unten § 133, I) zu statten: Die Frage der dinglichen Berechtigung wird hier gar nicht aufgeworfen, die Rückgabepflicht folgt e contractu.

5. So oft es sich nach dem Vorhergehenden um Ersatzansprüche des Vermieters wegen Veränderungen oder Verschlechterungen handelt, kurze Verjährung, § 558. Diese Ansprüche sind Nebenansprüche des Hauptanspruches auf Rückgabe der Sache, § 558 Abs. 3, vgl. oben § 78, I, 2 a, ee.

IV. Für die beiderseitigen Verpflichtungen des Vermieters und des Mieters besteht hier die Regel, daß im Zweifel nicht Zug um Zug zu leisten ist, sondern von dem Vermieter vor-, von dem Mieter nachzuleisten ist: namentlich auch[1]) betr. den Mietzins.

An Stelle des Endes der gesamten Mietzeit treten regelmäßig, bei längeren Mietzeiten namentlich, für die Entrichtung des Mietzinses Mietabschnitte, nach denen der Zins bemessen ist; bei Grundstücken das Kalenderquartal; § 551.

2. Zur Sicherung des vorleistenden Vermieters eines Grundstückes oder Raumes hat dieser ein gesetzliches Pfandrecht[2]) an den pfändbaren[3]) eingebrachten Sachen seines Mieters (nicht anderer Personen),[4]) das außerdem mit besonderen Vorrechten ausgestattet ist.

a) Das Pfandrecht besteht nur für fällige Entschädigungsforderungen, für fällige, laufende und nächstjährige Mietzinsforderungen, § 559 Satz 2.

b) Es wird beseitigt durch Stellung von Sicherheit, sei es im ganzen für den zu deckenden Betrag, sei es in Bezug auf einzelne ihm verstrickte Sachen für die Höhe ihres Wertes, § 562.

c) Es gibt dem Vermieter außerdem das Recht, der Entfernung ihm verstrickter Sachen des Mieters aus der Wohnung oder von dem Grundstück zu widersprechen, ohne weiteres, es sei denn, daß

---

[1]) Betr. die anderen Leistungen des Mieters ergibt sich teils dies (s. oben III, 4), teils das Entgegengesetzte (s. oben III, 2, 3) aus der Natur der Sache.

[2]) Eck, Das ges. Pfand- und Vorzugsrecht des Vermieters, in Festgaben für Gneist. — Mittelstein, in Kohlers Archiv 5, 275 fg. — Goldenring, in Puchelts Zeitschr. 24, 162 fg. und 340 fg. — Jäger, ebenda, 26, 553 fg. und 684 fg. — Fuld, ebenda, 30, 354 fg. — Siber, Das gesetzliche Pfandrecht des Vermieters, des Verpächters und des Gastwirts, in den Fischer'schen Abhandlungen 5, 2.

[3]) Altvater, i. d. Deutsch. Jur.-Zeit. 7, 314 fg. — Brettner, im „Recht" 6, 611. — Mittelstein, i. d. Deutsch. Jur.-Zeit. 7, 386. — Örtmann, ebenda, 8, 136. — RG.-Entsch. 35, 151 fg.

[4]) Brückner, im „Recht" 5, 525 fg. — Biesinger, ebenda, 5, 879 fg. — Francke, W. E., in Blätter f. Rechtsanw. 66, 41 fg. und 357 fg. — Scherer, Labes und Geub, i. d. Deutsch. Jur.-Zeit. 5, 202 fg., 228, 318 und 479.

die Entfernung im regelmäßigen Geschäftsbetrieb oder gemäß den regelmäßigen Lebensverhältnissen des Mieters oder so erfolgt, daß noch offenbar genügend Sachen zur Sicherung des Vermieters zurückbleiben, § 560 Satz 2.

d) Es hat seinen eigentümlichen Erlöschungsgrund: Entfernung der Sache vom Grundstück.

aa) Diese Tatsache bewirkt sofortiges Erlöschen nur, wenn die Entfernung weder heimlich, noch gegen berechtigten Widerspruch (soeben c) des Vermieters erfolgt ist, § 560 Satz 1.

bb) Sie bewirkt andernfalls Erlöschen binnen eines Monats, nachdem der Vermieter von der Entfernung Kenntnis erlangt hat, es sei denn, daß dieser zwischenzeitig seinen Zurückschaffungsanspruch geltend macht, § 561 Abs. 2 Satz 2.

e) Dagegen gewährt es dem Vermieter seine besonderen Vorteile, nämlich:

aa) Ein dingliches Recht auf Zurückschaffung der Sachen bezw. auf Besitzüberlassung, so lange es nach und trotz Entfernung nicht erloschen ist, § 561 Abs. 2 Satz 1; und

bb) ein Selbsthülferecht (relatives Dürfrecht) gegen diejenige Entfernung, gegen welche Widerspruch berechtigt ist, § 561 Abs. 1, vgl. oben S. 283, sog. Sperrrecht.[1])

f) Drittpfändenden gegenüber kann der Vermieter dies sein Pfandrecht nicht weiter zurück geltend machen als für den Mietzins des letzten Jahres vor der Pfändung, § 563; ebenso im Konkurse, KO. § 49 Nr. 2; d. h. je schlechter die Lage des Mieters, um so erbarmungsloser muß der Vermieter den über ein Jahr rückständigen Zins eintreiben, bei Gefahr des Verlustes. Schonung käme nicht dem Mieter, sondern bloß anderen Gläubigern zustatten.

V. Beendigung des Mietsverhältnisses.

1. Auf Grund einer Einigung unter den Parteien endet das Mietsverhältnis:

a) bei Eintritt der dafür vom Mietsvertrag vorgesehenen Ereignisse, namentlich Ablauf der verabredeten Mietszeit, falls der Vertrag nicht (s. unter I) stillschweigend verlängert wird, § 564 Abs. 1;

b) durch sonstige Parteiverabredung, etwa mutuus dissensus, selbstverständlich; außerdem selbstverständlich in allen Fällen durch von keiner Seite zu vertretenden Untergang der Sache.

---

[1]) Vgl. auch oben § 93, 5 c, S. 318 Note 1.

2. Mangels Einigung unter den Parteien endigt das Mietsverhältnis durch Kündigung seitens einer derselben, § 564 Abs. 2. Diesem Kündigungsrecht sind durch § 565 bestimmte Fristen und Termine („gesetzlich befristetes Kündigungsrecht") vorgezeichnet.

3. Trotz zu anderen Ergebnissen führender, aber nicht direkt die Anwendbarkeit der nunmehr aufzuzählenden Regeln ausschließender Einigung unter den Parteien gibt das Recht bald dem Vermieter, bald dem Mieter, bald jedem von beiden ein einseitiges Kündigungsrecht, das bald gesetzlich befristet, bald fristlos ist.

a) Fristloses Kündigungsrecht bloß des Mieters, in dem schon behandelten Falle des § 542, s. soeben II, 4 a.

b) Gesetzlich befristetes Kündigungsrecht bloß des Mieters: falls der Vermieter die Erlaubnis zur Untermiete, ohne besonders dies rechtfertigenden wichtigen Grund in der Person des Untermieters, versagt, § 549 Abs. 1 Satz 2; und falls der Mieter Beamter, Geistlicher od. dgl. ist und versetzt wird, für den nächsten gesetzlichen Kündigungstermin, § 570.

c) Gesetzlich befristetes Kündigungsrecht bloß des Vermieters: nur in Einem Einzelfall, nämlich zugunsten eines Eigentümers, der bei Erlöschen des Nießbrauches in die noch nicht abgelaufene Vermietung des Grundstücks durch den Nießbraucher eintritt, § 1056 Abs. 2, s. unten § 193, II, 3. Dem Nießbrauche gleich stehen durchweg die Fälle der familienrechtlichen Nutznießung.

d) Fristloses Kündigungsrecht bloß des Vermieters[1]): wenn der Mieter oder dessen Untermieter trotz Abmahnung widerrechtlichen Mißbrauch der Sache fortführt, besonders aber die Sache unberechtigt einem Dritten zum Gebrauche überläßt, oder die Sache durch Vernachlässigung der Sorgfaltspflicht erheblich gefährdet, § 553; oder für zwei aufeinander folgende Termine mit Entrichtung des Mietszinses ganz oder teilweise in Verzug gerät, und diesen nicht vor Ausübung des Kündigungsrechtes tilgt, § 554.

e) Gesetzlich befristetes Kündigungsrecht eines jeden von beiden Teilen: bei Tod des Mieters (nicht auch des Vermieters) für den nächsten gesetzlichen Kündigungstermin, § 569.

f) Fristloses Kündigungsrecht eines jeden von beiden Teilen: vacat.

---

[1]) Dieser hat, falls er davon Gebrauch macht, voraus entrichteten Mietszins zurückzuerstatten wie bei Rücktritt, d. h. vollhaftend und mit Zinsen, nicht bloß nach dem Bereicherungsprinzip, § 555.

4. Kündigungsrechte trotz ausdrücklich entgegengesetzter Abrede: a) Für beide Teile, gesetzlich befristetes Recht, bei ausdrücklich auf mehr als 30 Jahren verabredeter Mietszeit, nach Ablauf dieser 30 Jahre, § 567; und b) für den Mieter, fristloses Kündigungsrecht, trotz Verzicht auf dasselbe, erst recht also trotz Kenntnis des Mieters, falls es sich um eine Wohnung oder um einen anderen bei vertragsgemäßem Gebrauch zum Aufenthalte von Menschen bestimmten Raum handelt und dieser so beschaffen ist, daß die vertragsgemäße Benutzung mit einer erheblichen Gefährdung der Gesundheit verbunden ist, § 544; eine von den vielbesprochenen sozialen Schutzmaßregeln des Gesetzbuches; ohne daß im übrigen die Haftung des Vermieters wegen dieser Mängel stärker wäre als die wegen sonstiger Mängel.

§ 133. Rechtsverhältnisse zu Dritten.

I. Durch Überlassung des Gebrauchs an Dritte seitens des Mieters. — S. im wesentlichen § 132, III, 2a und V, 3d; außerdem unmittelbares, aus der Mietsobligation entspringendes, persönliches Rückforderungsrecht des Vermieters gegen den Dritten nach Beendigung des Mietsverhältnisses, § 556 Abs. 3. Sonst besteht keinerlei Rechtsverhältnis zwischen Untermieter und erstem Vermieter.

II. Durch Übertragung eines Rechts an der Sache auf Dritte seitens des Vermieters, §§ 571—579.[1][2]

1. Man pflegt zu sagen, im alten gemeinen Recht habe der Satz gegolten und auch nach neuem Recht würde, wenn nicht Weiteres hinzuträte, nach den bisher vorgetragenen Bestimmungen desselben über die Miete der Satz gelten: „Kauf bricht Miete". Was heißt das, juristisch genauer ausgedrückt?

a) Es heißt natürlich nicht, daß der Vermieter seiner Verpflichtungen ledig werde, wenn er die Sache verkauft. Vielmehr gerät er dann nur in einen Konflikt seiner Verpflichtungen als Ver-

---

[1]) Referat und Debatten des 19. Deutschen Juristentages, 1888, darin u. a. Gutachten von Meibom, Eck und Fischer. — Crome, wie oben zu § 132 Note 1. — Bruck in Kohlers Archiv 20, 33 fg. — Romeik, Die abgeleitete Mietsschuld. — Zimmermann, Rechtswirkungen der Veräußerung u. s. f.

[2]) Die Frage hat besondere soziale Bedeutung, daher auch für frühere Mietsverträge Art. 172; sie ist außerdem besonders eifrig besprochen worden, weil der erste Entwurf eine andere, sozial minder befriedigende Lösung hatte.

mieter und Verkäufer; läßt er letztere unerfüllt, während er erstere erfüllt, so wird nicht der Mieter, sondern der Käufer der verletzte Teil sein.

b) Das ändert sich erst, wenn jener Vermieter die vermietete Sache, sei es infolge seiner Verpflichtungen als Verkäufer behufs Erfüllung derselben, sei es aus irgendwelcher Ursache sonst, einem Dritten übereignet, ohne gleichzeitig dafür zu sorgen, daß der neue Eigentümer den Mieter weiter gebrauchen lasse.[1]) Hier wäre nämlich nun der neue Eigentümer in der Lage, wenn er will, dem Mieter die Sache mit dem gewöhnlichen dinglichen Eigentumsanspruch abzufordern, ohne daß der Mieter, der ja bloß einen persönlichen Anspruch auf Gebrauch der Sache gegen seinen Vermieter hat, dem zu widerstehen vermöchte. Dadurch würde sich denn nun freilich herausstellen, daß der Vermieter seinen Verpflichtungen aus dem Mietsvertrag diesem Mieter gegenüber zufolge Mangels im Rechte, den er selbst verschuldet, nicht nachgekommen ist; es muß also zweifellos dieser Vermieter diesem Mieter Schadensersatz leisten und sonst haften, wie in § 132 auseinandergesetzt wurde. Nur daß freilich dem durch den Dritten aus Gebrauch der Sache (z. B. aus der Mietswohnung) gesetzten Mieter Schadensersatz in Geld, mag selbst sein Vermieter zahlungsfähig sein, wenig nützen würde.

c) Es ist also nicht sowohl der Kauf, der die Miete bricht, als das (eben infolge des Kaufes von dem bisherigen vermietenden Eigentümer übertragene) Eigentum eines Dritten, dem offenbar übrigens andere zum Besitz der Sache berechtigende dingliche Rechte darin gleich stehen. Und es ist nicht sowohl die Miete, die gebrochen wird, als der Gebrauch der vermieteten Sache seitens des Mieters, während das Mietsverhältnis zwischen diesem und dem Vermieter verletzt wird, d. h. sicherlich weiterbesteht, bis es nun etwa vom Mieter (§ 542) gekündigt wird.

d) Aber immerhin ist das Ergebnis, das also recht unzutreffend in jenes Schlagwort gefaßt wird, recht unbequem für den Mieter. Namentlich wenn es sich um ein Grundstück oder um Wohnräume,

---

[1]) Geschieht das, so ist alles in Ordnung. Kein Mieter ist etwa berechtigt, zu verlangen, daß sein Vermieter Eigentümer der Mietssache sei oder bleibe, um seiner (des Mieters) Sicherheit oder Bequemlichkeit willen; prästiert der Vermieter nur während der ganzen Mietszeit dem Mieter den vollen Gebrauch, so kann letzterer sich nicht beklagen.

oder um sonstige Räume handelt, in die der Mieter schon eingezogen ist. Deshalb hier das Bedürfnis nach Abhülfe.

2. Diese Abhülfe würde ja am ergiebigsten eintreten, wenn man die Miete zu einem dinglichen Recht an der Mietssache steigern wollte, das also auch allen Dritten gegenüber wirksam wäre, dagegen einer Eintragung ins Grundbuch bedürfte u. s. f.[1]) So weit ist aber unser Recht nicht gegangen; sondern es hat sich nur entschlossen, jenem Bedürfnisse so weit entgegenzukommen, wie dies unter Wahrung des obligatorischen Charakters der Mietsrechte möglich war; und ferner nur in dem Falle, in dem dies Bedürfnis besonders hervortritt, s. soeben 1 d z. E. — Es bleibt also bei der Rechtslage, wie sie soeben entwickelt wurde, für Vermietungen von beweglichen Sachen[2]) und selbst für Vermietungen von Grundstücken u. s. f., so lange die vermietete Sache an den Mieter noch nicht überlassen war. Nur wenn der dritte Berechtigte durch Vertrag mit dem Vermieter des Grundstückes es übernommen hatte, dessen Mietspflicht dem Mieter gegenüber zu erfüllen, so sind auch auf diesen Fall die Regeln ausgedehnt,[3]) die sonst bloß in Kraft treten, wenn der Dritte sein dingliches Recht (Eigentum oder ein sonstiges dingliches Recht, dessen Ausübung dem Mieter den vertragsgemäßen Gebrauch entziehen würde, §§ 571, 577 Satz 1[4]) nach Überlassung der Mietssache an den Mieter von dem Vermieter erworben hat.

3. Diese Regeln beruhen nun auf folgendem Grundsatze: Der neue Eigentümer tritt ohne weiteres, von Gesetzes wegen, ohne seinen

---

[1]) So allerdings das eine gewisse Analogie mit der Miete bietende, dingliche „Erbbaurecht", §§ 1012—1017, s. unten § 187.

[2]) Hier ergeben sich freilich, falls die Sache schon im Besitze des Mieters war und deshalb nicht mehr vom Vermieter durch eigentliche körperliche Übergabe dem Dritten übereignet werden konnte, im wesentlichen, sofern es sich wenigstens nur um Abwehr gegen den Dritten handelt, ähnliche Folgen aus §§ 931, 404, 413; darüber wohl am richtigsten Hellwig, Verträge auf Leistung an Dritte, 422 fg.; dagegen wohl zu eng derselbe über das Rechtsverhältnis sub I dieses Paragraphen, ebenda S. 421 fg.

[3]) Für die Mobilienmiete ist dies nicht ausdrücklich bestimmt; doch wird freilich auch hier ein Vertrag der im Texte zuletzt erwähnten Art, als Schuldübernahmevertrag zwischen altem und neuem Schuldner (dem Vermieter und dem Dritten), ohnehin nach allgemeinen Prinzipien zu ähnlichen Ergebnissen führen.

[4]) Wegen solcher dinglicher Rechte s. § 577 Satz 2; von hier ab ist, der Kürze halber, stets nur vom Eigentümer die Rede; vgl. auch Zwangsvollstreckungsgesetz, § 57.

Willen und selbst ohne seine Kenntnis von dem Bestande eines solchen Verhältnisses,[1]) auf die Dauer seines Eigentums an Stelle des Vermieters, in dessen sämtliche Rechte und Verpflichtungen aus der Miete ein; d. h. es findet eine Übertragung von Schuld und Forderung auf den neuen Eigentümer statt. Dem entspricht der weitere Ausbau:

a) In bezug auf seine Mietszinsansprüche steht der neue Eigentümer wie eine Art Zessionar. Es wiederholen sich also hier die Sicherungsmaßregeln zugunsten des Schuldners, hier: Mieters, der den Mietszins in Unkenntnis der Zession noch seinem ursprünglichen Vermieter entrichtet, oder eine Forderung gegen letzteren behufs Kompensation erwirbt u. s. f. Doch ist, um dem neuen Eigentümer gegenüber der ihm aufgewälzten Verpflichtung irgendwelche Sicherstellung nach dieser Seite zu geben, hier all dies, was sonst für die ganze zedierte Schuld unbeschränkt gilt, beschränkt auf den Mietszins des Kalendervierteljahres, in dem der Mieter Kenntnis von der Zession erhält, aller vorhergehenden und eines folgenden Vierteljahres, § 574. — Verfügungen des ursprünglichen Vermieters über den Mietszins, die *vor* der Übereignung getroffen sind, bleiben unabhängig von Kenntnis u. s. f. gültig, aber auch nur für den Mietszins des bei Übereignung laufenden und des folgenden Vierteljahres, § 573 Satz 1, bei Kenntnis des Neuerwerbers auf länger hinaus, § 573 Satz 2.

b) Dementsprechend wiederholt sich auch die Bedeutung der Zessionsanzeige, § 576, vgl. § 409.

c) Andererseits, in bezug auf die ihm überkommenen Verpflichtungen, steht der neue Eigentümer da wie der neue Schuldner im Falle derjenigen Schuldübernahme, die ohne Mitwirkung des Gläubigers zustande gekommen ist. Soll diesem (hier: dem Mieter) die Person seines Schuldners ohne seine Einwilligung entzogen werden? Deshalb wird denn auch von Wegfall der Haftung des ursprünglichen Vermieters nicht die Rede sein können, sondern es tritt nur haftend *neben* ihn der neue Eigentümer; und nur so weit dieser haftet, beschränkt § 571 Abs. 2 die Haftung des alten Vermieters

---

[1]) Um sich hiergegen in etwas zu sichern, mag er eine Ortsbesichtigung vornehmen. Voll würde ihn das freilich nur sichern, wenn *Besitz* des Mieters Voraussetzung dieser Regel wäre; dies ist aber nicht unbedingt zutreffend; deshalb auch nicht *Hellwig*, a. a. O., 422 fg.

nach Art eines Bürgen.[1]) Indessen fällt alle Haftung des alten Vermieters fort, wenn der Mieter, der von dem Eigentumswechsel durch seinen Vermieter benachrichtigt ist, trotzdem das Mietsverhältnis zu dem nächst zulässigen Termin ungekündigt läßt: dies gilt offenbar als Genehmigung des Gläubigers, § 415.

d) Endlich Weiterübertragung auf abermalige Neuerwerber, § 579.

b) Pacht.[2]) §§ 581—597.

§ 134.

Pacht liegt vor, wenn eine Sache zum Gebrauch und Fruchtgenuß[3]) oder ein sonstiger Gegenstand zum Gebrauch oder Fruchtgenuß vorübergehend gegen Geld hingegeben werden soll. Die Verpflichtungen des Verpächters übersteigen also diejenigen des Vermieters meist in der Hinsicht, daß der Verpächter dem Pächter während der Pachtzeit den Genuß der Früchte des Gegenstandes, soweit sie nach den Regeln einer ordnungsmäßigen Wirtschaft als Ertrag anzusehen sind, zu gewähren hat.

Im übrigen finden auf die Pacht durchweg die Regeln der Miete Anwendung, § 581 Abs. 2, so weit nicht das Gesetz Ausnahmen vorschreibt. Diese Ausnahmen beziehen sich bald auf Pacht aller möglichen Gegenstände, bald nur auf die Pacht gewisser Gegenstände. In sich verengernden Kreisen ihres Umfanges geordnet, sind diese Ausnahmen folgende:

I. Für alle möglichen Pachtgegenstände greifen ein §§ 596, 597. Sie bestimmen namentlich, daß der Verpächter bei Tod des Pächters,

---

[1]) Unter Wegfall der Einrede der Vorausklage, aber erst wenn der Erwerber seinen Verpflichtungen nicht nachkommt; d. h. diese Einrede fällt bloß für den Schadensersatz-, nicht für den Erfüllungsanspruch fort.

[2]) Joh. Schumacher, Das landwirtschaftliche Pachtrecht, Berlin 1901. — Brünneck, in Gruchots Beiträgen 44, 97 fg. — Sonst die Literatur zu § 132 und zu § 133.

[3]) Mag die Sache natürliche oder juristische Früchte bringen, stets aber die Sache selbst, nicht ihre Bewirtschaftung; bringt erst der wirtschaftliche Gebrauch der Sache (z. B. der Betrieb einer Wirtschaft im Hause) Früchte, so ist das betreffende Haus gemietet; anders falls der Betrieb schon bestand, das Haus mit angepaßter Einrichtung und mit Betrieb übernommen wird: dann liegt Pachtung nicht bloß einer Sache, sondern eines Gegenstandes, nämlich des Gesamtbetriebes, vor, und das Haus selbst ist mitgepachtet. — Über die Frage, wie der Pächter die Früchte, die zu gewinnen er das Recht hat, zu Eigentum erwirbt, unten § 177, III, 2, s. einstweilen § 956.

dieser bei seiner Versetzung nicht kündigen kann, sowie, daß die Berechnung des Minimalschadens bei verspäteter Rückerstattung des Pachtgegenstandes statt nach Pacht-, vielmehr nach Fruchtperioden stattfindet.

II. Für Pacht eines Grundstückes oder eines Rechts (also z. B. nicht einer Milchkuh) — greift ein § 595, Verlängerung der Kündigungsfrist und ihres Termins auf ein Jahr und auf ein Halbjahr.

III. Bei Pacht eines Grundstücks, sei es landwirtschaftlich, sei es städtisch (z. B. Fabrik oder Wirtschaft) treten Bestimmungen hinzu wegen des mitgepachteten Inventars. Hier eröffnen sich folgende Möglichkeiten:

1. Das Inventar ist einfach mitverpachtet, dann ist es Sache des Verpächters, diesen wie jeden anderen Pachtgegenstand zu unterhalten und für stärkeren als pachtgemäßen Verbrauch aufzukommen. Nur für Tiere hat der Pächter Ersatz des Abganges aus den Jungen zu liefern, § 586, s. unten § 177, III, 3.

2. Das Inventar ist bei Übergabe an den Pächter abgeschätzt worden, und zwar deshalb, um dessen Ersatzpflicht in ihrer Höhe festzustellen, aber nur auf den Fall, daß solche Ersatzpflicht aus besonderem Grunde, s. soeben unter 1, eintritt; d. h. also, es bleibt alles unverändert, wie sonst, nur die Höhe der Haftsumme, falls es zur Haftung kommt, ergibt sich nach der Schätzung. Sog. taxatio aestimationis causa, im Zweifel anzunehmen.

3. Es kann aber auch verabredet worden sein, daß Pächter das Inventar zum Schätzungspreise übernimmt mit der Verpflichtung, es bei Pachtbeendigung zum Schätzungswerte zurückzugewähren, §§ 587fg., sog. taxatio venditionis causa oder wenigstens dieser gemeinrechtlichen Form nahekommend.[1]) Nennen wir diese Klausel (da wir oft noch von ihr zu sprechen haben werden, s. unten § 179 VI und § 192, II, 2, so bedarf es eines festen Namens) die der „Rückgewährungsabschätzung". Sie bedeutet:

a) Der Pächter übernimmt nicht etwa das Inventar zu Eigentum gegen den Schätzungspreis, sondern er erwirbt nur ein Verfügungsrecht darüber, durch dessen Ausübung er einzelne Stücke dem Eigentum des Verpächters entzieht.[2]) Die am Ende der Pacht noch unver-

---

[1]) Sie selbst ist verschwunden. Romanistisch kamen beide Formen vor bei dem gleichfalls verschwundenen Institut der dos, der Mitgift.

[2]) Näheres über diesen dinglichen Vorgang unter § 179, VI, 3.

ändert vorhandenen Stücke verbleiben dem Verpächter, die Schätzungssumme bleibt für diese bedeutungslos.

b) Wohl aber übernimmt der Pächter die Gefahr des Inventars, sodaß er unbedingt dafür einsteht, mag er darüber verfügt haben oder nicht.

c) Inventarstücke, die der Pächter während der Pacht dem Inventar neu einverleibt, gehen in das Eigentum des Verpächters über, einerlei, ob sie als Ersatz für abgegangene Inventarstücke erscheinen oder nicht.[1])

d) Danach mag zu Ende der Pacht das Inventar, dessen Gefahr der Pächter trug und das dem Verpächter gehört, unverändert oder verändert, vermindert oder vermehrt vorhanden sein. Ist es unverändert, so liegt alles glatt. Ist es verändert, so kann zunächst von etwa hinzugekommenen neuen Stücken der Verpächter solche ablehnen, welche nach den Regeln einer ordentlichen Wirtschaft für das Grundstück überflüssig oder zu wertvoll sind. Diese abgelehnten Stücke fallen dann ins Eigentum des Pächters.[2]) Erst hierauf ist der jetzige Gesamtwert des nun noch dem Verpächter gehörigen Inventars zu schätzen und mit dem Gesamtschätzungswerte, zu dem das Inventar übernommen wurde, zu vergleichen. Die Differenz zwischen diesen beiden Werten hat dann endlich, wenn dies jetzige Inventar wertvoller ist, der Verpächter,[3]) anderenfalls der Pächter zu tragen, der so für die Gefahrtragung und für sein Verfügungsrecht in letzter Linie aufkommt.

4. Pfandrecht des Pächters am Inventar wegen seiner darauf bezüglichen Ansprüche, § 590.

IV. Die weitaus meisten und eingreifendsten Sonderregeln aber bestehen für die Pacht landwirtschaftlicher Grundstücke ausschließlich. Geht doch hier die agrarische Fürsorge des BGB. so

[1]) Näheres über diesen dinglichen Vorgang unter § 179, VI, 1.

[2]) Näheres über diesen dinglichen Vorgang unter § 179, VI, 2.

[3]) Er hätte sich ja dagegen durch Ablehnung der übermäßig wertvollen Stücke, durch deren Vorhandensein sich dieser Überschuß erklären mag, (erklärt er sich durch Preissteigerung der notwendigen Stücke, so liegt das Einstehen hierfür durch den Verpächter im Sinne der ursprünglichen Abmachung), schützen können. Eben damit der Verpächter nicht für die übermäßigen oder unverhältnismäßigen (z. B. das gewöhnliche Inventar ist vernachlässigt, eine unverhältnismäßig üppige Fohlenzucht von Vollblütern ist angelegt) Anschaffungen und Aufwendungen des Pächters einzustehen brauche, ist ihm dies Ablehnungsrecht gegeben.

weit, bis für die Dungverhältnisse besondere Regeln aufzustellen, § 593 Abs. 3. Die wesentlicheren dieser Vorschriften sind:

1. Der fürs Jahr verabredete Pachtzins ist nun auch jährlich (statt vierteljährlich) zu entrichten, § 584.

2. Der Pächter darf geringere Kulturveränderungen an der Pachtsache vornehmen, die nicht über die Pachtzeit hinaus wirken.

3. Der Pächter (statt des Vermieters) hat die gewöhnlichen Ausbesserungen an Bauten, Wegen u. s. f. auf seine Kosten vorzunehmen.

4. Namentlich: Der Pächter hat das Grundstück, einerlei, in welchem Zustande er es übernahm, nach Beendigung der Pacht jedenfalls zurückzuerstatten in dem Zustande, der sich bei ordnungsmäßiger Bewirtschaftung während der Zwischenzeit ergibt, bestellt, mit den nötigen Vorräten zur Fortführung der Wirtschaft ausgestattet[1]) u. s. f. Es soll eben vor allem ökonomisch so für die Wirtschaft auf dem Grundstücke und für deren ferneres Gedeihen gesorgt sein, ohne Rücksicht auf die Person. Indessen sind trotzdem diese Rechtssätze nicht zwingender, sondern bloß dispositiver Natur: gegen Parteiwillen kann der Pächter ebensowenig wie der Eigentümer selbst zur Bestellung angehalten werden.

5. Endlich: Das Pfandrecht des Verpächters ist erweitert. Es erstreckt sich außer auf die eingebrachten Sachen des Pächters auch auf die in dessen Eigentum gefallenen Früchte, ohne Ausnahme einzelner unpfändbarer Sachen, CPO. § 811 Nr. 4, und ohne zeitliche, vorwärts oder rückwärts gehende, Begrenzung des Pachtzinses gegenüber dem Pächter oder selbst Drittpfändenden gegenüber, § 585, KO. § 49 Nr. 2 letzter Satzteil.

3. Dienst- und Werkvertrag.

a) Dienstvertrag.[2]) §§ 611—630.

§ 135.

Dienst- oder Werkvertrag bezwecken Umsatz von menschlicher Arbeit gegen Vergütung. Ist der eine Teil verpflichtet auf Lieferung

---

[1]) Dabei jedoch, falls er größere Mengen, als vorgefunden, zurücklassen muß, Werterfatzanspruch, § 593 Abs. 2; ebenso Ersatzanspruch für Bestellungskosten, bei noch nicht daraus gewonnenen Früchten, innerhalb gewisser Grenzen, § 592.

[2]) Lotmar, Der Arbeitsvertrag, Bd. 1, fundamentales Werk, mehr noch nicht erschienen. Außerdem etwa: Kohler, im Archiv f. d. zivilist. Praxis 84, 1 fg. — Hachenburg, Dienstvertrag und Werkvertrag, 1899. — Lotmar, im

der Arbeit, des Arbeitens selbst, so liegt Dienstvertrag vor; dagegen Werkvertrag, wenn das Werk, das ist das Arbeitsergebnis, den eigentlichen Gegenstand der Verpflichtung bildet.

Übrigens haben Dienst- und Werkvertrag mit Miete und Pacht das gemeinsam, daß sie ein Gut (gegenständliches Gut oder Arbeitskraft) nur vorübergehend zur Verfügung der anderen Seite stellen; dauernde Herrschaft über fremde Arbeitskraft würde ein Sklavereiverhältnis herstellen. So sind denn auch alle diese Verträge aus Einer gemeinsamen Wurzel (der Römischen locatio conductio, Miete schlechtweg) hervorgegangen. Sie haben von dieser her noch ein besonderes Gemeinsames: Wie bei der Miete der Vermieter, so hat hier der Arbeitende vorzuleisten, die andere Seite nur Nachleistungspflicht.

1. Gegenstand des Dienstvertrages bilden Dienste aller Art, von der höchst geschulten Arbeit (Dienste des Arztes z. B.) bis zu ganz ungeschulter.[1]) Indessen bemerke man:

a) Die Verschiedenheit des Charakters der Dienstleistung macht sich doch in zahlreichen Einzelbestimmungen geltend, namentlich der Unterschied zwischen Diensten gewöhnlicher und „höherer Art", unter letzteren wieder besonders ausgezeichnet die, die „auf Grund besonderen Vertrauens übertragen zu werden pflegen" (z. B. des Arztes, des Erziehers).

b) Vollständig scheiden aus den Regeln über den Dienstvertrag aus Dienste, die auf Grund öffentlich-rechtlicher Verhältnisse, z. B. von Beamten, geleistet werden; hier kann höchstens von gelegentlichen Übertragungen einzelner Bestimmungen die Rede sein.

c) Endlich sind, wegen ihrer lokalen Eigenart, partikulärer Ge-

---

Archiv f. soziale Gesetzg. 8, 1 fg. — Endemann W., Die Behandlung der Arbeit im Privatrecht, in Conrads Jahrb. 67, 641 fg. — Burchardt in d. Deutsch. Jur.-Ztg. 5, 262 fg. — Ältere Literatur: Dankwardt, i. d. dogm. Jahrb. 13, 228 fg.

[1]) Wegen einzelner Fälle, für die das BGB. kein besonderes Recht schafft, s. z. B.: Opet, Otto, Der Bühnenengagementsvertrag, Archiv f. d. zivilist. Praxis 86, 155 fg.; und derselbe, Deutsches Theaterrecht, 1897; und für ein ganz anderes Gebiet: Dietz, Vertragsbruch im Arbeits- und Dienstverhältnis, Berlin 1890. — Namentlich unterstehen aber auch im allgemeinen dem BGB., die außerdem durch GO., HGB. andererseits geregelten Dienstverhältnisse der gewerblichen Arbeiter und der Handlungsgehilfen; darüber kann näheres nur im Gewerbe- und Handelsrecht gelehrt werden.

setzgebung vorbehalten die Dienste des sog. Gesindes.[1]) Immerhin sind zahlreiche, namentlich Schutzvorschriften des gemeinen bürgerlichen Rechtes auf das Gesinderecht ausgedehnt und außerdem ist namentlich der Landesgesetzgebung bindend vorgeschrieben, daß ein Züchtigungsrecht den Dienstberechtigten gegenüber dem Gesinde nicht zusteht, Art. 95.

2. Was den Dienstvertragsabschluß anbetrifft, so gilt im Zweifel als solcher (wesentlich zweiseitig!) die bloße Zusage von Diensten, wenn Leistung derselben den Umständen nach nur gegen Vergütung zu erwarten ist, § 612 Abs. 1. — Stillschweigende Verlängerung ähnlich wie bei der Miete, § 625.

3. Verpflichtung des Dienstverpflichteten[2]) ist, sich in Person zu der vertragsgemäßen Dienstleistung dem Berechtigten zur Verfügung zu halten und dann die vertragsgemäße Arbeit, soweit von der anderen Seite ihm dazu die Möglichkeit und die Aufforderung entgegentritt, persönlich mit aller Sorgfalt zu leisten. Daraus ergibt sich § 615; ferner die Unabtretbarkeit des Anspruchs, § 613. — Diese Verpflichtung ist direkt nicht erzwingbar, da der Zwangsvollstreckung entzogen, ZPO. § 888 Abs. 2.

4. Verpflichtung des Dienstberechtigten ist Gewährung der vereinbarten[3]) Vergütung, nach Leistung der Dienste bezw. nach den einzelnen dafür vereinbarten Zeitabschnitten, § 614.[4]) Außerdem hat er folgende[5]) Verpflichtungen, die nicht im voraus (§ 619) vertraglich beschränkt werden können, nämlich:

---

[1]) Über das Gesinderecht zahlreiche Literatur, territorial verschieden, wie selbstverständlich, s. die Angaben bei Maas a. a. O. sub hac voce; z. B. Lindenberg, Paul, Das Preußische Gesinderecht, 6. Aufl. des gleichnamigen, ursprünglich von Posselt bearbeiteten Buches, 1901. — Fuld, im Archiv. f. d. öff. R. 14, 93 fg. — Eichhorn, i. d. Deutschen Jur.-Ztg., 5, 501 fg.

[2]) Natürlich ist derselbe stets zugleich „Berechtigter", nämlich auf Empfang der Gegenleistung; doch nennt ihn mit prägnanter Kürze das Gesetz häufig kurzweg den „Verpflichteten", den anderen Teil den „Berechtigten", sodaß dann unter diesen beiden Bezeichnungen nicht etwa beide Teile zu verstehen sind; vgl. für die Wichtigkeit dieses Sprachgebrauches etwa § 624!

[3]) Mangels Vereinbarung Taxe, so weit eine solche besteht; sonst gilt als vereinbart die „übliche Vergütung" § 612 Abs. 2; vgl. auch §§ 315 fg.

[4]) Ein dagegen den Dienstverpflichteten sicherndes Pfandrecht besteht hier nicht; jedoch Vorrecht des Dienstlohnes im Konkurse, KO. § 61; s. auch Reichsgesetz über die Lohnbeschlagnahme vom 21. Juni 1869. Soweit der Lohn unpfändbar, ist auch Aufrechnungsrecht des Dienstberechtigten ausgeschlossen, § 394.

[5]) S. außerdem §§ 629, 630.

a) Die ganze Dienstleistung, falls er sie überhaupt verlangt,[1]) in bezug auf Dienst- und Wohnräume, Verpflegungs- und Erholungszeit, Vorrichtungen und Gerätschaften u. s. f. so einzurichten und zu unterhalten, „daß der Verpflichtete gegen Gefahr für Leben und Gesundheit so weit geschützt ist, als die Natur der Dienstleistung es gestattet;" hinzutreten Rücksicht auf Sittlichkeit und Religion des Verpflichteten; für all dies Schadensersatzhaftung so, wie wegen einer unerlaubten Handlung; § 618.

b) Dem dauernd und wesentlich ihm dienenden, in die Hausgemeinschaft aufgenommenen, nicht durch öffentliche Krankenpflege versorgten Dienstverpflichteten im Erkrankungsfalle (sofern dieser nicht grob selbstverschuldet ist) Verpflegung und ärztliche Behandlung bis zur Dauer von sechs Wochen, jedoch nicht über die Beendigung des Dienstverhältnisses hinaus, zu gewähren, ohne dafür an Kosten mehr als den gleichzeitigen Lohn anrechnen zu dürfen, § 617.

5. Die Gefahr des Vertrages unterliegt den allgemeinen Regeln des § 323; jedoch mit der (sozial begründeten) Ausnahme,[2]) daß für verhältnismäßig nicht erhebliche Zeit, während deren der Dienstverpflichtete ohne sein Verschulden, wennschon aus einem in seiner Person liegenden Grunde an der Dienstleistung verhindert ist, die Vergütung doch voll gewährt werden muß, § 616.

6. Der Vertrag findet sein Ende:

a) gemäß Parteiabrede, z. B. durch Zeitablauf, Erledigung der betr. Arbeit u. s. f.;

b) mangels Parteiabrede durch beiderseits mögliche Kündigung nach Kündigungsfristen und -terminen, welche gesetzlich in den §§ 621—623 abgestuft sind gemäß den Zeitabschnitten, nach welchen die Vergütung zu gewähren ist, ferner gemäß der gewöhnlichen oder höheren Art der Dienste, endlich auch gemäß dem Umfange, in welchem die Erwerbstätigkeit durch dieses Dienstmieteverhältnis beansprucht wird;

c) trotz entgegenstehender Parteiabrede:

aa) Kündigungsrecht bloß des Dienstverpflichteten mit sechsmonalicher Kündigungsfrist, falls das Dienstverhältnis auf Lebenszeit

---

[1]) Nur unter dieser Bedingung besteht diese Verpflichtung, nicht unbedingt, da der Dienstberechtigte ja, bei den ihm so entstehenden Kosten, vorziehen mag, Lohn zu zahlen, ohne Dienst zu verlangen. Andererseits aber schafft § 618 nicht bloß Bedingung des Annahmeverzuges, sondern bedingte Verpflichtung. Zu weit gehend Lotmar, Arbeitsvertrag 1, 240fg.

[2]) v. Blume, im „Recht", 6, 6fg.

oder für längere Zeit als fünf Jahre eingegangen war, nach Ablauf von fünf Jahren, § 624.

bb) Beider Teile fristlos: wenn ein wichtiger Grund vorliegt,[1] § 626; was ein wichtiger Grund ist, ist nicht genau bestimmt, sondern im Einzelfalle zu ermessen.

cc) Selbst wenn kein wichtiger Grund (objektiv nachweisbar) vorliegt, bei Dienstverhältnissen, in welchen es sich um Dienste höherer Art auf Grund besonderen Vertrauens handelt, ohne daß doch der Dienstverpflichtete dauernd mit festen Bezügen angestellt wäre:[2] fristloses Kündigungsrecht des Dienstberechtigten. Ein gleiches Recht steht in solchen Fällen dem Dienstverpflichteten nur so zu, daß er nicht an eine eigentliche Frist gebunden ist, wohl aber daran, nur so zu kündigen, daß der andere Teil sich die Dienste anderweitig zu verschaffen vermag, also nicht „zur Unzeit", § 627.

dd) S. außerdem KO. § 22.

b) Werkvertrag.[3]) §§ 631—651.

§ 136.

1. Ein Werkvertrag liegt vor, wenn es der Erfolg einer Dienst- oder Arbeitsleistung, das fertig abgeschlossene Arbeitsergebnis ist, das dem Besteller von dem anderen Teile (dem „Unternehmer") geleistet werden soll. Der Umfang des Werkvertrages reicht also so weit, wie

---

[1]) Einerlei ob aus der Person des einen oder des anderen Beteiligten, ob mit oder ohne Schuld des einen von beiden. Doch wird natürlich solche Schuld wichtig bei der Regelung von event. Schadensersatzansprüchen oder Gegenleistungsansprüchen oder Rückerstattungsansprüchen für voraus entrichtete Gegenleistung; falls keinerlei Schuld, so würde auch für (nicht wertlose) Teilleistungen das Gefahrprinzip des § 323 zu gelten haben; all dies jedoch näher, wenn schon durchweg mit der Folgerung aus den allgemeinen Sätzen übereinstimmend, besonders geregelt in § 628.

[2]) Also z. B. regelmäßig zutreffend auf den Hausarzt, nicht auf den Leibarzt.

[3]) Ehrenberg, Kauf- und Werkvertrag, i. d. dogm. Jahrb. 27, 253 fg. — Hachenburg, Dienstvertrag und Werkvertrag. — Oertmann, in Grünhuts Zeitschr. 24, 1 fg. — Emerich, Kauf- und Werklieferungsvertrag, in Fischers Heften, 4, 2. — Riezler, Der Werkvertrag, ebenda 4, 4. — Löning, im Handwörterbuch der Staatswissenschaften 7, 736 fg. — Schöller, in Gruchots Beitr. 46, 1 fg. und 253 fg. — Albers, Die Abgrenzung von Kauf, Vertretung und Auftrag, Jn.-Diss. 1900. — Ältere Literatur: Dankwardt, i. d. dogm. Jahrb. 13, 299 fg.

durch Arbeit Ergebnisse, d. i. bleibende Veränderung der Außenwelt, sich herstellen lassen.[1])

2. Abschluß wie bei der Dienstmiete, § 632; aber ohne stillschweigende Verlängerung, die hier keinen Sinn hätte.

3. Verpflichtung des Übernehmers ist hier, das Werk so herzustellen, daß es die zugesicherten Eigenschaften hat und nicht mit Fehlern behaftet ist, die den Wert oder die Tauglichkeit zu dem gewöhnlichen oder dem nach dem Vertrage vorausgesetzten Gebrauch aufheben oder mindern. — Unterschiede gegen Dienstmiete:

a) Es handelt sich keineswegs bloß oder auch nur überwiegend um eine von dem Übernehmer in Person zu besorgende Arbeit, soweit dies sich nicht aus besonderer Verabredung oder aus der Natur des Geschäftes besonders (z. B. ein Künstler verspricht mir Bemalung meiner Zimmerwände mit Fresken) ergibt. Vielmehr genügt es, wenn das Werk unter Oberleitung des Unternehmers durch Hilfskräfte irgend welcher Art hergestellt wird. Ja, unter Umständen genügt Haftung des Unternehmers für diese Herstellung, die er besorgen will, ohne irgend etwas dabei aus eigenem Verständnisse leisten zu können.[2])

b) Wir stehen wieder vor einer Fehlerhaftung, ähnlich wie beim Kaufe, daher auch ähnlich im einzelnen geregelt; nur daß freilich hier diese Fehlerhaftung nicht erst, wie beim Kaufe, in beschränkter Weise zum eigentlichen Gegenstande des Geschäftes (Lieferung einer Sache beim Kaufe) hinzutritt, sondern die fehlerlose Ausführung des Werkes bildet hier ja den eigentlichen Erfüllungsgegenstand. Daraus folgt:

aa) Unterschiede vom Kaufe: Unternehmer hat, über die Pflicht des Verkäufers hinaus, alle seine Sorgfalt auf fehlerfreie Herstellung

---

[1]) Z. B. Bauten, Maschinen, Kleidungsstücke (herzustellen oder auszubessern), Aufführung eines Schauspiels, Erledigung einer geschäftlichen Angelegenheit u. s. f., so oft es auf das Ergebnis, nicht auf die dafür aufzuwendende Arbeit ankommt. Daher auch hier wieder, wie beim Dienstvertrage, manche Fälle, die unter der Regelung des BGB. stehen, daneben aber einer ergänzenden, teilweise auch die allgemeinen Regeln aufhebenden Gesetzgebung des Reichs unterliegen, z. B. die Güter- und Personentransportverträge, speziell der Eisenbahnen, dem Handelsrecht und vielem Sonderrecht; die Arbeitsleistungen der Post den Postgesetzen u. s. f. Dabei selbst wieder fraglich, wie weit Post-, Telegraphen- und derartige Bestimmungen privatrechtlicher, wie weit öffentlich-rechtlicher Natur sind, ob auf Vertrag oder auf Gesetz beruhend.

[2]) Z. B. Übernahme einer großen Hüttenanlage, eines großen Tunnels durch einen Kapitalisten, der ganz ohne Sachkunde ist; er wird Ingenieure anstellen oder das Werk weiter an Sachkundige vergeben oder dgl.; Werkvertrag bleibt sein Vertrag mit dem Besteller.

des Werkes zu wenden. Treten also Fehler auf, für welche ihn (oder seine Leute) eine Schuld trifft, so haftet er dafür voll, und zwar allgemeinem Grundsatze gemäß, auf Beseitigung der Fehler (d. h. vertragsgemäße Erfüllung) oder auf Schadensersatz wegen Nichterfüllung.[1])

bb) Ähnlichkeit mit dem Kaufe: Unternehmer haftet aber ferner auch für diejenigen Fehler, die auf einem Umstande beruhen, den er nicht zu vertreten hat, in beschränkter Weise. Nur, daß sich diese beschränkte Haftung hier teilweise wieder anders gestaltet.

α) Ähnlichkeit mit dem Kaufe: Der Besteller hat Wandelungs- oder Minderungsrecht, wie beim Kaufe; arglistiges Verschweigen wirkt gegenüber Herabsetzungen dieser Verpflichtung wie beim Kaufe; diese Haftungsansprüche unterliegen einer eigenartig kurzen Verjährung, mit den beim Kaufe weiter entwickelten Eigentümlichkeiten;[2]) und ebenso dem Verluste durch vorbehaltlose Abnahme bei Kenntnis der Mängel, § 640 Abs. 2.

β) Unterschied vom Kaufe: Hauptsächlich darauf beruhend, daß, der Arbeitsnatur des Vertrages gemäß, der Besteller, ehe er zur Wandelung oder Minderung greift, und der Unternehmer, ehe er es dazu kommen läßt, beide noch, soweit ohne unverhältnismäßigen Aufwand möglich, das Recht auf Beseitigung der Fehler haben; wofür bei Verzug des Unternehmers auf dessen Kosten der Besteller selbst sorgen kann. Daraus folgt: Nur wenn eine solche Beseitigung untunlich ist, oder wenn der Unternehmer sich ihrer weigert, oder wenn der damit unvermeidlich entstehende Aufenthalt ein besonderes Interesse des Bestellers verletzen würde, kann der Besteller ohne weiteres zu Wandelung oder Minderung greifen; sonst muß erst der Besteller dem Unternehmer zur Fehlerbeseitigung eine Nachfrist stellen (analog § 250), ehe er Wandelung oder Minderung fordern kann. — Mehr nebensächliche Unterschiede sind z. B., daß bei unerheblichen Mängeln Wandelung ausgeschlossen ist, § 634 Abs. 3; daß die Verjährung hier bei Abnahme (bezw. Vollendung, § 646) des Werkes zu laufen beginnt; und daß ihre Fristen hier bisweilen doch etwas länger sind, damit später erst zutage tretende Mängel noch getroffen werden, bis zu fünf Jahren bei Bauwerken.

---

[1]) § 633 Abs. 2 Satz 2 folgt hier nicht schon aus § 251 Abs. 2; eher § 633 Abs. 3, im wesentlichen wenigstens, aus § 249 Satz 2. S. oben S. 312 z. E.

[2]) Ein weiter hinzutretender Hemmungsgrund der Verjährung, hier sachgemäß eingeschaltet, § 639 Abs. 2.

cc) Ebenso wie beim Kaufe sind dann auch die selbständigen Erfüllungs- und Schadensersatzansprüche (unter aa) einerseits darüber hinaus mit den Wandelungs- und Minderungsmöglichkeiten ausgestattet, andererseits der eigentümlichen Verjährung und dem Verlust durch vorbehaltlose Abnahme bei Mängelkenntnis (§ 640 Abs. 2) unterworfen.

dd) Eine Haftung wegen arglistigen Verschweigens ist hier nicht, wie beim Kaufe, besonders angeordnet.

c) Wie also die Haftung des Unternehmers wegen fehlerhafter, so erhöht sich hier auch seine Haftung wegen verspäteter Erfüllung. Selbst wenn er diese Verspätung nicht verschuldet, also nicht in Verzug ist, muß er dafür mindestens beschränkt einstehen,[1]) es hat dann nämlich der Besteller, unter denselben Bedingungen, unter welchen er wegen eines Fehlers des Werkes das Wandelungs- oder Minderungsrecht haben würde, ein Rücktrittsrecht, § 636.

4. Verpflichtungen des Bestellers sind:

a) Entrichtung der Vergütung bei der Abnahme (bezw. § 646 Vollendung) des Werkes oder seiner Teile; sonst von da ab zu verzinsen; § 641.

b) Das Werk abzunehmen, sofern es vertragsgemäß hergestellt und nicht seiner Natur nach (z. B. Personentransport!) der Abnahme entzogen ist, § 640 Abs. 1. „Ein Werk abnehmen" heißt hier nicht nur das Arbeitsergebnis vom Unternehmer entgegennehmen, sondern auch dasselbe, wenigstens gleichzeitig mit der Übernahme, stillschweigend „als Erfüllung annehmen" im Sinne des § 363.[2]) D. h. also, der Besteller ist zu mehr und zu weniger verpflichtet als der Käufer.

aa) Zu mehr, denn er ist verpflichtet, die Erklärung der Annahme als Erfüllung, wenn das Werk vertragsgemäß ist, abzugeben, während es dem Käufer frei überlassen ist, ob er eine solche Erklärung abgibt (dann Folge des § 363 und des § 464) oder nicht. Eine förmliche, weitergehende Billigung mit Verzicht auf Rüge aller, nur durch genauere Prüfung oder gar selbst dadurch nicht sofort wahrnehmbarer Mängel enthält übrigens auch beim Werkvertrage diese Annahme nicht, ihre Folge bezüglich der Mängel ist nur dieselbe, wie beim Kaufe, mag sie dort freiwillig oder hier pflichtgemäß erklärt sein.

---

[1]) Bei Verzug natürlich außerdem die volle Verzugshaftung, § 636 Abs. 1 Satz 2.

[2]) Literatur s. oben zu § 106, II, 5.

bb) Zu weniger, denn die außerdem dem Käufer einer Sache auferlegte Pflicht, sie körperlich dem Verkäufer ab- und wegzunehmen (auferre), ihn von ihr körperlich zu entlasten, ist dem Besteller nicht von Gesetzes wegen auferlegt, wennschon sie sich oft aus dem Vertrage, auch stillschweigend, ergeben wird.

c) Nicht dagegen, das Werk zu Ende ausführen zu lassen und alles dazu Nötige seinerseits zu leisten. Ein Recht des Unternehmers auf Werkvollendung besteht nicht,[1]) sondern nur auf seinen Entgelt. Daraus folgt:

aa) Besteller kann jederzeit grundlos „kündigen", d. h. das Werk einstellen lassen, wenn er nur dem Unternehmer den Entgelt voll läßt, aber unter Abzug dessen, was der Unternehmer infolge der Arbeitseinstellung spart, oder durch ihm jetzt ermöglichte anderweitige Verwendung seiner Arbeitskräfte erwirbt, oder zu erwerben böswillig unterläßt. — Ist Grund dieser Kündigung die wesentliche Überschreitung eines Kostenanschlags,[2]) so kann Unternehmer nur Ersatz für die bereits wirklich ihm entstandenen Kosten und Vergütung eines der von ihm aufgewandten Arbeit entsprechenden Teiles seines eigentlichen Arbeitshonorars[3]) verlangen, §§ 645, 650.

bb) Wenn Besteller, ohne zu kündigen, Handlungen unterläßt, ohne die der Unternehmer nicht das Werk herstellen kann,[4]) so gerät er dadurch, mag es selbst schuldhaft geschehen, nicht in Verzug der Leistung. Aber allerdings, mag es selbst schuldlos geschehen, in Verzug der Annahme. Diese hat hier die besondere Folge, daß Unternehmer für diesen Verzug angemessene Entschädigung fordern oder nach fruchtlos abgelaufener Nachfrist seinerseits kündigen kann, mit dem Rechte verhältnismäßiger Entlohnung wie oben bei Überschreitung des Kostenanschlags, §§ 642, 643, 645.

d) Wohl dagegen endlich wieder ist der Besteller verpflichtet, sofern er zur Ausführung des Werkes mitwirkt, diese seine Mitwirkung so einzurichten, daß daraus nicht Untergang, Verschlechterung oder

---

[1]) D. h. natürlich im Zweifel; mag der Unternehmer, z. B. ein Architekt, auch künstlerisch, ja selbst geldlich (z. B. weil es ihn weiter empfehlen würde) an der Vollendung noch so starkes Interesse haben.

[2]) Der vom Unternehmer herrührt.

[3]) So heiße, was bei Vollendung des Werkes aus dem ihm zu gewährenden Gesamtentgelt ihm über seine baren und sonstigen materiellen Auslagen hinaus, d. h. ökonomisch als Entgelt für seine Arbeit, übrig bleiben würde.

[4]) Z. B. Anweisung oder Bereitstellung eines Bauplatzes, Lieferung von Baumaterialien, Mitwirkung bei Feststellung des Bauplanes oder dgl. mehr.

Unausführbarkeit des von ihm gelieferten Materials oder des Werkes selbst, wenigstens nicht schon vor Abnahme, entsteht. Demgemäß hat

aa) Besteller für schuldhafte Versäumnis dieser Pflicht voll einzustehen, § 645 Abs. 2;

bb) außerdem aber selbst absolut garantiemäßig dafür zu haften, wenigstens insofern, als er die Gefahr so weit trägt, wie diese damit zusammenhängt: für den Stoff oder sonstige Beiträge zum Werk gemäß § 644 Abs. 1 Satz 3;[1]) für Untergang, Verschlechterung oder Unausführbarkeit des Werkes, die infolge seiner Mitwirkung ohne jeden von dem Unternehmer zu vertretenden Umstand[2]) eintritt, gemäß § 645 Abs. 1 so, daß Unternehmer von weiterer Erfüllung befreit wird, mit dem Anspruche auf verhältnismäßige Erfüllung wie oben bei Überschreitung des Kostenanschlages.

e) Wegen dieser erst nachträglich zu erfüllenden Verpflichtungen des Bestellers hat der Unternehmer Sicherung:

aa) In Form eines Pfandrechtes an den von ihm hergestellten oder ausgebesserten, dabei in seinen Besitz gelangten beweglichen Sachen des Bestellers, § 647, vgl. KO. § 49 Nr. 2.

bb) In Form eines Anspruches auf Eintragung einer Sicherungshypothek am Grundstück des Bestellers, falls es sich um Herstellung eines Bauwerkes darauf oder einzelner Teile eines solchen[3]) handelt, auch bloß teilweise für fertiggestellte Teile,[4]) § 648.

5. Gefahrtragung. Das Prinzip des Geschäftes, wonach der Unternehmer ein fertiges Werk schuldet, Gegenleistung also nur bei vollendeter Herstellung desselben zu erwarten hat, ist in fast rücksichtsloser Schärfe vom Gesetze durchgeführt, teilweise sogar, weil der Moment der Fertigstellung unsicher ist, mit der Verschärfung, daß an Stelle desselben erst der Augenblick der Abnahme tritt.

a) Demgemäß lautet die Regel: Bis zur Abnahme trägt Unternehmer die volle Gefahr, § 644 Abs. 1 Satz 1. Aus welchem

---

[1]) Zwar schweigt das Gesetz über „sonstige Beiträge“; aber soll nicht, was vom Stoffe, z. B. auch vom Bauboden gelten?

[2]) Bei Konkurrenz eines solchen § 254.

[3]) Dies betrifft namentlich die Forderungen der sog. Bauhandwerker, eine sozial viel besprochene Materie: vielfach hatte man, statt des bloßen Anspruchs auf Eintragung, ein unmittelbares gesetzliches Pfandrecht gewünscht, auch Sondergesetzgebung dafür wird jetzt geplant; s. Oertmann, a. a. O. Kommentar zu § 648, und sonstige umfassende Spezialliteratur.

[4]) Sogar schon vorher, etwa bei Beginn der Arbeit, eintragbar eine Vormerkung deshalb, § 883.

Grunde auch immer die angefangene oder selbst vollendete Leistung ihm selbst noch unmittelbar vor der Abnahme untergeht oder verschlechtert wird,[1]) verliert er mit ihr zugleich die Aussicht auf dafür zu empfangende Gegenleistung. Nach Abnahme ist von Gefahr für den Unternehmer nicht mehr die Rede.

b) Die Regel wird näher bestimmt durch folgende Zusätze:

aa) Kommt der Besteller in Verzug der Abnahme, so tritt der Augenblick dieses Verzuges an Stelle desjenigen der Abnahme, § 644 Abs. 1 S. 2.

bb) Ist nach Beschaffenheit des Werkes Abnahme ausgeschlossen, so tritt hier an deren Stelle der Augenblick der Vollendung, § 646.

c) Die Regel wird endlich gemildert:

aa) durch die Haftung des Bestellers für das, was er seinerseits zum Werke tut oder liefert oder vorschreibt, s. soeben 4 d, bb.

bb) Durch die dem Kauf entsprechende Bestimmung, daß, falls das Werk behufs Abnahme von dem Unternehmer an einen anderen Ort als den Erfüllungsort auf Verlangen des Bestellers gesendet wird, der Gefahrübergang schon mit der Absendung eintritt, § 644 Abs. 2.

6. Die Endigung des Rechtsverhältnisses wird sich meist durch Erfüllung von selbst ergeben. Wegen der Kündigungsmöglichkeiten vgl. namentlich soeben oben 4 c.

c) Verwandte Verträge.

§ 137.

1. Dienst- oder Werkverträge, die eine Geschäftsbesorgung zum Gegenstand haben,[2]) erscheinen als besondere Verträge für sich, § 675.

a) Dahin gehört Besorgung von Rechtsgeschäften, ferner Leistung

---

[1]) Eine Unmöglichkeit der Erfüllung mag dadurch, braucht aber nicht eben dadurch zu entstehen; sehr wohl möglich ist es also, daß der Unternehmer das Werk neu beginnen muß, z. B. bei Zusammenbruch eines Gerüstes, das er herzustellen hatte. Stellt er das neue Gerüst noch rechtzeitig her, so hat er selbstverständlich nun vollen Gegenanspruch. Ist das Werk schuldhaft unmöglich geworden, so haftet er für vollen Schadensersatz, d. h. bekommt die Gegenleistung nicht und muß darüber hinaus die Differenz zwischen ihr und dem vollen Schaden des Bestellers diesem noch ersetzen.

[2]) Hellwig, Verträge auf Leistung an Dritte, S. 517 Anm. 42. — Lenel, i. d. dogm. Jahrb. 42, 31 fg. — Lotmar, Arbeitsvertrag 1, 279 fg. — Trotz aller Bemühungen bleibt die Frage, was hierhergehört und was nicht, ziemlich mysteriös. Das Gesetz gibt keinerlei Anhalt dafür.

solcher Dienste, deren Ausführung den Dienstleistenden in selbständige Beziehung zu Dritten setzt; und namentlich nicht solcher, bei welchen dem Dienstpflichtigen eine nur unselbständige Hülfsleistung obliegt.

b) Die Rechtsverhältnisse aus solchen Verträgen unterliegen teils den Vorschriften des eigentlichen Dienst- oder Werkvertrages, teils den Regeln des Auftrags, z. B. letzteres betreffend Beendigung; vgl. weiteres unten § 144, 4 und 5.

2. Der sog. Werklieferungsvertrag.[1]) Es handelt sich um folgendes:

a) Schon im vorgehenden war mehrfach hervorzuheben, wie nahe der Werkvertrag dem Kaufe steht, wie er sich aber auch von ihm praktisch mehrfach unterscheidet. Darum ist es nicht immer ganz leicht, aber nötig, die Fälle beider Verträge zu scheiden.

aa) Zweifellos Werkvertrag liegt vor, wenn der Unternehmer gar nichts liefert, als seine und seiner Leute Arbeit, der Besteller alles Material, Stoff und sonstige materielle Voraussetzungen des Werkes. Daran ändert es auch nichts, § 651 Abs. 2, wenn nur Zutaten oder sonstige Nebensachen vom Unternehmer geliefert werden, wenn nur die Hauptleistungen von der andern Seite erfolgen.[2])

bb) Kaufvertrag liegt vor, wenn eine Sache einschließlich ihres Stoffes zu liefern ist ohne Rücksicht darauf, wie Verkäufer sich instand setzen soll, sie zu liefern, sei es, indem er sie schon hat oder indem er sie selbst erst herstellt, sei es auch, indem er sie anderswoher fertig bezieht: hier tritt offenbar seine Werkleistung, sofern sie überhaupt eintreten sollte, ganz zurück hinter der Lieferungsleistung. Diese Voraussetzung wird nun durchweg zutreffen, wenn es sich um eine vertretbare Sache, namentlich um gewisse Maße oder Mengen derselben handelt, mögen Parteien dabei auch von Werkvertrag reden. Auf einen solchen Vertrag über vertretbare Sache finden deshalb stets einfach die Vorschriften über den Kauf Anwendung; namentlich hat der Teilnehmer die hergestellte Sache dem Besteller zu übergeben und zu übereignen; § 651 Abs. 1 Satz 1.

---

[1]) Literatur zu Kauf und zu Werkvertrag.

[2]) So z. B. stets, wenn dem Besteller der Grund und Boden gehört, auf dem Unternehmer ein Haus oder sonst einen fest damit verbundenen, bleibenden Bau zu fertigen hat, mag selbst der Unternehmer alles Material dazu liefern, wie das ja wohl häufig vorkommt. Anders, wenn es sich z. B. um eine Bretterbude handeln sollte.

cc) Dagegen in der Mitte zwischen beiden Arten der Verträge liegt der Fall, wo eine nicht vertretbare Sache von dem Unternehmer selbst aus von ihm zu beschaffendem Stoffe hergestellt und sodann dem Besteller übergeben und übereignet werden soll. Hier tritt seine Werkleistung neben die Lieferungsleistung. In diesem Falle spricht man von Werklieferungsvertrag.

b) Für diesen Werklieferungsvertrag nun stellt § 651 Abs. 1 Satz 2 die besondere Regelung auf, daß auf ihn im allgemeinen die Vorschriften über den Kauf Anwendung finden; jedoch mit zahlreichen Ausnahmen, wo dann die Vorschriften über den Werkvertrag eintreten. Diese Ausnahmen beziehen sich zum Teile aber gerade auf besonders wichtige, grundlegende Regeln, so betreffend die beiderseitigen Grundverpflichtungen, betreffend ferner die Gefahrtragung und die redhibitorischen Eigenschaften, während die Einzelheiten z. B. der Wandelung oder Minderung wieder der Regel gemäß behandelt werden. So ist also tatsächlich der Werklieferungsvertrag ein besonderer Vertragstypus geworden, der bei der Häufigkeit derartiger Fälle in unserm Rechts- und Erwerbsleben gewiß große Bedeutung erlangen wird.

3. Einen besonderen Fall des Werkvertrags[1]) auf Geschäftsbesorgung bildet an sich der sog. Mäklervertrag,[2]) d. h. der Vertrag, bei welchem die Werkleistung des einen Teils darin besteht, dem andern Teile Gelegenheit zum Abschlusse eines Vertrages nachzuweisen oder für den andern Teil einen Vertrag zu vermitteln.[3]) Da indessen das Gesetz diesen Mäklervertrag in einem Titel für sich

---

[1]) Unterschied allenfalls zu finden in einer gewissen Unbestimmtheit der Verpflichtungen des Mäklers, nicht aber (mit Planck und vielen anderen) in vollständigem Fehlen derselben.

[2]) Staub, Kommentar zum HGB., Exkurs zu § 92, „Die Zivilmäkler". — Riesenfeld, Der Zivilmäkler, in Gruchots Beiträgen, Jahrg. 1892 und 1893, eine Reihe von Aufsätzen. — Jastrow, Der Mittlervertrag im BGB., in der „Sozialen Praxis", 1896, Sp. 958 fg. — Von der reichen Literatur über Sonderfälle etwa noch: W. Reuling, Provisionsansprüche der Grundstücksmittler, in Gruchots Beiträgen, 40, 193 fg. — Rospatt, ebenda, 45, 546 fg.

[3]) Ähnliche Vertragsrubriken, des Agenten, des Kommissionärs, reguliert das Handelsrecht; eine Auseinandersetzung damit kann deshalb hier nicht gegeben werden; ebensowenig mit den besonderen Regeln des Handelsrechts über eine besondere Art von Mäklern, die sog. Handelsmäkler, HGB. § 93 bis 104; und des Börsengesetzes über die amtlich bestellten sog. Kursmäkler, Börsengesetz §§ 29 fg.

behandelt, §§ 652—656, so untersteht er außer den allgemeinen Rechtsregeln lediglich den besondern Vorschriften dieses Titels, nicht auch denjenigen des Werkvertrages. Es gilt hier folgendes:

a) Wie beim Werkvertrage ist Gegenleistung, der sog. Mäklerlohn,[1]) als selbstverständlich verabredet anzunehmen; und zwar wie beim Werkvertrage ein solcher, der nur für das fertige Werk zu entrichten ist, d. h. hier für den infolge der mäklerischen Bemühung fest zustande gekommenen Vertrag, nicht schon für den Nachweis seiner Möglichkeit, einer Anknüpfung oder dergl., einerlei, woran der Vertragsschluß scheitert.

b) Aufwendungen sind dem Mäkler im Zweifel nicht zu ersetzen. D. h. er erhält sie nur zurück, falls er den Mäklerlohn verdient, in diesem; sonst gar nicht. Er macht sie auf seine Gefahr, ebenso wie seine sonstigen Bemühungen. Zu letzteren irgend welcher Art wird er im Zweifel doch wohl stets verpflichtet sein, zur Aufwendung nur insoweit, wie dies aus den Umständen besonders hervorgeht.

c) Alle Ansprüche des Mäklers, auch die etwa besonders begründeten auf Aufwendungsersatz, sind verwirkt, wenn der Mäkler vertragswidrig[2]) auch für den anderen Teil tätig gewesen ist.

d) Handelt es sich um einen Dienstvertrag, der vermittelt oder für den Gelegenheit nachgewiesen werden soll, und ist dafür ein unverhältnismäßig hoher Mäklerlohn vereinbart, so kann dieser, solange er noch nicht entrichtet ist,[3]) auf Antrag des Schuldners durch Urteil auf den angemessenen Betrag herabgesetzt werden, die Einzelheiten wie bei übermäßiger Vertragsstrafe, vgl. oben § 119, I, 6.

e) Wegen des Ehemäklervertrages als eines verbotenen s. oben § 116, I, 2 c.

4. Eine Abart der Sachmiete ist die Beherbergung.[4]) Kommt der Herbergsvertrag zustande zwischen dem zu beherbergenden einer-

---

[1]) Auch wohl Courtage, Proxenetikum, Sensalie geheißen.

[2]) Dies ist durchaus nicht selbstverständlich, sondern häufig dem Mäkler („ehrlichen Mäkler") Vertretung beider Teile gestattet.

[3]) Dadurch wird, da solche Agenturen sich häufig vorher bezahlen lassen, die Wirksamkeit dieser sozialen Bestimmung leider stark beeinträchtigt.

[4]) Fuld, Mietrecht, Anhang: Der Vertrag zwischen Gastwirt und Gast. — Sturm, Einbringung von Sachen bei Gastwirten, 1900. — Bek. betr. Eisenbahn-Schlafwagen Fuld i. d. Deutschen Jur.-Zeit. 5, 227 fg. — Brückner, im „Recht", 6, 305 fg. — Reindl, in Egers eisenbahnr. Entscheidungen 18, 367 fg. und 19, 88 fg.

seits, einem Gastwirte, der gewerbsmäßig Fremde zur Beherbergung[1]) aufnimmt, im Betriebe dieses Gewerbes andererseits, so gelten für ihn die besonderen Regeln[2]) der §§ 701—704, nämlich:

a) Der Wirt haftet in besonders scharfer Weise für die „eingebrachten" Sachen des Gastes.

aa) Als eingebracht gelten solche (auch fremde) Sachen, welche der Gast dem Wirte oder dessen dazu ersichtlich bestellten Leuten übergeben oder auch nur an dem dafür bestimmten Ort der Herberge untergebracht hat.

bb) Alsdann haftet der Wirt für Verlust oder Beschädigung unbedingt bis zu höherer Gewalt, es sei denn der Schaden vom Gaste oder von dessen Leuten oder durch die Sachbeschaffenheit verursacht.[3])

cc) Einseitig die Haftung ablehnende Erklärung des Wirtes, z. B. durch Anschlag, ist bedeutungslos, § 780 Abs. 3.

dd) Bei Geld, Wertpapieren und Kostbarkeiten haftet der Wirt über 1000 M. hinaus nur wegen eines von ihm regulärer Weise zu vertretenden Umstandes, er habe denn die Aufbewahrung in Kenntnis des hohen Wertes übernommen oder sie abgelehnt.

ee) Wenn es nicht der Wirt selbst ist, dem die Sache übergeben war, so erlischt der Anspruch mangels unverzüglicher Anzeige an ihn durch den Gast, der Kenntnis des Schadens erhalten hat.

b) Andererseits hat der Wirt ein mietsähnliches Pfandrecht für seine Ansprüche aus dem Herbergsvertrage an den eingebrachten Sachen des Gastes, § 704.

4. Gesellschaft.[4]) §§ 705—740.

§ 138. Persönliche Beziehungen.

I. Wesen: Die Gesellschaft bezweckt Verbindung und Ver-

---

[1]) D. i. zur zeitweiligen Unterkunft in seinem Hause gegen Entgelt, einerlei ob über Nacht oder über Tag, ob zum Ruhen oder zum Speisen; aber nicht zum Speisen ohne Unterkunft. Wegen der hinzutretenden Gewerbmäßigkeit s. Gewerbeordnung § 33.

[2]) Seine weiteren Regeln sind der Parteiabmachung und der Natur des Vertrages zu entnehmen; besonders geordnet sind sie gesetzlich nicht; Anlehnung an den Mietvertrag ist die nächste, aber immerhin offenbar nur mit Vorsicht verwendbare Möglichkeit.

[3]) Ausschließlich; bei teilweiser Verursachung durch des Gastes oder seiner Leute Verschulden § 254.

[4]) Gierke, Der Entwurf eines Deutschen BGB. und das Deutsche Recht, 90 fg., 252 fg. — Ehrenberg, Gesellschaftsvertrag, im Handwörterbuch der

gemeinschaftung[1]) der Beiträge der Gesellschafter zur Erreichung eines gemeinsamen Zieles. Dieses Ziel und die Art und Weise, wie es erreicht werden soll, müssen im Vertrage näher bestimmt sein.

1. Gesellschaftszweck kann jeder beliebige sein, wenn er nur einheitlich ist, er sei denn ein verbotener oder unmoralischer. Namentlich mag er auf Gewinn gerichtet sein oder auf Gemeinnütziges oder auf was auch immer; auch die Gesellschaft zu Handelszwecken, die „offene Handelsgesellschaft" des Handelsrechtes, ist eine privatrechtliche Gesellschaft, unterliegt als solche zunächst den Vorschriften des BGB., dann aber allerdings besonders den besonderen Vorschriften des HGB., HGB. § 105 Abs. 2.

2. Dieser Zweck soll hier nicht erreicht werden durch Bildung einer eigenen, ihn erstrebenden juristischen Person; es bildet sich überhaupt kein „Verein" mit oder ohne juristische Persönlichkeit; sondern es schließen sich nur vertragsmäßig einige fest bestimmte Personen zur Förderung des Zwecks zusammen.

3. Dabei erscheint die Eigentümlichkeit, daß wir hier ein gegenseitiges Vertragsverhältnis zwischen zwei oder mehr Personen haben ohne eigentliches συνάλλαγμα.[2]) Denn die Beiträge werden nicht ausgetauscht, sondern vereinigt, um dem Zwecke zu dienen, was offen-

---

Staatswissenschaften 2, 224 fg. — Hellwig, Anspruch und Klagerecht, 198 fg. — Gierke, Handelsgesellschaftsrecht und bürgerliches Recht, Jur. Ges. Berlin, Vortrag vom 15. Dez. 1901. — Josef in Gruchots Beiträgen 44, 413 fg. 545 fg. — Nagler, Die gesamte Hand im Gesellschaftsrecht, Sächs. Archiv 10, 695 fg. — Knoke, Das Recht der Gesellschaft. — Derselbe, in Kohlers Archiv, 20, 170 fg. — Francke, W. C., im „Recht", 6, 415 fg. — Weiland, Struktur und Rechtssphäre der Gesellschaftsschulden.

[1]) Ohne solche, wenn z. B. Kapital geliehen und der Kapitalist an dem Unternehmen prozentual interessiert wird, keine Gesellschaft. Die Vergemeinschaftung der Beiträge und die Einheitlichkeit des Zieles unterscheidet die Gesellschaft von andern sog. partiarischen Rechtsgeschäften. Über solche siehe Crome, Die partiarischen Rechtsgeschäfte nach Röm. und nach heutigem Reichsrechte. Wegen des Umstandes, daß der Verein, dem die juristische Persönlichkeit fehlt, als solcher dem Gesellschaftsrecht unterstellt ist, s. oben § 29, 2.

[2]) Daher das Bedenken, ob die allgemeinen Eigentümlichkeiten der gegenseitigen Vertragsverhältnisse, §§ 320 fg., hier Anwendung finden können; man wird nach dem Buchstaben und im Sinne unseres Rechts dies bejahend entscheiden müssen, jedoch mit der Beschränkung auf sinngemäße Anwendbarkeit; darüber ganz annehmbar Knoke a. a. O. 41 fg.

bar etwas ganz anderes ist. Will man durchaus ein συνάλλαγμα finden, so könnte es allenfalls liegen in dem Versprechen der Leistung der Beiträge und in dem darin liegenden Verzicht auf anderweitige Benutzung des Beizutragenden als zu Gesellschaftszwecken: denn diese Versprechen und Verzichte tauschen wirklich die Gesellschafter untereinander aus, der eine leistet sie, damit auch der andere sie leiste und damit so das Gemeinsame gefördert werde. — Jedenfalls ergibt sich aus dieser Betrachtung, daß hier nicht, wie sonst bei den gegenseitigen Verträgen, zwei Seiten mit wesentlich verschiedenen Leistungspflichten und entgegengesetzten Interessen einander gegenübertreten, sondern die Gesellschafter sind alle prinzipiell in gleicher Weise verpflichtet und berechtigt, alle gleich an der Förderung ihres Zieles interessiert, wenn dann auch im einzelnen Verschiedenheiten und Gegensätze hervortreten mögen.

4. Eine weitere Eigentümlichkeit der Gesellschaft ist es, daß sie im Zweifel wesentlich an die Personen der Gesellschafter geknüpft ist. Diese Personen können nicht beliebig wechseln, etwa durch Verkauf der Gesellschaftsanteile an Dritte, die dann an Stelle des Verkäufers einträten, ja selbst nicht durch Erbgang, so daß regelmäßig Tod eines Gesellschafters die Gesellschaft beendigt.

5. Ist die Gesellschaft zunächst weiter nichts, als ein Vertragsverhältnis zwischen den Gesellschaftern, so hat sie auch zunächst keine Mittel nach außen zu wirken, als gewöhnlich vertragsmäßige, etwa Vollmacht der Gesellschafter, einander gegenseitig beim Vertragsabschluß mit Dritten zu vertreten und dadurch aus jedem solchen Vertrage alle Gesellschafter, jeden für sich, zu Schuldnern oder Gläubigern zu machen; auf diese Weise Vermögensbeziehungen der einzelnen Gesellschafter zu Dritten in mannigfachster, vielfach sich kreuzender, stets aber selbständiger Weise zu schaffen; wobei dann schließlich unter den Gesellschaftern eine Abrechnung stattfinden muß. Von einem Vermögen, Eigentum, Forderungen, Schulden „der Gesellschaft" könnte danach die Rede nicht sein, da ja die Gesellschaft eben keine juristische Person ist noch sein will; sondern nur von Miteigentum, Gesamtforderungen oder Gesamtschulden der Gesellschafter. — So war es denn auch bei der Römischen societas, die an ihrer obligationenrechtlichen Grundlage streng festhielt. Dagegen das Streben des modernen Rechts geht dahin, der Gesellschaft eine festere, selbständigere Ausgestaltung zu geben, es ihr gewissermaßen wenigstens zu ermöglichen, sich ähnlich wie eine juristische Person zu

betätigen. Das BGB. hat,[1]) um diesem Streben Rechnung zu tragen, zu dem Mittel gegriffen, ein „Gesellschaftsvermögen" anzuerkennen, das den Gesellschaftern zur gesamten Hand zugehört; ohne indessen die obligationenrechtliche Grundlage aufzugeben. Von den obligationenrechtlichen Beziehungen unter den Gesellschaftern und dieser zu Dritten soll in diesen Paragraphen, von den durch den Begriff der „gesamten Hand" vermittelten Rechtsverhältnissen im folgenden Paragraphen die Rede sein. Letztere sind um so wichtiger, als nach ihrer Analogie dann zahlreiche Institute des Familien- und des Erbrechtes, namentlich die eheliche Gütergemeinschaft und die Erbengemeinschaft wenigstens ähnlich, ausgeprägt worden sind.

II. Verpflichtungen der Gesellschafter untereinander.

1. Für alle diese Verpflichtungen besteht durchgreifend die Regel: Haftung bloß für Sorgfalt wie bei eigenen Angelegenheiten, § 708.

2. Hauptverpflichtung: Leistung des Beitrages. Derselbe kann in den verschiedensten Gegenständen bestehen, und zwar selbstverständlich wieder so, daß verschiedene Gesellschafter verschiedene Beiträge versprechen, jeder nach seinen Verhältnissen; nur daß eben von jedem Gesellschafter irgend ein Beitrag muß geleistet werden, da sonst keine Gesellschaft vorläge. So kommen als Beiträge in Betracht gegenständliche Leistungen, mit Übertragung einer Sache in das gemeinschaftliche Eigentum der Gesellschafter oder ohne solche Übertragung, zu bloßer Gebrauchsüberlassung; ebenso aber auch Dienst- und Arbeitsleistungen, § 706 Abs. 3. Im einzelnen:

a) Leistung des Beitrages: d. h. Bereitstellung desselben zu Gesellschaftszwecken und Belassung in dieser Lage während der Dauer der Gesellschaft.[2])

---

[1]) Von seinem Entwurfe zweiter Lesung ab, auf Drängen der Germanistischen Kritik; s. besonders die zu Anfang dieses Paragraphen angeführte Schrift von Gierke.

[2]) Dazu gehört, falls eine Sache dem Eigentum noch zu leisten ist, Übertragung von Miteigentumsquoten auf die Gesellschafter seitens des einbringenden bisherigen Alleineigentümers, der sich nur seine Quote reserviert. Bei Immobilien also die notwendigen Formen zu beobachten! Ebenso schon § 313, wo der Gesellschaftsvertrag die Verpflichtung zur Einbringung der Immobilien enthält. — Welche Quote fällt auf jeden Gesellschafter? Falls nichts verabredet, wohl auch hierauf die Verabredung der Quote über Gewinn- und Verlustverteilung (bei Verschiedenheit derselben wohl die auf den Gewinn bezügliche) auszudehnen; falls jede solche Verabredung fehlt, wohl dementsprechend (§ 722) gleichmäßige Quoten nach Köpfen; vgl. unten S. 483 Anm. 3.

b) Im Zweifel Gleichheit der Leistungspflicht, § 706 Abs. 1.

c) Zu Erhöhung des Beitrages, Ergänzung einer durch Verluste verminderten Einlage oder dergl. sind Gesellschafter einander zunächst nicht verpflichtet, § 707.

3. Weitere ursprüngliche Verpflichtung: Förderung des Gesellschaftszweckes auf jede andere, selbstverständliche oder vertragsmäßige Weise.

a) Selbstverständlich ist namentlich alles Negative, Enthaltung von solcher Tätigkeit, die dem Gesellschaftszweck entgegenlaufen würde, z. B. unter Umständen Konkurrenz eines Gesellschafters mit den Geschäften der Gesellschaft, namentlich aber von Mißbrauch eines der den Gesellschaftern untereinander oder am Gesellschaftsvermögen zustehenden Verwaltungs- oder Kündigungsrechte.

b) Außerdem mag vertragsmäßig noch Verschiedenstes hinzutreten. Namentlich würde es hierzu gehören, wenn einer der Gesellschafter besonders vertragsmäßig die Verpflichtung zur Geschäftsführung übernähme, denn eine Verpflichtung (wohl ein Recht, s. später) hierzu folgt an sich aus dem Vertragsverhältnisse nicht, es bestehe denn in der Arbeitsleistung der Geschäftsführung gerade der Beitrag eines der Gesellschafter. Dann wird er dafür nicht bezahlt werden,[1]) sondern seinen irgendwie zu berechnenden Anteil am Geschäftsgewinn (s. später) erhalten.

4. Es kommt hinzu die Verpflichtung der Gesellschafter untereinander, sich während des Bestandes der Gesellschaft gegenseitig diejenigen Rechte einzuräumen, die ihnen behufs Betätigung der Gesellschaft zustehen, und sich jeder Verletzung dieser Rechte untereinander zu enthalten.

a) Dabei handelt es sich zunächst um die Geschäftsführung, zu der im Zweifel die Gesellschafter nur gemeinschaftlich berechtigt sind. Doch sind auch andere Bestimmungen vertraglich möglich, z. B. daß die Mehrheit entscheidet oder daß bloß einzelne unter den Gesellschaftern das Recht der Geschäftsführung haben, die anderen desselben darben sollen. Haben alle oder mehrere Gesellschafter jeder selbständig dies Recht, so hat sich doch jeder einer Maßnahme, der

---

[1]) Andernfalls steht absolut nichts im Wege, daß ein Gesellschafter, der anderen Beitrag geleistet hat, außer seinem Geschäftsgewinn für seine Geschäftsführung einen besonderen Entgelt erhält, d. h. von den anderen Gesellschaftern zur Führung der Gesellschaftsgeschäfte nach den Regeln der Dienstmiete, wie jede Angestellte, fest angestellt wird.

ein anderer von ihnen widerspricht, zu enthalten, § 711. Sind so einzelnen Gesellschaftern besondere Verwaltungsrechte (durch den ursprünglichen Gesellschaftsvertrag oder später vertraglich) eingeräumt, so können ihnen dieselben durch Beschluß der übrigen Gesellschafter[1]) entzogen werden, wenn ein wichtiger Grund[2]) vorliegt; unter derselben Bedingung kann seinerseits, wer die Pflicht der Geschäftsführung übernommen hat, kündigen; näher bestimmen sich seine daraus sich ergebenden Rechte und Verpflichtungen nach den Regeln des Auftrages, §§ 712, 713.

b) Daneben steht selbständig die Verpflichtung, einander von den Angelegenheiten der Gesellschaft persönlich zu unterrichten, namentlich durch Gestattung der Einsichtnahme und der Anfertigung von Auszügen aus den Büchern und Papieren der Gesellschaft. Diese Befugnis wird namentlich ein von der Geschäftsführung ausgeschlossener Gesellschafter auszuüben Anlaß haben; und von diesem Rechte kann er vertraglich ausgeschlossen (oder darin beschränkt) sein nur so lange, wie nicht Grund zu der Annahme unredlicher Geschäftsführung besteht, § 716.

c) Endlich Verpflichtung zur Gewinnauszahlung, soweit die Gesellschaft einen Gewinn gemacht hat und solche Gewinne vertragsmäßig schon vor Beendigung der Gesellschaft ausgezahlt werden, was im Zweifel, bei längerer Dauer der Gesellschaft, am Schlusse eines jeden Geschäftsjahres und zwar so erfolgen soll, daß die Anteile gleiche sind, §§ 721, 722.

5. Letztlich Verpflichtung der Gesellschafter untereinander bei Beendigung der Gesellschaft zu ordnungsmäßiger Auseinandersetzung der Gesellschaft (§§ 730—735). Dieselbe besteht wesentlich darin, die schwebenden Geschäfte glatt abzuwickeln, die gemeinschaftlichen Schulden zu bezahlen, sich die Einlagen gegenseitig zurückzuerstatten, soweit diese nicht bloß in Dienstleistungen oder Nutzungsüberlassungen bestanden haben;[3]) soweit zur Zahlung jener Schulden und zur Rück-

---

[1]) Dazu bedarf es im Zweifel wieder, wie zu jeder anderen Handlung der Geschäftsführung, der Einstimmigkeit; aber, wenn nach dem Gesellschaftsantrage zur Geschäftsführung überhaupt Majorität genügt, so auch hier bloß derselben.

[2]) § 712 Abs. 1 z. E. nennt selbst als solchen beispielsweise grobe Pflichtverletzung oder Unfähigkeit (auch unverschuldete) zur ordnungsmäßigen Geschäftsführung.

[3]) Und zwar sind Sachen, die bloß zur Nutzung hingegeben waren, in natura zurückzugeben oder Ersatz für schuldhafte Schädigung derselben zu

erstattung jener Einlagen infolge von Verlusten nötig, Nachschüsse zu leisten; oder aber, soweit die Operationen der Gesellschaft einen Gewinn darüber hinaus ergeben haben, diesen untereinander zu teilen. — Weiteres über diese Auseinandersetzung, welche an das Bestehen eines besonderen „Gesellschaftsvermögens" anknüpft, läßt sich jedoch erst im folgenden Paragraphen vortragen. Nur das ist hier schon hervorzuheben, daß für richtige Vornahme dieser Auseinandersetzung die Gesellschafter einander haften, nicht nur soweit sie unmittelbar,[1] sondern auch soweit sie mittelbar dabei beteiligt sind, z. B. dafür, daß Schulden aus Gesellschaftsgeschäften dabei nicht unbezahlt bleiben oder nicht etwa gar trotz tatsächlich vorliegenden Verlusts ein „Gewinn" ausgezahlt werde: daß dergleichen nicht vorkomme, dafür hat jeder von ihnen den andern gegenüber ein Recht zu sorgen und ev. gegen den Gesellschafter, der es dennoch heimlich herbeiführte, vollen Schadensersatzanspruch.

III. Rechtsverhältnisse zwischen Dritten und der Gesellschaft als solcher, subjektiv, bestehen nicht; sondern es bestehen nur Rechtsverhältnisse zwischen Dritten und den Gesellschaftern. Namentlich auch kann die Gesellschaft nicht klagen noch beklagt werden, sie hat keinen Konkurs für sich, keine Eintragsfähigkeit ins Grundbuch usf. — Übrig bleiben folgende Möglichkeiten:

1. Ein Gesellschafter schließt mit irgend einem Dritten ein Rechtsgeschäft im eigenen Namen; dann entstehen, mag der Geschäftsabschluß selbst in Gesellschaftsangelegenheiten seitens eines geschäftsführungsberechtigten Gesellschafters erfolgt sein, doch Rechtsfolgen zunächst bloß[2] zwischen ihm und jenem Dritten.

2. Alle Gesellschafter schließen mit irgend einem Dritten ein Rechtsgeschäft in Gesellschafts- oder anderen Angelegenheiten: dann werden sie alle dem Dritten gegenüber berechtigt oder verpflichtet, je nachdem ersteres zutrifft oder je nachdem sonst § 420 oder § 427 oder §§ 431, 432 zutreffen, zur gesamten Hand oder geteiltermaßen oder als Gesamtschuldner und Gesamtgläubiger, s. oben S. 379.

---

leisten; dagegen statt der zu Eigentum einlageweise den anderen Gesellschaftern übertragenen Sachen ist jedenfalls (auch bei zufälligem Untergang) und jedenfalls nur deren Wert (nicht sie selbst in natura) zu ersetzen, nämlich derjenige Wert, den sie zur Zeit der Einbringung hatten.

[1] Z. B. wegen der Ansprüche auf Rückerstattung der Einlagen und auf Verteilung des Gewinns.

[2] Wegen der weiteren Wirkung s. sofort unter § 139, I, 1 b, cc Note 1.

3. Dasselbe Ergebnis entsteht, wenn nur einer oder nur einzelne Gesellschafter handeln, diese aber zugleich im Namen der übrigen handeln wollen, diesen Willen zum Ausdruck bringen und Vollmacht dazu seitens der übrigen haben oder nachträglich Genehmigung seitens der übrigen erhalten. Die beiden ersten Umstände ergeben sich regelmäßig daraus, daß der Handelnde namens der Gesellschaft, in seiner Eigenschaft als Gesellschafter, handelt. Seine Vollmacht wird regelmäßig so weit reichen, wie ein ihm gegenüber den andern Gesellschaftern zustehendes Recht auf selbständige Geschäftsführung, so daß also, wenn ein so berechtigter Gesellschafter namens der Gesellschaft in Gesellschaftsangelegenheiten handelt, dies Ergebnis zur gesamten Hand durchweg erzielt werden wird. Ohne daß jedoch der Dritte dafür, daß all das im Einzelfalle zutrifft, rechtliche Sicherheit hätte.[1])

4. Außerkontraktlich kann sich dasselbe ergeben aus auftragsloser Geschäftsführung oder aus Bereicherung des Gesellschaftsvermögens oder durch Delikte gegen dasselbe oder auch durch Quasidelikte von seiten aller Gesellschafter (z. B. Schaden angerichtet durch einen von der Gesellschaft zum Schutze ihres Eigentums gehaltenen Hofhund, § 833).[2]) Nicht aber besteht daneben irgend eine Vorschrift, die der bei der juristischen Person geltenden analog wäre, wonach für Delikte, die ein Gesellschafter bei seiner Geschäftsführung beginge, Haftung auch der übrigen einträte. Wegen event. Haftung aus § 831 s. unten über diesen.

5. Ähnliches ergibt sich, kontraktlich oder außerkontraktlich, wenn statt des Dritten auf der andern Seite ein im eigenen Namen handelnder oder berührter Gesellschafter steht, der z. B. der Gesellschaft etwas verkauft oder geliehen hat oder von dem Hofhund der Gesellschaft gebissen worden ist. Die Rechtsverhältnisse, in welche er alsdann persönlich zu allen übrigen Gesellschaftern tritt, stehen durchaus gleich den Rechten und Pflichten, welche er gegen alle übrigen Gesellschafter ohnehin hat oder diese gegen ihn haben aus dem Gesellschaftsverhältnis an sich, als z. B. Beitragspflicht, Er-

---

[1]) Von der Analogie eines Gesellschaftsregisters mit Eintragungen über den Vorstand, mit Präsumptionen für dessen Vollmacht und für deren Umfang oder dergleichen mehr ist hier keine Rede. Die Regel des § 715, nach welcher dem Bevollmächtigten diese Gewalt nur mit dem Rechte der Geschäftsführung zusammen und auf dieselbe Weise entzogen werden kann, gibt nur ihm, dem Dritten gegen ihn keine Sicherheit.

[2]) Knoke a. a. O. S. 81.

satzpflicht für entzogenen Beitrag oder für Mißbrauch des Widerspruchsrechtes oder Ansprüche seinerseits auf Gewinnauszahlung oder auf Einlagerückerstattung oder auf Ersatz für die Gesellschaft gemachter Aufwendungen oder auf Honorar, das ihm für Übernahme der Geschäftsführungspflicht zugesagt ist, oder dergl. mehr. — In allen diesen Fällen taucht freilich gleichmäßig die Frage auf, ob er sich selbst gegenüber mitberechtigt oder mitverpflichtet ist und wie es denn um die dabei auf ihn selbst fallende Quote steht. Ganz wird diese Frage erst unten § 139 II, 4, gelöst werden können, im Zusammenhange mit der Lehre vom Gesellschaftsvermögen; einstweilen bleiben wir dabei, wie bisher schon das Verhältnis bezeichnet wurde, daß es nämlich nur besteht zwischen dem einen, besonders beteiligten Gesellschafter einerseits, den übrigen Gesellschaftern andererseits,[1]) und zwar vollinhaltlich, ohne Ausscheiden jener Quote.

6. Ebenso verhält es sich um nichtobligatorische, etwa dingliche, z. B. hypothekarische Rechtsverhältnisse zwischen einem der Gesellschafter persönlich für sich einerseits, und allen übrigen Gesellschaftern andrerseits. Eine Hypothek, welche die übrigen jenem wegen eines von seiner Seite zu Gesellschaftszwecken gegebenen Darlehens an Grundstücken der Gesellschaft einräumen, würde also zunächst voll und ganz, zu keinem Teile als Eigentümerhypothek entstehen; ebenso eine Dienstbarkeit oder ein anderes unteilbares dingliches Recht, welches sich sonst ja gar nicht bestellen ließe.[2])

IV. Ende der Gesellschaft. Dasselbe tritt ein:

1. Infolge Verabredung, nach dem Inhalt des Vertrages, namentlich durch Ablauf der Zeit, auf die die Gesellschaft geschlossen ist, es werde denn die Gesellschaft stillschweigend fortgesetzt, § 724 Satz 2 (ähnlich wie bei der Miete).

2. Mangels anderer Verabredung:

a) durch Tod eines der Gesellschafter,[3])

b) durch Konkurs eines der Gesellschafter,[4])

---

[1]) So ja auch die Ausdrucksweise des Gesetzes, § 733 Abs. 1 Satz 1 letzte Alternative.

[2]) Soweit muß ich also, bei allen sonstigen Widersprüchen unter uns, Cosack 2, 366 unter 3b beitreten; s. jedoch Näheres unten § 139, II, 4.

[3]) Anzeigepflicht der Erben an die übrigen Gesellschafter, Pflicht, die dringenden Geschäfte weiter zu führen u. s. f. § 727 Abs. 2; sonstige analoge Vorsichtsmaßregeln (entsprechend der Lage beim Auftrage, so lange dessen Beendigung nicht bekannt ist, s. unten § 144, 5) § 729.

[4]) Ebenso wie die zweite Hälfte voriger Note, § 729.

c) durch völlige Erreichung oder durch Unmöglichwerden des Gesellschaftszweckes,

d) durch Kündigung. Dieselbe ist jedem mangels anderer Verabredung jederzeit möglich und wirksam, jedoch so, daß, wenn sie ohne wichtigen Grund zur Unzeit erfolgt, dafür wie für jeden andern Mißbrauch seiner gesellschaftlichen Rechte der Kündigende auf Schadensersatz haftet.

3. Trotz entgegengesetzter Verabredung:

a) Durch fristlose Kündigung vonseiten eines Gesellschafters. Jeder hat hierzu das Recht ohne weiteres, obschon die Vertragszeit noch nicht abgelaufen ist oder unter Hinwegsetzung über andere im Vertrage vorgesehene Beschränkungen (z. B. Kündigungsfrist),

aa) wenn ein wichtiger Grund eintritt, namentlich auch nur fahrlässige Verletzung der gesellschaftlichen Pflichten durch einen anderen Gesellschafter oder selbst schuldlose Unfähigkeit desselben zu deren Erfüllung;[1]) oder

bb) wenn die Gesellschaft für die Lebenszeit eines der Gesellschafter eingegangen ist, sofort, als wäre sie für unbestimmte Zeit eingegangen, § 724.

b) Durch Kündigung von seiten eines Dritten: zu einer solchen ist unter Umständen der Gläubiger eines Gesellschafters, dem selbst diese Befugnis nicht zusteht, trotz des Gesellschaftsvertrages, zu jeder Zeit ohne Kündigungsfrist befugt; s. darüber näheres im folgenden Paragraphen; § 725 Abs. 1.

4. An Stelle der hier bisher als Folge der verschiedenen erwähnten Umstände angenommenen Beendigung der Gesellschaft tritt ausnahmsweise ihre Fortsetzung zwischen den übrig bleibenden Gesellschaftern, unter Ausscheiden bloß desjenigen von ihnen, bei dem der betreffende Umstand eingetreten ist, falls eine solche Behandlung des Falles im Gesellschaftsvertrage vorgesehen ist. Ist speziell der Umstand der, daß die anderen Gesellschafter gegen einen Gesellschafter wegen eines wichtigen ihn betreffenden Grundes ein Kündigungsrecht gewinnen, so tritt hier an Stelle der Kündigung seine Ausschließung. — Der Anteil eines ausscheidenden Gesellschafters wächst den übrigen

---

[1]) Diese Bestimmung gilt hier nicht bloß, wie bei der Miete in ähnlicher Lage, trotz allgemeinhin anderes ergebender, dies Kündigungsrecht nur nicht eben besonders ausschließender Abrede, sondern selbst trotz ausdrücklicher entgegenstehender Abrede, § 723 Abs. 3.

zu; dagegen wird er so behandelt, als wäre die Gesellschaft im Augenblicke seines Ausscheidens aufgelöst worden.[1])

§ 139. Das Gesellschaftsvermögen und seine Bedeutung.

Der bisher streng gewahrte, rein auf das Recht der Schuldverhältnisse sich beziehende Charakter der Gesellschaft wird nun aber, wie in § 138 einleitend bemerkt, durchbrochen dadurch, daß unser Recht ein besonderes Gesellschaftsvermögen anerkennt und für dasselbe besondere Regeln aufstellt.

I. Gesellschaftsvermögen.

1. Der Entstehung nach gehören dazu Bestandteile folgenden Ursprungs, § 718:

a) Die Beiträge der Gesellschafter, und zwar

aa) die schon geleisteten („eingebrachten") Gegenstände, besonders die Sachen selbst, die zu Gesamteigentum[2]) aller Gesellschafter eingebracht sind; oder Nutzungsrechte an solchen Sachen, die bloß zur Nutzung eingebracht sind; oder ähnliche Rechte, auch etwa eingebrachte Forderungen u. s. f.

bb) Der Anspruch auf die nach dem Gesellschaftsvertrag noch geschuldeten Leistungen, hier mit Einschluß des Anspruchs auf demgemäß zu leistende Dienste, mit Schadensersatzansprüchen wegen verspäteter oder sonst unvollkommener Entrichtung, vgl. §§ 445, 493, oben § 131, 2.

b) Die durch Geschäftsführung für die Gesellschaft erworbenen Gegenstände.

aa) Diese Geschäftsführung braucht keine allen übrigen Gesellschaftern gegenüber berechtigte gewesen zu sein; der sie vorgenommen, mag deshalb haften; trotzdem wird das Ergebnis Teil des Gesellschaftsvermögens, wenn nur

bb) der Handelnde die nötige Vollmacht besaß (oder Genehmigung erhielt), um für alle Gesellschafter zu erwerben; und er

---

[1]) Mag er darnach etwas zu fordern haben (§ 738); oder zu leisten haben (§ 739); dem entspricht es auch, daß nach § 740 nachträglich noch das Ergebnis dieser Abrechnung durch Gewinn- oder Verlustanteil des ausscheidenden Gesellschafters an den zur Zeit seines Ausscheidens schwebenden Geschäften verändert wird: denn diese Geschäfte hätten ja, bei wirklicher Auflösung der Gesellschaft, noch zu Ende abgewickelt werden müssen, § 730 Abs. 2.

[2]) Über den Begriff des Gesamteigentums s. unten § 163, 3 c, u. § 185 II u. bereits oben S. 144.

cc) geäußertermaßen für die Gesellschaft (nicht bloß für alle Gesellschafter als einzelne, außerhalb der Gesellschaft) erwerben wollte.[1])

c) Erwerb auf Grund eines zum Gesellschaftsvermögen gehörenden Rechtes, ohne vermittelndes Rechtsgeschäft, als Früchte dieses Rechts oder der Sache, die zu diesem Vermögen gehört, sonstige Akzessionen dieser Sachen oder Rechte, Gegenstände, die als Erfüllung von Gesellschaftsforderungen eingehen, Ansprüche aus Bereicherung eines Fremden auf Kosten dieses Vermögens, aus Geschäftsführung ohne Auftrag für dieses Vermögen[2]) u. s. f.

d) Ersatzleistungen für Zerstörung, Beschädigung oder Entziehung (z. B. bei Enteignung) eines zum Gesellschaftsvermögen gehörigen Gegenstandes oder Ansprüche darauf (sog. Surrogationsprinzip), sei es aus Delikten oder aus Quasidelikten, sei es auch aus Versicherungsverträgen oder dgl., vgl. oben S. 132.

e) Endlich wohl auch noch Erwerb aus einem Vermächtnisse oder sonstiger Zuwendung von Todes wegen, die „der Gesellschaft", d. h. allen Gesellschaftern zusammen zu gesellschaftlichen Zwecken gemacht worden ist.

2. Dem Inhalte nach umfaßt demgemäß dies Vermögen:

a) Eigentums- und alle möglichen sonstigen dinglichen Rechte an den dazu gehörigen Sachen.

b) Auch wohl sonstige, für dasselbe erworbene oder in dasselbe eingebrachte absolute Rechte, z. B. Patente, Musterrechte od. dgl.

c) Gesellschaftsforderungen: das sind die, welche aus gesellschaft-

---

[1]) Anders, falls der Handelnde zunächst für sich erwerben wollte (vielleicht durchaus berechtigtermaßen, z. B. um dem dritten Verkäufer, der sonst mehr gefordert haben würde, nicht zu verraten, daß eine Gesellschaft hinter ihm steht); vgl. oben § 138, III, 1 Note 2. Dann wird der Handelnde verpflichtet sein, was er so zunächst für sich erworben hat, mit den übrigen Gesellschaftern zu vergemeinschaften und erst, indem er dieser Verpflichtung nachkommt, überträgt er dann den betr. Gegenstand aus seinem in das Gesellschaftsvermögen; wogegen er dann gegen dieses Anspruch auf Ersatz seiner Aufwendungen (z. B. der im eigenen Namen von ihm übernommenen Pflicht zur Kaufpreisentrichtung) erhalten wird: alles ganz analog dem Unterschied zwischen unmittelbarer und sog. mittelbarer Stellvertretung.

[2]) Auch diese, mag sie vorgenommen sein von einem Dritten oder von einem mit der Geschäftsführung nicht betrauten Gesellschafter, schafft der Gesellschaft Gelegenheit zu „Erwerb auf Grund eines zum Gesellschaftsvermögen gehörigen Rechts," nämlich eben des Rechtes aus der „Geschäftsführung ohne Auftrag", §§ 677 fg.

licher Veranlassung allen Gesellschaftern gemeinsam gegen einen Dritten oder, in ähnlicher Weise, allen Gesellschaftern außer einem gemeinsam gegen diesen Einen zustehen; d. h. alle im § 138, III unter 2—5 erwähnte Forderungen, auch die letzteren vollinhaltlich; mit Ausnahme derjenigen, welche außerhalb gesellschaftlicher Veranlassung persönlich zu Gunsten aller Gesellschafter entstanden sind. Diese letzten Forderungen konnten wir dort nicht ausscheiden, denn sie sind persönlich allen Gesellschaftern ebenso gemeinsam wie Gesellschaftsforderungen; Gesellschaftsforderungen, d. h. zum Gesellschaftsvermögen gehörige Forderungen, sind sie aber nicht; denn sie sind namens aller einzelnen Gesellschafter, nicht „für die Gesellschaft" (§ 718, s. soeben 1 b, cc) erworben.

d) Gesellschaftsschulden: vollkommen analog,[1]) zu ihrem vollen Betrage, auch wenn sie einem der Gesellschafter als Gläubiger zustehen, unter Ausscheidung gleichfalls der bloß zufällig gemeinsamen[2]) persönlichen Schulden — denn wer wird letztere z. B. mitrechnen, wenn in Frage steht, ob die Gesellschaft mit Gewinn oder Verlust gearbeitet hat? Sind sie doch auch nicht entstanden aus Geschäften, welche für die Gesellschaft geführt worden sind, § 718 wie soeben.

3. Dem Subjekte nach gehört dieses Gesellschaftsvermögen den Gesellschaftern zu Anteilen, über deren Betrag das Gesetz sich weiter nicht äußert. Mangels vertraglicher Abmachung wird man diese Anteile wohl gleich den Anteilen ansetzen müssen, nach welchen ein Gewinn zu verteilen ist, vgl. oben S. 474 Note 2.[3])

---

[1]) Dies hat offenbar hier, wo wir diese Forderungen und Schulden in ihrer Zugehörigkeit zu dem gegen die einzelnen Gesellschafter abgeschlossenen Gesellschaftsvermögen betrachten, nicht mehr dieselbe Schwierigkeit, wie sie uns oben § 138, III, 5 begegnete; s. aber auch noch weiter unten in diesem Paragraphen. — Übrigens ist es indifferent, ob diese Forderungen und Schulden, die zu Teilen des Gesellschaftsvermögens geworden sind, für die einzelnen Gesellschafter getrennt oder nach dem Rechte der Gesamtschuldverhältnisse entstanden sind, § 733 Abs. 1, vgl. oben § 138, III, 2.

[2]) Z. B. sämtliche Gesellschafter haben sich für einen gemeinschaftlichen persönlichen Freund verbürgt, ohne daß das mit der Gesellschaft das Geringste zu tun hätte.

[3]) Der Punkt ist äußerst bestritten; mich bestimmt entscheidend, daß ohne fixe Anteile (s. z. B. betreffend die Stempelfrage Cosack a. a. O. 2, 367 Nr. 4) nicht auszukommen ist; Parteien aber werden unter „ihrem" Anteil am Gesellschaftsvermögen sicherlich zunächst ihren Gewinnanteil (ihren Anteil an dem Überschuß der Aktiva über die Passiva nach rückerstatteten Einlagen) sich vorstellen: auch wenn kein solcher da ist.

II. Dieses Gesellschaftsvermögen nun unterliegt dem Prinzip der gesamten Hand.[1]) Es soll nicht beliebig auseinander gerissen werden können, seine Herrn sollen darüber nicht, ein jeder für sich, frei verfügen dürfen, sondern es soll in gewissermaßen dinglicher Bindung zugunsten des Gesellschaftszweckes festgelegt sein. Es fragt sich, wie weit das durchgeführt ist und mit welchen Mitteln, wie gegenüber den Herren des Vermögens selbst, sodann aber auch wie gegenüber Dritten, namentlich gegenüber den Gläubigern der Gesellschaft einerseits, den Gläubigern der einzelnen Gesellschafter andererseits.

1. Gegenüber den Vermögensherren, den einzelnen Gesellschaftern, in sehr weitgehendem Maße, § 719. Einem jeden derselben ist entzogen

a) die Verfügung über seine einzelnen Anteile (z. B. Miteigentumsrechte oder Sonderansprüche) an den einzelnen Gegenständen (z. B. Sachen oder Forderungen)[2]) des Gesellschaftsvermögens; ferner

b) die Verfügung über seinen Anteil an dem gesamten Gesellschaftsvermögen; er kann auch nicht etwa,

c) um diese Verfügungsgewalt zurückzuerlangen, bei Bestand der Gesellschaft reale Teilung dieser Gegenstände, d. h. Umsatz seiner idealen Mitberechtigung daran in Vollherrschaft über das Ergebnis eine Realteilung, fordern; und endlich

d) sind seine sämtlichen Ansprüche aus dem Gesellschaftsverhältnisse streng persönlich, unübertragbar, mit Ausnahme bereits fälliger Ansprüche auf Auszahlung von Aufwendungen, Gewinnteilen oder Ergebnissen der Auseinandersetzung, d. h. mit Ausnahme der zum Ausscheiden aus dem Gesellschaftsvermögen im ökonomischen Getriebe der Gesellschaftsgeschäfte reifen Ansprüche, § 717.

2. Gegenüber den Gläubigern einzelner Gesellschafter, die nicht auch wegen derselben Ansprüche Gesellschaftsgläubiger sind, macht sich die Wirkung der „gesamten Hand" gleichfalls in sehr weitgehendem Maße geltend, hier jedoch schon mit einer recht beträchtlichen, und zwar einer prinzipwidrigen Ausnahme. Nämlich: es sind den Gesellschaftsgläubigern vielfach hier gleichgestellt die bloß zufällig *allen einzelnen Gesellschaftern* gemeinschaftlichen Gläubiger,

[1]) Vgl. im allgemeinen oben § 45, III, 2 b.

[2]) So daß er also z. B. damit auch nicht, selbst nicht, soweit sie ihm teilweise zustehen, aufrechnen kann, denn Aufrechnung ist Verfügung; geschweige denn, daß er sie einziehen könnte od. dgl.

CPO. § 736, obwohl diese, wie eben dargetan (I, 2 c u. d) Gesellschaftsgläubiger nicht sind; während im Gegenteil an der Bedingung, daß das Schuldverhältnis sich auf das Gesellschaftsverhältnis gründe, vom Gesetze ausdrücklich festgehalten wird für den Anspruch eines Gesellschafters gegen die übrigen, vgl. oben § 138, III, 5, sofern dieser gegenüber den Gläubigern einzelner Gesellschafter die Vorteile der gesamten Hand mitgenießen sollen, KO. § 51. Wir haben also von den eigentlichen „Gesellschaftsgläubigern" (soeben I, 2 d) einerseits, den Gläubigern einzelner Gesellschafter andererseits noch zu scheiden die „gemeinschaftlichen Gläubiger", § 733 Abs. 1. Gemeinschaftliche Gläubiger sind

Fremde, wenn sie Gesellschaftsgläubiger sind, und außerdem, wenn sie bloß zufällig gemeinsame Gläubiger aller Gesellschafter sind; dagegen

Gesellschafter nur, wenn sie Gesellschaftsgläubiger sind, nicht auch wenn sie außerdem Ansprüche gegen die übrigen Gesellschafter haben;[1]) für jene Forderungen aber, die sie aus Gesellschaftsverhältnissen haben, auch vollinhaltlich. Dies vorausgeschickt, gilt folgendes:

a) Gläubiger einzelner Gesellschafter, die nicht zugleich „gemeinschaftliche Gläubiger"[2]) aller Gesellschafter sind, können die einzelnen Vermögensstücke, die zum Gesellschaftsvermögen gehören,[3]) überhaupt nicht angreifen, dieselben sind ihrem Zugriffe, namentlich auch im Wege der Zwangsvollstreckung, entzogen, § 725 Abs. 2, CPO. § 859 Abs. 1 Satz 2.

b) Gläubiger einzelner Gesellschafter, die nicht zugleich „Gesellschaftsgläubiger" sind, können[4]) ihre Forderungen auch nicht indirekt einziehen, namentlich nicht gegen eine ihnen obliegende Gemeinschaftsschuld aufrechnen, § 719 Abs. 2.

---

[1]) Nur so dürften sich die Schwierigkeiten der § 733, CPO. § 736 und KO. 51 vereinbaren lassen, so daß nicht verschiedene Behandlung im Konkurse oder außerhalb desselben eintritt, was unerträglich wäre, und so daß keine von diesen Bestimmungen vergewaltigt wird.

[2]) Solche können ohne weiteres, indem sie ein Urteil gegen alle Gesellschafter erwirken, gegen diese in das Gesellschaftsvermögen vollstrecken lassen. CPO. § 736.

[3]) Es handle sich denn um die zum Ausscheiden reifen Ansprüche, welche auch dem Zugriffe des Gesellschafters selbst unterstehen, s. soeben 1 d, wennschon § 752 davon ausdrücklich nur einen einzelnen nennt.

[4]) Ebenso können dies „gemeinschaftliche Gläubiger" nicht, sofern sie nicht eben auch Gesellschaftsgläubiger sind; sie können exequieren, aber nicht kompensieren!

c) Da deswegen für den Dritten die Zugehörigkeit einer gegen ihn gerichteten Forderung zum Gesellschaftsvermögen statt zum Vermögen seines Einzelgläubigers dieselbe Bedeutung hat, als ginge diese Forderung durch Zession von einem Einzelgläubiger auf einen anderen über, so kommen ihm entsprechende Schutzbestimmungen zugute, § 720.

d) Dagegen ist dem Gläubiger eines einzelnen Gesellschafters, auch wenn er nicht zugleich „gemeinschaftlicher Gläubiger" ist, ein anderer Weg gewiesen, um zu seiner Befriedigung das im Gesellschaftsvermögen steckende Vermögen seines Schuldners heranzuziehen. Er kann nämlich den Gesamtanteil dieses seines Schuldners am Gesellschaftsvermögen pfänden, CPO. § 859 Abs. 1 Satz 1, und sodann fristlos das Gesellschaftsverhältnis kündigen, § 725 Abs. 1 (s. oben § 138 IV, 3 b);[1]) zu demselben Ergebnisse kommt der Gläubiger übrigens auch, wenn er seinen Schuldner in Konkurs erklären läßt, vgl. oben § 138 IV, 2 b.

e) Was erhält denn nun aber ein solcher Gläubiger eines Gesellschafters auf diesem Wege? Nur den Anteil am Ergebnis der Auseinandersetzung, der nach den Regeln über eine richtige Auseinandersetzung schließlich dem einzelnen Gesellschafter, seinem Schuldner, zukäme, d. h. die Auseinandersetzungsregeln gelten nicht nur unter den Gesellschaftern, sondern auch zu Lasten der Einzelgläubiger dieser Gesellschafter, zur Verstärkung der gesamten Hand.[2]) Deshalb dürfte eine weitere Entwicklung dieser Regeln (vgl. oben § 138 II, 5) hier am Platze sein. Darnach kommen aus dem Gesellschaftsvermögen zur Befriedigung:

aa) Zunächst die „gemeinschaftlichen Gläubiger"[3]) darunter in gleichem Range die Gesellschafter, die zugleich solches sind,[4]) jedoch mit Ausnahme ihrer Ansprüche auf Wertersatz der Einlage und auf Herausgabe ihres Anteils an einem Überschusse, § 733 Abs. 1.

bb) Sodann die Gesellschafter wegen ihrer untereinander zunächst

---

[1]) „Sofern der Schuldtitel nicht bloß vorläufig vollstreckbar ist." § 725 Abs. 1 z. E.

[2]) Ebenso für den Konkurs, KO. § 16 Abs. 1, § 51.

[3]) Reicht das Gesellschaftsvermögen, unter Heranziehung der Gesellschafter, zu deren Befriedigung schon nicht aus, so ist „konkursmäßige Befriedigung" nicht vorgeschrieben; man wird aber doch wohl analog verfahren müssen.

[4]) Was so die einzelnen Gesellschafter vorweg erhalten, mögen dann ja freilich wieder deren Privatgläubiger angreifen.

auszugleichenden Ansprüche auf Rückgabe oder Werterſatz der Einlagen § 733 Abſ. 2, KO. § 51.

cc) Sodann erſt die Geſellſchafter wegen ihres Anſpruches auf ihren Anteil an dem nach Auszahlung aller vorangehenden Poſten verbleibenden Überſchuß (Gewinn), § 734.

Das Ergebnis der beiden letzten Verteilungen iſt es alſo nur, nachdem die gemeinſchaftlichen Gläubiger voll befriedigt ſind, nachdem auch die Einlageanſprüche vorweg ausgeglichen ſind, welches dem Privatgläubiger des einzelnen Geſellſchafters durch ſeinen Zugriff zugeführt wird.

3. Während ſo die gemeinſchaftlichen Gläubiger tatſächlich zu abgeſonderter Befriedigung aus dem Geſellſchaftsvermögen vor den Privatgläubigern des einzelnen Geſellſchafters gelangen, gilt nicht auch das Umgekehrte zu Laſten der gemeinſchaftlichen Gläubiger: daß dieſe nämlich ausſchließlich auf das Geſellſchaftsvermögen angewieſen wären, wenigſtens ſolange und ſoweit ſie daraus Befriedigung finden können, ſodaß ſie erſt bei Ausfall hier ſich an das Privatvermögen eines jeden Geſellſchafters, der und ſoweit er ihnen perſönlich haftet, halten könnten.

Vielmehr iſt hier zu unterſcheiden:

a) Derartiges mag bei Eingehung des Schuldverhältniſſes mit dem Gläubiger abgemacht ſein, ausdrücklich oder (wie hier häufig naheliegend) ſtillſchweigend; eine ſolche Abmachung iſt rechtsgültig, vgl. oben § 91 II, 2 b, man pflegt dann wohl von ſog. „reiner Geſellſchaftsſchuld“ zu reden.

b) Iſt aber dergleichen nicht verabredet, ſo tritt es nicht von Geſetzes wegen ein. Dann iſt alſo die Geſtaltung folgende:

aa) An und für ſich ſteht jedem gemeinſchaftlichen Gläubiger, unberückſichtigt der Frage, ob er aus dem Geſellſchaftsvermögen Befriedigung finden könnte oder nicht, ſein Anſpruch gegen jeden Geſellſchafter, ſoweit ihm dieſer, nach den Ausführungen oben § 138 III perſönlich haftet, mit Zwangsvollſtreckung in deſſen Privatvermögen voll und ungeſchmälert zu.

bb) Hier jedoch wird, ſofern dieſer Geſellſchaftsgläubiger zugleich Geſellſchafter iſt, von dieſem ſeinem Anſpruche auf das Privatvermögen der übrigen Geſellſchafter die auf ihn entfallende Quote in Abzug zu bringen ſein; ebenſo wegen ſeiner hypothekariſchen oder ſonſtigen dinglichen Anſprüche.

4. Die zuletzt für das Verhältnis des Geſellſchafters, der zu-

gleich Gesellschaftsgläubiger ist, angestellten Betrachtungen müssen auch umgekehrt zur Geltung kommen, wenn ein Gesellschaftsanspruch zugunsten des Privatvermögens der übrigen Gesellschafter von dem persönlich schuldenden Gesellschafter her eingezogen werden sollte. Und das weist uns denn endlich auf den einzigen Weg, auf welchem sich alle mit dieser Materie verbundenen Schwierigkeiten befriedigend lösen lassen, nämlich:

a) Wie stets bisher festgehalten, besteht das Rechtsverhältnis nur zwischen dem einen — persönlich verpflichteten oder berechtigten — Gesellschafter einerseits, den übrigen Gesellschaftern andererseits; eine Verpflichtung oder Berechtigung jenes ersteren auch gegen sich selbst, soweit er zugleich Gesellschafter ist, brauchen wir uns nicht vorzustellen; er braucht nicht gegen sich selbst zu klagen od. dgl., sondern *er* steht auf der einen, die andern Gesellschafter stehen auf der andern Seite.

b) Er ist aber diesen andern Gesellschaftern verschieden verpflichtet oder verschieden gegen sie berechtigt:

aa) soweit es sich um Leistung an das Gesellschaftsvermögen oder aus dem Gesellschaftsvermögen handelt, vollinhaltlich;

bb) soweit es sich dagegen um Leistungen in das Privatvermögen oder aus dem Privatvermögen der andern Gesellschafter handelt, nur unter Ausschluß der Quote, die er an sich selbst zu leisten, oder von sich selbst zu beanspruchen haben würde.

c) So aufgefaßt, ist dies gleichmäßig durchführbar für alle Forderungen und Schulden einzelner Gesellschafter gegen die übrigen. Z. B. betr. die Einlagepflicht: klagt ein Gesellschafter gegen den andern auf Erfüllung derselben, so kann er das Ganze nur einklagen unter der Maßgabe, daß die Leistung des Beklagten in das Gesellschaftsvermögen abzuführen ist; klagt er dagegen auf Schadensersatz wegen dieser Nichterfüllung im eigenen Interesse,[1]) so wird er eben auch nur seine Quote, alle übrigen Gesellschafter zusammen werden nur ihre Quoten beanspruchen können, d. h. die auf Beklagten selbst fallende Quote bleibt frei. — Ebenso umgekehrt, falls z. B. der einzelne Gesellschafter der Gesellschaft ein Darlehn gegeben hat: verlangt er es aus dem Gesellschaftsvermögen zurück, so verlangt er es ganz; nimmt er das Privatvermögen anderer Gesell-

[1]) Etwa nach Auflösung der Gesellschaft, zu der einer der Gesellschafter seinen Beitrag nie geleistet hat.

schafter in Anspruch, so hat er auf seine Quote seinen Teil des Ausfalls zu übernehmen. Stets aber gelangt man so zu demselben Ergebnisse, zu welchem auch eine ordnungsmäßige Auseinandersetzung schließlich führen würde.

III. Einen absoluten Schutz der Gesellschaftsgläubiger (oder der gemeinschaftlichen Gläubiger der Gesellschafter) bilden alle diese Regeln übrigens nicht. Denn

1. nichts hindert die Gesellschafter, zufolge einhelligen Beschlusses jeden Augenblick das Gesellschaftsvermögen[1]) untereinander zu verteilen. Darin liegt an sich keine unerlaubte Handlung. Die Gesellschaftsgläubiger mögen sich an die einzelnen Gesellschafter halten.

2. Nichts hindert ferner die Gesellschafter, sich „Gewinne" auszuzahlen, die nicht gemacht worden sind. Verbote dagegen, etwa strafrechtliche Drohungen, wie gegen solches Verhalten z. B. der Aktiengesellschaft, liegen hier nicht vor.

3. Überhaupt können die Gesellschafter die Bindung des Gesellschaftsvermögens, die gesamte Hand und was damit zusammenhängt, beliebig ausschließen, bloß eine sog. „Innengesellschaft" bilden. Dagegen wird es allerdings kaum angehen, einzelne Regeln der gesamten Hand auszuschließen, während im übrigen eine „Außengesellschaft" vorliegen soll; das wird namentlich von den civilprozessualen und konkursrechtlichen Regeln gelten.

4. All dies führt auf den Ausgangspunkt zurück. Schließlich sind zu ihrer Sicherung Dritte, die mit der Gesellschaft, auch der Außengesellschaft, verkehren, doch im wesentlichen auf die einzelnen Gesellschafter, auf deren Haftung und auf deren Vermögen, angewiesen. Soll das Vermögen der Gesellschaft selbständige Kreditgrundlage sein, so muß sie sich zur juristischen Person des bürgerlichen oder des Handelsrechts umbilden.

5. **Vergleich.**[2]) § 779.

§ 140.

Der Vergleich bezweckt Beseitigung von Streit oder von Zweifeln, die über ein Rechtsverhältnis oder über dessen ökonomisch sichere Verwirklichung bestehen, durch gegenseitiges Nachgeben der dabei beteiligten Parteien.

---

[1]) Solange nicht schon Anteile daran gepfändet sind.

[2]) Oertmann, Der Vergleich in gem. Zivilrecht, 1895. — Sturm, Die Lehre vom Vergleiche, 1889.

1. Der Austausch liegt in dem gegenseitigen Nachgeben, sei es, daß einer, sei es, daß beide Teile[1]) von ihren Rechtsansprüchen etwas aufgeben, sei es, daß einer, sei es, daß beide Teile dagegen ihrerseits mehr, als sie sonst freiwillig zu tun bereit wären, leisten oder anerkennen. Gäbe bloß ein Teil nach, so läge nicht Vergleich vor, sondern Verzicht oder Anerkenntnis.

2. Der Vergleich ist bestimmt, Zweifel, seien sie auch nur subjektiv begründet, zu beseitigen, den Parteien statt derselben Sicherheit zu verschaffen. Aber bloß betreffend die Punkte, welche von beiden Parteien als zweifelhaft oder bestritten anerkannt werden, während andere Punkte nicht berührt werden mögen, wieder andere von ihnen beiderseits als feststehend dem Vertrage zugrunde gelegt werden. Befindet sich über einen der letzten Punkte[2]) auch nur eine der beiden Parteien im Irrtum und wäre bei ihrerseits richtiger Kenntnis der Sachlage der Streit oder die Ungewißheit nicht entstanden, so ist der ganze Vergleichsvertrag unwirksam.

3. Außerdem finden auf den Vergleich die allgemeinen Regeln Anwendung. Z. B. auch betr. Anfechtbarkeit wegen eines Betruges oder Irrtums, der etwa nicht so weit ginge, wie der in voriger Nummer geschilderte, und deshalb auch jene weitgehende gesetzliche Folge der Unwirksamkeit nicht nach sich zöge — es beziehe sich denn gerade auf seine Möglichkeit der Vergleich.[3]) Ferner betr. Verpflichtung zur Ausführung,[4]) soweit nicht schon die im Vertrags-

---

[1]) Jenachdem der Vergleich nur geschlossen wird über einen einseitigen Anspruch der einen Partei gegen die andere oder über gegenseitige Ansprüche, vielleicht sogar wieder über deren mehrere, was schließlich zu einer Abrechnung führen kann, deren Ergebnis in Vergleichsform mit Vergleichsrecht anerkannt wird.

[2]) Zu ihnen mag namentlich gehören der Punkt, daß die Sache nach Ansicht beider Parteien noch nicht rechtskräftig entschieden ist, während tatsächlich schon ein rechtskräftiges Urteil darüber (z. B. ergangen zwischen ihren Erblassern) vorliegt. Alsdann wirkt dieser Irrtum nach dieser Regel; besonders bevorzugt ist er aber nicht mehr.

[3]) Dann liegt somit Verzicht rechtswirksam vor; Verzicht auf Betrugs-Anfechtung ist natürlich unwirksam.

[4]) Also namentlich nur Verpflichtung soweit Parteien sich privatrechtlich-vertraglich obligieren können. Ungültig z. B. die vergleichsweise übernommene Verpflichtung, Strafantrag nicht stellen zu wollen, es sei denn bezüglich des pekuniären Schadens, der dem anderen Teile aus dem Strafantrage erwächst. Dadurch Ersatzpflicht des versprechenden Teiles begründet — darüber hinaus Gültigkeit anzunehmen, erscheint mir ungeheuerlich! Vgl. freilich D. Jurist.-Zeitung, 1899, S. 133.

schlusse liegenden Verzichte oder Anerkenntnisse zugleich Vertragsausführung sind.

4. Vergleichsähnliche Verträge sind: der Schiedseidvertrag und der Schiedsgerichtsvertrag. Über letzteren und dessen Folgen äußert sich die ZPO., §§ 1025 fg., das BGB. läßt beide unerwähnt. Erst recht nicht kann hier gehandelt werden vom sog. Zwangsvergleiche, KO. §§ 173 fg., ebensowenig über die prozessuale Unterart und Wirksamkeit des Vergleiches selbst, ZPO. §§ 510, 794 Nr. 1 u. 2.

II. Unwesentlich ein- oder gegenseitige Schuldverhältnisse.

1. Verwahrung. §§ 688—700.

§ 141.

I. Einfacher Verwahrvertrag. — Durch ihn wird verpflichtet: der Verwahrer eine ihm vom Hinterleger übergebene bewegliche Sache aufzubewahren und sie diesem am Aufbewahrungsorte zurückzugeben; der Hinterleger nur, falls es verabredet war oder als verabredet aus den Umständen hervorgeht, dem Verwahrer eine Vergütung dafür zu leisten; jedenfalls aber, zu Ende des Verhältnisses die Sache dem Verwahrer wieder abzunehmen.

1. Verpflichtungen des Verwahrers.

a) Sorgfältige Verwahrung während der Verwahrzeit. Das Maß dieser Sorgfalt ist, falls er Vergütung erhält, volle Aufmerksamkeit im gewöhnlichen Sinne; sonst nur diejenige wie in eigenen Angelegenheiten, § 690.

b) Mehr als Verwahrung ist nicht zu leisten, wenigstens nicht wesentliches darüber hinaus, sonst Dienstmiete oder Werkvertrag oder dergl.

c) Diese Verwahrung im Zweifel persönlich, mit üblicher Gehülfenhaftung. Ist aber eine Weiterhinterlegung bei Dritten gestattet, so haftet Verwahrer für diesen Dritten nicht wie für einen Gehülfen, sondern nur wegen schuldhafter Auswahl, § 691.

d) Endlich hat Verwahrer dem Hinterleger in jedem Augenblick, in dem dieser die Sache zurückfordert, Abholung derselben zu gestatten,[1]) d. h. sie ihm zurückzugeben, wie und wo sie zu dieser Zeit ohne seine Schuld liegt und steht. Ist eine Zeit für die Dauer der Aufbewahrung verabredet, so gilt diese im Zweifel als bestimmt, nicht diese Verpflichtung des Verwahrers zu beschränken, sondern nur dem

---

[1]) Nicht sie ihm zu bringen, § 697 Satzteil 2.

Hinterleger gegen den Verwahrer ein Recht auf Aufbewahrung für diese ganze Zeit zu geben, s. sofort 2 b. Es bleibt also im Zweifel trotzdem, selbst binnen dieser Dauer, ohne weiteres die Sache jederzeit [1]) für den Hinterleger rückforderbar; doch kann natürlich auch eine Zeitverabredung anderen Sinnes, zu Lasten des Hinterlegers, getroffen sein.[2])

2. Verpflichtungen des Hinterlegers:

a) Auf Leistung einer Vergütung, falls er eine solche versprochen hat. Sie ist dann zu leisten zu Ende des Vertrages oder seiner Abschnitte, für Teilabschnitte teilweise, ganz wie bei der Miete, § 699.

b) Jedenfalls, die hinterlegte Sache bei dem Verwahrer abzuholen und diesem abzunehmen, § 696 Satz 1. Diese Verpflichtung[3]) wird fällig:

aa) falls für die Verwahrung eine Zeit verabredet war, mit deren Ablauf;

bb) aber auch binnen einer solchen verabredeten Zeit jederzeit auf Verlangen des Verwahrers (Kündigung), wenn dieser einen wichtigen Grund dafür hat;[4])

cc) mangels Zeitverabredung jederzeit auf Verlangen des Verwahrers.

c) Außerdem möglicherweise auf Schadensersatz wegen dem Verwahrer entstandener, den Umständen gemäß angebrachter Kosten oder wegen bei dem Verwahrer durch die Sache angerichteten, als drohend für den Hinterleger vorhersehbaren, dem Verwahrer aber nicht als drohend bekannten Schadens, § 694.

d) Dagegen ist, selbst wenn eine Zeit für die Verwahrung verabredet ist, der Hinterleger im Zweifel nicht verpflichtet, die Sache so lange bei dem Verwahrer zu belassen, s. soeben 1 d.

---

[1]) Aber natürlich nur tempore oportuno, nach Treu und Glauben, vgl. oben § 102, II, 4.

[2]) Z. B. wenn Verwahrer sich gegen Belästigung zu unvorhergesehener Zeit hat schützen wollen und deshalb z. B. sich hat zusagen lassen, daß Rückgabe nur zu bestimmten Stunden oder Fristen verlangt werden dürfe.

[3]) Trotz dieser jederzeit vorhandenen Verpflichtung des Hinterlegers ist um ihretwillen, falls nicht Entgeltlichkeit hinzutritt, das Schuldverhältnis kein gegenseitiges, schon deshalb, weil diese Rücknahme-Verpflichtung des Hinterlegers zu sehr untergeordneter Natur ist; vgl. aber auch oben S. 209.

[4]) Natürlich wird man den Grund eher als wichtig zuzugeben geneigt sein bei Unentgeltlichkeit als bei Entgeltlichkeit der Verwahrung.

3. Beendigung des Verhältnisses tritt nicht etwa schon ein durch Ablauf der verabredeten Zeit oder durch Kündigung, selbst berechtigte, seitens des Verwahrers oder durch Rückforderung seitens des Hinterlegers; vielmehr beschränkt sich die Folge dieser Umstände auf die bisher dafür erwähnten Folgen der Fälligkeit der Rückerstattungs- oder Abholungsverpflichtung des Verwahrers oder Hinterlegers;[1]) das Bewahrungsverhältnis selbst endigt erst

a) durch Rücknahme der Sache seitens des Hinterlegers; oder

b) durch Untergang der Sache infolge eines von dem Bewahrer nicht zu vertretenden Umstandes.

4. Ein Recht, die hinterlegte Sache irgendwie zu gebrauchen, hat Verwahrer natürlich nicht, es sei ihm denn besonders eingeräumt, als Gegengefälligkeit gewissermaßen. Benutzt er sie widerrechtlich, so haftet er unbedingt für Schadensersatz; ist es hinterlegtes Geld, das der Verwahrer so für sich widerechtlich verwendet, so haftet er deshalb ohne weiteres[2]) für gesetzliche Zinsen, § 698, von strafrechtlichen Folgen ganz abgesehen.

II. Besondere Fälle.

1. Aufbewahrung fremder Wertpapiere durch einen Kaufmann,[3]) Besonderheiten gemäß dem Reichsgesetz vom 5. Juli 1896; sonst reiner Verwahrungsvertrag.

2. Anders,[4]) wenn vertretbare Sachen in der Art hinterlegt werden, daß das Eigentum auf den Verwahrer übergeht und dieser verpflichtet ist, Sachen von gleicher Art, Güte und Menge zurückzugewähren, mag sein auch darüber hinaus noch eine Vergütung für den Zwischennutzen, besonders Zinsen.

a) Diese Verabredung kann von vornherein getroffen sein oder es mag zunächst eine Verwahrung vorliegen mit der Gestattung an den Verwahrer, von einem (bestimmten oder beliebigen) Augenblicke ab sich das Hinterlegte anzueignen; dann tritt das Vertragsverhältnis,

---

[1]) Wozu nach allgemeiner Regel die Verzugswirkungen treten, falls einer von beiden Teilen schuldhaft seiner Verpflichtung nicht nachkommt.

[2]) Selbst wenn dem Hinterleger kein Schaden daraus entstanden sein sollte, selbst für Geld, das bei rechtmäßigem Verhalten des Verwahrers frucht- und zinslos dagelegen hätte.

[3]) Schweyer, Bankgeschäfte, 1899. — Cosack, Lehrbuch des Handelsrechts, Abschnitt 10, die Verwahrungsgeschäfte. — Dort auch über andere Formen, namentlich über das sog. Sammeldepot.

[4]) Niemeyer, Th., Depositum irregulare. — v. Schey, Obligationsverhältnisse, S. 55ff., 281fg.

um das es sich hier handelt, von dem Augenblicke der Aneignung ab ein.

b) Diese Verabredung wird oft stillschweigend geschlossen, z. B. bei Depot-Einzahlung von offenem Geld; daß sie vorliegt, wird man auch daraus schließen können, daß der „Verwahrer" Zinsen verspricht;[1]) die Vermutung spricht aber sonst im Zweifel eher gegen diese und für die reguläre Bedeutung der „Verwahrung".[2])

c) Ist das Verhältnis, das in derartigen Fällen (evtl. nach der Aneignung) zustande kommt, überhaupt noch ein Verwahrungs-Verhältnis? Ist es namentlich noch irgendwie, außer durch den Klang des Wortes, verschieden vom Darlehen? Das wird oft verneint. Tatsächlich aber wird sich der Unterschied denn doch nicht verkennen lassen, der sprach- und sinngemäß darin liegt, daß ein Darlehn dem desselben Bedürftigen so gegeben wird, daß er, selbst wenn er gute Zinsen dafür zahlt, eher eine Gefälligkeit empfängt; während bei unserer Art der Verwahrung der Empfangende, selbst wenn er (meist etwas geringere) Zinsen dafür zahlt, es eher ist, der den Gefallen erweist.[3])

d) Demgemäß hält auch unser Gesetz daran fest, daß unser Geschäft eine besondere Art von Vertrag ist, zwischen Darlehen und Verwahrung stehend, darum besonders in § 700 geregelt, wenn schon nicht vom Gesetz mit besonderem Namen bezeichnet; man heißt es wohl offenes Depot, Summendepot, depositum irregulare. Sinngemäß schreibt dafür unser Recht im Zweifel vor:

aa) Es unterliegt im allgemeinen den Regeln des Darlehns, wie denn namentlich ganz von selbst hier die Gefahr der Sache nicht, wie sonst bei der Verwahrung, den Hinterleger, sondern vom Augenblick seines Eigentumerwerbes ab den Verwahrer trifft.

[1]) Wie sollte der reguläre einfache Verwahrer Zinsen versprechen?

[2]) Bei der Hinterlegung von Wertpapieren verlangt § 700 Abs. 2 sogar ausdrückliche Abmachung zur Gültigkeit der abweichenden Vereinbarung. — Jedoch ist gerade der Form des Ausdruckes oft recht wenig zu entnehmen, da im kaufmännischen wie sonstigen Leben die Wörter „Bewahren, Deponieren, Depot" auffällig unexakt und vieldeutig gebraucht werden. — Es muß also sachlich klar zum Ausdrucke gebracht sein, daß ein derartiges Verhältnis, nicht gewöhnliche Verwahrung gewollt ist. Vgl. ferner das soeben angeführte Ges. vom 5. Juli 1896, § 2; wegen des Begriffes „Wertpapiere" s. unten § 149, 1a.

[3]) So bei Übernahme von offenen Depots seitens einer Bank, einer öffentlichen Anstalt oder dergl.; ob diese oder jene Lage vorliegt, ist bei der Entscheidung der Frage, ob Darlehen oder nicht, zu beachten; im übrigen wegen der von Parteien gebrauchten Ausdrücke s. vorige Note.

bb) Doch treten an Stelle der Darlehnsregeln die der Verwahrung betr. Ort und Zeit der Rückgabe, da eben letztere das Gefälligkeitsverhältnis gegenüber dem Hinterleger besonders zum Ausdrucke bringen: selbst Geldschuld ist hier Holschuld und die Kündbarkeit tritt ein wie oben unter I 2; von den sonstigen Regeln unter I, namentlich unter I 4 kann hier freilich nicht die Rede sein.

3) Wegen Einbringung von Sachen bei Gastwirten s. oben § 137, 4.

2. Leibrente.[1]) §§ 759—761.

§ 142.

Durch Vertrag oder Vermächtnis, entgeltlich oder unentgeltlich kann für den einen Teil die Pflicht entstehen, dem anderen Teile eine Leibrente zu zahlen. Es gelten folgende Regeln:

1. Formvorschrift für das Versprechen des Rentenzahlers, bei vertraglicher Begründung, s. oben § 117, I, 4 b.

2. Im Zweifel Verpflichtung auf Lebenszeit des Empfängers und auf die im Versprechen genannte Summe jährlich.

3. Die Leibrente ist im voraus zu entrichten, bei einer Geldrente für drei Monate, sonst für einen zweckmäßigen Zeitabschnitt.

4. Hat der Gläubiger den Beginn des Zeitabschnittes erlebt, für den die Rente im voraus zu entrichten ist, so ist ihm der Betrag dieses Zeitabschnittes fest erworben.

III. Einseitige Schuldverhältnisse mit untergeordneter Gegenseitigkeit.

1. Leihe.[2]) §§ 598—606.

§ 143.

Die Leihe ist dasjenige abwechselnd gegenseitige Schuldverhältnis, bei welchem der Verleiher sich verpflichtet, dem Entleiher die Sache eine Zeitlang zu unentgeltlichem Gebrauche zu überlassen; während der Entleiher sich verpflichtet, die Sache möglichst unbeschädigt sodann dem Verleiher zurückzuerstatten.

1. Die Verpflichtung des Verleihers ist dem Geschäfte gemäß § 598 wesentlich. Sie kann bei Hingabe der zu verleihenden Sache erst übernommen werden, dann fallen Vertragsabschluß und Beginn

---

[1]) Eccius, Der Leibrentenvertrag des BGB., in Gruchots Beiträgen, 45, 11 fg. — Fohr, in Archiv f. die zivilist. Praxis 91, 103 fg.

[2]) Klein, Franz, die Rechtsformen der Gebrauchsleihe.

der Vertragsausführung zusammen. Sie kann aber auch vorher übernommen sein unter Aufschub der Ausführung; alsdann nicht Vorvertrag, sondern vorgeschobener Abschluß des Leihvertrages selbst, s. oben § 61, 2 d, aa.

a) Bei Erfüllung dieser Verpflichtung haftet Verleiher nur wegen Vorsatzes und grober Fahrlässigkeit, da er seine Pflicht ja unentgeltlich [1]) übernimmt.

b) Diese Verpflichtung mag gehen:

aa) Auf feste oder auf so viel Zeit, wie nötig, damit der Entleiher den verabredeten Gebrauch von der Sache machen kann. Dann kann er trotzdem vorzeitig aufkündigen und die Sache zurückfordern, wenn er ihrer unvorhergesehenermaßen selbst bedarf, oder wenn der Entleiher sie vertragswidrig behandelt oder stirbt.

bb) Es mag aber auch gar keine feste Zeit, nicht einmal mittelbar in der Form der Voraussetzung eines bestimmten, eine gewisse Zeit erfordernden Gebrauches verabredet sein. Dann kann der Verleiher jederzeit aufkündigen und damit gleichzeitig zurückfordern. Man spricht dann vom sog. Prekarium, der bloß bittweisen, übrigens ganz zwanglosen Überlassung.

2. Die wesentlichen Verpflichtungen des Entleihers dagegen, der dabei für volle Sorgfalt einsteht, sind folgende:

a) Die Sache möglichst gut zu bewahren; sie nur vertragsmäßig und dabei möglichst schonend zu benutzen; sie Dritten nicht ohne Erlaubnis des Verleihers weiter zu verleihen. Soweit die Sache, obschon Entleiher diesen Pflichten nachkommt, untergeht oder leidet, namentlich durch ordnungsmäßigen Gebrauch, haftet der Entleiher dafür nicht.

b) Die Sache dem Verleiher zurückzubringen. Diesen Anspruch hat der Verleiher auch direkt gegen einen Dritten, dem der Entleiher die Sache weitergeliehen hat, wie bei der Miete. Dieser Anspruch wird fällig

aa) bei Leihe auf unbestimmte Zeit [2]) jederzeit, auf Rückforderung des Verleihers;

bb) bei Leihe auf bestimmte Zeit [3]) mit Ablauf derselben, oder vorher durch berechtigte Aufkündigung und Rückforderung seitens des Verleihers.

---

[1]) Sonst läge Sachmiete vor, so z. B. trotz des Ausdruckes bei dem aus der Leihbibliothek entliehenen Buche.

[2]) S. oben 1 b, bb.

[3]) S. oben 1 b, aa.

3. Hinzutreten können folgende Verpflichtungen:

a) Ersatzansprüche des Verleihers wegen von dem Entleiher verschuldeter Umänderungen oder Verschlechterungen der entliehenen Sache.[1])

b) Ersatzansprüche des Entleihers wegen Verwendungen, die über die gewöhnlichen Erhaltungskosten[2]) hinausgehen, soweit auch ein Geschäftsführer ohne Auftrag ihretwegen Ersatzansprüche haben würde; und Ansprüche des Entleihers auf Gestattung der Wegnahme einer Einrichtung, mit der er die Sache versehen hat.[3])

c) Ersatzansprüche des Entleihers wegen solcher Schäden, die bei ihm durch (rechtliche oder körperliche) Mängel der geliehenen Sache angerichtet sind, aber nur, falls Verleiher diese Mängel „arglistig verschwiegen" hatte, § 600.

4. Die Leihe findet ihr Ende nicht schon, sobald der Verleiher die Sache zurückfordern kann und der Entleiher sie nicht mehr gebrauchen darf,[4]) sondern erst, wenn sie von dem Entleiher dem Verleiher zurückgegeben oder untergegangen ist, ohne daß die eine Partei der anderen für diesen Untergang aufzukommen hätte.

5. Bei einem solchen Gefälligkeitsvertrag, wie die Leihe einer ist, wird häufig schwer zu entscheiden sein, ob Parteien überhaupt irgendwelche rechtliche Verbindlichkeit gewollt haben. Doch wird als mindestes Maß davon offenbar stets zurückbleiben:

a) für den Entleiher, der die Sache einmal bekommen hat, Rückgabepflicht; und

b) für den Verleiher die Ersatzverpflichtung wegen arglistigen Verschweigens, vgl. § 276 Abs. 2.

2. Auftrag.[5]) §§ 662—676.

§ 144.

Der Auftrag ist dasjenige einseitige Schuldverhältnis, bei welchem der Beauftragte sich verpflichtet, ein ihm von dem Auftraggeber übertragenes Geschäft[6]) für diesen unentgeltlich[7]) zu besorgen.

---

1) Verjährung wie bei der Miete für ähnliche Ersatzansprüche, § 601.

2) Diese trägt Entleiher, § 601 Abs. 1.

3) Wie bei Note 1.

4) Vergleiche ähnlich oben bei der Verwahrung § 141, I, 3.

5) Isay, Die Geschäftsführung, in den Fischerschen Abhandlungen, 6, 1.

6) Es handelt sich bloß um Geschäftsbesorgung, nicht um andere Dienst- oder Arbeitsleistungen. Vgl. oben § 137, 1.

7) Sonst Dienstmiete behufs Geschäftsbesorgung, § 137, 1.

1. Die Verpflichtungen sind im Zweifel beiderseits streng persönlich, d. h. der Berechtigte hat persönlich zu leisten,[1]) der Auftraggeber kann seine Ansprüche nicht beliebig Dritten übertragen.

2. Verpflichtungen des Beauftragten:

a) den Auftrag möglichst sorgfältig auszuführen, unter Verwendung der ihm deshalb zur Verfügung gestellten Mittel ausschließlich zu diesem Zwecke,[2]) unter Umständen sogar mit der Befugnis, von den Weisungen des Auftraggebers abzuweichen, wo er dessen Billigung voraussetzen darf, besonders bei Gefahr im Verzuge;

b) den Auftraggeber über die Ausführung des Auftrags fortwährend genügend zu unterrichten und ihm schließlich darüber Rechenschaft abzulegen;

c) ihm alles herauszugeben, was der Beauftragte zur und bei der Geschäftsbesorgung erhalten und erlangt hat, Einnahmen,[2]) Ansprüche usf.

3. Gegen-Verpflichtungen, die dem Auftraggeber erwachsen können:

a) für die zur Ausführung des Auftrags erforderlichen Aufwendungen dem Beauftragten auf dessen Verlangen Vorschuß zu leisten;

b) für Aufwendungen, welche der Berechtigte ohne solchen Vorschuß oder darüber hinaus zweckgemäß und so, wie er sie für erforderlich halten durfte, gemacht hat, ihm Ersatz zu leisten, sei es in bar, sei es, indem er ihm Lasten, die der Beauftragte dabei übernommen hat, wieder abnimmt, oder in ähnlicher Weise;

c) sonstige Verluste und Schäden, welche dem Beauftragten bei Gelegenheit der Ausführung des Auftrags ohne dessen Schuld entstanden sind,[3]) ihm soweit zu ersetzen, wie im Einzelfalle nach Treu und Glauben, gemäß den Verhältnissen der beiden Beteiligten, der Nähe der kausalen Verknüpfung und der Bedeutung des übertragenen Geschäfts, eine solche Ersatzleistung als geschuldet wird angesehen werden müssen.

4. Der Auftrag erlischt:

a) durch Widerruf seitens des Auftraggebers; dieser ist im

---

[1]) Falls nicht, wie bei der Aufbewahrung, vgl. oben § 141, I, 1c.

[2]) Bei Verwendung von solchen Geldern zu eigenen Zwecken des Beauftragten Zinspflicht wie beim Verwahren, s. oben § 141, I, 4.

[3]) Unger, i. d. dogm. Jahrb. 33, 328 fg. — Eisele, im Arch. f. d. zivilist. Praxis 84, 319 fg. — Maschke, ebenda, 85, 123 fg.

Zweifel jederzeit zulässig, indem eine feste Zeitverabredung als nur zugunsten, nicht auch zu Lasten des Auftraggebers getroffen gilt;

b) durch Kündigung seitens des Beauftragten. Diese ist immer möglich, zulässig aber bei Fristverabredung vorzeitig nur, wenn ein wichtiger Grund dafür vorliegt, mangels Fristverabredung nur zu einer passenden Zeit. Kündigt der Beauftragte unzulässig, d. h. ohne wichtigen Grund zur Unzeit, namentlich etwa so, daß der Auftraggeber nicht mehr für die Besorgung des Geschäfts anderweit Fürsorge treffen kann, § 671 Abs. 2, so haftet er auf Schadensersatz;

c) durch den Tod des Beauftragten, nicht auch des Auftraggebers, es sei denn anders verabredet;

d) in einiger Beziehung durch den Konkurs des Auftraggebers, KO. § 23;

e) außerdem selbstverständlich durch Erledigung des zu besorgenden Geschäfts und auch aus sonstigen allgemeinen Gründen, z. B. schuldloser Unmöglichkeit.

5. Eine Eigentümlichkeit, die der Auftrag mit der Gesellschaft teilt,[1]) ist, daß er vielfach, obschon erloschen, aus Billigkeitsrücksichten als fortbestehend noch in dieser oder jener Beziehung gilt:

a) Bei Erlöschen durch Tod des Beauftragten so, daß dessen Erben dem Auftraggeber von diesem Tode noch unverzüglich Meldung zu erstatten und selbst, bei Gefahr im Verzug, die Geschäfte bis zu anderweit getroffener Fürsorge fortzuführen haben, beides noch unter auftragsgemäßer Haftung.

b) Bei Erlöschen durch Tod des Auftraggebers (oder z. B. durch Eintritt von Geschäftsunfähigkeit bei diesem) ebenso, in bezug auf die letztere von beiden soeben genannten Verpflichtungen.

c) Dagegen gilt schließlich, so oft überhaupt der Auftrag anders als durch Widerruf (der ja, um zu wirken, dem Beauftragten zukommen muß) erlischt, der Auftrag überhaupt noch als fortbestehend zugunsten des Beauftragten, bis dieser von dem Erlöschen Kenntnis erlangt oder erlangt haben muß: damit nicht der Beauftragte, während er doch in diesem Verhältnisse der die Gefälligkeit erweisende Teil ist, schließlich noch zu Schaden komme, sofern er ohne seine Schuld an das Fortbestehen des erloschenen Auftrags glaubt und demgemäß handelt.

---

[1]) Und die dann auf ähnliche Geschäftsbesorgungs-Verhältnisse, besonders auch des Familien- und Erbrechts, übernommen wird.

6. Wie bei der Leihe, wird auch hier oft zweifelhaft werden, ob derjenige, der für einen anderen aus Gefälligkeit eine Geschäftsbesorgung übernommen hat, dabei sich auch nur in irgendwelchem Maß rechtsverbindlich zur Durchführung und zur sorgsamen Durchführung dieser Besorgung hat verbindlich machen wollen. Sehr leicht möglich, daß er sich vorbehält, nur das zu tun, nur so lange und nur so zu handeln, wie es ihm eben passen werde, wie seine Gefälligkeitslaune anhalten und es ihm eingeben werde. Dann liegt gar kein Rechtsgeschäft, also auch kein Auftrag vor. Namentlich kommt das oft vor, wenn jemand einem anderen mit Rat oder Empfehlung[1]) aushilft; er läßt sich zwar zur Erteilung solcher Auskunft bereit finden, würde aber sofort sich versagen, wenn die andere Seite ihn frügе, ob er bereit sei, für seine Aussagen aufzukommen. Deshalb folgt aus Erteilung von Rat oder Empfehlung im Zweifel keinerlei Pflicht zum Ersatze des aus Befolgung entstehenden Schadens; eine solche Pflicht ergäbe sich denn aus sonstigen vertraglichen Verhältnissen oder deliktisch, z. B. daraus, daß schlechter Rat vorsätzlich erteilt wurde, um den Beratenen zu schädigen, §§ 676, 826, s. unten § 158, III, 3 a.

IV. Streng einseitige Schuldverhältnisse.

Schenkungsvertrag.[2]) §§ 518–524.

§ 145.

Wird schenkungshalber ein verbindliches Schuldversprechen gegeben und angenommen,[3]) so entsteht aus diesem Schenkungsvertrag die Verpflichtung des Schenkers auf vertragsmäßige Leistung an den dadurch Beschenkten, jedoch unter sachgemäßen Erleichterungen für jenen.

1. Er hat nur Vorsatz und grobe Fahrlässigkeit zu vertreten, § 521.

2. Von Verzugszinsen ist keine Rede, § 522.

---

[1]) Staub, Rat, Empfehlung und Auskunft, im Österr. Zentralbl. f. d. jur. Praxis 19, 278 fg. — Laband, i. d. Deutschen Jur.-Ztg. 8, 262 (richtig gegen das Reichsgericht).

[2]) Literatur s. oben zu § 72.

[3]) Über Schenkung und den Gegensatz zwischen Handgeschenk einer-, bloßem Schenkungsversprechen andererseits, s. oben § 72; wegen der zu letzterem nötigen Formalität oben § 117, I, 2. — Das Schuldverhältnis aus dem Schenkungsversprechen ist ein streng einseitiges, da eventuelle Rückerstattungspflicht des Beschenkten nicht aus dem Schenkungsversprechen, sondern aus der Schenkung als solcher, dem Schenkungsempfang folgt, s. oben § 72, II, 4.

3. Er wird der Erfüllungspflicht ledig:

a) Durch Widerruf, wo er dazu ein Recht hat; s. oben § 72 II, 4c, bb.

b) Außerdem bei jeder (nicht bloß der gemeinen) Schenkung durch berechtigte Erfüllungsweigerung. Sie ist berechtigt, soweit der Schenker bei Berücksichtigung seiner sonstigen Verpflichtungen außerstande ist, das Versprechen zu erfüllen, ohne daß sein standesmäßiger Unterhalt und die Erfüllung seiner gesetzlichen Unterhaltspflichten gefährdet würde, § 519.

4. Schließlich gelten für den besonderen Fall,[1]) daß Leistung eines Gegenstandes zugesagt ist, den der Schenker selbst erst zu diesem Behufe erwerben soll, besondere Bestimmungen.

a) Der Schenker hat, ähnlich wie beim Kaufe, für Eigentumsbeschaffung aufzukommen; auch wegen körperlicher Mängel haftet er, ähnlich wie ein Verkäufer beim Gattungskauf, aber nur wenn der zu schenkende Gegenstand lediglich der Gattung nach bestimmt ist, gar nicht bei individuell versprochenen Gegenständen, § 523 Abs. 2 und § 524 Abs. 2.

b) Jedoch haftet der Schenker für all dies nur, im Gegensatze zum Verkäufer, wenn der betreffende Mangel ihm bei Erwerb der Sache bekannt war, oder nur zufolge grober Fahrlässigkeit unbekannt geblieben ist.

5. Schenkungsversprechen auf wiederkehrende Unterstützungsleistungen erlöschen im Zweifel mit dem Tode (nicht nur des Beschenkten, sondern auch) des Schenkers, § 520.

2. Darlehen.[2]) §§ 607—610.

§ 146.

I. Das eigentliche Darlehen. — Der Darlehensvertrag verpflichtet denjenigen, der Geld oder andere vertretbare Sachen als Darlehen empfangen hat, dem Darleiher Sachen von gleicher Art und Güte in gleicher Menge zurückzuerstatten.

1. Die zu Darlehen gegebenen Sachen gehen in das Eigentum des Empfängers, also in dessen Gefahr über; einerlei, welche Schicksale sie treffen, ist das Darlehen zurückzuerstatten.

---

[1]) Haftung wegen arglistigen Verschweigens, die stets eintritt, anlangend s. oben § 72, II, 4 a.

[2]) Kohler, in s. Archiv 2, 211 fg. — Ältere Literatur: Heimbach, Die Lehre vom creditum. — Huschke, Die R. Lehre vom Darlehen. — v. Schey, Obligationsverhältnisse, I, 1.

2. Ob der Darlehensempfänger außerdem Zinsen zu zahlen hat, muß sich aus dem Einzelvertrag ergeben; selbstverständlich ist eine solche Verpflichtung nicht; vgl. übrigens wegen der Zinsen oben § 99.

3. Die Fälligkeit des Darlehens ist hinausgeschoben zugunsten des Schuldners (d. h. der Gläubiger darf noch nicht fordern) bis zu Eintritt folgender Umstände:

a) Falls eine Zeit besonders verabredet ist, bis zu deren Ablauf;

b) mangels solcher Verabredung bis zu Ablauf einer Kündigungsfrist, deren Beginn der Gläubiger durch jederzeit ihm zustehende Kündigung bewirken muß. Diese Frist beträgt bei Darlehen von mehr als 300 M. drei Monate, sonst einen Monat.

4. Die Fälligkeit des Darlehens ist hinausgeschoben zugunsten des Gläubigers (d. h. dieser braucht vorher ihm angebotene Rückerstattung nicht anzunehmen):

a) Falls eine Zeit besonders verabredet ist, bis zu deren Ablauf, wenn die Zeitbestimmung nachweisbar diesen Sinn hat, was im Zweifel nicht zu vermuten ist, § 271 Abs. 2, s. oben.

b) Mangels solcher Verabredung ist weiter zu scheiden:

aa) Ist das Darlehen unverzinslich, so ist der Schuldner jederzeit und ohne weiteres zur Rückerstattung berechtigt;

bb) ist es dagegen verzinslich, so ist der Schuldner an Kündigung unter denselben Kündigungsfristen wie der Gläubiger (oben 3 b) gebunden.

5. Hat derjenige, der das Darlehen geben soll, Hingabe eines solchen schon vorher dem, der es empfangen soll, rechtsverbindlich durch Vorvertrag[1]) versprochen, so ist dies nach § 610 im Zweifel so zu verstehen, daß der versprechende Teil ein Widerrufsrecht dieser seiner Verbindlichkeit gegenüber sich vorbehält für den Fall, daß „in den Vermögensverhältnissen des anderen Teiles eine wesentliche Verschlechterung eintritt, durch die der Anspruch auf die Rückerstattung gefährdet wird".

II. Das bisher besprochene eigentliche Darlehen ist der Typus aller Kreditgeschäfte, aller Geschäfte, bei welchen ein Gläubiger statt sofortiger Leistung sich bei späterer Erfüllungspflicht des Schuldners beruhigt. So kann denn jedes Rechtsgeschäft, aus welchem ein

---

[1]) Über diesen Vorvertrag, Kreditvertrag, pactum de mutuo dando, s. oben § 61, 2 d, bb.

Schuldner seinem Gläubiger Geld oder andere vertretbare Sachen schuldet, in ein Darlehen auslaufen, wenn Parteien verabreden, daß diese Schuld Darlehnsschuld sein soll — einerlei, ob Schuldner das, was er jetzt als Darlehen schuldet, oder auch nur sonst irgend etwas jemals vom Gläubiger empfangen hat oder nicht, wenn nur sonst die Schuld begründet ist. Dieselbe unterliegt alsdann von dieser Einigung ab den Regeln des Darlehens.

3. **Bürgschaft.**[1]) §§ 765—778.

§ 147.

I. Die einfache Bürgschaft. Sie ist das Verhältnis, welches entsteht, wenn jemand (der Bürge) sich dem Gläubiger eines Dritten (des Hauptschuldners) gegenüber verpflichtet, für die Erfüllung der Verbindlichkeit des Dritten einzustehen.

1. Das Verhältnis besteht lediglich zwischen Bürgen und Gläubiger und verpflichtet streng einseitig bloß ersteren. Indifferent, wieso der Bürge dazu kam, es zu übernehmen, etwa zufolge ihm dagegen von dem Hauptschuldner geleisteten oder versprochenen Entgeltes (sog. Delkredere-Provision), oder infolge eines demjenigen, der erst Gläubiger werden soll, gegebenen Auftrags, dem Dritten zu kreditieren (sog. Kreditauftrag, mandatum qualificatum, § 778), wodurch dann der Auftraggeber (außer den anderen aus diesem Auftrage sich etwa ergebenden Rechtsverhältnissen zwischen ihm und dem Beauftragten) dem auftragsgemäß Kredit gewährenden Beauftragten für diese Schuld Bürge wird.

2. Das Verhältnis muß demgemäß zwischen Bürgen und Gläubiger begründet werden; das dem Hauptschuldner gegebene Versprechen, für ihn gutsagen zu wollen, mag den Versprechenden zur Übernahme der Bürgschaft diesem gegenüber verpflichten, begründet

---

[1]) Unger, Die Einrede der Vorausklage und der Begriff der Bürgschaft im deutschen Entwurf, i. d. dogm. Jahrb. 29, 1fg. — Bendix, Der Kreditauftrag nach dem BGB., in Kohlers Archiv 20, 155fg. — Rothenberg, im Arch. f. d. zivilist. Praxis 77, 323fg. — Sokolowski, Die Mandatsbürgschaft. — Lichtlen, in Puchelts Zeitschrift 31, 150fg. — Türk, in Gruchots Beiträgen 34, 837fg. und Staub, ebenda 45, 219fg. und wieder Türk, ebenda 46, 49fg. — Eccius, ebenda 46, 55fg. — Kremer, Mitbürgschaft. — Marcus, im „Recht" 6, 456fg. — Ältere Literatur: Girtanner, Die Bürgschaft nach gem. Zivilrecht. — Hasenbalg, Die Bürgschaft des gem. R. — Goldschmidt, i. d. dogm. Jahrb. 26, 345fg. — Geib, Zur Dogmatik, 1894.

aber noch nicht die Bürgschaft. Wegen der Formalien für den Vertrag zwischen Bürgen und Gläubiger s. oben § 117, I, 4 a.

3. Das Verhältnis ist ein solches kumulativer, akzessorischer und subsidiärer Interzession zum Hauptschuldverhältnisse.

a) Kumulativ, deshalb nicht Schuldübernahme, die privative Interzession ist.

b) Akzessorisch, deshalb nur entstehend, sofern und soweit dies Hauptschuldverhältnis entsteht und alle Schicksale desselben teilend, bedingt oder betagt, wenn dieses bedingt oder betagt ist, ebenso regelmäßig mit diesem erloschen. Das Bürgschaftsverhältnis ist aber auch akzessorisch, insofern es den ganzen Umfang der jeweiligen Verpflichtungen des Hauptschuldners deckt (mit allen Unkosten u. dgl.), auch wenn diese durch dessen Verschulden oder Verzug erweitert werden;[1]) jedoch nicht, soweit der Hauptschuldner sie noch neu übernimmt durch Rechtsgeschäft, das erst nach Übernahme der Bürgschaft geschlossen wird: denn dann entsteht insoweit eine neue Schuld, für welche der Bürge nie die Haftung übernommen hat.

c) Subsidiär: Der Bürge haftet nicht neben dem Hauptschuldner, sondern erst nach diesem dafür, daß dieser erfülle. Deshalb sind Hauptschuldner und Bürge nicht rein Gesamtschuldner;[2]) sondern es bleibt der Bürge hiernach soweit hinter der Haftung des Gesamtschuldners der Intensität nach zurück, wie er (gemäß der Ausführung soeben unter b) an Ausdehnung drüber hinaus[3]) haftet.

4. Daraus ergibt sich für das Schuldverhältnis des Bürgen weiter folgendes:

a) Er hat alle Einreden aus der Person des Hauptschuldners, auch soweit dieser auf solche verzichten sollte, § 768. Er kann ferner sich einredeweise darauf berufen, wenn der Hauptschuldner ein Anfechtungsrecht hat, oder wenn die Schuld, durch Aufrechnungs-

---

[1]) Selbstverständlich kann Bürge diese seine Haftung durch Zusätze zum Bürgschaftsvertrag einschränken; er kann auch Haftung über die Schuld des Hauptschuldners hinaus, unabhängig von dem Bestand, vertraglich übernehmen: dann ist die so für ihn entstehende Schuld soweit keine Bürgschaftsschuld mehr für ihn, sondern eigene Schuld, z. B. aus dem darin liegenden Schuldversprechen.

[2]) Dagegen wohl mehrere Bürgen, die sich für dieselbe Verbindlichkeit verbürgt haben, wennschon nicht gemeinschaftlich, sog. Mitbürgen, § 769.

[3]) Von Gesamtschuldnern haftet nicht einer für Schuld und Verzug des anderen, s. oben § 114, I, 4 a.

erklärung des Gläubigers oder des Hauptschuldners, aufrechenbar ist, § 770.[1])

b) Er hat ferner selbstverständlich Einreden aus eigener Person, Kompensationsmöglichkeit mit eigenen Forderungen u. s. f.

c) Namentlich aber hat er endlich, um die Subsidiarität seiner Verpflichtung geltend zu machen, die „Einrede der Vorausklage", § 771, d. h.:

aa) Er kann verlangen, nicht eher in Anspruch genommen zu werden, als bis der Gläubiger vergebens bei dem Hauptschuldner Befriedigung durch Versuch der Zwangsvollstreckung oder durch Ausübung eines ihm etwa an einer beweglichen Sache des Hauptschuldners zustehenden Pfandrechts gesucht hat, § 772.

bb) Jedoch fällt diese Einrede fort, § 773 Nr. 2—4, wenn der Hauptschuldner im Konkurs befindlich, die Rechtsverfolgung gegen ihn wesentlich erschwert oder die Zwangsvollstreckung gegen ihn von vorn herein aussichtslos ist.

5. Für die Beziehungen zwischen Bürgen und Hauptschuldner[2]) ist entscheidend das Rechtsverhältnis zwischen diesen, auf Grund dessen der Bürge zur Übernahme der Bürgschaft gelangt ist. Innerhalb des hierdurch gegebenen Rahmens[3]) ist zu bemerken:

a) Bisweilen hat der Bürge gegen den Hauptschuldner schon Rechte, bevor noch ersterer aus der Bürgschaft etwas geleistet hat, nämlich eben darauf, von der Bürgschaft befreit zu werden, § 775. Das wird namentlich dann der Fall sein, wenn dem Bürgen gegen den Hauptschuldner die Rechte eines Beauftragten zustehen, s. oben § 144, 3 b; ein solcher Anspruch wird spätestens fällig, sobald die Gefahr für den Bürgen, aus der Bürgschaft in Anspruch genommen zu werden, dringlich wird, vgl. § 775 Nr. 1—4.

b) Regelmäßig hat der Bürge, nachdem er geleistet hat, deshalb Ersatzanspruch gegen den Hauptschuldner. Zu diesem Zwecke, und soweit dazu dienlich, nicht auch zu des Gläubigers Nachteile, tritt er mit Erfüllung der Bürgschaftsobligation als Gläubiger in das Hauptschuldverhältnis, nebst daran haftenden Hypotheken od. dgl., ein; § 774.

---

[1]) Bloß aufschiebende Einrede, aber in beiden Aufrechnungsfällen des Textes; vgl. Lippmann, Dogm. Jahrbücher 43, 546 fg., namentlich S. 555 Note 126.

[2]) Rothenberg, in Gruchots Beitr., 33, 364 fg.

[3]) Handelte es sich z. B. um eine Schenkung des Bürgen an den Hauptschuldner, so fallen alle Regreßansprüche des ersteren gegen letzteren hinweg.

c) Ersatzansprüche gegen Mitbürgen auf Grund des Gesamtschuldverhältnisses, das unter solchen besteht, § 774 Abs. 2, § 426.

6. Eigentümlichkeiten betr. Beendigung der Bürgschaftsschuld.

a) Falls der Gläubiger freiwillig ein ihm sonst zur Sicherung seiner Forderung zustehendes, wann auch immer entstandenes Recht[1]) aufgibt, das dem erfüllenden Bürgen für seinen Ersatzanspruch (soeben 5 b und c) hätte dienlich sein können, so wird dadurch der Bürge in dem Maße, wie letzteres der Fall gewesen wäre, frei von der Bürgschaftsschuld, § 776.

b) Hat sich der Bürge nur für eine bestimmte Zeit verbürgt, so erlischt seine Haftung noch nicht unmittelbar durch deren Ablauf, sondern erst, wenn nicht unverzüglich nach deren Ablauf der Gläubiger das zur Vermeidung der Einrede der Vorausklage nötige Verfahren gegen den Hauptschuldner zu betreiben beginnt, oder wenn er es nicht durchführt, oder wenn er bei dessen unbefriedigendem Ausgang[2]) es unterläßt, unverzüglich nunmehr dem Bürgen Mitteilung davon zugehen zu lassen, daß er nun diesen in Anspruch nehme.

c) Konfusion, d. h. Zusammentreffen der verschiedenen Rechtsstellungen in derselben Person, ist hier zwischen je zweien der beteiligten Personen möglich. Dabei geht die Bürgschaft jedoch stets nur soweit unter, wie die Konfusion dauernd ist und wie sich nicht besondere, wirtschaftlich zweckdienlich bleibende Rechtswirkungen als erforderlich ergeben, vgl. oben § 110, 6 a.

II. Besondere Formen der Bürgschaft.

1. Die selbstschuldnerische Bürgschaft, unter Verzicht des Bürgen auf die Einrede der Vorausklage abgeschlossen, d. h. also nichtsubsidiär, im Leben sehr häufig. Hier liegt zwischen Hauptschuldner und Bürgen gesteigertes Gesamtschuldverhältnis vor, s. oben § 114, IV.

2. Ausfallbürgschaft oder Schadlosbürgschaft, wenn die Subsidiarität noch dahin verschärft wird, daß Bürge von vornherein nur für den Ausfall haftet, den der Gläubiger beim Hauptschuldner erleidet.[3])

---

[1]) Gegen Hauptschuldner, Mitbürgen, dritte Eigentümer einer für die Schuld hypothekarisch belasteten Sache od. dgl.

[2]) Der Umfang der Hauptschuld in diesem Augenblicke ist dann entscheidend für die Maximalhaftung des Bürgen, § 777 Abs. 2.

[3]) Hier wird also namentlich, ehe der Bürge in Anspruch genommen werden kann, der Gläubiger sich noch an etwa ihm zustehende hypothekarische Rechte halten müssen; das dürfte (vgl. in § 772 Abs. 2 „bewegliche") der praktische Hauptunterschied gegen die gewöhnliche Bürgschaft sein.

3. Rückbürgschaft, d. i. Übernahme einer gewöhnlichen Bürgschaft dem Bürgen gegenüber für dessen gegen den Gläubiger event. zu richtenden Ersatzanspruch aus einer anderen Bürgschaft, eine Rückendeckung des Bürgen gewissermaßen gegen Schaden, der ihm aus der Bürgschaft entstehen könnte.

5. Ganz fremd dagegen steht der Bürgschaft der Garantievertrag gegenüber, so oft er auch damit verwechselt wird.[1]) Er setzt kein sonstiges Schuldverhältnis voraus, sondern sagt dem Empfänger des Garantieversprechens Haftung für irgend einen Erfolg seitens des Versprechenden zu auf alle Fälle, namentlich also gerade für den Fall, daß sonst niemand dafür haftet, sodaß eine Bürgschaft nichtig wäre, wenn z. B. schuldlose Unmöglichkeit einträte od. dgl. m.

4. Anweisung.[2]) §§ 783—792.

§ 148.

I. Überblick.

1. Beteiligt sind notwendigerweise drei Personen: der Anweisende (A); der Anweisungsempfänger (B) und der Angewiesene (C). — Außerdem können hinzukommen Personen, auf die die Rechtsstellung des B übergeht, indem B diese Rechtsstellung auf D übertragen mag, D wieder auf E, E auf F usw.

2. Der gewöhnliche oder regelmäßige Hergang ist folgender:

a) A händigt eine Urkunde, in der er den C anweist, Geld, Wertpapiere oder andere vertretbare Sachen an den B zu leisten, diesem B aus. Anweisungsbegründung.

b) B holt sich bei dem C die auf die Anweisungsurkunde zu schreibende vertragliche Zusage, daß C anweisungsgemäß leisten werde. Annahme.

c) Außerdem kann hierauf noch B die Anweisung durch schriftlichen Vertrag an D weitergeben, dieser an E und so fort. Auch diese Weiterbegebung muß schriftlich erfolgen, wenn schon nicht eben auf der Anweisungsurkunde selbst; doch muß diese dem Erwerber immer mit übergeben werden. Anweisungsübertragung.

---

[1]) Man sehe also scharf zu, was die Ausdrücke wirklich meinen, wenn z. B. gesagt ist: „Ich bürge Dir dafür“, oder „Ich garantiere Dir dafür“; nicht selten die stärkere Wirkung, trotz des Wortlautes!

[2]) Wendt, Das allgemeine Anweisungsrecht. — Lenel, i. d. dogm. Jahrb. 36, 113 fg. — Ältere Literatur antiquiert; etwa: Salpius, Novation und Delegation.

3. Der Hergang kann sich verschieben, indem die Annahme ganz wegfällt oder an einen andern Platz tritt:

a) Vorweggenommene Annahme: A kann, ehe er noch die Urkunde an B übergibt, die Anweisung durch C annehmen lassen. Dann wird diese Annahme gegen C doch erst mit der Aushändigung der Urkunde an B wirksam, § 784 Abs. 2 Satz 2, d. h. der Annahmevertrag wird auch hier zwischen B und C, nicht zwischen A und C geschlossen; A handelt dabei vollmachtlos in Vertretung des B; B kann seine Genehmigung nur erteilen durch Entgegennahme der Anweisung aus der Hand des A, zugleich also mit dem Anweisungsbegründungsvertrage.

b) Aufgeschobene Annahme: B kann, noch ehe die Annahme erfolgt ist, die Anweisung an D übertragen. Dann mag erst D oder E uff. die Annahme einholen. Alsdann kommt der Annahmevertrag nicht zwischen B und C, sondern zwischen D und C oder zwischen E und C uff. zustande.

c) Annahmeempfänger, wenn wir so den andern, mit C den Annahmevertrag schließenden Teil nennen, ist also bald B, bald D, oder E uff.; nie aber A. Leistet C, ehe er angenommen hat, an B oder an D oder an E uff., so geht die Anweisung ohne Annahmevertrag zu Ende.

4. Die Rechtsverhältnisse, welche aus diesem Hergange entstehen, haben die Neigung, sich voneinander abzuschließen, soweit sie nicht durch die urkundliche Grundlage miteinander verbunden sind. Das und nicht mehr wird erreicht, soweit es überhaupt erreicht wird, durch ihre sog. Abstraktheit.

a) Diese Abstraktheit ist nämlich hier stets nur eine partielle. Sie schließt nur aus, daß auf das Rechtsverhältnis zwischen je zwei Beteiligten die Rechtsverhältnisse zwischen irgend welchen andern Beteiligten, soweit solche Rechtsverhältnisse nicht auf der Urkunde objektiviert sind,[1]) einwirken; nicht die Berücksichtigung aller möglichen gerade zwischen diesen zwei Beteiligten sonst vorliegenden Rechtsbeziehungen.

b) Die Abstraktheit ist ferner hier bald eine normativ zwingende, bald bloß eine dispositive. Soweit bloß letzteres der Fall, gelingt

---

[1]) Dem steht Wissen (oder gar bloß Wissenmüssen) aus anderen Quellen als aus der Anweisungsurkunde für die Regel keineswegs gleich; Ausnahme s. unten II, 3 d.

also die Absonderung der Rechtsverhältnisse nur so weit, wie durch Parteiwillkür möglich, vgl. oben § 49, II, 1.

c) Endlich gibt es auch Fälle, auf welche keinerlei Abstraktheit ausgedehnt ist, vgl. unten II, 3 b. Soweit kommt die Absonderungsneigung eben überhaupt nicht zur Verwirklichung.

5. Dies voraufgeschickt, wenden wir uns nunmehr zu der Betrachtung der einzelnen Rechtsbeziehungen.

II. Die einzelnen Rechtsbeziehungen aus der Anweisung.

1. Die Anweisungsbegründung ist der Vertrag zwischen Anweisendem und Anweisungsempfänger, geschlossen durch Geben und Nehmen einer Urkunde, die selbst kurzerhand „Anweisung" heißt. Dieser Vertrag schafft aber keine eigentlichen festen Verpflichtungen,[1]) nicht einmal unter den Vertragschließenden, er beläßt es vielmehr bei deren bisherigen Beziehungen, infolge deren es zur Ausstellung der Anweisung gekommen sein mag, §§ 787, 788. Er schafft nur zwei „Ermächtigungen", d. h., vgl. oben § 66, 5, zwei Möglichkeiten, im eigenen Namen mit unmittelbarer Wirkung auf einen fremden Rechtskreis zu handeln; und zwar je eine solche Ermächtigung für B und für C, mit Wirkung auf den Rechtskreis des A zu handeln, B indem er die angewiesene Leistung erhebt, C indem er sie entrichtet. Für diese Doppelermächtigung gelten hier folgende besondere Regeln:

a) Durch den Vertrag zwischen A und B kommen beide Ermächtigungen zustande, auch die für C. Insofern mag man jenen Vertrag einen solchen zugleich für einen Dritten heißen.

b) Ebenso erlöschen sie beide durch Einen Widerruf seitens des A, dieses Mal zu richten an den C und stets möglich, so lange C noch nicht angenommen oder geleistet hat, § 790.

c) Sie sind beide partiell abstrakt; vgl. oben I, 4 a, aber nur im dispositiven Sinne. Deshalb verliert z. B. A sein Widerrufsrecht gegen C selbst dann nicht, wenn er B gegenüber auf Grund eines sonst zwischen A und B bestehenden Rechtsverhältnisses zur Anweisung verpflichtet sein sollte, § 790 Satz 2.

d) Jede von beiden Ermächtigungen begründet, sobald es zu der angewiesenen Leistung gekommen ist, aber nicht vorher, ihre eigentümliche Wirkung auf das Vermögen des ermächtigenden A:

---

[1]) Abgesehen von der Billigkeitsverpflichtung des C, dem A unverzüglich Anzeige von solchen die Anweisung berührenden Ereignissen zu machen, die vom normalen Gang der Dinge abweichen, § 789, wie bei jeder Ermächtigung, vgl. oben § 66, 5, Note 3.

aa) Die Leistung, die C dem B macht, gilt als erfolgt unmittelbar an A. D. h. hatte A eine solche von C zu fordern und bezog sich die Ermächtigung auf Zahlung eben dieser Schuld an B (sog. Anweisung auf Schuld), so ist damit das Schuldverhältnis zwischen A und C erloschen, § 787 Abs. 1, vgl. oben § 106 I, 2 b. Hatte A von C keine solche Leistung zu fordern, so ist er ihm jetzt Rückerstattung oder Ersatz dafür schuldig geworden, als hätte er sie selbst, z. B. als Darlehen, empfangen (sog. Anweisung auf Kredit).

bb) Die Leistung, die C dem B macht, gilt als unmittelbar von A an B erfolgt. D. h. schuldete A eine solche Leistung dem B, so ist diese Schuld damit erloschen,[1] § 788. Schuldete er ihm nichts dergleichen, so ist nun B dem A Rückerstattung oder Ersatz dafür schuldig geworden, als hätte B das Empfangene unmittelbar von A, z. B. als Darlehen, empfangen.

cc) Dagegen Rechtsbeziehung oder Rechtswirkung zwischen dem Anweisungsempfänger und dem Angewiesenen begründet der Empfang der angewiesenen Leistung nicht, wenigstens nicht über das eine hinaus, daß nämlich, wenn C die Anweisung vorher angenommen hatte, seine Verpflichtung aus der Annahme dadurch erlischt, s. sofort unter 2.

2. Der Annahmevertrag schafft zwischen Angewiesenem und Annahmeempfänger das abstrakte Schuldverhältnis, daß ersterer letzterem gegen Aushändigung der Anweisung zur Leistung der angewiesenen Sache verpflichtet ist.

a) Die Annahme schafft erst diese Verpflichtung.[2] Vorher ist der Angewiesene dem Anweisungsempfänger oder dessen Rechtsnachfolgern zu nichts verpflichtet, auch nicht zu der Annahme selbst, sollte er selbst gegenüber A, gemäß der zugrunde liegenden Rechtsbeziehung zwischen A und C, dazu verpflichtet sein, § 787 Abs. 2.

b) Die Abstraktheit der so entstehenden Verpflichtung ist wieder nur eine partielle, hier aber eine zwingend normative. D. h.:

aa) Einwendungen aller Art,[3] die C gegen den Annahmeempfänger persönlich hat, kann er diesem ungeschmälert entgegensetzen, § 784 Abs. 1, erste und letzte Alternative.

---

[1] So mögen, wenn dieses in beiden Fällen zutrifft, durch die angewiesene Leistung zwei Schuldverhältnisse gleichzeitig erfüllt sein. So tritt unter Umständen die Anweisung ergänzend zu der Aufrechnung behufs Skontration hinzu, vgl. oben § 109, IV, 2.

[2] Dieselbe unterliegt einer dreijährigen Verjährung, § 786.

[3] Wegen der dahin gehörigen exceptio doli generalis s. unten S. 518 Note 2.

bb) Dagegen Einwendungen aller Art, auch durch Willkür der Parteien nicht aufhebbarer Natur, welche C sonst gegen den Annahmeempfänger aus den Rechtsverhältnissen anderer Beteiligter oder aus seinen Rechtsbeziehungen zu andern Beteiligten oder aus Rechtsbeziehungen des Annahmeempfängers zu andern Beteiligten[1]) herleiten könnte, sind, sofern sie nicht aus dem Inhalt der Anweisung oder der Annahme, d. h. aus der Urkunde, sich ergeben, abgeschnitten, § 784 Abs. 1, § 792 Abs. 3.

Beispiele. A habe die Anweisung unter Zwang (Drohung) ausgestellt[2]) oder unter einer mündlich mit B getroffenen Nebenverabredung oder auf Schuld, die sich als Spielschuld herausstellt, oder wegen deren Aufrechnung möglich gewesen wäre. Die daraus hervorgehenden Ermächtigungen sind dann beide ungültig beziehungsweise anfechtbar im Falle der Spielschuld und des Zwanges, da dispositive Abstraktheit darüber nicht weghelfen kann. Dagegen die Nebenverabredung beeinträchtigt die Ermächtigung nur gegenüber B, nicht aber die andere Ermächtigung gegenüber C; ebenso mag C gegen A aufrechnen, ohne daß unter dieser Möglichkeit die Ermächtigung des B litte. — Nun nimmt C gegenüber B an. Alsdann kann C sich gegen B auf keinen jener Umstände berufen, nicht einmal auf Zwang oder Betrug oder Herkunft aus einer Spielschuld oder dergl., es erhelle denn ein solcher Umstand aus der Anweisungsurkunde. Ist es dagegen der Annahmevertrag selbst, den C mit B infolge Betruges oder Zwanges oder zur Deckung einer zwischen ihnen schwebenden Spielschuld geschlossen hat, oder ist diesem Annahmevertrage eine Nebenverabredung mündlich beigefügt oder kann C gegen B aufrechnen, so kann er sich darauf sehr wohl gegen B berufen. — An Stelle von B tritt, wenn er die Anweisung vor Annahme an D übertragen hat und der Annahmevertrag nun zwischen C und D zustande gekommen ist, damit D. Nunmehr kann C sich nicht mehr gegen D auf seine Beziehungen zu A, aber auch nicht mehr auf die zu B berufen, sondern jetzt auf alle seine persönlichen Rechtsbeziehungen nur zu D. Denn D, nicht B ist ja jetzt der Annahmeempfänger, vgl. sofort unten 3 a. Anders

[1]) Namentlich wird in derartigen Verhältnissen auch der Grund liegen, warum C dem B gegenüber, dem er zu nichts verpflichtet ist, annimmt, also die causa des Annahmevertrags; eben von dieser causa wird abstrahiert.

[2]) Dagegen, wenn er sie gar nicht ausgestellt hätte, sondern die Anweisung gefälscht wäre, so wären alle auf ihr aufgebauten Rechtswirkungen nichtig; denn dann läge eben gar keine wirkliche Anweisung vor.

wenn die Anweisung an D erst nach Annahme übertragen worden wäre, vgl. sofort unten 3 b.

3. Die Anweisungsübertragung endlich hat verschiedene Bedeutung, je nachdem es sich um eine noch nicht oder um eine schon angenommene Anweisung handelt.

a) Ist sie noch nicht angenommen, so tritt der Erwerber D wie ein Zessionar in die Ermächtigungen ein, § 413; er gewinnt aber ferner auch die Aussicht darauf, unmittelbar selbst Annahmeempfänger, unter Ausscheidung des B, zu werden.

b) Ist die Anweisung angenommen, ehe ihre Übertragung erfolgt ist, so tritt nunmehr D wiederum wie ein Zessionar in die Ermächtigungen ein. Aber außerdem als Zessionar in das durch die Annahme begründete Schuldverhältnis zwischen B und C. Die Zession dieses Schuldverhältnisses unterliegt keiner besondern Regel, namentlich auch nicht etwa der Anweisungsabstraktheit. D muß sich also in diesem Falle von seiten des C alle Einwendungen gefallen lassen, nicht nur die C persönlich gegen D zustehen, sondern auch die C gegen B zustehen, soweit nicht das gewöhnliche Recht der Zession (s. § 405) Ausnahmen schafft.

c) Dieselben Regeln gelten für weitere Übertragungen von C an D oder von D an E usf., je nachdem sie vor oder nach Annahme erfolgen.

d) Der Anweisungsaussteller kann aber auch jede solche Übertragung ausschließen. Eine solche ausschließende Bestimmung greift durch, vgl. §§ 399 und 792 Abs. 2, 3, falls sie auf der Anweisung objektiviert ist. Ist sie dies nicht, so gehört sie zu denjenigen Nebenverabredungen zwischen A und B oder zwischen A und C, welche für das Verhältnis zwischen C und dem Annahmeempfänger bedeutungslos sind; C kann sich dann also, wenn es doch zu einer Übertragung gekommen ist, auf deren Ungültigkeit gegen D weder berufen, falls D nach Annahme, noch falls D vor Annahme an Stelle des B getreten ist.[1]) An sich könnte auch, falls die ausschließende Bestimmung bloß zwischen A und B vereinbart ist, A sich dann zufolge der, wenn schon hier nur dispositiven Abstraktheit, darauf nicht gegen C (der etwa an D oder E geleistet oder diesen gegenüber angenommen hat) berufen; doch ist hier ihm ausnahmsweise diese Berufung gestattet,

---

[1]) Letzterenfalles nicht, weil dann D Annahmeempfänger ist; ersterenfalles nicht, weil dann D Rechtsnachfolger des Annahmeempfängers B ist.

wenn C vor Annahme oder Leistung davon Mitteilung durch A erhalten hat, § 792 Abs. 2.

III. Weiter nichts als Sonderfälle dieser bisher besprochenen Anweisung sind:

1. Die kaufmännische Anweisung, das ist diejenige, bei welcher der Angewiesene ein Kaufmann ist, während die übrigen Beteiligten nicht Kaufleute zu sein brauchen. Für sie gelten, außer §§ 783—792, noch HGB. §§ 363—365.

2. Der Check, das ist die kaufmännische Anweisung zu einmaliger Zahlung einer Geldsumme auf Sicht, ohne Annahme. Seine Besonderheiten werden geregelt nicht durch Gesetz, sondern durch Handelsbrauch, namentlich infolge der sogen. Überbringerklausel, die ihrem Sinn nach gemäß § 808[1]) zu verstehen ist.

IV. Dagegen Fälle, wo man auch wohl, im weitern Sinne, von Anweisung redet, die aber nicht mehr unter §§ 783 fg. fallen, sind folgende:

1. Falls die Anweisung oder die Annahme nicht (auf die Anweisungsurkunde) geschrieben sind; oder die Anweisungsübertragung nicht geschrieben ist; oder sonst ein Formmangel vorliegt; oder die Anweisung auf etwas anderes lautet als Geld, Wertpapiere oder sonst vertretbare Sachen; so ist sie keineswegs ungültig, sie untersteht nur nicht mehr den Sondervorschriften über die Anweisung usw. im engeren Sinne. Sie mag dann selbst noch, gemäß Parteiabrede, dispositiv abstrakt sein, der zwingenden Abstraktheit aber muß sie dann entraten. Ferner wird es wohl z. B. zur Begründung der Mitteilung auch an den Angewiesenen, zum Widerruf der Erklärung auch an den Anweisungsempfänger bedürfen. Dagegen wird eine solche Anweisung andererseits erst innerhalb der gewöhnlichen Frist verjähren. So mag man noch von Anweisung usf. reden, aber nur von solcher mit schwächerer Wirkung.

2. Umgekehrt eine Anweisung, Annahme und Anweisungsübernahme mit wesentlich stärkerer Wirkung liegt vor in dem sog. gezogenen Wechsel, in dessen Akzept durch den Bezogenen und in dessen Indossierung. Hier ist die Abweichung von der gewöhnlichen Anweisung so wesentlich, daß das Recht der letzteren nicht einmal finngemäß anwendbar ist, sondern hier gilt ausschließlich Wechselrecht. Immerhin ist die Ähnlichkeit eine weitreichende; vgl. namentlich WO. § 82.

[1]) S. unten § 149, III, 2.

Dritter Abschnitt.

Die einzelnen Schuldverhältnisse ohne vertragliche Begründung.[1])

I. Aus einseitigem Versprechen.

1. Schuldverschreibung auf Inhaber.[2]) §§ 793–808.

§ 149.

I. Die Einrichtung selbst. — Eine von allen uns bisher bekannt gewordenen weit abweichende, nur hin und wieder an die Anweisungsannahme anklingende Einrichtung ist die der Schuldverschreibung auf Inhaber. Wurzel des Schuldverhältnisses ist hier nicht mehr der Vertrag, selbst nicht mehr ein erklärungsbedürftiges einseitiges Rechtsgeschäft im gewöhnlichen Sinne des Wortes, sondern die Tatsache, daß derjenige, der Schuldner werden will, und der es auf eben die hier darzustellende Weise werden will, diesen seinen Willen urkundlich[3]) zum Ausdruck gebracht hat. Sobald dann diese Urkunde irgendwie in das Eigentum eines andern gekommen ist, so ist dieser jeweilige Eigentümer Gläubiger aus dieser Urkunde geworden; ein jeder solcher Eigentümer von mehreren aufeinander folgenden ist so Gläubiger, solange er Eigentümer ist, aus eigenem Recht, nicht infolge Rechtsübergang von seinem Vorgänger; der Schuldner aber ist sogar berechtigt, jeden Inhaber der Urkunde als seinen Gläubiger zu behandeln, auch wenn dieser zur Verfügung über die Urkunde nicht berechtigt sein sollte, also weder Gläubiger wirklich ist, noch von dem wirklichen Gläubiger beauftragt od. dgl.; wie umgekehrt, wer wirklich Gläubiger ist, ohne Inhabung der Urkunde sein Recht nicht ausüben kann, da der Schuldner nur gegen ihre Aushändigung zu leisten verpflichtet ist, wie bei der Anweisungsannahme, § 797 Satz 1.

---

[1]) Literatur wie zu Abschnitt 2, Kapitel 2.

[2]) Koch, Geld und Wertpapiere. — H. Lehmann, Zur Theorie der Wertpapiere, 1890. — Cordes, Begriff und Arten der Wertpapiere, 1898. — Adler, Studien z. d. Lehre v. d. Wertpapieren u. dem Wechsel, in Grünhuts Zeitschrift, 26, 19 fg. — Jacobi, Ernst, Die Wertpapiere im bürg. Recht des Deutschen Reichs (Fischers Abhandlungen 8, 1). Ältere Literatur: Kuntze, Lehre v. d. Inhaberpapieren, 1857. — Unger, Rechtliche Natur der Inhaberpapiere, 1857. — Jolly, i. d. Zeitschrift f. Handelsrecht 1, 117 fg. — Bekker, i. d. Jahrbüchern f. gem. Recht 1, 226 fg.

[3]) D. h. schriftlich oder gedruckt od. dgl. mit eigenhändiger Namensunterschrift, § 126; auch noch für letztere Eigenhändigkeit Erleichterung § 793 Abs. 2 Satz 2.

1. Man nennt deshalb die Schuldverschreibung auf den Inhaber ein Wertpapier und zwar ein Inhaberpapier, obschon das Recht aus ihr zunächst nicht voll mit der Inhabung, sondern erst mit dem Eigentum zusammentrifft. Tatsächlich ist aber allerdings für die gläubigerische Rechtsstellung die Inhabung das Wichtigste.

a) Wertpapier heißt eine Urkunde, die nicht nur zum Beweise eines Rechts bestimmt (z. B. jeder Schuldschein), auch nicht nur dem gesetzlichen oder Parteierfordernis der Schriftlichkeit behufs Begründung eines Rechts genugzutun bestimmt ist (z. B. das Schuldanerkenntnis), sondern Trägerin des Rechts selbst zu sein, auf die Dauer, so daß das Recht nur mit ihr von Hand zu Hand geht und mit ihr untergeht.[1]) Das Forderungsrecht fällt hier mit dem dinglichen Recht an dem Blatt Papier, der Urkunde, somit zusammen, jedoch in verschiedenem Maße nach den verschiedenen Arten der Wertpapiere.

b) Diese sind entweder Inhaberpapiere, wie die Schuldverschreibung auf den Inhaber;[2]) oder Ordrepapiere, wenn es zu ihrer Übertragung noch eines Vermerks auf ihnen bedarf (des sog. Indossaments), behufs Herstellung einer festen Kette von dem ersten Berechtigten bis zu dem Inhaber, der jetzt berechtigt sein soll, wie bei dem Wechsel oder bei der auf Ordre gestellten kaufmännischen Anweisung; oder Rektapapiere, wenn nur sonstige, reguläre Rechtsübertragung von der Person des ersten Berechtigten bis zu dem Inhaber, der jetzt berechtigt sein soll, genügt, wie bei der Übertragung der gewöhnlichen Anweisungsannahme, sofern man in der angenommenen Anweisung schon ein Wertpapier überhaupt finden will.[3])

---

[1]) Wenn auch in solchem Falle wohl an Stelle des untergegangenen Rechts ein anderes nach Kraftloserklärung der verlornen oder untergegangenen Urkunde tritt, s. unten II. — Über die dinglichen Rechtsverhältnisse aller hier im Text genannter Papiere, einschl. des Schuldscheins, vgl. einstweilen § 952.

[2]) Dieselbe bildet keineswegs das einzige Inhaberpapier; liegt sie doch nur vor, wenn das Papier dem Inhaber Leistung verspricht; nicht z. B. wo es ihn zum Teilhaber einer juristischen Person macht, wie bei der Aktie auf Inhaber, einem Institute des Handelsrechts; oder wenn das Papier dingliche Rechte überträgt, wie der Grundschuldbrief auf den Inhaber, § 1195 Satz 1; auf letzteren finden übrigens die Regeln über Schuldverschreibungen auf den Inhaber entsprechende Anwendung, § 1195 Satz 2. Dagegen ist allerdings die Schuldverschreibung auf Inhaber das einzige rein obligatorische Inhaberpapier unseres Gesetzbuches.

[3]) Der Begriff des Wertpapiers ist (vgl. auch vorstehende Bestimmung desselben im Text) kein streng juristischer, mehr ein ökonomischer, deshalb etwas

c) Inhaberpapiere, bei denen also im Gegensatze zu den Ordre- und Rektapapieren nichts zu der Inhabung hinzuzukommen braucht, um dem jedesmaligen Inhaber die Ausübung des Rechts zu ermöglichen, sind demgemäß die schärfst ausgeprägte, leichtest bewegliche Kategorie der Wertpapiere. Solche Schuldverschreibungen auf den Inhaber gar, die auf Sicht zahlbar und unverzinslich sind, treten in der allgemeinen Verkehrsauffassung, falls namentlich ihr Aussteller in weitesten Kreisen unbeschränkten und unbezweifelten Kredits genießt (z. B. der Staat, Notenbanken od. dgl.), dem Gelde unmittelbar an die Seite.[1]) Alle Wertpapiere auf den Inhaber aber sind dem Gelde gesetzlich gleichgeordnet in bezug auf einzelne privilegierte Erleichterungen des Eigentumserwerbes daran, s. vielfach unten im dritten Buch und vgl. einstweilen § 935 Abs. 2. Die eminente wirtschaftliche Bedeutung dieser ganzen Materie springt in die Augen.

2. Die Schuldverschreibung auf den Inhaber entsteht durch Ausstellung der Urkunde. Doch kann sie offenbar Bedeutung gegen den Aussteller erst gewinnen, wenn sie in die Hand eines Dritten gekommen ist. Wie sie in diese dritte Hand kommt, ist für ihre fernere Gültigkeit bedeutungslos, es mag selbst erst nach dem Tode des Ausstellers, es mag selbst durch Diebstahl geschehen sein.[2]) Nur noch eins muß, unter Umständen, hinzutreten. Falls es nämlich Zahlung einer bestimmten Geldsumme ist, worauf das Versprechen der im Inlande ausgestellten Urkunde lautet, so bedarf es, behufs Vermeidung sonst leicht hier eintretender weitesttragender Kreditgefahren, im öffentlichen Interesse für ihre Gültigkeit staatlicher Genehmigung, bevor sie in den Verkehr kommt (nicht schon zu ihrer Ausstellung), § 795.

dehnbarer, den man enger und weiter nehmen kann; namentlich wegen § 785 mag man die angenommene Anweisung darunter ziehen.

[1]) Ja, man sieht Staatskassenscheine und selbst Banknoten vielfach direkt als Geld an. Dies ist jedoch unzutreffend, falls man das Wort „Geld" im strengeren Sinne nimmt, wenigstens in Deutschland, vgl. oben § 100 zu Anfang und Note 2. Tatsächlich sind unsere Reichskassenscheine nur Schuldverschreibungen auf den Inhaber, ausgestellt von dem Reich selbst, dahin lautend, daß der Betrag jedem Inhaber von der Reichskasse auf Wunsch bei Sicht gezahlt wird, und unverzinslich. Ebenso unsere Reichsbanknoten, nur daß hier Aussteller sogar nur ein (allerdings unter weitgehender Reichskontrolle stehendes) Privatinstitut ist, die Reichsbank. Wegen dieser Reichsbank, der ihr sonst noch gleichgestellten „Notenbanken" und ihres Banknotenprivilegiums s. das Bankgesetz v. 14. März 1875. Wegen einer anderen Kategorie von Schuldverschreibungen auf den Inhaber s. das Gesetz betr. die Inhaberpapiere mit Prämien v. 8. Juni 1871.

[2]) Wennschon natürlich nicht zugunsten des überführten Diebes selbst.

a) Eine ohne staatliche Genehmigung in den Verkehr gelangte Schuldverschreibung ist nichtig.

b) Der Aussteller ist, falls er nicht ganz schuldlos ist, dem Inhaber für den Schaden (neg. Vertragsinteresse) haftbar; und ev. sogar strafbar, StGB. § 145a.

c) Dieser Genehmigung bedürfen natürlich nicht Schuldverschreibungen des Reiches oder der Bundesstaaten selbst.

3. Die gültig in den Verkehr gebrachte Schuldverschreibung auf den Inhaber schafft zugunsten des jeweiligen Eigentümers ein Forderungsrecht auf die darin versprochene Leistung so, wie sie darin versprochen ist. Das Forderungsrecht ist ausübbar:

a) durch den Eigentümer selbst;

b) durch jeden von ihm mit Inkassovollmacht versehnen Dritten dem er aber zu diesem Behufe die Urkunde übergeben muß, damit er sie bei der Zahlung aushändigen kann, § 797 Abs. 1;

c) durch den Inhaber der Urkunde, der sonstwie über sie verfügungsberechtigt ist, z. B. durch ein dingliches Recht, als Nießbrauch oder Pfandrecht, regelmäßig mit dem Eigentümer zusammen, s. unten § 195, II, aber auch § 193 z. E.

d) Das Forderungsrecht kann aber endlich auch mit Erfolg ausgeübt werden durch einen dazu unberechtigten (z. B. den bloßen Verwahrer) oder absolut unberechtigten Inhaber (z. B. den Dieb), sofern nur der Aussteller ihm zu leisten sich bereit findet. Will der Aussteller dem Inhaber nicht leisten, so trifft den Aussteller die Last des Beweises, daß dieser Inhaber nicht verfügungsberechtigter Inhaber ist. Diese Last braucht der Aussteller unter keinen Umständen auf sich zu nehmen, er wird stets befreit durch Zahlung an den Inhaber und dabei zugleich stets Eigentümer der ihm von dem Inhaber ausgehändigten Urkunde, § 797 Satz 2. Daran wird nicht einmal dadurch etwas geändert, daß der Aussteller um die Nichtberechtigung des sich zum Leistungsempfang meldenden Inhabers weiß:[1]) denn er braucht sich eben nicht, auch nur auf Auseinandersetzungen darüber, einzulassen.

---

[1]) Geschweige denn dadurch, daß er etwas wissen könnte: von irgend welcher Erkundigungspflicht für ihn ist keine Rede. Dies unbestritten; nicht ganz so der Satz des Textes. Übrigens ist der Streit höchst unpraktisch: denn tatsächlich wird man kaum je dem Aussteller nachweisen können, daß er positiv wußte, daß der Präsentant nicht berechtigt sein konnte, es liege denn die Ausnahme des Textes (folgender Satz) vor.

Anders nur, falls Präsentant und Aussteller deliktisch zur Schädigung des Dritten dolos bewußtermaßen zusammenwirken.[1])

4. Das Forderungsrecht aus dem gültig in den Verkehr gebrachten Papiere ist ein normativ abstraktes in demselben Sinn, wie dies bei der Anweisungsannahme ausgeführt wurde; d. h. soweit nicht aus dem Papier selbst oder aus dem Rechtsverhältnisse zwischen dem Schuldner einerseits, dem eben Erfüllung verlangenden Inhaber persönlich andererseits etwas anderes sich ergibt, muß der Aussteller unbedingt leisten, § 796. Namentlich also hat der Schuldner keinerlei Einwendungen aus der Person eines Vorbesitzers. Dagegen hat er folgende Einwendungen:

a) solche, die sich auf Gültigkeit der Ausstellung und ev. auf mangelnde staatliche Genehmigung (s. oben 2, a) beziehen; namentlich Fälschung od. dgl. bei der Ausstellung; nicht Diebstahl od. dgl. nach der Ausstellung, § 794;

b) solche, die sich aus der Urkunde ergeben, wie wenn etwa diese selbst ihre Gültigkeit noch von besonderen Zusätzen, Stempeln od. dgl. für abhängig erklärt (§ 793 Abs. 2 Satz 1) und diese mangeln; oder wenn die Urkunde nur bedingt oder nur unter kausalen Einschränkungen ihr Versprechen abgibt, was freilich nicht eben häufig sein wird; oder sonst irgendwelche Einschränkungen zufügt, wenn dieselben nur klar in ihr objektiviert sind;

c) solche, die dem Aussteller unmittelbar gegen den Inhaber, der eben vor ihm steht, zustehen, z. B. wenn er gegen diesen aufrechnen kann oder gerade dieser ihn bei der Ausstellung des Papieres betrogen oder bestohlen hat od. dgl. Dahin wird man aber auch rechnen müssen den Einwand der Unredlichkeit, gerichtet gegen den, der z. B. um den Diebstahl wissend das Papier vom Diebe erworben hat, wennschon vielleicht nicht eben als Hehler.[2]) Einem solchen

[1]) Z. B. der Dieb des Wertpapieres handelt im Einverständnisse mit dem Kassierer der schuldnerischen Bank, der als Hehler sich deliktisch haftbar macht; dafür muß die Bank aufkommen, § 278.

[2]) Ebenso z. B. gegen eine vorgeschobene Person, die an Stelle desjenigen auftritt, der Einwendungen unterliegen würde und deshalb nicht selbst auftritt. Die Sache ist übrigens äußerst streitig, ist es auch im Wechselrecht, wo sie ganz ähnlich liegt, stets gewesen. Es handelt sich um die exceptio doli generalis, deren Anwendbarkeit ich (hier wie sonst, trotz Planck, 2, 556) bejahe, vgl. oben S. 87; deren Gebiet ich aber, soweit mit Plancks Ergebnis übereinstimmend, auf Unredlichkeit beim Erwerb oder auf diejenige Unredlichkeit beschränke, die darin liegt, daß gar kein Erwerb stattgefunden hat, sondern ein Nichterwerber

Einwand wird dagegen nicht ausgesetzt sein, wer das Papier ohne solche Unredlichkeit erworben hat, wennschon er, bevor er es weiter begibt oder einlöst, derartige frühere Vorgänge erfährt: darum, daß er dann trotzdem sein wohlerworbenes Recht ausübt, kann ihn billigerweise kein Vorwurf treffen.

d) Dazu kommen endlich noch besondere Einwendungen aus den dem Institut der Schuldverschreibung auf Inhaber eigentümlichen Rechtseinrichtungen, als Kraftloserklärung, Zahlungssperre, Ablauf der Vorlegungsfrist, Verjährung od. dgl. Möglichkeit und Bedeutung dieser Einwände wird sich unter II näher ergeben.

5. Das Inhaberpapier hört auf, als solches zu bestehen, wenn es von dem Aussteller auf den Namen eines bestimmten Berechtigten umgeschrieben wird, auf der Urkunde selbstverständlich, § 806. Der Aussteller ist hierzu im allgemeinen[1]) nicht verpflichtet; wohl aber sind häufig verpflichtet, darum bei dem Aussteller nachzusuchen, Verwalter fremder Vermögen, z. B. der Vormund. — Mit dieser Umschreibung wird das Inhaberpapier zum Rektapapier.

II. Ergänzende Einrichtungen, getroffen zur Sicherung gegen die großen Gefahren, die das Institut der Inhaberpapiere für alle rechtmäßig Beteiligten birgt; und zwar folgende:

1. Kraftloserklärung im Wege des Aufgebotsverfahrens (§§ 799 fg., CPO. §§ 1003 fg.), wenn die Urkunde abhanden gekommen oder vernichtet ist.

a) Möglich, falls die Urkunde es nicht ausschließt, für alle solche Schuldverschreibungen, mit Ausnahme von Zins-, Renten- und Gewinnanteilscheinen sowie von Schuldverschreibungen, die unverzinslich und auf Sicht zahlbar (geld- oder banknotenähnlich) sind.

b) Wirkung. Die alte Urkunde verliert durch das Ausschlußurteil ihre Kraft; demjenigen, der das Urteil erwirkt hat, ist der Aussteller wie einem berechtigten Inhaber der Urkunde verpflichtet, auf Leistung oder auf Neuausstellung einer Urkunde an Stelle der alten.[2])

2. Zahlungssperre. Gleichzeitig mit dem Antrag der Kraftlos-

---

simulierend als Erwerber auftritt; während ich sie nach dem Erwerbe leugne, aus den a. a. O. von Planck angegebenen Gründen.

[1]) Vgl. jedoch Art. 97 u. 101 sowie betr. Eintragung in das Reichsschuldbuch Gesetz v. 31. Mai 1891. — Die alte „Außerkurssetzung" besteht nicht mehr, Art. 176.

[2]) Für einen andern, einfachern Fall solcher Neuausstellung, weil die alte Urkunde beschädigt oder verunstaltet ist, vgl. § 798.

erklärung, bisweilen selbst schon vorher, kann das Gericht auf Antrag das einstweilige Verbot an die Zahlstellen für die Urkunde erlassen, etwas auf die Urkunde hin zu leisten. Der Verlierer der Urkunde ist dadurch während der Dauer des Aufgebotsverfahrens gesichert.[1])

3. Vorlegungsfrist. Damit dem Aussteller ein Ende seiner Haftung gesichert sei, ist statt der Verjährung hier eine Präklusivfrist vorgeschrieben, und zwar für die Vorlegung des Papiers beim Aussteller behufs Einlösung, von dem Eintritte der für die Leistung bestimmten Zeit ab; dieser Vorlegung gleich steht nur die gerichtliche Geltendmachung des Anspruchs aus der Urkunde; § 801.

a) Die Vorlegungsfrist beträgt 30 Jahre, für Zins-, Renten- und Gewinnanteilscheine bloß 4 Jahre, indessen erst gerechnet vom Schlusse des Jahres, in dem sie fällig werden; der Aussteller kann in der Urkunde Dauer und Beginn der Frist anders bestimmen.

b) Gehemmt wird Beginn und Ablauf dieser Frist nur: durch die Zahlungssperre zugunsten dessen, der sie beantragt hat, während des Aufgebotsverfahrens; und wie eine Verjährung, durch Behinderung des Berechtigten in der Rechtsverfolgung, durch Mangel eines gesetzlichen Vertreters für den nicht voll geschäftsfähigen Berechtigten oder durch aktive oder passive Zugehörigkeit zu einem Nachlasse, § 802 Satz 3.

c) Wirkung des Ablaufs der Frist ist Erlöschen aller Ansprüche aus der Schuldverschreibung.

4. Für eine Verjährung bleibt daneben nur Raum, soweit innerhalb der Vorlegungsfrist die Vorlegung (oder Klageerhebung) erfolgt ist, wegen der Ansprüche dessen, der vorgelegt hat, und späterer Inhaber. Hier kommen folgende Eigentümlichkeiten zu der übrigens den allgemeinen Regeln unterstehenden Verjährung hinzu:

a) Dauer derselben ist die Zeit von der Vorlegung bis zum Ende der Vorlegungsfrist und zwei Jahre darüber hinaus.

b) Zu den übrigen Hemmungsgründen tritt hier die Zahlungssperre hinzu zugunsten dessen, der sie beantragt hat.

5. Eigentümlichkeiten der Zins-, Renten- und Gewinnanteilscheine.

a) Sind Zinsscheine zu einer Inhaberschuldverschreibung ausgegeben, so haben sie selbständigen, nicht akzessorischen Charakter, wie letzteren sonst Zinsverpflichtungen neben der Kapitalschuld haben. Näheres in § 803.

b) Da alle solche Scheine der Kraftloserklärung und Zahlungs-

---

[1]) Eine weitere Sicherung gibt § 437 Abs. 2.

sperre entzogen sind, so ist dem Berechtigten, der sie verloren hat, in § 804 ein anderes Hilfsmittel geboten: den Verlust vor Ablauf der Vorlegungsfrist beim Aussteller anzumelden und, wenn dann bis Ablauf der Frist die betreffenden Scheine nicht ordentlich zur Einlösung vorgelegt oder eingeklagt sind,[1]) Leistung von dem Aussteller zu verlangen. Dieser Anspruch verjährt in vier Jahren.

III. Verwandte Einrichtungen.

1. Legitimationspapiere oder Legitimationszeichen sind solche Urkunden oder Blechmarken oder Karten oder Nummern u. dergl., welche ein Wiedererkennen zwischen Schuldner und Gläubiger sichern sollen und im Zweifel nicht mehr. Namentlich wird man also nicht annehmen, daß die Ausübung der Forderung irgendwie an sie geknüpft, der Schuldner schlechtweg an ihren Inhaber zu leisten berechtigt und an diesen nur gegen Rückerstattung der betr. Marke zu leisten verpflichtet sein soll. Sie sollen vielmehr zunächst nur den Verkehr erleichtern; der Berechtigte, der sie verloren hat, wird es um etwas schwerer haben, sich als Berechtigten zu legitimieren, er bleibt aber Berechtigter; der Unberechtigte, der selbst Eigentum an ihnen erworben haben sollte, wird dadurch nicht Forderungsberechtigter; der Verpflichtete darf auf ihre Präsentation hin nur leisten, wenn er den sie Präsentierenden wirklich, ohne jede Schuld seinerseits, für den Berechtigten hält. In keiner Weise sind sie Inhaber- oder Wertpapiere.

2. Inhaber- und Wertpapiere im eigentlichen Sinne sind auch noch nicht die sog. qualifizierten Legitimationspapiere, d. h. Urkunden, welche den Gläubiger benennen, daneben aber die Bemerkung tragen, daß die in ihnen versprochene Leistung an jeden Inhaber bewirkt werden kann. Diese Inhaber-Klausel (wie sie z. B. üblich ist in

---

[1]) Erfolgt dies, so kann und wird Aussteller dem Präsentanten getrost zahlen, ohne etwa durch die voraufgehende Verlustanzeige in irgend welche andere Lage gebracht zu sein, als jeder Aussteller einer solchen Schuldverschreibung jedem Inhaber derselben gegenüber. Dies Hilfsmittel des Berechtigten ist also recht prekär, es nützt ihm nur, wenn der Coupon wirklich untergegangen oder dauernd verloren ist oder wenn der Dritte, in dessen Hand er auf dunklem Wege gelangt ist, sich scheut, ihn zu präsentieren, z. B. um nicht dadurch als Dieb entdeckt zu werden. Nicht einmal dies Hilfsmittel hat, wer Banknoten u. dergl., überhaupt unverzinsliche, auf Sicht zahlbare Schuldverschreibungen auf den Inhaber verliert, vgl. §§ 799, 804. Übrigens komplizierte Beweisverschiebung, angedeutet durch die Fassung des § 804, s. Planck Nr. 2 zu diesem Paragraphen, 2, 563.

Sparkassenbüchern, Pfandscheinen, Versicherungspolicen[1]) läßt vielmehr die eigentlichen, obligatorischen Berechtigungsverhältnisse unverändert; nur der in der Urkunde benannte Gläubiger und dessen Rechtsnachfolger als solche (nicht kraft eigenen Rechts, als Inhaber) sind forderungsberechtigt, jeder von ihnen muß sich alle Einreden, die gegen einen seiner Vormänner möglich gewesen wären, gefallen lassen; der Aussteller hat nur dem wirklich Berechtigten gegenüber sich das Recht vorbehalten, statt an ihn an jeden präsentierenden Inhaber, ohne Prüfung von dessen Berechtigung, mit befreiender Wirkung zahlen zu dürfen. Der Inhaber als solcher, ja selbst der Eigentümer der Urkunde als solcher hat kein Recht aus ihr; nur der Aussteller hat das Recht gegen den wirklich Berechtigten, den Inhaber ohne weiteres als berechtigt ansehen zu dürfen.

a) Wegen der hierdurch mit den Inhaberschuldverschreibungen hergestellten ökonomischen Ähnlichkeit sind auf diese qualifizierten Legitimationspapiere ausgedehnt von den Regeln sub I und II die Bestimmung, daß der Aussteller nur gegen ihre Aushändigung zu leisten braucht; die Möglichkeit der Kraftloserklärung im Aufgebotsverfahren; und die Eigentümlichkeiten der Verjährung (nicht auch die Vorlegungsfrist), § 808 Abs. 2.

b) Wegen der sachlichen Verschiedenheit dagegen ist jede weitere Übertragung jener Regeln ausgeschlossen.

3. Werden aber endlich gar Karten oder Marken oder ähnliche Urkunden, in denen ein Gläubiger nicht bezeichnet ist, von dem Aussteller ausgegeben unter Umständen, aus welchen sich ergibt, daß er dem Inhaber zu der Leistung verpflichtet sein will, so sollen dies offenbar wirkliche Wert- und Inhaberpapiere oder -zeichen sein.[2])

[1]) Übrigens gehören zu diesen qualifizierten Legitimationspapieren regelmäßig auch die sog. Erneuerungsscheine (Talons), die Zinsbögen oder Dividendenbögen für den Fall der Erschöpfung der darauf befindlichen Coupons beigefügt sind, mit dem Versprechen, sie alsdann gegen neue solche Bögen einzutauschen. Das gilt von solchen Erneuerungsscheinen selbst dann, wenn sie Kapital- oder Zinsverschreibungen beigegeben sind, die ihrerseits jede für sich Schuldverschreibungen auf den Inhaber sind. Alsdann besondere Schutzmaßregel zugunsten des Inhabers der Hauptschuldverschreibung in § 805; doch fällt dieselbe weg, wenn der Erneuerungsschein selbst Schuldverschreibung auf den Inhaber sein will und ist.

[2]) Hierher gehören z. B. unter Umständen Eisenbahnfahrkarten, Theaterbillets; doch ist immer im Einzelfalle zuzusehen, ob der Aussteller dies wirklich gewollt hat; sonst nur allenfalls qualifizierte, vielleicht selbst bloß Legitimationspapiere.

Sie sind nur deshalb nicht eigentliche Schuldverschreibungen auf den Inhaber, weil ihnen diese Eigenschaft nicht ausdrücklich in Worten oder Schriftzeichen aufgeprägt ist, weil regelmäßig auch zur Form der Schriftlichkeit ihnen die Unterschrift des Ausstellers fehlen wird.

a) Solche Urkunden sind denn auch als Inhaberwertzeichen anerkannt, § 807, indem darauf alle der Schuldverschreibung auf Inhaber wesentliche Regeln ausgedehnt sind, nämlich alle hiervor unter I entwickelten, mit Ausnahme der Bedingung staatlicher Genehmigung und der Möglichkeit der Umschreibung auf Namen.

b) Dagegen sind auf solche Urkunden nicht ausgedehnt die hierzu sub II besprochenen Sicherungsmaßregeln. Es handelt sich nämlich meist bei ihnen um Leistungen von nicht sehr hohem Wert oder von rasch vorübergehendem Charakter oder von geldähnlicher Unhemmbarkeit des Verkehrs und seiner Sicherheitsbedürfnisse zugunsten des jemaligen Inhabers: Fälle, worauf sich die umständlichen Regeln der Kraftloserklärung, Zahlungssperre usf. nicht wohl würden anwenden lassen; Aussteller und Berechtigter müssen deshalb hier das damit verbundene Risiko ungeschmälert ebenso tragen, wie bei Geld und Banknoten.

2. Auslobung.[1] §§ 657–661 und § 663.

§ 150.

Das andere, auf einseitigem Versprechen beruhende Schuldverhältnis unseres Gesetzbuches ist von weit geringerer Bedeutung: die Auslobung. Eine solche liegt vor, wenn der Versprechende mit ernsthaft rechtsgeschäftlichem Willen eine Belohnung für die Vornahme einer Handlung, insbesondere für die Herbeiführung eines Erfolges, aussetzt.[2])

1. Die Verbindlichkeit erwächst zu Lasten des Auslobenden aus der öffentlichen Bekanntmachung, zugunsten dessen, der den vor- und ausgeschriebenen Bedingungen genügt, auch wenn dieser ohne Rücksicht auf die Auslobung, ja ohne Kenntnis derselben gehandelt hat (sog. Pollizitationstheorie).

---

1) Elster, in Kohlers Archiv, 18, 125 fg. — Ältere Literatur: Ihering, i. d. dogm. Jahrb. 4, 93 fg. — Regelsberger, Zivilr. Erörterungen, 196 fg. — Oertel, Lehre v. d. Auslobung, 1895.

2) Z. B. die erste eroberte feindliche Kanone; Wiederbringen des entlaufenen Hundes; per Hundert gesammelte Maikäfer; ein Konkurrenz- oder sonstiges Preisausschreiben; u. dergl. m.

2. Was die Dauer dieser Verbindlichkeit betrifft, so ist zu unterscheiden:

a) Bei einer Preisbewerbung muß eine Frist bestimmt sein, bis zu der Auslober gebunden ist, darüber hinaus nicht. Mangels solcher Frist ist diese Art der Auslobung ungültig; § 661, wo einige weitere dispositive Bestimmungen über dieselbe.

b) In anderen Fällen ebenso, falls der Auslobende eine Frist oder sonstige Widerrufsbedingungen beigefügt hat.

c) Sonst bis auf Widerruf, so lange das Recht auf die ausgelobte Leistung noch von niemand voll erworben ist (nicht etwa schon dem gleichstehend Beginn der Ausführung). Der Widerruf muß ebenso wie die Auslobung bekannt gemacht werden, sonst wirkt er nur gegen denjenigen, dem er besonders mitgeteilt ist.

3. Im Zweifel gebührt von mehreren, die die Bedingung der Auslobung erfüllt haben, die Leistung dem Ersterfüllenden; unter mehreren gleichzeitig Erfüllenden ist die Leistung gleichmäßig zu teilen; unter mehreren zusammen zur Erfüllung Mitwirkenden nach Billigkeit, gemäß Bestimmung des Auslobenden, die bei offenbarer Unbilligkeit der Verbesserung durch richterliches Urteil unterliegt.

4. Ähnlich der Auslobung liegt der Fall, wenn jemand zur Besorgung gewisser Geschäfte sich öffentlich erbietet oder öffentlich dazu bestellt ist, § 663 Satz 1.

a) Ein solches Anerbieten oder die öffentliche Bestellung sind jedoch gesetzlich nicht etwa für einseitig rechtsverbindlich erklärt in dem Sinne, daß nun nur noch bei jenem ein anderer, der solche Geschäfte besorgt zu sehen wünscht, sich zu melden brauchte, damit er das Recht auf Erfüllung aus jenem öffentlichen Anerbieten (oder was dem gleich steht) gewinne.

b) Auch weiter nicht in dem Sinne, als läge eine nicht rücknehmbare, bindende Offerte seitens des sich öffentlich Erbietenden vor, zu der nur noch von der Seite des anderen eine Annahme hinzuzutreten brauchte, damit das Schuldverhältnis (Auftrag oder auftragähnliche Dienst- oder Werkmiete) zustande käme, durch Vertrag.

c) Sondern in dem öffentlichen Anerbieten oder in der öffentlichen Anstellung soll zunächst, in bezug auf die weitere Vertragsentwicklung, nur liegen eine an das Publikum gerichtete Aufforderung zu Offerten, auf die hin es dann noch einer Annahme seitens des Auffordernden bedarf, damit der Vertrag zustande komme, einer Annahme freilich, die gerade hier sehr häufig unter § 151 (vgl. oben § 60, 2) fallen wird.

d) Außerdem und daneben aber liegt in dem öffentlichen Anerbieten oder in der öffentlichen Anstellung allerdings ein einseitiges, vom Gesetz für bindend erklärtes Versprechen: nämlich das, falls der Versprechende eine ihm daraufhin zukommende Vertragsofferte (s. soeben c) nicht annehmen will, die Ablehnung dem Offerenten unverzüglich anzuzeigen, eine Pflicht, die sonst aus der Aufforderung zu Offerten keineswegs folgt[1]) und für deren Verletzung hier der Versprechende voll haftet.[2])

e) Das bisher hier Gesagte gilt ebenso, falls sich jemand bloß einem bestimmten Anderen gegenüber zur Besorgung gewisser Geschäfte erboten hat, zugunsten dieses Anderen, § 663 Satz 2.

5. Weitere Möglichkeiten einseitig bindender obligatorischer Versprechungen sind unserem bürgerlichen Rechte unbekannt, also ausgeschlossen, § 305.

II. Aus vertragsähnlicher Sachlage.

§ 151. Vorbemerkung.

1. Als solche Schuldverhältnisse kommen in Betracht: Geschäftsführung ohne Auftrag. Gemeinschaft. Vorlegung von Sachen. Ungerechtfertigte Bereicherung.[3])

---

1) Auch nicht etwa in anderen Fällen durch einseitiges Versprechen des Auffordernden begründet werden kann, vgl. § 305.

2) Das Maß des hier zu leistenden Schadenersatzes ist allerdings gleich dem negativen Interesse, das Offerent an dem nicht zustande gekommenen Vertrage gehabt hätte; er erhält ihn hier aber nicht aus jenen Vertragsverhandlungen, als negatives Vertragsinteresse, sondern aus der zustande gekommenen einseitigen Verpflichtung zur Mitteilung, als positives Erfüllungsinteresse.

3) Diese sind nämlich so im BGB., in dem zweiten Buche „Schuldverhältnisse" abgehandelt. Man könnte aber auch noch hinzunehmen derartige an anderer Stelle des BGB. angeordnete Verhältnisse: Berechtigungen und Verpflichtungen zwischen Eigentümer und Besitzer auf Grund von bösgläubigem Besitz oder von gutgläubigem Besitz nach Prozeßbeginn oder auf Grund von Verwendungen; dergleichen zwischen Eigentümer und Finder, Nießbraucher, Pfandeigentümer und Pfandberechtigten; auch Berechtigung des Reallastberechtigten gegen den Eigentümer des belasteten Grundstücks aus § 1108 Abs. 1; u. dgl. m. Ferner wäre von landesrechtlich begründeten Schuldverhältnissen hierher namentlich dasjenige zu stellen, das bei Zwangsenteignung dem Enteignenden durch die Nötigung zur Entschädigung des Enteigneten auferlegt wird, z. B. Preuß. Gesetz über die Enteignung von Grundeigentum vom 11. Juni 1874, §§ 7 fg., aufrechterhalten unter einigen Beeinflussungen durch Art. 109.

2. Wenn man in diesen Fällen von vertragsähnlicher Sachlage redet, so fällt dabei der Ton nicht auf die Zweiseitigkeit des Vertrages. Man könnte ebenso gut von rechtsgeschäftsähnlicher Sachlage reden. Nur weil Schuldhaftung aus Rechtsgeschäft fast durchgängig zugleich solche aus Vertrag ist (mit Ausnahme nämlich bloß der Fälle der beiden vorhergehenden Paragraphen), so bildet man die Benennung nach dem Regelfalle.

3. Diese Benennung sagt also:

a) Die Haftung beruht nicht auf dem rechtsgeschäftlich erklärten Willen des Haftenden.

b) Sie beruht auch nicht auf einer schuldhaft unerlaubten Handlung desselben oder auf einer Sachlage, die einer solchen ähnlich sähe, s. unten die Abschnitte III und IV.

c) Das sind die beiden Negationen, für welche Gemeinsamkeit zwischen den hier zur Erörterung stehenden Schuldverhältnissen besteht. Besteht außerdem noch eine positive Ähnlichkeit? Untereinander kaum und auch kaum zu den vertragsmäßig begründeten Verbindlichkeiten. Man wird letztere höchstens darin finden können, daß hier wie dort Leistungspflichten nach den Bedürfnissen von Treue und Glauben sich aus den Ereignissen und Verschlingungen des regulären, korrekten Verkehrs ergeben, die hier vom Gesetze unmittelbar, dort vom Gesetze unter Vermittelung des Parteiwillens anerkannt werden.

4. Außerdem besteht noch im einzelnen eine gewisse Ähnlichkeit zwischen dem Auftrage und der Geschäftsführung ohne Auftrag, sowie zwischen der Gesellschaft und der Gemeinschaft. Auch sind diese beiden vertragsähnlichen Schuldverhältnisse historisch in Anlehnung an diese beiden Verträge entstanden. Ja, selbst heute noch besteht gesetzlich ein gewisses Maß derartiger Anlehnung, wie schon die Reihenfolge der Titel im BGB. ergibt. Irrig aber wäre es, deshalb nun bei der Geschäftsführung ohne Auftrag einen Auftrag, bei der Gemeinschaft eine Gesellschaft gewissermaßen hinzuzufingieren, während doch für diese beiden Schuldverhältnisse gerade das Fehlen von Auftrag bezw. Gesellschaft bezeichnend ist. Mit solchen veralteten Anschauungen muß gebrochen werden; die Haftung ist rein aus der objektiven Sachlage herzuleiten, genau wie für die beiden andern Fälle, wo jede Anknüpfung an irgend welchen besonderen Vertragstypus entfällt.

1. Geschäftsführung ohne Auftrag.[1]) §§ 677—687.

§ 152.

I. Die reine Geschäftsführung ohne Auftrag.[2]) Wer ein Geschäft für einen anderen besorgt, ohne von ihm beauftragt oder ihm gegenüber sonst dazu berechtigt zu sein (als Vormund z. B. oder als Vater oder Ehemann u. dgl.), der greift, mag seine Absicht eine noch so wohlwollende, sein Verfahren ein noch so gutgemeintes sein, in fremde Angelegenheiten unbefugt ein und muß sich deshalb Haftung für diesen Eingriff gefallen lassen. Indessen wird man andererseits diese Haftung nicht zu weit ausdehnen dürfen, will man nicht die Nächstenhilfe vollends verpönen; sogar Rückansprüche wegen Verwendungen wird man dem Geschäftsführer deshalb unter Umständen gegen den Geschäftsherrn zubilligen müssen. Es handelt sich, wie so oft für den Gesetzgeber, um den richtigen Mittelweg. Stets aber wird dabei festzuhalten sein an dem Gedanken, daß auf rein privatrechtlichem Gebiete niemandem gegen seinen Willen selbst Vorteile aufgedrängt werden dürfen; während umgekehrt die nachträgliche Zustimmung (Genehmigung) des Geschäftsherrn selbstverständlich jeden Eingriff zu decken vermag.

1. Reine Geschäftsführung ohne Auftrag liegt nur dann vor, wenn jemand ein rein privatrechtliches Geschäft eines anderen ohne besondere Befugnis und ohne jeden eigenen Vorteil an dessen Aus-

---

1) Sturm, Die Lehre von der Geschäftsführung ohne Auftrag nach dem BGB., 1897. — Isay, Die Geschäftsführung, 1900. — Wegen der beseitigten alten actio de in rem verso s. etwa A. von Tuhr, Actio de in rem verso, zugleich ein Beitrag zur Lehre von der Geschäftsführung, 1895; und Schloßmann, in den dogm. Jahrb., 35, 78 fg. — v. Tuhr, ebenda 35, 431 fg., und Schloßmann ebenda 36, 316 fg. — Sonst ältere Literatur: Wächter, im Arch. f. d. zivilist. Praxis 20, 337 fg. — Ruhstrat ebenda 32, 173 fg., 33, 25 fg. und 213 fg., 34, 59 fg. — Chambon, Die negotiorum gestio. — Dankwardt, Die negotiorum gestio. — Leist, Zivilistische Studien, 2, 163 fg. — Ruhstrat, Über negotiorum gestio. — Zimmermann, Echte und unechte negotiorum gestio; und Über die stellvertretende Negotiorum gestio. — v. Monroy, Vollmachtlose Ausübung fremder Vermögensrechte. — Sturm, Das negotium utiliter gestum; und Das Grundprinzip der negotiorum gestio. — Kohler, i. d. dogm. Jahrb. 25, 42 fg. — Ruhstrat, i. d. dogm. Jahrb. 19, 154 fg. und 27, 70 fg.

2) Der Versuch von Isay a. a. O. § 1, diese mit der Geschäftsführung zufolge Auftrag oder Amt usf. zu verschmelzen, mag recht geistreich sein, widerspricht aber diametral der Auffassung des Gesetzes §§ 662 fg. und § 677.

gang und Erledigung, in Kenntnis dieser Umstände, als ein fremdes besorgt. Die Gegensätze werden von selbst durch die Fälle unter II klar werden.

2. Die Verpflichtungen, die dann für den Geschäftsführer gegen den Geschäftsherrn[1]) entstehen, sind folgende:

a) Zunächst offenbar auf alle Fälle, selbst bei einer für den Geschäftsführer noch so günstigen Gestaltung, diejenigen, welche er als Beauftragter haben würde, dem Geschäftsherrn Mitteilungen zukommen zu lassen, ihm Rechenschaft abzulegen und die Ergebnisse seiner Geschäftsführung auszuantworten u. dergl. m., § 681 Satz 2. Namentlich aber wird dazu gehören die Pflicht, das einmal übernommene Geschäft weiter so zu führen, wie es entspricht

aa) objektiv dem Interesse des Geschäftsherrn und

bb) dessen wirklichem oder mutmaßlichem Willen, so weit der Geschäftsführer diesen zu erkunden vermag: § 677.

b) Des weiteren wird zu unterscheiden sein:

aa) Die Übernahme der Geschäftsführung verstößt gegen den wirklichen Willen des Geschäftsherrn und der Geschäftsführer wußte darum (etwa indem ihm der Geschäftsherr dies direkt mitgeteilt hat) oder mußte dies bei der nötigen Aufmerksamkeit erkennen: dann liegt in der Übernahme der Geschäftsführung selbst, trotz aller guten Absicht, ein Verschulden; der Geschäftsführer haftet dann deshalb unbedingt für allen, noch so unvorhersehbaren Schaden, der sich irgendwie dem Geschäftsherrn aus seinem Eingriff ergibt, und für Wiederherstellung des früheren Zustandes.

bb) Dem steht gleich der Fall, wo der Geschäftsführer den entgegenstehenden mutmaßlichen Willen des Geschäftsherrn wenigstens als solchen kannte oder erkennen mußte.

cc) Liegt dagegen keiner von diesen beiden Fällen vor, so betrachtet unser Recht die Einmischung in fremde Angelegenheiten als solche nicht bereits als Verschulden, legt also dem Geschäftsführer nur Haftung auf für sorgfältige Geschäftsführung, und außerdem die Pflicht, möglichst bald dem Geschäftsherrn von dem, was vorgeht, Anzeige zu erstatten und für alle aufschiebbaren Maßregeln sodann dessen Entschließung abzuwarten, § 681 Satz 1. Je nach dessen Entschließung wird dann der Fall unter aa oder Genehmigung eintreten.

[1]) Nämlich den wirklichen, einerlei, ob Geschäftsführer ihn oder irrig einen andern für den Geschäftsherrn bei der Geschäftsbesorgung gehalten haben sollte, § 686.

c) Wegen aller dieser Verpflichtungen haftet der Geschäftsführer aus der geringsten Fahrlässigkeit. Nur falls die Geschäftsführung die Abwendung einer dem Geschäftsherrn dringlich drohenden Gefahr bezweckt, so fällt die Haftung herab auf solche für Vorsatz und grobe Fahrlässigkeit.[1])

d) Da Übernahme der Geschäftsführung kein Rechtsgeschäft ist, so würde nach dem bisherigen auch der nicht voll Geschäftsfähige aus einem solchen Verhalten so verpflichtet werden; dies wird ausgeschlossen durch § 682, unbeschadet etwaiger Haftung aus Delikt oder aus Bereicherung.

3. Gegenansprüche des Geschäftsführers gegen den Geschäftsherrn können nur entstehen, falls jener nicht die Geschäftsführung in liberaler Absicht übernahm, d. h. in einer liberalen Absicht, welche sich nicht nur auf die Unentgeltlichkeit der Mühewaltung, sondern auch auf dabei vorkommende Opfer an eigenem Geld und Gut erstreckte. Eine so weit gehende liberale Absicht wird aber, wer sich darauf beruft, beweisen müssen.[2]) — Im übrigen ist wieder zu unterscheiden:

a) Genehmigt der Geschäftsherr die Geschäftsführung, so wird der Geschäftsführer gegen ihn berechtigt wie ein Beauftragter, d. h. also zum Ersatze aller Aufwendungen, die jener für notwendig halten durfte. Ja, unter Umständen mag hier noch ein Gegenanspruch des Geschäftsführers darüber hinaus entstehen auf Ersatz nämlich für seine Mühewaltung, d. h. auf Entgelt. Das Verhältnis nähert sich dann der Dienstmiete, vgl. § 612.

b) Ebenso, falls die Übernahme der Geschäftsführung subjektiv dem wirklichen oder mutmaßlichen Willen des Geschäftsherrn und zugleich objektiv den Interessen desselben entspricht.

c) Hat dagegen der Geschäftsherr wirklich oder, mangels wirklich darüber bei ihm vorhandenen Willens, auch wieder bloß mutmaßlich einen der Geschäftsführung entgegenstehenden Willen, oder wider=

[1]) Dieser Maßstab also auch anzulegen bei der Frage, ob dem Geschäftsführer der entgegenstehende Wille des Geschäftsherrn erkennbar war. War er dies aber, so hat ihm hier der Geschäftsführer ebensogut Rechnung zu tragen wie sonst: will ich meine Sache zugrunde gehen lassen, so darf kein Dritter, Unberechtigter, sie gegen meinen Willen retten — geschweige denn gar, daß er nachher noch Ersatzansprüche gegen mich hätte, s. sofort 3 c fg.

[2]) Es handele sich denn um Unterhalt, den Eltern oder Voreltern ihren Abkömmlingen gewähren oder diese jenen: hier ist im Zweifel anzunehmen, daß die Absicht fehlt, von dem Empfänger (anders Dritt=Verpflichteten gegenüber!) Ersatz zu verlangen, § 685 Abs. 2.

spricht die Geschäftsführung objektiv seinem Interesse, gleichviel hier (s. den Gegensatz oben 2 b, aa), ob dieses oder jenes der Geschäftsführer erkennen konnte oder nicht: so kann der Geschäftsführer zu Ersatz für seine Aufwendungen kommen nur so weit, wie sich ein Anspruch für ihn ergibt aus den Regeln über die ungerechtfertigte Bereicherung (des Geschäftsherrn).[1])

d) Ebenso aber auch in dem zwischen den bisher unterschiedenen mitten inne liegenden Fall, wenn sich gar kein Wille des Geschäftsherrn, weder ein wirklicher noch ein mutmaßlicher, weder für noch gegen die Geschäftsführung, eruieren läßt; oder wenn die Übernahme der Geschäftsführung dem Interesse des Herrn in nachweisbarem Maße weder entsprach noch widersprach; im Zweifel kann man ihn zu Ersatzleistungen wegen fremder Aufdringlichkeit nicht anhalten.

II. Anwendungs- und verwandte Fälle.

1. Infolge Irrtums des Geschäftsführers liegt keine reine Geschäftsführung ohne Auftrag vor, wenn

a) der Geschäftsführer sich dem Geschäftsherrn gegenüber zur Führung des Geschäfts berechtigt glaubt. Die Sachlage ist im wesentlichen der reinen Geschäftsführung gleich, deren Regeln mit geringen, sachentsprechenden Abweichungen bleiben anwendbar.[2])

b) Anders, wenn der Irrtum der ist, daß jemand ein fremdes Geschäft besorgt in der Meinung, es sei sein eigenes; dann sind die Regeln der Geschäftsführung einfach unanwendbar, § 687 Abs. 1. Es werden vielmehr die Regeln über das Verhältnis zwischen Eigentümer und gutgläubigem Besitzer oder analoge Regeln oder schließlich bloß die betreffend Verpflichtung aus Bereicherung in Anwendung kommen.

2. Ohne Irrtum mag zur reinen Geschäftsführung mangeln, daß der Geschäftsführer bewußtermaßen das fremde Geschäft nicht für einen anderen, als ein fremdes, sondern (z. B. aus Gewinnlust) für sich, als ein eigenes führt. Dann hat er keinen Rechtsanspruch darauf, als Geschäftsführer behandelt zu werden; mag unter Umständen

[1]) D. h. also nur so weit, wie die Geschäftsführung dem unwilligen Geschäftsherrn schließlich doch Vorteil gebracht hat; d. h. nur dann, wenn sie nicht bloß in dessen richtigem Interesse wohl überlegt unternommen, sondern auch zu gutem Ende, ohne durchkreuzenden widrigen Zufall, endgültig gelangt ist.

[2]) Denn, einerseits, der Fall paßt auch unter den Wortlaut von § 677; aber, andererseits, wer wird auf den protutor die Regel vom erkennbaren mutmaßlichen Willen des Geschäftsherrn anwenden wollen? Wer ist dieser Geschäftsherr?

sein, daß er weit schärfer, wegen unerlaubter Handlung, haftet; aber es tritt das Prinzip in Geltung, s. oben S. 207, daß sich niemand auf selbst begangenes Unrecht berufen darf. Will also der Geschäftsherr ihn wie einen Geschäftsführer in Anspruch nehmen, so muß er sich dies gefallen lassen, wogegen er alsdann seinerseits gegen den Geschäftsherrn den Bereicherungsanspruch hat, § 687 Abs. 2.

3. Ferner mag deshalb keine reine Geschäftsführung vorliegen, weil der Geschäftsführer nicht ganz ohne (berechtigtes) eigenes Interesse an der Geschäftsführung ist, wegen des zwischenzeitigen Zustandes des Gegenstandes der Geschäftsführung oder wegen der Möglichkeit eines ihn bereichernden Ausganges der Sache.[1]) Ersteres trifft z. B. zu für den Mieter, der mehr als die notwendigen Verwendungen auf die Mietsache macht, § 547 Abs. 2 Satz 1, oder für den Nießbraucher in ähnlicher Lage, § 1049; hier sollen trotzdem die Regeln der Geschäftsführung für den Ersatzanspruch des Geschäftsführers Anwendung finden.[2]) Letzteres dagegen trifft z. B. zu für den ehrlichen Finder, dem, wenn sich kein Berechtigter meldet, schließlich das Eigentum der gefundenen Sache zufällt und der nun zwischenzeitig auf sie Verwendungen macht, § 970. Hier ist indessen das Verhältnis gesetzlich besonders geordnet; vgl. unten § 179 IX[3]) — Übrigens geht gerade dieser Fall häufig in denjenigen echter Geschäftsführung über, wenn nämlich das eigene Interesse des Geschäftsführers später ganz wegfällt oder von vorne herein nur untergeordnet ist. So z. B. für den Fall des Verkäufers, der nach Übergang der Gefahr noch mehr als notwendig auf die Sache verwendet, § 450 Abs. 2. Dieser reine Anwendungsfall liegt offenbar kaum unterscheidbar neben dem unechten Falle des Mieters; sie mögen zusammentreffen, wenn der Mieter an seinen Aufwendungen gar kein eignes Interesse hatte.

---

[1]) Davon ganz verschieden der theoretisch weit einfachere Fall, in welchem jemand ein Geschäft ganz besorgt, das zu einem genau bestimmten, etwa ratenweise bestimmten Teile ihn, zu einem andern Teile einen anderen angeht, zu dem einen Teile für sich, zu dem andern Teile für den andern: dann liegt zu dem einen Teile gar keine, zu dem andern Teile reine Geschäftsführung ohne Auftrag vor; so z. B. einer von zwei Miteigentümern eines Gebäudes besorgt dessen Versicherung: Geschäftsführung pro rata des Miteigentums.

[2]) Ebenso § 601 Abs. 2 Satz 1; § 994 Abs. 2; § 1216 Satz 1; § 1959 Abs. 1; § 1978 Abs. 1 Satz 2, Abs. 3; § 1991 Abs. 1; vgl. auch § 1648. (Diese Zusammenstellung bei Planck, 2, 426.)

[3]) Ähnlich auch die obligatorischen Beziehungen zwischen Besitzer und Eigentümer, über welche gleichfalls unten im dritten Buche.

4. Endlich liegt keine reine Geschäftsführung ohne Auftrag mehr vor, sofern ohne die Geschäftsführung eine Pflicht des Geschäftsherrn, deren Erfüllung im öffentlichen Interesse liegt,[1]) oder eine gesetzliche Unterhaltspflicht des Geschäftsherrn nicht rechtzeitig erfüllt werden würde. In diesen Fällen nämlich werden die, im übrigen anwendbaren, Regeln der Geschäftsführung ohne Auftrag, überhaupt die privatrechtlichen Regeln durchbrochen behufs Begünstigung derartiger Pflichterfüllung, im öffentlichen Interesse. Hier darf dem Geschäftsherrn die Geschäftsführung von jedem Dritten aufgedrängt werden. Sein entgegenstehender Wille begründet weder, wie sonst, Haftung des Geschäftsführers, noch schließt er, wie sonst, dessen Ersatzansprüche wegen dieser Aufwendungen aus, §§ 679, 683 Satz 2.

2. Gemeinschaft.[2]) §§ 741—758.

§ 153.

1. Die Gemeinschaft nach Bruchteilen[3]) liegt vor, wenn ein Recht Mehreren gemeinschaftlich ist, ohne daß das Verhältnis dieser Beteiligten untereinander durch eine andere ausdrückliche, statutarische oder gesetzliche Regelung beherrscht, namentlich ohne daß es den Prinzipien der „gesamten Hand" unterworfen würde.[4])

a) Wegen der Grundlage s. oben § 45, III, 2 a.

b) Die bloße Tatsache der Beteiligung bewirkt, daß die Beteiligten in das Schuldverhältnis zueinander treten. Es bedarf dessen, damit die ökonomischen Beziehungen während des Bestehens der Gemeinschaft geregelt und erträglich seien; und damit eine event. Auflösung der Gemeinschaft gleichfalls geregelt sei.

c) Ausgeschlossen sind hier die Prinzipen der gesamten Hand; d. h. von einem Verhältnis der Gemeinschaft als solcher nach außen, zu Dritten, von einem Gemeinschaftsvermögen ist eben so wenig die

---

[1]) Z. B. Reparatur von Dämmen, bei sonst drohender gemeiner Überschwemmungsgefahr; Ausführung sonstiger polizeilich gebotener Schutzmaßregeln für einen Betrieb oder für die Öffentlichkeit; u. dgl. m.

[2]) Lammfromm, Untersuchungen aus dem Privatrecht, 1897. — Amelunxen, Gerichtl. Teilungsverfahren, i. d. Notar-Zeitschr. f. Elsaß-Lothringen 22, 257 fg. — Ältere Literatur: Eck, Doppelseitige Klagen, 88 fg. — Rümelin, i. d. dogm. Jahrb. 28, 386 fg.

[3]) Für bereits vor dem 1. Januar 1900 bestehende s. Art. 173: sie tritt unter das neue Recht.

[4]) Diese negative Beschränkung ähnlich der Geschäftsführung „ohne Auftrag"; bezeichnend der römische Name: communio „incidens".

Rede wie von einer objektiven Gebundenheit der Gemeinschafter. Namentlich kann jeder Teilhaber über seinen Anteil verfügen, wie sie alle zusammen über den gemeinschaftlichen Gegenstand ganz verfügen können, § 747; s. aber z. E. dieses Paragraphen, 6 d.

2. Im übrigen ist die Lage vielfach gesellschaftsähnlich geregelt. Namentlich ist bestimmt, daß im Zweifel den Teilhabern gleiche Anteile zustehen und die Verwaltung ihnen nur gemeinschaftlich zusteht, §§ 742, 744 Abs. 1.

3. Um, namentlich unter letzterem Grundsatze, doch einen ökonomisch erträglichen Zustand während Bestehens der Gemeinschaft herbeizuführen, haben die Gemeinschafter zunächst die Möglichkeit einhellig-vertraglicher Regelung unter sich, namentlich etwa, um damit für die Zukunft das Majoritätsprinzip einzuführen; diese Regelung wirkt dann auch für und gegen Sondernachfolger, § 746.[1])

4. Mangels solcher Regelung sind, um denselben Zweck wenigstens annähernd zu erreichen, den Teilhabern folgende Befugnisse untereinander verliehen, für die Zeit des Bestandes der Gemeinschaft:

a) Jeder Teilhaber hat ein festes Recht auf einen seinem Anteil entsprechenden Bruchteil der Nutzungen (Früchte und freien Gebrauch, soweit ohne Beeinträchtigung der Übrigen möglich).

b) Jeder Teilhaber kann, zu dem Behufe, eine dem Interesse aller Teilhaber nach billigem Ermessen entsprechende Verwaltung und Benutzung verlangen, soweit dazu nicht wesentliche Veränderung des Gegenstandes notwendig wäre.

c) Die Lasten des gemeinschaftlichen Gegenstandes und die Kosten seiner Erhaltung, Verwaltung und gemeinschaftlichen Benutzung sind gemeinschaftlich nach Raten zu tragen, § 748. Zur Erhaltung notwendige Maßregeln kann[2]) jeder Gesellschafter sowohl allein ohne weiteres vornehmen, wie vorherige Einwilligung der andern dazu verlangen.

d) In einem Punkte ist sogar gesetzlich das Majoritätsprinzip eingeführt: „Durch Stimmenmehrheit kann eine der Beschaffenheit des gemeinschaftlichen Gegenstandes entsprechende ordnungsmäßige Verwaltung und Benutzung beschlossen werden", § 745 Abs. 1, soweit dazu nicht wesentliche Veränderung des Gegenstandes notwendig

---

[1]) Jedoch dies, falls es ein Grundstück ist, das dem gemeinschaftlichen Recht (Miteigentum) untersteht, nur unter der weitern Bedingung, § 1010 Abs. 1, daß die betr. Abmachung ins Grundbuch eingetragen sei.

[2]) Gegenseitige Verpflichtung dazu besteht nicht; jeder mag sein Interesse wahrnehmen.

wäre, § 745 Abs. 3 Satz 1. Die Befugnis unter b fällt dann selbstverständlich fort, § 745 Abs. 2.

5. Die Gemeinschaft ist im Zweifel nicht auf längere Dauer angelegt. Deshalb ist ein Hauptrecht der Gemeinschafter untereinander, Teilung zu verlangen,[1]) und zwar im Zweifel jederzeit ausübbar. Jedoch sind auch Verabredungen, welche die jederzeitige Teilbarkeit ausschließen,[2]) zulässig und rechtsgültig.

a) Diese Verabredungen sind sogar begünstigt in der Weise, daß sie auch für und gegen die Sondernachfolger wirken.[3]) Nur Gläubiger, die den Anteil ihres Schuldners an der Gemeinschaft pfänden, können trotz solcher Verabredung, deren Dauer noch läuft, die Gemeinschaft sprengen, wie ein Gläubiger eines Gesellschafters die Gesellschaft (vgl. oben § 139 II, 2 d) § 751; ebenso wirkt ein ausübbares Pfandrecht an dem Anteile eines Miteigentümers (§ 1258 Abs. 2 Satz 2) und der Konkurs, KO. § 16 Abs. 2 Satz 1.

b) Diese Verabredungen können getroffen sein zeitlich unbegrenzt oder auf bestimmte Zeit oder in der Form der Einführung einer Kündigungsfrist für die Teilungsklage.

aa) Für alle diese Fälle kann dann doch, ohne Einhaltung dieser Beschränkungen, frei gekündigt werden, wenn ein wichtiger Grund dafür vorliegt. Diese Bestimmung ist normativ, durch Parteiverabredung nicht zu beseitigen, § 749 Abs. 2 u. 3.

bb) Für den Fall, daß die Verabredung auf Zeit lautet, soll dieselbe außerdem mit dem Tode eines Teilhabers außer Kraft treten, hier dies aber nur im Zweifel, entgegengesetzte Verabredung also möglich, § 750.

6. Kommt es endlich zur Auflösung der Gemeinschaft, so vollzieht sich die Teilung zunächst wieder nach denjenigen Regeln und Bestimmungen, welche die Teilhaber dafür festgesetzt haben oder festsetzen. Mangels solcher Vereinbarung sollen sie untereinander[4]) die Teilung vornehmen in folgender Weise:

---

[1]) Wegen der Unverjährbarkeit dieses Anspruches, § 758, s. oben S. 265.

[2]) Solche werden wohl regelmäßig nur zusammen mit solchen, die die Verwaltung und Nutzung regeln, vgl. oben 3, vorkommen.

[3]) Vgl. oben 3 und unter derselben Bedingung, vgl. dort Note 1, bei Grundstücken. Dazu kommen hier die weiteren Ausnahmen des Textes.

[4]) Nicht mehr, wie z. B. früher im gemeinen Recht, wird dies gerichtlich durch richterliches Teilungs- und Zuerteilungsurteil besorgt. Ein solches Adjudikationsrecht ist unserm Gesetzbuche fremd.

a) Wo möglich durch Naturalteilung und Verlosung der Teile unter die Beteiligten.

b) Sonst durch pfandmäßigen Verkauf, nur bei einziehbaren Forderungen vielmehr durch Einziehung § 754, und durch Naturalteilung des Erlöses.

c) Für die einander zugeteilten ehemals gemeinschaftlichen Gegenstände haften die ehemaligen Gemeinschafter einander gegenseitig, im Verhältnisse ihrer ehemaligen Anteile, wegen körperlicher und Rechtsmängel, wie ein Verkäufer dem Käufer.

d) Außerdem aber treten noch einige Bestimmungen hinzu, welche, nach der Analogie der Gesellschaftsauflösung getroffen, fast an den Sondergutscharakter des Gesellschaftsvermögens anklingen:

aa) Liegt eine Gesamtschuld zu Lasten aller Teilhaber einem Dritten gegenüber vor, entstanden aus einer Aufwendung behufs Erhaltung, Verwaltung oder gemeinschaftlicher Benutzung des Gegenstandes der Gemeinschaft (§ 748, oben 4 c), so kann jeder Teilhaber von den anderen verlangen, daß diese Schuld vor Aufhebung der Gemeinschaft aus dem gemeinschaftlichen Gegenstande berichtigt wird, § 755 Abs. 1.

bb) Dasselbe gilt für Forderungen der Teilhaber untereinander, die sich auf die Gemeinschaft gründen, § 756 Satz 1.

cc) Diese Ansprüche gehen auch gegen die Sondernachfolger, § 755 Abs. 2 und § 756 Satz 2.

dd) Soweit zur Berichtigung dieser Ansprüche Geld nötig und in der Gemeinschaft nicht vorhanden ist, kann jeder Gesellschafter, auch wenn sonst Naturalteilung möglich wäre, unter Verdrängung der Regeln oben a und b, auf Verkauf des Gemeinschaftsgegenstandes bestehen, um so seine Ansprüche durchzusetzen, §§ 755 Abs. 3, 756 Satz 2.

ee) Diese Ansprüche der Gemeinschafter untereinander sind jedem von ihnen auch im Konkurse eines derselben gesichert durch KO. § 16 Abs. 1 und § 51.

3. Vorlegung von Sachen.[1]) §§ 809—811.

§ 154.

Unter Umständen ist der Besitzer einer Sache, namentlich einer

[1]) Huggenberger, Pflicht zur Urkundenedition. — Apt, Die Pflicht z. Urk.-Ed. in dogmengesch. Entwicklung. — Kohler, im Archiv f. d. zivilist. Praxis 79, 1 fg. — Dierschke, Die Vorlegung von Sachen, in Fischers Abhandlungen 8, 3. — Weit stärkere Bedeutung hatte die alte actio ad exhibendum. Darüber: Demelius, Exhibitionspflicht.

Urkunde, verpflichtet, diese einem rechtlich daran Interessierten zur Besichtigung vorzulegen oder sonst zugänglich zu machen; nicht auch etwa sie zu dem Behufe aufzubewahren, zu transportieren oder dgl.[1]) Das Schuldverhältnis, soweit es nicht anderweitig begründet ist, entsteht rein aus der Tatsache, daß jemand jene Sache oder Urkunde besitzt. Die Fälle sind folgende:

1. Vorlegung von Sachen aller Art, beweglichen und unbeweglichen. Sie kann verlangt werden seitens desjenigen, der

a) gegen den Besitzer der Sache

b) einen Anspruch hat oder sich eben darüber, ob er einen solchen hat, durch die Besichtigung der Sache erst Gewißheit verschaffen kann;[2]) sofern weiter

c) dieser Anspruch diese Sache zufolge dinglicher oder persönlicher Beziehung berührt; und sofern weiter

d) die Besichtigung der Sache für ihn von tatsächlichem oder rechtlichem Interesse ist; und zwar endlich sofern sie dies ist

e) auf Grund eben jenes Anspruches.

2. Vorlegung von Urkunden insbesondere.

a) Urkunde ist hier jede Sache, die durch darauf irgendwie angebrachte Schriftzeichen (Buchstaben, Ziffern, auch bloß Striche oder dgl., sofern allgemein üblich und lesbar) dem dieser Schrift Kundigen einen weiteren Sinn erschließt. Unwesentlich ist hier Stoff, Beweisbestimmung, privater oder öffentlicher Charakter der Urkunde.

b) Das Interesse des Teiles, der Vorlegung fordert, muß hier ein rechtliches sein.

c) Der Anspruch setzt hier ferner voraus, daß die Urkunde gemäß ihrem Inhalt die Rechte des Teiles, der Vorlegung beansprucht, näher berühre. Genauer: die Urkunde muß entweder

aa) in seinem Interesse errichtet sein; oder

bb) ein zwischen ihm und einem andern bestehendes Rechtsverhältnis beurkunden (ohne daß sie gerade zu dem Zwecke errichtet zu sein brauchte); oder

---

[1]) Deshalb Kosten und Gefahr der Vorlegung und des Transports, falls letzterer ausnahmsweise wegen wichtigen Grundes verlangt werden kann oder freiwillig zugestanden wird, zu Lasten desjenigen, der Vorlegung oder Transport verlangt; und darum wieder gegen den Vorlegungsanspruch Einrede der Vorschußleistung für die Kosten und der Sicherheitsleistung für die Gefahr, § 811.

[2]) Dafür, daß er dies dadurch wahrscheinlich können wird, ist er beweispflichtig, wie für jede andere Klagebehauptung.

cc) Verhandlungen enthalten, die über ein Rechtsgeschäft des Vorlegung fordernden Teiles gepflogen worden sind, und zwar wieder nur, wenn geführt entweder zwischen diesem als Partei und der anderen Partei oder zwischen einer Partei und einem gemeinschaftlichen Vermittler. Korrespondenz z. B. zwischen der einen Partei und deren einseitigem Vermittler kann die andere Partei einzusehen nicht beanspruchen.

d) Der Anspruch ist ausübbar für sich oder im Zusammenhange z. B. mit der Ausübung der beurkundeten Ansprüche, innerhalb und außerhalb eines Rechtsstreites über letztere. Stets aber ist er privatrechtlichen, nicht mehr[1]) bloß prozessualen Charakters. Prozessuales darüber CPO. §§ 421 fg. u. bes. § 423.

4. Ungerechtfertigte Bereicherung.[2]) §§ 812—822.

§ 155. Die Regel.

Wer durch die Leistung eines anderen oder in sonstiger Weise auf dessen Kosten etwas ungerechtfertigterweise erhalten hat (ungerechtfertigte Bereicherung), ist jenem anderen (dem Geschädigten) zur Herausgabe verpflichtet. Es handelt sich darum, daß das Recht die ungerechtfertigte Vermögensverschiebung selbst, die Tatsache des Vorliegens einer solchen selbst, zum Tatbestande macht, aus dem sich ein Schuldverhältnis ergibt zwischen Geschädigtem und Bereichertem auf Rückerstattung der Bereicherung, soweit solche bei dem Bereicherten noch vorhanden ist. Es treten also zwei Tatbestandsmomente auf, die Vermögensverschiebung und deren ungenügende Begründung; Ergebnis ist das Schuldverhältnis; diese drei Punkte sollen der Reihe nach näher erörtert werden.

---

[1]) Dies war früher anders, alte CPO. § 387 Nr. 2.

[2]) Vgl. die Literatur bei § 49. — Außerdem: Stieve, Der Gegenstand des Bereicherungsanspruches. — Collatz, Ungerechtfertigte Vermögensverschiebung. — Hellwig, Verträge auf Leistung an Dritte, S. 134 fg. — Jung, Bereicherungsansprüche. — Stammler, Zur Lehre v. d. unger. Bereicherung nach dem BGB. (in: Festgabe für Fitting). — Ehrenzweig, Der Wert als Gegenstand der Bereicherung, i. d. Allg. Österr. Gerichts-Zeit. 43, 23 fg. — Hartmann, in Kohlers Archiv 21, 224 fg. — Ältere Literatur: Erxleben, Die condictiones sine causa. — Witte, Die Bereicherungsklagen. — Pfersche, Bereicherungsklagen. — Bolze, i. d. Archiv f. d. zivilist. Praxis 78, 422 fg. u. 79, 183 fg. — Kindel, in Kohlers Archiv 7, 236 fg. — Nicht mehr konnte benutzt werden: v. Mayr, R., Der Bereicherungsanspruch d. D. b. Rechts, 1903.

I. Vermögensverschiebung. Dieselbe ergibt sich näher wieder aus zwei Momenten: die eine Seite muß bereichert sein; und diese Bereicherung muß eingetreten sein auf Kosten der anderen Seite.

1. Die Bereicherung kann bestehen in allem, was für den Bereicherten irgend welchen wirtschaftlichen Wert hat, in einem Rechtserwerb, oder in der Befreiung (ganz oder teilweise) von einer Verpflichtung, oder in einem rein tatsächlichen Vorteil, in der Möglichkeit, fremde Sachen oder Dienste oder sonstige Gegenstände dauernd oder vorübergehend zu nutzen oder zu gebrauchen, auf Grund eines Rechts oder einer unerlaubten Handlung oder eines bloßen Zufalls, in einem Gewinn oder einer Ersparnis, ja selbst in einem bloß äußerlichen Schein eines Rechtserwerbes oder einer sonstigen Besserung einer Rechtslage,[1]) wenn nur dieser Schein wirtschaftlichen Wert hat. Dafür, ob etwas solchen Wert hat, kann es auf die Persönlichkeit ankommen: Der Schauspieler, den ich einen mathematischen Lehrsatz lehre, ist durch diese meine Dienstleistung nicht bereichert, wohl aber in gleichem Falle der Examensaspirant, der sich sonst hätte Privatstunden geben lassen müssen. Nur gilt stets als Bereicherung der Erwerb einer Forderung oder die Befreiung von einer Schuld, mag Schuldner zahlungsfähig sein oder nicht; und die durch Vertrag erfolgte Anerkennung des Bestehens oder des Nichtbestehens eines Schuldverhältnisses, § 812 Abs. 2, mag im übrigen sonst ernsthafter Zweifel am Bestande oder Nichtbestande dieses Schuldverhältnisses möglich gewesen sein oder nicht.

2. Diese Bereicherung muß sich vollzogen haben auf Kosten eines anderen.

a) Auf Kosten — d. h. nicht eben aus dem Vermögen des anderen, wie z. B. bei der Schenkung im engeren Sinne notwendig; sondern nur so, daß der andere wirtschaftliche Werte dabei eingebüßt hat oder in eine schlechtere Rechtslage oder Beweislage versetzt ist, daß ein Gewinn ihm entgangen ist, z. B. eine Erbschaft, oder daß eine Bemühung, für die er Entgelt zu fordern gewohnt ist und in der Lage war, umsonst von ihm aufgeboten worden ist. Dagegen nicht bloße Arbeitsleistung, Aufgebot von Körperkraft oder Geistesgewandtheit, denn mein Körper und mein Geist gehören nicht zu meinem Vermögen, Aufwendungen daraus geschehen nicht auf meine

[1]) Z. B. der Nichteigentümer ist als Eigentümer ins Grundbuch eingetragen; der von seiner Schuld nicht befreite Schuldner hat eine Quittung in Händen.

Kosten — ich hätte denn erzielbaren Entgelt geopfert oder Kosten dabei aufgewendet od. dgl.[1]) In solcher Lage wäre z. B. auch ein Gläubiger, der nicht einmal so viel auf seine Forderung erhalten hat, wie bei konkursmäßiger Regulierung auf ihn entfallen wäre, weil der zahlungsunfähige Schuldner einen anderen Gläubiger — den Bereicherten — begünstigt hat; vgl. jedoch unten II, 4 b, aa.

b) Wie diese Vermögensverschiebung zustande gekommen ist, ist gleichgültig. Häufig wird der Geschädigte den Schaden sich selbst, durch Leistung einer Sache oder eines Versprechens oder eines Erlasses oder einer Anerkennung an den Bereicherten, zugefügt haben. Es kann aber auch eine Handlung des Bereicherten oder die Intervention eines Dritten oder ein bloßes Naturereignis den Vorgang vermittelt haben, z. B. in dem letzten Beispiel sub a oder wenn die Gewalt eines Flußlaufes Erdschollen von dem Acker des einen wegreißt und sie dem Acker des anderen anspült. All dies macht hier keinen Unterschied.

3. So ist also dieser Teil des Tatbestandes, die Vermögensverschiebung, für alle Fälle der ungerechtfertigten Bereicherung ein gleichartiger. Nicht so für das andere Tatbestandsmoment, zu dem wir uns nun wenden.

II. Der Mangel genügender Rechtfertigung der Vermögensverschiebung. Hierunter gehören nämlich zwei ganz verschiedene Möglichkeiten:

A) Die Vermögensverschiebung ist stets ungerechtfertigt, wenn die Bereicherung dem Bereicherten infolge von Rechtswidrigkeit oder einfach rechtsungültig zugegangen ist.

B) Die Vermögensverschiebung gilt aber unter Umständen auch als ungerechtfertigt, obschon auf seiten des Bereicherten kein derartiges Unrecht vorliegt, ja obschon dem Bereicherten ein Tatbestand zur Seite steht, infolgedessen er ein Recht auf seine Bereicherung wohl erworben hat. Es leuchtet also ein, daß wir die Vermögensverschiebung „ungerechtfertigt" nennen in einem doppelten Sinne: in den Fällen sub A ist sie absolut ungerechtfertigt, in jedem Sinne, auch in dem anderweitig und allgemeinhin üblichen des Wortes; in den Fällen sub B heißt sie ungerechtfertigt nur behufs Begründung des hier in Frage stehenden Schuldverhältnisses, im übrigen ist sie da durchaus gerechtfertigt.

---

[1]) So weit, aber auch nur so weit folge ich Lotmar, Arbeitsvertrag 1, 122 Note 1.

1. Absolut ungerechtfertigt ist jede Bereicherung, welche auf einem rechtswidrigen Verhalten des Bereicherten beruht, sei dies Verhalten nun

a) eine zu vertretende, namentlich schuldhaft rechtswidrige Handlung; so daß auch bei solcher der dadurch Geschädigte sich auf den Kondiktionenstandpunkt stellen kann, um Beweiserleichterung und längere Verjährungsdauer zu gewinnen, wogegen er dann eben nur die Bereicherung statt vollen Schadensersatzes bekommt, vgl. § 852 Abs. 2; oder sei

b) dies Verhalten ein nur objektiv rechtswidriges, z. B. Verfügung über fremde Sachen oder Rechte oder Einmischung in sonstige fremde Angelegenheiten, vorgenommen in gutem Glauben (z. B. seitens des vermeintlichen Erben oder Vormundes oder Bevollmächtigten); er wird die Bereicherung herauszugeben haben, vgl. §§ 682, 687, 988, 993 und namentlich § 816 Abs. 1 Satz 1.

c) Dem Verhalten des Bereicherten wird aber auch gleichzustellen sein das Verhalten Dritter, die seine Geschäfte führen oder sonstwie für ihn durch ihr rechtswidriges Verhalten eine Bereicherung herbeiführen, mag er auch dieses rechtswidrige Verhalten zu „vertreten" im eigentlichen Sinne, d. h. dafür Schadensersatz zu leisten, keineswegs verpflichtet sein.[1]) Die Bereicherung, welche ihm daraus zufällt, bleibt nichtsdestoweniger eine absolut ungerechtfertigte; es handelt sich für ihn nicht de damno vitando, sondern de lucro faciendo; dieses lucrum muß er herausgeben. So wenn ein Zahlungsunfähiger jemandem noch eine unentgeltliche Zuwendung in rechtswidriger Weise macht, zu einer Zeit, zu welcher diese Zuwendung anfechtbar, der Empfänger aber gutgläubig ist: diese seine Bereicherung erscheint denn doch mindestens als eine ungerechtfertigte gegenüber den dadurch geschädigten Gläubigern, KO. § 37 Abs. 2, Anfechtungsgesetz § 7 Abs. 2. — Oder wenn jemand fremdes Getreide auf meinen Acker sät, ohne Auftrag noch Schuld meinerseits, §§ 951, 946, 94.

2. Absolut ungerechtfertigt in demselben Sinne ist ferner jede Bereicherung, die dem Bereicherten durch Tätigkeit des Geschädigten selbst zugekommen ist, wenn sich diese Tätigkeit als eine nicht rechtsgültige Verfügung herausstellt.

a) Hierher wird man rechnen müssen folgende Fälle:

aa) Verfügung durch nichtiges Rechtsgeschäft, z. B. Übereig-

---

[1]) Erst recht natürlich, wenn dies der Fall ist.

nung oder Schulderlaß, vorgenommen von einem Geschäftsunfähigen od. dgl.

bb) Nachträglicher Eintritt der Ungültigkeit der ursprünglich gültigen rechtsgeschäftlichen Verfügung. Sei es mit Rückwirkung, als hätte nie Gültigkeit vorgelegen, z. B. Anfechtbarkeit mit Anfechtung, Rücktrittsmöglichkeit mit Rücktritt, Bedingtheit mit Eintritt der auflösenden Bedingung. Oder sei es auch ohne Rückwirkung, Zeitablauf, Kündigung, kurz alle Endigungsgründe, denen die Wirksamkeit der ursprünglichen Verfügung unterliegt, für die von da ab doch noch in Händen des daraus Bereicherten befindliche Bereicherung.

cc) Endlich auch, falls das verfügende Rechtsgeschäft ein kausales war, namentlich z. B. Abschluß eines nicht abstrakten, vor allem eines gegenseitigen Vertrages: Rückwirkung auf seine Gültigkeit oder Rechtswirksamkeit, welche sich aus Mängeln in bezug auf seinen objektiven Grund und Zweck (seine causa) ergibt. Z. B. wenn ein Darlehensversprechen gegeben wurde, um eine schwebende Schuld in ein Darlehen zu verwandeln, § 607 Abs. 2, eine solche Schuld aber gar nicht bestand, so ist dieses Versprechen ungerechtfertigt. Oder ebenso das Versprechen, durch das der Käufer nachträglich zusagt, den Kaufpreis einem Dritten zu zahlen, dann aber wegen ursprünglicher absoluter oder nachträglicher, von niemand zu vertretender Unmöglichkeit als von der Verpflichtung zur Zahlung des Preises frei dasteht. Ebenso bei einem kausalen Schulderlaß, z. B. aus einem Vergleiche, der sich als ungültig herausstellt, jener Erlaß; usf.

dd) Dagegen können Rechtsgeschäfte, die dispositiv oder gar zwingend abstrakten Charakter tragen, wegen solcher kausalen Mängel als ungerechtfertigt in diesem Sinne offenbar nicht erscheinen; so also z. B. bei abstraktem Schulderlaß, bei Inhaberpapieren, bei Übereignung usf. Darauf wird sofort, unter 3, zurückzukommen sein.

b) Den hier behandelten Fällen rechtsungültiger rechtsgeschäftlicher Verfügung sind gleichzustellen die Fälle, wo es sich um bloß tatsächliche Zuwendungen, z. B. von Dienstleistungen oder von Sachgebrauch handelt, wenn z. B. der Dienstleistende oder der Gebrauchverstattende geschäftsunfähig gewesen sind, so daß daran trotz § 612 Abs. 1 die Annahme eines Dienstvertrages scheitert.

c) Als Bereicherung erscheint hier:

aa) Jede Spur oder Beurkundung, jedes im wirtschaftlichen Verkehr verwertbare Zeichen des nichtigen oder sonst ungültigen Geschäfts, z. B. Quittung, Eintragung in öffentliche oder private Bücher.

bb) Alles, was der Bereicherte lediglich dadurch und lediglich auf Grund dieser Verfügung erhalten hat, aber nur soweit er es noch hat vom Augenblicke ihrer Ungültigkeit ab. Dazu wird also kaum je gehören ein Recht, denn dieses wird regelmäßig von da ab mit erlöschen. Wohl aber gehört dahin der tatsächliche Vorteil der Inhabung, des Gebrauches z. B. an der von einem Wahnsinnigen übereigneten oder an der noch nicht übereigneten, aber einstweilen, mit Rücksicht auf den (ungültigen) Kauf geliehenen[1]) Kaufsache; oder die auf Grund der (hinfälligen) Verbindlichkeit vorgeleisteten Dienste. — All dies, sofern nicht der Bereicherte auf diese Bereicherung außer der rechtsungültigen Verfügung des Beschädigten noch einen, gültig bleibenden, Rechtstitel hat.[2])

3. Dagegen ausschließlich im Sinne der Kondiktionenlehre ungerechtfertigt ist die Bereicherung, die dem Bereicherten zu teil wird durch eine rechtsgültige Verfügung abstrakter Natur, wenn sich für dieses Rechtsgeschäft Mängel von seiten seines objektiven Grundes und Zweckes herausstellen, die, bei einem kausalen Rechtsgeschäfte, dessen Rechtsungültigkeit bewirken würden. Auf diese Weise dringt die Berücksichtigung des objektiven Zweckes in die Wirkungen der abstrakten Rechtsgeschäfte doch wieder ein, vgl. oben § 49, II, 3 b.

a) Der Sinn dieser Behandlung solcher Bereicherung als einer ungerechtfertigten ist der, daß diese abstrakten Rechtsgeschäfte gültig bleiben sollen, sowohl an sich zugunsten Dritter, wie namentlich auch als Grundlage dessen, was sich weiter aus ihnen entwickelt hat (z. B. weitere Übereignungen, Hypothekenbestellungen, Zessionen); nur unter Parteien und nur bis zum Maße der Bereicherung soll ein Rückausgleich stattfinden. Namentlich hat also hier der Bereicherte, soweit

---

[1]) Die Kaufausführung mit Übereignung soll erst später erfolgen. Läge schon Übereignung vor, so wäre das Geschäft gegenüber den Mängeln des Kaufes ein abstraktes, es gehörte nicht hierher, sondern unter 3.

[2]) Z. B. A verkauft und übereignet sein Grundstück durch Auflassung an B; dann wahnsinnig geworden, übergibt er es B; B wird sich gegen den Vormund des A, der die condictio possessionis anstrengt, im Besitze behaupten. Denn ebenso selbst, wenn der Wahnsinn schon nach dem Verkauf, vor Auflassung und Besitzübergabe eingetreten ist; hier hat der Vormund condictio rei, nicht bloß possessionis; trotzdem wird B, durch Berufung auf § 986 Abs. 1 Satz 1, sich im Besitze behaupten. — Wie, wenn es sich um Dienste handelt, die der gesunde A liberal, ohne Entgelt versprochen, der wahnsinnig gewordene geleistet hat? Die Wertkondizierbarkeit ist dann doch auch da wohl zu leugnen.

es ihm noch möglich, nicht nur den sachlich-wirtschaftlichen Wert herauszugeben, sondern auch das Recht oder die Rechtslage selbst, die ihm ja gültig eingeräumt und verblieben sind. Wer so Eigentümer geworden ist und das Eigentum nicht inzwischen weiter übertragen hat, der hat es jetzt, trotz der Kondizierbarkeit, noch; aber er ist verpflichtet, es dem Geschädigten rückzuübertragen. Ebenso, wer Gläubiger aus abstraktem Schuldversprechen geworden ist, ist verpflichtet, dem Geschädigten die Schuld zu erlassen und die Schuldurkunde zurückzugeben. Wem abstrakt die Schuld erlassen war, ist verpflichtet, sie neu zu bestellen und die Quittung zurückzugeben; usf.

b) Diese Verpflichtung des Berechtigten beruht hier also darauf, daß das abstrakte Rechtsgeschäft denn doch tatsächlich einen objektiven Zweck gar nicht umhin kann zu haben und daß dieser Zweck nicht erreicht worden ist. Doch bemerke man wohl, daß lediglich der objektive Zweck in Betracht kommt, nicht irgend welche subjektive Zwecke, die hier wie sonst (vgl. oben § 49, I) ausscheiden. Als Mängel im objektiven Zwecke erscheinen hier folgende:

aa) Wenn der objektive Zweck von vornherein unerreichbar ist, da die Verhältnisse, auf deren Annahme die Vorstellung dieses Zwecks beruhte, nicht oder nicht rechtswirksam oder nicht so, wie angenommen, vorhanden sind. Z. B. die Verpflichtung, welche durch die Übereignung erfüllt werden soll, hat nie oder nie rechtsgültig oder nie bezüglich dieser Sache oder gegenüber diesem Empfänger bestanden.

bb) Wenn der Zweck durch eine Änderung dieser Verhältnisse unerreichbar wird. Z. B. der ursprünglich rechtsgültige Kauf, auf Grund dessen übereignet worden ist, wird resolutiv (durch Eintritt einer Resolutivbedingung) oder durch Rücktritt oder durch Anfechtung beseitigt; oder nachdem der Kaufpreis schon übereignet ist, wird dem Verkäufer seine Leistung schuldlos unmöglich, so daß damit der Anspruch auch auf den Kaufpreis entfällt, § 323 Abs. 3, s. auch für die Miete § 543, für Draufgabe § 337 Abs. 2 u. dgl., ferner §§ 531, 1584.[1])

cc) Wenn der Zweck an sich erreichbar wäre, der objektiv nach

[1]) Alle bisher hier, von 1 bis 3 b, bb, zusammengestellten Fälle pflegt man zu bezeichnen als condictiones sine causa, besonders die zuletzt unter bb behandelten als cond. ob causam finitam. Dagegen die nun, unter cc, im Text folgenden Fälle als solche ob causam datorum oder ob rem oder causa data causa non secuta.

dem Inhalt des Rechtsgeschäfts bezweckte Erfolg sich aber als gerade durch diese Maßregel, wie sie ergriffen worden ist, nicht erreicht herausstellt. Z. B. behufs Erfüllung einer Schuld ist eine nicht leistungsgemäße Sache (z. B. zur Erfüllung einer Gattungsschuld eine unterwertige Sache) übereignet; oder behufs Erwirkung einer Gegenleistung von der anderen Seite ist dieser eine Leistung abstrakt gemacht oder eine Leistung in abstrakt verbindlicher Form zugesagt; die Gegenleistung oder die erwartete Übernahme der Verpflichtung zu einer solchen aber bleibt aus;[1]) oder bei einer Geschäftsführung ohne Auftrag wendet der Geschäftsführer unter eigenen Opfern dem Geschäftsherrn Vorteile zu in der Annahme, seine Geschäftsführung werde genehmigt werden, d. h. er bringt jene Opfer credendi causa, die Genehmigung bleibt aber aus, § 684 Satz 1, vgl. auch §§ 1455, 1519; oder aber auch es schenkt jemand einem andern eine Sache, z. B. stillschweigend, indem er Getreide in dessen Acker sät, diese Schenkung verfehlt ihren Erfolg dadurch, daß der andere sie zurückweist, § 516 Abs. 2.

4. Diesen Fällen sind endlich nachgebildet solche, in welchen vollgültiger Rechtserwerb des Bereicherten auf Grund eines Eingriffes Dritter oder eines Naturereignisses oder selbst einer kausal bestens gestützten rechtsgültigen Verfügung eines Berechtigten vorliegt, dennoch aber, weil diese Rechtsvorgänge einem anderen einen unbilligen Schaden zufügen, das Recht vorschreibt, daß der Berechtigte bis zum Maße der Bereicherung dem Geschädigten für diesen Schaden aufkommen solle. Das Recht schreibt dies vor in der Form, daß es die übrigens durchaus gerechtfertigte Bereicherung als eine ungerechtfertigte in dem Sinne der Konditionen-Anwendbarkeit erklärt.

a) Hierher gehören folgende Fälle:

aa) Zunächst mehrere Fälle, in welchen die Bereicherung dem Bereicherten durch eine, übrigens durchaus rechtsgültige, Schenkung zugewendet ist, durch welche aber Dritte verletzt sind. Nämlich die Fälle von § 816 Abs. 1 Satz 2 und von § 822, über die sofort unten mehr; und die Fälle von §§ 2287, 2888 und § 2329, über die näheres unten im Erbrecht. Herauszugeben ist hier alles, an tatsächlichem und rechtlichem Gewinn, das dem Beschenkten bleibt, wie oben 3 a.

[1]) Es habe z. B. jemand, der Waren bestellt, dabei schon den Preis geschickt oder, ehe noch der Kauf fest abgeschlossen war, einen Wechsel in Höhe des Kaufpreises akzeptiert. So auch § 1301, bezüglich der Verlöbnisgeschenke, während der Ring eher § 337 Abs. 2, s. vorigen Absatz, gleichzustellen wäre.

bb) Sodann gehören hierher diejenigen Fälle, in welchen ein Eigentumswechsel ohne jede Einwilligung des bisherigen Eigentümers, durch Verbindung oder durch Verarbeitung oder durch Fund, eintritt, gemäß § 951 und § 977, zugunsten des bisherigen Eigentümers gegen den neuen Eigentümer, jedoch so, daß bei § 951 bloß eine Geld-Vergütung, bei § 977 die erlangte Sache selbst herauszugeben ist.

b) Über diese gesetzlich festgestellten Fälle ist nicht hinauszugehen. Denn sie beruhen nicht auf einer allgemeinen Rechtsregel, sondern sind ausnahmsweise Durchbrechung der Rechtsregeln zugunsten einer Billigkeit, welche nur der Gesetzgeber, nicht der Gesetzesausleger berücksichtigen darf. Namentlich also nicht hierher gehörig:

aa) der Fall, wo ein Gläubiger für eine fällige Leistung unanfechtbar vor dem Konkurse begünstigt worden ist, vgl. oben I, 2a; sein Vorteil ist weder absolut noch durch besondere Rechtsvorschrift in dem besonderen, hier einschlagenden Sinne ungerechtfertigt; noch auch

bb) die Fälle des Eigentumsüberganges durch Verjährung oder Ersitzung oder Fruchterwerb des gutgläubigen Besitzers u. dgl.

5. Überschaut man die besprochenen Fälle rückwärts, so wird man bemerken, daß in den unter 1 und unter 2 besprochenen Fällen dem Geschädigten gegen den Bereicherten fast durchweg noch andere Ansprüche und Klagemittel außer der Kondiktion zur Verfügung stehen. Die Kondiktion tritt hier also weniger in den Vordergrund.[1]) Dagegen in den Fällen unter 3 und 4 ist der Bereicherungsanspruch das einzige Rechtsmittel für den Geschädigten; sie ist deshalb allerdings da von besonderer Bedeutung.

III. Die Erstattungspflicht umfaßt durchweg[2]) die Bereicherung ganz; aber der Regel nach diese nur so weit, wie sie im Augenblick des Eintritts der Rechtshängigkeit der Bereicherungsklage noch bei dem Bereicherten vorhanden ist.

1. Das Herauszugebende besteht, § 818,

---

[1]) Das berechtigt uns aber nicht, ihre Möglichkeit gegenüber dem weiten Wortlaut von § 812 zu leugnen. Beweis dafür die bisher, unter 1 und 2, erwähnten besonderen gesetzlichen Anwendungsfälle. Nur betr. § 1973 Abs. 2 möchte ich Hellwig a. a. O. zugeben, daß es sich dort nicht um kondikticischen Anspruch, sondern bloß um kondikticische Ausgestaltung eines ohnehin bestehenden Anspruchs handelt.

[2]) Über Verschiedenheiten je nach dem Einzelfalle bereits im Vorhergehenden.

a) in erster Linie in dem unberechtigt Erlangten, in Natur, mit Nutzungen;

b) in dem, was für dessen Zerstörung, Beschädigung oder Entziehung als Ersatz erworben ist, Surrogatprinzip;

c) erst in letzter Linie im Wert des Erlangten, wenn dieses nicht in Natur herausgebbar ist, z. B. empfangene Dienste, verarbeitete Sachen.

2. Die Verpflichtung wird ausgeschlossen, soweit das Erlangte vor Rechtshängigkeit wieder weggefallen ist, sei es durch Zufall, sei es auch durch eigene (z. B. liberale) Verfügung des Bereicherten, ohne Surrogat noch Ersparnis zu hinterlassen.[1]) Eben das ist das Bezeichnende des Bereicherungsanspruches.

3. Der Augenblick, auf den es dabei ankommt, kann unter Umständen ein anderer als der reguläre der Rechtshängigkeit werden. Er wird nämlich auf deliktischer oder quasideliktischer Grundlage verschoben:

a) auf den Augenblick, in dem der Bereicherte den Mangel des rechtlichen Grundes seiner Bereicherung erkannte, falls dieser Augenblick vor dem der Rechtshängigkeit liegt, indessen dadurch frühestens auf den Augenblick der erlangten Bereicherung, sollte selbst die Mängelkenntnis noch früher vorhanden gewesen sein. — Soweit diese Verschiebung eintritt, tritt der Augenblick der Mängelkenntnis ganz an Stelle der Rechtshängigkeit;

b) auf den Augenblick des Leistungsempfanges, falls der Empfänger durch die Annahme der Leistung gegen ein gesetzliches Verbot oder gegen die guten Sitten verstoßen hat. Hier tritt gleichfalls dieser Augenblick ganz an Stelle des sonst entscheidenden Moments;

c) gleichfalls auf den Augenblick des Empfanges, wenn bei dem Empfange es als ungewiß angesehen wurde, ob nicht der Grund der Leistung wieder wegfallen oder ob der Erfolg der Leistung erzielt werden würde (vgl. wegen voller Haftung wie für Schuld in ähnlichen Zweifelsfällen oben § 76, I, 4 a). Jedoch bezieht sich hier diese Rückschiebung nur auf den Hauptgegenstand, für Zinsen oder Nutzungen bleibt es bei der Regel oder bei dem Augenblick, da an

---

[1]) Z. B. A erhält kondizierbar als Geschenk ein prächtiges Juwel im Werte von 500; er hat es an B weitergeschenkt; dann ist A bereichert nur noch um so viel, wie er auch ohnehin zu einem Geschenk an B aufgewandt haben würde; das mag nichts sein oder dem vollen Wert von 500 gleich oder dazwischen liegen.

Stelle des Zweifels die feste Kunde gemäß Absatz a eintritt, § 820 Abs. 2.

4. Von dem kritischen Augenblick ab, welcher es auch sei, mit der vorstehend zuletzt angegebenen Ausnahme für Zinsen oder Nutzungen der Zwischenzeit, haftet der Bereicherte nach den allgemeinen Vorschriften über Schuldverhältnisse, § 818 Abs. 4, namentlich also wegen schuldhaft verursachten Wegfalls der Bereicherung aus §§ 275, 278 usf., wegen Verschlechterung oder Zerstörung einer herauszugebenden körperlichen Sache nach der durch § 292 bestimmten Analogie wie ein Besitzer dem Eigentümer nach Eintritt der Rechtshängigkeit usf., gemäß den allgemeinen Bestimmungen über die Haftung eines Schuldners, die eben nur bis zu jenem Augenblick nach dem Kondiktionsprinzip herabgedrückt sind, nun aber ihren gewöhnlichen Umfang annehmen.

5. Bestand der Kondiktionsanspruch (allein oder unter anderm auch) in dem Anspruch auf Befreiung von einer ohne Rechtsgrund abstrakt übernommenen Verbindlichkeit, so kann er gegen diese Verbindlichkeit, solange sie noch nicht demgemäß aufgehoben ist, auch einredeweise verwandt werden. Diese Einrede der ungerechtfertigten Bereicherung bleibt aber vollwirksam bestehen, wenn auch jener Kondiktionsanspruch verjährt sein sollte, § 821.

§ 156. Einige Einzelfälle.

Bei folgenden Einzelfällen gelten folgende Sondervorschriften:

I. Condictio indebiti. — Wer irrtümlicherweise eine Leistung als ihm geschuldet erhält, auf die er weder rechtlich noch sittlich Anspruch hat, hat diese ungerechtfertigte Bereicherung herauszugeben.

1. Hauptfall: Der Geschädigte ist der Leistende selbst, der geleistet hat, während gar keine Schuld bestand oder die Schuld wieder weggefallen ist oder der bezweckte Erfolg, die bestehende Schuld zum Erlöschen zu bringen, nach der Art dieser Leistung[1]) nicht erreicht wurde. Dann sind folgende weitere Punkte hinzuzunehmen.

a) Die Rückforderung steht dem Leistenden auch dann zu, wenn seiner Schuld eine dauernde Einrede[2]) entgegenstand, der Einrede

[1]) Es ist z. B. nicht genau das, was geschuldet war, oder nicht an den, dem geschuldet war, geleistet und deshalb die Schuld nicht erloschen.

[2]) Dem stehen nicht gleich andere Einwendungen oder Befreiungsmittel, z. B. Anfechtbarkeit, die durch Leistung nicht zu erlöschen **braucht**. Erlischt sie nicht und findet später Anfechtung statt, so kann das Geleistete als

der Verjährung jedoch ist diese Bedeutung besonders entzogen; § 813 Abs. 1, vgl. oben § 78, II, 2.

b) Die Rückforderung steht dem Leistenden auch dann zu, wenn seine Schuld eine noch suspensiv bedingte war, als er leistete, solange nicht inzwischen die Bedingung eingetreten ist; dagegen nicht, wenn sie eine betagte war, § 813 Abs. 2, vgl. oben S. 240.

c) Die Rückforderung fällt weg, wenn der Leistende wußte, daß er zur Leistung nicht rechtserzwingbar verpflichtet war, wenn er also z. B. die seiner Verbindlichkeit entgegenstehende dauernde Einrede kannte.

d) Die Rückforderung fällt aber auch weg, wenn die Leistung einer sittlichen Pflicht oder einer auf den Anstand zu nehmenden Rücksicht entsprach, mag der Leistende sie bloß deshalb gemacht haben oder mag er irrtümlich sich für rechtlich zu ihr verpflichtet erachtet haben, so daß, wenn er die wahre Rechtslage gekannt hätte, er dieser Sittlichkeits- oder Anstandsverpflichtung nimmermehr nachgekommen wäre. Hat er einmal geleistet, so wäre es doppelt gegen Sitte oder Anstand, zurückzufordern, und ein solches Mittel, gegen Sitte oder Anstand das Recht selbst in Bewegung zu setzen, wird ihm darum vom Rechte entzogen. Deshalb die Forderung der Sitte oder des Anstandes eine Naturalobligation zu heißen, wäre durchaus irreführend, ein Rückfall in naturrechtliche Anschauungen.

2. Sonderfall: Die Schuld, auf die geleistet worden ist, bestand vollgültig; die geschuldete Leistung ist aber an einen anderen, als den jetzt berechtigten Gläubiger erfolgt; infolge irgend welcher weiterer Rechtszusammenhänge bringt diese an den Nichtberechtigten gemachte Leistung, indem sie auch dem Berechtigten gegenüber wirksam ist, die Schuld wirklich zum Erlöschen.[1]) Offenbar ist auch hier der Empfänger, für den der Grund der Leistung nicht zutraf, ungerechtfertigt Bereicherter; geschädigt ist aber nicht der Leistende, der seinen Zweck

---

jetzt nachträglich grundlos gewordene Leistung zurückgefordert werden. Wer hätte aufrechnen können aber irrtümlich geleistet hat, kann nicht zurückfordern.

[1]) Z. B. uns schon bekannt diese Möglichkeit für den Fall, daß die Schuld von dem ursprünglichen Gläubiger durch Zession auf andere Gläubiger übergegangen ist; der davon nichts wissende Schuldner aber leistet seinem ersten Gläubiger: er wird dann durch diese Leistung befreit, auch seinem wirklichen Gläubiger gegenüber, dieser aber hat gegen jenen die Kondiktion. Ähnlicher Fälle kennt unser Recht noch eine ganze Anzahl, vgl. z. B. unten § 160, III, 2 betr. § 851.

(sich von der Schuld zu befreien) durch die Leistung vollständig erreicht hat, sondern der Berechtigte, der nichts erhalten hat und doch sein Recht hat erlöschen sehen müssen. Deshalb ist hier Konditionsberechtigter derjenige, der sein Recht so eingebüßt hat; er kann dem Unberechtigten, der die Leistung empfangen hat, die Bereicherung abfordern, § 816 Abs. 2.

a) Irrtum des Leistenden ist auch hier nötig, da stets nur der gute Glaube des Leistenden bewirkt, daß die einem Unberechtigten gemachte Leistung gegen den Berechtigten wirkt.

b) Von den übrigen Eigentümlichkeiten des Hauptfalles kann dagegen hier nicht wohl die Rede sein.

II. Condictio causa data causa non secuta, wegen des (vom Kläger als Klagegrund zu beweisenden) Nichteintrittes des mit einer Leistung nach dem Inhalte des Rechtsgeschäftes objektiv und erkennbar bezweckten Erfolges. Sie ist ausgeschlossen, § 815, wenn

1. der Leistende von vornherein wußte, daß der Eintritt des Erfolges von vornherein unmöglich war; oder wenn

2. der Leistende den Eintritt des Erfolges wider Treu und Glauben verhindert hat.

III. Condictio ob turpem causam. Dem Falle, daß gar kein Rechtsgrund für eine Leistung vorhanden ist, steht, wie schon mehrfach erwähnt, der Fall gleich, daß der scheinbar vorhandene Rechtsgrund kein rechtsgültiger ist; deshalb also auch der Fall, wenn der Zweck einer Leistung so bestimmt ist, daß der Empfänger durch die Annahme gegen ein gesetzliches Verbot oder gegen die guten Sitten verstößt, § 817. Wie hier jedes auf eine solche Leistung gerichtete Rechtsgeschäft nichtig ist, so ist die trotzdem zustande gekommene Bereicherung ungerechtfertigt. Es entsteht also dem Leistenden ein Konditionsrecht,[1]) jedoch stark beschränkt durch die hier gar naheliegende Möglichkeit, daß er seinerseits auch an dem Verstoße gegen Gesetz oder gute Sitten beteiligt ist. Der Möglichkeiten sind folgende:

1. Der Verstoß liegt ausschließlich auf seiten des Empfangenden, z. B. eines Erpressers: volles Rückforderungsrecht des Geschädigten.

2. Der Verstoß liegt ausschließlich auf seiten des Hingebenden (z. B. dabei Unterschlagenden); der Empfänger ahnt davon nichts: keine Rede von diesem Rückforderungsrecht.

3. Der Verstoß wird beiderseitig begangen, z. B. beim Spiel, oder

---

[1]) Vgl. dazu auch noch oben § 155, III, 3 b.

bei einer Bestechung, dem Geben oder Nehmen des Lohns für ein von dem Empfänger im Interesse des Leistenden auszuführendes Verbrechen oder dgl.: dann gilt das Prinzip, daß keiner von beiden die Leistung fordern, aber auch keiner von beiden zurückfordern kann.

a) Daß keiner von beiden fordern kann, wird erreicht dadurch, daß

aa) zwischen ihnen kein Schuldverhältnis zustande kommt, wie wir längst wissen, ferner aber auch dadurch, daß

bb) soweit doch, wenn auch nur scheinbar, z. B. in abstrakter Form durch Ausstellung eines Schuldscheins oder Wechsels, eine Art von Verbindlichkeit zwischen ihnen entstanden sein sollte,[1] diese selbst und ihre Beurkundung (Schuldschein, Wechsel) als ungerechtfertigte Bereicherung rückforderbar sind.

b) Daß keiner von beiden tatsächlich bereits Geleistetes zurückfordern kann, wird dadurch erreicht, daß im übrigen jede Kondiktion unter ihnen ausgeschlossen ist, selbst wenn der Bestochene dann doch das, wozu er bestochen wurde, unterläßt, der bereits bezahlte Bravo vom Verbrechen absteht oder dgl.: Klagen wegen solcher Dinge sollen überhaupt nicht vor Gericht gebracht werden; hat jemand sich in derartige Schelmereien eingelassen, so geschieht ihm schon recht, wenn er dabei auf einen ärgeren Schelmen gestoßen und geschädigt worden ist. In pari turpitudine melior debet esse conditio possidentis.

IV. Kondiktion wegen Verfügung eines Nichtberechtigten. Trifft ein Nichtberechtigter über irgend welchen Gegenstand irgend welche Verfügung, die dem Berechtigten gegenüber wirksam ist, wie das unser Recht so häufig ermöglicht,[2] so ist dadurch der Empfänger, sofern er selbst mehr empfangen als gegengeleistet haben sollte, doch jedenfalls rechtsgültig bereichert; um so mehr, als dies stets nur bei gutem Glauben des Empfängers vorkommen kann. Wohl aber ist der bisher Berechtigte geschädigt, indem sein Recht weggefallen, untergegangen ist, ohne daß er Entgelt bekommen hätte; während der

---

[1] Wirklich ist dies nicht der Fall; zwischen Parteien nichtig ist ja die Verpflichtung selbst aus Anweisung oder aus Schuldverschreibung auf den Inhaber und ebenso aus Wechsel; vgl. oben § 148 I 4 a; ebenda IV 2; und § 149 I 4.

[2] Z. B.: Ein früherer Gläubiger, der die Forderung abgetreten hat, rechnet dieselbe gegen den Schuldner, der von der Abtretung noch nichts weiß, auf; oder der Nicht-Eigentümer, der Inhaber einer beweglichen Sache ist, veräußert und übergibt sie einem gutgläubigen Dritten.

Verfügende absolut ungerechtfertigt (s. oben § 155 II 1) bereichert ist, soweit er für jene Verfügung seinerseits etwas erhalten hat, soweit sie also namentlich eine entgeltliche war. Es ist also nur eine Anwendung des § 812, daß in solchen Fällen gegen den Verfügenden dem Geschädigten der Bereicherungsanspruch zusteht; bloß wegen der praktischen Wichtigkeit ist dies nochmals besonders ausgesprochen in § 816 Abs. 1 Satz 1.

V. Kondiktionen gegen einen rechtsgültig Beschenkten.[1]) Von diesen bereits oben, § 155 II 4 a, aa, zusammengestellten Fällen sind zwei hier näher zu entwickeln:

1. Der eine lehnt sich an den soeben unter IV behandelten Fall an. Soweit hier nämlich die Kondiktion des Geschädigten gegen den Verfügenden deshalb versagt, weil dieser seine Verfügung unentgeltlich[2]) vorgenommen, er also nie aus ihr irgend welche Bereicherung gezogen hat, so wird ausnahmsweise auf den durch diese unentgeltliche Verfügung Bereicherten zurückgegriffen: es wird dann dem Geschädigten der Kondiktionsanspruch gegen diesen gegeben, mit der einzigen Beschränkung, daß er nur für unmittelbar durch die Verfügung ihm zugeflossene rechtliche Vorteile haftet; § 816 Abs. 1 Satz 2.

2. Der andere hierhergehörige Fall berührt sämtliche denkbare Konditionsfälle. Setzt der eben besprochene Fall voraus, daß bei dem Schenkenden nie eine Bereicherung vorhanden war, so handelt es sich hier darum, daß die bereits bei einem zunächst ungerechtfertigt Bereicherten vorhandene Bereicherung wieder in solcher Weise, daß dadurch der Leistungsanspruch mit herabsinkt, heruntergeht. Es muß also vorliegen:

a) Die sonstwie begründete Verpflichtung irgend eines Bereicherten gegen irgend einen Geschädigten aus ungerechtfertigter Bereicherung.

b) Die Haftung dieses Bereicherten aus dieser Bereicherung muß dadurch abnehmen, daß diese Bereicherung selbst abnimmt, was also nur zutrifft, wenn die Bereicherung abnimmt vor dem entscheidenden Augenblick, oben § 155 III.

c) Die Art, wie diese Bereicherung abnimmt, muß die sein, daß der Bereicherte auf sie hin etwas unentgeltlich einem Dritten zuwendet, das er ihm sonst nicht zugewendet haben würde.

---

[1]) „Schenkung" hier im weiteren Sinne, jede liberale Zuwendung.

[2]) Ganz oder teilweise.

Liegen alle diese Voraussetzungen vor, so tritt die Folge ein, daß nun der Dritte (Beschenkte) dem Geschädigten nach der Art des Anspruches aus ungerechtfertigter Bereicherung haftet, so weit, wie eben durch jene unentgeltliche Zuwendung die Haftung des ursprünglich Verpflichteten heruntergegangen ist, § 822.

III. Aus schuldhaft unerlaubter Handlung.[1])

§ 157. Vorbemerkung.

1. Die Grundlagen für die Lehre von der Haftung aus schuldhaft unerlaubter Handlung wurden bereits oben gelegt. Namentlich:

a) für den objektiven Tatbestand siehe oben § 75 I;

b) für den subjektiven Tatbestand § 75 II;

c) für die Folge, den Eintritt voller Schadensersatzpflicht, § 98, auch § 75 III;

d) außerdem für die besondere Folge bei gemeinschaftlicher Mitwirkung mehrerer, das Gesamtschuldverhältnis, § 114 IV 3 a.

2. Für das Verhältnis der hier zu erörternden Tatbestände gegenüber dem allgemeinen Tatbestande, oben § 75, gilt folgendes:

a) Keine Handlung gehört hierher, die nicht auch unter jenen allgemeinen Tatbestand, objektiv und subjektiv, wenigstens auf Grund gesetzlicher Vermutung[2]) fiele. Handlungen, welche deshalb nicht hierher gehören, dennoch aber zu Schadensersatz verpflichten, sind unter den folgenden Abschnitt — Haftung aus schuldähnlicher Sachlage — einzustellen.

b) Dagegen fallen viele Handlungen, die schuldhaft rechtswidrige im Sinne des § 75 sind, hier fort. Nämlich:

aa) die schuldhaft rechtswidrige Handlung jeder Art, soweit sie andere Bedeutung und Rechtswirkung hat, als die, ein Schuldverhältnis zwischen Handelndem und Verletztem zu erzeugen, soweit sie also z. B. das Entstehen einzelner Rechte hindert oder die Verwirkung anderer Rechte verursacht od. dgl. m.: davon kann nur bei solchen einzelnen Rechten gehandelt werden.

---

[1]) S. die Literatur zu § 75 und zu § 98 oben.

[2]) Vgl. oben § 76 I 5c. Mag eine solche Vermutung auch im Einzelfalle wohl einmal irreführen, ohne doch widerlegt werden zu können, sodaß dann allerdings der hierdurch Betroffene tatsächlich ohne Schuld haftet. Regelmäßig aber wird die Vermutung zutreffen oder widerlegbar sein; diese regelmäßige Gestaltung entscheidet für die systematische Anordnung.

bb) Aber auch diejenige schuldhaft rechtswidrige Handlung gehört nicht hierher, bei der die Rechtswidrigkeit ausschließlich beruht auf der Verletzung eines Schuldverhältnisses, das schon vorher zwischen Handelndem und Verletztem bestand oder in der Entstehung begriffen war. Entstehen dadurch (z. B. durch den Verzug) zwischen den Parteien neue stärkere Verpflichtungen, so könnte man diese ja wohl als Folgen eines neuen selbständigen Schuldverhältnisses ansehen, dieses Schuldverhältnis als erzeugt durch die schuldhaft rechtswidrige Handlung. Die Auffassung unseres Gesetzes aber erblickt darin vielmehr nur eine Fortsetzung des alten Schuldverhältnisses. Dieser Auffassung schließen wir uns an.

cc) Ähnlich steht es um sonstige Fälle, in welchen die Rechtswidrigkeit der schuldhaft rechtswidrigen Handlung sich ausschließlich ergibt aus der Verletzung eines Anspruches gegen den Handelnden, z. B. aus der Verletzung eines dinglichen Anspruches oder aus einem relativen Dürfrecht (etwa auf Gestattung der Abholung von Früchten, die auf das Nachbargrundstück gefallen sind, oder auf Behinderung der Entfernung vom Mieter eingebrachter Sachen). Auch hier bringt die Verletzung dieses Anspruches nicht ein neues Schuldverhältnis, sondern nur Änderung des ohnehin bestehenden Anspruches hervor. Ebenso erst recht bei Verletzung familienrechtlicher Ansprüche seitens desjenigen Familienmitgliedes, gegen das sie gehen.

dd) Ganz anders dagegen bei solchen Fällen, in welchen sowohl die Verletzung eines persönlichen Schuld- oder Anspruchverhältnisses, das ohnehin zwischen Beteiligten bestand, wie außerdem noch eine andere Rechtswidrigkeit vorliegt, welch letztere allein genügen würde, um ein Schuldverhältnis zu erzeugen. Z. B. der Mieter oder Verwahrer, der schon als solcher verpflichtet ist, die gemietete oder aufbewahrte Sache sorgfältig zu behandeln, beschädigt sie in solcher Weise, wegen deren jedweder dem Eigentümer als wegen einer schuldhaft unerlaubten Handlung gegen fremdes Eigentum haften würde. Dergleichen Fälle gehören offenbar sowohl hierher wie unter die Lehre von der Miete oder von der Verwahrung oder dgl. Aber materiell handelt es sich doch bloß um Einen Anspruch auf Schadensersatz, der also auch nur denselben Voraussetzungen unterliegen darf und dieselben Wirkungen üben muß. Daher sind beide Arten von Begründung zunächst gleich zulässig; wo sie aber zu verschiedenen Ergebnissen führen würden, da wird ausschließlich diejenige hier- oder dorther entnommene Regel entscheiden müssen, welche sich als die für diesen Fall besonders gesetzlich vorgesehene der andern allgemeinern Regel gegenüber kennzeichnet. So z. B. für den Verwahrer der § 690, der bei unentgeltlich übernommener Verwahrung die Haftung auf solche wie bei eigenen Angelegenheiten herabsetzt, gegenüber § 823, der jede Fahrlässigkeit umfaßt. Bei der Miete ergibt sich kein derartiger Unterschied. In anderen Fällen wieder trifft das Gesetz selbst ausdrücklich die Auswahl; so für § 990 Abs. 1 gegen § 848 durch § 992, soweit unerlaubte Handlungen nicht auch strafbar sind und, soweit sie es sind, umgekehrt.

3. Die schuldhaft rechtswidrigen Handlungen, welche hierher gehören, heißen schuldhaft unerlaubte Handlungen. Eine schuldhaft unerlaubte Handlung ist also eine solche schuldhaft rechtswidrige Handlung, welche Entstehungsursache eines selbständigen Schuldverhältnisses zwischen Verletztem und Verletzer ist.

4. Im bezug auf diese Lehre von den unerlaubten Handlungen bleibt hier auszuführen:

a) welche Regeln das Recht aufstellt mit der Bedeutung, daß deren Verletzung den Tatbestand einer unerlaubten Handlung darstellt;

b) in bezug auf welche Punkte innerhalb eines solchen Tatbestandes eine Schuld vorliegen muß und welches der Grad dieser Schuld sein muß, damit die unerlaubte Handlung eine schuldhaft unerlaubte sei.

c) Außerdem sind über den Inhalt des so entstandenen Schuldverhältnisses, den Schadensersatzanspruch nämlich, und über die dabei beteiligten Personen noch einige Regeln nachzutragen, welche in den Rahmen des allgemein zu haltenden § 98 nicht hineinpaßten.

5. Die allgemein umfassenden unter den demgemäß zu erörternden Tatbeständen folgen in § 158; einige, teils daneben stehende, teils darunter fallende besondere Tatbestände in § 159; jedesmal die Schuldmomente (soeben 4 b) für jeden Tatbestand in denselben Abschnitten; den Schluß bildet, was (soeben 4 c) über den Inhalt des Anspruches noch zu bemerken bleibt, in § 160.

§ 158. Die drei allgemeinen Tatbestände.

Um die Menge der als unerlaubt zu kennzeichnenden Tatbestände zu umspannen, hat das Gesetz zunächst drei allgemeine, weittragende Formeln aufgestellt; in § 823 Abs. 1; in § 823 Abs. 2; und in § 826.

I. Gemäß § 823 Abs. 1. — Schuldhaft unerlaubt ist ein jedes Verhalten, durch welches ein absolutes Recht eines anderen vorsätzlicher- oder fahrlässigerweise und widerrechtlich verletzt wird.

1. Es muß ein Recht, und zwar ein absolutes Recht eines anderen sein, das verletzt wird. Solche absolute Rechte sind:

a) Diejenigen, welche das BGB. als solche schon außerhalb des § 823 kennt, sei es unter seinen Vermögensrechten, z. B. Eigentum, Besitz oder sonstige absolute dingliche oder Aneignungs- oder Erbrechte; sei es auch unter seinen Familienrechten, z. B. das Recht des Inhabers der elterlichen Gewalt, den Aufenthalt des Kindes zu bestimmen; sei es schließlich auch unter den schon anderswo von ihm anerkannten Persönlichkeitsrechten, z. B. das Namenrecht.

b) Diejenigen, welche § 823 durch seine ersten Worte dazu stempelt (vgl. oben S. 63 fg.), indem es die betreffenden Güter aufzählt und ihre Verletzung mit der Schadensersatzklage belegt, nämlich die Rechte eines jeden in bezug auf: sein Leben, die Unverletztheit seines Körpers, die Nichtbeschädigung seiner Gesundheit und die Nichtbeschränkung seiner Freiheit.[1]) Die hier gegebene Liste dieser Rechtsgüter und Rechte — Leben, Körper, Gesundheit, Freiheit —, ist streng ausschließlich; andere Lebensgüter der Person sind durch § 823 Abs. 1 nicht zu Gegenständen subjektiver Rechte erhoben.

c) Diejenigen, welche durch das Recht außerhalb des bürgerlichen Gesetzbuches zu subjektiven, absoluten Rechten ausgestaltet sind; z. B. namentlich die absoluten Vermögens- oder Persönlichkeitsrechte an immateriellen Gütern oder geistigen Werten, s. oben S. 67 u. mehrfach.

d) Dagegen gehören nicht hierher:

aa) Forderungsrechte.[2])

bb) Sonstige relative Rechte, z. B. des Familienrechts.

cc) Solche Lebensgüter, mögen sie auch auf andere Weise rechtlich geschützt, in diesem Sinne Rechtsgüter sein, die nicht Gegenstände subjektiver Rechte ihrer Inhaber sind; also namentlich die lediglich strafrechtlich oder polizeilich geschützten Güter, die nicht zugleich unter eine der Rubriken a—c dieser Nummer fallen.

2. Ein solches Recht muß widerrechtlich verletzt sein.

a) Verletzung, nicht bloß Bedrohung.

b) Verletzung liegt vor

aa) bei den absoluten Dürfrechten, die die ganz überwiegend große Zahl bilden: falls Berechtigter in dem Zustand, den für sich ausschließlich herzustellen und zu behaupten Inhalt seines Rechts ist, von irgend jemand gestört wird;

[1]) Freiheit, d. i. freie Willensbetätigung, nicht bloß räumliche Freiheit.

[2]) Vgl. namentlich Oertmann, Berliner Festgabe für Dernburg, S. 61 fg.

bb) bei den (freilich sehr seltenen) absoluten Sollrechten: falls einer von den Verpflichteten seiner Verpflichtung nicht nachkommt.

c) Die Verletzung muß eine widerrechtliche sein. Das ist sie als solche stets von selbst, wenn nicht ein stärkeres, besonderes Gegenrecht dem Verletzenden zusteht, vgl. oben § 75, I, 6.

3. Schuldgrad ist Vorsatz und Fahrlässigkeit jeder, selbst der geringsten Art, solange nur wirkliche Fahrlässigkeit vorliegt.

4. Diese Schuld, das Vorhersehen bezw. Vorhersehenkönnen muß sich beziehen auf den Erfolg der Handlung, daß durch sie ein Recht der sub 1 näher geschilderten Art verletzt werden wird. Die weiteren schlimmen Folgen brauchen weder vorhergesehen noch vorhersehbar gewesen zu sein; vgl. oben § 75, III.

II. Gemäß § 823 Abs. 2.[1]) — Schuldhaft unerlaubt ist ein jedes Verhalten, welches gegen ein den Schutz eines anderen bezweckendes Gesetz in mindestens fahrlässiger Weise verstößt.

1. Schutzgesetz, d. i. nicht jedes Gesetz, das einem zu Schützenden lediglich ein Privatrecht gibt, sondern das ihn in anderer Weise schützt; nur durch diese Worterklärung erhält Abs. 2 neben Abs. 1 einen getrennt selbständigen Inhalt. Namentlich gehören also dahin Strafgesetze nebst Polizeiverordnungen, vgl. z. B. StGB. § 367 Nr. 12; außerdem z. B. gewerbepolizeiliche Bestimmungen, s. etwa GO. §§ 120a—120c; außerdem etwa absolut durchgreifende, normative Schutzmaßregeln des bürgerlichen Rechts, vgl. § 618,[2]) auch HGB. § 62.

2. Schutzgesetze, die den Schutz eines anderen bezwecken. Solche sind:

a) alle Strafrechtsnormen, durch welche unmittelbar Rechtsgüter der Einzelnen geschützt werden, z. B. das Briefgeheimnis, die persönliche Ehre (Beleidigungsdelikte), das Vermögen als eine materielle Wertsumme, abgesehen von den es bildenden Rechten (Betrug, Erpressung, strafbarer Eigennutz u. dgl. Delikte);

b) sodann alle Straf- oder anderweitig hierhergehörigen Gesetze,

---

[1]) Besonders hierüber: Lenel, Zum Begriff der unerlaubten Handlung, i. d. Deutschen Juristenzeitung 2, 409 fg. — Georg Detmold, Der Begriff des Schutzgesetzes in § 823 (Göttinger Festgabe f. Regelsberger), Leipzig 1901.

[2]) Außerdem, nach unserer Auffassung, vgl. oben § 84, wäre deshalb unerlaubt die Handlung desjenigen, der den Zugriff des einer Sache Bedürftigen gemäß § 904 nicht duldet. — Ferner rechnen diejenigen, welche den Besitz nicht als subjektives Recht anerkennen, hierher das Verbot der Eigenmacht, §§ 858 fg.

die polizeilich die Wohlfahrts- und Gesundheitspflege, die Fürsorge für Güter und Personen in weiterem Kreise, insofern also im allgemeinen, öffentlichen Interesse betreffen, so aber, daß das einzelne dadurch schließlich geschützte Gut das einer Privatperson, eines Einzelnen ist: z. B. die Strafdrohungen wegen gemeingefährlicher Vergehen und Verbrechen oder wegen falscher Anschuldigung oder wegen Hausfriedensbruches; die Verbote schnellen Fahrens in Städten oder Dörfern oder des Rauchens in der Nähe angehäufter Explosivstoffe; die Gebote, bei Glatteis Asche zu streuen oder bei Dunkelheit die Treppen zu erleuchten; die der Ausbreitung von ansteckenden Krankheiten oder von Viehseuchen steuernden Bestimmungen. Aber wohl auch Urkunden- und Münzfälschungsdelikte werden (allenfalls noch) hierher zu rechnen sein.

c) Dagegen nicht diejenigen Strafgesetze, welche lediglich öffentliche Einrichtungen, Staatshoheitszeichen,[1]) Beamte in Ausübung ihres Dienstes, den Staat selbst zu schützen bestimmt sind; also wohl auch nicht die Rechtsnormen betr. Verbrechen und Vergehen in bezug auf den Personenstand oder betr. Verbrechen und Vergehen im Amte; und erst recht nicht die Normen der Disziplinargesetze. Demgemäß dann wohl auch nicht die Normen des inneren Verwaltungsrechts, soweit sie hierher gezogen werden könnten; und namentlich nicht etwa Dienstanweisungen od. dgl. Anordnungen, so sehr sie dem Schutze der beteiligten Privatpersonen dienen mögen, schon deshalb nicht, weil sie, wennschon auf Gesetzen beruhend, doch nicht selbst „Gesetze" im Sinne dieses Gesetzesparagraphen sind.

3. Auch hier muß, obschon der Gesetzestext es hier nicht besonders sagt, die Verletzung eine widerrechtliche sein, in dem Sinne des betreffenden verletzten Gesetzes, vorwiegend also im Sinne des Strafrechts.

4. Schuldgrad ist derjenige des verletzten Gesetzes, mindestens aber Fahrlässigkeit; d. h.:

a) Schützt das betreffende Gesetz nur gegen vorsätzlich begangene oder nur gegen vorsätzlich oder unter stärkerem Grade der Fahrlässigkeit begangene Handlungen, so bleibt es dabei auch für diese privatrechtliche Folge.

b) Schützt das betreffende Gesetz gegen jede fahrlässige Be-

---

[1]) Also z. B. nicht Delikte gegen §§ 136, 137, wohl aber gegen § 288 StGB.

gehung, so fällt diese seine Bestimmung mit der privatrechtlichen zusammen.

c) Schützt das betreffende Gesetz auch gegen zufällige Begehung, so kommen doch für diese privatrechtliche Folge nur solche Verletzungen des Gesetzes in Betracht, bei welchen den Täter mindestens der Vorwurf der Fahrlässigkeit trifft, § 823 Abs. 2 z. E.

5. Diese Schuld, das Vorhersehen oder Vorhersehenkönnen, braucht sich lediglich zu beziehen auf die Verletzung des betreffenden Schutzgesetzes, nicht auch auf irgend welche dadurch hervorgerufene Folgen. Das ist namentlich wichtig, falls das betreffende Gesetz ein bloßes Gefährdungsverbot oder gar ein lediglich formaler, behufs abstrakter Gefährdungsvermeidung erlassener Gesetzesbefehl ist (im Gegensatze zum Verletzungsverbot). Denn dann ist Anwendbarkeit von § 823 Abs. 2 gegeben, sobald der Handelnde das Gesetz bewußter- oder fahrlässigerweise übertreten hat, mochte er selbst die aus dieser Verletzung sich ergebende Gefährdung und erst recht die aus dieser Gefährdung sich ergebende Rechtsverletzung und Schädigung in keiner Weise haben vorhersehen können. Z. B. StGB. §§ 312, 313 fordern Vorhersehbarkeit der Gefahr (Gefährdungsverbot), aber nicht der Verletzung; es haftet demgemäß aus § 823 Abs. 2, wer eine Überschwemmung auf eigenem Grund und Boden gestiftet hat, wenn er auch bloß die Gefahr, nicht den wirklichen Eintritt der Schädigung fremden Lebens oder Eigentums vorhergesehen hat; und gar StGB. §§ 306 fg. fordern nicht einmal Vorhersehbarkeit der Gefahr (abstrakter Gesetzesbefehl), es haftet also aus § 823 Abs. 2, wer unter den strafgesetzlich dort näher angegebenen Umständen seine eigene Sache in Brand gesetzt hat, für dadurch Dritten entstandene Schädigung, wennschon der Brandstifter nicht einmal die Gefährdung Dritter vorherzusehen vermochte.

6. Die Bestimmung des § 823 Abs. 2 wird demgemäß praktisch wichtig über das Gebiet des § 823 Abs. 1 hinaus hauptsächlich in folgenden Fällen:

a) Soweit es sich handelt um Verletzung von Rechtsgütern, auf die der Verletzte kein subjektives absolutes Recht hat. Das wird namentlich häufig zutreffen bei denjenigen Rechtsgütern, die Strafrechtsschutz genießen, ohne als Gegenstände von Persönlichkeitsrechten anerkannt zu sein, gemäß der geringen Anzahl solcher innerhalb § 823 Abs. 1 aufgezählter sowie sonst privatrechtlich anerkannter Rechtsgüter; gehört doch zu diesen nicht einmal die Ehre, abgesehen von den § 159, I zu erörternden Einzelfällen.

b) Soweit es sich selbst handelt um die Verletzung absoluter Rechte, der Handelnde aber bei der Handlung diese Verletzung nicht, wohl dagegen die eines Schutzgesetzes vorhersah oder vorhersehen konnte, s. soeben unter 5; oder wenigstens dem Handelnden nur letzteres, nicht ersteres nachgewiesen werden kann.

III. Gemäß § 826. — Schuldhaft unerlaubt ist ein jedes Verhalten, durch welches einem anderen in einer gegen die guten Sitten verstoßenden Weise vorsätzlich Schaden zugefügt wird.

1. Dieser letzte Tatbestand ist subsidiarisch den beiden anderen gesellt. Er ist deshalb sehr weit und auffällig ungenau gehalten. Weder ein subjektives Recht noch ein Schutzgesetz braucht verletzt zu sein. Selbst daß in Ausübung eines Rechts[1]) gehandelt ist, schließt diese Haftung nicht aus. Die Rechtswidrigkeit ergibt sich lediglich daraus, daß vorsätzlich in einer gegen die guten Sitten verstoßenden Weise Schaden zugefügt ist.

2. Die einzige genauere Begrenzung liegt in dem vorgeschriebenen Schuldgrade. Es muß geradezu Vorsatz und zwar ein solcher vorliegen, der sich auf den angerichteten Schaden selbst, nicht nur auf irgend ein diesem vorangehendes, für diesen kausales Moment richtet. Aber es braucht nicht hier (wie bei § 226) diese Schadenszufügung der einzige denkbare Zweck der Handlung zu sein; jener Vorsatz, etwa neben anderen, eigennützigen Zwecken, genügt.

3. Unter diesen Umständen wird man besonderes Schwergewicht legen müssen auf das letzte nun noch erübrigende Moment des Tatbestandes, den Verstoß gegen die guten Sitten. Man wird dies enger zu fassen haben als Verstoß gegen Treu und Glauben oder gar gegen die Sittlichkeit (vgl. bereits oben S. 185). Namentlich wird man kühlen Egoismus stets als berechtigt, Altruismus nicht als Gebot der „guten Sitten" ansehen dürfen. Von diesem Gesichtspunkte aus wird man ferner namentlich bemüht sein müssen, das Geltungsgebiet des § 826 wesentlich auf dasjenige des § 226 zurückzuführen; denn unerträglich wäre das Ergebnis, wenn eine Rechtsausübung nach § 226 gestattet, nach § 826 eine schuldhaft unerlaubte, zu Schadensersatz verpflichtende Handlung wäre.[2]) Man wird des-

---

[1]) Ob selbst nicht auf Grund Urteils? Erpressung? Sehr bedenklich Entsch. d. RG. in Strafsachen, 34, 279 fg.; bes. S. 282.

[2]) Deshalb versucht Oertmann neuestens in d. Deutsch. Jur.-Zeit. 8, 325 fg. bei Verstoß gegen § 826 die Rechtswidrigkeit zu leugnen; aber es handelt sich doch um eine „unerlaubte Handlung".

halb seltener Verstoß gegen § 826 annehmen, falls der Handelnde sich in Ausübung eines Rechts befand, als in anderen Fällen, wo er allerdings nicht schon aus anderen Gründen rechtswidrig, aber ebensowenig aus anderen Gründen rechtsgemäß handelt, bei sog. an sich, abgesehen von dem Schädigungsvorsatz, rechtlich indifferenten Handlungen.

a) Beispiele letzterer Art sind etwa: vorsätzliches Weitererzählen erlauschter fremder Geheimnisse; namentlich aber wissentliche Mitteilung oder sonstige Zuführung von falschen Nachrichten oder wissentliche Erteilung falschen Rates[1]) mit dem Vorsatz der Schädigung, wenn keinerlei Verpflichtung zu getreuer Berichterstattung oder Raterteilung besteht, vgl. § 676.

b) Dagegen Beispiel unerlaubter Rechtsausübung wäre etwa Ausnutzung eines Rechts zu unlauterem Wettbewerb oder das Verhalten des Eigentümers, der sein Eigentum am Nachbargrundstücke benutzt, um dem Nachbar planmäßig die Existenz unleidlich zu machen, falls das lediglich geschieht, um sich an diesem Nachbar zu rächen; dagegen schon zweifelhafter, wenn es geschieht, um das Besitztum des Nachbarn billiger zu kaufen. Ebenso wäre zu unterscheiden bei chikanöser Prozeßführung. Gewiß nicht unerlaubt[2]) das Verhalten desjenigen, der, um ein ihm ebensogut wie Dritten eröffnetes Aneignungsrecht des Erstergreifenden geltend zu machen, ohne unerlaubte noch besonders schimpfliche Mittel einem anderen zuvorkommt, mag letzterer auch schon vor ihm Anstalten zur Aneignung getroffen haben.

§ 159. Die drei besonderen Tatbestände.

I. Ehrverletzungen.[3]) — Da die Ehre in § 823 Abs. 1 nicht mit aufgezählt ist, so unterliegen Ehrverletzungen im allgemeinen nur § 823 Abs. 2, soweit sie strafrechtlich verpönt sind.[4]) Dazu fügen indessen die §§ 824, 825 folgende Sonderfälle:

[1]) Vielleicht auch Erteilung richtigen, aber bösen Rates an A, um ihn zu lehren, wie er seinen Gläubiger B schädigen kann, wobei dann B „der andere“ des § 826 wäre?

[2]) Obschon Oertmann zu § 826 dies unter seinen Beispielen aufführt; will aber hier nicht das Recht den rascher Zugreifenden begünstigen?

[3]) Kohler, in Goltdammers Archiv 47, 1 fg. 98 fg. — Biberfeld in Gruchots Beiträgen, 42, 367 fg.

[4]) Vgl., außer StGB. §§ 174 fg. und §§ 185 fg., auch die einschlägigen Bestimmungen des Gesetzes über unlauteren Wettbewerb, namentlich § 6. Dabei kommen dann noch die strafrechtlichen Bestimmungen betr. Buße dem

1. Fahrlässige (oder vorsätzliche) Kreditgefährdung oder sonstige Benachteiligung jemandes (auch einer juristischen Person) in seinem Erwerb oder Fortkommen durch Aufstellung oder Verbeitung dazu geeigneter, wahrheitswidriger Behauptungen.

a) Die Fahrlässigkeit muß sich beziehen auf die Wahrheitswidrigkeit und auf die Eigenschaft der Behauptungen, zur Herbeiführung solcher Folgen geeignet zu sein; nicht auf den Eintritt dieser Folgen im einzelnen.

b) Die Behauptungen müssen unwahr sein.

c) An und für sich deckt § 824 auch den Fall des Vorsatzes; dieser aber ist außerdem im wesentlichen bereits gedeckt durch § 823 Abs. 2 zusammen mit StGB. § 187.

d) Bei bloß fahrlässiger Begehung fällt der Schadensersatzanspruch des Benachteiligten hinweg, wenn derjenige, der die Mitteilung macht oder der Empfänger derselben an ihr ein berechtigtes Interesse hat, vgl. StGB. § 193.

2. Vorsätzliche Verletzung der weiblichen Geschlechtsehre: Wer eine Frauensperson[1]) durch Hinterlist, durch Drohung oder unter Mißbrauch eines Abhängigkeitsverhältnisses zur Gestattung der außerehelichen Beiwohnung bestimmt, ist ihr zum Ersatz des daraus entstandenen Schadens (§ 842 und § 847 Abs. 2, vgl. oben § 98, 3 a) verpflichtet. — Die hierunter fallenden Handlungen werden mannigfach bereits durch § 823 Abs. 2 in Verbindung mit strafrechtlichen Bestimmungen gedeckt sein; doch dient § 825 zur allseitigen Ergänzung.

II. Verletzung besonderer Sorgfaltspflichten;[2]) §§ 831, 832, 834, 836—838.

1. Selbstverständlich schafft § 823 die allgemeine Sorgfaltspflicht für jedermann, ein Verhalten zu meiden, das in vorhersehbarer Weise eine Rechtsverletzung (Verletzung eines absoluten Privatrechts oder eines Schutzgesetzes) zur Folge haben würde. Nur muß eben diese Folge dabei genau, individuell vorhersehbar gewesen sein. Das genügt nicht in den zahlreichen Fällen, in welchen Handlungen bedenk-

---

Beleidigten zu statten; und es ergibt sich aus BGB. § 823 Abs. 2 Satz 2 eine Einschränkung dieser Anwendbarkeit von StGB. § 186 auf die Fälle, wo mindestens Fahrlässigkeit nachweisbar vorliegt.

[1]) Eine jede, auch eine bescholtene, erwachsene, einwilligende. Der Anspruch dient namentlich auch statt eines, gesetzlich nicht gegebenen, Deflorationsanspruches.

[2]) Nöldeke, in Gruchots Beiträgen 41, 766 fg.

lich sind, ohne bereits gegen ein Polizeistrafgesetz zu verstoßen und ohne daß bereits ein bestimmtes einzelnes Privatrecht, das dadurch verletzt werden könnte, erkennbar wäre. Deshalb ordnet das Gesetz eine Reihe besonderer Sorgfaltspflichten an, Sorgfaltspflichten, welche den Verpflichteten öffentlich-rechtlich treffen,[1]) gleichviel ob sie außerdem schon einem bestimmten Berechtigten gegenüber obligatorisch begründet sind oder nicht; wer dann diesen Sorgfaltspflichten schuldhaft nicht nachkommt, begeht schon dadurch eine schuldhaft unerlaubte Handlung, für deren Folgen er nun auch, soweit er sie nicht vorhersehen konnte, aufkommen muß.

2. Die Fälle sind folgende:

a) Wer einen andern zu einer Verpflichtung bestellt,[2]) hat die bestellte Person sorgfältig auszuwählen, in dem Sinne, daß sie keinen Anlaß biete zu der Befürchtung, sie werde in Ausführung der Verrichtung Dritten widerrechtlichen[3]) Schaden zufügen. Er hat ferner, wenn er als Geschäftsherr für die bestellte Person Vorrichtungen oder Gerätschaften zu beschaffen oder die Ausführung der Verrichtung zu leiten hat, hierbei in demselben Sinne die im Verkehr erforderliche Sorgfalt zu beobachten.[4])

b) Ebenso haftet, wer für den Geschäftsherrn die Besorgung eines derartigen Geschäfts vertragsmäßig übernimmt.

c) Wer kraft Gesetzes oder vertraglich zur Führung der Aufsicht über eine Person verpflichtet ist, die wegen Minderjährigkeit oder wegen ihres geistigen oder körperlichen Zustandes der Beaufsichtigung bedarf, hat dieser Pflicht die nötige Sorgfalt zu widmen, damit die beaufsichtigte Person Dritten mangels Aufsicht widerrechtlichen Schaden[5]) zuzufügen nicht in die Lage komme.

d) Wer für denjenigen, der ein Tier hält,[6]) die Führung der Auf-

---

[1]) Obschon sie im BGB., an privatrechtlicher Stelle und zu lediglich privatrechtlichen Folgen begründet sind; Wirkung ähnlich wie Polizeischutzgesetze in Verbindung mit § 823 Abs. 2, vgl. jedoch sofort unten S. 564 Note 2.

[2]) Wegen einer Grenze gegen die andersartige Haftung der juristischen Person für Delikte ihres Organes s. RG.-Entsch. i. d. Deutsch. Jur.-Zeit. 8, 223, Nr. 40.

[3]) Es genügt objektiv; ob auch subjektiv, so daß die bestellte Person dann auch selbst haften würde, hier indifferent.

[4]) Anwendbar auch auf das Gesinderecht, Art. 95.

[5]) Vgl. Note 3 vorstehend. Gegen Übertreibungen sehr richtig RG. 50, 64.

[6]) Über das „Halten" eines Tieres und die Haftung des „Haltenden" s. unten § 161 I, 2 a.

sicht über das Tier durch Vertrag übernimmt, hat dieser Pflicht die nötige Sorgfalt zu widmen, damit das Tier nicht in die Lage komme, einen Menschen zu töten oder den Körper oder die Gesundheit eines Menschen zu verletzen oder eine Sache zu beschädigen.

e) Der Eigenbesitzer[1]) eines Gebäudes oder eines andern mit einem Grundstücke verbundenen Werkes[2]) hat die im Verkehr erforderliche Sorgfalt darauf zu verwenden, daß dieses Werk sich nicht infolge fehlerhafter Errichtung oder mangelhafter Unterhaltung in einem solchen Zustande befinde, durch welchen das Werk einstürzen oder Teile sich von ihm ablösen können, so daß dadurch ein Mensch getötet, oder der Körper oder die Gesundheit eines Menschen verletzt, oder eine Sache beschädigt werden könnte.[3]) — Es gelten hier noch folgende Eigentümlichkeiten:

aa) die Pflicht beginnt mit der Besitznahme, auch für Fehler und Mängel, die ein Vorbesitzer verschuldet hat; der neue Besitzer muß diese beseitigen;

bb) die Haftung des Vorbesitzers erlischt, sobald der neue Besitzer pflichtgemäß die Versäumnisse jenes hätte beseitigt haben können, längstens aber in einem Jahre nach Aufgabe des Besitzes;

cc) an Stelle des Eigenbesitzers (nicht neben diesen) tritt, wer auf einem fremden Grundstück in Ausübung eines Rechts (z. B. eines Erbbaurechts, eines Nießbrauches, auch einer Pachtung, wegen der vom Pächter vorübergehend errichteten Werke, § 95 Abs. 1 Satz 1) ein Gebäude oder ein anderes Werk besitzt.

f) Ebenso haftet, wer die Unterhaltung eines Gebäudes oder eines mit einem Grundstücke verbundenen Werkes für den Besitzer übernimmt oder das Gebäude oder das Werk vermöge eines ihm zustehenden Nutzungsrechts zu unterhalten hat, also z. B. der Pächter (s. § 582,[4]) nicht der Mieter, s. § 536), der Grunddienstbarkeitsberechtigte (§§ 1021, 1022) oder der Nießbraucher (§ 1041).[4])

---

[1]) Wegen dieses Begriffes s. unten § 173, 1.

[2]) Betr. Bergbauschaden Art. 67.

[3]) Außerdem für den Fall, daß derartiges droht, besonderer Anspruch des Nachbareigentümers darauf, daß die zur Abwehr notwendigen Einrichtungen getroffen werden, § 908.

[4]) Jedoch natürlich alle diese nur innerhalb der Grenzen ihrer Unterhaltungspflichten, d. h. Pächter und Nießbraucher nur wegen „gewöhnlicher" Ausbesserungen; nicht also z. B. wenn das Haus auf dem Pachtgute einer fundamentalen Restauration bedurft hätte, damit das Unglück vermieden worden wäre.

3. Die Haftung in diesen Fällen bietet folgende weitere Eigentümlichkeiten:

a) Von seiten des objektiven Tatbestandes:

aa) Damit eine Haftung eintrete, muß der Schaden infolge Verletzung der Sorgfaltspflicht eingetreten sein. Wäre dieser Schaden auch bei Anwendung dieser Sorgfalt eingetreten, so wird nicht gehaftet.

bb) Ferner muß der eingetretene Schaden der Art sein und in der Richtung liegen, wie ihn zu vermeiden Aufgabe der jedesmal verletzten Sorgfaltspflicht war.[1]) Wäre durch Versäumnis dieser Sorgfaltspflicht irgend ein andersartiger Schaden eingetreten, so würde hierfür nicht[2]) gehaftet werden, z. B. der Angestellte muß in Ausführung der Verrichtung, zu der er angestellt war, den Schaden angerichtet haben, oder der zu Beaufsichtigende mangels Aufsicht usf.

cc) Liegt jedoch einmal ein Schaden, für den auf diese Weise gehaftet wird, vor, so wird selbstverständlich, wie sonst, für alle weiteren, auch ganz anders gearteten Folgen gehaftet.

b) Von seiten des subjektiven Tatbestandes: Die Verletzung der Sorgfaltspflicht muß schuldhaft erfolgt sein. Ist Sorgfalt soweit aufgeboten, wie nach den Regeln des Verkehrs möglich und notwendig, um drohende Gefahr abzuwenden, so ist Haftung ausgeschlossen.

c) Beweisrechtlich. Ist ein Schaden eingetreten von der Art und in der Richtung, wie ihn zu verhüten Aufgabe der Sorgfaltspflicht ist, so wird vermutet, daß er eingetreten ist

aa) objektiv infolge Verletzung der Sorgfalt; und

bb) subjektiv unter schuldhafter Versäumnis dieser Sorgfalt. Obschon Gegenbeweis dem Sorgfaltverpflichteten freisteht, ist seine Lage dadurch doch abermals wesentlich erschwert: denn unter den regelmäßigen Verhältnissen der §§ 823—826 ist es selbstverständlich Sache desjenigen, der Schadensersatz in Anspruch nimmt, alle objektiven und subjektiven Momente, die dafür notwendig sind, als vorhanden darzutun.

d) Bei allen diesen Fällen kann es vorkommen, daß für den angerichteten Schaden mehrere haften, sei es alle wegen Verletzung der Sorgfaltspflicht (z. B. mehrere, die zusammen das schädigende

---

[1]) Mangels dieses Erfordernisses und des dadurch gegebenen Schuldzusammenhanges gehört nicht hierher die Haftung des fahrlässig Trunkenen, § 827 Satz 2, s. unten § 161 I, 1 a.

[2]) D. h. nicht auf Grund dieser Sondervorschriften: dadurch unterscheidet sich die Haftung aus ihnen von der Haftung aus § 823 Abs. 2.

Gebäude besitzen), sei es die einen deshalb, die anderen aus §§ 823 bis 826 (z. B. der Baumeister), sei es schließlich auch die anderen quasideliktisch (z. B. aus §§ 829 oder 833). In allen diesen Fällen haften sie

aa) dem Beschädigten gegenüber als Gesamtschuldner, wie stets, wenn mehrere aus unerlaubter Handlung verantwortlich sind, § 840 Abs. 1;

bb) untereinander aber im Zweifel zu gleichen Teilen, es seien denn einzelne unter ihnen am Schaden näher beteiligt als die anderen. Näher beteiligt als diejenigen, die deliktisch oder quasideliktisch aus §§ 831—838 haften,[1]) sind alle, die deliktisch aus §§ 823—826 haften; näher beteiligt, als wer quasideliktisch aus § 829 haftet (s. darüber unten § 161, I, 1), sind alle übrigen. Die Näherbeteiligten haben den Entfernterbeteiligten gegenüber den Schaden allein zu tragen.

4. Es leuchtet ein, daß in mehreren hierher gehörigen Fällen (§§ 831 u. 832) die Sorgfaltsverpflichtung dazu führt, daß der sie Verletzende für widerrechtliche Handlungen Dritter aufkommen muß, doch wäre es irreführend, deshalb diese Fälle als solche der „Haftung für Dritte" von den übrigen abzusondern. Denn nicht für Dritte haftet hier der Haftende, sondern aus eigener Schuld. Von „Haftung für Dritte" im strengen Sinne, ohne Rücksicht auf eigene Schuld, kann erst bei den Quasidelikten die Rede sein; vgl. oben § 76, I, 5 u. unten § 161.

III. Verletzung der Amtspflicht, §§ 839, 841.[2]) — Handlungen eines Beamten[3]) in Ausübung seiner Amtspflicht unterliegen ausschließlich besonderen Bestimmungen. Nämlich den folgenden:

1. „Verletzt ein Beamter vorsätzlich oder fahrlässig die ihm einem Dritten gegenüber obliegende Amtspflicht, so hat er dem Dritten den daraus entstehenden Schaden zu ersetzen."

---

[1]) Diese sind untereinander alle gleich nahe beteiligt, soweit sich nicht aus ihren obligatorischen Beziehungen ein anderes ergibt, z. B. Pflicht desjenigen, der dem Geschäftsherrn die Besorgung gewisser Geschäfte nach § 831 Abs. 2 abgenommen hat, den Schaden ganz zu tragen; ebenso unter Umständen § 832 Abs. 2 gegenüber Abs. 1; § 834 gegenüber 833; § 838 gegenüber 836, 837; oder auch gemäß der Analogie von § 817, Cosack 1, 609, unter 4a.

[2]) Delius, Die Haftpflicht der Beamten, nach Reichsrecht und dem Rechte der deutschen Bundesstaaten unter Berücksichtigung der Haftpflicht des Staates. — v. Stengel, in Hirths Annalen, 34, 481 fg.

[3]) Beamten: Reichs- oder Staatsbeamten, unmittelbar oder mittelbar, nicht Privatbeamten; vgl. etwa Olshausen, Kommentar zum StGB., zu § 359.

a) Dies ist Schutzgesetz für Dritte; daher Haftung für allen sich weiter ergebenden, auch unvorhersehbaren Schaden.

b) Aber nur soweit, wie dem Beamten die Amtspflicht Dritten gegenüber obliegt; also nicht bloße Dienstanweisungen für den inneren Dienst od. dgl. m. Stets wohl liegt die Pflicht „Dritten gegenüber" dem Beamten ob, wo dem Dritten gegen die Handlung des Beamten ein Rechtsmittel oder ein Beschwerderecht zusteht.

2. Einschränkungen:

a) Die Ersatzpflicht tritt nicht ein, wenn der Verletzte vorsätzlich oder fahrlässig unterlassen hat, den Schaden durch Gebrauch eines Rechtsmittels abzuwenden.

b) Bei bloßer Fahrlässigkeit haftet der Beamte nur subsidiär.

3. Noch weiter gehende Einschränkung für diejenige Verletzung einer Amtspflicht, die ein Beamter bei dem Urteil in einer Rechtssache begeht.[1]) Diesenfalls ist er nur verantwortlich, falls die Pflichtverletzung mit einer im Wege des gerichtlichen Strafverfahrens zu verhängenden öffentlichen Strafe bedroht ist.

a) Grund: Die Unabhängigkeit der Gerichte und die Unbefangenheit der Richter würden beeinträchtigt werden, wenn die richterlichen Beamten für jedes Versehen haftbar gemacht werden könnten.[2]) Deshalb

b) Ausnahme: „Auf eine pflichtwidrige Verweigerung oder Verzögerung der Ausübung des Amtes findet diese Vorschrift keine Anwendung," § 839 Abs. 2 Satz 2.

4. Bezieht sich die Amtspflicht darauf, daß der Beamte einen Anderen zu einer Geschäftsführung zu bestellen hat (z. B. den Vormund oder den Konkursverwalter) oder ihn dabei zu beaufsichtigen hat oder durch Genehmigung von Rechtsgeschäften mitzuwirken hat, und wird dann außer dem Beamten, der wegen Verletzung dieser Amtspflicht haftet, der Andere irgendwie haftbar, so ist in ihrem Verhältnisse zueinander der Andere näher beteiligt, § 841.

5. Handelt es sich um einen Grundbuchbeamten, so tritt an seine Stelle der Staat oder die Körperschaft, in deren Diensten er steht, unbeschadet des Regreßrechts letzterer gegen den Beamten, Grundbuchordnung § 12. — Im übrigen ist die Regelung der so

---

[1]) Nöldeke, Die zivilrechtliche Haftung des Richters, in Gruchots Beiträgen, 42, 795 fg. — Schneider, in dem Archiv f. d. zivilist. Praxis, 91, 209 fg. — Oppenhoff, i. d. Deutschen Jur.-Zeit. 7, 480 fg.

[2]) Planck, zu § 839; 2, S. 638.

wichtigen Frage, wie weit der Staat oder die Gemeinde oder andere Kommunalverbände für den von ihren Beamten in Ausübung der diesen anvertrauten öffentlichen Gewalt Dritten unberechtigt zugefügten Schaden haften, der Landesgesetzung vorbehalten, Art. 77 u. 108; wegen § 89 s. sofort unten § 161, II, 1 b.

§ 160. Das Schuldverhältnis. §§ 842—853.

Für das Schuldverhältnis, das aus den Tatbeständen der beiden vorhergehenden Paragraphen entspringt,[1]) gelten folgende Regeln bezüglich der beteiligten Personen und bezüglich des Inhalts, über die allgemeinen Lehren von der Schadensersatzverpflichtung, oben § 98, hinaus.

I. Anwendbar auf Schuldverhältnisse aus allen diesen schuldhaft unerlaubten Handlungen:

1. Verpflichtet ist derjenige, der das ursächlich gewordene körperliche Verhalten schuldhafterweise betätigt hat.

2. Berechtigt ist nur der unmittelbar Verletzte, d. h. nur derjenige, dessen absolutes Recht verletzt ist; oder der, zu dessen Schutz das Schutzgesetz bestimmt ist; oder der, dem unter Verstoß gegen die guten Sitten vorsätzlich Schaden zugefügt worden ist; oder der, dessen Ehre verletzt worden ist; oder der, der widerrechtlich in seiner Person oder in seinen Sachen verletzt ist infolge Verletzung einer besonderen Sorgfaltspflicht; oder der, dem gegenüber die Amtspflicht verletzt ist. — Wirkt der Schaden, den der unmittelbar Verletzte erfahren hat, hinüber auf das Vermögen eines Dritten, so hat dieser Dritte deshalb einen Schadensersatzanspruch gegen den Beschädiger nicht (z. B. nicht der Feuerversicherer gegen den Brandstifter, sondern bloß der Eigentümer oder Nießbraucher des verbrannten Hauses); wohl aber mag unter Umständen dieser Dritte in der Lage sein, Abtretung des dem zunächst Geschädigten zustehenden Schadensersatzanspruches von diesem zu verlangen (z. B. wird der Versicherer sich seinem Versicherten gegenüber dieses Recht regelmäßig in der Police vorbehalten). — Ausnahme s. sofort unter II, 2.

[1]) Und ebenso aus denen des folgenden Paragraphen unter I, s. dessen Anfang. — Dagegen gelten diese Regeln nicht für andere Schuldverhältnisse aus schuldhaft rechtswidriger Handlung, innerhalb und außerhalb des BGB., vgl. z. B. KO. §§ 30, 31, Anfechtungsgesetz § 3 Nr. 1 u. 2 (während KO. § 32 und Anfechtungsgesetz § 3 Nr. 3 und 4 unter das Konditionenprinzip fallen, vgl. oben § 155); oder man denke an die Buße im Strafrecht, im Gesetz betreffend unlauteren Wettbewerb, usf.

3. Der Anspruch verjährt, § 852 Abs. 1,

a) in drei Jahren von dem Zeitpunkte an, in welchem der Verletzte von dem Schaden und der Person des Ersatzpflichtigen Kenntnis erlangt; oder

b) ohne Rücksicht auf diese Kenntnis in 30 Jahren von dem Augenblick ab, in dem das letzte zur unerlaubten Handlung gehörige körperliche Verhalten vorgenommen worden ist.

4. Indessen bezieht sich diese Verjährungsbestimmung nicht:

a) auf den Anspruch, soweit er bloß eine an den Verpflichteten gelangte ungerechtfertigte Bereicherung von diesem herausverlangt, s. oben S. 540, vgl. § 852 Abs. 2;

b) und soweit er bloß einredeweise geltend gemacht wird, gegen die Forderung, die jemand durch eine von dem Fordernden selbst begangene unerlaubte Handlung (z. B. eine Erpressung) gegen den Verletzten erhalten hat: in bezug auf diese Verwendung unterliegt dies Verhältnis keinerlei Verjährung, § 853.

II. Anwendbar auf Schuldverhältnisse aus solchen schuldhaft unerlaubten Handlungen, welche gegen die Person gerichtet sind.[1])

1. Die Verpflichtung erstreckt sich hier auch auf diejenigen Nachteile, welche die Handlung für den Erwerb oder das Fortkommen oder zufolge durch die Verletzung erhöhter Bedürfnisse des Verletzten herbeiführt. Schadensersatz ist regelmäßig in Form einer Leibrente, nach Analogie der vertragsmäßig geschuldeten, zu leisten; doch kann der Verletzte, wenn ein wichtiger Grund vorliegt, auch Abfindung in Kapital verlangen, §§ 842, 843.

2. Führt die Verletzung zur Tötung des Verletzten, so bedarf es natürlich einer Ausnahme von der Regel (oben I, 2), daß nur der unmittelbar Verletzte Ansprüche aus der Verletzung erwirbt. Für diesen Fall erhalten statt des Getöteten[2]) Ansprüche gegen den Tötenden drei Kategorien von Personen, nämlich

a) derjenige, dem anderweitig die Verpflichtung obliegt, die Beerdigungskosten zu tragen, auf Höhe dieser Kosten;

b) gesetzlich Unterhaltsberechtigte, soweit diesen infolge der Tötung das Recht auf den Unterhalt entzogen wird, für diese Einbuße auf die mutmaßliche Lebensdauer des Getöteten hinaus, in

[1]) Wegen des besonders wichtigen, hierhergehörigen § 847 s. schon oben § 98, 3 a.

[2]) So daß sie ihre Ansprüche aus seiner Person herleiten, daher z. B. aus letzterer bei Duell § 254 anwendbar; überhaupt § 254 hierher übertragen, § 846.

Rente oder ausnahmsweise in Kapitalabfindung, wie oben. Auch solche Unterhaltsberechtigung, die im Augenblicke des Todes des Getöteten noch nicht ausgeübt werden konnte, kommt in Betracht von dem Augenblicke ab, wo sie bei seinem Fortleben hätte ausgeübt werden können (z. B. wenn die Unterhaltspflicht von einer Bedürftigkeit des Berechtigten abhängt, diese aber erst später eintritt); auch zugunsten solcher Unterhaltsberechtigter (d. h. hier offenbar Kinder bei Tötung des Vaters), die zur Zeit der Verletzung[1]) erzeugt, aber noch nicht geboren waren;

c) solche Personen, welchen der Getötete kraft Gesetzes zur Leistung von Diensten im Hauswesen oder Gewerbe verpflichtet war (s. wegen der Ehefrau § 1356 Abs. 2, wegen der Kinder § 1617), für die entgehenden Dienste, in Rente oder Kapital wie oben, § 845.

3. Letzterer Anspruch Dritter ist dann darüber hinaus durch § 845 noch ausgedehnt auf den Fall der bloß vorübergehenden Einbuße an Diensten, die der Dritte dadurch erleidet, daß der ihm Dienstpflichtige in Körper oder Gesundheit oder Freiheit vorübergehend verletzt wird.

III. Anwendbar auf Schuldverhältnisse aus solchen schuldhaften unerlaubten Handlungen, die sich auf eine einzelne bestimmte Sache beziehen.

1. Handelt es sich um diejenige schuldhaft unerlaubte Handlung, die in der Entziehung irgend einer solchen Sache besteht,[2]) so gelten folgende besondere Regeln:

a) Der Verpflichtete haftet von vornherein wegen zufälligen Unterganges oder wegen einer sonstwie zufällig bei ihm entstehenden Unmöglichkeit zur Herausgabe der Sache oder wegen zufälliger Verschlechterung derselben, ferner wegen zu leistender Zinsen für die Zwischenzeit wie ein in Verzug befindlicher Schuldner, vgl. oben § 101, II; §§ 848 u. 849. — Dagegen hat er Ersatzansprüche wegen

---

[1]) Man wird dies doch wohl ausdehnen müssen auf den Fall der Erzeugung zwischen Verletzung und Tod, wenn letzterer infolge der Verletzung eingetreten ist.

[2]) Also z. B. bei Diebstahl oder bei gewaltsamer Inbesitznahme eines Grundstückes; dagegen nicht, wo die Sache ohne unerlaubte Handlung in die Hand desjenigen gekommen ist, der dann später sie unerlaubterweise zurückbehält, also nicht z. B. bei Unterschlagung, es sei denn Fund-Unterschlagung.

der auf die Sache gemachten Verwendungen wie ein sonstiger Besitzer, § 850.[1])

b) Jene besondere Haftung trifft aber nicht jeden schuldhaft unerlaubt Handelnden, der einem anderen eine Sache entzogen hat, sondern gemäß den durchgreifenden Bestimmungen von § 992 nur unter verschobener Grenzziehung, welche einerseits fremde Fälle hierherzieht, andererseits sonst hierhergehörige ausschließt.

aa) Sie trifft denjenigen, dessen die Sache einem anderen entziehende Handlung „verbotene Eigenmacht" (s. unten § 171, I, 2 über diesen Begriff) ist; aber freilich nur, wenn dann Schuld hinzutritt, sei es auch erst nachträglich.

bb) In allen übrigen Fällen genügt nicht, für den Eintritt dieser schweren Haftung, daß die Handlung eine schuldhaft unerlaubte sei, sofern sie nicht auch gleichzeitig eine kriminalistisch strafbare ist. Es scheidet also aus die nicht strafbare schuldhaft unerlaubte Handlung, die nicht zugleich „verbotene Eigenmacht" ist.[2]) Bei dieser unterliegt der Handelnde, soweit es sich um Haftung für die Sache, ihr Zubehör und ihre Früchte handelt, lediglich der Haftung des Besitzers gegenüber den Ansprüchen des Eigentümers auf Herausgabe, s. darüber näheres unten § 181.

2. Handelt es sich um diejenige schuldhaft unerlaubte Handlung, die in der Entziehung oder Schädigung einer beweglichen Sache besteht, so greift eine weitere Rücksicht ein. Hier mag nämlich, durch die Entziehung oder Beschädigung, außer dem Besitzer verletzt sein der (vielleicht davon verschiedene) Eigentümer oder ein sonst an ihr dinglich Berechtigter; dann werden diese alle, jeder im Rahmen des durch Verletzung seines Rechtes entstandenen Schadens, Schadensersatzansprüche gegen den Entzieher haben. Kennt nun aber der Ent-

---

[1]) D. h. solange seiner Besitzerlangung bloß eine leichte Fahrlässigkeit (oder gar keine, s. sofort b, aa) zugrunde liegt und es dabei bleibt, sogar wie ein gutgläubiger Besitzer; sonst wie ein nicht gutgläubiger; nur wenn die unerlaubte Handlung, die im Besitzerwerb von vornherein liegt, eine vorsätzlich begangene war, so äußert dies eine einengende Wirkung auf diesen Ersatzanspruch: der Ersatzberechtigte verliert dann das ihm sonst deshalb zustehende Zurückbehaltungs- und Aufrechnungsrecht, §§ 850, 1000 vgl. § 273 Abs. 2 u. § 393, s. oben § 93, 3 b Note 5 und § 109, II, 1 b, cc. — Im allg. s. unten § 182.

[2]) Doch sind Fälle ohne verbotene Eigenmacht schwer zu ersinnen; man muß da schon an eine besitzlose, etwa verlorene fremde Sache denken, die der Finder für sich vorübergehend gebrauchen und dann zurückgeben wollte.

ziehende diese Rechte Dritter an der beweglichen Sache ohne grobe Fahrlässigkeit seinerseits nicht und leistet deshalb dem, aus dessen Besitz er die Sache entzogen oder in dessen Besitz er die Sache geschädigt hat, vollen Schadensersatz wie einem unbeschränkten Eigentümer, so wird ihm deshalb Befreiung von der Leistungspflicht allen andern Beteiligten gegenüber eingeräumt, § 851; die Ansprüche dieser anderen erlöschen und es bleibt ihnen nichts als der Bereicherungsanspruch gegen jenen, der von dem Entzieher alles erhalten hat, soweit er darauf kein Recht hatte, vgl. oben § 156, I, 2. — Die Erklärung dieses dem unerlaubt Handelnden behufs seiner Befreiung durch einmalige Schadensersatzleistung eingeräumten Privilegs liegt in der Grundanschauung unseres Rechts, daß für bewegliche Sachen im Verkehr der Besitzer als unbeschränkter Eigentümer gelten soll; näheres darüber später unten, im dritten Buche.

IV. Aus schuldähnlicher Sachlage.

§ 161.

I. Schuldähnlich unerlaubte Handlungen. Als solche fassen wir diejenigen zusammen, welche unter die „unerlaubten Handlungen" im Sinne des Gesetzes gehören; also diejenigen selbständigen Entstehungsursachen von Schuldverhältnissen, welche nur in irgend welchen Einzelheiten, meist nach der subjektiven Seite hin, von den schuldhaft unerlaubten Handlungen sich unterscheiden, in allen übrigen Punkten aber diesen gleichstehen: in bezug auf die übrigen Voraussetzungen der Entstehung des Schuldverhältnisses, namentlich aber auch in bezug auf den Inhalt des entstandenen Schuldverhältnisses. In letzterer Beziehung unterliegen die Schuldverhältnisse aus schuldähnlich unerlaubter Handlung den Regeln des vorigen Paragraphen, besonders auch über die Verjährung, vollständig.

1. Anlehnend an die allgemeinen Tatbestände schuldhaft unerlaubter Handlungen gehören hierher:

a) Solche Fälle, wo irgend welche schuldhaft unerlaubte Handlung nur deshalb nicht vorliegt, weil der Handelnde sich in einem Zustande der Bewußtlosigkeit oder krankhaft gestörter, die freie Willensbestimmung ausschließender Geistestätigkeit befand. Wenn dieser Zustand daher stammt, daß er sich selbstverschuldetermaßen durch geistige Getränke oder ähnliche Mittel vorübergehend darein versetzt hat: Haftung, als fiele ihm fahrlässige Begehung der unerlaubten Handlung zur Last; Beweispflicht dahin verschoben, daß event. er es zu beweisen hat, wenn er ohne Verschulden in diesen Zustand geraten ist; § 827 Satz 2.

b) Fälle, wo eine schuldhaft unerlaubte Handlung gegen §§ 823 bis 826 [1]) wieder nur aus dem Grunde der Geistesstörung oder Bewußtlosigkeit oder auch aus dem Grunde jugendlichen Alters od. dgl. [2]) bei dem Handelnden nicht vorliegt: Haftung, sofern der Ersatz des so angerichteten Schadens nicht von einem aufsichtspflichtigen Dritten erlangt werden kann, insoweit, „als die Billigkeit nach den Umständen, insbesondere nach den Verhältnissen der Beteiligten, eine Schadloshaltung erfordert und ihm" (dem Handelnden) „nicht die Mittel entzogen werden, deren er zum standesmäßigen Unterhalte sowie zur Erfüllung seiner gesetzlichen Unterhaltungspflichten bedarf", § 829.

c) Fälle, in welchen mehrere an der Begehung irgend einer schuldhaft unerlaubten Handlung beteiligt sind, ohne daß sich nachweisen ließe, daß sie alle zusammen den Schaden bewirkt hätten, [3]) noch auch, welcher von ihnen den Schaden verursacht hat, noch endlich auch, welcher von ihnen denselben sicherlich nicht verursacht hat. [4]) Alsdann haften alle Beteiligten, welche sich in dieser Beweislage befinden, als hätten sie gemeinschaftlich den Schaden verursacht. Hier fehlt nicht sowohl die subjektive, als vielmehr die objektive Seite zur voll schuldhaft unerlaubten Handlung, nämlich, wenigstens nachweisbar, der Kausalzusammenhang. An Stelle des Umstandes, daß der Handelnde zum rechtswidrigen Erfolge mitgewirkt hat, genügt hier der Umstand, daß er bei dem Vorkommnis, das zu diesem Erfolge geführt hat, beteiligt war; § 830 Abs. 1 Satz 2. Diese „Beteiligung" mag beruhen auf gemeinschaftlicher Schuld; sie mag aber auch, ohne jede solche Gemeinschaftlichkeit, für jeden Beteiligten besonders vor-

---

[1]) Man beachte den Unterschied: hier bloß auf diese schuldhaft unerlaubten Handlungen ausgedehnt, in den Fällen sub a auf alle, auch §§ 831 ff., z. B. § 839.

[2]) D. h. der Handelnde hat das 7. Lebensjahr noch nicht vollendet, schlechtweg; oder er hat zwar dies, aber noch nicht das 18. Lebensjahr vollendet oder er ist taubstumm und es mangelt ihm die zur Erkenntnis der Verantwortlichkeit erforderliche Einsicht, § 828, s. oben S. 253.

[3]) Sonst fielen sie jeder unter einen der Fälle oben §§ 158, 159.

[4]) Z. B. bei einer allgemeinen Rauferei haben mehrere auf denselben eingestochen, dieser hat bloß Einen Stich bekommen, unnachweisbar von wem. Anders läge der Fall, wenn er von jedem Stechenden gestochen wäre, jeder Stich unbedeutend, alle zusammen tödlich: dann läge gewöhnliche gemeinschaftliche Tötung und Solidaritätshaftung vor, § 830 Abs. 1 Satz 1.

liegen.[1]) Beteiligt ist, wer eine Tätigkeit entfaltet hat, die nachweisbar den eingetretenen schlimmen Erfolg herbeizuführen geeignet war, wenn sich

aa) weder nachweisen läßt, daß der Erfolg tatsächlich ausschließlich durch die Handlung eines oder mehrerer Anderer herbeigeführt, noch

bb) daß eine Mitwirksamkeit der Tätigkeit dieser Person zum Erfolge ausgeschlossen ist.[2])

2. Anlehnend an die besonderen Tatbestände schuldhaft unerlaubter Handlungen gehören hierher:

a) Die Haftung desjenigen, der ein Tier hält, für allen Schaden, der daraus entsteht, daß durch selbsttätiges Verhalten dieses Tieres[3]) ein Mensch getötet oder der Körper oder die Gesundheit eines Menschen verletzt oder eine Sache beschädigt wird, § 833.[4])

aa) Das Tier hält, wer dasselbe dauernd unmittelbar nutzt und versorgt, d. i. regelmäßig der Eigenbesitzer, aber nicht stets. Statt seiner z. B. der Pächter, der den Hofhund mitgepachtet hat, dagegen nicht der Entleiher, Verwahrer, kurzzeitige Mieter. Halten mehrere das Tier, so haften sie solidarisch.

bb) Hierher gehören alle Tiere, einschließlich der Haustiere, und jeder von ihnen in der angegebenen Weise[5]) veranlaßte Schaden, mit Ausnahme von Wildschaden, worüber sofort unter b.

cc) Von einer Schuld des Haltenden braucht keine Rede zu sein; tritt trotz noch so sorgfältiger Gegenbemühungen desselben,

---

[1]) Vgl. z. B. RG.-Entsch. Bd. 47 Nr. 12, Verletzung einer Frau durch einen von zwei Schüssen, welche von zwei Jägern gleichzeitig fahrlässigerweise abgefeuert sind; durch welchen unnachweisbar; nach BGB. Solidaritätshaftung beider.

[2]) Z. B. drei, A, B und C, haben gestochen, es findet sich Eine Stichwunde; in diese Wunde passen die Messer von A und B, nicht das Messer von C; C scheidet aus der Haftung aus, während A und B solidarisch haften.

[3]) Nicht durch schlechte Leitung, ernstliche Anreizung od. dgl., hier ist der Leitende, Reizende Ursache des Schadens, nicht das Tier in bezug auf diesen gesetzlichen Zusammenhang.

[4]) Isay, Die Verantwortlichkeit des Eigentümers für seine Tiere, i. d. dogm. Jahrb. 39, 209 fg. — Kuhlenbeck und eine Reihe von ihm herausgegebener Beiträge verschiedener Verfasser, in der Jurist. Wochenschrift, Jahrg. 31. — Goslick, in Gruchots Beiträgen, 47, 8 fg. — RG.-Entsch. v. 6. 2. 02, Bd. 50 S. 180.

[5]) Wegen Beschädigung von Grundstücken durch Vieh und wegen der Privatpfändung Art. 107, 89.

wennschon selbst durch vorsätzliche Schuld eines Dritten,[1] der Schaden ein, so haftet dem Beschädigten wahlweise neben jenem Dritten der Haltende, vorbehaltlich des Rückgriffes, den dann dieser gegen jenen haben wird.

b) Wildschaden, § 835. Für diesen Schaden, d. h. für Schaden, den jagdbares, frei auf der Wildbahn befindliches Wild[2] an dem Grundstück und an dessen noch unabgetrennten oder getrennten, aber noch nicht eingeernteten Erzeugnissen anrichtet, haftet, sofern das Jagdrecht an diesem Grundstück dem Eigentümer nicht frei ausübbar zusteht, der Jagdberechtigte oder wer sonst aus jener Einschränkung des Eigentümers den Vorteil zieht; mehrere beteiligte Mitglieder eines Grundstückseigentümer-Verbandes nach dem Verhältnis der Größe ihrer Grundstücke, nicht solidarisch.

aa) In seinem Jagdrecht oder in dessen freier Ausübung beschränkt ist derjenige Eigentümer, bei dem eine derartige Beschränkung dinglich oder gesetzlich, nicht etwa bloß obligatorisch (z. B. gegenüber einem Jagdpächter) begründet ist. Die näheren Verhältnisse regeln sich aus den territorialen Bestimmungen über die Ausübbarkeit des Jagdrechtes.

bb) Verpflichtet ist der Jagdberechtigte, nicht etwa der Jagdpächter; ob ersterer sich an letzteren halten kann, ist Sache der persönlichen Abmachung.

cc) Von einer Schuld des Jagdberechtigten ist nicht die Rede; er haftet, auch wenn er nicht in der Lage war, das schädigende Wild rechtzeitig abzuschießen.

dd) Weitgehende Reservate für das Landesrecht, Art. 70—72

II. Haftung aus schuldähnlicher Sachlage, ohne daß eine unerlaubte Handlung im strengeren Sinne vorläge. Die Fälle dieser Art lassen sich erschöpfend kaum zusammenstellen, umsoweniger, als sich hier ja keine gesetzliche Handhabe mehr findet, um die aus kontraktlichen Verhältnissen sich ergebenden derartigen quasideliktischen Möglichkeiten auszuschließen. Es seien etwa unterschieden Fälle innerhalb und außerhalb des BGB.; folgende seien zusammengestellt:

---

[1]) Z. B. der sorgfältig angekettete Hofhund wird durch einen Dritten böswillig von der Kette gelöst.

[2]) Genaue Aufzählung des jagdbaren Wildes z. A. von § 835. Darunter nicht Hasen! Befindet es sich nicht frei auf der Wildbahn, so wird es unter § 833 fallen.

1. Fälle innerhalb des Bürgerlichen Gesetzbuchs, durchweg Fälle der „Haftung für Dritte", [1][2]) nämlich:

a) Haftung des Vereins für den Schaden, [2]) welchen sein Vorstand oder eine andere verfassungsmäßig zur Vertretung des Vereins berufene Person durch eine in Ausführung der ihr zustehenden Verrichtungen begangene, zum Schadensersatze verpflichtende Handlung einem Dritten zufügt. Das gilt sowohl für eine schuldhaft kontraktwidrige, wie für eine (schuldhaft oder schuldähnlich) „unerlaubte" Handlung des Vertreters; also für Verzug, Nichterfüllung, Versäumung der Obligations-Sorgfalt, sonstiger obligatorischer Pflichten wie für alle Arten unerlaubter Tatbestände; § 31, oben S. 118 fg.

b) Analog gemäß § 89 die Haftung des Fiskus, sowie der Körperschaften, Stiftungen und Anstalten des öffentlichen Rechts für Schadensersatzverpflichtungen derjenigen Personen, welche zu privatrechtlicher Vertretung dieser juristischen Personen des öffentlichen Rechtes befugt sind, wegen der in Ausübung dieser ihnen zustehenden privatrechtlichen Vertretungsverrichtung begangenen Handlungen. Wegen Handlungen der Beamten in Ausübung der ihnen zustehenden öffentlich-rechtlichen Gewalten s. oben § 159 III, 5.

c) Haftung bei bestehenden Schuldverhältnissen, vor allem für gesetzliche Vertreter und Personen, deren man sich zur Erfüllung bedient, § 278 und Zubehör. Stärker die Haftung der Gastwirte, §§ 701, 702. Endlich einzelne Fälle bei einzelnen Schuldverhältnissen, z. B. betr. Gefahrtragung, die hier nicht abermals erörtert werden kann; vgl. etwa besonders § 339 Satz 2.

d) Haftung gelegentlich entstehender Schuldverhältnisse für das sogen. negative Interesse, §§ 122, 307 und ähnliche, sind genügend besprochen.

2. Fälle außerhalb des Bürgerlichen Gesetzbuches, darunter auch solche der Haftung für Dritte. Hier genüge folgender Überblick:

a) Fälle im Handelsgesetzbuch [3]) und in ergänzenden Gesetzen;

---

[1]) Leofried Reuß, Die Haftung Dritter nach Bayerischen, Preußischen und Reichsstrafgesetzen, Würzburg 1900.

[2]) Vgl. auch die Haftung der Aktiengesellschaft, Innung oder eingetragenen Genossenschaft für die deliktisch durch ihren Vorstand, Liquidator u.s.f. herbeigeführten Unfälle: Unfallversicherungsgesetz v. 6. Juli 1884 § 96 Abs. 2; entspr. Gesetz vom 5. Mai 1886 für land- und forstwirtschaftliche Betriebe § 117 Abs. 2 und Gesetz vom 13. Juli 1887, für Seeleute, § 110 Abs. 2.

[3]) Vgl. oben § 76, II, 2 b.

HGB. §§ 429, 606 Haftung des Frachtführers und Verfrachters, § 456 Haftung der Eisenbahnen für Transportgut, §§ 485, 734 Haftung des Rheders für die Schiffsbesatzung; ferner Binnenschiffahrtsgesetz vom 15. Juni 1895 §§ 3, 92 Haftung des Schiffseigners für die Schiffsbesatzung, § 58 Haftung des Frachtführers für Frachtgut; und Flößereigesetz vom 15. Juni 1895, Haftung des Floßeigentümers für den Floßführer und die Floßmannschaft.[1])

b) Fälle der Zivilprozeßordnung, namentlich Zwangsvollstreckung auf Grund vorläufig für vollstreckbar erklärten Urteils, Arrests oder einstweiliger Verfügung, wenn sich später diese Titel als ungerechtfertigt herausstellen oder wieder aufgehoben werden, volle Haftung des Vollstreckenden für den der anderen Seite entstandenen Schaden, vgl. oben § 76, I, 4a; CPO. §§ 717 und 945.

c) Reichspostgesetz vom 28. Oktober 1871, §§ 6 und 11, vgl. oben § 76, II, 2b; umgekehrt alle Haftung ausgeschlossen bei der Telegraphenordnung für das Deutsche Reich vom 21. Juni 1872, § 26.

d) Haftpflichtgesetz vom 7. Juni 1871,[2]) gemäß Art. 42, mit eigenen Bestimmungen über Inhalt der Haftung[3]) und über Verjährung,[4]) bezüglich auf zwei Fälle:

aa) Wenn bei dem Betrieb einer Eisenbahn ein Mensch getötet oder körperlich verletzt wird: Haftung des Betriebsunternehmers bis zur Grenze der höheren Gewalt[5]) oder eigenen Verschuldens des Verletzten, unter Beweisverschiebung: der Unternehmer muß, um sich von der Haftung zu befreien, nachweisen, daß einer jener beiden Umstände vorliegt; § 1 des Gesetzes.

bb) Wenn bei dem Betriebe eines Bergwerks, eines Steinbruchs, einer Gräberei (Grube) oder einer Fabrik ein Mensch getötet oder körperlich verletzt wird, und zwar infolge eines Verschuldens, das ein Bevollmächtigter oder ein Repräsentant oder eine zur Leitung oder Beaufsichtigung des Betriebes oder der Arbeiter angenommene Person in Ausführung der Dienstverrichtungen begangen hat: so haftet für

---

[1]) Zusammenstellung aus Planck 2, 626 unten.

[2]) Endemann, W., Reichshaftpflichtgesetz, 3. Aufl. — Eger, Reichshaftpflichtgesetz, 4. Aufl. — Laß, Haftpflichtrecht und Reichsversicherungsgesetzgebung.

[3]) Gerade diese allerdings mit der für solche Schäden im BGB. selbst geschaffenen Regelung wesentlich ausgeglichen durch Art. 42 cit.

[4]) Dieselbe beträgt hier nur zwei Jahre von dem Unfall ab.

[5]) Vgl. oben § 76, II, 2b.

den hierdurch angerichteten Schaden derjenige, welcher diese Anstalten betreibt, ohne jedes eigene Verschulden; § 2 des Gesetzes. Dagegen eine Abschwächung der Schuld des Angestellten (etwa bis zur Haftung für höhere Gewalt), oder eine Beweisverschiebung bezüglich dieser Schuld findet hier nicht statt.

e) Dagegen schließlich nicht hierher gehörig die durchaus normalen Fälle der Schadensersatzhaftung auf Grund der Unfallversicherungsgesetze für Arbeiter aller Art aus den Jahren 1884—1887. Denn diese Gesetze lassen den quasideliktischen Gesichtspunkt endlich ganz fallen; sie beruhen ausschließlich auf der Idee der Versicherung, d. h. einer Garantieübernahme für Zufall. Wirtschaftlich liegt übrigens diese letztere Vorstellung sicherlich auch manchen der hier zusammengestellten Fälle zugrunde, wo formal-juristisch noch die Anknüpfung an die Widerrechtlichkeit festgehalten wird.

f) Vergl. auch Art. 105 und § 25 des preußischen Eisenbahngesetzes vom 3. November 1838 mit ergänzendem Gesetze vom 3. Mai 1869, betr. Sachschaden, nicht bezüglich auf Kleinbahnen.

FSC
www.fsc.org
MIX
Papier | Fördert
gute Waldnutzung
FSC® C083411

Kolibri 360 GmbH
Ferdinand-Jühlke-Straße 7
99095 Erfurt, Deutschland
produktsicherheit@kolibri360.de